Sefer HaChinukh

Part B Mitzvahs 208-400

ספר החינוך

חלק ב מצוות 208-400

לשון הקודש עם תרגום לאנגלית

Hebrew with English translation

SimchatChaim.com

There is no known book without mistakes. Therefore, I ask in every language of application if anyone has any questions, comments, clarifications, corrections, please send to: simchatchaim@yahoo.com

All material used in this section may not be used for commercial purposes, but only for study and teaching.

To get this book or books and information Email me at:

simchatchaim@yahoo.com

Copyright©All Rights Reserved to

www.simchatchaim.com

Itzhak Hoki Aboudi ©All rights reserved to the Editor

מהדורה שניה תשפ"ד
Second edition 2024

ספר החינוך Sefer HaChinukh

בס"ד

ירפא **ה**מאציל **ו**יושיע **ה**בורא את כל חולי בני ישראל, וישלח להם רפואה שלימה, רפואת הנפש ורפואת הגוף, בכל אבריהם ובכל גידיהם לעבודתו יתברך.

בי"ב במנחם אב תשס"ה, הובהלתי לבית החולים, הרופאים לא נתנו לי סיכוי לחיות יותר מכמה שעות בגלל מספר תסבוכות. עם כל זאת בזכות התפילות של בני ישראל הקדושים, ברחמיו הרבים, ריחם עלי הקדוש ברוך הוא, ונשארתי בחיים.

עם כל זאת, הובחנה אצלי מחלה קשה בכליות, ונאמר לי שהצטרך למכונת דיאליזה. בשבילי זה היה שוק!!! אף פעם לא הייתי אצל רופא, או בבית חולים. כך בעל כרחי התחברתי למכונת דיאליזה, ומכונה זאת הייתה קשורה בי ככלב במשך שמונים חודשים בדיוק, כמניין יסוד, במשך 10-12 שעות ביום.

בשבת פרשת ויחי יעקב י"ב טבת תשע"ב, בזכות בני ישראל, שכולם אהובים כולם ברורים כולם גיבורים כולם קדושים... וכולם פותחים את פיהם באהבה שלוש פעמים ביום, ואומרים - ברוך אתה... רופא חולי עמו ישראל, וכללותם כל האברכים, תלמידי הישיבות, רבנים וחכמים, חסידים, מקובלים עם תינוקות של בית רבן, זקנים עם נערים, בחורים וגם בתולות, בארץ הקודש ובעולם.

ומצד שני בנות ישראל היקרות מפז, שהתפללו וקבלו עליהם כל מיני קבלות, מהפרשת חלה עד צניעות וכיסוי הראש, עם הרבנים, המנהלים, המורים, המורות והתלמידות של בית יעקב דטורונטו שכל יום התפללו, וכללו בתפילתם שבקעה את כל הרקיעים אותי, ונושעתי אני הקטן. הושתלה בי כליה. והתנתקתי ממכונת הדיאליזה.

אמר המלך דוד - לולי תורתך שעשעי אז אבדתי בעניי. מה שנתן לי חיות היא התורה הקדושה, בשעות הרבות שהיתי מחובר למכונת הדיאליזה (כ12 שעות ביום), ערכתי סדרתי, וכתבתי, פצחתי את ראשי התיבות וניקדתי [חלק מהספרים] במחשב את קונטרסים שלמדתי במשך שנים. וקונטרסים אלו הפכו לחיבורים, ואחרי התלבטויות ובקשות מבני גילי, החלטתי בעזרתו יתברך להדפיס קונטרסים אלו.

בברכה והצלחה בלימוד התורה הקדושה.
ובעיקר בפנימיות התורה, ותורת ספר החינוך

ורפואה שלימה לכל חולי ישראל.

היב"ש

ספר החינוך
על תרי"ג מצוות התורה

ספר החינוך הוא ספר המתאר את כל תרי"ג (613) המצוות שמופיעות בתורה על פי מניינו של המחבר. הספר נכתב בשלהי המאה ה-13 בהמשך למסורת רחבה של מוני מצוות, ביניהם הספרים ספר המצוות לרמב"ם, ספר מצוות גדול וספר מצוות קטן.

שלא כקודמיו, מתאר בעל ספר החינוך גם את טעם המצווה (בלשונו: "שורש המצווה"), דיניה, העונש המוטל על מי שלא מקיים אותה ופרטים נוספים. ישנן שיטות אחדות לברירת ציוויי התורה שמוגדרים כ"מצוות", וספר החינוך בחר כמקור עיקרי את מניין המצוות של הרמב"ם. בחלק מהמצוות שהרמב"ן משיג עליהן ומציע לא למנותן או למנותן באופן אחר, משלב המחבר את דעת הרמב"ן ואת נימוקיו.

מחברו של ספר החינוך **בחר להעלים את זהותו**, ומתאר את עצמו, בהקדמתו לספר, רק כ"איש יהודי מבית לוי ברצלוני". בדבריו במצווה שט"ו, יש רמז לכך שכתב פירוש על מסכת ביצה, אך לא נמצא חיבור מעין זה.

בכל מצווה בספר מופיעים:

מקור המצווה: כיצד היא נלמדת מהפסוק, היכן מופיעה בדברי חז"ל ואופן קיומה באופן כללי. חלק זה של ספר החינוך מבוסס על ספר המצוות של הרמב"ם.

שורשי המצווה: טעמים לקיום המצווה.

פרטי המצווה: דינים נוספים השייכים למצווה.

גבולות חלות המצווה: על מי המצווה חלה ומתי - זכרים או גם נקבות, גדולים או גם קטנים, בתקופת בית המקדש או בכל עת ועוד.

עונשו של מי שעובר על הציווי, על פי עקרונות שמוסברים במצוות אחדות

תוכן הספר

רח. שלא נתן מזרעו למלך.
רט. שלא לבוא על הזכרים.
רי. שלא לשכב עם בהמה.
ריא. שלא תשכבנה הנשים עם הבהמות.
ריב. מצות יראת אב ואם.
ריג. שלא לפנות אחר עבודת אלילים לא במחשבה ולא בדבור ולא בהבטה.
ריד. שלא לעשות עבודת אלילים לא לעצמו ולא לזולתו.
רטו. שלא לאכל נותר.
רטז. להניח פאה בשדה.
ריז. שלא לכלות הפאה בשדה.
ריח. לעזב הלקט בשדה.
ריט. שלא לקחת שבלים הנופלים בשעת הקציר.
רכ. מצות הנחת פאת הכרם.
רכא. שלא לכלות פאת הכרם.
רכב. מצות הנחת פרט הכרם.
רכג. שלא ללקט פרט הכרם.
רכד. שלא לגנב שום ממון.
רכה. שלא נכחש על ממון שיש מאחר בידינו.
רכו. שלא לשבע על כפירת ממון.
רכז. שלא לשבע לשקר.
רכח. שלא לעשק.
רכט. שלא לגזל.
רל. שלא לאחר שכר שכיר.
רלא. שלא לקלל אחד מישראל בין איש בין אשה.
רלב. שלא להכשיל תם בדרך.
רלג. שלא לעול המשפט.
רלד. שלא לכבד גדול בדין.
רלה. מצוה שישפט בצדק.
רלו. שלא לרגל.
רלז. שלא לעמד על דם רעים.
רלח. שלא לשנא אחים.
רלט. מצות תוכחה לישראל שאינו נוהג כשורה.
רמ. שלא להלבין פני אדם מישראל.
רמא. שלא לנקם.
רמב. שלא לנטר.
רמג. מצות אהבת ישראל.
רמד. שלא להרביע בהמה מין עם שאינו מינו.
רמה. שלא לזרע כלאי זרעים ולא נרכיב אילן בשום מקום בארץ.
רמו. שלא לאכול ערלה.
רמז. מצות נטע רבעי.
רמח. שלא לאכל ולשתות כדרך זולל וסובא.
רמט. שלא לנחש.
רנ. שלא לעונן.
רנא. שלא להקיף פאת הראש.
רנב. שלא להשחית פאת זקן.
רנג. שלא נכתב בבשרנו כתבת קעקע.
רנד. מצות היראה מן המקדש.
רנה. שלא לעשות מעשה אוב.
רנו. שלא לעשות מעשה ידעוני.
רנז. מצות כבוד חכמים.
רנח. שלא להונות במדות וכל המדות בכלל.
רנט. מצות צדוק המאזנים והמשקלים והמדות.

רס. שלא לקלל אב ואם.
רסא. מצוה שישרפו מי שיתחיב שרפה.
רסב. שלא ללכת בחקת הגוים.
רסג. שלא יטמא כהן הדיוט במת זולת בקרובים המבארים בכתוב.
רסד. מצות ענין טמאת הכהנים לקרוביהם, ובכללה שיתאבלו כל אחד מישראל על ששה מקרוביהם הידועים.
רסה. שלא ישמש כהן טבול יום עד שיעריב שמשו.
רסו. שלא ישא כהן אשה זונה.
רסז. שלא ישא כהן אשה חללה.
רסח. שלא ישא כהן גרושה
רסט. מצות קדוש זרע אהרן.
רע. שלא יכנס כהן גדול באהל המת.
רעא. שלא יטמא כהן גדול בשום טמאה במת.
ערב. מצות כהן גדול לשא נערה בתולה.
רעג. שלא ישא כהן גדול אלמנה.
רעד. שלא יבעל כהן גדול אלמנה.
רעה. שלא יעבד כהן בעל מום במקדש.
רעו. שלא יעבד כהן בעל מום עובר.
רעז. שלא יכנס בעל מום בהיכל כלו.
רעח. שלא יעבד כהן טמא.
רעט. שלא יאכל כהן טמא תרומה.
רפ. שלא יאכל שום זר תרומה.
רפא. שלא יאכל תושב כהן ושכיר תרומה.
רפב. שלא יאכל ערל תרומה.
רפג. שלא תאכל חללה מן הקדש.
רפד. שלא לאכל טבל.
רפה. שלא נקדיש בעלי מומין למזבח.
רפו. מצות הקרבן להיות תמים.
רפז. שלא נתן מום בקדשים.
רפח. שלא נזרק דם בעל מום על המזבח.
רפט. שלא נשחט בעל מום לשם קרבן.
רצ. שלא נקטיר מאמורי בעלי מומין.
רצא. שלא לסרס אחד מכל המינים.
רצב. שלא להקריב קרבן בעל מום מיד הנכרי.
רצג. מצות הקרבן שיהיה משמנה ימים ולמעלה.
רצד. שלא לשחט בהמה ובנה ביום אחד.
רצה. שלא לעשות דבר שיתחלל בו שם שמים בין בני אדם.
רצו. מצות קדוש השם.
רצז. מצות שביתה ביום ראשון של פסח.
רחצ. שלא לעשות מלאכה ביום ראשון של פסח.
רצט. מצות קרבן מוסף כל שבעת ימי הפסח.
ש. מצות שביתה בשביעי של פסח.
שלא לעשות מלאכה ביום שביעי של פסח.
שב. מצות קרבן העמר של שעורים.
שג. שלא לאכל מתבואה חדשה קדם כלות ששה עשר בניסן.
דש. שלא לאכל קלי מתבואה חדשה עד היום ההוא.
שה. שלא לאכל כרמל מתבואה חדשה עד היום ההוא.
שו. מצות ספירת העמר.
שז. מצות קרבן מנחה חדשה מן החטים ביום עצרת.
שח. מצות שביתה ממלאכה ביום עצרת.
שט. שלא לעשות מלאכה ביום חג שבועות.
שי. מצות שביתה ביום ראש השנה.
שיא. שלא לעשות מלאכה ביום ראשון בתשרי.
שיב. מצות קרבן מוסף ביום ראש השנה.
שיג. מצות תענית ביום עשירי בתשרי.
שיד. מצות קרבן מוסף של יום הכפורים.
שטו. שלא לעשות מלאכה בעשרה בתשרי.

שטז. שלא לאכל ולשתות ביום הכפורים.
שיז. מצות שביתה ממלאכה ביום הכפורים.
שיח. מצות שביתה ממלאכה ביום ראשון של חג הסכות.
שיט. שלא לעשות מלאכה ביום ראשון של חג הסכות.
שכ. מצות קרבן מוסף בכל יום משבעת ימי הסכות.
שכא. מצות שביתה ממלאכה ביום שמיני של סכות.
שכב. מצות קרבן מוסף ביום שמיני של סכות שהוא נקרא שמיני עצרת.
שכג. שלא לעשות מלאכה ביום שמיני עצרת.
שכד. מצות נטילת לולב.
שכה. מצות ישיבת סכה.
שכו. שלא נעבד האדמה בשנה השביעית.
שכז. שלא נעשה עבודה גם באילנות.
שכח. שלא נקצר ספיחים בשנה השביעית.
שכט. שלא נאסף פרות האילן בשביעית כדרך שאוספין אותן בכל שנה.
של. מצות ספירת שבע שבתות שנים.
שלא. מצות תקיעת שופר ביום הכפורים של יובל.
שלב. מצות קדוש שנת היובל.
שלג. שלא נעבד הארץ בשנת היובל.
שלד. שלא נקצר ספיחי תבואות של שנת היובל.
שלה. שלא לאסף פרות האילנות בשנת היובל כדרך שאוספים אותן בשאר השנים.
שלו. מצות עשית דין בין לוקח ומוכר.
שלז. שלא להונות במקח וממכר.
שלח. שלא להונות אחד מישראל בדברים.
שלט. שלא נמכר שדה בארץ ישראל לצמיתות.
שמ. מצות השבת קרקע לבעליהן ביובל.
שמא. מצות פדיון בתי ערי חומה עד השלמת שנה.
שמב. שלא לשנות ממגרשי הלוים.
שמג. שלא להלוות ברבית לישראל.
שדמ. שלא נעבד בעבד עברי עבדת בזיון כמו עבדת כנעני.
שמה. שלא נמכר עבד עברי על אבן המקח.
שמו. שלא לעבד בעבד עברי בעבדת פרך.
שמז. מצות עבודה בעבד כנעני לעולם.
שמח. שלא להניח לגוי לעבד בעבד עברי הנמכר לו.
שמט. שלא נשתחוה על אבן משכית אפילו לשם.
שנ. מצות מעריך אדם שיתן דמים הקצובים בתורה.
שנא. שלא נמיר הקדשים.
שנב. מצות הממיר בהמת קרבן בבהמה אחרת שתהיינה שתיהן קדש.
שנג. מצות מעריך בהמה שיתן כפי שיעריכנה הכהן.
שנד. מצות מעריך בתים שיתן כערך שיעריכנה הכהן ותוספת חמש.
שנה. מצות מעריך שדה שיתן כערך הקצוב בפרשה.
שנו. שלא לשנות הקדשים מקרבן לקרבן.
שנז. מצות דין מחרים מנכסיו שהוא לכהנים.
שנח. שלא ימכר קרקע שהחרימו אותה בעלים אלא תנתן לכהנים.
שנט. שלא יגאל שדה החרם.
שס. מצות מעשר בהמה טהורה בכל שנה.
שסא. שלא למכר מעשר בהמה אלא יאכל בירושלים.
שסב. מצות שלוח טמאים חוץ למחנה שכינה.
שסג. שלא יכנס טמא בכל המקדש.
שסד. מצות ודוי על החטא.
שסה. מצות סוטה שיביאנה הבעל אל הכהן ויעשה לה כמשפט הכתוב.
שסו. שלא נתן שמן בקרבן סוטה.
שסז. שלא לשים לבונה בקרבן סוטה.
שסח. שלא ישתה הנזיר יין או כל מיני שכר.
שסט. שלא יאכל הנזיר ענבים לחים.
שע. שלא יאכל הנזיר צמוקים.
שעא. שלא יאכל הנזיר גרעיני הענבים.

Sefer HaChinukh ספר החינוך

שעב. שלא יאכל הנזיר קלפת הענבים.
שעג. שלא יגלח הנזיר שערו.
שעד. מצות גדול שער נזיר.
שעה. שלא יכנס הנזיר לאהל המת.
שעו. שלא יטמא הנזיר במת ובשאר טמאות.
שעז. מצות גלוח הנזיר והבאת קרבנותיו.
שעח. מצות ברכת כהנים בכל יום.
שעט. מצות משא הארון בכתף.
שפ. מצות פסח שני בארבעה עשר באיר.
שפא. מצות פסח שני שיאכל על מצות ומרורים.
שפב. שלא להותיר כלום מבשר הפסח שני למחרתו.
שפג. שלא לשבר עצם מעצמות פסח שני.
שפד. מצות תקיעת חצוצרות במקדש ובמלחמה.
שפה. מצות חלה.
שפו. מצות ציצית.
שפז. שלא לתור אחר מחשבת הלב וראית העינים.
שפח. מצות שמירת המקדש.
שפט. שלא יתעסקו הכהנים בעבודת הלוים ולא הלוים בעבודת כהנים.
שצ. שלא יעבד זר במקדש.
שצא. שלא לבטל שמירת המקדש.
שצב. מצות פדיון בכור אדם.
שצג. שלא לפדות בכור בהמה טהורה.
שצד. מצות עבודת הלוים במקדש.
שצה. מצות מעשר ראשון.
שצו. מצות הלוים לתת מעשר מן המעשר.
שצז. מצות פרה אדמה.
שצח. מצות טמאה של מת.
שצט. מצות מי נדה שמטמאין אדם טהור ומטהרין אדם טמא מטמאת מת בלבד.
ת. מצות דיני נחלות.

מצוה רח

שלא נתן מזרעו למלך - שלא נתן קצת מבנינו להעבירם לפני עבודה זרה, שהיו עושין בני אדם בזמן מתן תורה, שהיה שמו מלך, שנאמר (ויקרא יח כא) ומזרעך לא תתן להעביר למלך כלומר מקצת זרעך. ונכפלה האזהרה במקום אחר, דכתיב (דברים יח י) לא ימצא בך מעביר בנו ובתו באש. וכך היו עושין, האב מוסרו לכומרים לשם שקוצם כעין מה שכתוב בקרבנות כשרים, (ויקרא טו יד) ונתנם אל הכהן. ואפשר שהכומרים עושין בו תנופה או הגשה לפני המלך, ואחר כך מחזירין אותו לאב, ומבעירין אש גדולה לפני המלך, והאב היה לוקח בנו ומעבירו בלהב האש. וכך אמרו בירושלמי (סנהדרין ז, י) אינו חיב עד שימסר לכומרים ויטלנו ויעבירנו. ודעת הרב רש"י זכרונו לברכה (סנהדרין סד, ב ד"ה שרגא) והרמב"ם זכרונו לברכה (עכו"ם ו, ג) שלא היה שורפו אלא העבודה היתה להעבירו לבד, ומכיון שהעבירו כמו שהיה דרכם להעבירו חיב. ודעת הרמב"ן זכרונו לברכה (בפי' לתורה ויקרא יח כא) שהיה מעבירו בלהב עד שנשמתו יוצאת, וראיותיו בפרוש החמש שעשה. **רמז** משרשי רחוק עבודה זרה דרך כלל כתבתי למעלה בו מה שידעתי בסדר וישמע יתרו (מצוה כו). והענין הזה של עבודה זרה זו של מלך, לפי שהיתה עבודה רעה ביותר והיו אדוקין בה הרבה באותו זמן, נתיחדה בה אזהרה מלבד כל האזהרות עבודה זרה הרבה בתורה, וזה נאמר לדעת הרמב"ם זכרונו לברכה. אבל לפי הנראה לדעת הרמב"ן זכרונו לברכה (ויקרא כ ה) לא נצטרך לזה, כי הוא סובר שענין מחדש יש בעבודה זו של מלך מכל שאר עבודה זרה, שבכל עבודה זרה לא יתחיב העובדה בשלא כדרכה אלא בארבע העבודות הידועות, אבל בענין זה של מלך יתחיב העושה מעשה זה של מלך בכל עבודה זרה, ולפיכך נתיחדה האזהרה בו. ולפי שהענין מכער ביותר, החמירה התורה בו כל כך לחיב העושה כן בכל עבודה זרה, אף על פי שאינו דרכה בכך. זהו הנראה לי מכלל דבריו. וזה הענין (עי' סמ"ג ל"ת מ) שאין החיוב בא אלא במקצת הזרע ולא בכלו (סנהדרין סד ב), אפשר שהיה מפני שהכומרים השקרנים היו מבטיחין אבי הבן כי על ידי תקרבת בן זה, יצליח שאר זרעו בכל אשר יפנה, ותהיה הברכה והטובה מצויה בביתו, ולרב תרמיתם, לא רצו מתחלה לקבע החק רק במי שישאר לו זרע מלבד אותו שהוא נותן להם, פן ימאנו מלשמע אליהם, הן לשרפו לגמרי, הן להעבירו בתוך הלהב, כדעת קצת המפרשים, ולמען יבטיחו גם כן על הברכה והטובה בנשארים ויתפתו אליהם מתוך כך הפתאים, ולכן לא חיבה התורה בענין, רק כשהוא כעין עבודתן ולא בצד אחר. **מדיני** המצוה. מה שאמרו זכרונם לברכה (סנהדרין סד א) מסר ולא העביר, העביר ולא מסר פטור ושאינו חיב עד שיעביר מקצת זרעו ויניח מקצתו, כמו שאמרנו. ושחיב בין על זרעו כשר, בין על זרעו פסול, ושחיב על כל יוצאי ירכו, בנים או בנות, בין בנים או בני בנים, עד לעולם, אבל

Sefer HaChinukh ספר החינוך

אם העביר אחיו או אחיותיו או אבותיו או שהעביר עצמו פטור. ויתר פרטיה בפרק שביעי מסנהדרין. (ה' ע"א פ"ו). **ונוהגת** בכל מקום ובכל זמן בזכרים ונקבות (ספרא קדושים ד א). והעובר על לאו זה במזיד ויש עדים והתראה, נסקל בזמן שדנין דיני נפשות, ואם אין עדים והתראה חיב כרת, ובשוגג חיב להביא חטאת קבועה. וכבר כתבתי למעלה בסדר וישמע יתרו (מצוה כו), שאסור עבודה זרה הוא על כל בני העולם כלו בכלל.

Mitzvah 208

That we should not give from our seed to Molekh: That we should not give some of our sons, to pass them in front of an idol that people would make during the time of the giving of the Torah, the name of which was Molekh; as it is stated (Leviticus 18:21), "And from your seed, you shall not give to pass to Molekh" - meaning some of your seed. And the warning is repeated in a different place, as it is written (Deuteronomy 18:10), "There shall not be found in you, one who passes his son or his daughter in the fire." And so would they do - the father would hand him over to the priests for the sake of the abominations (idols), similar to that which is written about fit offerings (Leviticus 15:14), "and he shall give them to the priest." And it is possible that the priests would do a waving or a presentation in front of the Molekh, and they would give him back to the father afterwards. And they would burn a big fire in front of the Molekh and the father would take his son and pass him through the flame of the fire. And so, did they say in Talmud Yerushalmi Sanhedrin 7:10, "He is not liable until he gives [him] over to the priests and he takes him and passes him through. But the opinion of the rabbi, Rashi, may his memory be blessed (Rashi on Sanhedrin 64b, s.v. shragah) and Rambam (Mishneh Torah, Laws of Foreign Worship and Customs of the Nations 6:3), may his memory be blessed, is that he would not burn him, but rather the worship was to pass him through alone. And once he passed him as it was their way of passing, he is liable. And the opinion of Ramban, may his memory be blessed, (Ramban on Leviticus 18:21) is that he would pass him through the flame until his soul departs - and his proofs are in the commentary to the Pentateuch that he made. I wrote what I have known above about a hint from the roots of the distancing of idolatry more generally in the Order of Vayishma Yitro (Sefer HaChinukh 26). And the matter of this idolatry of Molekh [is that] since it was an extremely bad worship and [its followers] were very fervent at that time, a warning (negative commandment) was specified about it, besides

ספר החינוך Sefer HaChinukh

all of the many warnings about idolatry in the Torah. And this is said according to the opinion of Rambam, may his memory be blessed. But according to what appears is the opinion of Ramban, may his memory be blessed, (Ramban on Leviticus 20:5) we do not require this; since he reasons that there is a novel matter in this worship of Molekh [compared to] all of the other idolatries. As with any [other] idolatry, he is only liable if it is not its way [of worship] except for the four well-known [ways] of worship. But in this style of Molekh, one is liable who does this act of Molekh with any idolatry. And therefore, a warning was specified for it. And because the matter was extremely ugly, the Torah was so strict with it, to make one liable for it with any idolatry, even it is not its way with this. This is what appears from the sum of his words. And [regarding] this matter (see Sefer Mitzvot Gadol, Negative Commandments 40) that the liability only comes with some of the seed and not with all of it, it is possible that it was because the lying priests would promise the father of the child that through the sacrifice of this child, the rest of his seed would succeed in everything to which they would turn, and blessing and good be found in his home. And from their great trickery, they did not want to fix the law at first except for one who would have seed remain besides the one that he gives to them, lest they refuse to listen to them - whether to completely burn him or whether to pass him through the flame, according to the opinion of some of the commentators; and in order that they could also promise blessing and good to those remaining; and from this, the fools could be deceived. And therefore, the Torah only made liable in the matter, just when it was similar to their worship, and not in any other way. From the laws of the commandment is that which they, may their memory be blessed, said (Sanhedrin 64a), "[If] he gave over but did not pass, passed but did not give over, he is exempt"; that he is not liable until he passes part of his seed and leaves some of it, as we said; that he is liable whether with his fit seed, or whether with his disqualified seed; and that he is liable for all of those that 'come out of his thigh' - sons or daughters, whether children or grandchildren, forever. But if he passes his brothers or sisters or fathers or passed himself, he is exempt. And the rest of its details are in the seventh chapter of Sanhedrin (see Tur, Even HaEzer 86). And it is practiced in every place and at all times by males and females (Sifra, Kedoshim, Section 4:1). And one who transgresses this negative commandment volitionally and there are witnesses and a warning is stoned at the time that we judge capital cases. And if there are no witnesses and warning, he is liable for excision. And when inadvertent, he is obligated to bring a fixed sin-offering. And I have already written above in the Order of Vayishma Yitro (Sefer HaChinukh 26) that the prohibition of idolatry is upon all people of the world, more generally.

מצוה רט

שלא לבוא על הזכרים - שלא לבוא על הזכרים, שנאמר (ויקרא יח כב) ואת זכר לא תשכב משכבי אשה תועבה היא. וכתב הרמב"ם זכרונו לברכה (בסהמ"צ ל"ת שנ) ונכפל זה הלאו בזה הענין בעצמו במקום אחר דכתיב (דברים כג יח) ולא יהיה קדש מבני ישראל. נראה כי לא הסכים הרב זכרונו לברכה בכאן עם מה שתרגם אנקלוס (שם) ולא יסב גברא מבני ישראל אתתא אמה. פרוש שפחה כנענית, אלא דעתו דלא יהיה קדש לא יבוא רק לתוספת לאוין למשכב זכור, כמו שיש כמה אזהרות בתורה כפולות במלות שונות. וראיתי להרמב"ן זכרונו לברכה (דברים שם) שלא יסכים גם הוא בלאו הזה עם התרגום, אבל יאמר כי לאו דלא יהיה קדש יבוא להזהיר שלא נניח להיות בינינו עם הקדש קדש, והוא האיש המזמן להיות נשכב מן הזכרים כידוע מהם בארצות הישמעאלים עד היום, ומפני כן אמר (שם) מבני ישראל לומר, שאין אנחנו מזהרים מזה באמות, שאם היה אחד מן האמות קדש, ואפילו בינינו, לא הזהרנו עליו, לפי שלא הזהרנו באחרים זולתנו אלא בענין עבודה זרה בלבד. **ואל** יקשה עליך אם כן מאי זה מקרא נלמד לאו לנושא שפחה, אם לא נאמר כדברי המתרגם? ושמא תאמר מדכתיב (שם ז ג) לא תתחתן בם, זה אינו, שהרי מפרש בגמרא דלשבעה עממין הוא דאתא, ועליהם הוא דכתיב, ודוקא בגרותן, דאלו בגיותן לא שיך בהו לשון חתון, וכמו שנכתב בעזרת השם במקומו בסדר ואתחנן (מצוה תכז). אבל אפשר לומר, שנלמד אסור לשפחה בכלל אסור כל האמות שאינם ישראלים שאסור להדבק בהן, וכמו שדרשו עליהם חכמים (קידושין סח, ב), מדכתיב (שם ד) כי יסיר את בנך מאחרי. לרבות כל המסירים. וכמו כן שפחה כנענית. מכיון שאינה ישראלית גמורה בכלל מסירין היא, שהרי קצת מצות יש שהיא אינה חיבת בהן, והן אותן שכתוב בהם בפרוש בפרשה (ויקרא יח ב) דבר אל בני ישראל למעוטי כל שאינו מבני ישראל, כמו שמפרש בגמרא במקצת מקומות, ובכלל מסירין הוא בכך. **נמצא** לפי דברינו, כי פרוש המתרגם ארמית (צ"ל אמת), כי יש בשפחה לאו, אלא שאנו למדים אותו ממקום אחר. והרמב"ן זכרונו לברכה (שם) יחשב לאו דלא יהיה קדש, לבל נניח בינינו איש מזמן לזנות כדרך הישמעאלים כמו שאמרנו. להרמב"ם זכרונו לברכה אין לו בזה לאו, ולכן כתב, כי לא בא הפסוק רק לחזוק אזהרה שלא לבוא על הזכרים כמו שכתבנו, וזה לשונו, שכתב בזה הענין, וזהו הדעת האמתית שזה הלאו נכפל לחזוק, לא שיהיה אזהרה לנשכב, שמאמרו לא תשכב נלמד אזהרה לשוכב ונשכב. ובגמרא

סנהדרין (נד, ב) נתבאר, שרבי ישמעאל הוא שישים לא יהיה קדש אזהרה לנשכב, ולדעתו הבא על הזכור והביא זכור עליו בידיעה אחת חיב שתים. ורבי עקיבא אומר אינו צריך הרי הוא אומר ואת זכר לא תשכב משכבי אשה, קרי ביה לא תשכב, ולפיכך הבא על הזכור והביא זכר עליו בידיעה אחת, אצלו אינו חיב אלא אחת, ואמר בטעם ההוא לא תשכב חדא היא, עד כאן. **משרשי** המצוה. לפי שהשם ברוך הוא חפץ בישוב עולמו אשר ברא ולכן ציוה לבל ישחיתו זרעם במשכבי הזכרים, כי הוא באמת השחתה שאין בדבר תועלת פרי ולא מצות עונה, מלבד שענין אותו טרוף נמאס ומכער הוא מאד בעיני כל בעל שכל. והאיש שנברא לעבדת בוראו לא ראוי (י', ג להתגאל) להתנול במעשים מכערים כאלה. ומזה השרש אמרו זכרונם לברכה (שם עו, ב), שאסור להשיא אשה לקטן, דכעין זנות הוא, וכן שלא ישא אדם זקנה ועקרה שאינה ראויה לילד (עי' יבמות סח ב). **מדיני** המצוה. מה שאמרו זכרונם לברכה (שם נד, א), שהבא על הזכור או הביא זכור עליו אם שניהם גדולים נסקלין, ואם היה האחד גדול והאחד קטן עד תשע שנים ויום אחד שניהם פטורין מדאוריתא, ומכין הגדול מכת מרדות מדרבנן, ואם היה האחד קטן שלא הגיע לכלל שלש עשרה שנה ויום אחד, אבל מכל מקום אם הוא מתשע שנים ויום אחד ולמעלה, הגדול נסקל בין שבא עליו או הביאו על עצמו, והקטן פטור מדאוריתא ומכין אותו מדרבנן (עי' רמב"ם גניבה פ"א ה"י). ואחד הבא על הזכור או הבא על אנדרוגינוס דרך זכרותו חיב (יבמות פג ב), על דרך נקבותו פטור מדאוריתא ומכין אותו מדרבנן. הטומטום ספק יש בו, ולפיכך אסור מדרבנן (עי' רמב"ם מאכלות אסורות פ"ה ה"ח). ואנדרוגינוס מתר לישא אשה. ומפני חשש משכב זכור אסרו זכרונם לברכה (ע"ז טו ב), שלא למסר תינוק ישראל לגוי ללמדו ספר או ללמדו אמנות, מפני שכלן חשודין על משכב זכור. ויתר פרטיה בסוף הסדר כתוב מקומן. **ונוהג** אסור זה בכל מקום ובכל זמן. ועובר עליו, מכיון שהערה, כלומר שהכניס ראש העטרה בלבד, חיב סקילה, כמו שאמרנו, ואם אין עדים והתראה חיב כרת במזיד, בשוגג חיב להביא חטאת. וזאת מן העריות שנצטוו עליה כל בני העולם בכלל, בין ישראל או שאר כל האמות. וכתב הרמב"ם זכרונו לברכה (איסורי ביאה יד, יח) שראה בעצמו כי אפילו עבדים כנעניים ישנם בכלל אסור זה של זכור, ונהרגין עליו, אף על פי שאינן בכלל אסור עריות של קרבה, שהם מתרין אפילו באמם ואחותם, לפי שהם יצאו מכלל גוים ולכלל ישראל לא באו, אף על פי כן אסור, וכן אסור בהמה שוה בכל אדם.

Mitzvah 209

[For a man] to not have intercourse with males: To not have intercourse with males, as it is stated (Leviticus 18:22), "And with a male you shall not lay, the layings of a woman." And Rambam, may his memory be blessed, wrote (Sefer HaMitzvot, Mitzvot Lo

ספר החינוך Sefer HaChinukh

Taase 350), "And this negative commandment about this very matter is repeated in another place, as it is written (Deuteronomy 23:18), 'and there shall not be a kadesh from the Children of Israel.'" It appears that the rabbi, may his memory be blessed, does not agree with that which Onkelos translated (Onkelos on Deuteronomy 21:18), "and a man of the Children of Israel shall not marry a woman maidservant" - the understanding of which is a Canaanite (gentile) maidservant. Rather, his opinion is that "there shall not be a kadesh" only comes as additional negative commandments for male homosexuality, [just] as there are several [other] warnings (negative commandments) that are repeated with different words. And I have seen about Ramban, may his memory be blessed, (Ramban on Deuteronomy 21:18) that he also does not agree with the translation, but would say that the negative commandment of "there shall not be a kadesh " comes to warn that we not allow there to be among us - the holy nation - a kadesh; and that is a man who is designated to lay with men, as is known about them in the lands of the Yishmaelites to this day. And because of this, it is stated "from the Children of Israel" - since we are not warned from this with the [other] nations. As if there was a kadesh from the nations - and even amongst us - we are not warned about him; as we are not warned (commanded) about others besides us, except for idolatry alone. **And** let it not be difficult to you [that], if so that we do not say like the words of the translator (Onkelos) - from which verse do we learn the negative commandment of marrying a maidservant? And lest you say, from that which it is written (Deuteronomy 7:3), "Do not get married with them" - that is not [correct], as behold, it is explained in the Gemara that this is coming [specifically] for the seven [Canaanite] nations, and about them is it written. And [it is speaking about] specifically in their conversion; as in their gentileness, the expression, "marriage," is not applicable - and as we will write with God's help in its place, in the Order of Ve'etchanan (Sefer HaChinukh 427). But it is possible to say that we learn the prohibition of a maidservant as included in the prohibition of all the nations that are not Israelites, that it is prohibited to cling to them. And [it is] like the Sages expounded (Kiddushin 68b) from that which is written (Deuteronomy 7:4), "For they will remove your son from after Me" - to include all who remove. And likewise, a Canaanite maidservant is included in those who remove, since she is not a full Israelite; as behold, there are some commandments about which she is not obligated. And those are the ones in the section of

ספר החינוך Sefer HaChinukh

the Torah in which it is explicitly written, "Speak to the Children of Israel" (e. g. Leviticus 18:2), to exclude anyone who is not from the Children of Israel, as it is explained in the Gemara in a few places. And with this, they are included in those that remove. It comes out according to our words that the explanation of the translator of Aramaic (it should say, is true) that there is a negative commandment with a maidservant, except that we learn it from another place. And [regarding that which] Ramban, may his memory be blessed considers the negative commandment of "there shall not be a kadesh," that we not allow there to be among us a man who is designated for licentiousness in the manner of the Yishmaelites, as we said - there is no negative commandment about this for Rambam, may his memory be blessed. And hence he wrote that this verse only came to strengthen the warning not to have intercourse with males, as we wrote. And this is his language that he wrote about this matter: "And this is the true opinion, that this negative commandment is repeated for strengthening; not so there be a warning (separate negative commandment) for the one laid with - as we learn the warning for the one laying and the one laid with, from its stating, 'you shall not lay.' And it is elucidated in the Gemara Sanhedrin 54b that Rabbi Yishmael is the one that puts 'there shall not be a kadesh,' as a warning for the one laid with. And according to his opinion, [a man] who has intercourse with a male and brings a male upon him in one [period of lack of] knowledge, he is liable two [sin-offerings]. But Rabbi Akiva says, 'He does not need two. Behold it states, "And with a male you shall not lay (tishkhav), the layings of a woman" - read it as be laid (tishakhev).' And hence for him, one who has intercourse with a male and brings a male upon him in one [period of lack of] knowledge is only liable one. And he said in this reasoning, '"You shall not lay" is [all] one.'" To here [are his words]. It is from the roots of the commandment [that it is] because God, blessed be He, desired the settling of His world that He created. And therefore, He commanded that [men] not destroy their seed with male homosexuality. As it is truly destruction, since there is neither [reproductive] benefit, nor a commandment of [a wife's] appointed time - besides that the matter of this craziness is disgusting and ugly to anyone with intelligence. And it is not fitting for a man who is born for the service of his Creator to become distorted (some have the textual variant, to become repulsive) with these ugly acts. And from this root, they, may their memory be blessed, said (Sanhedrin 76b) that it is forbidden to marry a woman to a

ספר החינוך Sefer HaChinukh

minor, as it is similar to licentiousness; and so [too,] that a man not marry an elderly woman nor a sterile woman that is not [able] to give birth (see Yevamot 68b). **From** the laws of the commandment is that which they, may their memory be blessed, said (Sanhedrin 54a) that [in a case of a man] who has intercourse with a male or brings a male upon him, both of them are stoned, if they are both adults. But if one is an adult and one is a minor less that nine years old and a day, they are both exempt from Torah writ - but we strike the adult with rabbinic lashes of rebellion. And if the one was was a minor who did not reach the category of thirteen yeas and a day, but he is nonetheless nine years and a day and up, the adult is stoned - whether he had intercourse with him or brought him upon himself - and the minor is exempt from Torah writ, but we strike him [with rabbinic lashes] (see Mishneh Torah, Laws of Theft 1:10). And it is one if he had intercourse with a male or with a hermaphrodite [anally], he is liable; but [vaginally], he is exempt (Yevamot 83b) from Torah writ, but we strike him [with rabbinic lashes]. About a tumtum (one whose sexual organ is covered by flesh), there is a doubt, and he is therefore forbidden rabbinically (see Mishneh Torah, Laws of Forbidden Foods 5:8). But it is permitted for a hermaphrodite to marry a woman. And because of the concern for homosexuality, they, may their memory be blessed, forbade (Avodah Zarah 15b) to give over an Israelite child to a gentile to teach him a book or a craft - as they are all suspect about homosexuality. And the place of the rest of its details is written at the end of the Order. **And** this prohibition is practiced in every place and at all times. And one who transgresses it is liable for stoning once he inserts himself - meaning to say [even if] he only inserts the tip of the corona, as we have said. And if there are no witnesses and warning, he is liable for excision when volitional; when inadvertent, he is obligated to bring a sin-offering. And this is from the sexual prohibitions that all the people of the world - whether Israelites or all the other nations - are commanded more generally. And Rambam, may his memory be blessed, wrote (Mishneh Torah, Laws of Forbidden Intercourse 14:18) that he saw himself that even Canaanite (gentile) slaves are included in this prohibition of the male and are killed for it. Even though they are not included in the prohibition of the sexual prohibitions of relatives - as they are even permitted with their mothers and their sisters - since they have left the category of [gentiles] and not entered the category of Israelites; nonetheless, they are forbidden. And likewise, the prohibition of [bestiality] is forbidden to all men.

מצוה רי

שלא לשכב עם בהמה - שלא לשכב עם הבהמות, בין שבא האיש על הבהמה או שהביא בהמה עליו הכל בכלל (סנהדרין נד ב), ובכלל הבהמה חיה גם כן, שנאמר (ויקרא יח כג) ובכל בהמה לא תתן שכבתך. **משרשי** המצוה. שהשם ברוך הוא חפץ שיהיו כל המינין שברא בעולמו עושין פירות למיניהן, וכמו שבא בכתוב בתחלת הבריאה שכתוב בכל מין ומין למינהו. ומהיות חפצו ברוך הוא בזה, לא תמצא הברכה וגדלה במה שהוא בהפך. כמו שידוע לנו בפרדות שבאות מתערבת שני מינין, שאינן פרות ורבות. וכן כל אילן המרכב משני אילנות, לא יצלח לעשות פרי כמוהו וכל שכן במין האדם שהוא מבחר מכל המינים שאין ראוי שיתערב במין הבהמה הפחות והגרוע. **מדיני** המצוה. מה שפרשו זכרונם לברכה (סנהדרין שם) שאין חלוק בזה בין בהמה גדולה לקטנה, שנאמר (שם) ובכל בהמה, כלומר אפילו ביום לדתה, ואין חלוק בין הבא עליה כדרכה או שלא כדרכה בכל ענין, כיון שהערה בה, כלומר, כשהכניס ראש העטרה או שהערת הבהמה בו, שניהן נסקלים, הוא והיא, אם הוא גדול, כלומר שהגיע לכלל ענשין, והוא מזיד. אבל בשוגג אין הבהמה נסקלת. ואם יש לו מתשע שנים ויום אחד ומעלה הבהמה נסקלת על ידו והוא פטור עד שיגיע לכלל ענשין ומכל מקום ראוי ליסרו. ואם הוא פחות מתשע שנים ויום אחד אפילו הבהמה אינה נסקלת על ידו. ויתר פרטיה בסוף הסדר נכתב מקומן בעזרת השם. **ונוהג** אסור זה בכל מקום ובכל זמן. ועובר עליה במזיד ויש עדים והתראה נסקל, כמו שאמרנו, ואם אין עדים, בכרת, בשוגג חיב להביא חטאת קבועה בזמן הבית.

Mitzvah 210

To not lay with a beast: To not lay with a beast - whether the man had intercourse with the beast or brought the beast upon himself, it is all included (Sanhedrin 54b); and also included in beast is a [wild] animal - as it is stated (Leviticus 18:23), "And to any beast you shall not give your laying." **It** is from the roots of the commandment that God, blessed be He, desired that all the species that He created in His world make offspring according to their species and like it appears in Scripture at the beginning of the Creation, such that it is written with each and every species, "according to its species." And since it is His will like this, blessing and greatness will not be found in that which is the opposite - as is known to us with mules that come from a mixture of two species, that they do not become fruitful and multiply. And so [too,] any tree that is grafted from two species will not be successful to make fruit like it. And all the more so with man - who is select from all of the species - is it not fitting to mix with a species of low and inferior beasts. **From** the laws of the commandment is that which they, may their memory be blessed, explained (Sanhedrin 54b) that there is no distinction between a large beast and a small [one], as it is stated, "And to any beast" - meaning to say, even on the day of its birth. And there is no difference whether he has intercourse with it in its way, or not in its way. In any fashion, once he has inserted himself in it - meaning to say, when he inserted the tip of the corona - or the beast inserted itself into him, they are both stoned, he and it. [This is] if he is an adult - meaning to say he has reached the category of punishments - and he was volitional. But if inadvertent, the animal is not stoned. And if he is from nine years old and a day and up, the animal is stoned, but he is exempt until he reaches the category of punishments, but it is nonetheless fitting to chastise him. However, if he is less than nine years and a day, even the animal is not stoned because of him. And we will write the place of all the rest of its details at the end of the Order, with God's help. **And** this prohibition is forbidden in every place and at all times. And one who transgresses it volitionally and there are witnesses and a warning is stoned, as we have said; but if there are no witnesses, it is [punishable] with excision. And if inadvertent, he is obligated to bring a fixed sin offering at the time of the [Temple].

מצוה ריא

שלא תשכבנה הנשים עם הבהמות - שלא תשכבנה הנשים עם הבהמות, שנאמר (ויקרא יח כג) ואשה לא תעמוד לפני בהמה לרבעה. וכתב הרמב"ם זכרונו לברכה (ספהמ"צ לא תעשה שמט) שזו מצוה בפני עצמה בחשבון המצות ואינה נכנסת בכלל המצוה שלפניה, לפי שאסור הזכר לבוא על הבהמה ואסור האשה שלא תביא הבהמה עליה שני אסורין חלוקין הן, ולולי הלאו שבא עליהן בפרוש, לא היו נלמדים זה מזה. והביא ראיה ממה שאמרו זכרונם לברכה בפרק ראשון מכרתות (ב א) שלשים ושש כריתות יש בתורה, ומנו אותם ומנו בכללן הבא על הבהמה לאחד, והאשה המביאה הבהמה על עצמה לאחר, עם היותם מונם שם כללי הענינים. **שרש** מצוה זו עם שלפניה בכלל. ***מדיני*** המצוה. מה שאמרו זכרונם לברכה (סנהדרין נה, א) שהאשה גדולה, כלומר שהגיעה לכלל ענשין שהיא בת שתים עשרה שנה ויום אחד שהביאה בהמה עליה, בין גדולה בין קטנה, כיון שהערת בה, בין כדרכה בין שלא כדרכה שתיהן נסקלות, היא והבהמה. ואם האשה קטנה, כלומר פחותה משתים עשרה שנים ויום אחד הבהמה נסקלת והיא פטורה וראוי ליסרה. ואם היא פחותה משלש שנים ויום אחד, אפילו הבהמה אינה נסקלת על ידה. ויתר פרטיה עם פרטי כל העריות הכתובים בסדר זה, בין ענין האסור שבהן וחלוקיהן בין חלוקי משפטי העוברים, הכל במסכת

סנהדרין ובמסכת כריתות ובמקומות מן יבמות וכתבות וקדושין. **וכתב** הרמב"ם זכרונו לברכה (סהמ"צ ל"ת שנב) שאלה העריות שכתבנו בהן שהן בכרת, בא עליהן הכרת בלשון התורה מבאר, וכמו שאמר הכתוב אחר מנינם, כי כל אשר יעשה מכל התועבות האלה ונכרתו הנפשות העושות מקרב עמם. וכמו כן כל אשר כתבנו בהן שהעובר עליהן חיב מיתת בית דין, הוא כמו כן לשון התורה. אמנם התחלפה המיתה ואמרנו בקצתן סקילה ובקצתן חנק ובקצתם שרפה, יש מהן מן הכתוב ויש מהן בקבלה. וכל העריות כלן שהיה אחד גדול ואחד קטן הגדול חיב והקטן פטור, כמו שאמרנו למעלה. וכן אם היו שניהם גדולים והאחד ישן הישן פטור, אף על פי שאפשר שנהנה קצת בעודו ישן. ובכל העריות, וכן בכל שאר העברות שיבוא עליהם חיוב בית דין צריך שיהיו שם שני עדים כשרים או יותר מתרין בעובר, ורואין אותו בעיניהם עובר על העבירה (עי' סנהדרין לז א). ומכל מקום בענין אסור העריות הורונו חכמים (מכות ז א) שאין צרך שיראו העדים ענין הנאוף לגמרי, כלומר שיראו את המעשה הרע כמכחול בשפופרת, אלא מכיון שיראו אותם כמנאפים, כלומר זה בזה כדרך כל הבועלין הרי אלו נהרגין בראיה זו, ואין אומרים שמא לא הערה, מפני שחזקת צורה זו שהערה. ועוד אמרו זכרונם לברכה (קידושין פ, א) בענין גם כן, שכל מי שהחזק בשאר בשר, נהרג על פי החזקה, אף על פי שאין ראיה ברורה על הקרבה אלא חזקה לבד, שבני אדם אומרים, פלוני בן פלונית הוא או אחי פלניתא או אביה ומלקין ושורפין וסוקלין וחונקין על זו החזקה. **ונוהג** אסור זה בכל מקום ובכל זמן. והעוברת עליו והביאה בהמה עליה חיבת סקילה, כמו שאמרנו, ואם אין עדים והתראה היא בכרת, ובשוגג חיבת להביא חטאת קבועה. וכבר אמרנו שבכל שוגג אין הבהמה נסקלת, ואף על פי שאמרו זכרונם לברכה (סנהדרין נד, ב) בטעם סקילת הבהמה כדי שלא יאמרו בני אדם זו היא שנכשל בה פלוני, זה לא נאמר אלא במזיד, כי הוא הכשלון הגדול, אבל שוגג קצת אנס יש בו. **נמצא** לפי דברינו, שאין אסור על הגוים משום ערוה, אלא אם ואשת אב ואחות מאם ואשת איש, כמו שכתבנו בסדר וישמע יתרו (מצוה לה). וזכור ובהמה, והעבדים אינם בכלל אסור עריות של קרבה, ומתרין אפילו באמם ואחותם, וכמו שכתבנו למעלה (מצוה רט) לפי שכבר יצאו מכלל גוים ולכלל ישראל לא באו. **ועוד** אמרו זכרונם לברכה בטעם זה (יבמות סב, ב), שהעבד הכנעני אין לו חיים, כלומר שהרי הוא כבהמה לענין זה, והכתוב מורה על זה מדכתיב (בראשית כב ה) שבו לכם פה עם החמור. ודרשו זכרונם לברכה (שם) עם הדומה לחמור, והם היו עבדים של אברהם אבינו. ומכל מקום באסור זכור ובהמה הן, כדעת הרמב"ם זכרונו לברכה, וטעם נכון הוא דלא שיך לומר בזה אין לו חיים. ואסורין גם כן מלבוא על אשת איש של ישראל דלא שיך בהם גם כן אין לו חיים. וכן הם אסורים מן הנדה, ואפילו שפחה, שחיבין הן בכל ענשים שבתורה. ובפרוש דרשו זכרונם לברכה (ספרא מצורע מכילתא

דזבים פשראתא ה' פסקא א) ואשה כי תהיה זבה (ויקרא טו יט) בין ישראלית בין שפחה בין גיורת ומשחררת. **ואמרו** זכרונם לברכה (ויקרא כב, א) שאם נתגיר אחד מן האמות, וכן עבד שנשתחרר הרי הן כקטן שנולד וכל שאר בשר שהיה להן מתחלה בגיותן או בעבדותן אינן שאר בשר להן כלל, ומתר להן לשא אותן אפילו הן אמם או אחותם, זהו מדין תורה, אבל חכמים אסרו הדבר כדי שלא יאמרו שבאו מקדשה חמורה לקדשה קלה. ותקנו הדבר כן שאם היה נשוי כשהוא גוי או עבד לאמו או לאחותו מפרישין אותן, לפי שאלו היו אסורות אפילו בגיות, אבל אם היה נשוי לשאר העריות ונתגירו הוא והן אין מפרישין אותן לפי שאין כאן חשש שיאמרו וכולי, שהרי שאר העריות מתרות היו בגיותן. ומן הטעם הזה לא גזרו זכרונם לברכה בגר אלא בשאר האם אבל לא בשאר האב, ולפיכך אמרו זכרונם לברכה (שם צז, ב), שגר מתר לשא בתו שנתגירה, וכן אשת אחיו מאביו אבל לא מאמו, וכן מתר באשת בנו, ומתר לו לשא שתי אחיות מן האב אבל לא מן האם. וכן השניות כלן לא גזרו עליהם בגרים. והעבדים שנשתחררו הרי הן כגרים, וכל מה שמתר להן מתר להן והוא הדין באיסור.

Mitzvah 211

That women not lay with the beasts: That women not lay with the beasts, as it is stated (Leviticus 18:23), "and a woman shall not stand in front of a beast to mate with it." And Rambam, may his memory be blessed, wrote (Sefer HaMitzvot, Mitzvot Lo Taase 349) that this a commandment on its own in the tally of the commandments and it is not subsumed in the commandment before it. As the prohibition of the male to have intercourse with the beast and the prohibition of the woman to not bring the beast upon herself are two distinct prohibitions. And were it not for the negative commandment that came explicitly about [the women], we would not have learned this one from that one. And he brought a proof from that which they, may their memory be blessed, said in the first chapter of Keritot 2a, "There are thirty-six excisions in the Torah," and they enumerated them. And they counted among them [a man] who has intercourse with a beast as one, and the woman who brings a beast upon herself as another, even as they were [only] counting the main categories of things there. **The** root of this commandment is included with the one before it. From the laws of the commandment is that which they, may their memory be blessed, said (Sanhedrin 55a) that an adult woman - meaning to say that she has reached the category of punishments, which is twelve years and a day - that brought a beast upon herself, whether large or small; once it has inserted itself in her - whether in her

ספר החינוך Sefer HaChinukh

[conventional] way or not in her way - they are both stoned, the beast and her. And if the woman is a minor - meaning, less than twelve years and a day - the animal is stoned and she is exempt, but it is fitting to chastise her. However, if she is less than three years and a day, even the animal is not stoned because of her. And the rest of its details [together] with the details of all of the sexual prohibitions that are written in this Order - whether the matter of their prohibitions and their distinctions, or whether the distinctions of the judgments of their transgressors - it is all in Tractate Sanhedrin and Tractate Keritot and in [some] places in Yevamot, Ketuvot and Kiddushin. **And** Rambam, may his memory be blessed, wrote (Sefer HaMitzvot, Mitzvot Lo Taase 352) that excision came from the Torah with a clear language about these sexual prohibitions that we wrote are with excision (karet, literally, cutting off). And it is like the verse stated after their enumeration (Leviticus 18:29), "For all who do from all of these abominations shall be cut off from their people." And likewise, that which we have written about them that one who transgresses them is liable for the death penalty of the court, is likewise the language of the Torah. However, the variation of the death penalty and our saying about some of them, stoning, about some of them, strangulation, and about some of them, burning - some of them are from Scripture and some are through tradition. And [with] all of the sexual prohibitions, in all of them in which one was an adult and the other a minor, the adult is liable and the child is exempt, as we said above. And likewise, if they were both adults, but one was sleeping, the one sleeping is exempt - even though it is possible that he had a little pleasure when he was still sleeping. And with all of the sexual prohibitions - and so [too,] with all of the sins that a liability of the court comes upon them - there needs to be two or more fit witnesses there, warning the transgressor and seeing him violate the transgression with their [own] eyes (see Sanhedrin 37a). And nonetheless regarding the matter of the sexual prohibitions, our Sages have instructed us (Makkot 7a) that there is no need for the witnesses to see the matter of adultery completely - meaning to say that they see the evil act like a brush in a tube. Rather, from when they see them [acting] like adulterers - meaning to say like the way of all those having intercourse - behold, they are killed with this sight. And we do not say, maybe he did not insert [himself] - as the assumption of this position is that he inserted. And they, may their memory be blessed, also said (Kiddushin 80a) about this matter that anyone who is assumed to be from the same flesh is killed according to [that] assumption - even though there is no clear proof about the relation besides the assumption alone. [This means] that people say x is the son of y or the brother of z or her father. And we lash, burn, stone and strangulate [based] on this assumption. **And** this prohibition is in every place and at all times. And one who transgresses it and brings a beast upon herself is liable for stoning for it, as we said. And if there were no witnesses and a warning, she is [punished] with excision; and when inadvertent, she is obligated to bring a fixed sin-offering. And we have already said that in all [cases] of inadvertence, the beast is not stoned. And even though they, may their memory be blessed, said (Sanhedrin 55a) as the reason for stoning the beast, [that it is] so that people not say, "This is [the beast] that x stumbled with"; that is only said when volitional, as that is the big stumbling. But there is a bit of accidentality in inadvertence. **It** comes out according to our words that the only prohibition for the [gentiles] on account of sexual prohibition is the mother, the wife of the father, the sister from the mother, a married woman - as we wrote in the Order of Vayishma Yitro (Sefer HaChinukh 35) - a male and a beast. And slaves are not included in the sexual prohibitions of relationship, and are permitted even with their mothers and their sisters - and as we wrote above (Sefer HaChinukh 209) - since they have already left the category of [gentiles] but have not come into the category of Israelites. **And** they, may their memory be blessed, said further as a reason for this (Yevamot 62b) that a Canaanite slave does not have relationship - meaning to say that behold, he is like a beast in this matter. And Scripture indicates this, from that which it is written (Genesis 22:5), "Sit here with (eem) the donkey" - and they, may their memory be blessed, expounded, "A people (am, which is spelled the same way as eem) similar to a donkey"; and they were the slaves of Avraham, our father. And nonetheless, they are [included] in the prohibition of males and beasts, according to the opinion of Rambam, may his memory be blessed. And the reason is correct; as about this, it is not applicable to say [that] he has no relationship. And they are also forbidden from having intercourse with the married woman of an Israelite; as also about them is it not applicable to say [that] he has no relationship. And they are likewise forbidden with a menstruant, and even [in the case of] a maidservant - as [the latter] are liable for all of the punishments in the Torah. And explicitly did they, may their memory be blessed, expound (Sifra, Metzora Parashat Zavim, Section 5:1), "'And when a woman discharges' (Leviticus 15:19) -

whether an Israelitess or whether a maidservant; whether a convert or a freed [maidservant]." **And** they, may their memory be blessed, said (Yevamot 22a) that if someone from the [other] nations converts - and likewise, if a slave is freed - behold, they are like a newborn child. And all of the relationship of flesh that he had from the beginning in their being gentiles are no [longer] their flesh relatives at all and they are permitted to marry them - even their mother or their sister. That is from Torah writ. But the Sages forbade the thing, so that [people] not say that they came from a stringent holiness to a light holiness. And they ordained the thing like this: That if he was married to his mother or to his sister when he was a [gentile] or a slave, they would separate them - since these were forbidden even in [being a gentile]. But if he was married to the other sexual prohibitions and they converted, they would not separate them; as there is no concern here that they will say, etc. - as behold the rest of the sexual prohibitions were permitted to them in their being [gentiles]. And from this reason, they, may their memory be blessed, only decreed with the relatives of the mother, but not with the relatives of the father. And therefore, they, may their memory be blessed, said (Yevamot 97b) that it is permitted for a convert to marry his daughter who converted; and likewise the wife of his brother from his father but not from his mother; and he is likewise permitted with the wife of his son. And it is permitted for him to marry two sisters from the father, but not from the mother. And so [too,] with all the secondary [prohibitions], they did not decree them for converts. And behold, slaves that were freed are like converts, and everything that is permitted to [the latter] is permitted to [the former]. And the same is the law with prohibition.

מצוה ריב

מצות יראת אב ואם - לירא מהאבות. כלומר, שיתנהג האדם עם אמו ואביו הנהגה שאדם נוהג עם מי שירא ממנו, שנאמר (ויקרא יט ג) איש אמו ואביו תידאו. ולשון ספרא (קדושים אי, קדושין לא ב) איזהו מורא? לא ישב במקומו ולא ידבר במקומו ולא סותר את דבריו. **משרשי** המצוה. כתבתי במצות כיבוד האבות בפרשת וישמע יתרו (מצוה לג). **מדיני** המצוה. מה שאמרו זכרונם לברכה (קידושין לא, א) עד היכן מוראת אב ואם? שאפילו הכוהו וירקו בפניו לא יכלים אותם, ואף על פי כן צוו חכמים (מו"ק יז, א וברש"י שם שמא מיבעט באביו והוה ליה איהו מכשילו) לבל יכה אדם את בנו הגדול, לפי שיש בדבר משום ולפני עור לא תתן מכשול (מצוה רלב), ומנדין על כך. ואמרו זכרונם לברכה (קידושין שם ב) בחמר מצוה זו,

שאפילו נטרפה דעת האב והאם שישתדל הבן לנהג עמהם דרך כבוד לפי דעתם, אבל אם נשתטו ביותר, יכול להניחם ויצוה אחרים עליהם להנהיגם כראוי אם יש לו. והממזר חיב בכבוד האבות ומוראם (יבמות כב, ב) אף על פי שפטור מן המשפט על מכתם וקללתם. והורונו זכרונם לברכה (ב"מ לב, א) בענין זה, שאם יצוו האבות לעבר על דברי תורה ואפילו על מצות דרבנן, שאין שומעין להם. ויתר פרטיה, במקומות בגמרא, והרב בקדושין לפי דעתי (יו"ד סי' ר"מ). **ונוהגת** בכל מקום ובכל זמן בזכדים ונקבות. ועובר עליה והקל ביראתם בטל עשה זה אלא אם כן עשה מדעת האב ובמחילתו, שהאב שמחל על כבודו כבודו מחול.

Mitzvah 212

The commandment of the reverence of father and mother: To be in reverence from parents - meaning to say that a person act with his mother and his father as he would with someone for whom he has reverence, as it is stated (Leviticus 19:3), "His mother and father shall a man revere." And the language of Sifra, Kedoshim, Section 1:10 (also Kiddushin 31b) is "Which is reverence? He shall not sit in his place, and he shall not speak in his place, and he shall not contradict his words." **I** have written from the roots of the commandment on the commandment of honoring parents in Parshat Vayishma Yitro (Sefer HaChinukh 33). **From** the laws of the commandment is that which they, may their memory be blessed, said (Kiddushin 31a). "To what point is the reverence of father and mother? That even if they strike him and they spit in his face, he does not embarrass them." And even so, the sages commanded (Moed Katan 17a) a person not to strike his adult son, since there is in the thing [a possible violation of], "do not put a stumbling block in front of the blind" (Sefer HaChinukh 232) - (lest he kick his father, and it will be he that made him stumble - Rashi there). And we excommunicate someone for that. And they, may their memory be blessed, said (Kiddushin 31b) about the stringency of this commandment that even if the father or mother lose their mind, the son must make efforts to behave in a way of honor towards them, according to their perception. But if they become extremely insane, he is able to leave them and command others over them to treat them as is fit, if he has [this possibility]. And a mamzer is obligated in the honor of parents and their reverence (Yevamot 22b), even though they are exempted from the statute of hitting them or cursing them. And they, may their memory be blessed, taught us about this matter (Bava Metzia 32a) that if the parents command to transgress words of Torah - and even a rabbinic commandment - we do not listen to them. [These] and the rest of its details are in [sacttered] places in the Gemara, but the most are in Kiddushin, according to my opinion (see Tur, Yoreh Deah 240). **And** it is practiced in every place and at all times by males and females. And [if] he transgresses it and treats their reverence lightly, he has violated this positive commandment; unless he does it with the agreement of his father and his relinquishment - as the honor of a father who relinquishes it, is relinquished (it is effective).

מצוה ריג

שלא לפנות אחר עבודת אלילים לא במחשבה ולא בדבור ולא בהבטה - שלא לפנות אחר עבודה זרה במחשבה או בדבור ולא אפילו בראיה לבד, כדי שלא יבוא מתוך כך לעבד אותה, שנאמר (ויקרא יט ד) אל תפנו אל האלילים. ואמרו זכרונם לברכה בספרא (קדושים א יא) אם פונה אתה אחריהם אתה עושה אותן אלהות, כלומר אם אתה מתעסק בעניניה כלומר, להרהר אחרי השגעונות אשר יאמרו המאמינים בה, שמזל פלוני או כוכב פלוני יעשה פעלה כן, וכן בקטרת פלונית או בעבודה פלונית, או תביט תמיד בצורות שעושין עובדיה כדי לדעת איכות עבודתה, מכל זה יהיה סבה, שתהיה נפתה אחריה ותעבדה. **ובפרוש** נאמר שם בספרא, שאפילו ההבטה לבד אסורה, שאמרו שם רבי יהודה אומר: אל תפנה לראותן. והענין מן הטעם שאמרנו שהוא סבה לראות אותה ולטעות אחריה, וכן כדי שלא יבטל חלק מהזמן ויתעסק באותם ההבלים, והאדם איננו נברא רק לעסק בעבודת בוראו, וזהו שאמרו זכרונם לברכה בשבת פרק שואל אדם מחברו (קמט, א) ודיוקני עצמה אפילו בחול אסור להסתכל בה, משום שנאמר אל תפנו אל האלילים. מאי תלמודא? אמר רבי יוחנן אל תפנו אל מדעתכם. **ונכפל** לאו זה, כלומר באסור המחשבה בעבודה זרה במקום אחר, שנאמר (דברים יא טז) השמרו לכם פן יפתה לבבכם וסרתם ועבדתם וגו'. כלומר שאם ירבה לבך לחשב בה, יהיה סבה לנטותך מן הדרך הישרה ולהתעסק בעבודתה, ועוד נאמר בזה הענין (שם ד יט) ופן תשא עיניך השמימה וראית וגו'. שאין הענין שלא ישא האדם ראשו ויביט בשמים, אבל הכונה בדבר שלא יביט בהם בעין הלב לדעת כחן וענינן, כדי לעבדן, וכמו שנאמר במקום אחר (שם יב ל) ופן תדרש לאלהיהם לאמר איכה יעבדו הגוים האלה את אלהיהם ואעשה כן גם אני וגו'. שימנענו הכתוב מלשאל על איכות עבודתה, לפי שכל זה הוא סבה לטעות בה. **שרש** רחוק עבודה זרה ידוע לכל אדם. **דיני** המצוה ופרטיה, יתבארו בהרבה מקומות בגמרא בפזור, שהזהירונו בו זכרונם לברכה (ברכות יב ב) שלא להרהר במחשבת עבודה זרה ואמרו זכרונם לברכה שלא מחשבת עבודה זרה בלבד אסורה, אלא כל מחשבה הגורמת לו לאדם לעקר דבר מן התורה. ובפרוש הזהיר הכתוב על זה דכתיב (במדבר

ספר החינוך Sefer HaChinukh

טו לט) ולא תתורו אחרי לבבכם. ואמרו זכרונם לברכה (קידושין מ, א) שאין הקדוש ברוך הוא מחשב לישראל מחשבת עבירה כמעשה, חוץ ממחשבת עבודה זרה, שהיא נחשבת לו לאדם כמעשה [הלכות ע"א פ"ב]. ונוהג אסור זה בכל מקום ובכל זמן בזכרים ונקבות. והעובר עליה ופנה אחר עבודה זרה בדרך שיהא עושה בה מעשה לוקה (עי' רמב"ם סנהדרין יט ד).

Mitzvah 213

To not turn after the worship of idols - not in thought, not in speech and not in vision: To not turn after idolatry with thought or speech and not even only with sight; so that he not come from this to serve it, as it is stated (Leviticus 19:4), "You shall not turn to the idols." And they, may their memory be blessed, said in Sifra, Kedoshim, Section 1:11, "If you turn after them, you make them gods"; meaning to say, if you involve yourself with their matters - meaning to ponder after the follies that those that believe in them say about it, that constellation x or star y does this action, and so [too,] incense x or service y; or you constantly observe the forms that their worshipers make in order to know the manner of its worship. All of this [can cause] you to be seduced after it and that you would worship it. **And** explicitly is it stated there in Sifra, Kedoshim, Section 1:10 that even observing alone is prohibited - as they said there, "Rabbi Yehudah says, 'Do not turn, to see them.'" And the matter is from the reason that we said, which is that it causes [one] to see it and to stray after it. And also, so that he not waste a portion of [his] time and be involved in these vanities, whereas man is only created to be involved in the service of his Creator. And this is what they, may their memory be blessed, said in Shabbat 149a in the chapter [entitled] Shoel Adam Mechavero, "And [regarding] an image itself, even on a weekday it is prohibited to stare at it, because it is stated, 'You shall not turn to the idols.' What is the inference? Rabbi Yochanan said, '"Do not remove God (Al tefannu El " a play on the words of the verse) out of your minds.'" **And** this negative commandment - meaning, the prohibition of thought about idolatry - is repeated in another place, as it is stated (Deuteronomy 11:16), "Guard yourselves, lest your hearts be seduced and you serve, etc." [This is] meaning to say that if your heart spends much time in thinking about it, it will be a cause to divert you from the straight path and to be involved in its service. And it is also stated about this matter (Deuteronomy 4:19), "And lest you lift your eyes to the heavens and see, etc." As the content [of this verse] is not that a man not lift up his eyes to the

ספר החינוך Sefer HaChinukh

sky and observe the heavens, but [rather] the intention of the thing is that he not observe them with his heart's eye - to know their power and their makeup in order to serve them. And [it is] like it is stated in another place (Deuteronomy 12:30), "and lest you inquire of their gods, saying, 'How do these nations serve their gods, and I will do so, me too, etc.'" The verse prevents us from asking about the manner of their worship, since all of this is a cause to err about it. **The** root of distancing ourselves from idolatry is well-known to every man. **The** laws of the commandment and its details are elucidated in many scattered places in the Gemara, such that they, may their memory be blessed, warned us about it, not to ponder thoughts of idolatry (i.e. Berakhot 12b); and they, may their memory be blessed, said that it is not only the thought of idolatry that is forbidden, but rather any thought that causes a person to uproot something from the Torah. And Scripture prohibited this explicitly, as it is written (Numbers 15:39), "and you shall not stray after your hearts." And they may their memories be blessed, said (Kiddushin 40a) that for Israel, the Holy One, blessed be He, does not consider a thought of sin to be like the act - except for the thought of idolatry, which is considered for a man to be like the act (see Mishneh Torah, Laws of Foreign Worship and Customs of the Nations 2). **And** this prohibition is practiced in every place and at all times by males and females. And one who transgresses it and turns after idolatry in a way that there be an act [involved] with it, is lashed (see Mishneh Torah, Laws of The Sanhedrin and the Penalties within their Jurisdiction 19:4).

מצוה ריד

שלא לעשות עבודת אלילים לא לעצמו ולא לזולתו - שלא לעשות עבודה זרה למי שיעבדה, בין לעצמו בין לזולתו, ואפילו יהיה המצוה לעשותה עובד אלילים שנאמר (ויקרא יט ד) ואלהי מסכה לא תעשו לכם. ואמרו זכרונם לברכה בספרא (קדושים א יב) אפילו לאחרים. ושם נאמר העושה עבודה זרה לעצמו עובר משום שתי אזהרות, כלומר משום לא תעשו, ומשום לא לכם וגו'. **שרש** רחוק עבודה זרה ידוע. **דיניה** כגון מה שאמרו זכרונם לברכה (ע"ז נא, ב) מה בין עבודה זרה של ישראל לעבודה זרה של גוי? עבודה זרה של גוי אסורה בהנאה מיד, שנאמר (דברים ז כה) פסילי אלהיהם תשרפון באש וגו'. משפסלו נעשה לו אלוה, ושל ישראל אינה אסורה בהנאה עד שתעבד, שנאמר (שם כז טו) ושם בסתר, עד שיעשה לה דברים שבסתר, שהן עבודתה. ומשמשי עבודה זרה, בין של גוי או של ישראל, אינן אסורין עד שישתמשו בהן לעבודה זרה. והעושה עבודה זרה,

ספר החינוך Sefer HaChinukh

אף על פי שהוא לוקה שכרו מתר, ואפילו עשאה לגוי, שהיא אסורה משנגמרה אפילו קדם שתעבד, מכל מקום אינה אסורה עד שתגמר, ומכוש אחרון שגומרה אין בו שוה פרוטה. ויתר רבי פרטיה, במסכת עבודה זרה [י"ד סימן קמ"א]. **ונוהגת** אסורה בכל מקום ובכל זמן בזכרים ונקבות. והעובר ועשה עבודה זרה לזולתו, בין עשאה לגוי או לישראל, לוקה מלקות אחת ואם עשה לעצמו לוקה שתי מלקיות כמו שאמרנו, ושניהם משום העשיה לבד לכונת עבודה ואף על פי שלא עבדה.

Mitzvah 214
To not make [idols] not for himself and not for those besides him: To not make [idols] for one that will worship it, not for himself and not for those besides him, and even if the one who orders that it be made is an idolater - as it is stated (Leviticus 19:4), "and molten gods do not make for yourselves." And they, may their memory be blessed, said in Sifra, Kedoshim, Section 1:12, even for others. And there is it said, "One who makes [an idol] for himself, transgresses on account of two warnings" - meaning to say, on account of "do not make," and on account of "for yourselves, etc." **The** root of distancing ourselves from idolatry is well-known Its laws are, for example, that which they, may their memory be blessed, said (Mishneh Torah, Laws of Foreign Worship and Customs of the Nations 7:4; Avodah Zarah 51b), "What is [the difference] between [an idol] of an Israelite and [the idol] of a gentile? The [idol] of a gentile is immediately forbidden to benefit from, as it is stated (Deuteronomy 7:25), 'The statues of their gods shall you burn with fire, etc.' - from when they became statues, it becomes a god for him. But for the Israelite, it does not become forbidden to benefit from until it is worshiped, as it is stated (Deuteronomy 27:15), 'and places [it] secretly' - until he does things to it secretly, which are its worship. But the auxiliaries of idolatry - whether of a gentile or whether of an Israelite are not forbidden until they use them for idolatry. And the wage of the one who makes [the idol] is permissible, even though he is lashed - and even if he makes it for a gentile, such that it is forbidden when it is finished even before it is worshiped. Nonetheless, it is not forbidden until it is finished, and the last hammer-blow is not worth the value of a small coin (such that all the tangible value was invested before it was forbidden)." [These] and the rest of its many details are in Tractate Avodah Zarah (see Tur, Yoreh Deah 141). **And** this prohibition is practiced in every place and at all times by males and females. And one who transgresses it and makes an

[idol] for someone else - whether he made it for a gentile or an Israelite - is lashed one [set of lashes]. And if he made it for himself, he is lashed two [sets], as we have said. And both of them are because of the manufacture with the intention of worship, alone - even though he did not worship it.

מצוה רטו

שלא לאכל נותר - שלא לאכל נותר, והוא מה שנשאר מבשר הקדשים מקרבן שקרב כמצותו אחר זמן הראוי לאכלו, שנאמר במלואים (שמות כט לג) לא יאכל כי קדש הם. ובא הפרוש על זה (מעילה יז, ב) כל שבקדש פסול לתן לא תעשה על אכילתו, וזה ירמז הכתוב באמרו כי קדש הם, זה הנסתר שהוא הם, הוא כולל כל מה שנפסל מן הקדשים. ואין לנו ללמוד בכך שנחשב הפיגול והנותר ללאו אחד, כי שני שמות הן, וכמו שכתבתי למעלה באסור הפגול בסדר צו (מצוה קמד). ומצינו שבאו בהם שני כתובים לגבי הענש, דכתיב בפגול בסדר צו (ויקרא ז יח) ואם האכל יאכל וגו', וכתיב בתריה והנפש האוכלת עונה תשא, ונשיאות עון זה הוא כרת כמו שנלמד בגזרה שוה מנותר, וכתיב הכא גבי נותר (שם יט ו ח) והנותר עד יום השלישי פגול הוא לא ירצה ואוכליו עונו ישא כי את קדש יי חלל ונכרתה וגו'. ועל כן, אף על פי שאזהרת שניהם ממקרא אחד, לא נמנע מפני כן לחשבם שני לאוין. וכן אמרו במעילה (יז, ב) הפגול והנותר אין מצטרפין זה עם זה, מפני שהן שני שמות וכו' כמו שמפרש שם, שיש דברים שאין מצטרפין בהן ויש שמצטרפין בהן. **משרשי** המצוה. כתבתי באסור פגול מה שידעתי. **מדיני** הנותר. מה שאמרו זכרונם לברכה (זבחים לה, א) אכל מן העור או מן המרק או מן התבלין או מן האלל או מן המראה או מן הגידים ומן הקרנים ומן הטלפים ומן הצפרנים ומן החרטם, מביצי העוף, מן הנוצה אינו חיב כרת. וכן בדם (שם מה, ב) אין חיב בו משום נותר, וכן בלבונה והקטרת והעצים, וכמו שכתבנו בפגול. אבל מן השליל או מן השליא חיב כרת. וכן מה שאמרו (שם א) כי קדשי הגוים, כלומר נדרים ונדבות שמקבלין מהן אין בהן משום נותר ופגול. ויתר פרטי אסור הנותר וגם הפגול, יתבארו בהרבה מקומות מסדר קדשים [הלכות פסולי המוקדשין פרק א]. **ונוהג** אסור זה בזמן הבית בזכרים ונקבות. ועובר עליו ואכל כזית נותר במזיד חיב כרת, בשוגג חיב להביא חטאת קבועה, וכן הדין אם אכל כזית מנותר ופגול ביחד, דלענין אכילה מצטרפים הן (עי, מעילה יז ב).

Mitzvah 215

To not eat notar: To not eat notar - and that is what remains from the meat of consecrated animals, from a sacrifice that was brought according to its commanded [specifications] after the time that it is fit to eat from it, as it is stated about the inauguratory sacrifices

ספר הַחִינוּךְ Sefer HaChinukh

(Exodus 29:33), "it shall not be eaten, they are holy." And the explanation came about this (Meilah 17b), "[It refers to] anything that is consecrated [that is] disqualified, to give a negative commandment on its eating." And this is hinted to by the verse, in its stating, "they are holy": This third person, which is "they," includes all that which is disqualified of the consecrated animals. But we should not learn from this that notar and pigul (sacrifices disqualified by the wrong thought) are considered one negative commandment, as they are two topics - as I have written above on the prohibition of pigul in the Order of Tsav (Sefer HaChinukh 144). And we found about them that two [different] verses came concerning the punishments, as it is written (Leviticus 7:18), "And if it is surely eaten, etc."; and it is written, after it, "and the soul that eats it will carry its iniquity" - and this carrying of iniquity is excision, as we learn from a comparison with notar. As here, it is written concerning notar (Leviticus 19:6-8), "and that which remains to the third day[...] is piggul, it is not acceptable. And one who eats them will carry his iniquity, since he profaned the holy of God, and excised, etc." And hence, even if the warning for both of them is from one verse, it is not made impossible because of this to consider them two [separate] negative commandments. And so, did they say in Meilah 17b, " Pigul and notar do not combine because they are two topics, etc." - as it is explained there that there are things that do not combine and there are things that combine. **I have written what I have known about the roots of the matter in the prohibition of pigul. From** the laws of notar is that which they, may their memory be blessed, said (Zevachim 35a) [that if one] ate from the skin, from the gravy, from the spice, from the remnants of meat stuck to the skin, from the crop, from the sinews, from the horns, from the hooves, from the nails, from the beak, from the eggs of the bird and from its feather, he is not liable for excision. And so [too,] with blood (Zevachim 45b), one is not liable on account of notar; and so [too,] with the frankincense, the incense and the wood, as we wrote about pigul. But [if he ate] from the embryo or from the placenta, he is liable for excision. And so [too,] what they said (Zevachim 45a) that consecrated animals of the gentiles - meaning to say vows and pledges that we accept from them - do not have [liability] on account of notar and pigul. [These] and the rest of the details of the prohibition of notar - and also of pigul - are elucidated in many places in the Order of Kodashim (see Mishneh Torah, Laws of Sacrifices Rendered Unfit 1). **And this prohibition is practiced at the time of the [Temple] by males** and females. And one who transgresses it and eats a kazayit of notar volitionally is liable for excision; and he is obligated to bring a fixed sin-offering, if inadvertent. And so [too,] is the law if he ate a kazayit of notar and pigul in combination - since with regards to eating, they combine (see Meilah 17b).

מצוה רטז

להניח פאה בשדה - להניח פאה מן התבואה, שנאמר (ויקרא יט, י) לעני ולגר תעזוב אותם, אחר שזכר לא תכלה פאת שדך. ופרוש גר, זה גר צדק (עי, ספרא ג ד), וכן כל גר האמור במתנות עניים, שהרי כתוב במעשר עני (דברים כו יב) לגר ליתום ולאלמנה. וזה ודאי גר צדק הוא מן הסתם, שעדיו בצדו, והוא הדין לכל מתנות עניים. ואף על פי כן אמרו זכרונם לברכה (גיטין נט, ב) שאין מונעין אותן מעניי עובדי גוים מפני דרכי שלום. וענין הפאה הוא שיניח האדם בעת שיקצר תבואתו מעט מן התבואה בקצה השדה, ואין לשיור זה שעור מן התורה, אבל חכמים נתנו שעור בדבר (פאה א, ב) והוא חלק אחד מששים. **משרשי** המצוה. כי השם ברוך הוא רצה להיות עמו אשר בחר, מעטרים בכל מדה טובה ויקרה ושיהיה להם נפש ברוכה ורוח נדיבה. וכבר כתבתי (מצוה טז) כי מתוך הפעלות, תתפעל הנפש ותהיה טובה ותחול ברכת השם בה. ואין ספק כי בהותיר האדם חלק אחד מפרותיו בשדהו ויפקירם שיהנו בו הצריכים, תראה בנפשו שבע רצון ורוח נכון ומבורך, וכי השם יתברך השבעו בטובו וגם נפשו בטוב תלין, והמאסף הכל אל הבית ולא ישאיר אחריו ברכה שיהנו בם האביונים אשר ראו השדה בקמותיה ויתאוו תאוה אליה למלא נפשם בה כי רעבו, יורה בנפשו בלי ספק רע לב ונפש רעה וגם רעה תבואהו, וכמו שאמרו זכרונם לברכה (סוטה ח, ב) במדה שאדם מודד, בה מודדין לו. וזה הענין יספיק לנו על צד הפשט גם בלקט ושכחה ופרט הכרם ועוללות. **מדיני** המצוה. כגון מה שאמרו זכרונם לברכה (חולין קלז, א), שאחד הקוצר או התולש חיב בפאה, ואף על פי שהכתוב אומר ובקצרכם קוצר לאו דוקא, ואם עבר וקצר הכל (ב"ק צד, א) נותן מעט מן הקצור לעניים. ומה שאמרו זכרונם לברכה (חולין קלא, א), שאין במתנות עניים אלו טובת הנאה לבעלים אלא הם נוטלין אותן בעל כרחם. ודין מאימתי כל אדם מתרין בהם. ומה שאמרו זכרונם לברכה (שם קלד, ב), שאם אין עניים שיטלו הפאה שמתר לבעל השדה לטלה, שנאמר לעני ולגר, ודרשו זכרונם לברכה ולא לעורבים ולעטלפים. וכלל זה נתנו ז"ל בחיוב הפאה, בין בפאה של תבואה או של אילן, כל אכל שגדולו מן הארץ ונשמר ונלקט כלו כאחד ומכניסין אותו לקיום, כגון התבואה והקטנית והחרובין והאגוזים ושקדים וענבים וזיתים ותמרים, וכל כיוצא באלו שיש בהן חמש דרכים אלו שאמרנו חיב בפאה, אבל אסטיס ופואה וכיוצא בהן פטורין מפני שאינן אכל, וכן כמהין ופטריות פטורין לפי שאינו נשמר, וכן

ספר החינוך · Sefer HaChinukh

תאנים אינן חיבין לפי שאין לקיטתן כאחד, וכן הירק פטור לפי שאין מכניסין אותו לקיום (עי' שבת סח, א). **וכן** מה שאמרו זכרונם לברכה (ירושלמי פאה פ"ד ה"ד), שאין חיוב הפאה אלא לאחר שהביאו הפרות שליש, ושאין מניחין הפאה אלא בסוף השדה כדי שידעו העניים מקומה (שבת כג א). ודין האחין שחלקו השדה מה דינם (פאה ג ה) בפאה, וכן השתפין שחלקו, ודין המוכר מקומות משדהו לאנשים, ודין (שם ד א) עני אחד אומר לחלק הפאה ביניהם וחבריו אומרים לבוז, ששומעין לאחד, ואפילו כנגד כמה לפי שהוא אומר כהלכה, ודין (שם שם ה) באיזה עונות ביום מחלקין הפאה, ודין (שם שם ג) עני שנטל מקצת פאה וזרק על השאר או שפרש טליתו עליה, ודין עניים העומדים על הפאה שאם בא עני ונטלה זכה בה. לפי שאין עני זוכה בלקט שכחה ופאה ולא כל אדם בסלע של מציאה עד שיגיע לידו (עי' ב"מ קיח א), וכן מה שאמרו זכרונם לברכה (שם א, ב) שאדם חיב להוסיף בפאה לפי גדל השדה ולפי רב העניים ולפי ברכת הזרע, ויתר רבי פרטיה, במסכתא הבנויה על זה והיא מסכת פאה. **ונוהגת** מן התורה בזכרים ונקבות בין בישראל בין בכהן ולוי, ובארץ ישראל דוקא, ובזמן שישראל שם כתרומה וכמעשרות, כדעת הרמב"ם זכרונו לברכה (תרומות א, כו) שאמר כי תרומה ומעשרות אינן נוהגין אלא בארץ ובזמן שישראל שם דוקא, וכמו שנכתב בעזרת השם בסדר שופטים במצות הפרשת תרומה גדולה (מצוה תקז), ומדרבנן נוהגת אפילו בחוצה לארץ, וכתב הוא זכרונו לברכה (מתנות עניים א, יד) שיראה לו דהוא הדין לשאר מתנות עניים שהן כלן נוהגות בחוצה לארץ מדברי סופרים והעובר עליה ולא הניח פאה בארץ בזמן שהיא בישובה בטל עשה זה וחיב לתת מן הפירות שעור הפאה לעניים, ואם אבדו או נשרפו כל הפרות קדם שיתן מהם כלום לעניים לוקה משום לאו דלא תכלה פאת שדך (לקמן מצוה ריז) וגו', מכיון שאין בידו עוד לתקן הלאו, אבל כל זמן שיש בידו מן הפרות, נותן מהן ופטור בכך, לפי שהלאו הזה הוא לאו הנתק לעשה, וכן לאו דלקט (מצוה ריט), כמו שהתבאר בפאה ובמכות [י"ד סי' של"ב].

Mitzvah 216

To leave over the corner of the field: To leave over a corner from the produce, as it is stated (Leviticus 19:10), "to the poor and to the stranger shall you leave them," after it mentioned, "you shall not finish the corner of your field" (Leviticus 19:9). And the understanding of stranger [here] is a righteous convert (see Sifra Kedoshim 3:4). And so [too], any "stranger" stated in [the context of] gifts to the poor - as behold, it is written about the second tithe (Deuteronomy 26:12), "to the stranger, to the orphan and to the widow." And that is certainly the righteous convert - when undifferentiated - as its witnesses (the orphan and the widow) are

ספר החינוך Sefer HaChinukh

by its side. And the same is the case for all of the gifts to the poor. And nonetheless they, may their memory be blessed, said (Gittin 59b) that we do not prevent them from the poor of the idolaters, due to the ways of peace. And the content of the corner, is that a person leaves a little of his produce at the end of his field at the time that he reaps. And there is no measure to this remnant by Torah writ, but the Sages gave a measurement to the thing (Mishnah Peah 1:2), and it is one in sixty parts. **It** is from the roots of the commandment that God, blessed be He, wanted that His people that He chose be crowned with every good and dear trait and that they would have a blessed soul and a generous spirit. And I have already written (Sefer HaChinukh 16) that through the actions is the soul acted upon and it become good and the blessing of God descend upon it. And there is no doubt that when a man leaves a portion of his fruits in his field and he abandons them so that those in need should benefit from it, he shows about himself a satisfied will and a correct and blessed spirit, and that God, may He be blessed, has satiated him with His good, 'and his soul will also recline in the good.' But the one who gathers it all into his home and does not leave over blessing that the destitute - who saw the field in its fullness and had a desire to fill themselves with it, because they were hungry - not benefit from it, shows, without a doubt, about himself an evil heart and a bad spirit and evil will come to him. And it is like they, may their memory be blessed, said (Sotah 8b), "In the measure that a person measures, so will he be measured." And this matter will suffice for us on the level of its simple understanding also for gleanings, forgotten sheaves, fallen grapes of the vineyard and bunchless grapes. **From** the laws of the commandment is, for example, that which they, may their memory be blessed, said (Chullin 137a) that it is one, whether he is a harvester (cutter) or a plucker, he is liable for the corner - and even though the verse stated, "In your harvesting," [it is] not specifically [about] a harvester. And if he transgressed and harvested everything (Bava Kamma 94a), he gives a little of the harvested [produce] to the poor. And that which they, may their memory be blessed, said (Chullin 131a) that there is no [right] for the owners to benefit [by choosing who receives] the favor, but rather [the poor can] take it against their will. And the law of from when is any person permitted to them. And that which they, may their memory be blessed, said (Chullin 134b) that if there are no poor to take the corner, that the owner of the field is permitted to take it; as it is stated, "to the poor and to the stranger," and they, may their

ספר החינוך Sefer HaChinukh

memory be blessed, expounded, "and not to the ravens and to the bats." And they, may their memory be blessed, gave this general principle about the obligation of the corner, whether from the produce or whether from the trees: Any food that grows from the ground, is guarded, cut all at once and brought in to be preserved - for example produce, legumes, carobs, walnuts, almonds, grapes, olives and that which is similar to them that have these five [characteristics] that we said - is obligated in the corner. But woad and rubia and what is similar to them are exempted because they are not food; and so [too,] truffles and mushrooms are exempted because they are not guarded; and so [too,] figs are not obligated since their cutting is not at once; and so [too] vegetables are exempt, because they are not brought in to be preserved (see Shabbat 68a). **And** so [too,] that which they, may their memory be blessed, said (Talmud Yerushalmi Peah 4:4) that the obligation of the corner is only after the fruits have reached a third [of their ripeness], and that we leave the corner only at the end of the field, so that the poor will know its place (Shabbat 22a). And what is the law of brothers that split a field (Mishnah Peah 3:5), and so [too,] the law of partners that split [it]; the law of one who sells parts of his field to [different] people; the law of [a group of poor people, in which] one poor person says to divide the corner among them and his fellows say to plunder, that we listen to the one - and even against many - since he is saying like the law (Mishnah Peah 4:1); the law of at which times of day we distribute the corner (Mishnah Peah 4:5); the law of a poor man who took a little of the corner and threw [it] on the rest, or he spread his cloak over it [to acquire it] (Mishnah Peah 4:3); the law of poor people standing over the corner, that if [another] poor person came and took it, he acquires it, since a poor person does not acquire gleanings, forgotten sheaves and the corner - nor any person a found coin - until it reaches his hand (see Bava Metzia 118a); so [too] that which they, may their memory be blessed, said that a man is obligated to add to the corner according to the size of the field, according to the number of the poor and according to the blessing of the seed (crop); and the rest of its details are in the tractate that is built on this, and that is Tractate Peah. **And** it is practiced by Torah writ by males and females - whether by Israelites, by Levites or by priests - specifically in the Land of Israel and at the time that Israel is there, as with the priestly tithe and the tithes. [This is] according to the opinion of Rambam, may his memory be blessed (Mishneh Torah, Laws of Heave Offerings 1:26), who said that the priestly tithe and the tithes are only practiced in the Land and specifically at the time that Israel is there, and as we will write with God's help in the Order of Shoftim on the commandment of separating the great priestly tithe (Sefer HaChinukh 507). And rabbinically, it is practiced even outside the Land. And he, may his memory be blessed, wrote (Mishneh Torah, Laws of Gifts to the Poor 1:14) that it appears to him that the law is the same for the other gifts to the poor, that they are all practiced outside the Land rabbinically. And one who transgresses it and does not leave the corner in the Land at the time that it is in its inhabitation has nullified this positive commandment and is obligated to give the measure of the corner from the [produce] to the poor. And if all of the [produce] is lost or burnt before he gives anything from it to the poor, he is lashed on account of the negative commandment of "you shall not finish the corner of your field, etc." (Sefer HaChinukh 217), since he no longer has anything in his hand with which to fix [his violation of] the negative commandment. But so long as he has from the [produce] in his hand, he gives from them and [becomes] exempt with this; since this negative commandment is a negative commandment that is rectified by a positive commandment - and so [too,] the negative commandment of gleanings (Sefer HaChinukh 219), as it is elucidated in Peah and Makkot (see Tur, Yoreh Deah, 332).

מצוה ריז

שלא לכלות הפאה בשדה - שלא לקצר כל הזרוע, אבל יעזב ממנו שארית לעניים בקצה השדה, שנאמר (ויקרא יט ט) לא תכלה פאת שדך בקצרך. וזה הלאו ניתק לעשה, שנאמר (שם י) לעני ולגר תעזב אתם וגו' כלומר, שאם עבר וקצר כל השדה, שיתן לעניים מן הקצור שעור פאה, והוא חלק אחד מששים מדרבנן שחיבונו כן, אבל מן התורה, אין לה שעור, כדתנן (פאה א א): אלו דברים שאין להם שעור הפאה וכו'. **משרשי** המצוה ודיניה וכל עניניה. כתבתי למעלה במצות עשה שבסדר זה (מצוה רטז) מה שידעתי בה.

Mitzvah 217

To not finish the corner in the field: Not to harvest all of what is planted, but rather to leave a remnant from it to the poor in the edge of the field, as it is stated (Leviticus 19:9), "you shall not finish the corner of your field in your harvesting." And this negative commandment is rectified by a positive commandment, as it is stated (Leviticus 19:10), "to the poor and to the stranger shall you leave them, etc." - meaning to say, that if he transgressed and harvested all of the field, that he give the measure of the corner to the poor from that which is harvested. And that is rabbinically one in sixty parts, as they obligated us so; but from the Torah, it has no measure, as we learned in Mishnah Peah 1:1, "These are the things that do not have a measure: the corner, etc." **I** have written above what I have known about the roots of the commandment, its laws and all of its content on the positive commandment in this Order (Sefer HaChinukh 216).

מצוה ריח

לעזב הלקט בשדה - לעזב הלקט לעניים, והוא מה שנופל מתוך המגל בשעת קצירה או מתוך היד בשעת תלישה, שנאמר בלקט (ויקרא יט י) לעני ולגר תעזב אותם. **משרשי** המצוה. כתבתי במצות הפאה (מצוה רטז) מה שידעתי. **מדיני** המצוה. מה שאמרו זכרונם לברכה (פאה ו, ה): שבולת אחת או שתים לקט, שלש אינם לקט, כלומר, שאם נפלו שלש שבלים או יותר ביחד מיד הקוצר שלשתן לבעל השדה, שאין דין לקט אלה במועט ודוקא שנפל הלקט מן הקוצר בלא אנס (שם ד, י), אבל הכהו קוץ בידו ונפל, אין זה לקט, וספק לקט לקט שנאמר (תהלים פב ג) עני ורש הצדיקו, צדק משלך ותן לו. ודין (שם) תבואה הנמצאת בחורי הנמלים, ודין (שם ה, ב) שבולת של לקט שנתערבה בגדיש. ויתר פרטיה, מבוארים במסכת פאה. ולענין באיזה מקום נוהגת ומי חיב בה וענש העובר עליה, הכל כמו בפאה.

Mitzvah 218

To leave the gleanings in the field: To leave the gleanings to the poor - and that is what falls from the sickle at the time of the harvesting, or from the hand at the time of the plucking, as it is stated with the gleanings (Leviticus 19:10), "to the poor and to the stranger shall you leave them." **I** have written what I have known from the roots of the commandment on the commandment of the corner (Sefer HaChinukh 216). **From** the laws of the commandment is that which they, may their memory be blessed, said (Mishnah Peah 6:5), "One or two sheaves are gleanings, three are not gleanings" - meaning to say, if three sheaves or more fall together from the hand of the harvester, the three of them [go] to the owner of the field; as the law of gleanings is only with a little, and specifically when the gleanings fell from the harvester without duress (Mishnah Peah 4:10). But if a thorn struck his hand and they fell, this is not gleanings. And [if there] is a doubt [whether they are] gleanings, they are [considered] gleanings; as it is stated

(Psalms 82:3), "the poor and destitute shall you justify" - justify from what is yours and give [it] to him. And the law of produce that is found in ant holes (Mishnah Peah 4:10); the law of a sheave of gleanings that is mixed up in a pile (Mishnah Peah 4:2); and the rest of its details are elucidated in Tractate Peah. And with regards to in which place it is practiced and who is obligated about it and the punishment of one who transgresses it, it is all like the corner.

מצוה ריט

שלא לקחת שבלים הנופלים בשעת הקציר - שלא לקחת שבלים הנופלות בשעת הקציר, אבל נעזב אותם לעניים, שנאמר (ויקרא יט ט) ולקט קצירך לא תלקט, וזה גם כן נתק לעשה כמו שבארנו בפאה (מצוד ריז). וכל ענין מצוה זו גם כן תמצא למעלה במצוה עשה של לקט (מצוה ריח).

Mitzvah 219

To not take the sheaves that fall at the time of the harvesting: To not take the sheaves that fall at the time of the harvesting, but [rather] we leave them them for the poor, as it is stated (Leviticus 19:9), "and the gleanings of your harvest you shall not glean." And that is also rectified by a positive commandment, as we have elucidated about the corner (Sefer HaChinukh 217). And all of the content of this commandment you will also find above in the positive commandment of gleanings (Sefer HaChinukh 218).

מצוה רכ

מצות הנחת פאת הכרם - להניח פאה בכרם, ופאה זו של כרם הוציאה הכתוב בלשון עוללות. כלומר, שנצטוינו שנשאיר כל העוללות בכרם לפאה, וזהו דכתיב (ויקרא יט י) לעני ולגר תעזב אתם. אחר שזכר וכרמך לא תעולל, זהו דעת הרמב"ם זכרונו לברכה בעוללות הכרם שהם במקום פאה שבשאר אילנות. והרמב"ן זכרונו לברכה, לא פרש כן. ובלאו דוכרמך לא תעולל שהוא בסדר זה (מצוה רכא), אכתב עקר מחלקתם בארכה. ועוד אבאר שם, פאה בכל האילנות מנין, וכל עניני המצוה כמנהגי, בעזרת השם.

Mitzvah 220

The commandment of leaving over the corner of the vineyard: To leave over the corner of the vineyard. And this corner of the vineyard, the verse [chose to convey] with the expression of bunchless grapes (ollalot) - meaning to say that we were commanded that we leave over all of the bunchless grapes of the vineyard as the corner. And this is [the meaning of] that which it is written (Leviticus 19:10), "to the poor and to the stranger shall you leave them," after it mentioned, "And [in] your vineyard, you shall not take the bunchless grapes." This is the opinion of Rambam, may his memory be blessed, about the bunchless grapes of the vineyard, that they are in place of the corner that is with the other trees. And Ramban, may his memory be blessed, did not explain like this. And I will write the essence of their disagreement at length in the negative commandment of "And [in] your vineyard, you shall not take the bunchless grapes" (Sefer HaChinukh 221). And there I will further explain from where [is] the obligation of the corner with all trees, and all of the matters of the commandment, as is my custom, with God's help.

מצוה רכא

שלא לכלות פאת הכרם - שלא לכלות כל פרות הכרם בעת הבציר, אבל יניח מהם פאה לעניים, שנאמר (ויקרא יט י) וכרמך לא תעולל, וזהו פאת הכרם, כן כתב הרמב"ם זכרונו לברכה. ועוד אמר כי מה שכתוב (דברים כד כ) לא תפאר אחריך בזיתים, יורה גם כן על פאת הזית, כי פאת הזיתים נקראים פארות, ופאת הכרם עוללות. ומשניהם נלמד לכל האילנות. והרמב"ן זכרונו לברכה (בהקדמתו לפרטי המצוות) השיג עליו בזה ואמר, כי כלו טעות, ואמר כי לאו ד-"וכרמך" מיחד דוקא בכרם, והוא שנניח בה כל הענבים הקטנים שאין להם כתף ונטף, ופרוש כתף פסיגין (אשכולות) זה על גבי זה נטף, תלויות כלן ויורדות. ונמצא לפי זה שעוללות הן הענבים הקטנים הנמצאים בכרמים לפעמים, הנקראין בלע"ז גטימא"ש, וזהו דבר מועט בודאי לפי הנראה בכרמים שלנו. וכן אמרו זכרונם לברכה (פאה ז, ד) איזהו עוללות? כל שאין לו לא כתף ולא נטף. **ומלבד** חיוב זה של עוללות, יש עלינו חיוב להניח פאה. ובפאת הכרם לא בא עליה כתוב מבאר אלא דגמרינן אחריך אחריך מזיתים, וכדאמרינן בגמרא חלין (קלא, א) בפרוש ארבע מתנות שבכרם הפרט והעוללות השכחה והפאה. שנים שבאילן השכחה והפאה. וגמר שם פאה בכרם מדכתיב בה (שם כא) לא תעולל אחריך, ואמר רבי לוי: אחריך זו שכחה, כלומר מה שישאר אחריך דהינו שכחה ופאה גמרינן אחריך אחריך (שם כ) מזיתים, דכתיב בזית כי תחבט זיתך לא תפאר אחריך, ותנא דבי רבי ישמעאל שלא תטל תפארתו ממנו, דהינו פאה. וילמד הרמב"ן זכרונו לברכה, פאה בכל האילנות מזית, שחיב הכתוב בה פאה בפרוש, ומכרם שלמדנוהו מלשון אחריך. ואמר הוא זכרונו לברכה, כי הרמב"ם זכרונו לברכה כתב הענין בתקון בחבורו הגדול (הלכות מתנת עניים ד יז). ומכלל מחלקתם זה אין לנו תוספת וגרוע בחשבון הלאוין, שאין המחלקת אלא שהרמב"ם זכרונו לברכה יפרש לא תעולל לפאה, והרמב"ן זכרונו לברכה מפרש אותו לעוללות ממש, וילמד מלשון

אחריך פאה בכרם, כמו שכתבנו דגמרינן אחריך אחריך מזיתים. וזה הלאו גם כן נתקן לעשה, שאם עבר וכלה הכל, שחיב לתת העוללות לעניים [מתנות עניים פ"ד]. **משרשי** המצוה ודיניה. כתבתי למעלה בסדר זה במצות פאה (מצוהרטז) בקצת, ושם כתוב באיזה מקום נוהגת היא וכל שאר מתנות עניים, ושפרטי מצות פאה מבארים במסכת פאה. ועוד יש לנו לכתב כאן מה שאמרו זכרונם לברכה (פאה ז ז) בעוללות. שאם היה הכרם כלו עוללות כלו הוא לעניים, שנאמר וכרמך לא תעולל, ודרשו זכרונם לברכה (שם) אפילו כלה עוללות. ואין העניים זוכים לקח העוללות עד שיתחיל בעל הכרם לבצר כרמו, שנאמר (דברים כד כא) כי תבצר כרמך לא תעולל.

Mitzvah 221

To not finish the corner of the vineyard: To not finish all of the fruit of the vineyard at the time of the grape harvest, but [rather, one] leaves a corner from them to the poor, as it is stated (Leviticus 19:10), "And [in] your vineyard, you shall not take the bunchless grapes" - this is the corner of the vineyard. So wrote Rambam, may his memory be blessed. And he said further that, that which is written (Deuteronomy 24:20), "you shall not take from the branchlets after you" with olives, also instructs about the corner of the olive tree. As the corner of the olive trees is called branchlets (porot), and the corner of the vineyard is called bunchless grapes (ollalot). And from the both of them we learn [this] for all the trees. And Ramban, may his memory be blessed, argued against him about this and said (in his introduction to the details of the commandments) that it is all a mistake. And he said that the negative commandment of "And [in] your vineyard," is unique specifically to the vineyard - and it is that we leave over all of the small grapes in it that do no have a katef or a natef. And the understanding of katef is sprigs one over the other (clusters); [of] natef is that they all hang and descend. And it comes out according to this that the ollalot are the small grapes sometimes found in the vineyard that are called gatimas in the vernacular. And this is certainly a small thing, according to that which we see in our vineyards. And so, did they, may their memory be blessed say (Mishnah Peah 7:4), "Which are ollalot? All that do not have a katef nor a natef." **And** (for Ramban,) besides this obligation of bunchless grapes, there is an obligation upon us to leave over the corner. And with the corner of the vineyard, the verse did not come clearly about it, but rather we learn [by a comparison of the words], "after you," from olives. And [it is] as we say in the Gemara Chullin 131a explicitly, "There are four gifts in the vineyard: the

ספר החינוך Sefer HaChinukh

fallen grapes; the bunchless grapes; the forgotten [grapes]; and the corner. [There are] two in the trees: forgotten [fruit]; and the corner." And there, it learns the corner in the vineyard, from that which it is written (Deuteronomy 24:21), "you shall not take the bunchless grapes after you": And Rabbi Levi said, "'After you' is the forgotten [grapes]" - meaning what remains after you, which is the forgotten [grapes]. And the corner we learn [from a comparison of] "after you" [and] "after you" from olives, as it is written about the olive tree (Deuteronomy 24:20), "When you beat your olive tree, you shall not take from the branchlets (tefaer) after you" - and the House of Rabbi Yishmael learned, "That you should not takes its splendor (tiferet) from it" - which is the corner. And Ramban, may his memory be blessed, learns the corner of all trees from the olive tree - for which the verse explicitly obligated the corner - and from the vineyard, about which we learned it from the expression, "after you." And he, may his memory be blessed, said that Rambam, may his memory be blessed, wrote the matter corrected in his great essay (Mishneh Torah, Laws of Gifts to the Poor 4:17). But there is no addition or subtraction in the tally of the negative commandments implied in this disagreement of theirs. As the disagreement is only that Rambam, may his memory be blessed, explains "you shall not take the bunchless grapes," [to be] for the corner, whereas Ramban, may his memory be blessed, explains it literally as bunchless grapes, and learns the corner of the vineyard from the expression, "after you"; as we have written that we learn [by a comparison of the words], "after you," from olives. And this negative commandment is also rectified by a positive commandment - as if he transgressed and finished all [of the grape harvest], he is obligated to give the bunchless grapes to the poor (see Mishneh Torah, Laws of Gifts to the Poor 4). I have written above in this Order on the commandment of the corner (Sefer HaChinukh) a little of the roots of the commandment and its laws. And there, it is written in which place it and all of the other gifts to the poor are practiced, and that the details of the commandment of the corner are elucidated in Tractate Peah. And we still must write here that which they, may their memory be blessed, said about bunchless grapes (Mishnah Peah 7:7): That if the whole vineyard was bunchless grapes, all of it is for the poor, as it is stated, "And [in] your vineyard, you shall not take the bunchless grapes" - and they, may their memory be blessed, expounded (Mishnah Peah 7:7), "even all of it [being] bunchless grapes." And [also that] the poor do not have the right to take the bunchless grapes until the owner of the vineyard begins to harvest his vineyard, as it is stated (Deuteronomy 24:21), "When you harvest your vineyard, you shall not take the bunchless grapes."

מצוה רכב

מצות הנחת פרט הכרם - לעזב פרט הכרם לעניים והוא מה שיתפרד ויפל מן הענבים בשעת בצירה, שנאמר (ויקרא יט י) לעני ולגר תעזב אותם, אחר שזכר ופרט כרמך לא תלקט. **ובלאו** דלא תלקט (מצוה רכג) שלאחר זה אכתב כל עניני המצוה בעזרת השם.

Mitzvah 222

The commandment of leaving the peret of the vineyard: To leave the peret of the vineyard to the poor. And that is that which separates and falls from the grapes at the time of the grape harvest, as it is stated (Leviticus 19:10), "to the poor and to the stranger shall you leave them," after it mentioned, "and the fallen grapes of your vineyard, you shall not gather." **And** I will write all of the matters of the commandment in the negative commandment after this of "do not gather" (Sefer HaChinukh 223), with God's help.

מצוה רכג

שלא ללקט פרט הכרם - שלא (נ) ללקט פרט הכרם אבל נעזב אותם לעניים, שנאמר (ויקרא יט י) ופרט כרמך לא תלקט. והוא הגרעינים הנושרין בשעת קטיפת הענבים, והוא הדין לשאר האילנות הדומין לכרם, שנתחיבנו שלא ללקט הגרעינין הנושרין. (ריש מ"ע). **רמז** משרשי המצוה. כענין שכתבנו למעלה בפאה (מצוה רטז). **מדיני** המצוה. מה שאמרו זכרונם לברכה (פאה ו, ה) איזהו פרט? זה גרגיר אחד או שני גרגרים הנפרטים מן האשכל בשעת הבצירה, אבל שלשה גרגרין שנפלו בבת אחת אינו פרט. היה בוצר ומשליך לארץ כשמפנה האשכולות אפילו חצי אשכל הנמצא שם פרט, וכן אשכל שלם שנפרט שם הרי הוא פרט. והמניח את הכלכלה תחת הגפן בשעה שבוצר הרי זה גוזל את העניים (פאהז ה). ויתר פרטיה, במסכת פאה [יו"ד סימן שלב]. **וענין** המצוה באיזה מקום נוהגת ובמי, כתוב למעלה במצות פאה (מצוה רטז רכ).

Mitzvah 223

To not gather the peret of the vineyard: To not gather the peret of the vineyard, but [rather] to leave them over to the poor, as it is stated (Leviticus 19:10), "and the peret of your vineyard, you shall not gather." And that is the berries that shed at the time of the reaping of the grapes. And the law is the same for other trees that are similar to a vineyard - that we are obligated not to gather the berries that shed. **A** hint of the roots of the commandment is like the matter that I wrote above about the corner (Sefer HaChinukh 216). **From** the laws of the commandment is that which they, may their memory be blessed, said (Mishnah Peah 6:5), "Which is fallen grapes? That is one or two [grapes]" that separate from the cluster at the time of the grape harvest." But three [grapes]" that fell at one time "are not fallen grapes." If he was harvesting and he threw them to the ground, when he removes the clusters, even half of a cluster that is found [all separated] there is fallen grapes; and so [too,] a whole cluster that separated there, behold it is fallen grapes. And [regarding] the one who places his basket under the vine at the time of the grape harvest - behold, this one robs the poor (Mishnah Peah 7:5). [These] and the rest of its details are in Tractate Peah (see Tur, Yoreh Deah 332). **And** the content of the commandment, in which place it is practiced and by who - is [all] written above in the commandment of the corner (Sefer HaChinukh 216, 220).

מצוה רכד

שלא לגנב שום ממון - שלא לגנב שום ממון, שנאמר (ויקרא יט יא) לא תגנבו, ואמרו זכרונם לברכה (סנהדרין פו א), שזה אזהרה לגונב ממון. וענין הגנבה הוא כמו שפרשנו בסדר משפטים (מצוה נד). **שרש** מצוה זו. ידוע, כי היא מן המצות שהשכל מחיבם. **מדיני** המצוה. מה שאמרו זכרונם לברכה (ב"מ סא, ב) שאסור מן התורה לגנב אפילו על מנת להחזיר או על מנת למקט, כלומר להכעיס בעל הגניבה ולהבהילו לשעה ולהחזיר לו הדבר אחר כך. וכן אמרו בספרא (קדושים ב א ב) לפי שנאמר בגניבה (שמות כב ג) שנים ישלם למדנו ענש, אזהרה מנין? תלמוד לומר לא תגנבו. לא תגנבו אפילו על מנת למקט, לא תגנובו על מנת לשלם ארבעה וחמשה. **ודין** הגונב סלע מכיס חברו או מביתו והחזיר הדבר הגנוב למקומו לדעת בעליו או שלא לדעתו מה דינו, ובאי זה צד מנין פוטרו, והחלוק שיש בענין זה בין דבר שיש בו רוח חיים, כגון בהמות למה שאין בו רוח חיים וכמו שבא בבבא קמא פרק עשירי (קיח, א). ומה שאמרו (בבא קמא קיח ב) שאסור לקנות מיד גנב מפני שמחזיק ידי עוברי עברה, וכן כל דבר שחזקתו שהוא גנוב, אסור לקח אותו, ולפיכך אמרו זכרונם לברכה שאין לוקחין מן הרועים צמר, חלב וגדיים, וכן אין לוקחין משומרי עצים או פרות אלא במקומות ידועים, וכן אין לוקחין מן הנשים ומן העבדים ומן הקטנים אלא דברים ידועים, ודרך כלל אמרו, וכלם שאמרו הטמן, אסור לקח מהם. **ומה** שאמרו (בבא קמא קטו, א) כי לגנב מפרסם לא עשו בו תקנת השוק, ומחזיר הלוקח ממנו הכלי בלא דמים, והוא יעשה דין עם הגנב, אבל אם אינו מפרסם יש

בו תקנת השוק, ומחזיר בעל הגנבה מעותיו ללוקח ונוטל כליו, ואחר כך יעשה הוא דין עם הגנב. וכתב הרמב"ם זכרונו לברכה (גניבה א א) וזה לשונו, כל הגונב משוה פרוטה ולמעלה, עובר על לא תעשה, שנאמר לא תגנבו, ואין לוקין על לאו זה לפי שנתן להשבון. ואחד הגונב ממון ישראל או הגונב ממון גוי ואחד הגונב את הגדול או את הקטן, עד כאן. ויתר פרטיה, בקמא פרק עשירי ובמקומות אחרים [ח"מ סי' שמח]. **ונוהג** אסור זה בכל מקום ובכל זמן בזכרים ונקבות. והעובר על לאו זה וגנב חיב לשלם, כמו שמפרש בכתוב (שמות כא לז כב ג). אם גנב דינר או כסות או חמור או גמל משלם שנים בדמיהם, ונמצא מפסיד כשעור שבקש לחסר חברו. ותשלומי כפל נוהגין בכל דבר חוץ משור ושה, שיש בהן צדדין שמשלמין עליהן ארבעה וחמשה, כגון שטבח ומכר, כמו שבא בכתוב מבאר. וכשמשלם כפל או ארבעה וחמשה בשור ושה דוקא שהעידו עליו עדים ושלם על פיהם בבית דין אבל מודה מעצמו (שם עה, א) פטור עם תשלום הקרן לבד, שנאמר (שמות כב ח) אשר ירשען אלהים ישלם שנים, ודרשו זכרונם לברכה (שם סד ב) פרט למרשיע את עצמו. והוא הדין לכל קנסות, שהמודה בהן פטור. וכבר כתבתי למעלה (מצוה מט) שאין דנין דיני קנסות אלא בארץ.

Mitzvah 224

To not steal any money: To not steal any money, as it is stated (Leviticus 19:11), "You shall not steal." And they, may their memory be blessed, said (Sanhedrin 86a) that this is the warning [about] stealing money. And the content of theft is like I explained in the Order of Mishpatim (Sefer HaChinukh 54). **The** root of this commandment is well-known, since it is from the commandments obligated by the intellect. **From** the laws of the commandment is that which they, may their memory be blessed, said (Bava Metzia 61b) that it is forbidden from the Torah to steal even in order to return [what was stolen] or in order to vex - meaning to say, to anger the owner of the stolen item, to confound him temporarily, and to give the thing back to him afterwards. And so, did they say in Sifra Kedoshim, Section 2:1-2, "Because it is written [with respect to] theft (Exodus 22:3), 'he shall pay double,' we know the punishment. From where is the warning? [Hence,] we learn to say, 'You shall not steal.' 'You shall not steal,' even in order to vex'; 'You shall not steal,' even in order to pay four or five [times the price]." **And** [also] the laws of one who steals a sela from the purse of his friend or from his house and returned the stolen thing to its place with the owner's knowledge or without the owner's knowledge, and in what way [the owner's] count (inventory)

ספר החינוך Sefer HaChinukh

exempts him; and the difference there is in this matter between something that has life such as beasts, and something that does not have life, and as it appears in Bava Kamma 118a in the tenth chapter. And [also] that which they said that it is forbidden to purchase from the hand of a thief, since it strengthens the hand of sinners; and so [too,] is it forbidden to buy anything that is assumed to be stolen. And therefore they, may their memory be blessed, said that we do not buy wool, milk and goats from shepherds; and so [too], we do not buy from the guardians of wood or fruit, except in places that are known (public); and so [too,] we only buy objects that are known [to usually be sold by them] from women, slaves and minors. And more generally, they said that it is forbidden to buy from any of them that say, "Cover them." **And** [also] that which they said (Bava Kamma 115a) that they did not make the Ordinance of the Marketplace for a famous thief, and [so,] one who buys from him returns the vessel [to the original owner] and [takes] the thief [to court]; but if he is not famous, there is the Ordinance of the Marketplace for him, and [so,] the owner of the stolen item returns the money to the purchaser and he takes his vessels, and afterwards [the owner takes] the thief [to court]. And Rambam, may his memory be blessed, wrote (Mishneh Torah, Laws of Theft 1:1) and this is his language: "Anyone who steals from the value of a small coin and upwards transgresses a negative commandment, as it is written, 'You shall not steal.' And we do not administer lashes for this negative commandment, since it is given to repayment. And it is one if he steals the money of an Israelite or steals the money of a gentile, if he steals the money of an adult or steals the money of a child." To here [are his words]. And the rest of its details are in the tenth chapter of [Bava] Kamma and in other places (see Tur, Choshen Mishpat, 348). **And** this prohibition is practiced in every place and at all times by males and females. And one who transgresses this negative commandment is obligated to pay, as is explicit in Scripture (Exodus 21:37, 22:3). If he stole a gold coin or clothing or a donkey or a camel, he pays twice their value, and it comes out that he loses that which he sought to remove from his fellow. And payments of double are practiced for everything except for an ox and a sheep, as there are situations in which he pays four and five for them - such as if he slaughtered or sold [them], as appears clearly in Scripture. And when he pays double - or four or five for an ox and a sheep - it is specifically when witnesses testified about him, and he paid according to their [testimony] in a court. But one who admits on his own (Bava

ספר החינוך Sefer HaChinukh

Kamma 75a) is exempted with the payment of the principal alone, as it is stated (Exodus 22:8), "the one that the powers deem guilty shall pay two" - and they, may their memory be blessed, expounded (Bava Kamma 64b), "To exclude one who deems himself guilty." And this is the law for all penalties, that one who admits [his guilt] is exempt. And I have already written above (Sefer HaChinukh 49) that we only judge cases of penalties in the Land.

מצוה רכה

שלא נכחש על ממון שיש מאחר בידינו - שלא נכחש במה שהפקד בידינו ובכל מה שיש לזולתנו עלינו, שנאמר (ויקרא יט יא) לא תכחשו. ובא הפרוש (שבועות לז ב), שבממון הכתוב מדבר. ולשון ספרא (קדושים ב ג) לפי שנאמר וכחש בה ונשבע על שקר. למדנו ענש, אזהרה מנין, תלמוד לומר ולא תכחשו. גם זאת מן המצות שהשכל מעיד בהן. **מדיני** המצוה. מה שאמרו זכרונם לברכה (ב"מ ה ב) שהכופר בפקדון פסול לעדות, ואף על פי שלא נשבע. ואמרו בגמרא ודוקא דאמרי סהדי דההיא שעתא הוה פקדון בביתיה. פרטיה, מבארין במקומות ממסכת שבועות (לז, ב) [ח"מ סימן צ"ד]. **ונוהג** אסור זה בכל מקום ובכל זמן בזכרים ונקבות. והעובר עליה וכחש בעמיתו בדבר שבממון עבר על לאו זה, והוא כעובר על מצות מלך, אבל אין בו מלקות.

Mitzvah 225

That we do not disavow money that is in our hand from another: That we not disavow that which is deposited into our hand, and about anything that is to us of someone else's, as it is stated (Leviticus 19:11), "you shall not disavow." And the explanation came (Shevuot 37b) that the verse is referring to money. And the language of Sifra, Kedoshim, Section 2:3 is: "Since it is stated (Leviticus 5:22), 'and he disavows it and swears falsely,' we have learned the punishment. From where is the warning? [Hence,] we learn to say, 'and you shall not disavow.'" This is also from the commandments about which the intellect testifies. **From** the laws of the commandment is that which they, may their memory be blessed, said (Bava Metzia 5b) that one who denies a deposit is disqualified from testimony - and even though he did not make an oath. And they said in the Gemara, [this is] specifically when the witnesses say that the deposit is in his house at that time. Its details are elucidated in [scattered] places in Tracatate Shevuot (see Tur, Choshen Mishpat 94). **And** this prohibition is practiced in every place and at all times by males and females. And one who transgresses it and disavows to his compatriot [having] something of monetary value violates this negative commandment, and it is like he violates a commandment of the King. But there are no lashes for it.

מצוה רכו

שלא לשבע על כפירת ממון - שלא נשבע על ההכחשה שנאמר (ויקרא יט יא) ולא תשקרו, כלומר שאם כפר איש בפקדון, עבר על לא תכחשו. ואם נשבע לו על הכפירה אחר כך עבר על ולא תשקרו, שכן בא לנו פרוש זה הכתוב שהוא להזהיר על הנשבע בכפירת ממון, וכמו שבא בספרא (קדושים ב ג) ולא תשקרו. מה תלמוד לומר? לפי שנאמר (שם ה כב) ונשבע על שקר, למדנו ענש, אזהרה מנין? תלמוד לומר לא תשקרו. ונתבאר במסכת שבועות (כא, ב), שכל מי שישבע שבועת שקר על כפירת ממון, עובר בשני לאוין משום (שם יט יב) ולא תשבעו בשמי לשקר, ומשום ולא תשקרו איש בעמיתו. **משרשי** אסור השבועה לשקר, כתבתי בפרשת וישמע יתרו במצות לא תשא (מצוה לב). ודיני מצוה זו בפרק חמישי משבועות. **ונוהגת** בכל מקום ובכל זמן. והעובר עליה ושקר ונשבע על הכפירה במזיד לוקה, ואף על פי שאין בו מעשה מחמר השבועה חיבתו התורה מלקות.

Mitzvah 226

To not swear about the denial of money: To not swear about the disavowal, as it stated (Leviticus 19:11), "and you shall not lie" - meaning to say that if a man denied a deposit, he transgressed, "you shall not disavow"; and if he swore about the denial afterwards, he transgressed, "and you shall not lie." As so has the understanding of this verse come to us, that it is to warn about one who swears about the denial of money. And [it is] like it appears in Sifra, Kedoshim, Section 2:3, "'And you shall not lie' - what do we learn to say? Since it is stated (Leviticus 5:22), 'and he swears falsely,' we have learned the punishment. From where is the warning? [Hence,] we learn to say, 'and you shall not lie.'" And it is elucidated in Tractate Shevuot 49b that anyone who swears an oath about the denial of money, transgresses two negative commandments - on account of "And you shall not swear in My name falsely" (Leviticus 19:12), and on account of "and you shall not lie towards your compatriot." **I** have written in Parshat Vayishma Yitro in the commandment of "You shall not take" (Sefer HaChinukh 32) about the roots of the prohibition of a false oath. **And** the laws of this commandment are in the fifth chapter of Shevuot. **And** it is practiced in every place and at all times. And one who transgresses it and lies and volitionally takes an oath on his denial is lashed. And even though there is no act [involved] with it, the Torah made him liable for lashes, due to the weightiness of oaths.

מצוה רכז

שלא לשבע לשקר - שלא נשבע לשקר, שנאמר (ויקרא יט יב) ולא תשבעו בשמי לשקר. ופרשו זכרונם לברכה (שבועות כא, א) שזה הכתוב יזהיר על שבועת בטוי. ושבועת בטוי היא מה שנאמר בתורה (שם ה ד) או נפש כי תשבע לבטא בשפתים להרע או להיטיב. והיא נחלקת לארבעה חלקים שתים להבא ושתים לשעבר, כגון שנשבע על דבר שנעשה או לא נעשה, ועל דבר שעתיד להיות שיעשה אותו או לא יעשה. ואין שבועת בטוי נוהגת אלא בדברים שאפשר לו לאדם לעשותם בין להבא או לשעבר. כיצד לשעבר? אכלתי או לא אכלתי, וכן זרקתי או לא זרקתי אבן לים. וכיצד להבא? אכל או לא אכל, או אזרק או לא אזרק. אבל בדברים שיש בהן מונע מן התורה אין שבועת בטוי נוהגת בהן, שאין השבועה חלה אלא על דבר הרשות שאם רצה עושהו ואם רצה לא יעשהו, שנאמר (שם) להרע או להיטיב, אבל בכל דבר מצוה, חיוב עליו לעשותו, לפיכך אין שבועת בטוי חלה עליו בין להבא בין לשעבר, כגון שנשבע לקים מצוה ולא קימה, וכן אם נשבע שקים מצוה והוא לא קימה, דכמו שאין חיוב חל בדבר מצוה להבא, כן אינו חל עליו לשעבר. וכן מתבאר הענין במקומו בשבועות (כז, א). **ומן** הטעם הזה שאמרנו, שאין חיוב השבועה חל אלא במה שהוא ברשותו לעשות, פטרו זכרונם לברכה גם כן משבועת בטוי כל הנשבע להרע לאחרים, מפני שהוא מצוה שלא להרע לחברו. וכתב הרמב"ם זכרונו לברכה (שבועות ה, טז) כי יראה לו שהוא לוקה מכל מקום משום שבועת שוא. והנשבע להרע לעצמו, אף על פי שאינו רשאי, חיב משום שבועת בטוי אם לא הרע. נשבע להיטיב לאחרים בדבר שהוא בידו לעשות ולא עשה, חיב משום שבועת בטוי. ויתר רבי פרטי השבועות וענין התרן, יתבאר הכל יפה במסכת הבנויה על זה והיא מסכת שבועות. וכבר כתבתי יותר מזה בענין מצוה זו והארכתי במצות לא תשא בסדר וישמע יתרו (מצוה לב). **ונוהג** אסור זה בכל מקום ובכל זמן בזכרים ונקבות. והעובר עליה אם היה מזיד, לוקה, ודוקא בעדים והתראה, כמו שידוע בכל המצות, ואם הוא שוגג, חיב להביא קרבן עולה ויורד. וכן אמרו שם בשבועות (שם ב) זו היא שבועת ביטוי, שחיבין על זדונה מלקות ועל שגגתה קרבן עולה ויורד. וזה שאמרו "זו היא", אין שם חדוש אחר אלא מצד שהקרבן הוא עולה ויורד.

Mitzvah 227

ספר החינוך Sefer HaChinukh

To not swear falsely: To not swear falsely, as it is stated (Leviticus 19:12), "And you shall not swear in My name falsely." And they, may their memory be blessed, explained (Shevout 21a) that this verse warns about an oath of speech. And an oath of speech is what is stated in the Torah (Leviticus 5:4), "Or a soul that swears to express with the lips to do bad or to do good." And it is divided into four parts - two of the future and two of the past, such as swearing on something that was done or not done, and on something that in the future he will do or will not do. And an oath of speech is only practiced with things that it is possible for a person to do, whether in the past or in the future. How is of the past? "I ate," or "I did not eat"; and so [too,] "I threw," or "I did not throw a stone into the sea." And how is of the future? "I will eat," or "I will not eat"; or "I will throw," or "I will not throw." But with things that have a prevention from the Torah, an oath of speech is not practiced. As an oath only rests upon an optional matter - that if he wants, he does it and if he wants, he does not do it - as it is stated, "to do bad or to do good." But with any matter of a commandment, there is an obligation upon him to do it. Therefore an oath of speech does not rest upon him, whether in the past or in the future - in the case that he swears to perform a commandment, and he did not perform it; and so [too,] if he swears that he performed a commandment, and he did not perform it. As [just] like a liability [for punishment for a false oath] does not rest upon the matter of a commandment in the future, so too does it not rest upon it in the past. And so is the matter elucidated in its place in Shevuot 27a. **And** from this reason that we said - that the liability of an oath only rests upon something that he is permitted to do - they, may their memory be blessed, exempted from an oath of speech anyone who swears to do bad to others, since he is commanded to not do bad to his fellow. And Rambam, may his memory be blessed, wrote (Mishneh Torah, Laws of Oaths 5:16) that it appears to him that he is lashed nonetheless, on account of [making] a vain oath. And one who swears to do bad to himself - even though he is not allowed - is liable on account of an oath of speech, if he does not do [the] bad. [If] he swears to do good to others in something that is in his hand to do, and he did not do [it], he is liable on account of an oath of speech. [These] and the rest of the many details of oaths and the matter of their annulment are all elucidated nicely in the tractate that is built on this, and that is Tractate Shevuot. And I have already written more than this regarding this commandment - and I wrote at length - on the commandment of "You shall not take" in the Order of Vayishma Yitro (Sefer HaChinukh 32). **And** this prohibition is practiced in every place and at all times by males and females. And one who transgresses it - if he was volitional - is lashed, and specifically with witnesses and a warning, as is well-known in all of the commandments. And if he was inadvertent, he is obligated to bring a sliding-scale sacrifice. And so did they say in Shevuout 27b, "This is an oath of speech, which we are liable for lashes for its volitional transgression, and a sliding-scale sacrifice for its inadvertent transgression." And that which they said, "This is" has no novelty other than from the side of the sacrifice, which is a sliding-scale offering

מצוה רכח

שלא לעשק - שלא נחזיק במה שיהיה בידינו מזולתנו דרך אנס או דרך דחיה ורמאות, כמו אנשי און שדוחים בני אדם לאמר להם לך ושב כדי לסבב שישאר להם מה שבידם מזולתם. וזאת היא מדה רעה ביותר, והרחיקתנו תורתנו השלמה ממנה והזהירה בכך בזה המקום, דכתיב (ויקרא יט יג) לא תעשק את רעך. כי מחזיק ממון מזולתו בזה הענין שאמרנו, נקרא עושק. ובכלל עושק הוא גם כן כל חיב לחברו ממון מעין ועושק אותו, כגון כובש שכר שכיר וכיוצא בו, דלא בעינן שיבוא ממש ממון מיד העשוק ליד העושק, אבל כל שיש אצלו תביעת ממון מעין והוא דוחה אותו מחמת אלמות שיש בו או כל צד רמאות, נקרא עושק. ואף על פי שהעשק והגזלה והגנבה ענין אחד הוא עם היות שהמעשה חלוק זה מזה, כי כונת שלשתן שלא יקח האדם ממון מזולתו משום צד, לפי שבשלשה דרכים אלו יחמסו בני אדם זה את זה, פרטן הכתוב כלן והזהיר בכל אחד בפני עצמו, וכעין מה שאמרו זכרונם לברכה במציעא פרק המקבל (בבא מציעא קיא, א) רבא אמר זהו עושק זהו גזל ולמה חלקן הכתוב? לעבור עליו בשני לאוין. **ופרוש** ענין זה ועקר הטעם לפי דעתי הוא משני צדדין. האחד, שכל מה שרצה האל ברוך הוא להרחיק ממנו לטובתנו רחוק גדול, הרבה לנו בו אזהרות רבות. ועוד לנו תועלת נמצא ברבוי האזהרות. והוא כמו שאמרו זכרונם לברכה (מכות כג, ב), שרצה המקום לזכות את ישראל, ולפיכך הרבה להם מצות. והכונה להם באמרם מצות גם על האזהרות, שהרבה להם אזהרות הרבה במה שהיה אפשר להודיע באזהרה אחת, כמו בכאן שהיה אפשר להזהירנו דרך כלל לא תקחו ממון מזולתכם שלא כדין, ונתרבו האזהרות לנו בדבר, כדי שנקבל שכר הרבה על הפרישה מן העברה. וכמו כן בכל מקום שאמרו זכרונם לברכה לעבור עליו בהרבה לאוין, כן נפרש הדבר, שאין לפרש חלילה שירצה השם יתברך לבוא בעלילה על בריותיו, ולכן שירבה הנקם עליהם, כי חפץ השם ברוך הוא וברוך שמו לזכות בריותיו, לא לחיב, אבל יזרז

אותם זרוז אחר זרוז למען ילמדו יקחו מוסר ויזכו בהתרחקם מן העברה זכות רב. וזה הטעם ליודעי דעת דבש וחלב. **שרש** המצוה. ידוע, כי היא מן המצות שהשכל מחיב אותן. **דיני** המצוה בבבא קמא, ועקר בפרק תשיעי ובפרק עשירי [ח"מ סימן שנט]. **ונוהג** אסור זה בכל מקום ובכל זמן. והעובר עליו ועשק את חבירו עבר על לאו זה, והוא לאו הנתק לעשה, כלומר שישיב החמס אשר בכפיו וירצה את חבירו על שהקניטו והכעיסו. וכבר הודיעונו זכרונם לברכה (ברכות לב א) שגדול כח בעלי תשובה. והרב הצרפתי (סמ"ג לרבינו משה מקוצי ל"ת קנו) כתב בחשבון המצות מכיון דאשכחן דאמר רבא דעשק וגזל חד הוא, לא נמנה לאו דעשק במנין הלאוין, והוא ימנה במקום זה ולא יהיה כקרח וכעדתו. כלומר שלא נחזיק במחלקת. ולדעתנו אנו אין כונת רבא שלא ימנו בשני לאוין אלא לעבר בגזל בשני לאוין, ובעשק גם כן, ומכיון שענינן חלוק נמנה אותם בשני לאוין כמו הגזלה והגנבה, שאף על פי שענין שניהם הוא שלא נקח ממון מזולתנו אין ספק כי לשני לאוין הן נחשבין בתרי"ג מצות.

Mitzvah 228

To not oppress: To not hold on to that which is in our hand of someone else's by way of force or delay or deception - like delinquents who delay people, saying, "Go and return," so as to cause that what is in their hand of someone else's to remain with them. And this is an extremely bad trait, and [so] our perfect Torah distanced us from it and warned us about it in this place, as it is written (Leviticus 19:13), "You shall not oppress your neighbor" - as one who holds the money of someone else in this manner that we said is called an oppressor. And also included in oppression is anyone who is liable specific money to his fellow and he oppresses him, such as one who suppresses the wage of a wage worker and similar to it. As we do not require that the money actually come from the hand of the oppressed to the hand of the oppressor; but rather anyone that has a claim of specific money against him and he delays it as a result of his violence or any angle of deception is called an oppressor. And even though oppression, robbery and theft are one matter even if the act of one is different from the another, as the intention of the three of them is that a man not take that which is someone else's in any way; since people pilfer each other in these three ways, Scripture specified all of them and warned about each one on its own. And similar to this is what they, may their memory be blessed, said in Metzia (Bava Metzia 111a), "Rava said, 'This is oppression, this is [also] robbery. And [so] why did Scripture divide them [and specify each one]? To [have one who commits it] transgress two negative commandments.'" **And**

ספר החינוך Sefer HaChinukh

the explanation of this matter and the main reason according to my opinion is from two angles. The one is that [in] everything that God, blessed be He, wanted to distance from us a great distancing for our good, He multiplied for us many warnings (negative commandments) about it. And there is also a [direct] benefit found for us in the multiplication of the warnings. And it is like they, may their memory be blessed, said (Makkot 23b) that the Omnipresent wanted to give merit to Israel; therefore, he multiplied the commandments for them. And the intention in their saying commandments is also about the warnings (and not just the positive commandments). As He multiplied many warnings about that which was possible to inform with one warning; like here that it was possible to warn them more generally, "You shall not take the money of others not according to the law." But [instead] the warnings to us about the thing were multiplied, so that we can receive much reward for separating from sin. And so too, in every place where they, may their memory be blessed, said, "[So as] to [make one] transgress it with many negative commandments," we will explain the matter like this. As it should not be explained, God forbid, that God, may He be blessed, wanted to come to His creatures with ploys, so that He would multiply the vengeance upon them. As God, blessed be He and blessed be His name, desires to give merit to His creatures, not to make [them] liable. But He prompts them with one prompting after another, in order that they learn to take rebuke and merit greatly in their distancing from sin. And this reason for those that know knowledge is honey and milk. **The** root of the commandment is well-known, since it is from from the commandments that the intellect obligates. **The** laws of the commandment are in Bava Kamma, and primarily in the ninth chapter and the tenth chapter (see Tur, Choshen Mishpat 359). **And** this prohibition is practiced in every place and at all times. And one who transgresses it and oppresses his fellow violates this negative commandment. But it is a negative commandment that is rectified by a positive commandment - meaning to say that he restores the loot that is in his hands and appease his fellow about having irritated him and angered him. And they, may their memory be blessed, already informed us (Berakhot 32a), that the power of those that repent is great. And the French rabbi (Rabbi Moshe of Coucy, in SeMaG, Mitzvot Lo Taase 156), wrote in the tally of the commandments that since we find that Rava said that oppression and robbery are one, we will not count oppression in the number of the negative commandments. And he counts in place of this, "and not be like Korach and his congregation" - meaning to say, that we not [take part] in a controversy. And in our opinion - ours - the intention of Rava was not that they should not be counted as two negative commandments, but rather to have one transgress robbery with two negative commandments, and so too [in the case of] oppression. And since their content is different, we will count them as two negative commandments - like robbery and theft. As even thought the matter of both of them is that that we not take the money of others, there is no doubt that they are considered two negative commandments of the six hundred and thirteen commandments.

מצוה רכט

שלא לגזל - שלא לגזל. כלומר, שלא נטל מה שאין לנו זכות בו בכוח ובזרע בפרסום, שנאמר (ויקרא יט יג) ולא תגזל, ובא הפרוש עליו, (ב"ק עט ב) שלשון גזלה נופל על החוטף דבר מיד חברו או הוציאו מרשותו בעל כרחו דרך אנס ובפרסום כענין שנאמר (שמואל ב כג כא) ויגזל את החנית מיד המצרי. **שרש** המצוה ידוע, שהוא דבר שהשכל מרחיקו הרבה, וראוי להרחיקו, כי יודע הגוזל החלש ממנו כי בבא עליו תקיף ממנו יהיה גם הוא נגזל וכו', והוא סבה לחרבן הישוב. **מדיני** המצוה. מה שאמרו זכרונם לברכה (סנהדרין נז א) שאסור דאוריתא לגזל אפילו כל שהוא. אבל לאו דלא תגזל אינו חל אלא בשוה פרוטה, כי התורה לא תחיב אלא בדבר שהוא ממון, ופחות משוה פרוטה אינו נקרא ממון. אבל מכל מקום אסור הוא דבר תורה, כמו חצי שעור שאין לוקין עליו והוא אסור דאוריתא. וכתב הרמב"ם זכרונו לברכה (גזילה ואבידה א, ב) אפילו גוי ועובד עבודה זרה, אסור לגזלו או לעשקו, ואם גזלו או עשקו יחזיר. ובגמרא (ב"ק קיט, א) אמרו זכרונם לברכה, שאפילו אנשים שמתר לאבד גופם, כגון המנין, אסור לאבד ממונם ולגזל או לגנב להם. ואמרו בטעם זה, שמא יצא מהן זרע ראוי ויהיה ממונם להם. ועוד אפשר לומר שכונתם זכרונם לברכה בהרחיקם זה, כדי שלא ירגיל האדם טבעו בכך, כי גריעות יהיה בנפש בהרגילה במדות הפחותות והרעות, והוא חבל חזק למשך העון (עפ"י ישעיהו ה יח). **וכן** מדיני המצוה, מה שאמרו זכרונם לברכה (ב"ק צח ב), שהגוזל חיב להחזיר הגזלה עצמה, שנאמר (ויקרא ה כג) הגזלה אשר גזל. ופרשו זכרונם לברכה (שם) יחזיר כעין שגזל. ומפני כן אמרו, כי בדין הוא שאפילו גזל מריש פרוש קורה ובנאה בבירה, מקעקע כל הבירה ומחזיר מריש לבעליו, אלא מפני תקנת השבים תקנו (גיטין נה, א וברש"י ד"ה מפני), נותן את דמיה ויפטר. וכבר כתבנו למעלה (מצוה קל), איך יש כח ביד חכמים בזה. ודין הגוזל חברו בישוב ורצה להחזיר לו במדבר מה דינו, ודין הגוזל חברו והבליע לו בחשבון, שיצא ידי חובתו בכך, ואם החזיר לכיסו יצא, והוא שיש

בה מעות, דקימא לן כרבי יצחק דאמר (ב"ק קיח, ב) אדם עשוי למשמש בכיסו וימנה מעותיו. ומנין שלא מדעת פוטר במה שאינו בעל חיים. ודין הגוזל ומת, בין שהאכיל הגזלה לבנים קדם יאוש או אחר יאוש, אם הניח קרקע, חיבין הבנים לשלם דמי הגזלה, אבל מן המטלטלין לא יהיו חיבן היתומים לשלם, אלא מפני תקנת הגאונים שתקנו כן שאפילו במלוה על פה ישתעבדו מטלטלי דיתמי מפני תקון העולם. ודין הלוקח מן הגזלן כדין הלוקח מן הגנב שיש חלוק בין מפרסם לשאינו מפרסם. ומה שאמרו (שם קיט, א) שאסור להנות מאדם שחזקתו שכל שיש לו מן הגזל, אבל אם היה קצת מה שבידו שלא מן הגזל אף על פי שהוא מועט, מתר להנות ממנו עד שידע בברור שאותו דבר ממש שהוא נהנה בו גזול. ויתר דיני גזלה ודיני יאוש ושנוי רשות ושאר פרטיהן מבארים בפרקים תשיעי ועשירי מקמא [שם], וקצת מהן כתבתי בסדר ויקרא (במצוה קל). **ונוהג** אסור זה בכל מקום ובכל זמן בזכרים ונקבות, והעובר עליה וגזל משוה פרוטה ולמעלה, עבר על לאו, אבל אין לוקין על לאו זה לפי שהוא נתק לעשה דהשבה, שנאמר והשיב את הגזלה וגו' ואפילו בטל עשה שבה, כלומר, ששרף את הגזלה או השליכה לים הגדול, מקום שאינה נמצאת לעולם, אינו לוקה, לפי שהוא לאו שנתן לתשלומין שישלם מה שהיתה שוה. ואם כפר בה ונשבע לשקר יוסיף החמש ויקריב אשם כמו שהתבאר בקמא ובסוף מכות (טז א).

Mitzvah 229

To not rob: To not rob - meaning to say, to not take with strength and force and publicity that to which we do not have a right, as it is stated (Leviticus 19:13), "and you shall not rob." And the explanation came about it (Bava Kamma 79b), that the expression, "robbery (gezelah)" relates to one that grabs something from the hand of his fellow or takes it out of his domain against his will by way of force and in the open, like the matter that is stated (II Samuel 23:21), "and he robbed the spear from the hand of the Egyptian." **The** root of the commandment is well-known, as it is something that the intellect distances greatly. And it is fitting to distance it, since the one who robs one weaker than he, knows that when one more powerful than he comes upon him, he will also be robbed, etc. And it is a reason for the destruction of civilization. **From** the laws of the commandment is that which they, may their memory be blessed, said (Sanhedrin 57a) that it is forbidden from Torah writ to rob even the smallest amount. But the negative commandment of "you shall not rob" only applies to the value of a small coin (perutah), since the Torah only makes liable [here] for something that is money; and less than the value of a small coin is not called money. But nonetheless, it is forbidden from Torah writ

ספר החינוך Sefer HaChinukh

- like half a measure, for which we do not administer lashes, but it is [still] a Torah prohibition. And Rambam, may his memory be blessed, wrote (Mishneh Torah, Robbery and Lost Property 1:2), "It is forbidden to rob or oppress even a gentile and an idolater. And if he robbed him or oppressed him, he must return [it]." And in the Gemara (Bava Kamma 119a), they, may their memory be blessed, said that it is even forbidden to destroy the money of, and to rob and steal from, people that it is permitted to destroy their persons, such as the heretics. And they said as the reason for this, lest proper seed will come from them and their money would go to them. And it is also possible to say that their, may their memory be blessed, intention in the distancing of this was so that a man not accustom his nature to this, as habituation to lowly and bad traits would be lack in the soul. And it is a strong 'rope to drag iniquity.' **And** also from the laws of the commandment is that which they, may their memory be blessed, said (Bava Kamma 98b), that the robber is obligated to return the stolen object itself, as it is stated (Leviticus 5:23), "the stolen object that he robbed" - and they, may their memory be blessed, explained, "he returns like what he robbed." And because of this they said (Gittin 55a; Rashi s.v. mipnei), it is according to the law that even if he robbed a mareish - the explanation of which is a beam - and he built it into a mansion, he takes apart all of the mansion and returns the beam to its owner. But as a result of the Ordinance of the Penitents, they ordained that he gives its money and he become exempt. And I have already written above (Sefer HaChinukh 130) how the court has the power to do this. And [also] what is the law of the one who robs his fellow in a settlement and wants to return it in the wilderness. And the law of one who robs his fellow and absorbs it into the account [of what is owed], that he fulfills his obligation with this. And if he returned it to his purse, he has fulfilled [it], and that is when there is money in it - since we establish [the law] like Rabbi Yitschak, that says (Bava Kamma 118b), "a man is in the habit of feeling in his purse and he will count his money"; and counting without intention exempts [the one who returns it from further action] with regards to [items] that are not living things. And the law of one who robbed and died [that is] - whether he 'fed' the stolen object to his sons before the loss of hope [by the owners] or after the loss of hope - if he left them land, the sons are obligated to pay the money of the stolen object, but the orphans are not obligated to pay from the movable objects [that the father leaves them]. But because of the Ordinance of the Gaonim that they ordained thus for the betterment of the world, the movable properties of orphans are liened even for an orally agreed loan. And the law of one who buys from the robber is like the law of one who buys from the thief - that there is a distinction between [a thief] who is famous and one who is not famous. And that which they said (Bava Kamma 119a) that it is forbidden to benefit from a man about whom it is assumed that all that he has is from stolen property; but if a little of what is in his hand is not from stolen property - even though it is sparse - it is permitted to benefit from him, until one knows clearly that that actual thing from which he benefits is stolen. And the rest of the laws of robbery, the laws of giving up hope and of changing domains and the rest of its details are elucidated in the ninth and tenth chapters of [Bava] Kamma. And I have written a few of them in the Order of Vayikra (Sefer HaChinukh 130). **And** this prohibiton is practiced in every place and at all times by males and females. And one who transgresses it and robs from the worth of a small coin and up has violated a negative commandment. But we do not administer lashes for this negative commandment, since it is rectified by the positive commandment of returning [it], as it is stated (Leviticus 5:23), "that he shall return the stolen object that he robbed, etc." And even if he negated the positive commandment about it - meaning to say, that he burned the stolen object or hurled it to the Great Sea - he is not lashed, since it is a negative commandment that is given to repayment, such that he repay what it was worth. And if he denied it and swore falsely, he adds a fifth and brings a guilt-offering, as it is elucidated in [Bava] Kamma and at the end of Makkot 16a.

מצוה רל׳

שלא לאחר שכר שכיר - שלא נאחר שכר שכיר, שנאמר (ויקרא יט יג) לא תלין פעלת שכיר אתך עד בקר. וזה הכתוב אמרו זכרונם לברכה (ב"מ קי, ב) שמדבר בשכיר יום, והאריכה התורה זמן פרעונו כל הלילה, שנאמר (שם) עד בקר, ובשכיר לילה למדנו במקום אחר, שזמן פרעונו כל היום, שנאמר (דברים כד טו) ביומו תתן שכרו ולא תבא עליו השמש. ופרשו זכרונם לברכה (שם) שזה הכתוב מדבר בשכיר לילה. ולשון המשנה (שם), שכיר יום גובה כל הלילה, ושכיר לילה גובה כל היום. ואף על פי שבאו במצוה זו שני כתובים, אינם אלא מצוה אחת, והאחד נאמר להשלים דין המצוה, ואין לנו למנות מה שיבוא בתורה לתשלום דין המצוה [מצוה] בפני עצמה. וענין מצוה זו, שלא נאחר לשכיר פרעונו, אבל נפרעהו תוך זמן קצוב, זהו יסוד המצוה, ועם שני הלאוין אלו הנזכרים בה, ידענו זמן הפרעון

בשכירין. בין שכיר יום בין שכיר לילה, מתי הוא. וזכר זה העקר בכל המצות, כי עקר גדול הוא בחשבון המצות, והוא העקר שהסכימו עליו שני עמודי העולם הרמב"ם זכרונו לברכה (בספר המצות ל"ת רלח) והרמב"ן זכרונו לברכה. **משרשי** המצוה. לפי שהשם ברוך הוא חפץ בקיום האדם אשר ברא, וידוע כי באחור המזונות, יאבד הגוף ועל כן צונו לתת שכר שכיר, כי אליו הוא נושא את נפשו. להתפרנס בו. ולפי הנראה, על כן שם גבול זמנו יום אחד ולא יותר, כי דרך בני אדם להתענות יום אחד לפעמים. ובפרוש הודיע הכתוב טעם הדבר באמרו (שם טו) ואליו הוא נושא את נפשו. ואף על פי שדרשו בו זכרונם לברכה (שם קיב א) בענין אחר, פשטיה דקרא כמו שכתבנו משמע. **מדיני** המצוה. מה שאמרו זכרונם לברכה (שם קיא, א), שאחד שכר האדם והבהמה והכלים, יש בהם משום ביומו תתן שכרו, ומשום בל תלין. וכן מה שפרשו זכרונם לברכה (שם) ששכיר שעות של יום גובה כל היום, ושכיר שעות של לילה גובה כל הלילה, שכיר חדש שכיר שבת שכיר שנה שכיר שבוע יצא ביום גובה שכרו כל היום, יצא בלילה גובה שכרו כל הלילה. ודין נתן טליתו לאמן, גמרה והודיעו, כל זמן שהטלית ביד אמן, אינו עובר, נתנה לו ולא פרעו ביום שנתנה לו, עובר, שהקבלנות כשכירות, כן פרשו זכרונם לברכה. **ודין** שליח ששכר פועלים מי עובר משום בל תלין הוא או בעל הבית, שהכל הולך לפי הלשון שאמר לפועלים. ומה שאמרו (שם) שאין השוכר עובר אלא בזמן שתבעו השכיר ולא נתן לו, אבל אם לא תבעו אינו עובר. [תוספת: או שתבעו ולא היה לו מה שיתן לו ואינו מוצא מי שילוהו אינו עובר, עד כאן]. וכן אם המחה לפועל אצל אחר שיפרע לו השכר וקבל הפועל, פטור השוכר אף על פי שלא פרעו האחר אחר כן. ומה שאמרו זכרונם לברכה (שם קי, ב), שהמשהה שכר שכיר עד אחר זמנו אף על פי שכבר עבר בעשה ולא תעשה, חיב לתן לו מיד שיתבעהו, וכל זמן שישהה פרעונו אפילו אחר הזמן, עובר עוד על לאו של דבריהם זכרונם לברכה, וסמכו לזה המקרא שכתוב (משלי ג כח) אל תאמר לרעך לך ושוב וגו. ודין השכיר שנשבע ונוטל כל זמן שתבע שכרו תוך זמנו, ואפילו היה השכיר קטן, גם הוא נשבע ונוטל, ונתנו זכרונם לברכה (שם קיב ב) טעם בזה לפי שבעל הבית טרוד בפועליו. ויתר פרטיה מבארים בפרק תשיעי ממציעא [ח"מ סימן שלט]. **ונוהגת** בכל מקום ובכל זמן. והעובר עליה ועכב שכר שכיר עד אחר הזמן המגבל, בטל עשה ועובר על לאו ואין לוקין על לאו זה לפי שנתן להשבון, שהרי חיב הוא לשלם שכרו בכל עת. ועוד אמרו זכרונם לברכה (שם קיא, א) בכובש שכר שכיר על דרך האזהרה, שעובר משום בל תעשוק ובל תגזל ובל תלין, ומשום לא תבוא עליו השמש. ואמרו (שם) בגר תושב שיש בו משום ביומו תתן שכרו, אבל אין עוברין בו משום בל תלין וזה הדין דגר תושב מפרש במשנה פרק המקבל וכתב הרמב"ם זכרונו לברכה, דהוא הדין לבן נח.

ספר החינוך Sefer HaChinukh

Mitzvah 230
To not delay the wage of a wage worker: That we not delay the wage of a wage worker, as it is stated (Leviticus 19:13), "you shall not lay over the salary of a wage worker with you until the morning." And they, may their memory be blessed, said that this verse is referring to a day wage worker (Bava Metzia 110b). And the Torah extended the time of his payment the entire night, as it is stated, "until morning." And we learned about a night wage worker from another place, that the time of his payment is the whole day, as it is stated (Deuteronomy 24:15), "On its day you shall give his wage, and the sun should not set upon it." And they, may their memory be blessed, explained (Bava Metzia 110b) that this verse is referring to a night wage worker. And the language of the Mishnah is "A day wage worker collects the whole night, and a night wage worker collects the whole day. And even though two verses came about this commandment, they are only one commandment; and the one is stated to complete the law of the commandment. And we should not count that which the Torah has come to complete the law of a commandment [to be a commandment] on its own. And the content of this commandment - that we not delay payment to the wage worker, but rather we pay him at a set time - that is the principle of the commandment. And with the two negative statements mentioned about it, we knew when is the time of the payment of wage workers - whether a day wage worker or a night wage worker. And remember this principle [mentioned above] for all of the commandments; as it is a great principle in the calculation of the commandments. And it is a principle that two of the pillars of the world agreed about - Rambam, may his memory be blessed (Sefer HaMitzvot LaRambam, Mitzvot Lo Taase 238), and Ramban, may his memory be blessed. It is from the roots of the commandment [that it is] because God, blessed be He, desires the preservation of Man which He created. And it is well-known that with the delay of nourishment, the body will be destroyed. And therefore, we were commanded to give the wage of the wage earner - as 'he urgently depends upon it,' to sustain himself from it. And it appears that therefore did he place the limit of its time to be one day and not more - as it is the way of people to sometimes fast for a day. And explicitly did the verse give a reason for the thing, in its stating (Deuteronomy 24:15), "he urgently depends upon it." And even though they, may their memory be blessed, expounded it for a different matter, its simple understanding implies that which we

ספר החינוך Sefer HaChinukh

wrote. **From** the laws of the commandment are that which they, may their memory be blessed, said (Bava Metzia 110a) [that] it is one whether it is the wage for a person or the wage for an animal or for vessels - [for them all, he transgress] on account of "You must pay him his wages on the same day" and on account of, 'do not lay over.' And so [too,] that which they, may their memory be blessed, said (Bava Metzia 110a) that a day hourly wage-worker collects the whole day and a night hourly wage-worker collects the whole night. A monthly wage worker, a weekly wage worker, a yearly wage worker, a seven-year wage worker - [if] he leaves during the day, he collects [that] whole day, [and if] he leaves during the night, he collects [that] whole night. And [also] the law of one who gives his cloak to a craftsman - when he has finished it and informed him - the whole time that it is in the hand of the craftsman, he does not transgress; if he gave it to him and [the owner] did not pay him on the day that [the craftsman] gave it to him, he has transgressed. As contractual work is like wage work - so did they, may their memory be blessed, explain. **And** [also] the law of an agent who hired wage workers, who [is it that] transgresses on account of 'do not lay over' - he or the owner - that everything goes according to the expression that he [used] with the workers. And that which they said (Bava Metzia 110a) that the employer only transgresses at the time that the wage worker claims [the wage from] him and he does not give it to him, but if he does not claim [it from] him, he does not transgress. [(Scribal) emendation: Or if he claimed (it from) him and he did not have with what to pay, and he does not find someone who will lend to him, he does not transgress. To here (is the emendation).] **And** so [too,] if he assigned to the worker that someone else pay him and the worker accepted, the employer is exempt, even though the other one did not pay him later. And that which they, may their memory be blessed, said (Bava Metzia 110b), that one who delays the wage of a wage worker until after its time - even though he has already transgressed a positive commandment and a negative commandment - he is obligated to give [it] to him as soon as he demands it. And all the time that he delays his payment - even after the time - he transgresses a negative commandment from the rabbis, may their memory be blessed; and they based it on this verse, that is written (Proverbs 3:28), "Do not say to your fellow, 'Go, and come back, etc.'" And [also] the law of the wage worker, that he makes an oath (that the money is still owed) and takes [it], so long as he claims his wages within its time - and even if the wage worker was a minor, he too makes an oath and takes - and they, may their memory be blessed, gave a reason for this (Bava Metzia 112b): since the [employer] is preoccupied with his workers. [These] and the rest of its details are elucidated in the ninth chapter of [Bava] Metzia (see Tur, Choshen Mishpat 339). And it is practiced in every place and at all times. And one who transgresses it and delays the wage of a wage worker until after the set time has violated a positive commandment and violates a negative commandment. But we do not administer lashes for this negative commandment, since it is given to repayment - as behold, he is obligated to pay his wage at all times. And they, may their memory be blessed, said (Bava Metzia 111a) about one who suppresses the wage of a wage worker that he transgresses on account of, 'do not oppress,' 'do not rob,' and 'do not lay over,' and on account of "the sun should not set upon it." And they said (Bava Metzia 111a) about a resident alien that, "On its day you shall give his wage" [applies to] him, but we do not transgress, 'do not lay over,' with him. And this law of the resident alien is explicit in the Mishnah of the chapter [entitled] HaMekabel. And Rambam, may his memory be blessed, wrote (Sefer HaMitzvot LaRambam, Mitzvot Ase 200) that the law is the same with [any] Noachide.

מצוה רלא

שלא לקלל אחד מישראל בין איש בין אשה - שלא לקלל אחד מישראל בין איש בין אשה. ואף על פי שאינו שומע הקללה, שנאמר (ויקרא יט יד) לא תקלל חרש. ובא הפרוש עליו מי שאינו שומע קללתך, וכן תרגם אונקלוס (שם). ולשון ספרא (קדושים ב יג) אין לי אלא חרש, מנין לרבות כל אדם? תלמוד לומר (שמות כב כז) בעמך לא תאר. אם כן למה נאמר חרש? מה חרש מיחד שהוא בחיים, יצא המת שאינו בחיים. אף על פי שאין בנו כח לדעת באי זה ענין תנוח הקללה במקלל ואי זה כח בדבור להביאה עליו, ידענו דרך כלל מכל בני העולם שחוששין לקללות, בין ישראל בין שאר האמות, ויאמרו שקללת בני אדם גם קללת הדיוט תעשה רשם במקלל ותדביק בו המארה והצער. ואחר דעתנו דבר זה מפי הבריות נאמר כי משרשי המצוה, שמנענו השם מהזיק בפינו לזולתנו כמו שמנענו מהזיק להם במעשה, וכעין ענין זה אמרו זכרונם לברכה (מו"ק יח א) ברית כרותה לשפתים. כלומר, שיש כח בדברי פי אדם. **ואפשר** לנו לומר, לפי עניות דעתנו, כי בהיות הנפש המדברת שבאדם חלק עליוני, וכמו שכתוב (בראשית ב ז) ויפח באפיו נשמת חיים. ותרגם לרוח ממללא, נתן בה כח רב לפעל אפילו במה שהוא חוץ ממנה, ועל כן ידענו ונראה תמיד כי לפי חשיבות נפש האדם ודבקותה בעליונים כנפש הצדיקים והחסידים ימהרו

דבריהם לפעל בכל מה שידברו עליו, וזה דבר ידוע ומפרסם בין יודעי דעת ומביני מדע. ואפשר לומר עוד, כי הענין להשבית ריב בין בני אדם ולהיות ביניהם שלום, כי עוף השמים יוליך את הקול, ואולי יבואו דברי המקלל באזני מי שקלל. והרמב"ם זכרונו לברכה אמר (בסהמ"צ ל"ת שי"ז) בטעם מצוה זו כדי שלא יניע נפש המקלל אל הנקמה ולא ירגילנה לכעס. ועוד האריך בענין בספרו. ונראה לי מדבריו, שלא יראה הוא בדעתו נזק אל המקלל בקללה, אלא שתרחיק התורה הענין מצד המקלל, שלא ירגיל נפשו אל הנקמה וכעס ואל פחיתות המדות. וכל דברי רבותינו נקבל עם היות לבבנו נאחז במה שכתבנו יותר. **מדיני** המצוה. מה שאמרו זכרונם לברכה (שבועות לה, א) שאסור לקלל בשום ענין, ומכל מקום אינו לוקה אלא המקלל בשם מן השמות כגון יה, שדי ואלוה וכיוצא בהן, או ובכל כנוי מן הכנויין, כגון חנון, קנוא, וכיוצא בהן. ובכל לשון שקלל בשם או בכנוי חיב, שהשמות שקוראין בהן הגוים להקדוש ברוך הוא הרי הן בכלל הכנויין. ומה שאמרו (שם לו, א) שאפילו המקלל את עצמו לוקה, שנאמר (דברים ד ט) השמר לך ושמר נפשך מאד. ומה שאמרו במכלתא (עי' סנהדרין סו א) לא תקלל חרש באמללין שבאדם. ועוד אמרו שם כשהכתוב אומר (שמות כב כז) ונשיא בעמך לא תאר וגו'. אחד דין ואחד נשיא במשמע, ומה תלמוד לומר אלהים לא תקלל? לחיב על זה בפני עצמו ועל זה בפני עצמו. מכאן אמרו יש מדבר דבר אחד וחיב עליו משום ארבעה דברים, בן נשיא שקלל אביו חיב עליו משום האב ומשום דין ומשום נשיא ומשום בעמך לא תאר [ח"מ סי' כו]. **ונוהגת** בכל מקום ובכל זמן בזכרים ונקבות. והעובר עליה וקלל בשם או בכנוי אחד מישראל במזיד ויש עדים והתראה, לוקה, שזהו אחד משלשה לאוין (תמורה ג א), שאף על פי שאין בהן מעשה ולא נאמר בהן בפרוש בתורה מלקות לוקין עליהן, והשנים האחרים הם נשבע וממר, שמפרש בגמרא סנהדרין.

Mitzvah 231

To not curse an Israelite, whether a man or a woman: To not curse an Israelite, whether a man or a woman; and even though he does not hear the curse, as it is stated (Leviticus 19:14), "You shall not curse the deaf" - and the explanation comes about this [that it is] one who does not hear your curse. And so, did Onkelos translate [it]. And the language of Sifra, Kedoshim, Section 2:13 [is] "I only have a deaf person, from where do I include every man? [Hence] we learn to say (Exodus 22:27), 'among your people, you shall not maledict.' If so, why does it state, 'deaf?' Just like a deaf person is unique that he is alive - to exclude the dead that is not alive." Even thought we do not have the power to know in which way a curse impacts upon the one cursed, and with what power within speech

ספר החינוך Sefer HaChinukh

there is to bring [that impact] upon him, we know more generally that people are concerned about curses - whether Israel or other nations - and say that curses of people, and even curses of commoners, have an impact on the one cursed and attaches malediction and distress to him. And since we know this thing from the mouth of the creatures, we will say that it is from the roots of the commandment that God prevented us from injuring others with our mouths, [just] like he prevented us from injuring them with action. And similar to this did they, may their memory be blessed, say (Moed Katan 18a), "A covenant is made with the lips" - meaning to say that there is power in the words of a person's mouth. **And** it is possible for us to stay - according to the paucity of our intelligence - that since the speaking soul in man is the elevated part, and as it is written (Genesis 2:7), "He blew into his nostrils the breath of life," and it is translated (by Onkelos) as "a speaking spirit"; He gave it great power to impact even on that which is external to it. And hence we have known and it is always seen that to the extent of the importance of a man's soul and its clinging to the elevated things - like [is the case with] the souls of the righteous and the pious - will their words be quick to impact upon all that they speak about. And this is something well-known and famous among those that know knowledge and understand science. And it possible to say also that the matter is to stifle a quarrel between people and that there be peace between them; since the birds of the sky make the voice travel, and maybe the words of the one that cursed will come to the ears of the one that he cursed. And Rambam, may his memory be blessed, said (Sefer HaMitzvot LaRambam, Mitzvot Lo Taase 317) as the reason of the commandment [that is is] in order that the soul of the one that curses not be moved to vengeance and that he not become used to anger. And he wrote at further length about this in his book. And it appears to me from his words that, in his opinion, he does not see any injury to the one cursed from the curse, but rather that the Torah is distancing the matter from the perspective of the one that curses - that he not accustom himself to vengeance and anger and to lowly traits. And we shall accept all the words of our rabbis, though our hearts hold more of what we have written. **From** the laws of the commandment is that which they, may their memory be blessed, said (Shevuot 35a) that it is forbidden to curse in any way. But nonetheless, he is not lashed unless he cursed with a name of one of the names [of God], such as Y-ah, Sha-dai, E-loah and similar to them, or with any appellation of one of the

Sefer HaChinukh

appellations [of God], such as Compassionate, Jealous and similar to them. And he is liable in any language that he curses with a name or appellation, as the names that the gentiles call the Holy One, blessed be He, are among the appellations (even though they are in their languages). And [also] that which they said (Shevuot 36a) that even one who curses himself is lashed, as it is stated (Deuteronomy 4:9), "But you shall guard yourself and guard your soul much." And also, that [which they said] in Mekhilta (see Sanhedrin 66a), "'You shall not curse the deaf' - [it is speaking] about the wretched among men." And they also said there (Mekhilta d'Rabbi Yismael 22:27) that when the verse (Exodus 22:27) states, "a chieftain (nassi) among your people, you shall not maledict, etc.," it implies both a chieftain and a judge. What [then] do we learn by saying, "[Judges] shall you not curse"? To impose liability for this one in itself and for that one in itself. From here they said, "One may speak one thing and be liable for four things. (How so?) If the son of a chieftain curses his father, he is liable on account of chieftain, on account of father, on account of judge, and on account of 'among your people you shall not maledict'" (see Tur, Choshen Mishpat 26). **And** it is practiced in every place and at all times by males and females. And one who transgresses this and volitionally curses an Israelite with a name or an appellation [of God] - and there are witnesses and a warning - is lashed. As this is one of three negative commandments (Temurah 3a) for which we administer lashes, even though there is no act [involved] with them and lashes are not stated explicitly about them in the Torah. And the other two are one who makes an oath and one who exchanges, as is explained in the Gemara Sanhedrin.

מצוה רלב

שלא להכשיל תם בדרך - שלא להכשיל בני ישראל לתת להם עצה רעה, אבל נישיר אותם כשישאלו עצה, במה שנאמין שהוא ישר ועצה טובה, שנאמר (ויקרא יט יד) ולפני עור לא תתן מכשל. ולשון ספרא (ב יד) לפני סומא בדבר והיה נוטל ממך עצה, אל תתן לו עצה שאינה הוגנת לו. ואמרו זכרונם לברכה (שם) אל יאמר אדם לחברו מכר שדך וקח חמור, והוא עוקף עליו ונוטלה הימנו. וזה הלאו כולל כמו כן מי שיעזר עובר עברה, שהוא מביא אותו שיתפתה בזולת זה לעבר פעמים אחרים עוד, ומזה הצד אמרו זכרונם לברכה (ב"מ עה ב), במלוה ולוה ברבית ששניהם עוברים בלפני עור וגו'. **שרש** המצוה. ידוע, כי תקון העולם וישובו הוא להדריך בני אדם ולתת להם בכל מעשיהם עצה טובה. **מדיני** המצוה. מה שאמרו זכרונם

לברכה, בריש מסכת עבודה זרה (יד א) דאלפני מפקדינן אבל אלפני דלפני לא מפקדינן, ומפני כן פרשו שם (ו א), דכי בעיא לן בגמרא טעמא דמתניתין אי משום דאזיל ומודה אי משום לפני עור, דלא הוה מסתפק בטעמא דמתניתין אלא בלשאת ולתת עמהם, דיהיב ליה ישראל לגוי מידי דחזי לתקרובת, ובכי האי גונא אפשר דאכא ביה משום ולפני עור, אבל שאר מתניתין כלה, כגון להלוות ולפדען ולהשאילן משום דאזיל ומודה הוא אסורא, דמשום לפני עור לכא למימר, דשאלה בעינה הדרא, ולהלוותן ולפרען נמי, זוזי יהבינן להו וזוזי לא חזו לתקרבת, מאי אמרת, דילמא זבין בהו תקרבת, הוה ליה לפני דלפני ובכי האי גונא לא מפקדינן, כמו שאמרו, וכן כל כיוצא בזה. וכן מה שאמרו זכרונם לברכה (שם טו ב), שאסור למכר כל כלי מלחמה וכל דבר שיש בו נזק לרבים, אלא אם כן מוכרן כי היכי דמגנו עלן. וכן אסור למוכרו לישראל המוכרן לעכו"ם, וכן לישראל לסטים, ואסור הכל משום ולפני עור. ויתר פרטיה במקומות מהתלמוד בפזור [הלכות רוצח פי"א]. **ונוהגת** בכל מקום ובכל זמן בזכרים ונקבות. והעובר עליה והשיא את חברו לדעת עצה שאינה הוגנת לו או סיע אותו בדבר עברה, כגון המושיט כוס יין לנזיר וכל כיוצא בזה עבר על לאו זה, והוא כעובר על מצות מלך, ואין לוקין עליו, לפי שאין בו מעשה.

Mitzvah 232

To not make an innocent one stumble on the way: To not make the Children of Israel stumble, to give them bad advice; but rather we right them when they ask advice, with that which we believe to be right and good advice, as it is stated (Leviticus 19:14), "and you shall not put a stumbling block in front of the blind." And the language of Sifra, Kedoshim, Section 2:14 [is] "In front of one who is blind about a thing and he takes advice from you, do not give him advice that is not appropriate for him." And they, may their memory be blessed, said [there also], "A man should not say to his fellow, 'Sell your field, and buy a donkey,' and he stalks him and takes it from him." And this negative commandment also includes one who helps one who commits a sin, since he brings him to being seduced to also transgress other times besides this. And from this angle, they, may their memory be blessed, said that the both the lender and the borrower with interest transgress with regards to "in front of the blind, etc." **The** root of the commandment is well-known, since the guidance of people and to give them good advice for all of their actions [is needed for] the ordering of the world and its civilization. **From** the laws of the commandment is that which they, may their memory be blessed, said (Avodah Zarah 14a), that we are concerned about "in front of," but we are not concerned about "in front of" of "in front of." And because of this they explained there that when we had the question in the Gemara (Avodah Zarah 6a) [regarding] the reason for our Mishnah (Avodah Zarah 2a), if it is on account of that he will go and thank [his idol] or if it is on account of "in front of the blind" - that we were only in doubt about the reason of the Mishnah regarding buying and selling with them, that an Israelite give the gentile something fit for a sacrifice. And in such a way, it is possible that there would be [a violation] of it. But in all the rest of our Mishnah - for example to give loans, to redeem them and to have them borrow - it is forbidden on account of that he will go and thank. As it cannot be said that it is on account of "in front of the blind"; as he must return the actual item he borrowed, and also in giving them loans and redeeming them - he gave him coins, and coins are not fit for a sacrifice. What [might] you have said? Maybe he will buy a sacrifice with them. [But] that would be "in front of" of "in front of." And we are not concerned about such a way, as they said - and so [too,] all that is similar to it. And so [too,] that which they, may their memory be blessed, said (Avodah Zarah 15b) that it is forbidden to sell any weapons and anything that can injure the public, unless he sells them so that they will defend us. And so [too,] is it forbidden to sell them to an Israelite who sells them to idolaters, and so [too, if he sells them] to Israelite brigands. And it is all forbidden on account of "and in front of the blind." And the rest of its details are in scattered places of the Talmud (see Mishneh Torah, Laws of Murderer and the Preservation of Life 11). **And** it is practiced in every place and at all times by males and females. And one who transgresses it and consciously raises advice to his fellow that is not appropriate for him; or helped him in the matter of a sin - such as handing a cup of wine to a nazirite and all that is similar to this - has violated this negative commandment, and it is like violating the commandment of the King. But we do not administer lashes for it, since there is no act [involved] with it.

<u>מצוה רלג</u>

שלא לעול המשפט - שלא יעשה הדין עול בדין והעול יהיה בכל עת שיעבר על מה שצותה לנו התורה בענין הדין, אלא אם כן עשה ברצון בעלי הדין, ועל זה נאמר (ויקרא יט טו) לא תעשו עול במשפט. **שרש** המצוה ידוע, כי במשפט צדק, יתקים ישוב בני אדם. **מדיני** המצוה. מה שאמרו זכרונם לברכה (כתובות קה, א), שהמענה את הדין בכלל מעול המשפט הוא. ומה

שאמרו (אבות א א) הוו מתונים בדין, כדי שלא יבואו לעול המשפט. ואמרו זכרונם לברכה (יבמות קט ב) שראוי למי שדן להמלך עם גדול ממנו אם הוא אצלו, ואמרו (אבות ד, ז) באזהרת ענין זה כל המונע עצמו מן הדין מונע ממנו איבה וגזל ושבועת שוא, וכל זה ללמדנו שהדבר צריך מתון וישוב הדעת הרבה כדי שלא יטעו בדין, כי הרבה דברים יש בדינים, וחכם גדול צריך להיות בדין, וכמו שאמרו זכרונם לברכה (ב"ב קעה, ב) הרוצה להתחכם יעסק בדיני ממונות, שאין מקצע בתורה גדול מהן, שהם כמעין הנובע. והזהירונו גם כן (סנהדרין ח, א) שיהא חביב עלינו דין של פרוטה כדין של מאה מנה לדון אותו לאמתו. ומפני חמר הדין, שבחו הרבה מי שיכול להטיל פשרה בין בעלי הריב, ועליו נאמר (זכריה ח טז) אמת ומשפט שלום שפטו, שזהו משפט של שלום, וכן בדוד הוא אומר (שמואל ב ח טו) ויהי דוד עושה משפט וצדקה לכל עמו, אי זהו משפט שיש עמו צדקה? הוי אומר זהו מצוע. ויתר רבי האזהרות שהזהירונו זכרונם לברכה בהשוית הדין, ושאר פרטי המצוה, הם בפזור בסדר נזיקין, והעקר במסכת סנהדרין [ח"מ סי' יז]. **ונוהגת** בכל מקום ובכל זמן בזכרים כי להם המשפט. והעובר על זה ועשה עול במשפט, כלומר, שדן שלא כדין תורה לדעת עבר על לאו זה אבל אין לוקין עליו, דלאו שאין בו מעשה אלא דבור לבד, אין לוקין עליו, חוץ מאותן שמנינו למעלה (מצוה רלט), ועוד שהרי כל הדן שלא כדין תורה דינו חוזר, ולפיכך אין לוקין עליו, וכדאמרינן בסנהדרין פרק אחד דיני ממונות (סנהדרין לג א), שכל הטועה בדבר משנה, לעולם חוזר. והענין לומר שכל הטועה לדון במה שהוא הפך כונת התורה, בלי ספק דינו בטל לגמרי, והרי הוא כאלו לא נאמר, ושם יתבאר שיש צדדין. שאם דן הדין בהפך האמת שדינו דין וחיב לשלם מביתו למי שעות לו דינו, ומכל זה לא יתחיב מלקות, ואפילו עשה בו מעשה, וכגון שנשא ונתן ביד, מן הכלל שבידינו שכל לאו שנתן לתשלומין, אין לוקין עליו. **ואם** לא שיארך הענין ונצא מגדר מלאכתנו באנו לפרש בארכה כל הצדדין שהדין חוזר, והצדדין שאינו חוזר וחיב הבית דין לשלם מביתו, והצדדין שאינו חוזר ופטור הבית דין לשלם. ומכללא דמלתא לפי הנראה, דכל היכא שדנו בלא קבלה ואכא בעיר גדול מהם וטעו ואפילו בשקול הדעת דינם חוזר, והוא שלא נשאו ונתנו ביד שאלו נשאו ונתנו ביד אין דינם חוזר, אבל חיבין לשלם, בענין אחר אין דינם חוזר. והיכא שדנו ברשות דלכא למימר דהוו פושעים כשבאו לדון פטורים מלשלם. והיכא דלאו ברשות, אי נמי בכל צד דאכא למימר דהוו פושעים כלל כשבאו לדון חיבים לשלם. וכל היכא דאמרי דינם חוזר, אפילו אבד או נאכל הדבר שדנו עליו פטורים מלשלם, אלא אם כן נשאו ונתנו בידם ממש, כיון שכן מדין מזיקין מיהת חיבים לשלם, הא לאו הכי פטורין. והא דאמרינן לעיל דכל שטועה בדבר משנה לעולם חוזר, פרשו לנו מורי ישמרו אל, דלאו דוקא משנה ממש, אלא אף כל שהוא מפרש בתלמוד בדברי האמוראין שהוא הלכה וטעה בה הדין גם זה טועה בדבר

ספר החינוך Sefer HaChinukh

משנה יקרא. ועוד הפריזו על מדותם לומר עוד, שאפילו הטועה בדבר אחד שפסק אחד מן הגאונים או מן החכמים המפרסמים בינינו בחכמה כטועה בדבר משנה משוינן ליה, אלא אם כן יאמר אותו הבית דין שאע"פ שהיה יודע ונזכר דעת אותו הגאון או החכם לא יהיה דן כמוהו ולא ישוב בשבילו מלדון דיניו כדעתו, והוא שיהא ראוי לכך.

Mitzvah 233

To not vitiate justice: That the judge not cause vitiation in a decision. And vitiation is with anything where he deviates from that which the Torah commanded us regarding the law, unless he did so with the consent of the litigants. And about this is it stated (Leviticus 19:15), "You shall not vitiate judgement." **The** root of this commandment is well-known, since the civilization of men is preserved with righteous judgement. **From** the laws of the commandment is that which they, may their memory be blessed, said (Ketuvot 105a) that one who [unnecessarily] prolongs the judgment is included in one vitiating judgement. And that which they said (Mishnah Avot 1:1), "Be deliberate in judgement," so that they not come to vitiation of the judgement. And they, may their memory be blessed, said (Yevamot 109b) that it is fitting for someone judging to consult with someone greater than he, if he is near him. And they said in warning about this matter (Mishnah Avot 4:7), "Anyone who prevents himself from judging - prevents from himself enmity, theft, and the false oath." And all of this is to teach us that the thing requires deliberation and much composure, so that they not err in the decision. As there are many things [involved] in legal decisions, and one must be a great sage in a decision - and it is like they, may their memory be blessed, said (Bava Batra 175b), "One who wants to become wise should engage in monetary laws, as there is no greater discipline in the Torah than them, as they are like a flowing spring." And they also warned us that the judgement of a small coin should be beloved to us like the judgement of a thousand expensive coins, to judge it according to its truth. And because of the weightiness of judgement, they greatly praised the one who can bring a compromise between the litigants. And about him is it said (Zechariah 8:16), "truth and peaceful justice shall you rule" - as this is the judgement of peace. And so too about David does it state (II Samuel 8:15), "and David executed judgement and righteousness (tzedekah, which is also the word for charity) for all of his people" - which is the judgment that also has charity? One can say, a settlement. And the rest of the

ספר החינוך Sefer HaChinukh

many warnings that they, may their memory be blessed, warned us about equitability in judgement and the rest of the details of the commandment are scattered in the Order of Nezikin, and are primarily in Tractate Sanhedrin (see Tur, Choshen Mishpat 17). **And** it is practiced in every place and at all times by males, since judgement is for them. And one who transgresses it and vitiates a judgement - meaning to say, he consciously judges not like the law of the Torah - has violated this negative commandment. But we do not administer lashes for it, as we do not administer lashes for a negative commandment that does not have an act [involved] with it, but rather only speech - except for those that we mentioned above (Sefer HaChinukh 239). And also behold, anyone who judges not according to the law of the Torah, his decision is overturned; and hence we do not administer lashes for it. And [it is] as we say in Sanhedrin 33a in the chapter [entitled] Echad Dinei Mammonot, that anyone who errs in the matter of Mishnah is always overturned. And the matter is to say that there is no doubt that the judgement of anyone who errs to make a judgement which is the opposite of the Torah's intent is completely negated - and behold, it is as if it was never said. And there, it is elucidated that there are situations in which if he judged a case opposite to the truth, his decision [stands]; but he is obligated to pay from his estate to the one to whom he vitiated the judgement. And [even] with all this, he does not become liable for lashes - and even if he did an act with it, such as giving and taking [property in question] with [his own] hand - due to the rule that is in our hands, that we do not administer lashes for anything that is given to repayment. **And** if it were not that the matter would be [so] long and we would leave the bounds of our work, we would explain at length all of the situations wherein the decision is overturned and the situations when it is not overturned but the court is liable to pay from its estate, and the situations wherein it is not overturned and the court is exempted from paying. And it appears from the general rule of the matter that anytime that they judged without acceptance [beforehand by the litigants] and there is a greater [authority] in the city than them and they erred - even in [their] course of thought - their judgement is overturned. And that is when they did not give and take by hand; for if they did give and take by hand, their decision is not overturned, but they are obligated to pay. [If it is] in a different way, their decision is not overturned. And when they judged by permission, whereby it cannot be said that they were negligent when they came to judge, they are exempted from paying. But when it was without permission - or also in any situation that one can say that they were negligent at all when they come to judge - they are obligated to pay. And in all that they said that the decision is overturned, they are exempted from paying even if the thing that they decided upon was lost or consumed, unless they actually gave and took by hand - since they are [then] nonetheless liable to pay from the law of damagers. Behold, if it is not like this, they are exempt. And my teacher - God should protect him - explained to us, that that which we said above above that anyone who errs in the matter of Mishnah is always overturned, is not literally only the Mishnah, but rather anything explicit in the Talmud in the words of the Amoraim (Rabbis of the Talmudic era) as the law; if he erred in judgment about it, it is also called erring in the matter of a Mishnah. And they further expanded their ways by also saying that even one who errs in a decision that was decided by one of the Geonim or from the sages famous among us for their wisdom - we treat it like one who erred in the matter of a Mishnah. [That is the case] unless that court says that it is not deciding like him and will not defer from judging its decisions like its opinion on account of him and that it knows and remembers the opinion of that Goan or sage - and that is when it is fit for it [to do so].

מצוה רלד

שלא לכבד גדול בדין - שלא יכבד הדין אחד מבעלי הדין בשעת הריב, ואפילו היה גדול ונכבד ונשוא פנים, שנאמר (ויקרא יט טו) ולא תהדר פני גדול. ואמרו בספרא (קדושים ד ג) שלא תאמר עשיר הוא זה, בן גדולים הוא, היאך אבישנו, כלומר שלא אכבד אותו יותר מבעל דינו שאינו גדול כמוהו, לכך נאמר ולא תהדר פני גדול. **שרש** המצוה ידוע, וכתבתיו בראש הסדר (מצוה רלה). **מדיני** המצוה. מה שאמרו זכרונם לברכה (שבועות ל, א) שלא יהא אחד יושב ואחד עומד אלא שניהם עומדין, כי בהיותם לפני הבית דין ראוי להם לעמד כאלו הם לפני שכינה, כי רוח אלהים שוכן בתוך עדת דיני ישראל, כמו שנאמד (תהלים פב א) אלהים נצב בעדת אל. ומכל מקום אמרו זכרונם לברכה (שם ב), שאם רצו להושיב בעלי הדין הרשות בידם, ובמה דברים אמורים? בשעת משא ומתן, אבל בגמר דין, מן החיוב הוא בעמידה, כמו שנאמר (שמות יח יג) ויעמד העם על משה. אלא שנהגו בכל בתי דיני ישראל מאחר התלמוד להושיבם מפני המחלקת, ואפילו העדים, שכתוב בהם (דברים יט יז) ועמדו שני האנשים נהגו גם כן היום להושיב (רמב"ם סנהדרין כא ה). ויתר פרטיה מבארים במקומות מסנהדרין ושבועות [שם]. **ונוהגת** בכל מקום ובכל זמן בזכרים, כי להם המשפט.

ספר החינוך Sefer HaChinukh

ועובר עליה וכבד בעל דין אחד יותר מחברו במזיד עבר על לאו זה ובטל עשה שכתוב (ויקרא יט טו) בצדק תשפט עמיתך. ומה שהתירו זכרונם לברכה בזה ביתרון החכם על עם הארץ עם קצת שאר דיני המצוה, נכתב לקמן במצוה הבאה בסמוך (מצוה רלה).

Mitzvah 234
To not honor a great person in judgement: That the judge not honor one of the litigants at the time of the dispute - and even if he was great, honored and esteemed - as it is stated (Leviticus 19: 15), "and do not dignify the face of a great man." And they said in Sifra Kedoshim, Chapter 4:3, "That you not say, 'This one is a wealthy man, he is the son of great ones. How can I shame him?'" - meaning to say that I should not honor him more than his opponent who is not great like him. "Hence it is stated, 'and do not dignify the face of a great man.'" **And** the root of the commandment is well-known, and I have written it at the beginning of the Order (Sefer HaChinukh 235). **And** from the laws of the commandment is that which they, may their memory be blessed, said (Shevuot 30a) that it not be that one stand and one sit, but rather both of them stand. As in that they are in front of the court, it is fitting for them to stand as if they were in front of the Divine Presence; since the spirit of God dwells among the congregation of the judges of Israel, as it is stated (Psalms 82a), "God stands in the congregation of God." And nonetheless, they, may their memory be blessed, said (Shevuot 30b) that if they wanted to seat the litigants, the option is in their hand. And about what are these words speaking? At the time of give and take. But at the time of the final judgement, there is an obligation to stand, as it is stated (Exodus 18:13), "and the people stood over Moshe." Except that all of the courts of Israel after the Talmud have become accustomed to seat them [in order to avoid] controversy. And even [regarding] the witnesses about whom it is written (Deuteronomy 19:17), "and the two men stand," they have also become accustomed today to seat them (Mishneh Torah, Laws of The Sanhedrin and the Penalties within their Jurisdiction 21:5). [This] and the rest of its details are elucidated in [various] places in Sanhedrin and Shevuot (see Tur, Choshen Mishpat 17). **And** it is practiced in every place and at all times by males, since judgement is for them. And one who transgresses it and honors one litigant more than his fellow volitionally has violated this negative commandment and violated a positive commandment, as it is written (Leviticus 19:15), "you shall judge your people with

righteousness." And [regarding] that which, they may their memory be blessed, permitted an advantage for the sage over the ignoramus in a few of the commandments, we will write later on the next commandment adjacently (Sefer HaChinukh 235).

מצוה רלה

מצוה שישפט בצדק - לשפט בצדק, שנאמר (ויקרא יט טו) בצדק תשפט עמיתך, ובא הפרוש שנצטוו הדינין להשוות בעלי הריב, כלומר, שלא יכבד הדין אחד. מבעלי הדין יותר מן האחר, וכן אמרו בספרא (קדושים ד ד) שלא יהא אחד מדבר כל צרכו, ואחד אומר לו קצר דבריך. וכן בפרק שבועת העדות (שבועות ל א), תנו רבנן בצדק תשפט עמיתך, שלא יהא אחד עומד ואחד יושב, אחד מדבר כל צרכו ואחד אומר לו קצר דבריך. וכן בכלל מצוה זו, שכל איש שהוא חכם בדיני התורה וישר בדרכיו, שהוא מצוה שידין דין תורה בין בעלי הריב אם יש כח בידו, ואפילו יחיד יכול לדון מדין תורה, וכמו שאמרו זכרונם לברכה (סנהדרין ג, א) אחד דן את חבירו דין תורה, שנאמר בצדק תשפט עמיתך. וחכמים הזהירו (אבות ד ח), שלא יהא אדם דן יחידי. ועוד יש בכלל מצוה זו, שראוי לכל אדם לדון את חברו לכף זכות ולא יפרש מעשיו ודבריו אלא לטוב. **שרש** המצוה נגלה הוא, כי בהשוית הדין יתישב העולם, ואם יכבד הדין את האחד מבעלי הדין על האחר יפחד בעל הריב מלהגיד כל טענותיו לפניו, ומתוך כך יצא המשפט מעקל. ובמה שאמרנו שמצוה על החכם בדברי תורה והוא איש ישר לדון בין החולקים, שזהו בכלל המצוה, כמו כן, גם בזה תועלת, כי החכם והישר, ידין דין אמת. ואם הוא היודע לא ירצה לשפט ישפטום שאר בני אדם שאינם חכמים ויטו הדין על האחד מבעלי הדין בלי ידיעה. גם במה שאמרנו שכל אדם חיב לדון חברו לכף זכות, שהוא בכלל המצוה, יהיה סבה להיות בין אנשים שלום ורעות, ונמצא שעקר כל כונת המצוה להועיל בישוב בני אדם עם ישר הדין ולתת ביניהם שלום עם סלוק החשד איש באיש. **מדיני** המצוה. מה שאמרו זכרונם לברכה (שבועות לא א) ששני בעלי דין שהיה האחד לבוש בגדים יקרים והשני בגדים בלוים, אומרים למכבד הלבישהו כמותך או לבש כמותו ואחר כך נדין ביניכם, כדי שתהיו שוין, ועכשו בזמננו לא ראינו בית דין שעשה כן. ועוד אמרו זכרונם לברכה (רמב"ם סנהדרין כא ג) שמצוה להושיבם בשוה, ולא האחד למעלה מחברו או האחד בישיבה והאחר בעמידה, רק בתלמיד חכם ועם הארץ שאמרו בהם מושיבין החכם ואומרים לעם הארץ שב, ואם לא ישב אין מקפידין על כך (שם ה"ד). ואמרו זכרונם לברכה (שם ה"ו) שאם באו לפניך הרבה דינין ויש ביניהן דין יתום ואלמנה, שמצוה להקדימן, שנאמר (ישעיהו א יז) שפטו יתום ריבו אלמנה. כלומר, שבדינם נצטוינו לזרז יותר מבדין אחרים. וכן אמרו זכרונם לברכה (כתובות קה ב), שדין תלמיד חכם קדם לדין עם הארץ, ודין אשה קדם לדין איש,

ספר החינוך Sefer HaChinukh

לפי שבשת האשה מרבה, וכל זה שאמרנו בכלל בצדק תשפט הוא. ועניינים אלו עם יתר פרטי המצוה, במקומות מפזרים בתלמוד, ומהן הרבה בסנהדרין ושבועות [ח"מ סימן יז]. **ונוהגת** מצוה זו בכל מקום ובכל זמן בזכרים, שהן חיבין לדון ולא הנקבות. ואולם גם הנקבות חיבות במה שאמרנו שהוא בכלל מצוה זו, והוא לדון החבר לכף זכות.

Mitzvah 235
The commandment to judge with righteousness: To judge with righteousness, as it is stated (Leviticus 19:15), "you shall judge your people with righteousness." And the explanation of it comes that the judges were commanded to treat the parties to the dispute equally - meaning to say that the judge not honor one of the litigants more than the other. And so, they said in Sifra, Kedoshim, Chapter 4:4 that one not speak all that he needs, and [the judge] say to the other, "Speak briefly." And so [too,] in the chapter [entitled] Shevuot HaEdut (Shevuot 30a), "Our Rabbis learned, '"You shall judge your people with righteousness" - that it not be that one stand and one sit; one not speak all that he needs, and [the judge] say to the other, "Speak briefly."'" And so [too,] included in this commandment is that every man that is wise in the laws of the Torah and righteous in his ways is commanded to judge the law of the Torah between parties of a dispute, if he has the power in his hand [to do so]. And even an individual can judge from Torah writ - and like they, may their memory be blessed, said (Sanhedrin 3a), "One can judge his fellow from Torah writ, as it is stated, 'You shall judge your people with righteousness.'" But the sages warned (Mishnah Avot 4:8), that a man not judge alone. And also included in this commandment is that it is fit for every person to judge his fellow favorably, and only to understand his deeds and his words favorably. **The** root of the commandment is revealed to all - as with equitability in judgement, the world is civilized. But if a judge honors one of the litigants over the other, the [latter] disputant will fear to say all of his claims in front of him. And from this, the judgement will come out twisted. And about that which we said that it is a commandment upon one wise in words of Torah - and he be a righteous man - to judge those who disagree, that this is included in the commandment as well; there is benefit in this as well, as he will judge a true judgement. But if this one that knows does not want to judge, other people who are not wise will judge them, and they will slant the judgement towards one of the litigants without knowing. Also, about that which we said that every person

ספר החינוך Sefer HaChinukh

is obligated to judge his fellow favorably - that it is included in the commandment - is a cause for there to be peace and amity among people. And [so] it comes out that the essence of the whole intent of the commandment is to help in the civilization of people with righteousness of judgement, and to bring peace among them with the removal of suspicion of one man towards another. **From** the laws of the commandment is that which they, may their memory be blessed, said (Shevuot 31a) [regarding] two litigants, whereby one was dressed in expensive clothes and the other in worn clothes, we say to the honored one, "Dress him like you, or dress like him; and afterwards, we will judge between you" - so that they be equal. And now in our time, we have not seen a court that did this. And they, may their memory be blessed, also said (Mishneh Torah, Laws of The Sanhedrin and the Penalties within their Jurisdiction 21:3) that it is a commandment to sit them equally, and not that one be above his fellow or that one be sitting and the other be standing - except for a Torah scholar and an ignoramus, about which they said that we seat the Torah scholar and say to the ignoramus, "Sit"; but if he does not sit, we are not concerned about this (Mishneh Torah, Laws of The Sanhedrin and the Penalties within their Jurisdiction 21:4). And they, may their memory be blessed, said (Mishneh Torah, Laws of The Sanhedrin and the Penalties within their Jurisdiction 21:6) that if many cases came in front of you, and among them was a case of an orphan or a widow, that it is a commandment to have them precede [the others]; as it is stated (Isaiah 1:17), "judge the orphan, dispute for the widow" - meaning to say that we were commanded to quicken their cases more than with the case of others. And so [too,] did they, may their memory be blessed, say (Ketuvot 105b) that the case of a Torah scholar precedes the case of an ignoramus, and the case of a woman precedes the case of a man - since the embarrassment of a woman is great. And all this that we said is included in "you shall judge with righteousness." And these matters, together with the rest of the details of the commandment are in scattered places in the Talmud, and many among them are in Sanhedrin and Shevuot (see Tur, Choshen Mishpat 17). **And** this commandment is practiced in every place and at all times by males - as they are obligated to judge, and not females. However, also females are obligated about that which we said is included in this commandment, and that is to judge one's fellow favorably.

מצוה רלו

שלא לרגל - שנמנענו מרכילות, שנאמר (ויקרא יט טז) לא תלך רכיל. והענין הוא, שאם נשמע אדם מדבר רע בחברו, שלא נלך אליו ונספר לו פלוני מדבר כך וכך, אלא אם כן תהיה כונתנו לסלק הנזקין ולהשבית ריב. ואמרו זכרונם לברכה (כתובות מו, א) בפרוש רכיל רך לזה וקשה לזה, דבר אחר לא תהא כרוכל, מטעין דברים והולך. **משרשי** המצוה. כי השם חפץ בטובת הבריות אשר ברא וצונו בזה כדי להיות שלום בינינו כי הרכילות מביא לריב ומצה. **פרטי** המצוה ורב האזהרות שהזהירונו זכרונם לברכה על הרכילות ועל לשון הרע שתפו, יתבארו במקומות מהתלמוד ובמדרשות בפזור [ה' דעות פ"ז]. ובפרוש אמרו (ערכין טו ב) בלשון הרע. שממית האומרו והמקבלו [ו] שנאמר עליו, והמקבלו יותר מכלן, והזהירו הרבה עליו עד שאמרו דרך משל (ב"מ נט ב): מאן דאית [ליה] זקיפא בדקתיה, לא לימא זקוף ביניתא. ואמרו (ערכין טז א) כי בכלל אבק לשון הרע הוא המשבח חברו בפני שונאו, שנאמר (משלי כז יד) מברך רעהו וגו'. **ונוהגת** בכל מקום ובכל זמן בזכרים ונקבות, והעובר עליה ורגל על לשונו עובר על לאו, והוא כעובר על מצות מלך, ואין בו מלקות, לפי שהוא לאו שאין בו מעשה, וכמה שלוחים למקום להלקות מלבד רצועה של עגל ושל פרות. ואף על פי שאין בלאו הזה מלקות לפי שאין בו מעשה, פעמים שיש בו אפילו חיוב מיתה, כידוע בדין מוסר. וזה הדין התירו חכמים לעשות אפילו בחוצה לארץ לתקון העולם, מוטב ימות איש אחד ולא יזיק ויאבד לרבים גופם או אפילו ממונם. **ואכתב** לך בני מעט ממה שיש בגמרא בענין זה, ואם תזכה לדעת תראה הכל במקומו. גרסינן בפרק הגוזל בתרא (ב"ק קטז ב) ההוא גברא דאחוי כריא דחטי דבי ריש גלותא, חיביה רב נחמן לשלומה, וטעמא משום דינא דגרמי (שם קיז ב). ודוקא שהראה מעצמו אבל מתוך האנס, פטור, וכדתניא (שם קיז, א) ישראל שאנסוהו גוים והראה ממון חברו פטור. ופרשו מורינו זכרונם לברכה, דלא סוף דבר אנסוהו בגופו אלא אפילו אנסוהו בממון שיקחו לו ממון אם לא יראה ממון חברו והראהו פטור, דכל מראה על ידי אנס פטור ואינו חיב אלא במראה מעצמו. וכן כתב הרב רבי אברהם בר רבי דוד זכרונו לברכה. ואם נשא ונתן ביד חיב, ואפילו על ידי אנס נפשות. ואם תאמר אין לך דבר שעומד בפני פקוח נפש, יש לומר מי אמרינן ליה ימות? יתן וישלם קאמרינן ליה, ולא יציל עצמו בממון חברו, ואפילו בנרדף שהיה בורח מפני רודף ושבר כלים חיב, ואף על פי שלא שברן בכונה אלא בלא כונה, ובשעה שהיה בורח להנצל, וכל שכן נשא ונתן ביד שחיב בתשלומין. **ואם** לאחר שהראה מתוך האנס נשא ונתן ביד, משעה שהראה רואין את הדבר כאלו נשרף ושוב אינו מתחיב עליו משום נשא ונתן, ומשום שהראה נמי אינו חיב כיון שהראה מתוך האנס כדכתיבנא. והכי אמרינן התם ההוא גברא דאחוי חמרא דרב מרי ורב פנחס בני דרב פפא, פרוש מתוך האנס. אמרי ליה דרי ואמטי, דרא ואמטי. ואסיקנא, דכיון

דאוקמינהו עלויה, מקלא קליא ושוב אינו מתחיב עליו. והיכא דהראה מעצמו בלא טענת אנס חיב מיתה ותשלומין, דגרסינן התם ההוא גברא דהוה בעי דנחוי בי תבנא דחבריה אתא לקמיה דרב, אמר ליה רב לא תעבד הכי כלומר התרה בו לא הוה צאית הוה יתיב רב כהנא קמיה דרב, קם רב כהנא שמטיה לקועיה כלומר הרגו והכי מוכח הא דאמר ליה רב לרב כהנא האידנא מלכותא דפרסאי היא וקפדי אשפיכות דמים. ואמרינן נמי בגמרא (שם קיט א), גבי מאן דאבעיא לן ממון מוסר אם מתר לאבדו, ומהדרינן ליה, לא יהא ממונו חמור מגופו, אלמא דגופו מתר לאבדו, מיהו דוקא בשעת מעשה ועל ידי התראה, וכמעשה דרב כהנא, ואינו צריך שיקבל עליו התראה כשאר חיבי מיתות. ומי שמחזק למסר, נראה שהוא כמתרה ועומד, ומתר להרגו בכל שעה. **ודעת** הרמב"ם זכרונו לברכה (חובל ומזיק ח י יא), שכתב בדין מוסר כך הוא, כיון שאמר הריני מוסר פלוני בגופו או בממונו ואפילו ממון קל הרי זה התיר עצמו למיתה, ומתרין בו ואומרים לו אל תמסר, אם העיז פניו ואמר לא כי אלא אמסר מצוה להרגו, וכל הקודם להרגו זכה. עשה המוסר אשר זמם ומסר, יראה לי שאסור להרגו, אלא אם כן החזק למסר הרי זה יהרג שמא ימסר אחרים, עד כאן לשון הרב. הצריך התראה למי שאינו מחזק למסר ושיקבל התראה, ולמי שהוא מחזק למסר נראה מתוך דבריו שאינו צריך התראה. ואין המוסר יכול לומר בשביל שפלוני מצר לי אני מוסרו ביד גוים, שאין זה פוטרו מענשו, אבל המצר לצבור, מתר לצבור למסרו ביד גוים, וכן כתב הרמב"ם זכרונו לברכה (שם הי"א). ואסור לאבד ממון מוסר, משום (איוב כז יז) רשע יכין וצדיק ילבש. כדאסיקנא בפרק הגוזל (בבא קמא קיט א).

Mitzvah 236

To not spy: That we have been prevented from talebearing, as it is stated (Leviticus 19:16), "You shall not go talebearing (rachil)." And the matter is that if a person hears something bad about his fellow, that he should not go to him and tell him "x" is saying so and so, unless his intention is to remove damages or to stop a quarrel. And our sages, may their memory be blessed, said (Ketuvot 46a) about the meaning of rachil, rach la'zeh ve kashe la'zeh (soft to this one and hard to that one). A different explanation: Do not be like a rochel (peddler), who picks up things and goes [with them to others]. **It** is from the roots of the commandment that God in His goodness desires the good of the creatures that He created, and commanded them in this so that there will be peace among us, since talebearing leads to quarrel and strife. **The** details of the commandment and the great amount of warnings that they, may their memory be blessed, warned us about talebearing and about its partner - evil speech - are explained

ספר החינוך Sefer HaChinukh

in scattered locations in the Talmud and in the Midrash (see Mishneh Torah, Laws of Human Dispositions 7). And they explicitly said about evil speech (Arakhin 15b), that it kills its speaker and its receiver (listener), (and) that it is said about it, "and the receiver more than all of them [does it kill]." And they warned much about it to the point that they said (Bava Metzia 59b), "One who has someone who was hung in his [family] record, let him not say, 'Hang me a fish [on the grill].'" And they said, (Arakhin 16a), "Within the category of 'the dust of (adjunct)' evil speech is one who praises his friend in front of [his friend's] hater, as it is stated (Proverbs 27:14), 'He who blesses his friend, etc.'" **And** [this commandment] is practiced in every place and at all times by males and females. And one who transgresses it and has talebearing on his tongue, violates a negative commandment and it is like one who violates a commandment of the King. And there are no lashes, because it is a negative commandment that does not have an act [involved] with it - but [nonetheless] there are several agents to the Omnipresent to give lashes besides a whip of a calf [skin] or a cow's [skin]. And even though this negative commandment does not have lashes because it does not have an act [involved] with it, there are times that it even has a death penalty, as is known in the law of the informer. And this law the sages permitted to do outside of the land [of Israel] for the improvement of the world: it is better that one man die and not damage and destroy the bodies - or even the property - of the many. And I will write for you, my son, a little of that which is in the Gemara about this matter; and if you will merit knowledge, you will see everything in its place. We follow the textual variant in the chapter [entitled] HaGozel Batra (Bava Kamma 116b), "A certain man who showed piles of wheat of the Exilarch's household [...] Rav Naḥman obligated him to pay." And the reason is because of the law of causation (garmi, Bava Kamma 117b). And [that is] specifically when he showed him on his own. But as a result of duress, he is exempt - and as "We learned, 'An Israelite who was under the duress of gentiles and he showed them the money of his friend is exempt'" (Bava Kamma 117a). And our teachers, may their memory be blessed, explained it, that it is not the last word [that] they put his body under duress; but even if they put him under duress with money - that they would take money from him, if he does not show the money of his fellow - he is exempt. As anyone who shows [it] out of duress is exempt, and he is only obligated if he shows it on his own. And so wrote Rabbi

ספר החינוך Sefer HaChinukh

Avraham bar Rabbi David, may his memory be blessed. But if he gave and took with [his] hand, he is liable - and even because of duress [to his life]. And if you will say [that] there is nothing that stands in front of saving a soul, it can be said, "Do we tell him to die? We say to him that he should give and pay, and not save himself with the money of others." And even with someone pursued who is fleeing the pursuer and breaks vessels, [he is] liable [to pay for this damage] - and even though he did not break them intentionally, but rather unintentionally, and at the time that he was fleeing from the pursuer to save himself - and all the more so is he liable for repayment, when he gave and took with [his] hand. **But** if he gave and took with [his] hand after he showed them from duress, we see the thing as if it is burned from the time that he showed them, and he is no longer liable on account of his giving and taking. And he is also not liable on account of showing, since he showed [it] because of duress, as we have written. And so do we say there (Bava Kamma 117a), "A certain man who showed the wine of Rav Mari and Rav Pinhas, the sons of Rav Pappa" - the explanation [of which] is because of duress - "They said to him, 'Carry [it] and bring [it],' [and] he carried and brought [it]." And it was concluded that once "he brought them to it [at the outset, it is as if] he burned it" - and he is no longer liable for it. But when he shows it on his own without a claim of duress, he is liable for death and repayment. As we follow the textual variant there, "A certain man who desired to show his fellow's straw shed came before Rav. Rav said to him, 'Do not do this.'" - meaning to say, he warned him. "He did not obey him. Rav Kahana was sitting before Rav; Rav Kahana rose and dislodged his neck" - meaning to say, he killed him. And this is proven [by] that which "Rav said to Rav Kahana, 'Now is the [time] of the monarchy of the Persians, and they are particular about bloodshed.'" And we also say in the Gemara (Bava Kamma 119a) concerning the question we had whether it is permitted to destroy the money of an informer, that we respond to it, "His money should not be more severe than his body" - hence it is permitted to destroy his body. However, that is only at the time of the act and with a warning, and like the story of Rav Kahana - but he does not have to accept the warning, as with other death penalties. And it appears that one who is established as an informer is as if he is warned and standing, and [so] it is permitted to kill him at any time. **And** the opinion of Rambam, may his memory be blessed, that he wrote (Mishneh Torah, Laws of One Who Injures a Person or Property 8:10-11) about the law of an informer is thus:

ספר החינוך Sefer HaChinukh

"Once he said, 'Behold, I am informing about the body or money of x' - and even if it is negligent money - behold, this one has permitted himself for death. And we warn him and say to him, 'Do not inform.' If he was brazen-faced and said, 'No, rather I will inform' - it is a commandment to kill him, and whoever is first to kill him, merits. [If] the informer did that which he plotted and informed, it appears to me that it is forbidden to kill him; unless he is established as an informer, lest he inform [on] others." To here is the language of the rabbi. He required a warning for one who is not established as an informer and that he accept the warning. And for the one who is established as an informer, it appears from his words, that he does not need a warning. And an informer may not say, "Because x was afflicting me, I am informing [on] him to the gentiles" - as this does not exempt him from his punishment. But it is permitted for the community to inform to the gentiles about one who is afflicting the community. And so, did Rambam, may his memory be blessed, write (Mishneh Torah, Laws of One Who Injures a Person or Property 8:11). And it is forbidden to destroy the money of an informer, on account of [An evildoer] "Prepares but the righteous one wears" (Job 27:17). And so is it concluded in the chapter [entitled] HaGozel (Bava Kamma 119a).

מצוה רלז
שלא לעמד על דם רעים - שלא נמנע מלהציל נפש מישראל כשנראהו בסכנת המיתה והאבדה ויהיה לנו יכלת להצילו בשום צד, שנאמר (ויקרא יט טז) לא תעמד על דם רעך. ואמרינן בסנהדרין (עג א) תניא מנין לרואה את חברו שטובע בנהר או חיה גוררתו או לסטים באים עליו שהוא חיב להצילו בנפשו שנאמר לא תעמד על דם רעך. ולא מבעיא אצוליה בנפשיה דמחיב, אלא מטרח ומיגר נמי אגירי חיב, ועוד כללו דבותינו ז"ל באזהרה זו שלא לכבש עדות כדי שלא יאבד חברו ממון. וכן הוא בספרא (סדר קדושים ד ח) מנין שאם נודע לו עדות שאינו רשאי לשתק עליה, שנאמר ולא תעמד על דם רעך. ומנין שאם ראיתו טובע בנהר וכו'. ומנין לרודף אחר חברו להרגו, שאתה חיב להצילו בנפשו? שנאמר לא תעמד וגו'. **שרש** מצוה זו ידוע, כי כמו שיציל האחד את חברו כן חברו יציל אותו ויתישב העולם בכך, והאל חפץ בישובו כי לשבת יצרה, וכבר נתבארו דיני מצוה זו במסכת סנהדרין (עג א). **ונוהגת** בכל מקום ובכל זמן בזכרים ונקבות. והעובר עליה ונמנע מלהציל ויש יכלת בידו עבר על לאו, ואין לוקין עליו לפי שהוא לאו שאין בו מעשה, דקימא לן אין לוקין עליו.

Mitzvah 237

ספר החינוך Sefer HaChinukh

To not stand over the blood of neighbors: That we not refrain from saving the soul of an Israelite when we see him in danger of death and destruction and we have the ability to save him from any side, as it is stated (Leviticus 19:16), "you shall not stand over the blood of your neighbor." And we say in Sanhedrin 73a, "We learn, 'From where [do we know] about one who sees his fellow drowning in a river, or being dragged away by a wild animal, or [that there are] bandits coming against him, that he is obligated to save him with his life? As it is stated, "you shall not stand over the blood of your neighbor."' It is not needed that he is obligated with his life, but he is also obligated to tarry and hire [others to do so]." And our Rabbis, may their memory be blessed also included in this warning (negative commandment) not to suppress testimony so that his fellow not lose money. And so, is it in Sifra, Kedoshim, Chapter 4:8, "From where [do we know] that if testimony is known to him that he is not permitted to remain silent about it? As it is stated, 'you shall not stand over the blood of your neighbor.' And from where [do we know] if you see someone drowning in the river, etc. And from where [do we know about] one pursuing his fellow to kill him, that you are obligated to rescue him with [the soul of the pursuer]? As it is stated, 'you shall not stand, etc.'" **The** root of this commandment is well-known - as [just] like one will save his fellow, so [too,] will his fellow save him. And the world will be inhabited like this, and God desires its habitation, as 'He created it to be inhabited.' And the laws of this commandment have already been elucidated in Tractate Sanhedrin. **And** it is practiced in every place and at all times by males and females. And one who transgresses it and refrains from saving [a Jew in danger] and has the ability [to do so] has violated this negative commandment. But we do not administer lashes for it, since it is a negative commandment that does not have an act [involved] with it - and it is established for us that we do not administer lashes [in such a case].

מצוה רלח

שלא לשנא אחים - שלא לשנא שנאת הלב אחד מישראל. שנאמר (ויקרא יט יז) לא תשנא את אחיך בלבבך. (קדושים ד ח) ולשון ספרא, לא אמרתי אלא שנאה שהיא בלב. וכמו כן בערכין (טז ב) בשנאה שבלב הכתוב מדבר. אבל כשיראה לו שנאה וידע שהוא שונאו אינו עובר על זה הלאו, אמנם הוא עובר על לא תקם ולא תטר, ועובר כמו כן על עשה, שנאמר (שם יח) ואהבת לרעך כמוך. ומכל מקום שנאת הלב היא קשה מכל השנאה הגלויה, ועליה

תזהיר התורה ביותר. **שרש** המצוה ידוע. כי שנאת הלב גורמת רעות גדולות בין בני אדם להיות תמיד חרב איש באחיו ואיש ברעהו, והיא סבה לכל המסירות הנעשות בין אנשים, והיא המדה הפחותה והנמאסת תכלית המאוס בעיני כל בעל שכל. **פרטי** המצוה ורבי האזהרות שהזהירונו רבותינו זכרונם לברכה עליה שלא להרגיל נפשנו במדה רעה זו, מבארים בתלמוד בפזור ובמדרשים. **ונוהגת** בכל מקום ובכל זמן בזכרים ונקבות. והעובר עליה וקבע שנאה בלבו לאחד מכל ישראל הכשרים עבר על לאו זה, ואין לוקין עליו, לפי שאין בו מעשה, אבל בשנאת הרשעים, אין בו אסור, אלא מצוה לשנאתם אחר שנוכיח אותם על חטאם הרבה פעמים ולא רצו לחזור בהם שנאמר (תהלים קלט כא) הלא משנאיך יי אשנא ובתקוממיך אתקוטט.

Mitzvah 238

To not hate brothers: To not hate with hatred of the heart any Israelite, as it is stated (Leviticus 19:17), "You shall not hate your brother in your heart." And the language of Sifra Kedoshim, Chapter 4:8 is "I have only said hatred that is in the heart." And likewise, in Arakhin 16b, "The verse is speaking about hatred in the heart." But when he shows him hatred, and [the other] knows that he is his enemy, he does not violate this negative commandment. However, he does violate "You shall not take vengeance and not bear a grudge." And he likewise violates a positive commandment, as it is stated (Leviticus 19:18), "and you shall love your neighbor as yourself." And nonetheless hatred of the heart is worse than all revealed hatred, and [so] the Torah especially warns about it. **The** root of the commandment is well-known - as hatred of the heart causes great evils among people, being a constant 'sword between a man and his brother' and a man and his neighbor. And it is a cause for all of the informing that is done among people, and it is a lowly and completely disgusting trait among all people of intellect. **The** details of the commandment and the many warnings that our Rabbis, may their memory be blessed, warned us about it - not to accustom ourselves to this evil - are elucidated in the Talmud in scattered [places] and in the Midrash. **And** it is practiced in every place and at all times by males and females. And one who transgresses it and fixes hatred in his heart towards any proper Israelite has violated this negative commandment. But we do not administer lashes for it, as there is no act [involved] with it. But there is no prohibition in the hatred of the evildoers, but rather [it is] a commandment to hate them, after we rebuke them about their sin many times and they do not want to return, as it is stated (Psalms 139:21), "Do I not, Lord, hate Your enemies, and argue with those that come against You."

מצוה רלט

מצות תוכחה לישראל שאינו נוהג כשורה - להוכיח אחד מישראל שאינו מתנהג כשורה, בין בדברים שבין אדם לחברו או בין אדם למקום, שנאמר (ויקרא יט יז) הוכח תוכיח את עמיתך ולא תשא עליו חטא. ואמרו בספרא (קדושים ד ח) מנין אם הוכחתו ארבעה וחמשה פעמים ולא חזר, שאתה חיב לחזר ולהוכיח? תלמוד לומר הוכח תוכיח. ועוד אמרו זכרונם לברכה בגמרא (ב"מ לא א) הוכח תוכיח אפילו מאה פעמים. ואמרו שם בספרא יכול מוכיחו ופניו משתנות? תלמוד לומר ולא תשא עליו חטא. וזה מלמד שבתחלת התוכחה שראוי לאדם, להוכיח בסתר ובלשון רכה ודברי נחת, כדי שלא יתביש, ואין ספק שאם לא חזר בו בכך, שמכלימין החוטא ברבים ומפרסמין חטאו ומחרפין אותו עד שיחזר למוטב. **משרשי** המצוה. לפי שיש בזה שלום וטובה בין אנשים, כי כשיחטא איש לאיש ויוכיחנו במסתרים יתנצל לפניו ויקבל התנצלותו וישלם (י"ג וישלים) עמו, ואם לא יוכיחנו ישטמנו בלבו ויזיק אליו לפי שעה או לזמן מן הזמנים, כמו שנאמר ברשעים (שמואל ב יג כב) ולא דבר אבשלום עם אמנון. וכל דרכי התורה דרכי נועם ונתיבותיה שלום. **מדיני** המצוה. מה שאמרו זכרונם לברכה (ערכין טז ב) שחיוב מצוה זו עד הכאה, כלומר שחיב המוכיח להרבות תוכחותיו אל החוטא עד כדי שיהיה קרוב החוטא להכות את המוכיח. ומכל מקום, אמרו זכרונם לברכה (שם) גם כן, שאם יראה המוכיח שאין בדברי תוכחותיו שום תועלת נמצא, מתוך גדל רשע החוטא, או שהוא אלם ורשע ביותר ומתירא ממנו שלא יעמד עליו ויהרגנו שאינו חיב במצוה זו באיש כזה, וזהו אמרם זכרונם לברכה (יבמות סה ב) כשם שמצוה לומר דבר הנשמע, כך מצוה לשתק במקום שאין הדבר נשמע, לפי שיהיה בענין קלון למוכיח ולא תועלת לאשר הוכח. ומכל מקום יש להתישב לכל בעל נפש ולהשגיח הרבה בענינים אלה, ולחשב ולראות אם יהיה תועלת בדבריו אל החוטא, שיוכיחנו ויבטח בשם יתברך, כי הוא יעזרנו בהלחמו עם שונאיו, ואל ירך לבבו ולא יירא, כי השם שומר את כל אוהביו ואת כל הרשעים ישמיד, ואם ישוב החוטא יהיה לו בזה שכר גדול, ומי שבידו להשיבו ולמחות בו ולא מחה הוא נתפש על חטאו, וזה דבר ברור מדברי רבותינו (שבת נה א), גם מן הכתוב (ישעיהוג יד). ועוד אמרו זכרונם לברכה (שם) שאפילו הקטן חיב להוכיח הגדול אם יראה הגדול הולך בדרך לא טוב. ויתר פרטי מצוה זו, נתבאר במקומות מפזרים בתלמוד [הל' דעות פ"ו]. **ונוהגת** מצוה זו בכל מקום ובכל זמן בזכרים ונקבות, והעובר עליה ולא הוכיח בענין שאמרנו בטל עשה, ועוד שהוא מכת הרשעים שעושים כן.

ספר החינוך Sefer HaChinukh

Mitzvah 239

The commandment of rebuke to an Israelite who does not behave properly: To rebuke an Israelite who does not behave properly - whether about things that are between a man and his fellow or between a man and the Omnipresent - as it is stated (Leviticus 19:17), "you shall surely rebuke your compatriot, and you shall not bear a sin for him." And they said in Sifra, Kedoshim 4:8, "From where [do we know] that if you rebuked him four or five times and he did not return, that you are obligated to go back and rebuke [him again]? [Hence] we learn to say, 'you shall surely rebuke.'" And they, may their memory be blessed, also said in the Gemara (Bava Metzia 31a), "'You shall surely rebuke' - even a hundred times." And they said in the Sifra, "Perhaps, he should rebuke and his face change [color]? [Hence] we learn to say, 'and you shall not bear a sin for him.'" And this teaches that at the beginning of the rebuke it is fitting for a person to rebuke privately, with soft expressions and calm words, so that he not be embarrassed. But there is no doubt that if he does not return with this, that we shame the sinner in public and publicize his sin and insult him, until he returns to the better. **It** is from the roots of the commandment [that it is] because there is peace and goodness between people with this. As when a man sins to a man, and he rebukes him privately, he will apologize in front of him, and [the other] will accept his apology and he will be whole (some have the variant, at peace) with him. But if he does not rebuke him, he will loathe him in his heart and injure him at the time or at some [other] point in time, as it is stated about evildoers (Samuel II 13:22), "And Avshalom did not speak with Amnon." And 'all the ways of the Torah are pleasant and its paths are peace.' **From** the laws of the commandment is that which they, may their memory be blessed, said (Arakhin 16b) that the obligation of this commandment is until hitting - meaning to say that the one rebuking is obligated to multiply his rebukes upon the sinner until it is enough that the sinner is close to hitting the one rebuking. And nonetheless they, may their memory be blessed, also said (Arakhin 16b) that if the one rebuking sees that there is no benefit at all found from the words of his rebukes - from the greatness of the sinner's evil, or that he is deaf [to it] and extremely evil and [the rebuker] is afraid of him that he not stand against him and kill him - that he is not obligated in this commandment with this man. And this is what they, may their memory be blessed, said (Yevamot 65b), "In the same way as it is a commandment to say something that will be heard, so [too,] is it a commandment to be quiet in a place where the thing will not be heard" - since there would be disgrace in the matter for the one who is rebuking and no benefit to the one who is rebuked. And nonetheless, it is for every careful person to consider and to pay great attention to these matters and to think and see if there will be a benefit to the sinner with his words, such that he should rebuke him and trust in God, may He be blessed - as He will help him in his fight with His enemies. And let his heart not be soft and let him not fear, since 'the Lord protects all those that love Him and He obliterates all of the evildoers.' And if the sinner returns, he will have great reward for this. But the one who has in his hand [the possibility of] bringing him back and rebuking him, and does not rebuke him, is caught in his sin. And this is something clear from the words of our Rabbis (Shabbat 55a) and also from Scripture (Isaiah 3:14). And they, may their memory be blessed, also said (Yevamot 65b) that even a minor is obligated to rebuke an adult if he sees the adult going in a path that is not good. [These] and the rest of the details of the commandment are elucidated in scattered [places] in the Talmud (see Mishneh Torah, Laws of Human Dispositions 6). **And** this commandment is practiced in every place and at all times by males and females. And one who transgresses it and does not rebuke in the manner that we said has violated this positive commandment; and he is also from the group of evildoers who do this.

מצוה רמ

שלא להלבין פני אדם מישראל - שלא לביש אחד מישראל, וזה העון יקראו רבותינו זכרונם לברכה (אבות ג טו) מלבין פני חברו ברבים. והלאו הבא על זה הוא מה שכתוב (ויקרא יט יז) הוכח תוכיח את עמיתך ולא תשא עליו חטא. ואמרו בספרא (קדשים ד ח) מנין שאם הוכחתו אפילו ארבעה או חמשה פעמים חזר והוכח שנאמר הוכח תוכיח. יכול אפילו פניו משתנות? תלמוד לומר ולא תשא עליו חטא. **שרש** המצוה ידוע, לפי שהבשת צער גדול לבריות אין גדול ממנו, ועל כן מנענו האל מלצער בריותיו כל כך, כי אפשר להוכיחם ביחוד ולא יתביש החוטא כל כך. **מדיני** המצוה. מה שאמרו זכרונם לברכה (יומא פו ב), שלא בכל הדברים הזהרנו בכך, אלא בדברים שבין אדם לחברו, אבל בדברי שמים אם לא חזר מן התוכחה שבסתר מצוה להכלימו ברבים ולפרסם חטאו ולבזותו ולקללו עד שיחזור למוטב, כדרך שעשו הנביאים לישראל. ומה שאמרו זכרונם לברכה (ברכות מג ב) על דרך אזהרה בענין זה נוח לו לאדם, שיפיל עצמו לכבשן האש ואל ילבין פני חברו ברבים, מנא לן? מתמר, שלא רצתה להלבין פני חמיה לאמר בפרסום

שממנו היא הרה, ולולא שמצאה הערבון והודיעה הדבר ברמז היתה נדונת בשרפה ולא הלבינה פניו. ושאר פרטי המצוה במקומות מהגמרא בפזור ובמדרשות. **ונוהגת** בכל מקום ובכל זמן. ועובר עליה והלבין פני חברו ברבים במזיד שלא מחמת עברה על הענין שאמרנו, עבר על מצות מלך, אבל אינו לוקה, לפי שאין בו מעשה, וכמה שלוחים למקום להפרע מעוברי רצונו.

Mitzvah 240
To not whiten the face of an Israelite: To not embarrass an Israelite; and our Rabbis, may their memory be blessed, called this sin (Avot 3:15), "whitening the face of his fellow in public. And the negative commandment that comes about this [in the Torah] is that which is written (Leviticus 19:17), "you shall surely rebuke your compatriot, and you shall not bear a sin for him." And they said in Sifra, Kedoshim 4:8, "From where [do we know] that if you rebuked him four or five times [...] go back and rebuke [him again]? [Hence] we learn to say, 'you shall surely rebuke.' Perhaps, he should rebuke and his face change [color]? [Hence] we learn to say, 'and you shall not bear a sin for him.'" **The** root of the commandment is well-known - since embarrassment is very painful for the creatures - there is nothing greater than it. Therefore, God prevented us from causing so much pain to His creatures, since it is possible to rebuke them in private and not to embarrass the sinner so much. **From** the laws of the commandment is that which they, may their memory be blessed, said (Yoma 86b) that we were not warned like this about all things, but rather [only] about things between a man and his fellow. But with Heavenly matters - if he does not return after the private rebuke - it is a commandment to shame him publicly, to publicize his sin and to disgrace and curse him until he returns to the good, as the prophets did to Israel. And [also] that which they, may their memory be blessed, said (Berakhot 43b) by way of a warning about this matter, " From where do we [know that] it is better for a man to descend into a fiery furnace, and not to whiten the face of his fellow in public? From Tamar," who did not want to whiten the face of her father-in-law, to say in public that she was pregnant from him. And had she not found the pledge and let the matter be known through a hint, she would have been condemned to burning; but she did not whiten his face. And the rest of the details of the commandment are in scattered places in the Gemara and in the Midrash. **And** [it] is practiced in every place and at all times. And

[if one] transgresses it and volitionally whitened the face of his fellow publicly - not for a sin in the way that we have said - he has violated a commandment of the King. But he is not lashed, since there is no act [involved] with it. And the Omnipresent has many agents to pay back those that transgress His will.

מצוה רמא

שלא לנקם - שלא לנקם. כלומר, שנמנענו מלקחת נקמה מישראל, הענין הוא, כגון ישראל שהרע או צער לחברו באחד מכל הדברים, ונוהג רב בני אדם שבעולם הוא שלא יסורו מלחפש אחרי מי שהרע להן, עד שיגמלוהו כמעשהו הרע או יכאיבוהו כמו שהכאיבם, ומזה הענין מנענו השם יתברך באמרו (ויקרא יט יח) לא תקם. ולשון ספרא (קדושים ד י) עד היכן כחה של נקמה? אמר לו השאילני מגלך ולא השאילו, למחר אמר לו השאילני קרדמך, אמר לו איני משאילך כדרך שלא השאלת לי מגלך, לכך נאמר, לא תקם. ועל כגון זה הקש כל הדברים. **משרשי** המצוה. שידע האדם ויתן אל לבו כי כל אשר יקרהו מטוב עד רע, הוא סבה שתבוא עליו מאת השם ברוך הוא. ומיד האדם מיד איש אחיו לא יהיה דבר בלתי רצון השם ברוך הוא, על כן כשיצערהו או יכאיבהו אדם ידע בנפשו כי עונותיו גרמו, והשם יתברך גזר עליו בכך, ולא ישית מחשבותיו לנקם ממנו, כי הוא אינו סבת רעתו, כי העון הוא המסבב, וכמו שאמר דוד עליו השלום (שמואל ב טז יא) הניחו לו ויקלל כי אמר לו יי. תלה הענין בחטאו ולא בשמעי בן גרא. ועוד נמצא במצוה זו תועלת רבה להשבית ריב ולהעביר המשטמות מלב בני אדם, ובהיות שלום בין אנשים יעשה השם יתברך שלום להם. **דיני** המצוה. קצרים, כבר זכרנו רבן לפי הנראה. **ונוהגת** בכל מקום ובכל זמן בזכרים ונקבות, והעובר עליה וקבע בלבו לשנא חברו על שהרע לו עד שיגמלהו כרעתו עבר על לאו זה, ורעתו רבה כי הוא סבה לתקלה מרבה, אבל אין לוקין על זה הלאו, לפי שאין בו מעשה. וכלל זה יהיה בידך בכל מקום שנאמר לאו שאין בו מעשה, אין לוקין עליו, שאף על פי שעשה בו שום מעשה אינו לוקה עליו מפני כן, מכיון שאפשר לעבר על הלאו מבלי מעשה. ותזכר דבר זה בכלן, כי דבר ברור הוא, אין צרך לשנותו במקום אחר.

Mitzvah 241

To not avenge: To not avenge, meaning to say that we have been prevented form taking revenge from an Israelite. And the content is, for example, that an Israelite did evil or caused pain to his fellow in one of the things that it is customary among most people to not veer from searching for the one who did evil do them until they pay him back like his evil deed, or they hurt him like he hurt them. And God, may He be blessed, has prevented us from this matter,

ספר החינוך Sefer HaChinukh

by His stating (Leviticus 19:18), "You shall not avenge." And the language of Sifra, Kedoshim, Chapter 4:10 [is] "How far is the power of revenge? If [one] said to [another], 'Lend me your sickle,' and he did not lend him. The next day [the other] said to him, 'Lend me your spade.' [So] he said [back], 'I will not lend you [it], just as you did not lend me your sickle.' Hence, it is written, 'You shall not avenge.'" And compare like this to all things. **It** is from the roots of the commandment that a person know and put into his heart that everything that happens to him - good and bad - the cause of it coming to him is from God, blessed be He. And from the hand of man - from the hand of a man to his brother - there would not be anything without the will of God, blessed be He. Hence, when a person caused him pain or hurt him, he should know for himself that his [own] sins caused [it], and that God, may He be blessed, ordained this for him. And he should not place his thoughts to taking vengeance from [the one who pained him], since he is not the cause of his evil, but rather the sin is the cause; like David, peace be upon him, stated (II Samuel 16:11), "leave him to curse, since the Lord told him [so]" - he made the matter depend upon his [own] sin, and not upon Shimei ben Gera. And there is also a great benefit found in this commandment, in quieting a dispute and removing enmity from the heart of people. And when there is peace among people, God, may He be blessed, will make peace for them. **And** the laws of the commandment are short. We have already mentioned what appears to be most of them. **And** [it is] practiced in every place and at all times by males and females. And one who transgresses it, and fixes into his heart to hate his fellow about his doing him evil until he pays him back like [the other's] evil, has violated this negative commandment. And its evil is very great, as it is a cause for great mishap. But we do not administer lashes for it, since there is no action [involved] with it. And take this rule into your hand for every place where it is said, "We do not administer lashes for a negative commandment that does not have an act [involved] with it": That even though he did some act, he is [still] not lashed as a result - since it is possible to transgress the negative commandment without an act. And remember this thing in all of them, since it it is a clear thing - there is no need to repeat it in another place.

מצוה רמב

שלא לנטר - שלא לנטר, כלומר שנמנענו מלנטר בלבבנו מה שהרע לנו אחד מישראל, ואף על פי שנסכים בנפשותינו שלא לשלם לו גמול על מעשיו, אפילו בזכירת חטאו בלב לבד נמנענו, ועל זה נאמר (ויקרא יט יח) לא תטר. ולשון ספרא (קדושים ד יא) עד היכן כחה של נטירה? אמר לו השאילני מגלך ולא השאילו, למחר אמר לו השאילני קרדמך, אמר לו הילך, ואיני כמותך שלא השאלתני מגלך, לכך נאמר ולא תטר. **כל** ענין מצוה זו כמצות הנקימה הקודמת.

Mitzvah 242

To not begrudge: To not begrudge, meaning to say that we have been prevented from bearing a grudge in our hearts [about] an Israelite having done evil to us. And even though we have consented in our souls not to pay him back for his deeds, we have even been prevented from just remembering his sin in the heart. And about this is it stated, (Leviticus 19:18), "you shall not begrudge." And the language of Sifra, Kedoshim, Chapter 4:11 is "How far is the power of begrudging? If [one] said to [another], 'Lend me your sickle,' and he did not lend him. The next day, the [other] said to him, 'Lend me your spade.' [So] he said [back] to him, 'Here it is; I am not like you, who did not lend me your sickle.' Hence, it is written, 'you shall not begrudge.'" **All** of the content of this commandment is like the commandment of vengeance that preceded [it].

<u>מצוה רמג</u>

מצות אהבת ישראל - לאהב כל אחד מישראל אהבת נפש, כלומר שנחמל על ישראל ועל ממונו כמו שאדם חומל על עצמו וממונו, שנאמר (ויקרא יט יח) ואהבת לרעך כמוך. ואמרו זכרונם לברכה (שבת לא א) דעלך סני לחברך לא תעביד. ואמרו בספרא (קדושים ד יב) אמר רבי עקיבא זה כלל גדול בתורה, כלומר, שהרבה מצות שבתורה תלויות בכך, שהאוהב חברו כנפשו לא יגנב ממונו ולא ינאף את אשתו, ולא יונהו בממון ולא בדברים, ולא יסיג גבולו, ולא יזיק לו בשום צד, וכן כמה מצות אחרות תלויות בזה. ידוע [גלוי] הדבר לכל בן דעת. **שרש** המצוה ידוע, כי כמו שיעשה הוא בחברו, כן יעשה חברו בו, ובזה היה שלום בין הבריות. **ודיני** מצוה זו, כלולים הם בתוך המצוה, שכלל הכל הוא שיתנהג האדם עם חברו כמו שיתנהג האדם עצמו לשמר ממונו ולהרחיק ממנו כל נזק. ואם יספר עליו דברים יספרם לשבח ויחוס על כבודו ולא יתכבד בקלונו, וכמו שאמרו זכרונם לברכה (ירושלמי חגיגה פ"ב ה"א) המתכבד בקלון חברו אין לו חלק

לעולם הבא, והמתנהג עם חברו דרך אהבה ושלום ורעות ומבקש תועלתם ושמח בטובם עליו הכתוב אומר (ישעיהו מט ג): ישראל אשר בך אתפאר. ונוהגת מצוה זו בכל מקום ובכל זמן. והעובר עליה ולא נזהר בממון חבירו לשמרו, וכל שכן אם הזיק אותו בממון או צערו בשום דבר לדעת בטל עשה זה מלבד החיוב שבו לפי הענין שהזיקו, כמו שמפרש במקומו.

Mitzvah 243

The commandment of love of Israel: To love [with] love of the soul each one of Israel - meaning to say that we have compassion for an Israelite and for his money, [just] like a person has compassion for himself and for his [own] money; as it stated (Leviticus 19:18), "you shall love your neighbor as yourself." And they, may their memory be blessed, said (Shabbat 31a), "What is hateful to you, do not do to your fellow." And they said in Sifra, Kedoshim, Chapter 4:12, "Rabbi Akiva said, 'This is a great principle in the Torah'" - meaning to say that many commandments are dependent upon it. As one that loves his fellow like himself will not steal his money, have adultery with his wife, cheat his money from him nor hurt him from any angle. And so [too,] are there several other commandments dependent on this - the thing is well-known [revealed] to all who have intellect. **The** root of the commandment is well-known - as in the way that he acts to his fellow, so will his fellow act to him. And there will be peace among the creatures with this. **And** the laws of this commandment are included in the commandment, as the general principle of everything is that a man behave with his fellow in the way that a man behaves [with] himself - to guard his money and to distance all injury from him. And if he recounts things about him, he recounts them for praise, and he relate to his honor; and he does not become honored through his disgrace - and as they, may their memory be blessed, said (Talmud Yerushalmi Chagigah 2:1), "One who is honored by the disgrace of his fellow has no share in the world to come, but one who treats his fellow with love, peace and neighborliness, seeks their benefit and is happy about their good, the verse states about him, 'Israel, about you will I be glorified' (Isaiah 49:3)." **And** this commandment is practiced in every place and at all times. And one who transgresses it and is not careful about the money of his fellow, to guard it - and all the more so, if he injures him with money or caused him pain in any matter, volitionally - has violated this positive commandment; besides the liability that there is in it according to the matter in which he injured him, as is explained in its place.

מצוה רמד

שלא להרביע בהמה מין עם שאינו מינו - שלא להרביע בהמה כלאים, כלומר שלא נרכיב הזכר על שום מין בהמה או חיה שאינו מינו, שנאמר (ויקרא יט יט) בהמתך לא תרביע כלאים. ובבאור אמרו זכרונם לברכה (ב"מ צא א), שאין החיוב עד שיכניס כמכחול בשפופרת ואז ילקה. **משרשי** המצוה. כי השם ברוך הוא ברא עולמו בחכמה בתבונה ובדעת, ועשה וציר כל הצורות לפי מה שהיה צרך ענינו ראוי להיות מכונות כוון העולם, וברוך הוא היודע, וזהו שנאמר במעשה בראשית (בראשית א לא) וירא אלהים את כל אשד עשה והנה טוב מאד. וראיתו ברוך הוא ידיעתו והתבוננותו בדברים, כי הוא ברוך הוא לגדל מעלתו, אינו צריך לראית העין אל הדברים אחר מעשה, כי הכל נגלה וידוע ונראה לפניו קדם מעשה כמו אחר מעשה, אבל התורה תדבר לבני אדם במלות מכונות אליהם, ותכנה בשם דברים כדברים המכנים בהם, שאי אפשר לדבר עם בריה אלא במה שידוע אליו, כי מי יבין מה שאין בכחו להבין? ועל כיוצא בזה אמרו זכרונם לברכה (מכילתא שמות יט יח) כדי לשבר [לשכך] את האזן מה שהיא יכולה לשמוע. ובהיות יודע אלהים כי כל אשר עשה הוא מכון בשלמות לענינו שהוא צריך בעולמו, צוה לכל מין ומין להיות עושה פרותיו למינהו, כמו שכתוב בסדר בראשית, ולא יתערבו המינין, פן יחסר שלמותן ולא יצוה עליהן ברכתו. ומזה השרש, לפי הנראה במחשבתינו, נמנענו מהרביע הבהמות כלאים, וכמו כן הזהרנו בכך מזה הטעם בצרוף טעם אחר, שכתבנו כבר על מיני הזרעים והאילנות. **מדיני** המצוה. מה שאמרו זכרונם לברכה (ב"ק נד ב), דלאו דוקא בהמה לבד הוא באסור זה, אלא אפילו חיה ועוף, כל שהרביען בשאינן מינן לוקה, ואפילו הרביע בהמה או חיה במיני חיה שבים לוקה עליהן, ואחד בהמה חיה או עוף שלו או של חברו לוקה עליהן. ומה שאמרו (ב"מ צא ב) שמתר להכניס שני מינין לסהר אחד, ואם רבעו זה את זה, אין זקוק להפרישן. ומה שאמרו (שם צ א) שאסור לישראל להרביע בהמתו כלאים על ידי גוי, וכן מה שאמרו שמי שעבר והרכיב בשאינו מינו, הנולד מהן הוא מתר בהנאה ובאכילה, ובלבד ששתיהן בהמות טהורות, וכל שהן שני מינין בכלל אסור זה אף על פי שדומין זה לזה, וכל שהן מין אחד, אף על פי שהאחד מדברי והאחד ישובי מתרין. אבל אוז הישוב ואוז הבר אינן בהתר זה, לפי שהן שני מינין, שהישובי ביציו מבפנים, והמדברי ביציו מבחוץ. וכוי כלאים עם הבהמה וחיה ואין לוקין עליו מפני שהוא ספק. **ובענין** אסור זה הכל הולך אחר האם, שאין חוששין לזרע האב כלל, לפי הנראה מפסק הרב אלפסי זכרונו לברכה. ויש מפרשים אחרים שפסקו (חולין עט, א תוס' ד"ה עייל) כי מפני שנסתפקו בענין זה בגמרא אם חוששין לזרע האב או אין חוששין

אזלינן ביה לחמרא לעולם. ולענין אותו ואת בנו חוששין לזרע האב ואין שוחטין האב עם הבן אם אנו מכירין אותו, ולענין הרבעה וחרישה והנהגה זה עם זה אין חוששין לזרע האב להיות נחשב מין אחד עם הבן כל זמן שהאם מין אחר. זהו העולה מן השמועה עם הפרוש הטוב בחלין פרק אותו ואת בנו (שם). ושם הזכירו לנו בגמרא סמנים להכיר מן הפרדים, שיהיו מאם אחת באזנים וזנב וקול, ואין ספק כי בהיות מין אמן של פרדים שוה, מן אביהם שוה גם כן, זה ידוע לכל אדם. ויתר פרטי המצוה במסכת כלאים [עי"ד סי' רצ"ז]. **ונוהגת** בכל מקום ובכל זמן בזכרים ונקבות, והעובר עליה והרביע כלאים, והוא שהכניס כמכחול בשפופרת, לוקה מן התורה, ואם העלם זה את [על] זה או שעזרן בקול מכין אותו מכת מרדות.

Mitzvah 244

To not mate a beast, a specie with not its specie: To not mate a beast [in a] forbidden mixture - meaning to say that we not graft a male with any specie of [domesticated] beast or [wild] animal which is not its specie - as it is stated (Leviticus 19:19), "your beast shall you not mate [in a] forbidden mixture." And in its explanation, they, may their memory be blessed, said (Bava Metzia 91a) that the obligation is from when he inserts like 'the brush into the tube' - and then is he lashed. **It** is from the roots of the commandment that God, blessed be He, created His world with wisdom, with understanding and with knowledge, and [so] He made and formed all of the forms according to that which it was fitting for its matter to be, to be designed [according to] the design of the world - and blessed is He that knows [this]. And this is what is stated about the story of creation (Genesis 1:31), "And God saw everything that He had done, and behold, it was very good." And His seeing, blessed be He, is His knowledge and contemplation about things; as He, blessed be He, does not need seeing things with the eye after the act, due to His great level; since everything is revealed and known and apparent in front of Him before the act, [just] like after the act. But the Torah speaks to people with words directed to them, and it calls things by the name of things that are aimed at them, as it only possible to speak with a creature with what is known to him - as who can understand what he does not have the power to understand? And about what is similar to this, they, may their memory be blessed, said (Mekhilta d'Rabbi Yishmael 19:18:2), [it is] in order to break [to assuage] the ear to that which it can hear. And in that God knew that everything He made was designed perfectly for its matter that it needed in His world, He commanded to each and every specie to make its 'fruit'

ספר החינוך Sefer HaChinukh

for its specie - as it is written in the Order of Bereshit - and that the species not mix, lest it will take away from their perfection and He [therefore] not command His blessing upon them. And according to what it seems in our thoughts, it is from this root that we were prevented from mating beasts [in a] forbidden mixture. And likewise from this reason were we warned about this, combined with another reason that we already wrote about species of seeds and trees (Sefer HaChinukh 62). **From** the laws of the commandment is that which they, may their memory be blessed, said (Bava Kamma 54b) that it is not specifically [domesticated] beasts that are [under] this prohibition, but even a [wild] animal or a bird - so long as he mates them with what is not their specie, he is lashed for them. And even if he mates a [domesticated] beast or a [wild] animal with an animal in the sea, he is lashed. And it is one, whether it is a [domesticated] beast, a [wild] animal or a bird of his, or [one] of his fellow - he is lashed for them. And that which they said (Bava Metzia 91b) that it is permissible to bring in two species into one pen; and if they mate, he is not required to separate them. And that which they said (Bava Metzia 90a) that it is forbidden for an Israelite to mate his beast [in a] forbidden mixture, by way of a gentile. And so [too,] that which they said that one who transgressed and grafted [it] with what is not its specie, what is born from them is permitted in benefit and in eating - so long as they are both pure animals. And anything that is two species is included in this prohibition, even if they are similar to one another. And anything that is one specie, even though one lives in the wild and the other [with man], is permissible. But the domesticated goose and the wild goose are not [included] in this dispensation, since they are two species, as the testicles of the domesticated are internal and the testicles of the wild are external. And a koi is a forbidden mixture with a [domesticated] beast and with a [wild] animal; but we do not administer lashes for it, since [its status] is a doubt. **And** regarding this prohibition, everything follows the mother, such that we are not concerned about the seed of the father at all, according to that which is apparent from the decision of Rabbi Alfasi, may his memory be blessed. But there are other commentators (Tosafot s.v. aeyil on Chullin 79a) that decided that since they were in doubt about this matter in the Gemara - whether we are concerned about the seed of the father or not concerned - we always go towards the stringent about it. And regarding "it and its child," we are concerned about the seed of the father, and [so] we do not slaughter the father with the child if we know [who] he

[is]. But concerning mating, plowing and leading one with the other, we are not concerned about the seed of the father - to consider him [as] one specie with the son, so long as the mother is of a different specie. This is what comes out of the discussion with the good commentary in the chapter [entitled] Oto ve'et Beno (Chullin 79a). And there in the Gemara, they mentioned for us the signs [with which] to recognize the species of mules: that are like the mother with the ears, the tail and the voice. And there is no doubt that in that the specie of the mother of mules is [all] the same, the specie of their fathers is also the same - this is known to all men. And the rest of the details of the commandment are in Tractate Kilayim (see Tur, Yoreh Deah 297). **And** it is practiced in every place and at all times by males and females. And one who transgresses it and mates forbidden mixtures - and that is when he inserts like 'the brush into the tube' - is lashed from Torah writ. But if he [only] puts this one on that one or helps them with the voice, we strike him with lashes of rebellion.

מצוה רמה

שלא לזרע כלאי זרעים ולא נרכיב אילן בשום מקום בארץ - שלא לזרע שני מיני זרעים כגון חטה ושעורה או פול ועדשה ביחד בארץ ישראל דוקא, שנאמר (ויקוא יט יט) שדך לא תזרע כלאים. ובא הפרוש עליו (קידושין לט א) שבשדה שיהיה לנו בארץ הכתוב מדבר (מצוה סב). **משרשי** המצוה כתבתי מה שידעתי במצוה הקודמת, וכן במצות מכשפה בסדר משפטים (מצוה סב). **מדיני** המצוה. מה שאמרו זכרונם לברכה (מו"ק בב) שאחד הזורע ואחד המנכש או המחפה בעפר כלן בכלל זריעה הן ללקות עליהן, ובין שחפה אותן בידו או ברגלו או אפילו בכלי על כלן לוקה. והזורען בעציץ נקוב כזורע בארץ ממש הוא (כלאים ז ח). ומה שאמרו (ירושלמי כלאים פ"א ה"א) שאין אסור משום כלאי זרעים אלא זרעים הראויין למאכל אדם, אבל זרעים המרים, אפילו עומדים לרפואת בני אדם, אין בהן משום כלאי זרעים. וכלאי אילנות, הרי הן בכלל לאו זה של שדך לא תזרע כלאים. ואמנם אין האסור בכלאי האילנות אלא דרך הרכבה, כגון שהרכיב יחור של תפוח באתרוג וכן כל כיוצא בזה שהן שני מינין, אבל דרך זריעה כגון לזרע זרע אילן עם זרעים, דבר זה מתר אפילו לכתחלה, חוץ מן הכרם, כמו שנפרש בסדר כי תצא (מצוה תקמט) בעזרת השם. **ואמרו** זכרונם לברכה (כלאים ח, א) שהזורע זרעים כלאים וכן המרכיב אילנות כלאים, אף על פי שיש מלקות בכל אחד מאלו הרי אלו מתרין באכילה, שלא נאסר אלא זריעתן בלבד. וכן התירו לטע יחור של אילן שהרכב כלאים או לזרע מזרע שנזרע כלאים, והזרעים נחלקים לשלשה חלקים ושלשה שמות, ואלו הן תבואה קטנית וזרעוני גינה, ויש מזרעוני הגינה קצתם שנקראין מיני ירק.

ואף על פי שנאסרו לנו לערב כל שני מיני זרעים ואף על פי שהם משם אחד, כגון חטה ושעורה ששניהן נקראין תבואה, וכן פול ועדשה אף על פי ששניהן נקראין קטנית, מכל מקום חלוק יש בהן קצת בשנוי השם, כיצד? שאם נתערב שלא בכונה חטה עם שעורה חלק אחד ביתר מעשרים ושלשה, אין צריך לבר אותן בפחות מכן יבר אותן. ואם נתערב באחד מזרעוני גנה שעורן אחד מעשרים וארבעה ממה שזורעין בבית סאה מאותו המין של זרעוני גנה. ותבואה וקטנית לענין זה, כמין אחד הוא, ושעורן בעשרים וארבעה בתבואה. ואמרו זכרונם לברכה (שקלים א א) שבאחד באדר משמיעין על השקלים ועל הכלאים, וכל אחד יוצא לגנתו ולשדהו ומנקה אותו מהם וכל שהן שני מינין, אף על פי שדומין בצורתן, אסורין משום כלאים, וכל שהוא מין אחד, אף על פי שמשנין בצורתן מחמת שנוי המקומות או שנוי עבודת הארץ הרי הוא כמין אחד. **ודיני** שעורי ההרחקה הצריכה בין שני המינין רבים (כלאים ב, י), ושעור הרחקת שני מיני ירק שלא יינקו זה מזה, אמרו זכרונם לברכה (רש"י שבת פד ב ד"ה ואחת באמצע) שהוא טפח ומחצה לכל אחד, שנמצא רוח שניהם שלשה טפחים. ומה שאמרו במשנה בכלאים פרק ג' (מ"א), והביאו אותה גם כן בשבת פרק אמר רבי עקיבא (משנה שבת ט ב) שערוגה שהיא ששה על ששה טפחים, זורעים לתוכה חמשה זרעונים, ולפי דברינו היה להם לומר תשעה, שמנה בארבע רוחותיה ואחד באמצע, אין זה קשה, שכבר תרצו אותה בירושלמי (שבת ט ב) כי בערוגה שבערוגות היא מתניא. **והכלל** העולה בידינו מדבריהם זכרונם לברכה בענין כלאי הזרעים הוא, שכל זמן שיש בין שני המינין הרחקה הראויה והוא טפח ומחצה כמו שאמרנו, אפילו נתערבו העלים אין חוששין להם, וכן כל זמן שיראו מבדלים זה מזה שהטה עלין שבערוגה האחת לצד אחד ועלין שבערוגה שבצדה לצד אחר, אף על פי שהן יונקין זה מזה אין חוששין ליניקתן, דבשניהם יחד הקפידה תורה. שיינקו זה מזה ותראה יניקתן לעיני הרואים להדיא. ובמה דברים אמורים שצריך הרחקה או דבר המבדיל, כשזרע בתוך שדהו, אבל אם היתה שדהו זרועה חטים מתר לחברו לזרע בצדה שעורים, שנאמר שדך לא תזרע כלאים. כלומר, שדך דוקא, שלא נאמר הארץ לא תזרע כלאים. ועוד למדו זכרונם לברכה (קדושין לט א) שדך לומר, דוקא בארץ הוא שנוהג אסור כלאי זרעים, אבל לא בחוצה לארץ. ואף על גב דלענין הרכבת אילן דנפקא ליה גם כן משדך לא אמרו כן, אלא שנוהג בכל מקום, וכדאמר שמואל בפרק קמא דקדושין, דמקיש הרכבת אילן להרבעת בהמה שנוהג בכל מקום, כבר תרצו הדבר זכרונם לברכה שם בקדושין, ואם חפצך בני לדעת תראנו משם. ויתר פרטיה במסכת כלאים. **ונוהג** אסור כלאי זרעים, בזכרים ונקבות בארץ ישראל בלבד, כמו שאמרנו, אבל בחוצה לארץ מתר לערב הזרעים לכתחלה ולזרען, ואפילו בארץ אין האסור אלא לישראל, אבל מתר לומר לגוי לזרע לו כלאים, ומכל מקום אסור לקימן לכשיגדלו בשדהו. וכל זה שאמרנו,

ספר החינוך Sefer HaChinukh

דוקא בכלאי זרעים, אבל כלאי האילנות, כלומר ההרכבה שהיא אסורה בהן, נוהגת אפילו בחוצה לארץ. כמו שאמרנו. ואסור לישראל להניח הגוי להרכיב אילנו, אפילו בחוצה לארץ. והעובר על זה בין איש או אשה וזרע כלאי זרעים בארץ ישראל, חיב מלקות, והמרכיב אילן באילן שאינו מינו, או ירק באילן או אילן בירק, אפילו בחוצה לארץ, וכל שכן בארץ, חיב מלקות גם כן.

Mitzvah 245
To not sow seeds of forbidden mixtures and not graft in any place in the Land: To not sow two species of seed, such as wheat and barley or fava beans and peas, together - only in the Land of Israel - as it is stated (Leviticus 19:19), "your field shall you not sow [with] a forbidden mixture." And the explanation comes about it (Kiddushin 39a) that the verse is speaking about a field that we have in the Land. **I** have written what I have known from the roots of the commandment on the preceding commandment, and likewise on the commandment of a witch in the Order of Mishpatim (Sefer HaChinukh 62). **From** the laws of the commandment is that which they, may their memory be blessed, said (Moed Katan 2b) that it is one whether one sows or weeds or covers with dirt - they are all included in sowing, to be lashed for them. And whether he covered [the seeds] with his hand, with his foot or even with a tool - he is lashed for all of them. And one who sows them in a holed pot, is like he sows in the actual ground (Mishnah Kilayim 7:8). And that which they said (Talmud Yerushalmi Kilayim 1:1) that there is only a prohibition on account of forbidden mixtures of seeds with seeds that are fitting for human food. But the bitter seeds - even those that are capable of healing people - do not have [the prohibition] of forbidden mixtures of seeds. And behold, forbidden mixtures of trees are included in this negative commandment of "your field shall you not sow [with] a forbidden mixture." However, the prohibition of forbidden mixtures of trees is only by way of grafting - for example, that he grafted a sprig of an apple tree to a citron (etrog) tree, and all that is similar to it, that are two species. But by way of sowing - for example, to sow the seed of a tree with [other] seeds - this thing is permissible even from the outset; except for the vineyard, as we will explain in the Order of Ki Tetseh (Sefer HaChinukh 549), with God's help. **And** they, may their memory be blessed, said (Mishnah Kilayim 8:1) that even though there is lashes for both one who sows seeds of a forbidden mixture and one who grafts

ספר החינוך Sefer HaChinukh

trees of a forbidden mixture - behold, they are permitted to be eaten; as it is only their planting that was forbidden. And so [too,] they permitted planting a sprig of a tree that was grafted with a forbidden mixture, and to plant a seed that was sowed in a forbidden mixture. And seeds are divided into three groups and three names and these are them: grains, legumes and garden seeds - and there are some of the garden seeds that are called types of vegetables. And even though it was forbidden to us to mix two types of seeds even if they are of one name - for example, wheat with barley, in that both of them are called grain; and so [too,] fava beans and peas, even though both of them are called legumes - nonetheless, there is a small distinction between them in the difference of the name. How is this? That if one part of wheat bigger than the twenty-three [individual] parts of barley was mixed unintentionally, there is no need to separate it out; less than this, he must separate it. But if it was from the garden seeds that was mixed, its measure is one in twenty-four of that which we plant from that type of garden seed in [a field, the measure of which is] a beit seah. And grain and legumes are like one specie concerning this, and their measurement is one part in twenty-four of grain [regardless of how much of that type is planted in a field]. And they, may their memory be blessed, said (Mishnah Shekalim 1:1) that we announce about the shekalim and forbidden mixtures on the first of Adar; and everyone goes out to his garden and to his field, and cleans it from [these mixtures]. And everything that is two species, even though they are similar in their shape, are forbidden on account of forbidden mixtures. And everything that is one specie, even though their shapes are different because of the variation of location or the variation in the work on the land - behold, it is like one specie. **And** the laws of the measure of distancing needed between two species are many (Mishnah Kilayim 2:10). And they, may their memory be blessed, said (Rashi s.v. vaechat be'emtsa on Shabbat 84b) that the measure of distancing of two species of vegetables such that they not feed one from the other is a handbreadth and a half for each one, such that it comes out that the gap [between] the two of them is three handbreadths. And that which they said in Mishnah Kilayim 3:1 - and it was also brought in Shabbat in the chapter [entitled] Amar Rabbi Akiva (Mishnah Shabbat 9:2) - that we plant five [types] of seeds in a garden bed that is six handbreadths by six handbreadths. And that, which according to our words, they should have said nine - eight on the four sides and one in the middle - is not difficult; as

ספר החינוך Sefer HaChinukh

they already resolved it in the Talmud Yerushalmi Shabbat 9:2), that [the Mishnah] was learned about a garden bed [surrounded by other] garden beds. **And** the principle that comes out in our hands from their words, may their memory be blessed, regarding forbidden mixtures of seeds is that anytime that there is a proper distance between the two types - and that is one and a half handbreadths, as we said - even if the leaves are mixed up, we do not concern ourselves about them; and likewise, anytime they appear separated one from the other, such that the leaves of one garden bed lean to one side and the leaves of the garden bed adjacent to it [lean] to another side - even though they are feeding one from the other - we do not concern ourselves with their feeding. As the Torah [only] paid heed to both of them together - that they feed one from the other and that their feeding be seen clearly by the eyes of the onlookers. And about what are these words speaking, that it needs distancing, or something that separates? When he sowed in his [own] field. But if his field is planted with wheat, it is permitted for his fellow to sow barley adjacent to it; as it is stated, "your field shall you not sow [with] a forbidden mixture" - meaning to say, specifically, your field - as it was not written, "the land shall you not sow [with] a forbidden mixture." And they, may their memory be blessed, also learned (Kiddushin 39a) [from] "your field," to say that it is only in the Land that the prohibition of forbidden mixtures of seeds is practiced, but not outside of the Land. [This is the case,] even though they did not say thus regarding the grafting of trees, which is also derived from "your field," but which is rather practiced in every place - and as Shmuel said [there] in the first chapter of Kiddushin, since he compares the grafting of trees to the mating of beasts which is practiced in every place. They, may their memory be blessed have already resolved [this difficulty] there in Kiddushin. And if you desire, my son, to know [their resolution], see it there. And the rest of its details are in Tractate Kilayim. **And** the prohibition of forbidden mixtures of seeds is practiced by males and females only in the Land of Israel, as we said. But outside of the Land, it is permitted to mix seeds from the outset and to sow them. And even in the Land, the prohibition is only on an Israelite, but it is permitted to say to a gentile to sow a forbidden mixture for him. Nonetheless, it is forbidden for [the Israelite] to maintain them in his field once they grow. And all that we have said is specifically with forbidden mixtures of seeds. But forbidden mixtures of trees - meaning to say, the grafting which is forbidden with them - is practiced even outside the Land, as we said; and it is forbidden for an Israelite to allow a gentile to graft his tree, even outside of the Land. And one who transgresses this - whether a man or a woman - and sows forbidden mixtures of seeds in the Land of Israel is liable for lashes. And one who grafts a tree to a tree that is not its specie, or a vegetable with a tree or a tree with a vegetable - even outside of the Land, and all the more so in in the Land - is also liable for lashes.

מצוה רמו

שלא לאכול ערלה - שלא נאכל מפרות האילן תוך זמן ערלתו (ספרא קדושים ג ג) והן שלש שנים ראשונות לנטיעתו, ואחד הנוטע נטיעה או יחור מן האילן, שנאמר (ויקרא יט כג) שלש שנים יהיה לכם ערלים לא יאכל.

משרשי מצוה זו, כתבתי במצות נטע רבעי (מצוה רמז) בזה הסדר בשם הרמב"ם זכרונו לברכה. **מדיני** המצוה מה שאמרו זכרונם לברכה (ערלה א, א) שהנוטע לסיג ולקורות פטור מן הערלה דעץ מאכל כתוב, כלומר שלא יטע אותו לדעת שיאכל פרותיו, אלא שיהיה האילן סיג סביב גנתו, או לדעת שיעשה ממנו קורה לביתו. נטע לסיג או לקורה וחזר וחשב עליו למאכל חיב בערלה, כיון שערב בו מחשבת חיוב חיב. ושומר הפרי חיב בערלה. וכמו שדרשו (ברכות לו ב): את פריו את הטפל לפריו. כלומר, שומר הפרי. ובתנאים הידועים לרבותינו זכרונם לברכה הוא שיאסר השומר העומד בפרי עד שעה שיגיע הפרי לכלל אסור ערלה. ועוד שיהא הפרי צריך אליו כל כך, דאי שקלת לה לשומר מאית פרא. ולפיכך אמרו זכרונם לברכה, שהצלף חיב בערלה מן האביונות בלבד, אבל הקפריסין מתרין מזה הטעם שאמרנו, כי ידוע הוא, דאי שקלת לה לקפריס מקמי דמטי פירא לאסור ערלה לא מאית פירא. ודין הנוטע לרבים (ערלה שם ב) והנוטע למצוה, והנוטע בעציץ שאינו נקוב, שחיב בערלה, ודין ילדה שסבכה בזקנה (נדרים נז, ב) ויתר פרטיה מבארין במסכת ערלה. **ונוהגת** בכל מקום ובכל זמן בזכרים ונקבות, וכתב הרמב"ם זכרונו לברכה (ספהמ"צ ל"ת קצב) וזה לשונו, דאסור ערלה בחוצה לארץ הלכה למשה מסיני. אמנם לשון התורה הוא בארץ בלבד, עד כאן. לפי שבתורה נאמר בפרוש וכי תבאו אל הארץ ונטעתם. דמשמע דדוקא בארץ, ובפרוש אמרו זכרונם לברכה בענין הערלה (קדושין לט, א) כי כך נאמרה עליה ההלכה למשה מסיני ודאה אסור, ספקה מתר, כלומר, שאין ענין אסורה כמו שאר אסורין שבתורה, שכל זמן שיתחדש עלינו ספק בדבר שהוא מן התורה, יש לנו לאסר אותו מספק, דקימא לן ספק אסור דאוריתא אסור, וכמו כן בארנו עם הפרושים הטובים, שספק הלכה למשה מסיני לחמרא. ובענין אסור ערלה קבלנו כי בפרוש נאמר למשה, שיהא ספיקה מתר. וכיון שכן הוא שאין אסור ערלה חל כלל בספיקא, ישראל שיש לו אילן של ערלה בגנתו ובא חברו ואכל ממנו, אינו

ספר החינוך Sefer HaChinukh

נזקק להודיעו כלל כי הוא ערלה. ובענין זה מצאנו בגמרא שאמרו זכרונם לברכה (שם). ספק לי ואנא אכול כלומר שכל זמן שלא ידע האדם בודאי שהיא ערלה, שרי ליה למיכל מניה. והעובר על מצוה זו ואכל כזית מפרות האילן תוך שני ערלה, או אפילו משומר הפרי אותו הידוע שנאסר עמו חיב מלקות.

Mitzvah 246
To not eat orlah: That we not eat from the fruits of a tree during the time of its orlah, which is the first three years from its being planted. And it is the same if one planted a sapling or a sprig from a tree, as it is stated (Leviticus 19:23) "three years shall it be orlah for you, it shall not be eaten." **I** have written from the roots of this commandment on the commandment of the fourth-year plant (Sefer HaChinukh 247) in this Order, in the name of Rambam, may his memory be blessed. **From** the laws of the commandment is that which they, may their memory be blessed, said (Mishnah Orlah 1:1) that one who plants for a hedge or for beams is exempted from orlah, as it is written, "food tree" - meaning to say that he did not plant it with the intention to eat its fruits, but rather that the tree will be a hedge around his garden, or with the intention that he will make beams for his house with it. [If] he planted it for a hedge or for a beam and went back and thought about it that it should be for food, he is obligated in orlah - once he mixed a thought of obligation into it, he is obligated. And what protects the fruit is [also] obligated in orlah; and like they expounded (Berakhot 36b), "'Its fruit (et piryo," the word et not being essential to the meaning), [to include] that which is secondary to the fruit" - meaning to say that which protects it. And it is with certain conditions known to our Rabbis, may their memory be blessed, that that which protects the fruit is forbidden, until the time that the fruit reaches the category of the prohibition of orlah. And also, that the fruit needs it so much that if you took that which protects it, the fruit would die. And therefore, they, may their memory be blessed, said that only the berries of the caper tree are obligated in orlah, but the capers (themselves, which covers the berries) are permitted, from this reason that we said; as it is well-known that if you take the capers before the fruits reach the prohibition of orlah, the fruit does not die. And the law of what is planted for the many (Mishnah Orlah 1:2), one who plants for a commandment and one who plants in a holed pot that he is obligated in orlah; and the law of a young plant that is enmeshed in an old plant (Nedarim 57b). And the rest

Sefer HaChinukh ספר החינוך

of its laws are elucidated in Tractate Orlah. **And** [it] is practiced in every place and at all times by males and females. And Rambam, may his memory be blessed, wrote (Sefer HaMitzvot LaRambam, Mitzvot Lo Taaseh 192) and this is his language: "As the prohibition of orlah outside of the Land is a law of Moshe from Sinai. However, the language of the Torah is that it is only in the Land." To here [are his words]. Since in the Torah it is stated explicitly, "And when you come to the land and plant" - which implies specifically in the Land. And explicitly did they, may their memory be blessed, say (Kiddushin 39a) that so was it said about it [that] the law of Moshe from Sinai [is that] its definite is forbidden, but its doubt is permitted - meaning to say that its prohibition is not like the other prohibitions in the Torah, such that any time we encounter a doubt in a thing that is of Torah writ, we should forbid it from the doubt; since it is established for us that [in a case of] doubt about a Torah law, it is forbidden. And likewise have we elucidated with the good commentaries that [a case of] doubt about a law of Moshe from Sinai [should be decided] towards stringency. But about the prohibition of orlah, we have received [from the tradition] that it was specifically said to Moshe that its doubt is permitted. And since this is so, that the prohibition of orlah does not rest at all [upon it] in a doubt, an Israelite that has a tree that is orlah in his garden is not at all required to inform his fellow that comes to eat from it, that it is orlah. And regarding this, we have found in the Gemara that they said (Kiddushin 39a), "It is a doubt to me and I will eat" - meaning to say that any time that a person does not know with certainty that it is orlah, it is permitted for him to eat from it. And one who transgresses it and eats a kazayit from fruits of a tree in its years of orlah - or even from that which protects the fruit, [in the case] that it was known as that which was forbidden with it - is liable for lashes.

מצוה רמז

מצות נטע רבעי - להיות נטע רבעי כלו קדש. פרוש כל פרות היוצאים באילן בשנה הרביעית לנטיעתו, הם קדש. כלומר, שהם נאכלים לבעלים כמו מעשר שני בירושלים, וזו היא קדשתן, שנאמר (ויקרא יט כג כד) ונטעתם כל עץ מאכל ובשנה הרביעית יהיה כל פריו קדש הלולים ליי. ובא הפרוש שהם לבעלים, ופרוש הלולים הוא שיאכלוהו הבעלים בירושלים, וזהו ההלול, וזהו יקראו חכמים בכל מקום נטע רבעי. ובספרי (נשא ו) דורש, שנטע רבעי הוא לבעלים, מדכתיב (במדבר ה י) ואיש את קדשיו לו יהיה שאמרו שם איש את קדשיו וגו', משך כל הקדשים ונתנם לכהנים ולא

שיר מהם אלא תודה ושלמים ופסח ומעשר בהמה ומעשר שני ונטע רבעי שיהו לבעלים. **משרשי** המצוה. שרצה האל להיות האדם מתעורר להלל השם ברוך הוא בתחלת מבחר פרות אילנותיו, כדי שינוח עליו נעם השם יתברך וברכתו ויתברכו פרותיו, כי האל הטוב חפץ בטוב בריותיו, לכן צונו להעלותן ולאכל אותן במקום שבחר מימי קדם לעבודתו ברוך הוא, כי שם צוה יי את הברכה. ומבחר פירות האילן הם היוצאים בשנה הרביעית. ועוד יש תועלת לאדם בהיותו מצוה לאכל במקום ההוא קצת פרותיו, כגון זה ומעשר שני וגם מעשר בהמה, כי מתוך כך, יקבע מושבו או מושב קצת מבניו באותו המקום ללמד תורה שם, כי שם מורי התורה ועקר החכמה, וכמו שנכתב במצות מעשר שני (מצוה תעג) בעזרת השם. **והרמב"ן** זכרונו לברכה (קדושים יט כג) כתב בטעם מצוה זו בפרושיו, כדי לכבד השם יתברך מראשית כל תבואתנו ולא נאכל מהם עד שנביא כל פרי בשנה אחת הלולים ליי. והנה אין הפרי בתוך שלש שנים ראוי להקריבו, לפי שהוא מועט, גם שאין נותן בפריו טעם או ריח טוב, גם כי רב האילנות לא יוציאו פרות כלל עד שנה רביעית לנטיעתן, ולכך נמתין לכלן. והמצוה הזאת דומה לבכורים. ועוד כתב כי אמת הדבר עוד, שהפרי בתחלת נטיעתו עד השנה הרביעית, רב הלחות דבק מאד, מזיק לגוף ואיננו טוב לאכילה, כדג שאין לו קשקשת, והמאכלים הנאסרים בתורה שהם רעים גם לגוף. **מדיני** המצוה. מה שאמרו זכרונם לברכה (ברכות לה, א) שהרוצה לפדות נטע רבעי, פודהו כמו מעשר שני שהוא נפדה. כלומר, שפודה הפרות בכסף ומעלה הכסף לירושלים. ואם פודהו לעצמו, מוסיף חמש, שכן הוא הדין במעשר שני מדכתיב ביה (ויקרא כז לא) ואם גאל יגאל איש ממעשרו. אבל הפודה מעשר שני לאחרים, אין מוסיף חמש. ואין פודין אותו עד שיגיע לעונת המעשר, שנאמר בו (שם יט כה) להוסיף לכם תבואתו. ודרשו זכרונם לברכה (ספרא קדושים ג ו) עד שיעשה תבואה, כלומר, שהגיע לעונת מעשר, והוא שליש בשולו. ואין פודין אותו במחבר כמו מעשר, לדעת הרמב"ם זכרונו לברכה (מעשר שני פ"ט ה"ב). ואחרים פרשו (ר"ש ערלה ה ה) דאפילו במחבר פודין אותו. והוא נקרא ממון גבוה כמו מעשר, ולפיכך אינו נקנה במתנה אלא אם כן נתנו בעודו בסר שעדין לא חל עליו החיוב, כמו שאמרנו. ודינו בשאר הדברים כגון אכילה, שתיה וסיכה כמעשר. ובמצות מעשר שני בפרשת ראה אנכי נאריך עוד בזה בעזרת השם. **והפודה** כרם רבעי, רצה פודהו ענבים, רצה פודהו יין, וכן הזיתים, אבל שאר הפרות, פודה אותן קדם שישתנו מבריתן. והפדיון הוא שאומר פרות אלו יהיו מחללין על כסף זה, והרי הן מחללין בכך, ומעלה הכסף ואוכלו בירושלים. ואמר שמואל בגמרא (קידושין יא ב), שהקדש שוה מנה שחללו על שוה פרוטה מחלל, אבל לא בפחות משוה פרוטה, שאין לו דין כסף לשום דבר. והוא הדין לפרות רבעי. וכרם רבעי אין לו שכחה ופאה (מעשרות ה, ג) ולא פרט ועוללות, ואין מפרישין ממנו תרומה ומעשרות אלא כלו עולה

Sefer HaChinukh ספר החינוך

לירושלים או נפדה ויעלו הדמים ויאכלו בירושלים. ודין מה שאמרו זכרונם לברכה (ר"ה ט, ב) מאימתי מונין ראש השנה לרבעי, וכן מה שאמרו (ירושלמי ערלה פ"א ה"א) שכל שהוא חיב בערלה חיב ברבעי. ובמצות ערלה (מצוה רמו) נאריך בזה בעזרת השם, ונכתב איזה אילן חיב בה ואי זה דבר שבאילן, וממנה נלמד לרבעי. ויתר כל פרטיה, מבארים בפרק אחרון ממעשר שני [הלכות מעשר שני ונטע רבעי פ"ט]. **ונוהגת** מצוה זו בזמן הבית בארץ בזכרים ונקבות, אבל לא בחוצה לארץ. וכן כתב הרמב"ם זכרונו לברכה כשם שאין מעשר שני בסוריא, כך אין נטע רבעי בסוריא, עד כאן. וכל שכן בחוצה לארץ. ויש מרבותינו (ברכות לה א תוס' ד"ה ולמאן) שהורונו, היום שחיוב מצוה זו היא אפילו עכשו בארץ, ואפילו בחוצה לארץ נוהג כרם רבעי מדרבנן, ולפי זה צריך כל אדם עכשו לפדות פרות כרם רבעי שלו על שוה פרוטה או יותר. גם אמרו, שמברכין על הפדיה ואחר כך משליך הפדיון לים המלח, כלומר למקום האבד, כדי שלא יהנה בו בריה לפי שהוא קדוש היום מדרבנן, ואחר כך אוכל פרות כרמו. אבל נטע רבעי אינו נוהג כלל בחוצה לארץ אפילו מדרבנן. והעובר על מצוה זו ולא העלה הפרות לירושלים או פדיונן בזמן הבית, או שלא פדאן בארץ כדעת קצת המפרשים אפילו עכשו בטל עשה זה, ולא חפץ בברכה, ומקימה יהיה ברוך.

Mitzvah 247

The commandment of the fourth year plant: That the fourth year plant be completely holy - the explanation [of which] is that all fruits that come out of the tree in the fourth year from its planting are holy; meaning to say, that they are eaten by the owners in Jerusalem, like the second tithe, and that is their holiness - as it is stated (Leviticus 19:23-24), "and you shall plant any food tree[...] And in the fourth year all of its fruit shall be holy, for praising to the Lord." And the explanation comes about it that it is for the owners - and the explanation of praising is that the owners should eat it in Jerusalem, and that is rejoicing. And the Sages called it the fourth-year plant, in every place. And in Sifrei Bamidbar 6:1, it expounds that the fourth-year plant is for the owners, from that which is written (Numbers 5:10), "And a man's consecrated things shall be his." As they said there, "'A man's consecrated things, etc.' - it pulled back all of the consecrated things and gave them to the priests; and there is nothing remaining for them except for the thanksgiving-offering, the peace offering, the Pesach offering, the animal tithe, the second tithe and the fourth year plant, which are for the owners. **It** is from the roots of

ספר החינוך Sefer HaChinukh

the commandment that God wanted man to be inspired to praise God, blessed be He, with the beginning of the best fruits of his trees; so that the pleasantness of God, may He be blessed, and His blessing rest upon him, and [that] his fruits be blessed. Because the Good God wants the good of His creatures; therefore, He commanded us to bring them up and to eat them in the place He chose long ago for His service, blessed be He - for there has He commanded blessing. And the best of the fruits of the tree come out in the fourth year. And there is another benefit to man that he is commanded to eat some of his fruits - such as this and the second tithe and also the animal tithe - in that place; because through this, his dwelling or the dwelling of some of his sons will be fixed in that place, to study Torah there. Since the teachers of Torah and the center of wisdom is there, and as we will write on the commandment of the second tithe (Sefer HaChinukh 473), with God's help. **And** Ramban, may his memory be blessed, wrote about the reason for the commandment in his commentaries (Ramban on Leviticus 19:23) [that it is] to honor God, may He be blessed, from the beginning of all our produce, and not to eat from them until we bring all of the fruits of one year [as] 'praising to the Lord.' And behold, within the first three years, the fruit is not fit to offer, since it is meager; and also because [the tree] does not give taste or a good fragrance into its fruit [then]; also because most trees do not put out fruit at all until the fourth year from their planting - and so we wait for them all. And this commandment is similar to the first-fruits. And he also wrote that the truth of the thing is also that the fruit at the beginning of its planting until the fourth year is full of moisture that is very clingy, [which] injures the body and [so] is not good to eat; like the fish that have no scales, and the [other] foods prohibited by the Torah, which are bad also for the body. **From** the laws of the commandment is that which they, may their memory be blessed, said (Berakhot 35a) that one who wants to redeem the fourth year plant, redeems it like the second tithe, which [can be] redeemed - meaning to say, that he redeems it with money and brings [that] up to Jerusalem. And if he redeems it himself, he adds a fifth. As so is the law with the second tithe, from that which it is written about it (Leviticus 27:31), "And if a man surely redeems his tithes." But one who redeems the second tithe for others, does not add a fifth. And he does not redeem [the fourth year plant] until it reaches the season of the tithe; as it is stated about it (Leviticus 19:25), "to increase its produce for yourselves" - and they, may their memory be blessed,

ספר החינוך Sefer HaChinukh

expounded (Sifra, Kedoshim, Section 3:10), "Until it becomes produce" - meaning to say that it reaches the season of the tithe, and that is a third of its ripeness. And according to Rambam (Mishneh Torah, Laws of Second Tithes and Fourth Year's Fruit 9:2), may his memory be blessed, we do not redeem it when it is attached [to the tree], like the tithe. But others explain (Rash on Orlah 5:5) that we redeem it even attached. And it is called money of the Higher Realm, like the tithe. And therefore, it cannot be acquired as a gift - unless he gave it when it is still unripe fruit, as the obligation has not yet rested upon it, as we said. And its law in the other things - such as eating, drinking and anointment - is like the tithe. And on the commandment of the second tithe in Parshat Reeh Anochi (Sefer HaChinukh 473), we will write more about it at length with God's help. **And** one who redeems a fourth-year vineyard - [if] he wants he redeems it [as] grapes, [and if] he wants, he redeems it [as] wine; and so [too,] olives. But with other fruits, he redeems them before they change from their natural state. And the redemption is that he say, "These fruits are desanctified upon this money" - and behold, they are desanctified with this. And he [then] brings up the money and consumes [that which is purchased with it] in Jerusalem. And Shmuel said in the Gemara (Kiddushin 11b) that consecrated things worth a maneh (a hundred large coins) that is desanctified upon the value of a perutah (the smallest coin) is desanctified (is effective) - but not less than the value of a small coin, as it does not have the legal status of money, for any [purpose]. And the same is the law for the fruits of the fourth year. And a fourth-year vineyard does not have [the law of] forgotten [grapes] and the corner (Mishnah Maasrot 5:3), nor fallen grapes and bunchless grapes. And we do not separate the priestly tithe and the [other] tithes from it, but rather it all goes up to Jerusalem, or he redeems it and brings up the money and consumes it in Jerusalem. And the law of that which they, may their memory be blessed, said from when do we count the new year for fourth year plant, and so [too,] (Talmud Yerushalmi Orlah 1:1) that everything that is obligated in orlah is obligated in the fourth year. And in the commandment of orlah (Sefer HaChinukh 246), we will write about this at length, with God's help - and we will write which tree is obligated in it, and what [part] of the tree. And from it, we will learn to the fourth year. And the rest of all of its details are elucidated in the last chapter of Maaser Sheni (see Mishneh Torah, Laws of Second Tithes and Fourth Year's Fruit 9). **And** this commandment is practiced at the time of the [Temple] in the Land by males and females, but not outside the Land. And so wrote Rambam, may his memory be blessed (Mishneh Torah, Laws of Second Tithes and Fourth Year's Fruit 9:1): "In the same way as there is no second tithe in Syria, so is there no fourth year plant in Syria." To here [are his words]. And all the more so outside of the Land. But there are some of our rabbis who instructed (see Tosafot s.v. ouleman on Berakhot 35a) us today that the obligation of this commandment is even now in the Land; and [that] even outside the Land, fourth year vineyard is practiced rabbinically. And according to this, every man should now redeem the fruits of his fourth-year vineyard upon the worth of a small coin or more. **They** also said that we recite a blessing over the redemption and, afterwards, we throw the redemption into the Dead Sea - meaning to say a desolate place - so that no creature benefit from it, as it is [still] holy today, rabbinically. And afterwards he eats the fruit of his vineyard. But fourth year plants are not practiced at all outside the Land, even rabbinically. And one who transgresses this commandment and does not bring up the fruits or their redemption to Jerusalem at the time of the [Temple] - or does not redeem it in the Land, according to the opinion of some commentators, even today - has violated this positive commandment, and has not desired blessing. And one who fulfills it will be blessed.

<u>מצוה רמח</u>

שלא לאכל ולשתות כדרך זולל וסובא - שלא להרבות באכילה ושתיה בימי הנערות בתנאים הנזכרים בבן סורר ומורה בכתוב עם מה שפרשו בו חכמינו זכרונם לברכה במסכת סנהדרין. והאזהרה לנו על זה מדכתיב (ויקרא יט כו) לא תאכלו על הדם. שכן אמרו בפרוש בסנהדרין (סג, א) אזהרה לבן סורר ומורה מנין? תלמוד לומר לא תאכלו על הדם. כלומר, לא תאכלו אכילה שהיא מביאה לשפך דם, והיא אכילת זולל וסובא, שחיב על אותה אכילה רעה מיתה. וכתב הרמב"ם זכרונו לברכה (בסהמ"צ ל"ת קצ"ה). ואף על פי שזה הלאו הוא לאו שבכללות, כמו שבארנו בעקר התשיעי, אינו רחוק כי כשיהיה הענש מפרש, כלומר ענש בן סורר ומורה, דהינו משפטו שהוא בסקילה מפרש בכתוב, איני חושש על האזהרה אם היא מן לאו שבכללות, ונתן טעם לדבריו כמו שכתוב בספרו מצות לא תעשה קצ"ה ובעקר התשיעי. והרמב"ן זכרונו לברכה (שם), תפש עליו הרבה בכאן. ואולם שניהם מודים, כי זה הלאו דלא תאכלו על הדם וכל כיוצא בו שכולל דברים רבים, כמו שנכתב כאן, ואין ענינם וטעם אסורן שוה, אלא שהכתוב אסרם כלם בלאו אחד ושם אחד, כי לאו שבכללות הוא נקרא, והלכה היא לאו שבכללות אין לוקין עליו. אבל הרמב"ם זכרונו לברכה יאמר, כי מפני כן יענש הבן מיתה באכילה זו אף על פי שאזהרה מזה הלאו,

לפי שהכתוב גילה בפרוש שענשו בסקילה במקום אחר, והוא באר בהקדמת ספרו (סהמ"צ שורש יד בסופו) שכל מה שיחיב הכתוב בו כרת או מיתת בית דין, הוא מצות לא תעשה, חוץ מפסח ומילה, שיש בהן כרת והן מצות עשה, ומן הכלל הזה יצא לו לרב, שאזהרת בן סורר ומורה, אף על פי שהיא למודה מלאו שבכללות, דינה כשאר אזהרות, מכיון שהכתוב פרש בו ענש מיתה. **והרמב"ן** זכרונו לברכה, לא יחזיק בזה הדרך ולא יטה אליו, ולעולם יחזיק להיות האזהרה מפרשת על הלוקה או על המומת ולא מלאו שבכללות, ואפילו יפרש הכתוב מיתתו מאה פעמים, עדין יאמר הרב לא ענש אלא אם כן הזהיר, (ולא מלאו שבכללות) ולאו שבכללות לא יחשבהו לאזהרה במקום מלקות ממה שבידינו הלכה רווחת, אין לוקין על לאו שבכללות. ועל כן אמר הוא זכרונו לברכה, כי כבר העירו בגמרא מאי זה מקרא למדנו להלקות בן סורר ומורה? ואמרו בסנהדרין (עא, ב) מלקות בבן סורר ומורה היכא כתיבא, כדרבי אבהו, דאמר רבי אבהו למדנו מלקות במוציא שם רע דכתיב ביה ויסרו אתו מויסרו דכתיב בבן סורר, ובן מבן, והיה אם בן הכות הרשע. ועוד בזה קושיא לרמב"ם זכרונו לברכה כמו שאמר בעקר השני, שאין מלקין מכח גזרה שוה. ועוד הקשה על הרב מאמרו, כי הבן הסורר יתחיב מיתה על רבוי האכילה, ולא חלק כלל להמיתו בין אכילה ראשונה לשניה. ובפרוש אמרו בגמרא בסנהדרין (שם, א) שאכילה ראשונה של בן סורר ומורה, אין עונשין מיתה אלא מלקות, כמו שאמרו (שם, ב) מתרין בו בפני שנים ומלקין אותו בפני שלשה, חזר ונתקלקל, נדון בעשרים ושלשה. ועוד כתב הוא זכרונו לברכה, וזה לשונו, והראוי להעלות מזה שאכילה ראשונה נמנעת, וענשה מלקות, והשניה ענשה מיתה, והן שתי מניעות בחשבון המצות, ונכללו בלא תאכלו על הדם, עד כאן. **והנה** אזכיר לך מן הדברים שפרשו לנו זכרונם לברכה (שם סג, א), שנכללין בלאו הזה: אמרו זכרונם לברכה שיש בו אזהרה לאוכל מבהמה קדם שתצא נפשה וכן לאוכל בשר קדשים קדם זריקת הדם, וכמו שאמרו (שם) לא תאכלו הבשר ועדין דם במזרק, וכן למדו ממנו, שאין מברין על הרוגי בית דין, וכן סנהדרין שהרגו את הנפש, שאין טועמין כלום כל אותו היום, ושלא יטעם אדם כלום עד שיתפלל (ברכות י ב), וכן אזהרה לבן סורר ומורה כמו שאמרנו. ***משרשי*** המצוה. לפי שרב חטאות בני אדם יעשו בסיבת רבוי האכילה והשתיה, כמו שכתוב (דברים לב טו) וישמן ישרון ויבעט. וכן שמנת עבית כשית ויטש אלוה עשהו וגו'. וכן אמרו זכרונם לברכה (ברכות לב, א) מי גרם לך שתבעטי בי? כרשינין שהאכלתיך. ודרך כלל אמרו מלי כריסא זני בישא, כלומר אחר מלוי הכרס, יבא בן אדם לעשות חטאים רעים. והענין הוא, לפי שהמזונות הם עסת החמר, והתבוננות במשכל וביראת אלוקים ובמצותיו היקרות, הוא עסת הנפש, והנפש והחמר, הפכים גמורים הם כמו שכתבתי בראש הספר. ועל כן בהתגבר עסת החמר תחלש קצת עסת הנפש, ומזה השרש היו מן החכמים זכרונם לברכה שלא היו נהנין במזונות רק למה

שצריך, להחיות נפשם לבד, וכמו שכתוב (משלי יג כה) צדיק אוכל לשובע נפשו. ועל כן תמנענו תורתנו השלמה לטובתנו מהרבות באכילה ושתיה יותר מדאי, פן יתגבר החמר על הנפש הרבה עד שיחליאה ויאבד אותה לגמרי. ולכן להרחיק הענין עד תכלית, הזהרנו על זה בענש חזק, והוא ענש המיתה. זה הנראה לי בענין. והזהר האדם על זה בתחלת תקף חם בחרותו ובראשית בואו בחיוב שמירת נפשו, והם שלשה חדשים הראשונים משהתחיל להביא שתי שערות עד שיקיף כל הגיד. ומאותו הזמן יקח מוסר לכל ימיו, כי מהיות דברי המזון ענין תמידי באדם אי אפשר לו זולתו, לא חיבתו התורה עליו בכל עת, רק שחרו מוסר בזמן אחד, להועילו לכל הזמנים. **מדיני** המצוה. מה שאמרו זכרונם לברכה (סנהדרין ע, א) שאין בן סורר ומורה חיב עד שיגנב משל אביו ויקנה בשר ויין בזול ויאכל אותן חוץ מרשות אביו בחבורה שכלם ריקנין ופחותין, ויאכל הבשר חי ואינו חי כדרך שהגנבים אוכלים, וישתה היין מזוג ואינו מזוג כדרך שהגרגרנים שותין, והוא שיאכל משקל חמשים דינר מבשר זה בלגמא אחת וישתה חצי לג מיין זה בבת אחת. ומה שאמרו (שם) שאם אכל אכילה זו המכערת מבשר אסור או ביום שאסור באכילה ואפילו בתענית דרבנן שאינו חיב, שנאמר (דברים כא כ) איננו שמע בקלנו. מי שאינו עובר באותה אכילה אלא על קולם, יצא זה שעובר בה אף על דברי תורה. ומה שאמרו שאם אכל כל מאכל ולא אכל בשר בהמה, שתה כל משקה ולא שתה יין פטור, והטעם מן השרש שכתבנו למעלה, לפי שאין הטבע נמשך אחר שום דבר כל כך כמו באלו. וענין כיצד דנין אותו, וכיצד מתרין בו, (שם עא, א) וכיצד מכריזין עליו ומה שאמרו (שם) שאין נעשה דין סורר ומורה אלא כשהאב והאם שניהם רוצים בכך, שנאמר (שם יט) ותפשו בו אביו ואמו, ואם היה אחד מהם גדם או אלם או סומא או חרש אינו נעשה בן סורר ומורה, שנאמר ותפשו בו ולא גדמין, והוציאו אותו ולא חגרין, ואמרו ולא אלמין, בננו זה ולא סומין, איננו שמע בקולנו ולא חרשין. ומפני כל ענינים אלה הצריכים בו, היו מן החכמים שאמרו בגמרא כי מעולם לא נעשה דין סורר ומורה, ויש מי שהעיד שראה אותו וגם ישב על קברו. ומה שאמרו (שם) כי בתחלה מלקין אותו, שנאמר ויסרו אתו ופרשו זכרונם לברכה ויסרו ופרשו זכרונם לברכה יסור אותו זה מלקות. ויתר פרטיה, בפרק שמיני מסנהדרין. **ונוהגת** בארץ ישראל בלבד, שאין דנין דיני נפשות אלא שם, ובבית דין של עשרים ושלשה לכל הפחות; ואין דין זה נוהג אלא בזכרים אבל לא בנקבות, שאין דרכן להמשך באכילה ושתיה כמו האנשים, וזהו שנאמר בן סורר ומורה ולא בת, ולא טומטום ואנדרוגינוס, ואפילו טומטום שנקרע ונמצא זכר אינו נעשה בן סודר, שנאמר כי יהיה לאיש בן סורר עד שיהיה בן משעת הויה. והעובר על זה ונעשה בן סורר ומורה על פי כל הדברים שכתבנו נסקל, והרי הוא ככל הרוגי בית דין, שממונם ליורשיהם, שאף על פי שאביו גרם לו סקילה, הרי הוא יורש כל נכסיו.

ספר החינוך Sefer HaChinukh

Mitzvah 248
To not eat or to drink in the way of a glutton and a drunkard:
To not indulge in much eating and drinking in the days of youth, according to the conditions described with a rebellious son (ben sorrer oumoreh) in Scripture, with what the Sages, may their memory be blessed, explained about it in Tractate Sanhedrin. And the warning to us about this is from that it is written (Leviticus 19:26), "You shall not eat upon the blood." As so did they say explicitly in Sanhedrin 63a, "From where is the warning for a rebellious son? [Hence] we learn to say, 'You shall not eat upon the blood'" - meaning to say, do not eat an eating that leads to shedding blood, and that is the eating of the rebellious son, such that he is liable the death penalty for such a bad eating. And Rambam, may his memory be blessed, wrote (Sefer HaMitzvot LaRambam, Mitzvot Lo Taase 195), "And even though this is a general negative commandment as we have explained in the ninth principle, it is not distant [to say] that when the punishment is explicit - meaning to say the punishment of the rebellious son, the statute of which is stoning, being explicit in Scripture - we are not concerned about whether the warning is from the general negative commandments." And he gave a reason for his words, as it is written in his book, Negative Commandment 195, and in the ninth principle. And Ramban, may his memory be blessed, wrangled with him greatly about this. However they both concede that the negative commandment of "You shall not eat upon the blood," and anything similar to it that includes many things - as we will write here - and their content and the reason for their prohibition is not the same, except that Scripture forbids them all in one negative commandment and in one category (literally, with one name), is called a general negative commandment. And it a law that we do not administer lashes for a general negative commandment. But Rambam, may his memory be blessed, would say that because of this is the rebellious son punished with the death penalty for this eating - since Scripture explicitly revealed that his punishment is stoning in another place. And he elucidated at the the introduction to his book (Sefer HaMitzvot LaRambam, Root 14 at the end) that anything about which Scripture makes liable for excision or the death penalty of the court is a negative commandment, except for the Pesach sacrifice and circumcision - as they have excision but they are positive commandments. And from this principle was it derived by the Rabbi that the law of the warning of the rebellious

ספר החינוך Sefer HaChinukh

son - even though it is learned from a general negative commandment - is like the law of other warnings, since Scripture made the punishment of the death penalty about it explicit. **And** Ramban, may his memory be blessed, does not hold of this approach and he does not lean towards it; but [rather] he holds that there always be an explicit warning about the one to be lashed or about the one being killed - and not from a general negative commandment. And even if Scripture makes his death penalty explicit a hundred times, the Rabbi will still say that it does not punish unless it warns (and not from a general negative commandment). And he does not consider a general negative commandment as a warning in the place of lashes, because of that which is a famous law in our hands, "We do not administer lashes for a general negative commandment." And therefore he, may his memory be blessed, said that they already clarified in the Gemara from which verse we learned to administer lashes to the rebellious son: And they said in Sanhedrin 71b, "It is like Rabbi Abahu, as Rabbi Abahu said, 'We learned lashes for one who puts out a bad name, as it is written about him (Deuteronomy 22:18), "and they shall chasten him," from "and they chastised him" (Deuteronomy 21:18) that is written about the rebellious son; and "son" from "son" [in] "And if the evildoer be a son of (liable for) lashing" (Deuteronomy 25:2).'" And there is also a difficulty for Rambam, may his memory be blessed, in this, [since] he writes in the second root, that we do not give lashes by the power of a comparison (which is what seems to be indicated here). And he also challenged the Rabbi about his statement that the rebellious son is liable for the death penalty for his indulging in much eating and he did not distinguish between the first eating and the second. But they said explicitly in the Gemara in Sanhedrin 71 that we do not punish the first eating of the rebellious son with the death penalty, but rather lashes, as they said, "We warn him in front of two [witnesses] and we lash him in front of three. [If] he goes back and goes bad, he is judged by twenty-three [judges for the death penalty]." He, may his memory be blessed, also wrote and this is his language, "And what is fit to take out from this is that the first eating is prevented (forbidden) and its punishment is lashes, and the punishment of the second is death, and they are two preventions (negative commandments) in the tally of commandments, and they are [both] included in 'You shall not eat upon the blood.'" To here [are his words]. **And** behold I will mention to you from the things that they, may their memory be blessed, explained (Sanhedrin 63a) are

ספר החינוך Sefer HaChinukh

included in this negative commandment: They, may their memory be blessed, said that there is a warning to [not] eat an animal before its soul departs; and also to [not] eat consecrated meat before the sprinkling of the blood, and like they said (Sanhedrin 63a), "Do not eat the meat and the blood is still in the bowl." And so [too,] did they learn from it that we do not provide a consolation meal over those killed by the court; and so [too,] that a Sanhedrin that killed a soul not taste anything all of that day; and that a person not taste anything before he prays (Berakhot 10b); and so [too] the warning to the rebellious son, as we said. It is from the roots of the commandment [that it is] because most sins of people are done as a result of much eating and drinking, as it is written (Deuteronomy 32:15), "And Yeshurun grew fat and kicked." And so [too,] "you became fat, you became thick, you became covered; and he abandoned the God that made him, etc." And so [too,] did they, may their memory be blessed, say [about a man's cow] (Berakhot 32a), "Who caused you to kick (rebel against) me? The vetch which I fed you." And more generally they said, "Filling his stomach is a type of sin" - meaning to say after filling the stomach, a person come to do bad sins. And the matter is that foodstuffs are the dough for the physical, whereas contemplation of the intellect and of the fear of God and His precious commandments is the dough of the soul. And the soul and the physical are complete opposites, as I have written at the beginning of the book. And so with the strengthening of the dough of the physical, the dough of the soul is weakened a little. And from this root there were some of the Sages, may their memory be blessed, that would only benefit from foodstuffs just what they required, only to keep their souls alive; and as it is written (Proverbs 13:28), "A righteous person eats to the satiation of his soul." And therefore, for our good, did our perfect Torah prevent us form indulging in eating and drinking more than is necessary - lest the physical overcome the soul greatly, until it makes it ill and destroys it completely. And so in order to distance this matter fully, it warned us about this with a strong punishment - and that is the death penalty. And this is what appears [correct] to me about the topic. And a man is warned about this at the start of the power of the passion of his youth and at the beginning of his obligation to guard his soul (to observe the commandments) - and these are the first three months from when he begins to grow two [pubic] hairs until [the hair] surrounds the whole member. And from that time, he is to take ethical teaching for all of his days. As in that foods are a constant matter with man

ספר החינוך Sefer HaChinukh

- it is impossible for him without it - the Torah did not command about it at every instance, but rather it 'teaches him early' at one time, to benefit him for all of the times. **From** the laws of the commandment is that which they, may their memory be blessed, said (Sanhedrin 70a) that a rebellious son is not liable until he steals from his father and buys meat and wine on the cheap; he eats them outside of his father's domain in an assemblage where they are all empty and lowly people; he eats meat raw but not [fully] raw, like the thieves are wont to eat, and drinks the wine diluted but not [fully] diluted, like the guzzlers are wont to drink; and he eats the weight of fifty dinar of this meat in one mouthful and drinks half a log of this wine at once. And that which they said (Sanhedrin 70a) that if he eats this ugly eating from forbidden meat or on a day that it is forbidden to eat - and even on a rabbinic fast - he is not liable, as it is stated (Deuteronomy 21:20), "he does not listen to our voice" - one who only transgresses their voice with this eating, to exclude this one that also transgresses words of Torah. And that which they said, if he ate from any other food but did not eat the meat of a [domesticated] beast [or] drank from any drink but did not drink wine, he is exempt. And the reason is from the root that we wrote, as the nature [of a person] is not drawn to anything so much as to these. And the law of how we judge him, how they warn him (Sanhedrin 71a) and how we proclaim about him. And that which they said (Sanhedrin 71a) that the law of the rebellious son is not enacted unless both the father and the mother want it, as it is stated (Deuteronomy 21:19), "And his father and mother shall grab him." And if one of them was stump-armed or mute or blind, he is not made a rebellious son, as it is stated, "shall grab him" - and not stump-armed people; "and bring him out" - and not lame people; "And they shall say" - and not mutes; "This son of ours" - and not blind people; "he will not obey our voices," - and not deaf people. And because of all these matters, there were some of the Sages that said in the Gemara that the law of the rebellious son was never executed. But there is one that testified that he saw him and even sat on his grave. And that which they said (Sanhedrin 71a) that at the beginning we lash him, as it is stated, "and they disciplined him" - and they, may their memory be blessed, explained "they disciplined him" is lashes. And the rest of its details are in the eighth chapter of Sanhedrin. **And** it is practiced in the Land of Israel alone - as we only judge capital cases there, and with a court of at least twenty-three. And this law is only practiced by males and not be females, as it is not their way to be drawn to eating and drinking like men. And that is what is stated, "a gluttonous and drunkard son" - and not daughter, and not [a child the sex of which is in doubt]. And even [one] who was cut open and found to be a male, does not become a rebellious son, as it is stated, "When there is to a man a gluttonous son" - until he is a son from the time that he existed. And one who transgresses this and becomes a rebellious son, according to all of the things that we wrote, is stoned. And behold, he is like all those killed by the court, such that their money [goes] to their inheritors - as even if his father caused him stoning, behold, he inherits all of his properties.

מצוה רמט

שלא לנחש - שלא נלך אחרי נחשים, שנאמר (ויקרא יט כו) לא תנחשו ונכפל במקום אחר, שנאמר (דברים יח י) לא ימצא בך וגו' ומנחש. ואמרו בספרי שופטים: מנחש כגון האומר נפלה פתי מפי, נפל מקל מידי עבר נחש מימיני ושועל משמאלי, וימנע מפני כן מעשות שום מעשה. ובספרא אמרו (קדושים ו ב) לא תנחשו כגון אלו המנחשים בחלדה ובעופות ובכוכבים וכיוצא בהן, עד כאן. וכגון מה שיאמרו המוני העמים הסכלים כיון ששב מדרכו שהיה הולך, או צבי הפסיקו או עורב צועק עובר על ראשו, או כיון שראה דבר פלוני בתחלת היום לא ירויח היום, או שום מקרה רע יבואהו. וכל המעשים האלו וכיוצא בהן הם בכלל לאו זה. **משרשי** המצוה. לפי שענינים אלה הם דברי שגעון וסכלות גמורה, ולעם קדוש אמתי אשר בחר האל לא יאות להם שישעו בדברי שקר. ועוד שהם סבה להדיח האדם מאמונת השם יתברך ומתורתו הקדושה ולבוא מתוכם לכפירה גמורה שיחשב כל טובתו ורעתו וכל אשר יקרהו שהוא דבר מקרי, לא בהשגחה מאת בוראו, ונמצא יוצא בכך מכל עקרי הדת, על כן כי חפץ השם יתברך בטובתנו צונו להסיר מלבנו מחשבה זו ולקבע בלבבנו, כי כל הרעות והטובות מפי עליון תצאנה לפי מעשה האדם אם טוב ואם רע, והנחשים אינם מעלין ולא מורידין, וכמו שכתוב (במדבר כג כג), כי לא נחש ביעקב ולא קסם בישראל. פרטי המצוה בפרק שביעי משבת [בפ"ו מסנהדרין] ובתוספתא דשבת (פ"ח). **ונוהגת** בכל מקום ובכל זמן בזכרים ונקבות, והעובר עליה ועשה שום מעשה על פי הנחש בעדים והתראה לוקה, ודוקא בבית דין של עשרים ושלשה בכל מקום כמו שכתבנו במה שקדם. ובמה שנכתב לוקה, הכונה היא בארץ הקדושה, שהיא מקום המשפט של עשרים ושלשה, שאין דנין דיני נפשות בחוצה לארץ אלא במוסר לבד, לפי שמיתתו הצלה ותחיה לאחרים טובים ממנו.

Mitzvah 249

ספר החינוך Sefer HaChinukh

To not divine: That we not follow divinations, as it is stated (Leviticus 19:26), "you shall not divine." And it is repeated in another place, as it is stated (Deuteronomy 18:10), "There shall not be found in you, etc. or a diviner." And they said in Sifrei Devarim (Shoftim), "'A diviner' - such as one who says, 'My bread fell from my mouth, the stick fell from my hand, a snake passed on my right and a fox on my left,' and he refrains from some act because of it." And in Sifra, Kedoshim, Chapter 6:2 they said, "'You shall not divine' - such as those that divine with weasels, birds, stars and what is similar to them." To here [are the words of the Sifra]. And such as that which the silly masses among the nations say: Since he came back from his path that he was walking, a deer passed in front of him, or a yelling crow passed over his head or if he saw thing x at the beginning of the day - he will not have profit today or any [other] bad event will come to him. And all of these acts and similar to them are included in this negative commandment. It is from the roots of the commandment [that it is] because these matters are crazy things and total foolishness; and it is not fitting for the holy true people that God chose that they pay attention to false words. And also because they are a cause to push man away from faith in God, may He be blessed, and from His holy Torah and to come through them to complete denial [of God and/or Torah]; as he will think that all of his good and all of his evil and all that happens to him is coincidental, and not from the supervision of his Creator. And it will happen that through this he will go out from all of the principles of the religion. Therefore, since God, may He be blessed, wanted our good, He commanded us to remove this thought from our hearts. As all the bad and the good comes out of the mouth of the Highest, according to the actions of man - if they are good, or if they are evil. And the divinations do not [help or hurt], and as it is written (Numbers 23:23), "As there is no divination in Yaakov and no clairvoyance in Israel." The details of the commandment are in the seventh chapter of Shabbat [in Chapter 6 of Sanhedrin] and in the Tosefta Shabbat, Chapter 8. **And** [it] is practiced in every place and at all times by males and females. And one who transgresses it and does any act according to divination with witnesses and a warning is lashed - and specifically with a court of twenty-three. In every place that we wrote "lashed," in that which preceded and that which we will write, the intention is in the Holy Land - since it is the place of the judgement of twenty-three. As we do not judge capital cases outside of the Land, except only with a talebearer;

since his death is the salvation and resuscitation of others better than he.

מצוה רנ

שלא לעונן - שלא לעונן, שנאמר (ויקרא יט כו) ולא תעוננו. ופרוש הענין כמו שאמרו בספרא (ו ב) שהוא לשון עונה, כלומר, שלא נקבע עונות לומר, שעה פלונית, טובה לעשות בה מעשה פלוני, ויצליח כל העושה אותו באותה שעה והעושה אותו בשעה פלונית, לא יצליח, כמו שיאמרו המהבילים בעלי הכשוף. ונכפל הלאו בזה הענין בסדר שופטים דכתיב שם (דברים יח י) לא ימצא בך וגו' מעונן. ובכלל לאו זה דמעונן אמרו זכרונם לברכה (סנהדרין סה, ב), שהוא מעשה אחיזת עינים שיעשו בני אדם. וכמו שאמרו זכרונם לברכה מעונן זה האוחז את העינים. וענין זה הוא מין גדול מהתחבולה יחבר אליה קלות היד וגבורת מהירותה עד שיראה לבני אדם שיעשה המתחבל ענינים של פלא, כלומר שהם חוץ מן הטבע, כמו שיעשו תמיד המשתדלים בזה, שיקחו חבל וישימו אותו בכנף בגדם לעיני האנשים, ואחרי כן יוציאו נחש, וכן ישליכו טבעת באויר, ואחר כן יוציאוהו מפי אחד מהעומדים לפניהם, וכיוצא בענינים אלו רבים. וכל אחד מהמעשים הרעים אלו, הוא אסור, והעושו נקרא אוחז העינים, והוא בכלל לאו דמעונן ולוקין עליו. ואף על פי שנאמר מעונן אצל מכשף בכתוב אחד אינו מין כשוף ממש, שאלו היה האסור בו משום לאו דמכשף לא היינו מלקין עליו, משום דלאו דמכשף נתן לאזהרת מיתת בית דין, שנאמר מכשפה לא תחיה. וקימא לן (עירובין יז ב) דכל לאו שנתן לאזהרת מיתת בית דין, אין לוקין עליו. **משרשי** המצוה. מה שכתבנו בלאו דמנחש בסמוך. ועוד הפסד גדול מאד נמצא בזה, לפי שישובו אצל ההמון והנשים והנערים הענינים הנמנעים בתכלית המניעה אפשריים, ויערב לדעותם לקבל הנמנע, והיותו אפשר מבלתי היות הענין נס מאת הבורא, ואולי יצא להם מזה סבה רעה לכפר בעקר והכרת נפשם, והבן זה. פרטי המצוה שם בספרא ובמקומות בגמרא ובמדרשות (ס"ו שם). **ונוהגת** אסורה זה בכל מקום ובכל זמן בזכרים ונקבות. והעובר עליה ומגיד לבני אדם עונות שיעשו מעשיהם בהן כדי שיצליחו, וגם הוא עושה מעשיו לפי העונות חיב מלקות, והאיש השואל אל היודע, אין עליו חיוב מלקות בשאלה לבד, עד שיכון פעלתו אל העת הידוע ויעשה מלאכתו בה, ואז ילקה בעבורו מכיון שעשה מעשה.

Mitzvah 250

To not soothsay: To not soothsay, as it is stated (Leviticus 19:26), "and you shall not soothsay (teonenu)." And the understanding of the matter is like they said in Sifra, Kedoshim, Chapter 6:2, that it is an expression of a time period (onah). [This] means to say that we do not fix time periods to say time x is good to do action y; and

ספר החינוך Sefer HaChinukh

anyone who does it at that time will be successful, but one who does it at time z will not be successful - like the empty clairvoyants say. And the negative commandment about this matter is repeated in the Order of Shoftim, as it is written there (Deuteronomy 18:10), "There shall not be found in you, etc. a soothsayer." And they, may their memory be blessed, said (Sanhedrin 65b) that included in this negative commandment of the soothsayer is the fooling the eyes that people do. And this matter is a great type of machination that is connected with lightness of hand and its powerful quickness to the point that it appears to people that the trickster is doing fantastic things, meaning to say that they are supernatural. As what those that make efforts in this always do, such that they take a rope and put it into the corner of their clothes in front of people's eyes, and afterwards they take out a snake; and so [too,] they throw a ring into the air, and afterwards they take it out from the mouth of one of the bystanders in front of them; and many things similar to these. And each one of these evil acts is forbidden, and one who does it is called a fooler of the eyes. And it is included in the prohibition of the soothsayer and we administer lashes for it. And even though [the prohibition of the] soothsayer is stated next to the sorcerer in one verse, it is not precisely a type of magic. As if the prohibition about it was on account of the negative commandment of the sorcerer, we would not administer lashes for it, since the negative commandment of the sorcerer is given over to the warning of a death penalty from the court, as it is stated (Exodus 22:17), "You shall not keep a witch alive." And it is established for us (Eruvin 17b) that we do not administer lashes for any negative commandment that is given over to the warning of a death penalty from the court. **What** we wrote about the negative commandment of the diviner adjacently is from the roots of the commandment. And there is another very great damage that is found with this, since it will [cause that] the masses and the women and the youths will accept that which is completely impossible as possible. And it will be sweet for their minds to accept the impossible and that it be possible without the matter of a miracle from the Creator. And perhaps a bad outcome will result from this for them; to deny a fundamental principle, and their souls will be excised - and understand this. The details of the commandment are there in Sifra and in [various] places in the Gemara and in the Midrash. **And** this prohibition is practiced in every place and at all times by males and females. And one who transgresses it and says time periods to people that they should perform their actions in order that they be successful - and also the one who does his actions according to [these] time periods - is liable for lashes. And a man who asks of one who knows [these time periods] does not have a liability for lashes with the question alone, until he designs his action to be with the known time, and does his work during it. And then is he lashed on its account, since he did an act.

מצוה רנא

שלא להקיף פאת הראש - שלא להקיף פאתי הראש, שנאמר (ויקרא יט כז) לא תקיפו פאת ראשכם. ופרשו זכרונם לברכה, שהענין הוא שאסור לישראל לגלח ולהשוות שערות ראשו לאחורי אזניו ולפדחתו כמו שעושים גם היום עובדי עבודה זרה וכומריהם, וזהו שאמרו זכרונם לברכה במסכת מכות (כ, ב) איזהו פאת ראש? זה המשוה צדעיו לאחורי אזניו ולפדחתו. **משרשי** המצוה. כדי להרחיק ממנו ולהשכיח מבין עינינו ומכל מעשינו כל ענין עבודה זרה וכל הנעשה בשבילה, ובאה האזהרה מפרשת בדבר שיעשו לה בני אדם בגופותם, מפני שהיא למזכרת עון תמיד אחר שהוא דבר קבוע בגוף. ומפני שזה מעקרי טעם המצוה, היו צריכין זכרונם לברכה, שיבארו כי הקפת כל הראש גם כן בכלל הלאו, שלא תאמר שתכלית מה שנאסר כדי שלא נדמה להם, והם לא יגלחו כל הראש כלו, למדונו שגם זה בכלל האסור הוא, כמו שבא ביבמות (ה, א) שאמרו שם הקפת כל הראש שמה הקפה. ואפשר כי התורה אסרה הכל משום דומה לדומה (עי סהמ"צ ל"ת מג). **מדיני** המצוה. מה שאמרו זכרונם לברכה במכות (כ, ב), שאחד המגלח ואחד המתגלח כל זמן שסיע, שניהם חיבים, אבל לא סיע, אין חיב אלא המגלח, והמגלח את הקטן חיב. ובשעור פאת הראש לא נתנו חכמים שעור. וכתב הרמב"ם זכרונו לברכה (הל' ע"ז יב ו) שמענו מזקנינו, שאין מניחין פחות מארבעים שערות, זהו לשונו. ומתר לגלח הפאה במספרים, שלא אסרה התורה אלא השחתה של תער או משוה צדעיו לאחורי אזניו, ושמעתי דבפאת הראש אף במספרים כעין תער, אסור (כ"ז בדפוס וניציאה ראשון) ויתר פרטיה בסוף דמכות [יו"ד סימן קפ קפא]. **ונוהגת** בכל מקום ובכל זמן בזכרים, אבל לא בנקבות, בין גלחו בין נתגלחו פטורות, וכמו שדרשו זכרונם לברכה (קדושין לה, ב) לא תקיפו פאת ראשכם ולא תשחית את פאת זקנך כל שישנו בבל תשחית וגו'. ומכל מקום אסור להן לגלח הזכר ואפילו קטן. והעבדים אף על פי שהם בגדר הנשים בהרבה מצות בזו חיבים הם בה, הואיל ויש להם זקן. וטומטום ואנדרוגינוס הרי הם ספק ונותנין עליהם חמרי זכר ונקבה בזו ובכל מקום וחיבין בכל; אבל אם עברו אינם לוקין מספק. ובגדר ענין זה אכתב הכלל שלמדונו זכרונם לברכה במצות הנשים, אף על פי שדרכי לכתבו בפרט בכל מצוה ומצוה, כי מתוך הכלל והפרט יזכרהו הקורא, וזהו כל מצות לא תעשה שבתורה אחד אנשים ואחד נשים חיבין, חוץ מבל תקיף ובל תשחית ובל תטמא למתים. וכל מצות עשה

ספר החינוך Sefer HaChinukh

שהזמן גרמא נשים פטורות, חוץ מקדוש ומצה ואכילת פסח והקהל ושמחה. והם אמרו גם כן שאין למדין מן הכללות, ואפילו במקום שנאמר בהן חוץ, כי הכולל כדי לקצר כלליו לא יחוש לדברים מעטים היוצאין מן הכלל להעלותן על ספר. והעובר על זה וגלח פאה אחת מן הראש חיב מלקות אחת, ואם גלח שני צדעיו ואפילו בבת אחת והתראה אחת חיב שתי מלקיות (עי' מכות כ א). וכתב המעתיק בשם הרמב"ם זכרונו לברכה (בסהמ"צ ל"ת מג) והראוי שלא נמנה אותן לשתי מצות אף על פי שלוקה שתים, לפי ששניהם כתובים תחת לאו אחד, שאלו אמר לא תקיפו פאת ראשכם מימין ופאת ראש משמאל ומצאנו אותם מחיבין עליהם שתים, אז היה רשות לומר שנמנה אותם שתי מצות. אמנם בהיותו מלה אחת וענין אחד באמת שהוא מצוה אחת, ואף על פי שבא בפרוש שמניעה זו היא כוללת חלקים משתנים מהגוף ושהוא חיב על כל חלק מהם לבד, עם כל זה לא יתחיב שיהיו מצות הרבה, עד כאן לשונו.

Mitzvah 251

To not encircle the corner of the head: To not encircle the corner of the head, as it is stated (Leviticus 19:27), "You shall not encircle the corner of your head." And they, may their memory be blessed, explained that the matter is that it is forbidden for an Israelite to shave and even out the hair of his head behind his ears and to his forehead, like the idolaters and their priests do also today. And this is what they, may their memory be blessed, said in Tractate Makkot 20b, "Which is [the prohibition of] the corner of the head? That is the one that evens his temples to the back of his ears and to his forehead." **It** is from the roots of the commandment [that it is] in order to distance from ourselves any matter of idolatry and anything that is done for its sake, and to make it forgotten from between our eyes and from all of our actions. And the warning comes explicitly about a thing that people do on their bodies, since it is 'a perpetual reminder of iniquity,' as it is something that is fixed in the body. And since this is from the central reasons for the commandment, they, may their memory be blessed, needed to elucidate that encircling the entire head is also included in the commandment. That you not say that the point of that which was forbidden to us was that we not resemble them and they do not shave the entire head, they taught us that this too is included in this prohibition - as it appears in Yevamot 5a; that they said there, "Encircling the entire head is [called] encircling." And it is possible that the Torah forbade it all because of that which is similar to that which is similar (see Sefer HaMitzvot LaRambam,

ספר החינוך Sefer HaChinukh

Mitzvot Lo Taase 43). **From** the laws of the commandment is that which they, may their memory be blessed, said in Makkot 20b, that it is one for the shaver and the one who is shaved so long as he assists - they are both liable. But if he did not assist, only the shaver is liable. And one who shaves a minor is [also] liable. And regarding the measurement of the corner of the head, the sages did not give a measurement. But Rambam, may his memory be blessed, wrote (Mishneh Torah, Laws of Foreign Worship and Customs of the Nations 12:6), "We have heard from our elders that we do not leave less than forty hairs" - this is his language - "but it is permitted to shave the corner with scissors, as the Torah only forbade destruction of the blade;" or one who evens his temples to the back of his ears. And I have heard that regarding the corner of the head, even scissors that are like a blade are forbidden (all of this [after the quote] is in in the first Venice edition). And the rest of its details are at the end of Makkot (see Tur, Yoreh Deah 180-181). **And** [it] is practiced in every place and at all times by males. But females - whether they shaved or whether they were shaved - are exempt. And [it is] like they, may their memory be blessed, expounded (Kiddushin 35b), "'You shall not encircle the corner of your head and you shall not destroy the corner of your beard' - whoever has, do not destroy, etc." And nonetheless it is forbidden for them to shave the male, and even a minor. And slaves - even though they are in the category of women regarding many commandments - are liable for this, since they have a beard. And [those the sex of which is in doubt], behold [the law is in] doubt, and we give them the stringencies of the male and the female in this. And they are [accordingly] obligated in everything in every place. But if they transgressed - [because of the] doubt they are not lashed. And related to this matter, I will write the principle that they, may their memory be blessed, taught us about the commandments for women - even though my way is to write it specifically about each and every commandment; since from between the principle and the specific case, the reader will remember it. And this is it: It is one, that [both] men and women are obligated in all of the negative commandments in the Torah, except for do not encircle, do not destroy and do not become impure by the dead. And women are exempt from all positive commandments determined by time, except for kiddush, matsa, eating the Pesach sacrifice, gathering and joy [on the holiday]. But they also said that we do not learn from principles - even in a place in which it is said about them, "except" [to conclude that these are the only exceptions]. As in order to shorten his principles, the one who generalizes will not concern himself with small things that differ from the principle, to put them into the book. And one who transgresses this and shaves one corner of the head is liable for one [set of] lashes. But if he shaved two temples - and even at one time with one warning - he is liable for two [sets of] lashes (see Makkot 20a). And the transcriber wrote in the name of Rambam, may his memory be blessed (Sefer HaMitzvot LaRambam, Mitzvot Lo Taase 43), "And it is fitting that we not count them as two commandments, even though he is lashed [twice], since both of them are written within one negative commandment. As had it stated, 'You shall not encircle the right corner of your head and the left corner of your head,' and we had found that they are liable two [sets of lashes] for them; then it would have been permitted to say that we count them as two commandments. However, in that it is one word and one subject, it is truly [only] one commandment. And even though it comes in the explanation that it includes various parts of the body and that he is obligated for each one of them by itself; nonetheless, it does not require that they be several commandments." To here is his language.

מצוה רנב

שלא להשחית פאת זקן - שלא לגלח פאת הזקן. שנאמר (ויקרא יט כז) ולא תשחית את פאת זקנך. וחמש פאות יש בזקן, ובכל אחת יש בה חיוב מלקות, אפילו נטלן כלן כאחת ובהתראה אחת, ואלו הן, לחי העליון והתחתון מימין, והעליון והתחתון משמאל הרי ארבעה, ושבלת הזקן. והוא מקום חבור הלחיים למטה הנקרא בלעז מונטו"ן הרי חמשה. ולשון המשנה (מכות כ, א) ועל הזקן חמש שתים מכאן ושתים מכאן ואחת מלמטן. וכתב המעתיק בשם הרמב"ם זכרונו לברכה (בסהמ', צ ל"ת מד) ובאה המניעה בזה באלה המלות ולא תשחית את פאת זקנך, ולא אמר ולא תשחית את זקנך ואף על פי שהכל יקרא זקן, ירצה לומר בזה שלא תגלח אפילו פאה אחת מכלל הזקן, ולוקין על כל אחת מלקות אחת, ואפילו גלחם בבת אחת כלן חיבין עליה חמש מלקיות. **משרשי** המצוה. מה שכתבנו במצוה הקדמת להרחיק כל ענין עבודה זרה וזה גם כן היה מנהג כמרי עבודה זרה להשחית פאת זקנם. ועוד כתב בזה, וזה לשון המעתיק, ואשר יחיב שלא ימנו חמש פאות שבזקן חמש מצות, הוא בעבור שבאה המניעה במלה נפרדת, והוא ענין נפרד, כמו שבארנו במצוה שלפניה, עד כאן. **מדיני** המצוה. מה שאמרו זכרונם לברכה (שם כא, א), שאין החיוב אלא בגלוח של תער, שנאמר ולא תשחית גלוח שיש בו השחתה דוקא, וזהו תער, כן פרשו זכרונם לברכה.

וכתב הרמב"ם זכרונו לברכה (ע"ז יב ז) ואם גלח במספרים, פטור. [נראה מדבריו דדוקא פטור הוא אבל אסור לעשות כן. ואפשר שיהיה הענין במגלח במספרים כעין תער], וכמו שנראה הענין כן במסכת נזיר. שאמרו שם (נח ב) אמר רב מקל אדם כל גופו בתער, ואוקמוה במספרים כען תער, חוץ מבית השחי ובית הערוה דאף כן אסור. (עפ"י ד"ר) [והשפם מתר לגלחו בתער שאין שם חשש פאה כלל]. ויש מן הגדולים שהחמירו שלא להעביר תער על כל בשר. ויתר פרטיה מבארים בסוף מכות (שם). **ונוהגת** בכל מקום ובכל זמן בזכרים, אבל הנקבות מתרות הן בהשחתת זקן אם יש להן שער בהן, [גם אם השחיתה האשה זקן האיש פטורה והעבדים חיבים בהשחתת זקן]. כמו שכתבנו למעלה (מצוה רנא). וכן טומטום ואנדרוגינוס אסורין מספק.

Mitzvah 252

To not destroy the corner of the beard: To not destroy the corner of the beard, as it is stated (Leviticus 19:27), "and you shall not destroy the corner of your beard." And there are five corners to the beard, and there is a [separate] liability for lashes for each one, even if he removed them all at once and with one warning. And these are them: the upper and lower jaw on the right; the upper and lower on the left - behold, that is four - and the chin of the beard, and that is the place of connection of the jaws below, which is called menton in the vernacular - behold, that is five. And the language of the Mishnah (Mishnah Makkot 3:5) is "For the beard, five: two from here and two from there and one at their bottom." And the transcriber wrote in the name of Rambam, may his memory be blessed, (on Sefer HaMitzvot LaRambam, Mitzvot Lo Taase 44), "And the prevention came about this with these words, 'and you shall not destroy the corner of your beard,' and it did not say, 'and you shall not destroy your beard' - even though it is all called the beard. It wanted to say with this that you should not shave even one corner from the whole of the beard. And we administer one [set of] lashes for each one. And even if he shaved all of them at one time, he is liable five [sets of] lashes for it." **That** which we have written on the previous commandment to distance all matter of idolatry is from the roots of the commandment. And this was also a custom of the priests of idolatry, to destroy the corner of their beard. And he also wrote about this - and this is the language of the transcriber: "And that which determines that the five corners of the beard are not counted as five commandments is because the prevention comes with [one] distinct word, and it is [one] distinct subject; as we explained in the commandment before

ספר החינוך Sefer HaChinukh

it." To here [are his words]. **From** the laws of the commandment is that which they, may their memory be blessed, said (Makkot 21a) that the liability is only with shaving of a blade, as it is stated, "and you shall not destroy" - specifically a shaving that has destruction, and that is a blade. And so, did they, may their memory be blessed, explain it. And Rambam, may his memory be blessed, wrote (Mishneh Torah, Laws of Foreign Worship and Customs of the Nations 12:7), "And if he shaved with scissors, he is exempt." [It appears from his words that he is specifically exempt, but it is (still rabbinically) prohibited to do so. And it is possible that the matter is regarding shaving with scissors that are similar to a blade,] and as the matters appears to be in Tractate Nazir 59b. As they said there, "Rav said, 'A person may lighten all of his body with a blade'" - and we establish it to be [referring to] scissors similar to a blade; except for the underarm and the pubic area, which is forbidden even thus (this follows the first edition). [And it is permissible to shave the mustache with a blade, as there is no concern of a corner there at all.] And there are some great ones that are stringent not to pass a blade over any of their skin. And the rest of its details are elucidated at the end of Makkot. **And** [it] is practiced in every place and at all times by males. But females are permitted regarding destruction of the beard - if they have hair there - [and a woman is exempt also for destroying the beard of man. But slaves are liable for the destruction of the beard], as we have written above (Sefer HaChinukh 251). And so [too], those [the sex of which is in doubt] are forbidden [based on the] doubt.

מצוה רנג

שלא נכתב בבשרנו כתבת קעקע - שלא לכתב בבשרנו כתבת קעקע, שנאמר (ויקרא יט כח) וכתבת קעקע לא תתנו בבשרכם. והענין הוא כמו שעושין היום ישמעאלים, שכתבים בבשרם כתב מחקה ותקוע שאינו נמחק לעולם. ואין החיוב אלא בכתב חקוק ורשום בדיו או בכחול או בשאר צבעונין הרושמים. וכן אמרו במכות (כא, א) קעקע ולא כתב, כלומר, שלא רשמו בצבע, כתב ולא קעקע, כלומר שרשם בשרו בצבע, אבל לא עשה שריטה בבשרו אינו חיב, עד שיכתב ויקעקע בדיו או בכחול ובכל דבר שהוא רושם. **משרשי** המצוה. מה שכתבנו בהקפת הראש ובהשחתת זקן שהיא להרחקת כל עניני עבודה זרה מגופנו ומבין עינינו. וגם זה מן השרש הזה בעצמו שהיה מנהג הגוים שרושמים עצמן לעבודה זרה שלהם כלומר, שהוא עבד נמכר לה ומרשם לעבודתם. **מדיני** המצוה. מה שאמרו זכרונם לברכה

(רמב"ם ע"ז י"ב י"א), שכל מקום שבגוף, בין מגלה, בין מכסה בבגדים, בכלל אסור זה. ויתר פרטיה, בסוף מסכת מכות. **ונוהגת** בכל מקום ובכל זמן בזכרים ונקבות. והעובר על זה וכתב אפילו אות אחת בכל מקום שבגופו בענין זה שאמרנו, שיהיה חקוק ורשום באחד ממיני הצבעים הרושמין לוקה. ואם רשמו בו אחרים אינו לוקה אלא אם כן סיע, מן הכלל הידוע לאו שאין בו מעשה אין לוקין עליו.

Mitzvah 253

That we not imprint an imprinted tatoo into our flesh: To not imprint an imprinted tatoo into our flesh, as it is stated (Leviticus 19:28), "and an imprinted tattoo you shall not put into your flesh." And the content is like that which the Yishmaelites do today, as they imprint an imprint that is inscribed and stuck into their flesh, such that it is never erased. And the liability is only with an imprint that is inscribed and impressed with ink or blue dye or with other colors that make an impression. And so did they say in Makkot 21a, "[If] he tattooed, but did not imprint" - meaning to say, he did not make an impression with color - "[if] he imprinted, but did not tattoo" - meaning to say that he did make an impression [on] his flesh with a color, but he did not make a marking in his flesh - " he is not liable, until he imprints, and tattoos with ink, or with blue dye or with anything that makes an impression." **That** which we wrote on encircling the head and destroying the beard, which is to distance all matters of idolatry from our bodies and from between our eyes, is from the roots of the commandment. And this too is from this very root, as it was the custom of the [other] nations to make an impression upon themselves for their idolatry - meaning to say that he is a slave sold to it and marked for its service. **From** the laws of the commandment is that which they, may their memory be blessed, said (Mishneh Torah, Laws of Foreign Worship and Customs of the Nations 12:11) that every place on the body - whether it is revealed, or whether it is covered by clothes - is included in this prohibition. And the rest of its details are at the end of Tractate Makkot. **And** [it] is practiced in every place and at all times by males and females. And one who transgresses it and writes even one letter on any place of his body in the manner that we have said - that it be inscribed and generate an impression with one of the colors that make an impression - is lashed. But if others made an impression upon him, he is not lashed unless he assisted - due to the well-known principle [that] we do not administer lashes for a negative commandment that does not have an act [involved] with it.

מצוה רנד

מצות היראה מן המקדש - ליראה מן המקדש, כלומר שנעמידהו בנפשותינו מקום הפחד והיראה, כדי שיתרככו לבבינו בבואנו שם להתפלל או להקריב קרבנות, שנאמר (ויקרא יט ל) ומקדשי תיראו. ופרשו זכרונם לברכה בספרא (קדושים ז ט) ובברכות (נד, א) כמו כן איזהו מורא? לא יכנס להר הבית במקלו ובמנעלו ובאפונדתו ובאבק שעל רגליו ובמעות הצרורים לו בסדינו, ולא יעשנו קפנדריא, כלומר שיכנס בפתח אחד ויצא מפתח שכנגדו כדי לקצר הדרך לבד, ורקיקה מקל וחמר, ואין צריך לומר שאסור המקום ברקיקה. ובארו גם כן בסנהדרין (קא, ב) שאין ראוי כלל לשבת בעזרה, כי אם למלכי בית דוד, משום כבוד המלכות, שנאמר (שמואל ב ז יח) ויבא המלך דוד וישב לפני יי. ואמרו בספרא (שם ז) לא מן המקדש אתה ירא אלא ממי שפקד על המקדש. **משרשי** מצוה זו. כתבתי למעלה (מצוה צה) במצות ועשו לי מקדש סדר ויקחו לי תרומה, ובמקומות אחרים. **מדיני** המצוה. מה שאמרו זכרונם לברכה (מגילה כח, ב) שאין אדם נכנס בכל הר הבית אלא לדבר מצוה. וכל מי שהשלים עבודה בבית ונסתלק מהלך אחורנית מעט מעט, וכן אנשי משמר ואנשי מעמד ולוים מדוכנם כך הם יוצאים מן המקדש. ומה שאמרו זכרונם לברכה (ברכות סא, ב) אסור לאדם שיפנה או ישן לעולם בין מזרח למערב, מפני שההיכל הוא במערב, וכן אסור לאדם לבנות בית תבנית היכל, ואכסדרא תבנית אולם, וחצר תבנית העזרה, וכל זה למוראת המקום ויתר פרטי כבוד הבית ומוראו, במדות ותמיד [הלכות בית הבחירה פרק ז]. **ונוהגת** מצוה זו בזכרים ונקבות, שאף על פי שהמקדש חרב היום בעונותנו חיב כל אדם במוראו, ולא יכנס אלא במקום שהוא מתר להכנס בו בבנינו, ולא ישב אפילו בעזרה, ולא יקל ראשו כנגד שער המזרח שנאמר (ויקרא יט ל) את שבתותי תשמרו ומקדשי תיראו ואמרו בספרא (שם ח) מה שמירת שבת לעולם, אף מורא מקדש לעולם והעובר עליה ונהג קלות ראש בענינים אלו שאמרנו בטל עשה זה.

Mitzvah 254

The commandment of awe for the Temple: To be inawed from the Temple, meaning to say that we set it up in our souls as a place of fear and awe, so that our hearts soften in our coming there to pray or to offer sacrifices, as it is stated (Leviticus 19:30), "and be inawed by My Temple." And they, may their memory be blessed, explained in Sifra, Kedoshim, Chapter 7:9 and likewise in Berakhot 54a, "Which is awe? One may not enter the Temple Mount with his staff, with his shoes, with his money belt, with the

ספר החינוך Sefer HaChinukh

dust on his feet or with money bundled into his cloak; and he may not make it a shortcut" - meaning to say he enter from one opening and exit from an opening across from it, only in order to shorten his path - "and through an a fortiori inference, spit" - and there is no need to say that the place is forbidden for spitting. And they also elucidated in Sanhedrin 101a that it is only fit for kings of the House of David to sit in the [Temple] yard, due to the honor of the monarchy - as it is stated (II Samuel 7:18), "And King David came and sat before the Lord." And they said in Sifra, Kedoshim, Chapter 7:7, "Not from the Temple should you be inawed, but from the One who commanded about the Temple." I have written above on the commandment of "And let them make Me a sanctuary" (Sefer HaChinukh 95) [in the] Order of Vayikchu Li Trumah and in other places about the roots of this commandment. **From** the laws of the commandment is that which they, may their memory be blessed, said (Megillah 28b) that a person may only enter any of the Temple Mount for the matter of a commandment. And anyone who has finished his service in the [Temple] and retires, walks backwards a little at a time; and so [too,] the men of the shift, the men of the watch and the Levites from their platforms, would leave like this from the Temple. And [also] that which they, may their memory be blessed, said (Berachot 61b) [that] it is always forbidden to defecate or sleep between east and west, because the Sanctuary is in the West. And so [too,] (Rosh Hashanah 24a) is it forbidden for a person to build a house in the form of the Sanctuary, nor a portico in the form of the chamber nor a courtyard in the form of the [Temple] yard. And all of this is from the awe of the place. And the rest of the details of the honor of the [Temple] and its awe are in Middot and Tamid (see Mishneh Torah, Laws of The Chosen Temple 7). **And** this commandment is practiced [even today] by males and females. As even though the Temple is destroyed today on account of our iniquities, every person is [still] obligated in its awe. And [so] he should only enter a place that it is permitted to enter when it is built, and he should not even sit in the courtyard; and he should not be light-headed opposite the Eastern Gate - as it is stated (Leviticus 19:30), "You shall keep my Shabbats and be inawed by My Temple"; and they said in Sifra, Kedoshim, Chapter 7:8, "Just like keeping the Shabbat is forever, so too is awe of the Temple forever." And one who transgresses it and acts light-headedly in these matters that we have said has violated this positive commandment.

מצוה רנה

שלא לעשות מעשה אוב - שלא לעשות מעשה אוב, ולא נפנה אחריו. כלומר, שלא נשאל בו, שנאמר (ויקרא יט לא) אל תפנו אל האובות. והענין הוא, שמקטירין קטרת ידועה, ועושין מעשים ידועים, ובאותם הענינים ידמה לאדם שישמע דבור מתחת השחי שיענה לו במה שישאל, זהו מין אחד ממיניו. ולשון ספרא (קדושים ז י) אוב זה פיתום המדבר משחיו. **משרשי** מצוה זו. מה שכתבנו באסור מנחש ומעונן (מצוה רמט), ומכיון שכל אלו ההבלים גורמין לו לאדם להניח דת האמת העקרית ואמונת השם יתברך ויפנה אחר ההבל ויחשב כי כל אשר יקרהו יהיה עליו דרך מקרה, ושיהיה בידו להטיב לעצמו ולסלק מעליו כל נזק באותן שאלות ותחבלות שיעשה, וכל זה איננו שוה לו, כי הכל נגזר מאת אדון העולם, ולפי מעשה הכשר או החטא אשר יעשה האדם יתחדשו עליו מעשים אם טוב ואם רע, וכמו שכתוב (איוב לד יא) כי פועל אדם ישלם לו. ועל זה ראוי לו לאדם להכין כל מחשבותיו ולכון כל דרכיו, וזו היא מחשבת כל אדם מבני ישראל הטובים. ועוד שיש בענין זה של אוב וידעוני צד עבודה זרה. פרטי המצוה בפרק שביעי מסנהדרין [הלכות עבודה זרה פ"ו].**ונוהגת** בכל מקום ובכל זמן בזכרים ונקבות. והעובר עליה ועשה האוב במזיד ועדים נסקל, ואם אין עדים והתראה בכרת, בשוגג מביא חטאת קבועה, והנשאל בהן בלאו ואם כיון מעשיו ועשה כמאמרן לוקה.

Mitzvah 255

To not do an act of ov: To not do an act of ov - and that we not turn to it; meaning to say, that we not ask of it, as it is stated (Leviticus 19:31), "Do not turn to the ovs." And the content is that they offer well-known incense and perform well-known acts; and through these things, it appears to a person that he hears speech from under the armpit that answers what he will ask. And this is one of its types. And the language of Sifra, Kedoshim, Chapter 7:10 [is] " Ov is pitom which speaks from his armpit." **That** which we have written on the prohibition of the diviner and the soothsayer (Sefer HaChinukh 249) is from the roots of this commandment. And [it is] since all of these nullities cause a person to leave the true fundamental religion and faith in God, may He be blessed; and to turn to emptiness and think that everything that happens to him, happens by way of circumstance; and that it is in his hand to better himself and remove all injury from him with those questions and nullities that he will do. And all of this is not worth it for him, since everything is decreed by the Master of the World. And according to the proper deed or the sin that a person does, do things occur to him - whether good or whether bad - and as it is written (Job 34:11), "For the action of a man does He pay to him." And upon this it is fitting for a person to order all of his thoughts and to prepare all of his ways. And this is the thought of every person of the good Children of Israel. And also, as there is a tinge of idolatry in this matter of ov and yidaaoni. The details of the commandment are in the seventh chapter of Sanhedrin (see Mishneh Torah, Laws of Foreign Worship and Customs of the Nations 6). **And** [it] is practiced in every place and at all times by males and females. And one who transgresses it and does [an act of] the ov volitionally and [in view of] witnesses is stoned. And if there are no witnesses [or] warning, it is with excision; [and if done] inadvertently, he brings a fixed sin-offering. And one who inquires of them [only violates] a negative commandment; but if he plans his actions and does according to their words, he is lashed.

מצוה רנו

שלא לעשות מעשה ידעוני - שלא נעשה מעשה הידעוני, שנאמר (ויקרא יט לא) אל תפנו אל האובות ואל הידעונים. ופרש הרמב"ם זכרונו לברכה (סהמ"צ ל"ת ט), וזה לשונו שהענין הוא שיקח עצם עוף ששמו ידוע וישימהו בפיו ויקטר לו במיני קטרת וישביע השבעות ויעשה פעלות עד שיתחבר לו ענין מחלי הנופל, כמו החלי הנקרא סובא"ת וידבר בעתידות. וכן אמרו זכרונם לברכה (סנהדרין סה, א) ידעוני מניח עצם ידוע בתוך פיו והוא מדבר מאליו. ואל תחשב שזה הוא לאו שבכללות, שהוא כבר הפרישם כשזכר הענש אמר אוב או ידעוני, וחיב על כל אחת משניהם סקילה וכרת למזיד, והוא אומרו (שם כ כז) ואיש או אשה כי יהיה בהם אוב או ידעוני מות יומתו וגו'. ולשון ספרא (קדושים י א) לפי שהוא אומר ואיש או אשה וגו', ענש שמענו אזהרה מנין? תלמוד לומר אל תפנו אל האבות ואל הידעונים. כל ענין ידעוני יגיד עליו רעו אוב שכתבנו (מצוה רנה). ושם בסנהדרין פרק שישי יתבארו דיניו גם כן.

Mitzvah 256

To not do an act of yidaaoni: To not do an act of yidaaoni, as it is stated (Leviticus 19:31), "Do not turn to the ovs and to the yidaaonis." And Rambam, may his memory be blessed, explained (Sefer Ha Mitzvot, Mitzvot Lo Taaseh 9) and this is his language: "That the matter is that he takes a bone of a bird the name of which is yidoaa, places it into his mouth, burns types of incense to it, makes incantations and performs actions, until he is connected with the matter of the disease of epilepsy - like the disease that is called sovat - and speaks out predictions. And so did they, may their memory be blessed, say (Sanhedrin 65a), ' Yidaaoni [is that] he places a well-known bone into his mouth and it speaks on its own.' And do not think that this is a general negative commandment, as it already separated them: When it mentioned the punishment, it stated, ' ov or a yidaaoni ' and made one liable for stoning and excision for each of the two of them, when volitional. And that is its stating (Leviticus 10:1), 'And a man or a woman that has an ov or a yidaaoni with them shall surely be killed, etc.' And the language of Sifra, Kedoshim, Chapter 9:1 [is] 'Since it states, "And a man or a woman, etc." We have heard the punishment; from where [do I know] the warning? [Hence] we learn to say, "Do not turn to the ovs and to the yidaaonis."'" Its neighbor, ov (Sefer HaChinukh 255), will speak about all of the content of yidaaoni. And there in Sanhedrin [in] the sixth chapter are its laws also elucidated.

מצוה רנז

מצות כבוד חכמים - לכבד החכמים ולקום מפניהם שנאמר (ויקרא י"ט:ל"ב) מפני שיבה תקום. ותרגם אונקלוס: מן קדם דסבר באוריתא תקום. והדרת פני זקן פרשו זכרונם לברכה (קידושין לב, ב) אין זקן אלא מי שקנה חכמה, וזה שהוציא הכתוב החכם בלשון זקן, הטעם מפני שהבחור החכם ראה בחכמתו מה שראה הזקן ברב שניו. **משרשי** המצוה. לפי שעקר היות אדם נברא בעולם הוא מפני החכמה, כדי שיכיר בוראו, על כן ראוי לבני אדם לכבד מי שהשיג אותה, ומתוך כך יתעוררו האחרים עליה. ומזה השרש פרש איסי בן יהודה בגמרא בקדושין שאפילו זקן אשמאי, כלומר שאינו חכם, הוא בכלל המצוה שראוי לכבדו, מפני שברב שניו ראה והבין קצת במעשי השם ונפלאותיו, ומתוך כך ראוי לכבוד, והינו דאמר רבי יוחנן שם בקדושין הלכה כאיסי בן יהודה, וזה שאמרו (סנהדרין פה, א) בתנאי שלא יהיה בעל עברות, שאם כן מנע עצמו מכבוד. **מדיני** המצוה. מה שאמרו זכרונם לברכה, שאין צריך לומר שמי שאינו חכם חיב בכבוד החכם, אלא אפילו החכם חיב בכבוד החכם, כמו שאמרו זכרונם לברכה (ב"מ לג, א) תלמידי חכמים שבבבל עומדים זה מפני זה. ומה שבארו גם כן כי בכבוד הרב על התלמיד יש תוספת גדול על הכבוד שחיב לכל חכם אחר, והפליגו בזה עד שאמרו (אבות דטו) מורא רבך כמורא שמים. ובבאור אמרו אביו ורבו, רבו קדם בכבוד ובאבדה ובמשא ובשביה, אבל אם היה אביו חכם, אף על פי שאינו שקול כרבו אביו קדם. ובפרק חלק (סנהדרין קי, א) אמרו כל החולק על רבו כחולק על השכינה, שנאמר (במדבר כו ט) בהצותם על יי. ושם האריכו בענין הרבה. **ומה** שאמרו זכרונם לברכה (קידושין לא, ב), במוראת רבו, שלא ישב במקומו ולא יכריע דבריו ולא יסתר דבריו ולא

יורה בפניו לעולם, ואפילו תוך שנים עשר מיל עמו אסור להורות, ואם ראהו עובר על דברי תורה, כיצד ימנענו? והחלוק שבין רבו מבהק, כלומר שרב חכמתו ממנו, לרבו שאין רב חכמתו ממנו, ומאימתי חיב לעמוד מפני רבו ומפני חכם אחר, ובאי זה מקום ובאי זה ענין פטור מן הקימה. ויתר רבי פרטי ענינים אלה בקדושין פרק ראשון ובמקומות אחרים [יו"ד סי' רמד]. וכן מדיני המצוה הענינים שפטורין מהן החכמים מצד כבודם ומוראם, כגון בנינים וחפירות המדינה וכיוצא בהן, וכן המסין שמטילין המלכים על אנשי הארץ, בין מס שהוא קצוב על כל בני העיר יחד או שהוא קצוב על כל איש ואיש או שאינו קצוב כלל, מכל זה הם פטורים, שנאמר (הושע ח י) גם כי יתנו בגוים עתה אקבצם ויחלו מעט ממשא מלך ושרים. **ונוהגת** בכל מקום ובכל זמן בזכרים ונקבות. והעובר עליה בטל עשה וענשו גדול, למען כי זה יסוד חזק בדת.

Mitzvah 257

The commandment to honor sages: To honor sages and to rise in front of them, as it is stated (Leviticus 19:32), "Before an elder rise" - and Onkelos translated [it as], "Before one who understands the Torah rise" - "and dignify the face of the aged (zaken)." They, may their memory be blessed, explained (Kiddushin 32b), "A zaken is only one who has acquired (shekanah) wisdom. And the reason that the verse expressed, the sage, with the language of "aged," is because the young sage has seen with his wisdom that which the aged has seen from his many years. **It** is from the roots of the commandment [that it is] since the main [purpose] of man being in the world is wisdom, so that he can recognize his Creator. Therefore, it is fitting to honor someone who has attained it; and through this, others will be aroused to it. And from this root, Eesi ben Yehudah explained in the Gemara in Kiddushin that even a simple aged one - meaning to say that is not wise - is included in this commandment, such that it is fitting to honor him. Because from his many years, he saw and understood some of the works of God and his wonders. And as a result of this, he is fit for honor. And that is what Rabbi Yochanan said there in Kiddushin, "The law is like Eesi ben Yehudhah"; and that which they said (Sanhedrin 85a) [that it is] on condition that he is not a man of sins; as if so, he has prevented himself from honor. **From** the laws of the commandment is that which they, may their memory be blessed, said that there is no need to say that someone who is not a sage is obligated in the honor of a sage, but rather even a sage is obligated in the honor of [another] sage; as they, may their memory

ספר החינוך Sefer HaChinukh

be blessed, said (Bava Metzia 33a), "The Torah scholars in Babylonia get up for one another." And that which they also elucidated that with the honor of a teacher upon his student, there is a great addition upon the honor that he is obligated to any other sage. And they emphasized this to the point that they said (Avot 4:12) "The reverence of your teacher [should be] like the reverence of Heaven." And in the explanation, they said [between] his father and his teacher, his teacher has precedence in honor, in a lost object, in a load and in captivity. But if his father was a sage - even though he was not equivalent to his teacher - his father has precedence. And in the chapter [entitled] Chelek (Sanhedrin 110a), they said, "Anyone who disagrees with his teacher is as if he disagrees with the Divine Presence, as it is stated (Numbers 26:9), 'in their quarreling with the Lord.'" And they spoke at much length about this matter there. **And** that which they, may their memory be blessed, said (Kiddushin 31b) about the awe of his teacher, that he should not sit in his place, and not sustain his words, not contradict his words and never make a ruling in front of him - and even if he is within twelve mil of him, it is forbidden to make a ruling. And how should he stop him if he saw him transgressing words of the Torah; the distinction between his primary teacher - meaning to say, that most of his wisdom is from him - and a teacher that the majority of his wisdom is not from him; from when is he obligated to stand in front of his teacher, and in front of another sage; in which place and in which way is he exempt from rising; and the rest of the many details of these matters are in Kiddushin in the first chapter and in other places (see Tur, Yoreh Deah 244). **And** likewise from the laws of the commandment are matters from which the sages are exempted from the angle of their honor and awe - such as building and digging for the country and similar to them; and likewise taxes that the kings impose on the people of the land, whether it is a tax that is fixed on all of the people of the city together (as a lump sum) or whether it is fixed on each and every man or whether it is not fixed at all. They are exempt from all of this, as it is stated (Hoshea 8:10), "Though they have hired among the nations, now I will gather them, and they will begin to be diminished by reason of the burden of kings and princes" (which is understood regarding this in Bava Batra 8a, "If all learn [Torah], I will gather them already now; and if only a few, they will be excused from the burden imposed by kings and princes"). **And** [it] is practiced in every place and at all times by males and females. And one who transgresses it has violated a positive commandment and his punishment is great, since this is a strong pillar in the religion.

מצוה רנח

שלא להונות במדות וכל המדות בכלל - שלא להונות במדות הלח והיבש ולא במאזנים, ובכלל מדות הוא גם כן מדידת הקרקעות, וכל דבר הנמדד בין בני אדם, כגון בגדים וכיוצא בהן, שנאמר (ויקרא יט לה) לא תעשו עול במשפט במדה במשקל ובמשורה. ופרשו זכרונם לברכה (ב"מ סא, ב) כי משורה היא מדת הלח והיבש, והיא מדה קטנה ביותר, שהיא אחד משלשים ושלשה בלג. ולמדנו מכאן, כי התורה הקפידה על המדות בכל שהוא כלומר, שאף על פי שבשאר גזלות לא תקפיד התורה אלא בפרוטה, בענין המדות הקפידה בכל שהוא. **ופרוש** הכתוב כן לא תעשו עול במשפט, ומהו המשפט ששנוי כאן? הוא המדה והמשקל והמשורה. ולמדו זכרונם לברכה (ספרא קדושים ח ה) מזה שהזכיר הכתוב בכאן משפט שהמודד נקרא דין, ואם שקר במדה הרי הוא כמקלקל את הדין וקרוי עול ומשקץ חרם ותועבה, וגורם לחמשה דברים האמורים בדין מטמא את הארץ, ומחלל את השם, ומסלק את השכינה, ומפיל את ישראל בחרב, ומגלה אותם מארצם. ועוד הפליגו בחמר מצוה זו ואמרו (ב"ב פח, ב) כי גדול ענשה מענש עריות שזה בין אדם למקום, וזה בינו לחברו. **שרש** המצוה ידוע, כמו שכתבתי למעלה במצות עשה בסדר זה (מצוה רנט). **מדיני** המצוה. מה שאמרו (ב"מ סא, ב) שהמודד או השוקל בעול, אף על פי שהוא גונב בלי ספק אינו משלם תשלומי כפל אלא משלם לו מה שחסר מן המדה או המשקל. וכן מה שאמרו זכרונם לברכה (שם נב, א) למשמרת מצוה זו שסלע שנפגמה מן הצד לא יעשנה משקל, שמא יפגם ממנה יותר ויהיה המשקל חסר, ולא יניחנה במקום שיוכלו אחרים לעשותה משקל. ומה שהאריכו בזה לומר שאם חסרה ועמדה על מחצה בכוון יקים. ומה שאמרו עושה אדם מדותיו סאה וחצי סאה, וכו', אבל לא יעשה קבים, שלא תתחלף ברבע הסאה שהוא קב ומחצה, וכן במדות הלח עושה הין וחצי הין וכו', כדאיתא בבריתא בבבא בתרא (פט, ב). **ומה** שאמרו שהמודד את הקרקע בחבל לא ימד לאחד בימות החמה ולאחד בימות הגשמים, מפני שהחבל מתקצר בימות החמה. ומה שאמרו (שם קיז ב) שצריך כל אדם לדקדק הרבה במשיחת הקרקע, לפי שיש חלוקין הרבה במשיחת הקרקע בין ההר והגיא, ויש לעין בו גם כן בין העגולים והרבועים והאלכסונין. ועוד הרבה ענינים המתבארים בספרי חכמת החשבון וגימטריאות שיחלקו בין זוית נצבה לזוית נרוחת וזוית חדה, ואלו שלש צורותיהן (זוית נצבה, זוית נרוחת, וזוית חדה) ובין משלש שוה הצלעות והמשלש אשר שתי הצלעות בלבד שוות, והוא נקרא משלש שוה השוקים ובין משלש שאין צלע מכל צלעותיו שוות הנקרא המתחלף הצלעות, ובין מרבע רבוע שוה למרבע ארך, ומרבע מעין ומרבע דומה

ספר החינוך Sefer HaChinukh

למעין, וכמה צדדין באלו לא יכיל קלף גדול לרב הצורות שעשו בזה בעלי חכמת התשברת והשעורין הנקראין אלהנדסה בענינים אלה. ומכל צד צריכין אנו להזהר הרבה במדידת הקרקעות. **ותזכר** עם זה כי הכללים שכללו חכמים זכרונם לברכה בעניני החשבון, כגון מה שאמרו (עירובין נז, א) כל אמתא ברבועא אמתא ותרי חמשי באלכסונא, וכן כל שיש בהקפו שלשה טפחים יש בו רחב טפח, וכן כמה מרבע יתר על העגול, רביע, וכיוצא בכללים אלו, שלא אמרו זכרונם לברכה על הכוון הגמור כי אם בקרוב, ולכן אל תסמך בזה בחלוקת הדברים בין בני אדם. ואל תתמה איך יכתבו דבר בלתי מכוון והם אנשי אמת, אשר אלקים נצב בעדתם, כי הם לא נצרכו אל החשבונות כי אם בחשבון תחומי שבת או בזריעת הכלאים ונטיעתם וכיוצא באלו הדברים, ובזה מה שלא כונו בו מביא אותנו לידי חמרא ואינו מזיק לשום אדם בממונו, ואף על פי כן העידו ברב מקומות אלו, שאין החשבון מדקדק שם, שאמרו בכל מקום ומקום כפי הראוי בו, היינו דלא דק ולחמרא לא דק, וכיוצא בזה שהודיעונו בכל מקום, שלא נתלה בהם מעוט השגחה וידיעה בדבר מכל הדברים. ויתר פרטי המצוה בבתרא ובמקומות אחרים [ח"מ סימן רל]. **ונוהגת** בכל מקום ובכל זמן בזכרים ונקבות. והעובר עליה ושקר במדה במשקל ובמשרה עבר על לאו, אבל אין לוקין עליו, לפי שהוא נתן לתשלומין. וכתב (הרמב"ן) [הרמב"ם] (גניבה ז, ח) זכרונו לברכה, שאם שקר במדות אפילו לגוי עובד עבודה זרה עובר בלא תעשה וחיב להחזיר, וכן אסור להטעות הגוים בחשבון, שנאמר (ויקרא כה נ) וחשב עם קונהו אף על פי שהוא כבוש תחת ידיך, קל וחמר לגוי שאינו כבוש תחת ידיך, והרי הוא אומר (דברים כה טז) כי תועבת יי כל עושה עול מכל מקום.

Mitzvah 258

To not cheat in measures, and all measures are included: To not cheat in liquid and dry measures, and not with scales; and included in measures is also the measuring of lands; and anything that is measured by people, such as clothes and that which is similar to them - as it is stated (Leviticus 19:35), "You shall not pervert justice with measures of length, weight, or capacity (mesurah)." And they, may their memory be blessed, explained (Bava Metzia 61b) that mesurah is a liquid and a dry measure; and it is the smallest measure, as it is one thirty-third of a log. And we learn from this that the Torah is concerned about the smallest amount with measures; meaning to say that even though the Torah was only concerned about [the value of] a small coin with other thefts, regarding measures, it was concerned about the smallest amount. **And** the explanation of the verse is thus: "You shall not pervert justice" - and what is justice that is learned here? It is the 'measures of length, weight, or capacity.' And they, may their

ספר החינוך Sefer HaChinukh

memory be blessed, learned (Sifra, Kedoshim, Chapter 8:5) from this that the verse mentioned justice here since the measurer is called a judge. And if he lies about the measure, it is like he corrupts the judgement and it is called perversion, disgusting, anathema and abomination. And he causes five things that are said about a judge: he defiles the land; profanes God; removes the Divine Presence; brings Israel down with the sword; and exiles them from their land. And they emphasized the stringency of this commandment further and said (Bava Batra 88b), that its punishment is greater than the punishment for forbidden sexual relations; as [the latter] is between man and the Omnipresent and [the other] is between man and his fellow. **The** root of this commandment is well-known, as I have written above in the positive commandment in this Order (Sefer HaChinukh 259). **From** the laws of the commandment is that which they said (Bava Metzia 61b) that one who measures or weighs perversely - even though he is stealing without a doubt - does not pay double payment, but rather pays that which he caused him to lack from the measure or the weight. And so [too,] that which they, may their memory be blessed, said (Bav Metzia 52a) to guard this commandment, that one should not make a sela that has been damaged into a weight, lest it get damaged further and the weight will be lacking; and he should not leave them in a place that others can [find and] make into a weight. And that which they spoke at length about this, to say that if it lacked and stood at exactly half, he can keep [it]. And that which they said [that] a person can make his measurements a seah and a half seah, etc.; but he should not make them two kav, so that it not be mixed up with a quarter seah, which is one and a half kav. And so [too,] with liquid measures, one can make a hin and a half hin, etc. - as it is found in a bereita in Bava Batra 89b. **And** that which they said that one who measures land with a rope not measure it for one in the summer and for the other in the winter, because the rope contracts in the summer. And that which they said (Bava Batra 117b) that every person must be very exacting in the measurement of land, since there are many differences in the measurement of land between a mountain and a valley; and one must also also investigate the [differences] between the circles, the rectangles and the angles in it. And also many other matters which are elucidated in the books of the wisdom of mathematics and geometry that distinguish between a right angle, a broad angle and a narrow angle - and these are the three shapes ([pictured are] a right angle, a broad angle and

ספר החינוך Sefer HaChinukh

a narrow angle); between a triangle of three equal sides (equilateral), a triangle in which only two sides are equal, and it is called a triangle of equal legs (isocles), and a triangle in which none of the sides are equal, which is called of varying sides (scalene); between a rectangle that is an even square, a rectangle that is elongated, a rhombus and a rhomboid. And there are several aspects to these - a large parchment could not contain [them] due to the many shapes that the masters of the wisdom of arithmetic and sizes that are called engineers have made about these matters. And we must be very careful about all aspects in the measurement of land. **And** remember with this that the principles that the Sages, may their memory be blessed, set down regarding matters of mathematics - such as that which they said (Eruvin 57a), "Any ell in a square is an ell and two fifths in diagonal"; and so [too,] "Everything that has three handbreadths in its circumference has a width of one handbreadth"; and so [too,] "How much more is a square than a circle? One fourth"; and similar to these principles - they, may their memory be blessed, did not say with complete exactitude, but rather in approximation. And therefore do not rely on it in the division of things among people. And do not wonder, how did they write things that were not exact, since they are men of truth, that God stands in their assembly. As they only needed the calculations for the perimeters of Shabbat or the planting of forbidden mixtures or their planting of trees, and similar to these things; and in this, that which they were not exact about it brings us to a stringency and does not damage any person's money. And nonetheless, they testified in most of these places that the calculation is not precise there. As they said in each and every place according to what is fit about it, "That is that it is not precise, and it is not precise for stringency," and similar to this that they informed us in every place; such that we not attribute lack of concern or knowledge to them in any thing of this. And the rest of the details of the commandment are in [Bava] Batra and in other places (see Tur, Choshen Mishpat 230). **And** [it] is practiced in every place and at all times by males and females. And one who transgresses it and lies about measures of length, weight, or capacity has transgressed a negative commandment. But we do not administer lashes for it, because it is given to repayment. And (Ramban) [Rambam], may his memory be blessed, wrote (Mishneh Torah, Laws of Theft 7:8) that if one lied in measures even to a gentile that worships idolatry, he has transgressed a negative commandment and he is obligated to return [it]. And likewise is it forbidden to fool gentiles in calculations, as it is stated (Leviticus 25:50), "And calculate with his owner" - even if he is subjugated under your hand; all the more so towards a gentile that is not subjugated under your hand. And behold, it states (Deuteronomy 25:16), "For it is an abomination of God [...] anyone who does perversion" - in any case.

מצוה רנט

מצות צדוק המאזנים והמשקלים והמדות - לצדק המאזנים והמשקלים והמדות ולישר אותם ולהשמר מאד בם, שנאמר (ויקרא יט לו) מאזני צדק אבני צדק איפת צדק והין צדק יהיה לכם. ולשון ספרא (קדושים ח ז) מאזני צדק, צדק את המאזנים יפה יפה, כלומר שתהיינה המאזנים מישרות. ויש בענין המאזנים כוונין גדולים, לפי שאפשר לעשות בהם כמה מיני שקרים, ידוע הדבר. אבני צדק, צדק את המשקלות יפה יפה, גם במשקלות, גם כן אפשר לעשות בהן הרבה מיני שקר, וכעין מה שאמרו זכרונם לברכה (ב"מ סא, ב) אני עתיד לפרע ממי שטמן משקלתיו במלח. איפת צדק, צדק את האפות יפה, והין צדק, צדק את ההנין יפה. והאיפה היא מדת היבש, והין מדת הלח, והזהירתנו התורה בכל אחד ואחד מדברים אלו בפרט לחמר הענין, ואף על פי שהכל נכלל בכלל ולא תונו איש את עמיתו. ולשון ספרא (שם י) על תנאי כך הוצאתי אתכם מארץ מצרים, שתקבלו עליכם מצות מדות. ואמרו גם כן זכרונם לברכה (ב"מ שם): אני שהבחנתי במצרים בין טפה של בכור לטפה שאינה של בכור אני עתיד לפרע ממי שטמן משקלותיו במלח כדי להונות הבריות שאין, מכירין בהן. **שרש** מצות הישר והרחקת הגזל והתרמית מבין בני אדם ידוע לכל בן דעת. **מדיני** המצוה. כגון מה שאמרו זכרונם לברכה (ב"ב פט, א) שאין עושין משקלות של בדיל ועפרת וכל שאר מיני מתכות, מפני שמעלין חלדה ומתחסרין, אבל עושין אותן של אבן וזכוכית וכיוצא בהן. והדברים שאמרו במדידת הקרקע, ומה שלמדונו בצורת המחק שקורין בלעז רשור"א, ואמרו (שם ב) גם כן שלא ירתיח במדת הלח בעת שמודד, ואפילו היתה מדה קטנה ביותר, שהרי מצינו, שהתורה הקפידה על המדות בכל שהוא, שנאמר לא תעשו עול במשפט במדה במשקל ובמשורה, והמשורה היא מדה קטנה ביותר שהיא חלק אחד משלשה ושלשים בלג. והשעורים שנתנו זכרונם לברכה בארך קנה המאזנים ובארך החוטים, והחלוקים שאמרו בין מאזנים העשויין לשקל מין אחד למאזנים של מין אחר, ומה שאמרו שחיבין בית דין להעמיד שוטרים בכל מקום ומקום להיות מחזרין לצדק המאזנים והמשקלות, ויש להם רשות לקנס בממונו גם בגופו כל שנמצא עמו משקל חסר. ויתר פרטיה, בפרק חמישי מבתרא [ח"מ סימן רלא]. **ונוהגת** בכל מקום ובכל זמן בזכרים ונקבות. ועובר עליה בטל עשה, מלבד שעבר על לאו דאונאה וגזלה וגנבה אם יש בה שוה פרוטה. ומה שיקשה בענין יותר, כי המשקר במדות, לא יתן

לב לכל הלוקחים ואינו יודע למי גזל שיחזיר אליו גזילתו, וזהו שאמרו זכרונם לברכה (ב"ב פח ב) קשה מאד ענשן של מדות.

Mitzvah 259

The commandment of having just scales, weights and measures: To have just scales, weights and measures and to be very careful about them, as it is stated (Leviticus 19:36), "You shall have just scales, just weights, a just eiphah, and a just hin." And the language of Sifra, Kedoshim, Chapter 8:7 [is] "'Just weights' - justify the scales precisely" - meaning to say, that the scales be righteous. And the matter is well-known regarding scales that there are important adjustments to make, as it is possible to do many types of falsehood with them. "'Just weights' - justify the weights precisely" - also with weights, it is also possible to do many types of falsehood, and similar to that which they, may their memory be blessed, said (Bava Metzia 61b), "I will repay in the future anyone who submersed his weights in salt." "'A just eiphah ' - justify the eiphahs precisely; 'and a just hin ' - justify the hin precisely." And an eiphah is a dry measure and a hin is a liquid measure. And the Torah warned us about each and every one of these things specifically, due to the severity of the matter - and even though it is all included in the principle of "And a man shall not cheat his compatriot." And the language of Sifra, Kedoshim, Chapter 8:10 [is] "On condition of this, I took you out from the Land of Egypt - that you accept upon yourselves the commandment of measures." And they, may their memory be blessed, also said (Bava Metzia 61b), "I am He Who distinguished in Egypt between the drop of a firstborn and the drop that is not of a firstborn, and I am [He Who is] destined to exact punishment from one who submerses his weights in salt" in order to cheat the creatures, since they do not notice it. **The** root of the commandment of righteousness and the distancing from robbery and deceit among people is well-known to all intelligent people. **From** the laws of the commandment is, for example, that which they, may their memory be blessed, said (Bava Batra 89a), that we do not make weights out of tin and lead and from any of the other types of metal, since they bring up rust and become lacking, but we [rather] make them out of stone and glass and what is similar to them; and the things that they said regarding the measurement of land; and that which they taught us about the shape of the leveler, that they call rasero in the vernacular. And they also said

(Bava Batra 89b) that he should not cause foam in a liquid measure at the time that he measures, and even if it was the smallest measure. As behold, we have found that the Torah is concerned with measures about the smallest amount. As it is stated (Leviticus 19:35), "You shall not pervert justice with measures of length, weight, or capacity (mesurah)"; and mesurah is the smallest measure, as it is one thirty-third of a log. And the sizes that they, may their memory be blessed, gave to the length of the bar of the scales and the length of the strings; and the distinction that they said between scales that are made to weigh one type and the scales for another type; and that which they said that the court is obligated to set up supervisors in each and every place to make rounds to regulate the scales and weights, and they have the authority to fine the money, and [even] the body of anyone with whom lacking scales are found; and the rest of its details [are] in the fifth chapter of [Bava] Batra (see Tur, Choshen Mishpat 231). **And** [it] is practiced in every place and at all times by males and females. And one who transgresses it violates a positive commandment, besides having violated the negative commandment of cheating, of robbing and of stealing - if there is the value of a small coin in it. And that which is most difficult regarding the matter is that one who lies with measures will not pay attention to all of the customers; and [so] he does not know from whom he robbed, such that he return his theft to him. And this is what they, may their memory be blessed, said (Bava Batra 88b), "Very difficult is the punishment for measures."

מצוה רס

שלא לקלל אב ואם - שלא לקלל אב ואם, שנאמר (ויקרא כ ט) איש איש אשר יקלל את אביו ואת אמו וגו'. והאמת שעקר האזהרה בקללת אב ואם אינה מן המקרא, כי בכאן לא יזכיר רק הענש במקלל, וכן מה שכתוב בסדר משפטים (שמות כא יז) ומקלל אביו ואמו מות יומת. שם גם כן לא דבר אלא בענש, וזהו שאמרו במכלתא (משפטים פ"ה מי"ז) ומקלל אביו ואמו וגו', ענש שמענו, אזהרה מנין? תלמוד לומר אלהים לא תקלל (שם כב כז) אם נשיא הוא הרי הוא בכלל ונשיא בעמך לא תאר, ואם בור הוא הרי הוא בכלל לא תקלל חרש. הרי אתה דן בנין אב משלשתן וכו', עד הצד השוה שבהן שהם בעמך ואתה מזהר על קללתן, אף אביך שבעמך אתה מזהר על קללתו. וכן אמרו גם כן בספרא (קדושים י ז) איש איש אשר יקלל, ענש שמענו וכו', כמו הלשון אשר במכלתא בשוה, ומפני שאין לאזהרה זו לאו מיוחד אלא שהוא יוצא מכלל שלשה לאוין כתבתיו על מקרא זה שמדבר בענש,

וכמו כן כתבו הרמב"ם זכרונו לברכה (בסהמ"צ ל"ת שיח), במקלל אביו ואמו מות יומת שהוא מדבר בענש. **משרשי** המצוה. כתבתי במשפטים במצות לא תעשה (מצוה מח) שלא לקלל הדינים. **מדיני** המצוה. כגון מה שאמרו (סנהדרין פה, ב) שחיוב קללת האב והאם הוא בין בחיהם או אפילו אחר מותם, מה שאין כן בהכאה, שאין החיוב בה כי אם בחיהם, אבל לאחר מיתה פטור על הכאתם. ומה שאמרו (שבועות לה, א) שאין חיוב מיתה לבן עד שיקללם בשם מן השמות המיחדים, אבל המקללן בכינוי פטור מסקילה, ולוקה כדרך שלוקה על קללת אדם כשר. ומה שאמרו (מכות סב) שהמקלל אבי אביו או אבי אמו, דינו כמקלל אחד משאר הקהל, והאב שנתחיב שבועה אין הבן משביעו בשבועת האלה אלא משביעו שבועה, שאין בה אלה, ואמרו גם כן שאסור לבזותו כלל, שלא על הקללה הקפידה תורה אלא על הבזיון, והמבזהו הרי הוא בארור, שנאמר (דברים כז טז) ארור מקלה אביו ואמו. ויש לבית דין להכות העושה זה ולענשו כפי הראוי. ויתר פרטיה, בפרק שביעי מסנהדרין [יו"ד סימן רמא]. **ונוהגת** בכל מקום ובכל זמן בזכרים ונקבות, וכן בטומטום ואנדרוגינוס. ושתוקי חיב על אמו ואינו חיב על אביו, אף על פי שנבדקה אמו ואמרה בן פלוני הוא. ולפי הדומה שממזר חיב על קללת אביו ואמו, שהרי הוא ראוי לירש אותם מדין תורה, ודין בן כשר יש לו גם כן לענין אבלות ולכל דבר, אבל הבן מן השפחה ומן הנכרית, אינו חיב על קללתן, וכן גר שהורתו שלא בקדשה אף על פי שנולד בקדשה כגון שנתגירה אמו כשהיתה מעברת אינו חיב על קללת אביו, וכשם שאינו חיב על קללת אביו, כך אינו חיב על קללת אמו אף על פי שהיתה יהודית כשילדתו, וכמו שדרשו זכרונם לברכה ומקלל אביו ואמו את שהוא חיב על אביו חיב על אמו וגו'. ואין להקשות על דרשה זו משתוקי, שחיב על אמו לבדה, לפי שאין האב ידוע ונכר. והגר אסור לקלל אביו הגוי מדרבנן, כדי שלא יאמרו בא מקדשה חמורה לקלה (עי' יבמות כב א). אבל העבד אין לו יחוס, והרי אביו כמי שאינו אביו לכל דבר, ואף לאחר שנשתחרר. ועובר על זה וקללם בשם מן השמות נסקל, והוא שיש שם עדים והתראה כמו שידוע בכל המצות; ואם קללם באחד מן הכנויין לוקה.

Mitzvah 260

To not curse father and mother: To not curse father and mother, as it is stated (Leviticus 20:9), "Any man that curses his father and his mother, etc." And the truth is that the main warning of cursing father and mother is not from Scripture, since here it only mentions the punishment of the one that curses; and so [too,] that which is written in the Order of Mishpatim (Exodus 21:17), "And he who curses his father and his mother shall surely be killed" - there too, it only spoke about the punishment. And that is what they said in Mekhilta d'Rabbi Yishmael 21:17:3, "'And he who curses his

ספר החינוך Sefer HaChinukh

father and his mother, etc.' - we have heard the punishment, but from where is the warning? [Hence] we learn to say (Exodus 22:27) 'Lords you shall not curse, [etc.]' If his father is a chieftain (nassi), behold he is included in 'and a chieftain in your people you shall not malign.' If he is a boor, behold he is included in 'You shall not curse the deaf.' Hence it is to be derived by a constructive paradigm (binyan av) through the three of them, etc." until, "Their common denominator is that they are 'in your people,' and you are exhorted against cursing them. Your father, too, is 'in your people,' and you are exhorted against cursing him." And so, did they say in Sifra, Kedoshim, Chapter 10:7, "'And he who curses his father and his mother - we have heard the punishment, etc." exactly like the language of the Mekhilta. And since there is no specific [textual] negative commandment to this warning - but rather it is comes out from the principle [understand by an analysis] of three negative commandments - I have written it on this verse that is speaking about the punishment [for it]. And likewise, Rambam, may his memory be blessed, wrote about "he who curses his father and his mother shall surely be killed," that it is speaking about the punishment (Sefer Ha Mitzot LaRambam, Mitzvot Lo Taase 318). I have written about the roots of the commandment in Mishpatim on the negative commandment to not curse judges (Sefer HaChinukh 48). **From** the laws of the commandment is, for example, that which they said (Sanhedrin 85a), that the liability for the cursing of father and mother is whether they are alive, or even after their death; which is not the case with hitting - as the liability in it is only in their lifetimes; but after death, he is exempt for hitting them. And that which they said (Shevuot 35a) that there is no liability for death on the son until he curses them with one of the explicit names [of God]; but one who curses them with an appellation is exempt from stoning, and is [only] lashed - as is the way that one is lashed for the curse of a proper man. And that which they said (Makkot 12a) that the law of one who curses the father of his father or the father of his mother is like one who curses [any]one from the rest of the congregation. And [in the case of] a father that is obligated an oath, the son should not administer the oath, with an oath that has a curse; but rather he administers an oath that does not have a curse. And they also said that it is forbidden to disgrace him at all, as it is not about the curse that the Torah was concerned, but rather about the disgrace. And one who disgraces him is cursed, as it is stated (Deuteronomy 27:16), "Cursed is the one who belittles his father and mother." And the court should strike one who does this and punish him according to that which is fitting. And the rest of its details are in the seventh chapter of Sanhedrin (see Tur, Yoreh Deah 241). **And** [it] is practiced in all places and at all times by males and females, and so [too,] by [those the sex of which is in doubt]. And a child of unknown paternity is obligated towards his mother, but he is not obligated towards his father, even if his mother was questioned and she said that he is the son of x. And it appears that a mamzer is liable for cursing his father and his mother - as behold, he is fit to inherit them from Torah writ. And he also has the status of a fit son regarding mourning and for everything. But the son of a female slave or of a gentile woman is not liable for their curse. And so [too,] a convert whose conception was not in holiness - for example, if his mother converted when she was pregnant - is not liable for cursing his mother. And just like he is not liable for cursing his father, so too is he not liable for cursing his mother, even though she was Jewish when she bore him; and like they, may their memory be blessed, expounded (Sifra, Kedoshim, Chapter 9:9), "'And he who curses his father and his mother' - one who is obligated for his father, is obligated for his mother, etc." And it should not be asked about this teaching based on the son of unknown paternity who is only obligated for his mother - as [there] the father is not known and recognizable. And a convert is rabbinically forbidden to curse his gentile father, so that [people] not say he came from a stringent [level] of holiness to a light one (see Yevamot 22a). But a slave has no lineage, and behold his father is like someone who in all respects is not his father - and even after he is freed. And one who transgresses this and curses them with one of the names [of God] is stoned; and that is when there are witnesses and a warning there - as is well known in every place. But if he [only] curses them with one of the appellations [of God], he is lashed.

מצוה רסא
מצוה שישרפו מי שיתחיב שרפה - להיות בית דין שורפין באש, כלומר שנצטוו הבית דין לעשות משפט בשריפה במקצת עבירות, ואחת מהן היא הבא על אשה ואמה, שנאמר (ויקרא כ יד) ואיש אשר יקח את אשה ואת אמה זמה היא באש ישרפו אתו ואתהן וגו'. וכבר כתבתי למעלה בסדר אחרי מות במצות שלא לבוא על אשה ובתה (מצוה רג) באי זה ענין יתחיב אשר יקח אשה ובתה, ושאין בכלל החיוב אלא אחת, והיא האחרונה, ומה שכתוב ואתהן פרושו אחת מהן, שכן בא הפרוש במסכת

סנהדרין (עו, ב), ואמרו שם שכן במקום פלוני קורין לאחת הן, וכו' כמו שכתבתי שם. **משרשי** אסור העריות, כתבתי למעלה באחרי מות (מצוה קצ) מה שידעתי ושמעתי בענין. **מדיני** המצוה. מה שאמרו זכרונם לברכה (סנהדרין נב, א) מצות הנשרפים שהיו משקעין אותו בזבל על ארכובותיו, ונותנין סודר קשה בתוך סודר רך, וכורך על צוארו, ושני עדיו זה מושך אצלו וזה מושך אצלו עד שהוא פותח את פיו, ומתיכין את הבדיל והעופרת וכיוצא בהן וזורק לתוך פיו, והיא יורדת ושורפת את בני מעיו. ויתר פרטיה, בפרק שביעי מסנהדרין. **ונוהגת** מצוה זו בזכרים, כי להם המשפט ובארץ ישראל בלבד, כי היא מקום המשפט. ובית דין שעברו עליה ולא דנו החיב כדינו בטלו עשה וענשם גדול, כי במשפט יתישב העולם. וכבר כתבתי למעלה בסדר משפטים מצות. עשה זו (מצוה מז) כי הרמב"ן זכרונו לברכה לא ימנה בחשבון המצות בספר שלו ארבע מיתות בית דין, ושם הבאתי קצת הטעם שכתב הוא בענין.

Mitzvah 261

The commandment to burn one who is liable for burning: That the court burn with fire - meaning to say that the court is commanded to enact the statute of burning for some sins. And one of them is for the one that has sexual relations with a woman and her mother, as it is stated (Leviticus 20:14), "And a man that takes a woman and her mother - that is depravity - they shall be burned with fire, he and them, etc." And I have already written above in the Order of Achrei Mot on the commandment not to have sexual relations with a woman and her daughter (Sefer HaChinukh 203), in which manner one who takes a woman and her daughter is liable, and that only one of them is included in the liability - and that is the last one. And [regarding] that which it is written, "and them (hen)," its understanding is "one of them." As so does the explanation come in Tractate Sanhedrin 76b. And they said so there, that in [a certain] place they call one, " hen," etc., as I have written there. **I** have written above in Achrei Mot (Sefer HaChinukh 190) that which I have known and heard about the matter of the roots of the prohibition of forbidden sexual relations. **From** the laws of the commandment is that which they, may their memory be blessed, said (Sanhedrin 52b) "The commandment of those that were burned is that they would submerge him in dung up to his knees, and they place a rough scarf within a soft one, and wrap [them] around his neck." And his two witnesses, "this one pulls toward himself, and that one pulls toward himself, until he opens his mouth." And they melt the tin or the lead or what is similar to it, "and [someone] throws it into his mouth, and it goes down and burns his intestines." And the rest of its details are in the seventh chapter of Sanhedrin. **And** this commandment is practiced by males, as judgement is for them; and only in the land of Israel, as it is the place of judgement. And a court that transgresses it and did not judge someone liable according to his law has violated a positive commandment. And their punishment is great as the world is civilized by judgement. And I have already written on this positive commandment above in the Order of Mishpatim (Sefer HaChinukh 47) that Ramban, may his memory be blessed, does not count the four death penalties of the court in his tally of the commandments. And there I brought a little of the reason that he wrote about the matter.

מצוה רסב

שלא ללכת בחקת הגוים - שלא ללכת בחקת האמורי וכן בחקות הגוים שנאמר (ויקרא כ כג) ולא תלכו בחקת הגוי אשר אני משלח מפניכם. והוא הדין לכל שאר הגוים, כי הענין מפני שהם סרים מאחרי השם ועובדין עבודה זרה. וענין המצוה הוא שלא נתנהג כהם במלבושינו ועניינינו. וכמו שאמרו בספרא (יג ח) ובחקתיהם לא תלכו, שלא תלכו בנמוסות שלהם, בדברים החקקים להם, כגון טטראות וקרקסאות והאסטריאות, וכל אלו הם מיני שחוק שהיו עושין בקבוציהם כשמתקבצין לעשות שגעונות וזנות ועבודת האלילים. ואמרו שם (עי' שבת סז א) בחקת הגוי רבי מאיר אומר אלו דרכי האמורי שמנו חכמים, רבי יהודה בן בתירא אומר שלא תגדל ציצת הראש בהם ולא תספר קומי, כלומר שלא יגלח מן הצדדין ויניח שער באמצע, וזהו הנקרא בלורית. ונכפל זה הלאו במקום אחר במלות אחרות, שנאמר (דברים יב ל) השמר לך פן תנקש אחריהם. ולשון ספרי (ראה שם) השמר בלא תעשה, פן בלא תעשה, תנקש אחריהם שמא תדמה להם ותעשה כמעשיהם ויהיו לך למוקש, שלא תאמר הואל והן יוצאים בארגמן, אני אצא בארגמן הואיל והם יוצאין בכלוסין אני אצא בכלוסין והוא מין ממיני כלי זין הפרשים. ולשון ספרי הנבואה (בצפניה א ח). ועל כל הלבשים מלבוש נכרי. **משרשי** המצוה. כדי להתרחק מהם ולגנות כל הנהגותיהם ואפילו במלבוש. **מדיני** המצוה. כתבנו קצתם, והביאו זכרונם לברכה מאלו קצת עם יתר פרטיה פרק שביעי משבת ובתוספתא דשבת (פ"ח) [י"ד סימן קע"ז]. **ונוהגת** בכל מקום ובכל זמן בזכרים ונקבות, והעובר על זה ועשה דבר מאלו שזכרנו להדמות אליהם חיב מלקות. והמתרחק מכל הנהגותיהם ומכל נמוסיהם וישים כל לבו ומחשבותיו אל השם יתברך ובמצותיו היקרות נפשו בטוב תלין וזרעו יירש ארץ (תהלים כה יג).

ספר החינוך Sefer HaChinukh

Mitzvah 262
To not follow the practices of the gentiles: To not follow the practices of the Amorites and so [too,] the practices of the gentiles, as it is stated (Leviticus 20:23), "And you shall not follow the practice of the nation that I am driving out before you." And the law is the same for all the nations, since the matter is that they turn away from [following] God, and worship idolatry. And the content of the commandment is that we not behave like them in our clothing and our matters. And it is like they said in Sifra, Achrei Mot, Chapter 13:8, "'And do not follow their practices - that you not follow their mores with things that are fixed for them, such as theaters, circuses and amphitheaters" - and all of these are types of frivolity that they would do in their gatherings, when they gathered to do craziness, licentiousness and idolatry. And they said there, "'The practice of the nation' - Rabbi Meir says, 'These are the ways of the Amorites that the sages numbered (see Shabbat 67a).' Rabbi Yehudah ben Betira says, 'That you should not grow a tassel of the head and not cut its growth'" - meaning to say that he not shave from the sides and leave hair in the middle, which is called a forelock. And this negative commandment is repeated in another place with other words, as it is stated (Deuteronomy 12:30), "Guard yourself lest you be ensnared to follow them." And the language of Sifrei is "'Guard' is with a negative commandment; 'lest' is with a negative commandment; 'you be ensnared to follow them' is lest you imitate them and do like their deeds; 'and it shall be a snare for you' is that you not say, 'Since they go out with velvet, I will go out with velvet, since they go with helmets, I will go with a helmet'" - and that is a type of knight's armor. And the language of the books of prophecy (Zephaniah 1:8) is "and upon all of the dressed, there is a foreign dress." **It** is from the roots of the commandment [that it is] in order to distance ourselves from them and disparage all of their customs, and even in dress. **We** have written a little from the laws of the commandment. And they, may their memory be blessed, brought some of these, along with the rest of its details, in the seventh chapter of Shabbat and in (Chapter 8 of the) Tosefta of Shabbat (see Tur, Yoreh Deah 177). And [it] is practiced in every place and at all times by males and females. And one who transgresses it and does a thing of those that we mentioned, to imitate them, is liable for lashes. And one who distances himself from all of their customs and from all of their mores, and places all of his heart and his thoughts to God, may He

be blessed, and to His precious commandments, 'his soul will rest in the good, and his seed will inherit the land.'

מצוה רסג

שלא יטמא כהן הדיוט במת זולת בקרובים המבארים בכתוב - שלא יטמא כהן הדיוט במת זולתי בקרובים המבארים בכתוב. שנאמר (ויקרא כא א) לא יטמא בעמיו, כלומר כל אחד מן הכהנים לא יטמא לנפש מת, ואף על פי שנפש טובה לא תמות, יכנה הכתוב הגוף בשם הנפש, כי הוא העקר. **משרשי** המצוה. לפי שהכהנים נבחרו לעבודת השם ברוך הוא, כמו שאמר הכתוב קדושים יהיו לאלהיהם, על כן הרחיקם מן המת, וכבר כתבתי למעלה (מצוה קנט), שענין הטמאה דבר נמאס ונאלח, וגוף האדם המת פרשו חכמים שהוא אבי אבות הטמאה, כלומר שיש לו טמאה חזקה עד מאד למעלה מכל טמאה. והענין הוא כי בהפרד מעליו צורת השכל החיה הטובה וישאר הוא לבדו, בשגם הוא בשר פחות וגרוע ומשתוקק אל הרעות, וגם ברעתו רבה החטיא הנפש היקרה בעודה שוכנת אצלו, על כן ראוי שיטמא כל סביביו בהתפשט מעליו כל הודו שזהו נפשו ולא נשאר בו כי אם החמר הרע, וראוי באמת למשרתי השם יתברך להתרחק ממנו, זולתי לקרובים שהתר להם, כי אחיהם בשרם הוא, וכל דרכי התורה דרכי נועם ונתיבותיה שלום ולא רצתה לצערם כל כך כי יחם לבבם על הקרוב המת שלא יוכלו להתקרב תוך האהל אשר הוא בתוכו ולשפך את רוחם ולהשביע נפשם בבכי עליו. וראיתי רמז אל הטעם הזה שכתבתי בטמאת המת, שאמרו זכרונם לברכה (ירושלמי ברכות פ"ג ה"א) כי הצדיקים גמורים אינם מטמאין, ולפי הדומה כי הכונה לפי שגופם טהור ונקי ולא החטיא נפשם, אבל סיעם לזכותה, ועל כן תעלה נפשם בנשיקה, ועל גום ישכן אור זרוע לעולם. **מדיני** המצוה. מה שאמרו זכרונם לברכה (רמב"ם טומאת מת פ"א ה"א), שהמת מטמא במגע ובמשא ובאהל, וטמאת משא למדוה זכרונם לברכה מקל וחמר מטמאת נבילה. וטמאת מגע האמורה בכל מקום, בין במת בין בשאר המטמאין, ענינה הוא, שיגע האדם בטמאה עצמה, בין בידו, בין ברגלו, או בשאר גופו, אפילו בלשונו נגיעה היא. והרמב"ם זכרונו לברכה כתב (טומאת מת א ג) שאפילו נגיעה בצפרן או בשנים נגיעה היא, וכגוף הם נחשבים. וטמאת משא האמורה בכל מקום, הוא שישא אדם הטמאה אף על פי שלא נגע בה, אפילו היה בינו לבינה כמה כלים, הואיל ונשאה נטמא. ואחד הנושא אותה בידו או בכל דבר שבגופו הרי זה בכלל נושא וטמא. **ומסיט** בכלל נושא הוא גם כן. וכיצד הוא ההסט? כגון שיש בראש קורה טמאה, מכיון שהניע האדם הקורה בשום צד הואיל ומכחו הנידה, ואף על פי שהטמאה בראש האחד של קורה, והאדם הנידה בראש האחר, הרי זה מסיט וטמא, וטמאה זו וכל כיוצא בה היא טמאת הסט האמורה בכל מקום. וטמאת בית הסתרים, אף על פי שאינה מטמאה משום נגיעה שאין בית הסתרים בכלל נוגע, מטמאה היא משום דין

נושא, שהנושא בבית הסתרים נושא נקרא וטמא. ואין מתטמא במשא בלא נגיעה אלא האדם בלבד, ולא הכלים. וטמאת אהל אינה זולתי בטמאת מת בלבד ולא בשאר הטמאות, והצרעת אף על פי שמטמאה בביאה אינה מטמאה באהל, והמת מטמא באהל, בין אדם בין כלים או אכלין ומשקין, ואחד האדם שנכנס כלו באהל המת או אפילו מקצתו, כגון שהכניס שם ידו או ראשי אצבעותיו או חוטמו, הרי זה נטמא כלו (עי' נזיר מג א). והנפלים אף על פי שלא נתקשרו אבריהם מטמאין, וכזית בשר מן המת, ואבר אחד שלם שנחתך מן האדם, אף על פי שאין בו כזית בשר, כל אלו מטמאין במגע ובמשא ובאהל. ואבר נקרא כל אחד ממאתים וארבעים ושמנה אברים שבאדם, שבכל אחד ואחד מהם יש בשר גידים ועצמות. ואין השינים מן המנין. עצמות המת אף על פי שאין עליהם בשר, אם היתה נכרת בהן צורת האדם מטמאין אפילו באהל. ואלו הן העצמות, שאמרו זכרונם לברכה שמטמאין אפילו באהל, השדרה, והגלגלת, ורב בנינו של גוף ורב מנינו, כלומר רב מנין העצמות ושדרה וגלגלת שאמרו דוקא כשהן שלמות, אבל חסרה שדרה אפילו חליא אחת, וגלגלת כסלע אין מטמאין באהל, ושתי שוקיו של אדם וירך אחת, זהו רב בנינו. חסר כל שהוא אינו מטמא באהל. ורב מנינו הוא מאה עשרים וחמשה עצמות מן מאתים ארבעים ושמנה אברים שיש באדם, ושאר עצמות שאין בהן רב בנין ורב מנין אם יש בהן רבע קב עצמות מטמאין אפילו באהל, ואם לאו אין מטמאין באהל. וטמאת המת היא שבעת ימים. ויתר פרטיה, מבארים בסדר טהרות, וברב במסכת אהלות [יו"ד סימן שעב]. **ונוהגת** מצוה זו בכהנים הזכרים בכל מקום ובכל זמן, אבל לא בנקבות, שכן בא הפרוש אמר אל הכהנים בני אהרן לנפש לא יטמא בעמיו, בני אהרן דוקא ולא בנות אהרן. וכהן העובר על זה ונטמא לשום מת חוץ משׁשה מתי מצוה במזיד לוקה.

Mitzvah 263

That a common priest not become defiled with a dead body except for the relatives elucidated in Scripture: That a common priest not become defiled with a dead body except for the relatives elucidated in Scripture, as it is stated (Leviticus 21:1), "shall not become impure for his people" - meaning to say, each one of the priests should not become impure for a dead soul. And even though a good soul does not die, the verse referred to the body with the name, soul, since it is the essence [of a person]. **It** is from the roots of the commandment [that] since the priests were chosen for the service of God, blessed be He - as the verse stated, "they shall be holy to their God" (Leviticus 21:6) - therefore, He distanced them from the dead. And I have already written above (Sefer HaChinukh 159) that the substance of impurity is something that is disgusting and vile. And the Sages explained about the body of a dead person

ספר החינוך Sefer HaChinukh

that it is the primary source of the primary sources (avi avot) of impurity - meaning to say that it has very strong impurity, above all [other] impurity. And the matter is that in the separation from him of the living, good form of the intellect, [the body] remains by itself, as 'he is also only flesh' - base and inferior, and seeking evil things; and also in its great evil, it led the precious soul to sin when it was still dwelling with it. Hence it is fitting that it make impure all that is around it, in the stripping of its glory from it - and that is the soul - and [when] only the evil substance remains in it. And it is truly fitting that the servants of God, may He be blessed, distance themselves from it - except for the relatives that are permitted to them, as they are their brothers, their flesh. As all the ways of the Torah 'are pleasant and its paths are peace,' and it did not want to grieve them so much. As their hearts would be heated about the dead relative, that they could not approach into the tent that he is in and pour out their spirits and satiate their souls with crying about him. And I saw a hint about the reason which I wrote about the impurity of the dead; as they, may their memory be blessed, said (Talmud Yerushalmi Berakhot 3:1) that the completely righteous do not render impure. And from what appears, the intention is [that it is] because their bodies are pure and clean and they did not bring their soul to sin, but [rather] aided it to receive merit. And therefore, their soul rose in a 'kiss,' and upon their cadaver sown light will shine forever. **From** the laws of the commandment is that which they, may their memory be blessed, said (Mishneh Torah, Laws of Defilement by a Corpse 1:1) that a dead body renders impure through touch, through carrying and through a tent (being under its roof). And the impurity of carrying they, may their memory be blessed, learned from an a fortiori argument (kal vechomer) from the impurity of an (animal) carcass. And the matter of impurity of touch that is said in every place - whether with a dead body or whether with the others that render impure - is that a person should touch the impure object itself, either with his hand, or his foot or with the rest of his body; and even with his tongue is [considered] touching. And Rambam, may his memory be blessed, wrote (Mishneh Torah, Laws of Defilement by a Corpse 1:1) that even touching with the fingernail or with the teeth is touching, and [that] they are considered like the body. And the impurity of carrying that is said in every place is that a man carry the impure object, even though he does not touch it. And even if there were several vessels between him and the impure object - since he carried it, he has become impure. And it is one whether

ספר החינוך Sefer HaChinukh

he carries it with his hand or with any other [part] of his body, behold he is in the category of carrying and is impure. **And** moving is also included in carrying. And how is moving? For example, when there is something impure at the end of the beam: once a man moves the beam in any way, since he moved it from his power - even though the impure object is on the other end of the beam - behold, that is moving and it is impure. And this [manner of transmitting] impurity and all that is similar to it is the impurity of moving that is said in every place. And even though an impure object [in] an enclosed place [in the body] does not render impure for touching - as an enclosed place is not [considered] touching - it renders impure from the law of carrying; such that one who carries in an enclosed place is called, carrying, and he is impure. And only a person is rendered impure from carrying without touching, but not vessels. And the impurity of the tent is only exclusively with the impurity of a dead body and not with other impure objects. And even though tsaraat renders impure with entering [into a covered space], he does not render impure through a tent [if he was there to begin with]. But a dead body renders impure with a tent - whether a man or vessels or foods and drinks. And it is one whether all of the man enters the tent of the dead body or only part of him, such as if he inserted his hand there or the tips of his fingers or his nose - behold, all of him is impure (see Nazir 43a). And even though their limbs have not become joined, dead fetuses render impure (Nazir 50a); a kazayit of flesh from a dead body; and a complete single limb, even though it does not have a kazayit of flesh - all of these render impure through touch, through carrying and through a tent. And each one of the two hundred and forty-eight limbs in a person is called a limb, as each and every one of them has flesh, sinews and bones. But teeth are not from the tally. If the form of a man was recognizable in the bones of the dead body, they render impure in a tent, even if there is no flesh upon them. And these are the bones that they, may their memory be blessed, said render impure even in a tent: the spine; the skeleton; and the majority of its structure or the majority of its number - meaning to say the majority of the number of the bones. And the spine and the skull that they said is specifically when they are whole. But if the spine was missing even one ring or the skull even like a sela coin, they do not render impure in a tent. And the majority of its number is one hundred and twenty-five bones from the two hundred and forty-eight limbs that are in a person. And [regarding] the rest of the bones that do not have the majority of the structure or the majority of the number, if they have a quarter of a kav of bones, they render impure even in a tent. But if not, they do not render impure in a tent. And the impurity of a dead body is seven days. And the rest of its details are elucidated in the Order of Tahorot, and mainly in Tractate Oholot (see Tur, Yoreh Deah 372). **And** this commandment is practiced by the male priests in every place and at all times. But [it is not practiced] by females, as so came the explanation [of], "Speak to the priests, the sons of Aharon, 'For a soul he shall not become impure for his people'" - specifically the sons of Aharon and not the daughters of Aharon. And a priest that transgresses this and volitionally became impure for any dead body besides the six commanded [relatives] is lashed.

מצוה רסד

מצות ענין טמאת הכהנים לקרוביהם, ובכללה שיתאבלו כל אחד מישראל על ששה מקרוביהם הידועים - שיטמאו הכהנים למתים (הקרובים) הנזכרים בתורה, שנאמר (ויקרא כא ג) לה יטמא, וזה מצות עשה, שכן בא הפרוש עליו, וכן הוא מפרש בספרא (אמר א יב) לה יטמא מצוה, לא רצה לטמא מטמאין אותו בעל כרחו. ולולי שקבלנו מחכמינו הפרוש כן, היתי סבור לומר שיהיה רשות אם רצה מטמא, ואם לא רצה אינו מטמא, לפי שהכתוב מנעו מלטמא לשאר הקרובים, והייתי אומר, שבאלו הנזכרים בפרשה, הרשהו להטמא אם ירצה, על כן בא לנו הפרוש עליו, שאין זה רשות אלא מצוה. והזכירו חכמים זכרונם לברכה (זבחים ק, א), מעשה שבא ביוסף הכהן שמתה אשתו בערב הפסח ולא רצה לטמא, ודחפוהו חכמים וטמאוהו על כרחו. וכתב הרמב"ם זכרונו לברכה (בסהמ"צ עשה לז) וזאת בעצמה היא מצות אבול. כלומר, שכל איש מישראל חיב להתאבל על קרובו, כלומר ששה מתי מצוה הנזכרים בכתוב. והמקרא שהביא הרב (אבילת א א) על מצות אבול, הוא מה שנאמר באהרן (שם י יט), ואכלתי חטאת היום הייטב בעיני יי, ואמרו ומחוזק החובה הזאת, בארו בכהן שהוא מזהר על הטמאה שיטמא על כל פנים כשאר ישראל, בשביל שלא יחלשו משפטי האבלות. וכבר נתבאר, שאבלות יום ראשון מדאוריתא, והוא יום מיתה וקבורה. ובבאור אמרו במועד קטן (יד, ב) אבל אינו נוהג אבלותו ברגל אתי עשה דרבים, ודחי עשה דיחיד. הנה נתבאר שחיוב האבלות דאוריתא ושהוא מצות עשה, אבל ביום ראשון בלבד, ונשארו הששה דרבנן, ואפילו הכהן ינהג אבלותו ביום ראשון שמטמא לקרוביו, והבן זה, עד כאן. **משרשי** המצוה. מה שכתבתי פעמים הרבה במצות הקודמות כי האדם נפעל כפי פעלותיו שיעשה, כי מהיותו בעל חמר לא יתפעל לדבר בכח עד שיוציא הענינים מן הכח אל הפעל, על כן בבוא אליו

ענש מקרה מות באחד מקרוביו אשר הטבע מחיב האהבה להם, תחיבנו התורה לעשות מעשים בעצמו אשר יעוררוהו לקבע מחשבתו על הצער שהגיע אליו, ואז ידע ויתבונן בנפשו כי עונותיו גרמו לו להגיע אליו הצער ההוא, כי השם יתברך לא יענה מלבו ויגה בני איש (איכה ג לג) כי אם מצד חטאים, וזאת היא אמונתנו השלמה אנחנו בעלי דת יהודית היקרה, ובתת האדם אל לבו ענין זה במעשה האבלות, ישית דעתו לעשות תשובה ויכשיר מעשיו לפי כחו. והנה מצאנו עם זה במצות האבול תועלת רב לבני אדם. והמתחכמים הכופרים המהבילים על דברי העולם ומעשי השם יתברך הנוראים, ישיתו און בלבם הרע, יתלו מות בני איש למקרה הזמן ויחשבו במחשבותיהם הרעים כי מקרה האדם והבהמה מקרה אחד להם, וכמות זה כן מות זה, ועל כן כתבו בספריהם, שישרפו האמלל מי שידאג כלל. ולעקר ולשרש מלבבנו אמונתם זאת הרעה, חיבתנו התורה במצוה זו, מלבד התועלת במה שזכרנו. **מדיני** המצוה. מה שאמרו זכרונם לברכה (רי"ף רמב"ן ורשב"א במועד קטן שם) שיום ראשון הוא דאוריתא והששה דרבנן, ואף על פי שנאמר בתורה (בראשית נ י), ויעש לאביו אבל שבעת ימים. נתנה תורה ונתחדשה הלכה. ומכל מקום אמרו זכרונם לברכה (רמב"ם אבל א, א) כי משה רבינו תקן להם לישראל שבעה ימי אבלות ושבעת ימי המשתה. ואמרו זכרונם לברכה (שם כז, א) שאין חיוב האבלות חל עד שיסתם הגולל, כלומר, אחר שכסו גופו של מת בקבר, אבל כל זמן שלא נקבר אין האבל אסור בדבר מכל דברי האבלות, ומפני טעם זה רחץ דוד המלך וסך כשמת הילד קדם שנקבר. ומה שאמרו (שבת קלו, א) שכל שלא שהה שלשים יום באדם אין מתאבלים עליו, לפי שהוא ספק. ובגמרא (שם) אמרו זכרונם לברכה, שאם ידענו בברור ששלמו לו חדשיו שדינו כשאר מתים לענין אבלות, וכן לכל שאר הדברים דינו כאדם שלם. **וכן** אמרו זכרונם לברכה (רמב"ם אבל שם י), שהפורשים עצמם מכל דרכי צבור, וכן המינים והמשמדים והמסורות, כל אלו אין מתאבלים עליהם כלל, שמתתן שמחה היא לעולם ואין זה ענש לקרובים אבל זכות הוא להם, וכל זה מן השרש שכתבתי, ועליהם נאמר (תהלים קלט כא) הלא משנאיך יי אשנא. וכן הממית עצמו לדעת, אין מתאבלין עליו, ובמקומו מתברר כיצד נדע שלדעת הכה את עצמו. וכן מדיני המצוה הדברים שאמרו זכרונם לברכה (מוע"ק כא, א) שהאבל אסור בהן ביום ראשון מן התורה, ובשאר הימים דרבנן, ודין שבעה ושלשים, ודין שנים עשר חדש באבלות אב ואם, ודין קריעה, מי הם הקרובים שקורעין ואיזה זמן, וכיצד על הקרובים, וכיצד על אב ואם, ועל מי מקרוביו וממלמדיו ומגדוליו, ועל איזה מקומות חרבנן של ארץ ישראל, ודיני הקרעים ששוללין אתן מיד או לאחר זמן, ודין האשה ששוללת מיד כדי שלא תתבזה, ודין הרגלים שמפסיקין ואינן עולין. ומה שאמרו (שם יט, א), שכל הקובר מתו אפילו שעה אחת קדם הרגל, בטלה ממנו גזירת שבעה, ואם עברו שבעה קדם הרגל ונכנס אפילו שעה אחת תוך

שלושים, בטלו ממנו גזרת שלושים, וראש השנה ויום הכפורים דינם כרגלים של פסח, שבועות וסכות. ומה שאמרו (שם כד ב) שאף על פי שאין אבלות בחלו של מועד, קורע אדם על מתו שחיב להתאבל, ודין שמועה רחוקה לאחר שלשים יום, שאין נוהגין אבלות אלא יום אחד, ואינו קורע, שהלכה כרבי מני דאמר הכי בגמרא משקין (שם כ ב); אבל על אביו ועל אמו קורע אפילו בשמועה רחוקה לדעת הרמב"ן זכרונו לברכה (בתורת האדם עמ' סא ב), [ולא] לדעת הרב רבי אברהם ברבי דוד זכרונו לברכה. וענין ההספד על מי מספידין, וכיצד, ושבת ויום טוב וחלו של מועד וחנכה ופורים מה הן בהספד, ועל מי מבטלין תלמוד תורה במותן. וענין צדוק הדין והברכות והנחמות שעושין בבית האבל, וענין לקוט עצמות של קרובים וכן לקוט עצמות אביו ואמו. ומה שאמרו (שם) שהקרובים שמתאבלים עליהם, מתאבלים עמהם בפניהם מדברי סופרים [לכבודם] ומה שאמרו שמתאבל אדם על אשתו, והיא על בעלה, ועל אחים מן האם מדברי סופרים, ובנו או אחיו מן השפחה או מן העובדת גלולים אין מתאבלין עליהן אפילו נתגירו, לא מדברי תורה ולא מדברי סופרים, והכהן מטמא לאשתו, אף על פי שאבילות אדם על אשתו מדברי סופרים עשו אותה כמת מצוה, ומאחר שנסתם הגולל, אין מטמא כהן עוד. ומה שאמרו שחיוב אבלות בשלשה קרובים דרבנן ואלו הם אח או אחות מאם, ואחות נשואה או ארוסה, בין מאב בין מאם, ובין אנוסה ומפתה, ולפיכך אין כהן מטמא באלו. ואלו הענינים עם יתר פרטיה מבארים במסכת משקין (מועד קטן) ובמקומות מברכות וכתבות ויבמות ובספרא בפרשת אמר אל הכהנים [יו"ד סימן שעב שעג שעד]. **ונוהגת** מצוה זו, של חיוב הטמאה במת הקרוב, בכהן בכל מקום ובכל זמן וכן בזכרי כהנה, אבל הנשים אינן בחיוב זה, שכן בא הפרוש, שמי שנמנע מלהטמא לזולת הקרובים, הוא שנצטוה להטמא לקרובים, אבל הנשים הכהנות, אחר שלא נמנעו מלהטמא במת, כמו שמבואר במקומו (מצוה רסג), כמו כן לא נצטוו להטמא לקרובים על כל פנים, אבל מתאבלות הן מכל מקום, ולהן הבחירה להטמא אם ירצו, ודע זה וזכרהו. ומצות חיוב האבלות, הנגררת עם מצוה זו כמו שאמרנו, נוהגת בכל מקום ובכל זמן ובכל אדם בין כהן בין ישראל ובזכרים ונקבות. וכהן העובר על זה ולא רצה להטמא לששה הקרובים הנזכרים בכתוב, וכן כהן או ישראל שלא רצו להתאבל על קרוביהם בדברים שמנו חכמים בחיוב עקר האבלות ביום ראשון בטלו עשה זה. וכבר כתבתי למעלה (מצוה ו), שבית דין כופין על בטול עשה. ויש מן המפרשים שכתבו שאין מצות אבול נחשבת למצוה דאוריתא, אולי דעתם לומר שאף על פי שאונן אסור בקדשים דאוריתא, כל ענין אבלות מיהא דרבנן הוא.

Mitzvah 264

ספר החינוך Sefer HaChinukh

The commandment of the matter of the impurity of the priests for their relatives, and included in it is that each one in Israel should mourn for their six relatives [the identify of which is] well-known: That the priests should become impure for the dead bodies (the relatives) that are mentioned in the Torah, as it is stated (Leviticus 21:3), "for her, he shall become impure." And this is a positive commandment, as so did the explanation come. And so is it explained in Sifra, Emor, Section 1:12, "'For her, he shall become impure' - is a commandment. If he does not want to become impure, we make him impure by force." And were it not that we received this explanation from our Sages, I would have reasoned to say that it be optional - if he wants, he becomes impure; if he does not want, he does not become impure - since Scripture prevented him from becoming impure for the rest of his relatives. And I would have said that regarding these mentioned in the section of the Torah, they were permitted to become impure if they wanted. Hence the explanation about it came to us - that it is not optional, but rather a commandment. And the Sages, may their memory be blessed, mentioned a story that Yosef the priest came when his wife died on the eve of Pesach and he did not want to become impure, and the Sages pushed him and made him impure by force. And Rambam, may his memory be blessed, wrote (Sefer HaMitzvot LaRambam, Mitzvot Ase 37), "And this itself is the commandment of mourning - meaning to say that each person in Israel is obligated to mourn for his relatives, meaning the six relatives mentioned in Scripture." And the verse that the Rabbi brought [as a source] (Mishneh Torah, Laws of Mourning 1:1) for the commandment of mourning is that which is stated by Aharon, "if I had eaten the sin-offering today, would it have been good in the eyes of the Lord?" (Leviticus 10:19). And he said, "And for the strengthening of this commandment did they elucidate about the priest that he is warned about impurity, that he should become impure regardless like other Israelites, in order that the laws of mourning not become weakened. And it was already elucidated that mourning of the first day is by Torah writ - and that is the day of death and burial. And they said in the elucidation in Moed Katan 14b [that] it is not practiced on the holiday - the positive commandment of the many comes and pushes off the positive commandment of the individual. And behold, it is elucidated [from this] that the obligation of mourning is from Torah writ and that it is a positive commandment - but only on the first day. And the remaining six [days] are rabbinic. And even a priest observes

ספר החינוך Sefer HaChinukh

mourning on the first day, as he becomes impure for his relatives. And understand this." To here [are his words]. **What** I have written many times about previous commandments is from the roots of this commandment - that man is acted upon according to his actions that he does. As since he is a physical being, he is not impacted by something in potential, until he takes matters from the potential to the actual. Hence when a punishment of an incident of death of one of his relatives - about which it is natural for him to love them - comes to him, the Torah obligates him to do acts with himself that arouse him to focus his thoughts on the anguish that has come to him. And then he will know and contemplate to himself that his iniquities caused it to him, that this anguish came upon him. As God, may He be blessed, 'does not afflict man from His heart, nor causes woe to the sons of man,' except from the angle of sins. And this is our - we, the practitioners of the precious Jewish faith - perfect belief. And when a man puts this matter into his heart with the act of mourning, he will move his mind to repent and improve his deeds, according to his ability. And behold, we have found with this a great benefit for people in the commandment of mourning. But the heretics that want to be wise that make empty the matters of the world and the acts of God, may He be blessed, place perversity and evil on their hearts: They make the death of the sons of man dependent on the happenstance of time, and think - in their evil thoughts - that 'the incident of man and beast, it is the same incident for them; and like the death of one is the death of the other.' And hence they wrote in their books - they should only be burnt - "Unfortunate is the one who worries [about this] at all." And in order to uproot and to pull out this evil belief of theirs from our hearts, the Torah obligated us in this commandment. [This is] besides the benefit of what we mentioned. From the laws of the commandment is that which they, may their memory be blessed, said (Rif, Ramban and Rashba on Moed Katan 14b) that the first day is by Torah writ and the [next] six are rabbinic. And even though it is stated (Genesis 50:10), "and he made a mourning for his father seven days," [when] the Torah was given, the law was recreated (a new law came into being). And nonetheless they, may their memory be blessed, said (Mishneh Torah, Laws of Mourning 1:1) that Moshe, our teacher, ordained seven days of mourning and seven days of festivity. And they, may their memory be blessed, said (Moed Katan 27a) that the obligation of mourning does not begin until the coffin cover is closed - meaning to say that the whole time that he is not buried,

ספר החינוך Sefer HaChinukh

the mourner is not forbidden in anything from all of the things of mourning. And because of this reason, King David bathed and anointed [himself] when [his] child died, before [the child] was buried. And that which they said (Shabbat 136a) that we do not mourn for any [infant] that has not [been alive] for thirty days, is because of a doubt. But they, may their memory be blessed, said in the Gemara that if we clearly know that he has finished his months [of gestation], his law is like the law of other dead people regarding mourning; and likewise for all the other things is his law like a complete person. **And** so [too,] did they, may their memory be blessed, say (Mishneh Torah, Laws of Mourning 1:10) [regarding] those that separate themselves from all the ways of the community, and likewise heretics, apostates and informants - that we do not mourn at all for all of them, since their death is gladness for the world. And this is not a punishment for their relatives, but rather a merit for them. And this is all from the root that I wrote. And about them is stated (Psalms 139:21), "Do I not hate those You hate?" And likewise, we do not mourn for one who kills himself on purpose. And in its place, it is clarified how we know that he struck himself on purpose. And also from the laws of the commandment are the things that they, may their memory be blessed, said (Moed Katan 21a) that the mourner is forbidden with on the first day from Torah writ and the rest of the days rabbinically; the law of seven and thirty [days]; the law of twelve months of mourning for father and mother; the law of tearing - who are the relatives who tear and what is the time [for it], how is it for [other] relatives and how is it for father and mother, for which of his relatives, and his teacher and his greats, for which places in the Land of Israel in their destruction; the law of the tear that we darn immediately or after a time and the law that a woman darns immediately so as not be disgraced; the law of the holidays that interrupt [the count] and do not count [in the tally], and that which they said (Moed Katan 19a) that the decree of seven is negated for anyone who buries his dead even an hour before the holiday, and the decree of thirty is negated if seven days passed before the holiday and he began even one hour of the thirty [days], and that the status of Rosh Hashanah and Yom Kippur is the same as the holidays of Pesach, Shevouot and Sukkot; that which they said (Moed Katan 24b) that even though there is no mourning on the intermediate days of the festival, a man tears for a dead [relative] for which he is obligated to mourn; the law that we only observe one day and do not tear for a distant report [of death] after thirty

ספר החינוך Sefer HaChinukh

days, - since the law is like Rabbi Mani, who said like this in the Gemara [Moed Katan 21b] - but he tears even for a distant report for his father and for his mother according to the opinion of Ramban, may this memory be blessed, (Torat HaAdam 61b), but not according to the opinion of the rabbi, Rabbi Avraham beRebbi David (Ravad), may his memory be blessed. **And** regarding the eulogy, for whom do we eulogize and how, and what is [the relation] of Shabbat, holidays, intermediate festival days, Channukah and Purim to it; for the death of whom do we cancel Torah study; the matter of justification of the decree, the blessings and consolations that are made in the house of the mourner; the matter of gathering the bones of relatives and likewise the gathering of the bones of his father and his mother; that which they said (Moed Katan 20b) that we mourn with mourners, who are relatives for which we would mourn, in front of them [for their honor] from the words of the [Rabbis]; that which they said that a man mourns for his wife - and she for her husband - and for brothers from the mother from the words of the [Rabbis]; that he does not mourn for his son or his brother from a maidservant or an idolatress (gentile) - even if they convert - not from Torah writ and not from the words of the [Rabbis]; that a priest becomes impure for his wife - even though the mourning of a man for his wife is only from the words of the [Rabbis], they made her like a dead body that one is commanded to be involved with (met mitzvah) - but once the coffin cover is closed, he may no longer become impure; that which they said that the obligation of mourning is rabbinic for three relatives and these are them - a brother or sister from the mother, a married or betrothed sister from either the father or the mother and [even if the mother] was raped or seduced - and therefore a priest does not become impure for these relatives. And these matters with the rest of its details are elucidated in Tractate [Moed Katan] and in other places in Berakhot, Ketuvot and Yevamot and in Sifra, Parashat Emor el HaKohanim (see Tur, Yoreh Deah 372-374). **And** this commandment of the obligations of impurity for the dead body of a relative is practiced by a priest in every place and at all times. And so is it with males of the priesthood, but the women are not [commanded] in this obligation. As so did the explanation come - that the one who is prevented from becoming impure for others than the relatives, he is the one who is commanded to become impure for the relatives. But since women priests were not prevented from becoming impure for a dead body - as is explained in its place (Sefer HaChinukh 263) -

so too, were they not commanded to become impure to the relatives regardless; but they must nonetheless mourn. And thy have a choice whether to become impure if they want. And know this and remember it. And the commandment of the obligation of mourning - that is dragged along with his commandment, as we said - is practiced in every place and at all times by every person, whether priest, Israelite, male or female. And a priest who transgresses this and does not want to become impure for the six relatives mentioned in Scripture - and likewise, a priest or an Israelite who did not want to mourn for his relatives with the things that the Sages enumerated in the obligation of the main mourning of the first day - has violated this positive commandment. And I have already written above (Sefer HaChinukh 6) that the court coerces [one who refrains from] a positive commandment. And there are some of the commentators that wrote that the commandment of mourning is not considered a commandment from the Torah. Maybe their opinion is to say that even though one bereaved (onen) is forbidden in consecrated foods from Torah writ, the whole matter of mourning is nonetheless rabbinic.

מצוה רסה

שלא ישמש כהן טבול יום עד שיעריב שמשו - שלא ישמש כהן טבול יום, עד שיעריב שמשו, ואף על פי שטבל וטהר, צריך הערב שמש. לפי שהוא כשני לטמאה עד שיעריב שמשו, שכן פרשו זכרונם לברכה (ויקרא יא לב) במים יובא וטמא עד הערב וטהר (רמב"ם אבות הטומאה פ"י ה"א) הכתוב קרא לטבול יום טמא, אף על פי שטבל, עד שיעריב שמשו, אבל מכל מקום אינו טמא כמו שהיה קדם טבילה, כי מתחלה היה ראשון לטמאה, ואחר הטבילה נקרא שני לטמאה, ועל זה נאמר (שם כא ו) ולא יחללו שם אלהיהם, שכן בא עליו הפרוש המקבל, וכן הוא בפרק תשיעי מסנהדרין (פג, ב), שאמרו שם קדשים יהיו לאלהיהם ולא יחללו שם אלהיהם, אם אינו ענין לטמא שכבר נתבאר (במצוה רעח), תנהו ענין לטבול יום ששמש, ויליף לה התם מחלול "חלול". **משרשי** המצוה. לפי שהכהן הוא השליח (עפ"י יומא יח ב) בין ישראל לאביהם שבשמים, ומתוך מעשיו וקרבנותיו יתרצה האדם לפני בוראו ויכפר עונו, על כן חובה עליו להיות נקי הגוף בתכלית בעת העבודה, ואולי רוח הטמאה לא יעבר לגמרי מעליו עד הערב השמש, וברוך אדון החכמה כי הוא היודע ולא אנחנו עד איזה עת יכשר למי שנטמא לעסק בעבודתו ברוך הוא, והודיענו כי הוא עת בוא השמש לקצת הטמאות. **מדיני** המצוה. מה שאמרו זכרונם לברכה שאחד טבול יום מטמאה חמורה, כגון שטבל מטמאת מת וזיבות וצרעת, או מטמאה קלה, כגון טמאת שרץ וכיוצא בה, טעון הערב שמש. וזה הענין הוא בין באדם בין בכלים בין

ספר החינוך Sefer HaChinukh

בטמאה דאוריתא או אפילו בטמאה דרבנן צריך הערב שמש. ופרוש טבול יום כלומר, מי שטבל ולא העריב שמשו, זה פרושו בכל מקום. ואם נגע באכלין ומשקין של תרומה פוסל אותן ועושה אותן שלישי לטמאה, לפי שהוא כשני לטמאה כמו שאמרנו, נגעו הן אחר כן באכלין אחרים אינם פוסלין אותם שאין שלישי עושה רביעי בתרומה, ואם נגע טבול יום באכלי קדש או במשקין עשאן רביעי, כלומר, שפסלן, אבל אין חוזרין הם לטמא אחרים, שאף על פי ששלישי עושה רביעי בקדש, טמאת טבול יום אינה חמורה כל כך שתטמא לרביעי. אבל אם נגע טבול יום באכלי חלין או במשקין הרי הן טהורים, שאין שני עושה שלישי בחלין, כך קבלנו הדברים מחכמינו זכרונם לברכה (סוטה כט א). והנה יתבאר מזה, שאין שלישי שבתרומה ולא רביעי שבקדש מטמאין משקה אחר ואכל אחר, ואין צריך לומר שאין מטמאין כלים, שאדם וכלים אין מקבלין טמאה אלא מאב הטמאה. וכל המטמאין, בין חמורין בין קלים משקין היוצאין מהן, כגון רקן ומימי רגליהם דינן כמשקים שנגעו בהן. ויתר פרטיה במסכת טבול יום [הלכות ביאת מקדש]. **ונוהגת** מצוה זו בכהנים הזכרים בזמן הבית, שהם הזהרו על העבודה ולהזהר מהטמאה, ולא הכהנות. ומי שעבר על זה ושמש טבול יום חיב מיתה בידי שמים. ולא בא על חיוב זה כתוב מבאר בתורה, אלא שלמדו חכמים זכרונם לברכה הענין שם בסנהדרין (פג, ב) בגזרה שוה דחלול חלול.

Mitzvah 265
That a priest who immersed that day (tevul yom) not serve until his sun set: That a priest who immersed that day not serve until his sun sets. And even though he immersed and became pure, he needs the setting of the sun - since he is like a secondary impurity until his sun sets. As so did they, may their memory be blessed, explain, "it shall be brought into water and be impure until evening and become pure" (Leviticus 11:32): The verse called one who immersed that day impure, even though he immersed, until his sun set (Mishneh Torah, Laws of Other Sources of Defilement 10:1). But nonetheless he is not impure like he was before the immersion. As at the beginning, he was a primary impurity and after the immersion he is called a secondary impurity. And about this is it stated (Leviticus 21:6), "and they shall not desecrate the name of their God." As so did the received explanation come about it, and so is it in the ninth chapter of Sanhedrin 83b. As there they said, "'Holy shall they be to their God, and they shall not desecrate the name of their God'; if it is not regarding one impure - as it was already elucidated (Sefer Hachinukh 178) - teach it for the matter of the one who has immersed on that day." And it is learned over

ספר החינוך Sefer HaChinukh

there from [the inferential comparison] of "desecration" [and] "desecration." **It** is from the roots of the commandment [that it is] since the priest is the messenger between Israel and their Father in the heavens (based on Yoma 18b). And through his actions and his sacrifices will a man become reconciled in front of his Creator, and his iniquity atoned. Therefore, it is an obligation upon him to be completely clean in body at the time of the service. And perhaps the spirit of impurity has not fully passed from him until the sunset. And blessed is the Master of wisdom, as He is the one who knows - and not us - at what time it becomes fit for someone who became impure to be involved in His service, blessed be He. And He told us that it is the time of the sunset for some impurities. **From** the laws of the commandment is that which they, may their memory be blessed, said that one who immersed on that day is the same whether it was from a stringent impurity such as the impurity of a dead body, discharge or tsaraat; or from light impurity such as the impurity of a swarming animal or similar to it - it requires the sun setting. And this matter is whether it is with a man or vessels, whether it is with an impurity from Torah writ or even with a rabbinic impurity - it requires the sun setting. And the understanding of one who immersed on that day (tevul yom) is to say one who immersed, but his sun did not set. And this is its understanding in every place. And if he touched foods and drinks of the priestly tithe, he disqualifies them and makes them a tertiary impurity - as he is like a secondary impurity, as we have said. If they afterwards touched other foods, they do not disqualify them, as a tertiary does not create a quaternary with priestly tithe. And if the one who immersed that day touches consecrated foods or drinks, he makes them a quaternary - meaning to say, he disqualifies them; but they do not go back and render others impure. As even though a tertiary creates a quaternary with consecrated foods, the impurity of one who immersed that day is not so stringent as to render impure to [the point that it reach] the quaternary. But if one who immersed that day touched non-sacred foods, behold they are pure - as a secondary does not create a tertiary with non-sacred foods. So, have we received the things from our Sages, may their memory be blessed (Sotah 29a). And behold it is elucidated from this that neither a tertiary impurity in the priestly tithe, nor a quaternary impurity in consecrated foods, renders another drink or another food impure. And it is not necessary to say that they do not render vessels impure - since a man and vessels only acquire impurity from a primary source of impurity. And all that render impure - whether stringent or whether light - the law of liquids that come out of them, such as their spit or their urine, is like that of liquids that they touched. And the rest of its details are in Tractate Tevul Yom (see Mishneh Torah, Laws of Admission into the Sanctuary). **And** this commandment is practiced by male priests at the time of the [Temple] - since they are warned about the service and to be careful from impurity, and not priestesses. And one who transgresses this and serves [while a] tevul yom is liable for death by the hands of the Heavens. And a clear verse in the Torah does not come about this. Rather, the Sages, may their memory be blessed, learned the matter there in Sanhedrin 83b with an inferential comparison of "desecration" [and] "desecration."

מצוה רסו

שלא ישא כהן אשה זונה - שלא ישא כהן, בין כהן גדול בין כהן הדיוט, אשה זונה לאשה, שנאמר (ויקוא כא ז) אשה זונה וחללה לא יקחו. ולשון קיחה משמע דרך אישות, על כן אינו לוקה עליה אלא כשנשאה ובעלה, שכן בא הפרוש, שאין החיוב, עד שיבעלנה, כמו שנכתב בעזרת האל. **משרשי** המצוה. לפי שכהנים נבחרו לעבוד עבודת השם יתברך תמיד ולכן ראוי ומחיב להיותם קדשים ונקיים יותר מכל שאר העם בכל ענינהם, אף כי בענין הזווג שהוא דבר עקרי באדם, וקצת מחשבות האדם על בת זוגו תמיד, לכן נתחיב שלא לשא הזונה שמזגה רע ומר, פן תסירנו ותטנו ברב לקחה מדרכו הטוב וכונתו הרצויה. גם היא בשת ופגם אל כל הקרב אליה, שכל העם מרננים אחריה בטמאתה אשר בשוליה. **מדיני** המצוה. מה שאמרו זכרונם לברכה (יבמות סא א) שהזונה האמורה כאן היא, כל שאינה בת ישראל, דכלן בכלל זונות הן, ועוד שכיון שאין קדושין תופסין בהן זמה היא. וכן תקרא זונה כל בת ישראל שנבעלה לאדם שהיא אסורה לנשא לו אסור השוה בכל מקום, לאפוקי אלמנה שנבעלה לכהן גדול או גרשה לכהן הדיוט, שאין אסור זה שוה בכל אדם ואינה נעשית זונה בכך. וכן נמי תקרא זונה, כל שנבעלה לכהן חלל ואף על פי שהיא מתרת להנשא לו, שאין היותה זונה תלוי בבעילה של אסור, אלא בפגימה. ומפי השמועה למדנו, שאינה פגומה אלא מאדם האסור לו שתנשא לו או מכהן חלל. **ולמדנו** מעתה, שהנרבעת לבהמה, אף על פי שהיא בסקילה לא נעשית זונה, דדוקא בעילת אדם הוא שעושה אותה זונה (שם נט ב). וכן אם נבעלה בעודה נדה למי שראויה שתנשא לו אינה נעשית זונה בכך, ואף על פי שהיא בכרת. וכן הבא על הפנויה אפילו היתה קדשה, כלומר שהפקירה עצמה לכל, אינה נעשית זונה כל זמן שלא נבעלה למי שאסורה להנשא לו, כלומר, שהיא ערוה עליו, ואפילו מחיבי לאוין או אפילו מחיבי עשה, בכלל אסור זה.

ולפיכך אמרו, שגוי או עבד או נתין או ממזר או גר עמוני ומואבי או מצרי ואדומי ראשון ושני או פצוע דכא וכרות שפכה, שבא אחד מהן על יהודית עשאה זונה ונפסלת לכהנה. ואם היא כהנת נפסלת מן הכהנה. וכן הנבעלת למי שעושה אותה זונה בין באנס בין ברצון בין בשגגה, בין כדרכה בין שלא כדרכה, משהערה בה נפסלה משום זונה, ובלבד שתהיה בת שלש שנים ויום אחד ומעלה, ויהיה הבועל בן תשע שנים ויום אחד ומעלה. וכן מענין המצוה מה שאמרו (נדרים צ, ב) באשת כהן שאמרה לבעלה נאנסתי, ואפילו עד אחד מעיד לו עליה שכן הוא כדבריה שזנתה שאינה אסורה עליו בכך, דאמרינן שמא עיניה נתנה באחר. ומכל מקום אסורה לכל כהן אחרי מות אישה, דשויתה נפשה חתיכה דאסורא, ואם היתה נאמנת לו או העד נאמן לו הרי זה יוציאנה על כל פנים לצאת ידי ספק. והורונו מורינו (עי' שו"ת הרשב"א סי' אלף רלח), ישמרם אל, דדוקא שבאת לומר כן בין היא או העד, מתוך שלום שבינו לבינה, אבל אמרה כן בין היא בין עד, מתוך קטטה שיש בינו לבינה, יש לדון בדבר שאינו זקוק להוציאה על כל פנים, שחזקה היא דשקורי משקרא, ואין ראוי להאמינה בדבורה בעד אחד אלא בשני עדים כשרים, אבל מכל מקום אם דעתו סומכת בדבריה או בדברי העד הרבה, ראוי לו לחוש מלבוא עליה. ויתר רבי פרטי המצוה, ביבמות ובקדושין [ה' איסורי ביאה פי"ח]. **ונוהגת** בכהנים בכל מקום ובכל זמן וכהן העובר עליה ונשא אשה זונה מאלו שבארנו דרך אישות ובעלה לוקה.

Mitzvah 266

That a priest not marry a licentious woman (zonah): That a priest - whether a common priest or a high priest - not marry a licentious woman as a wife, as it is stated (Leviticus 21:7), "A woman who is licentious or profaned they shall not take." And the expression, "take," implies by way of marriage. Therefore, he is not lashed for her unless he marries her and has intercourse with her. As so did the explanation come, that there is no liability until he has intercourse with her, as we shall write with God's help. **It** is from the roots of the commandment [that it is] since the priests were chosen to always perform the service of God, may He be blessed. And hence it is fitting and obligatory that they be holier and cleaner than all the rest of the people in all of their matters - even in the matter of marital union, which is an essential thing with a man; and some of the thoughts of a man are always about his spouse. Therefore, he became obligated not to marry a licentious woman, whose constitution is evil and bitter, lest she divert and move him from his good way and acceptable intention, 'with her frequent oratory.' She is also an embarrassment and a defect for all who draw close to her, as all of the people jest about her, from 'the

ספר החינוך Sefer HaChinukh

impurity that is in the bottom of her skirts.' **From** the laws of the commandment is that which they, may their memory be blessed, said (Yevamot 61a) that the licentious woman spoken about in the Torah is anyone who is not a daughter of Israel - as they are all in the category of licentious women; and also since marriage to them is not effective, it is licentiousness (by definition). And also called a licentious woman is any daughter of Israel that has had intercourse with a man that it is forbidden for her to marry - the prohibition of which is the same under all circumstances. [The latter is] to exclude a widow that has had intercourse with a high priest or a divorcee with a common priest, as this prohibition is not the same with every man; and [so] she is not [defined as] a licentious woman with it. And likewise, also called a licentious woman is all who have had intercourse with a profaned priest (challal) - and even though she is permitted to marry him. As her being [defined as] a licentious woman is not dependent on prohibited intercourse, but rather on her becoming defective. And we learned from the heard tradition that she is only defective from a man that is forbidden for him to marry her or from a profaned priest. **And** from [this], we learned that one who has mated with a beast does not become a licentious woman, even though she is [punishable] with stoning - as it is specifically the intercourse of a man that makes her a licentious woman (Yevamot 59b). And so [too,] if she had intercourse when she was still a menstruant with someone to whom it is fitting for her to be married; she does not become a licentious woman with that, even though it is [punishable] with excision. And likewise [in a case of] one who has intercourse with a single woman - even if she was a prostitute, meaning she made herself available to all - she does not become a licentiousness woman so long as she has not had intercourse with someone she is forbidden to marry, meaning that she is a sexual prohibition for him. And even prohibitions of [only] a negative commandment or even [those forbidden by] the obligations of a positive commandment are included in this prohibition. And therefore they said that if one of [the following] - a [gentile], a slave, a natin, a mamzer, an Ammonite or Moavite convert, an Egyptian or Edomite [convert] of the first or second [generation], one whose testes are crushed or whose member is cut off - had intercourse with a Jewish woman, he makes her into a licentious woman and she is disqualified to the priesthood. And if she is a priestess, she is disqualified from the priesthood. And so [a woman] who has had intercourse with someone who makes her a

Sefer HaChinukh ספר החינוך

licentious woman is disqualified on account of [being] a licentious woman, from when he inserts himself in her - whether through rape, through consent, through inadvertence, and whether in her [conventional] way or not in her way - and [that is] only when she was three years and a day [old] and above, and the [man] was nine years and a day and above. And also from the matter of the commandment is that which they said (Nedarim 90b) about the wife of a priest who says to her husband, "I was raped," - and even if a witness testifies to him that it was so, like her words, that she was [made] licentious - that she does not become forbidden to him with this. As we say, maybe she put her eyes on someone else [and is seeking a pretext for divorce]. And nonetheless, she is forbidden to any [other] priest after the death of her husband; as she made herself into a 'piece of forbidden matter.' And if she was trusted by him or the witness was trusted, behold this one should [divorce] her in any case to remove the doubt. And our teachers, God should keep them, instructed us (see Teshuvot HaRashba 1268) [that the latter is] specifically when she came to say this - whether she or the witness - from amidst peace between him and her. But if she said this - whether she or the witness - from amidst a spat between him and her, we should determine the matter, [such] that he is not obliged to [divorce] her regardless. As there is [then] an assumption that she was lying, and [hence] it is not fitting to believe her in her words with one witness, but rather [only] with two fit witnesses. But nonetheless, if his opinion is very reliant upon her words or the words of the witness, it is fitting to be concerned [and not] have intercourse with her. And the rest of the many details of the commandment are in Yevamot and in Kiddushin (see Mishneh Torah, Laws of Forbidden Intercourse 18). **And** [it] is practiced by priests in every place and at all times. And a priest who transgresses it and marries a licentious woman - from those that we elucidated - by way of marriage, and has intercourse with her is lashed.

מצוה רסז

שלא ישא כהן אשה חללה - שלא ישא כהן בין גדול בין הדיוט חללה, שנאמר (ויקרא כא ז) אשה זונה וחללה לא יקחו. וחללה תקרא שנולדה מפסולי כהנה, כגון בת אלמנה מכהן גדול או בת גרשה מכהן הדיוט, או שנתחללה על ידי ביאת אחד מן הפסולין לכהנה. **משרשי** המצוה. מה שכתבתי באסור זונה הקדם לזה. **מדיני** המצוה מה שאמרו זכרונם לברכה (קידושין עח א), שאין חיוב מלקות לכהן הנושא חללה עד שיבעל, אבל

נשאה ולא בעל אינו לוקה, שאין חיוב המלקות אלא בבעילה. והוא והיא לוקין. וזה שאמרו זכרונם לברכה (יבמות פד, ב) לא הזהרו כשרות לנשא לפסולין אינו מענין זה כלל, ולמטה בדף זה נפרש הדבר, דודאי זו אחר שהיא נבעלת למי שהיא אסורה עליו בלאו, בכלל החיוב היא גם כן, וכענין שאמרו זכרונם לברכה (שם) שאין הפרש בין אשה לאיש בכל ענשין שבתורה, חוץ משפחה חרופה, שכתבתי למעלה בסדר ויקרא במצות קרבן אשם ודאי (מצוה קכט). **וכן** מדיני המצוה מה שאמרו זכרונם לברכה (סוטה כג, א) שהכהן עצמו שעובר העבירה שהוא בא על החללה אין גופו מחלל בכך, אף על פי שזרעו מחלל. ובין שנבעלה באנס או בשגגה, בין כדרכה בין שלא כדרכה, משהערה בה נתחללה, והוא שהיה הכהן תשע שנים ויום אחד ומעלה, והיא מבת שלש שנים ויום אחד ומעלה נתחללה. ומה שאמרו (יבמות נו, ב) שאינה נעשית חללה אלא בבעילה, אבל בקדושין לבד לא נתחללה, אבל בנשואין, אף על פי שלא נבעלה נעשית חללה, מפני שכל נשואה בחזקת בעולה, ואף על פי שנמצאת בתולה. ומה שאמרו (שם ס, א) שכהן שבא על הנדה, אף על פי שהיא בכרת לא חללה שאין ענין החלול אלא באסור המיחד בכהנים כמו אלמנה וגרשה וחללה זונה, או הנבעלת לאחד מן הפסולין לכהנה כמו החללים. ומה שאמרו זכרונם לברכה (שם פה, א) שיש חללים מדברי סופרים, כיצד? כהן שבעל חלוצה שהיא אסורה לכהן מדרבנן ושהיא חללה מדרבנן וזרעה חללים מדרבנן. אבל כהן שבא על אחת מן השניות אין זרעו ממנה חללים אפילו דרבנן, לפי שהוא אסור השוה בכל אחד ואינו מיחד בכהנים, וכמו שכתבתי למעלה. **כהן** שבא על ספק זונה כגון ספק גיורת ומשחררת, או על ספק גרושה, וכן כהן גדול שבא על ספק אלמנה הרי זו ספק חללה והולד ספק חלל. נמצאו החללים שלשה, חלל מן התורה, חלל מדבריהם, וספק חלל. וכל ספק חלל או חלל מדבריהם נותנין עליו חמרי כהנים וחמרי ישראל אינו אוכל בתרומה, ואינו מטמא למתים, וצריך לשא אשה שראויה לכהן, ואם אכל תרומה או נטמא או נשא גרשה וחללה זונה מכין אותו מכת מרדות. אבל חלל של תורה הודאי הרי הוא כזר, ונושא גרשה, ומטמא למתים, שנאמר אמר אל הכהנים בני אהרן אף על פי שהם בני אהרן, עד שיהיו בכהנה [בכהנתן]. ועוד קבלו זכרונם לברכה (ספרא אמור א א) בפרוש זה הכתוב, בני אהרן ולא בנות אהרן, מכאן שלא הזהרו כשרות להנשא לפסולין, ועל כן הכהנת מתרת להנשא לחלל ולגר ולמשחרר. ולפיכך אמרו זכרונם לברכה (קדושין עג, א) שהגר מתר לשא כהנת וממזרת, כהנת מפני טעם זה שאמרנו שלא הזהרו להנשא לפסולין, ממזרת משום דקהל גרים לא איקרי קהל, ובאסור ממזר כתיב (דברים כג ג) לא יבא ממזר בקהל יי, ומה שאמרו (שם עז, א) שחלל שנשא כשרה כל זרעו חללים ופסולים לכהנה, אבל ישראל שנשא חללה כל זרעו ממנה כשרים לכהנה, שהולד בענין זה הולך אחר הזכר, שנאמר (במדבר א יח) ויתילדו על משפחותם. ומשפחה שנתערב בה ספק חלל כל אלמנה

מאותה משפחה, אסורה לכהן לכתחלה, ואם נשאת לא תצא, לפי שיש כאן שני ספקות, ובספק ספקא אפילו בדאוריתא לא חישינן. אבל נתערב במשפחה ודאי חלל, כל אשה מהן אסורה לכהן עד שיבדק. ויתר פרטיה, בקדושין וביבמות. **ונוהגת** בכל מקום ובכל זמן. והעובר עליה ונשא חללה ודאית ובעלה חיב מלקות. נשא ספק חללה או חללה מדבריהן מכין אותו מכת מרדות. וזה היה בזמן שהישראלים דנו דיני נפשות, אבל בזמן הזה אין מלקין, וכמו שנכתב למטה בעזרת השם בסדר כי תצא (מצוה תקצד) במצות עשה דמלקות.

Mitzvah 267

That a priest not marry a profaned woman (challalah): That a priest - whether a high [priest] or a common [one] - not marry a profaned woman, as it is stated (Leviticus 21:7), "A woman who is licentious or profaned they shall not take." And profaned is called one who was born from those disqualified from the priesthood - such as the daughter of a widow from the high priest or the daughter of a divorcee from a common priest - or was profaned by the intercourse of one of those disqualified to the priesthood. **That** which I wrote about the prohibition of the licentious woman previous to this is from the roots of the commandment. **From** the laws of the commandment is that which they, may their memory be blessed, said (Kiddushin 78a) that there is no liability for lashes until he has intercourse. But [if] he married her and did not have intercourse; he is not lashed - as there is no liability for lashes without intercourse. And [both] he and her are lashed; and that which they, may their memory be blessed, said (Yevamot 84b), "Fitting women are not [prohibited] from marrying disqualified men," is not from this matter at all - and we will explain the thing below on this page. As this one who has had intercourse with someone to whom she is forbidden, is also included in the obligation - and like the matter that they, may their memory be blessed, said that there is no difference between a woman and a man regarding all of the punishments of the Torah, except for the designated maidservant, [about] which I have written above in the Order of Vayikra in the commandment of a definite guilt-offering (Sefer HaChinukh 129). **And** likewise from the laws of the commandment is that which they, may their memory be blessed, said (Sotah 23a) that the body of the priest himself who transgresses the sin - who has intercourse with the profaned woman - is not profaned with this, even though his seed is profaned. And from when he inserts himself in her - whether she

ספר החינוך Sefer HaChinukh

had intercourse through rape or through inadvertence, and whether in her [conventional] way or not in her way - she becomes profaned; and that is when the priest was nine years and a day and above, and she was three years and a day [old] and above - she is [then] profaned. And that which they, may their memory be blessed, said (Yevamot 56b) that she is not made a profaned woman except with intercourse, but with designation alone she is not rendered profane. However, with [actual] marriage, she is made a profaned woman even if she did not have intercourse; because every married woman is assumed to have had intercourse, even if she is found to be a virgin. And that which they said (Yevamot 60a) that a priest who has intercourse with a menstruant - even if it [punishable] with excision - does not make her profane; as the matter of profanation is only with a prohibition that is specific to the priests, such as a widow, a divorcee, a profaned woman, a licentious woman or one who has had intercourse with one of those disqualified to the priesthood, such as the profaned priests. And that which they, may their memory be blessed, said (Yevamot 85a) that there are profaned priests from the words of the [Rabbis]. How is this? A priest that had intercourse with a released woman (chalutsah), who is forbidden to a priest rabbinically, and [so] she is a profaned woman rabbinically and her seed are profaned priests rabbinically. But [regarding] a priest that has intercourse with one of the secondary [prohibitions], his seed from her are not profaned priests - not even rabbinically - as it is a prohibition that is the same for everyone and is not specific to the priests, and as we wrote above. A priest that has intercourse with a possibly licentious woman, such as a possible convert or freed [maidservant], or with a possible divorcee; and so [too,] a high priest who has intercourse with a possible widow - behold this is a doubtfully profaned woman and the offspring is a doubtfully profaned priest. It comes out that there are three [types of] profaned priests: a profaned priest from Torah writ; a profaned priest from the words of [the Rabbis]; and a doubtfully profaned priest. And we give upon any doubtfully profaned priest or profaned priest from the words of [the Rabbis], the stringencies of the priests and the stringencies of the Israelites. He does not eat from the priestly tithe and does not become impure for the dead and he must marry a woman that is fitting for a priest. And if he ate priestly tithe or became impure or married a divorcee, a profaned woman [or a] licentious woman, we strike him with rabbinic lashes of rebellion. But behold, a certainly profaned priest

ספר החינוך Sefer HaChinukh

from Torah writ is like a non-priest and marries a divorcee and becomes impure for the dead; as it is stated (Leviticus 21:1), "Speak to the priests, the sons of Aharon" - even though they are sons of Aharon, [not] until they are in the [their] priesthood. And they, may their memory be blessed, also received (Sifra, Emor, Section 1:2) as the explanation of that verse, "'The sons of Aharon,' and not the daughters of Aharon - from here that fit women are not warned (prohibited) from marrying disqualified ones." And so a priestess is permitted to marry a profaned priest, a convert and a freed [slave]. And therefore they, may their memory be blessed, said (Kiddushin 73a) that a convert is permitted to marry a priestess and a mamzeret: a priestess for the reason we said, that they were not warned from marrying ones disqualified; and a mamzeret on account that the congregation of converts is not called a congregation - and with the prohibition of the mamzer, it is written (Deuteronomy 23:3), "A mamzer shall not come into the congregation of the Lord." And that which they said (Kiddushin 77a) that all the seed of a profaned priest that married a fit woman are profaned priests and disqualified to the priesthood; since the offspring goes after the father in this matter, as it is stated (Numbers 1:18), "and they shall be pedigreed by their families [according to the houses of their fathers]." And any widow from a family into which a possible profaned priest was mixed is forbidden to a priest at the outset. But if she married [him], she should not leave (be divorced) - since there is a double doubt. And we are not concerned about a double doubt, even in a [law] of Torah writ. But if a certainly profaned priest is mixed into a family, every woman from it is forbidden to marry a priest, until he examines [her lineage]. And the rest of its details are in Kiddushin and Yevamot. **And** [it] is practiced in every place and at all times. And one who transgresses it and married a certainly profaned woman and has intercourse with her is liable for lashes. [If] he married a possibly profaned woman or a woman profaned rabbinically, we strike him with lashes of rebellion. And that is at the time when the Israelites would judge capital cases. But at this time, we do not administer lashes - and as we will write below with God's help in the Order of Ki Tetseh (Sefer HaChinukh 594) in the positive commandment of lashes.

מצוה רסח

שלא ישא כהן גרושה - שלא ישא כהן, בין גדול בין הדיוט, גרושה, שנאמר (ויקרא כא ז) ואשה גרושה מאישה לא יקחו. **משרשי** המצוה. מה שכתבתי באסור זונה הקדם לזה (מצוה רסו). **מדיני** המצוה. מה שאמרו זכרונם לברכה (יבמות נט, א), שגרושה היא נקראת אפילו מן הארוסין, ואין צריך לומר מן הנשואין, אבל הממאנת (שם קח, א) אפילו גרשה בגט והחזירה ומאנה בו הרי זו מתרת לכהן. והחלוצה, כלומר, אשה שיצאה מתחת יד יבם בחליצה אסורה לכהן מדרבנן (שם כד א), מפני שנתנו לה דין גרושה. וכהן שכנס ספק גרושה או זונה וחללה מוציאה בגט. אבל כנס ספק חלוצה אין מוציאה, שלא גזרו חכמים אלא על חלוצה ודאית. וכל שאינה ראויה לחלץ, אם נחלצה לא נפסלה לכהנה. יצא עליה קול שהיא חלוצה אין תוששין לאותו קול, שהחכמים הם שגזרו על החלוצה להיות כגרשה והם הקלו בה בענינים אלו שאמרנו. ויתר פרטיה, בקדושין וביבמות. **ונוהגת** בכהנים בכל מקום ובכל זמן. והעובר עליה ונשא גרשה ובעל חיב מלקות, אבל כל זמן שלא בעל אינו מתחיב מלקות, ואפילו כהן גדול שחיב שני לאוין משום לא יקח ומשום לא יחלל, וכמו שנכתב למטה בעזרת השם (מצוה רעד), ולוקה על שניהם, אינו לוקה לעולם על אחד מהם אלא אחר שבעל, אבל לא בעל אינו לוקה משום לא יקח, דלא יקח אגוד הוא בלאו דלא יחלל (רמב"ם אסורי ביאה יז ד). ופעמים שיתחיב כהן גדול ארבע מלקיות בביאה אחת, וכגון שהיא אלמנה ונעשית גרושה ונעשית חללה ונעשית זונה, ועל כיוצא בזה יאמרו חכמים זכרונם לברכה (קידושין עז ב) אסור מוסיף, שהרי בתחלה האלמנה היתה מתרת לכהן הדיוט, וכשנתגרשה נתוסף בה אסור שנאסרה להדיוט, ועדין היא מתרת לאכל בתרומה, וכשנתחללה נתוסף בה אסור שנאסרה מלאכל בתרומה, ועדין היא מתרת לישראל, וכשנעשית זונה נתוסף בה אסור לגבי ישראל, שהרי מצינו אסור בישראל בזונה, שהמזנה ברצון תחת בעלה אסורה לבעל ולבועל. אבל אם נשתנה סדר זה וכגון שנעשית תחלה זונה וכו' אין חיבין על ביאתה אלא מלקות אחת, לפי שאין שם אסור מוסיף, וכלל גדול בכל אסורין שבתורה אין אסור חל על אסור אלא אם כן היו האסורין באין כאחת, או שהיה האחד מוסיף דברים אחרים, כמו שאמרנו, או אסור כולל.

Mitzvah 268

That a priest not marry a divorcee: That a priest - whether a high [priest] or a common [one] - not marry a divorcee, as it is stated (Leviticus 21:7), "and a woman divorced from her husband they shall not take." **That** which I wrote about the prohibition of the licentious woman previous to this (Sefer HaMitzvot 266) is from the roots of the commandment. **From** the laws of the commandment it that which they, may their memory be blessed, said (Yevamot 59a) that she is called a divorcee even from

ספר החינוך Sefer HaChinukh

betrothal, and there is no need to say from marriage. But one who refused (child marriage) - even if he divorced her with a bill of divorce and brought her back and she refused him - behold she is permitted to a priest (Yevamot 108a). And a released woman (chalutsah) - meaning to say a woman that went out from [the domain of] her levirate husband with release - is forbidden to a priest rabbinically, since they gave her the legal status of a divorcee (Yevamot 24a). A priest that brought in (married) a possible divorcee or licentious woman or profaned woman turns her out with a bill of divorce. But if he brought in a possibly released woman, he does not turn her out with a bill of divorce; as the Sages only decreed about a certainly released woman. And any [woman] that is not fitting to be released is not disqualified to the priesthood if she was released. If a rumor went out about her that she was released, we do not concern ourselves with that rumor. As the Sages are the ones that decreed about a released woman that she be like a divorcee, and they are [also] the ones that were lenient in these matters that we said. And the rest of its details are in Kiddushin and Yevamot. **And** [it] is practiced by priests in every place and at all times. And one who transgresses it and marries a divorcee and has intercourse is liable for lashes. But so long as he does not have intercourse, he does not become liable for lashes. And even a high priest, who is liable for two negative commandments - on account of "he shall not take, and on account of "He shall not profane," as we will write below with God's help (Sefer HaChinukh 274) - and is lashed for both of them, is never lashed for [even] one of them, except after he has intercourse. But if he did not have intercourse, he is [also] not lashed for "he shall not take" - as "he shall not take" is bound with the negative commandment of "He shall not profane" (Mishneh Torah, Laws of Forbidden Intercourse 17:4). And there are times when the high priest will become liable for four [sets] of lashes with one intercourse - for example if she was a widow and became a divorcee and [then] became a profaned woman and [then] became a licentious woman. And about what is similar to this, the Sages, may their memory be blessed, would say (Kiddushin 77b) it is a supplementary prohibition. As behold, at first the widow was permitted to a common priest. But when she got divorced, a prohibition was added to her - that she became forbidden to a common [priest]. Yet she was still permitted to eat priestly tithe. But when she became profaned, a prohibition was added to her - that she became forbidden from eating priestly tithe. Yet she was still permitted to an Israelite. But when she became a licentious woman, a prohibition was added to her concerning an Israelite - as behold, we have found a prohibition for an Israelite with a licentious woman: As a woman who is volitionally licentious while in her husband's [domain] is forbidden to the husband and to the one who had intercourse [with her]. But if this order is changed - for example that she first became a licentious woman, etc. - we are only liable for one [set of] lashes for her intercourse; as this is not a supplementary prohibition. And there is a great principle about all of the prohibitions of the Torah: A prohibition does not rest upon [another] prohibition unless the prohibitions came together or one adds other things - as we said - or [it was] an inclusive prohibition (issur kollel).

מצוה רסט

מצות קדוש זרע אהרן - לקדש זרע אהרן. כלומר, לקדשם ולהכניסם לקרבן, וזהו עקר העשה. וכן להקדימם לכל דבר שבקדשה, ואם מאנו בזה, לא נשמע אליהם. וזה כלו לכבוד השם יתעלה, אחר שהוא לקחם ובחרם לעבודתו, שנאמר (ויקרא כא ח) וקדשתו לכל דבר שבקדשה לפתוח ראשון, ולברך ראשון, ולטל מנה יפה ראשון. ולשון ספרא (א יג) וקדשתו על כרחו, כלומר, שזאת המצוה אנחנו נצטוינו בה, ואין זה בבחירת הכהן. ועוד אמרו קדושים יהיו לאלהיהם על כרחם, והיו קדש לרבות בעלי מומין שלא נאמר אחר שזה אינו ראוי להקריב לחם אלהיהם, למה זה נקדימהו ונכבדהו? על כן אמרו והיו קדש, כלומר הזרע הוא מיוחס כלו תמים ובעל מום. **משרשי** המצוה. לפי שידוע כי מכבוד האדון לכבד משרתיו, ובכל עת כבדנו הכהנים, נזכר ונקבע במחשבתנו כבודו ברוך הוא וגדלו, ובזכות המחשבה הזכה והמעלה והרצון הטוב, תחול ברכתו ברוך הוא וטובו הגדול עלינו והוא חפץ בברכה כאשר הודענו כמה פעמים. **מדיני** המצוה. מה שאמרו זכרונם לברכה (גטין נט, א), שסדר קריאת התורה בצבור זהו, שכהן קורא ראשון לעולם, ואחריו לוי, ואחריו ישראל, ואם אין שם כהן נתפרדה חבילה, ואם אין שם לוי כהן קורא שני פעמים, וכהן אחר כהן לא יקרא, משום פגמו של ראשון, ולוי אחר לוי לא יקרא, משום פגם שניהם, וכבוד זה נעשה להם, כשראויין לכך אבל אם היו בעלי עבירות נמנעים מכבוד. וכבר אמרו זכרונם לברכה (הוריות יג, א) שממזר תלמיד חכם קדם לכהן גדול עם הארץ, ועכשו בזמן הזה לא ראינו מי שהקדים עצמו לשום כהן מפני חכמתו, ועקב ענוה יראת יי (משלי כב ד). ויתר פרטיה, נתבארו במקומות חלוקים מן גמרא מכות וחלין ובכורות ושבת וזולתם (ה' כלי המקדש פ"ח). **ונוהגת** בכל מקום ובכל זמן בזכרים ונקבות, שמצוה על כלן לכבד זרע אהרן. ועובר על זה ולא כבדם במקום שראוי וכהן הראוי לכבוד בטל עשה זה.

ספר החינוך Sefer HaChinukh

Mitzvah 269
The commandment of sanctifying the seed of Aharon: To sanctify the seed of Aharon - meaning to say, to sanctify them and to bring them in to the sacrifice - and that is the essence of the positive commandment - and likewise to have them precede in every thing of holiness. And if they refuse this, we do not listen to them. And this is all for the honor of God, may He be elevated, since He took them and chose them for His service. As it is stated (Leviticus 21:8), "And you shall make him holy" - for every thing in holiness: to open first; to bless first; and to take a nice piece first. And the language of Sifra, Emor, Chapter 1:13 is "'And you shall make him holy,' against his will" - meaning to say that we are commanded in this commandment and it is not the choice of the priest. And they also said (Sifra, Emor, Chapter 1:13), "'Holy shall they be to their God' (Leviticus 21:6) - against their will; 'and they will be holy' - to include those with blemishes, that we not say, 'Since those are not fitting "to offer the bread of their Lord," why should we have this one precede and we honor him?' Hence, its stating, 'and they will be holy'" - meaning that all of the seed is holy, [both] those unblemished and those with blemishes. **It is** from the roots of the commandment [that it is] since it is known that honoring his servants is from the honor of the master. And every time we honor the priests, we remember and fix His honor, blessed be He, and His greatness in our thoughts. And in the merit of this pure thought and loftiness and good will, His blessing and His great goodness will descend upon us. And He desires blessing, as we have informed several times. **From** the laws of the commandment is that which they said (Gittin 39a) that the order of the communal reading of the Torah is like this - that the priest (Kohen) always reads first; and a Levite after him; and an Israelite after him. But if there is no priest there, the package is undone. And if there is no Levite, a priest reads twice. But a priest does not read after a priest, because of [the appearance of] the defect of the first. And a Levite does not read after a Levite, because of [the appearance of] the defect of both of them. And this honor is done for them if they are fitting it. But if they are sinners, we prevent them from honor. And they, may their memory be blessed, already said (Horayot 13a) that a mamzer Torah scholar precedes an ignoramus high priest. But today at this time, we have not seen [anyone] who had himself precede any priest, because of his wisdom - and 'following modesty is the fear of the Lord.' And the

rest of its details are elucidated in scattered places of the Gemara: Makkot; Chullin; Bekhorot; Shabbat; and the rest of them (see Mishneh Torah, Laws of Vessels of the Sanctuary and Those who Serve Therein 8). **And** [it] is practiced in every place and at all times by males and females, as it is a commandment upon all of them to honor the seed of Aharon. And one who transgresses it and does not honor them in a place that is fitting and [with] a priest that is fitting to honor has violated this positive commandment.

מצוה רע

שלא יכנס כהן גדול באהל המת - שלא יכנס כהן גדול באהל המת ואפילו לששה מתי מצוה, שנאמר (ויקרא כא יא) ועל כל נפשות מת לא יבא. כלומר לא יבוא בתוך הבית עמהם, דלשון לא יבוא ביאה [ביאת בית] משמע. **משרשי** המצוה. מה שכתבתי למעלה במצוה רס"ו (רסג) בסדר זה, שענין הטמאה ראוי להתרחק מן הכהנים שהם קדושים עושי מלאכת השם יתברך תמיד, והכהן הגדול הנבדל להיות קדש קדשים, עם היותו בעל גוף נפשו תשכן תמיד בתוך המשרתים העליונים, על כן לא תחוש התורה עליו להתיר לו טמאה לעולם, ואפילו בקרובים כמו לכהנים הדיוטים שכתבתי למעלה (מצוה רסג) דחס רחמנא עליהם, שישפכו נפשם בבית המת כי יחם לבבם על קרוביהם, מה שאינו כן בכהן הגדול, כי מרב דבקות נפשו למעלה יתפשט לגמרי מטבע בני איש וישכיח מלבו כל עסק עולם הזה הנפסד, ועל חברת הקרוב לא תבכה נפשו, כי כבר הוא נפרד ממנו בעודנו בחיים. ובדיני טמאת המת ואהל המת דברתי מעט כמנהגי בסדר זה, אין ראוי להחזירו פן יכבד על הקורא. [הלכות אבל פ"ג]. **ונוהג** אסור זה בזמן הבית שיש שם כהן גדול ובכל מקום שיהיה, ואפילו אם היה מקרה שיצא לחוצה לארץ מזהר מהכנס באהל המת. ואם עבר ונכנס שם במזיד ואפילו אביו או אמו מתים בבית לוקה.

Mitzvah 270
That a high priest not enter the tent of a dead body: That a high priest not enter the tent of a dead body - and even for one of the six commanded dead [relatives], as it is stated (Leviticus 21;11), "And for all dead souls, he shall not come" - meaning to say, he should not enter into the house with them. As the expression, "he shall not come" implies entering [entering a house]. **What** I wrote above in Mitzvah 266 in this Order (Sefer HaChinukh 263) is from the roots of the commandment - that it is fitting to distance the priests, who are the holy ones who do the service of God, from the matter of impurity. And [regarding] the high priest who is distinguished to be Holy of Holies; though he has a body, his soul

always dwells among the elevated servants. Therefore, the Torah is not concerned to ever permit him impurity - even for the relatives which the Torah is concerned about for the ordinary priests, which I wrote about above (Sefer HaChinukh 263), who will pour out their souls in the house of [mourning] because their hearts are heated for their relatives. The high priest, by contrast, is thoroughly bound to loftier pursuits and entirely separate from human nature. He will lose any memory of this fleeting world; he will not weep for the loss of one of his society because he was already apart from them in life. As far as the laws of impurity from the dead and the tent of the dead, I have already spoken some according to my custom in this Order; it is not fitting to repeat it, lest it become burdensome for the reader (see Mishneh Torah, Laws of Mourning 3). **And** this prohibition is practiced at the time of the [Temple] and there was a High Priest there. And in any place that he may be - even if on some occasion he exited the Land - he is [still forbidden] from entering into the tent of a dead body. And if he transgressed and entered there volotionally - even [if it was] his father or mother [that] were dead in the house - he is lashed.

מצוה רעא

שלא יטמא כהן גדול בשום טמאה במת - שלא יטמא כהן גדול אפילו במת מקרוביו, וכל שכן בכל שאר המתים שבעולם, במין ממיני הטמאה בין בנגיעה בין במשא, שנאמר (ויקרא כא יא) לאביו ולאמו לא יטמא, כלומר, אפילו לאלו שהם קרוביו, ואף על פי שבראש הפסוק אסר עליו מהטמא על כל הנפשות, זהו טמאת ביאה לאהל המת, כמו שפרשנו שם (מצוה רע) שהרי כתוב שם לא יבא דמשמע ביאה באהל, וכאן יאסר עליו כל שאר מיני הטמאה בכלל. ואל תחשב שזה שנאמר לאביו ולאמו וגו'. הוא פרוש לראש המקרא שאמר ועל כל נפשת וגו'. שאין הדבר כן, אבל הם שני לאוין לא יבא ולא יטמא. ולשון ספרא (אמור ב ד) חיב בלא יבא וחיב בלא יטמא. וכמו כן אמרו זכרונם לברכה (בספרא שם) שחיב כהן הדיוט בלא יבא ולא יטמא, אף על פי שלא נכתב בו, מדין גזירה שוה, כששניהם נאסרו מהטמא בנפש, וכמו שבא בגמרא. ואמנם אין למנות במנין הלאוין לא יבא ולא יטמא בכהן הדיוט לשני לאוין כמו שמנינו אותן בכהן גדול, לפי שבכהן גדול נכתבו בפרוש, ובהדיוט נלמד האחד בגזרה שוה, וכבר הורה זקן הוא הרמב"ם זכרונו לברכה (בסהמ"צ שורש ב), שאין לנו למנת במנין תרי"ג מצות אלא המפרשות בכתוב, אבל לא הנלמדות במדות שהתורה נדרשת בהן. **משרשי** המצוה. מה שכתבנו במצוה הקדמת לזו, והוא הדין והוא הטעם, כי כונת שתיהן בלא יבא ובלא יטמא ענין אחד הוא. **ובדיני** טמאת המת, כבר כתבתי למעלה בסדר זה במצוה רסג קצת מהן. **ונוהג** אסור זה

ספר החינוך Sefer HaChinukh

בזמן הבית כי אז יהיה שם כהן גדול, ובכל מקום שהכהן שם, גם כן נוהג אסור זה, ואם עבר ונטמא ואפילו לקרוביו במין ממיני הטמאה חיב מלקות.

Mitzvah 271
That the high priest not become impure with any impurity: That the high priest not become impure - even with a dead body from among his relatives, and all the more so with all the other dead bodies in the world - with a type from the types of impurity, whether through touching or whether through carrying, as it is stated (Leviticus 21:11), "for his mother or for his father, he shall not become impure." [This is] meaning to say, even for these which are his relatives. And even though it forbade him from becoming impure for all souls at the beginning of the verse, that is impurity of coming into the tent of a dead body, as we explained there (Sefer HaChinukh 270). As behold, there it is written, "he shall not come," which implies coming into a tent. Whereas here all of the other types of impurity are forbidden more generally. And do not think that that which it stated, "for his father and for his mother, etc.," is an explanation of the beginning of the verse that stated, "And for all dead souls, etc." - as the matter is not like this. But [rather,] they are two [distinct] negative commandments, "he shall not come," and "he shall not become impure." And the language of Sifra, Emor, Section 2:4 is "He is liable for 'he shall not come,' and he is liable for 'he shall not become impure.'" And they, may their memory be blessed likewise said, that a common priest is liable for "he shall not come," and "he shall not become impure" - even though it is not written about him - stemming from the law of an inferential comparison; as both of them were forbidden from becoming impure with a soul, and as it appears in the Gemara. However, we should not count "he shall not come" and "he shall not become impure" for a common priest as two negative commandments, such as we counted them for a high priest. [This is] as they are written explicitly with a high priest; while with a common priest, one is learned from an inferential comparison. And the elder has already instructed - that is Rambam, may his memory be blessed - that we should only count those that are explicit in Scriputre in the tally of the six hundred and thirteen commandments, but not those that are learned through the hermeneutic principles through which the Torah is expounded. **That** which we wrote about the commandment preceding this is from the roots of the commandment. And it is the same law and it

the same reason; as the intention of both of them - of "he shall not come" and of "he shall not become impure" - is one matter. **And we have already written a few of the laws of the impurity of a dead body above in this Order in Commandment 263 (Sefer HaChinukh 263). And** this prohibition is practiced at the time of the [Temple], as then was there a high priest there. And this prohibition is also practiced in any place that the [high] priest is there. And if he transgressed and became impure with a type of the types of impurity - and even for his relatives - he is liable for lashes.

מצוה רעב

מצות כהן גדול לשא נערה בתולה - שישא כהן גדול נערה בתולה, שנאמר (ויקרא כא יג) והוא אשה בבתוליה יקח. והראיה שזה נחשב מכלל מצות עשה מה שאמרו זכרונם לברכה (כתובותל, א): עושה היה רבי עקיבא ממזר אפילו מחיבי עשה, ובארו זה, כשהיה כהן גדול בא על אשה שאינה בתולה, שהיא אסורה עליו בעשה, שהעקר הוא אצלנו, לאו הבא מכלל עשה עשה. ועוד אמרו זכרונם לברכה (הוריות יא, ב) מזהר על האלמנה, ומצוה על הבתולה. **משרשי** המצוה. לפי שהעקר הטוב שבאדם הוא שיהיה לו מחשבת טהרה ונקיות, כי אחרי המחשבות ימשך מעשה הגופות, על כן ראוי לו למשרת הגדול להדבק באשה שלא קבעה מחשבתה באיש אחר זולתי בו שהוא קדש קדשים, ומתוך כך יהיה הזרע אשר יתן לו השם יתברך ממנה טהור ונקי ראוי לעבד בקדשה. ושמא תאמר ומי יודע אם גם הבתולה קבעה מחשבתה באיש זולתי בו ונתנה עיניה באחר, התשובה בזה, שכל זמן שלא יצאה מחשבתה מן הכח אל הפעל אינה נפסלת, אבל כל זמן שנבעלה נפסלה, ואף על פי שאמרו זכרונם לברכה (יבמות נט, א), דמשתבגר אסורה עליו, הענין הוא, דמכיון שהיא גדולה כל כך, יצר מחשבת לבה רק רע, ואולי קבעה מחשבתה באדם אחר, ומחשבתה רעה מכיון שהיא גדולה, נחשבת לה כמעשה. וכן מזה הטעם אמרו גם כן (שם), שאם נתאלמנה מן הארוסין, אפילו בעודה קטנה, אסורה היא לכהן, דמכיון שנעשה בה מעשה הקדושין, כבר קבעה מחשבתה באיש אחר מתוך מעשה הארוסין ונפסלה, דמעשה פוסל אפילו בקטנות, ומחשבה בגדולות, וכן אמרו (שם), שאם נבעלה שלא כדרכה גם כן פסולה, שכבר נעשה בה מעשה רב, אף על פי שבתוליה קימין. וכן אמרו (שם) שאף מכת עץ פסולה, והטעם בה לפי הדומה לפי שאינה קובעת עוד מחשבתה הרבה בכהן גדול, דמכיון שנאבדו בתוליה אינה כורתת ברית חזק לעולם לאיש, וכעין מה שאמרו זכרונם לברכה (סנהדרין כב, ב) כי אין אשה כורתת ברית אלא למי שעשאה כלי, והרי זו לא עשאה שום אדם כלי, ומכל מקום לא החמירו זכרונם לברכה באלו הרבה, ואמרו (יבמות ס, א) שאם נשא בוגרת או מכת עץ דיעבד יקים. **מדיני** המצוה. מה שאמרו זכרונם לברכה (הוריות יב, ב) שאחד כהן גדול המשוח בשמן

ספר החינוך Sefer HaChinukh

המשחה או המרבה בבגדים, ואחד כהן גדול העובד או כהן גדול שמנוהו ועבר, וכן כהן משוח מלחמה כלם מצווין על הבתולה ואסורין באלמנה. ומה שאמרו (יבמות נח, ב) שאפילו אירס הקטנה ובגרה תחתיו קדם נשואין הרי זה לא יכנס, ואם כנס אינו מוציא, ומה שאמרו (שם נט, א) שאינו נושא שתי נשים ביחד לעולם, שנאמר והוא אשה בבתוליה יקח, דוקא אשה אחת, אבל לא שתים, ומה שאמרו (שם סא, א), שאם כנס האלמנה בעודו הדיוט ונתמנה כהן גדול שאינו מוציאה, ואפילו ארסה קדם שנתמנה כהן גדול כנסה לאחר שנתמנה. ויתר פרטיה, בפרק ששי מיבמות ובמקומות מכתבות וקדושין [ה' איסורי ביאה פי"ז]. **ונוהג** בארץ בזמן הבית והעבודה, כי אז יתמנה הכהן גדול, לא במקום אחר. וכהן גדול העובר על זה ונשא בעלת איש שאינה לא אלמנה ולא גרושה בטל עשה ומוציאה בגט.

Mitzvah 272
The commandment of a high priest to marry a virgin maiden:
That a high priest marry a virgin maiden, as it is stated (Leviticus 21:13), "And he shall take a woman in her virginity." The proof that this is considered to be from the positive commandments is that which they, may their memory be blessed, said (Ketuvot 30a), "Rabbi Akiva would make a mamzer (one illegitimate) even from those liable from a positive commandment." And they elucidated that this is when a high priest has intercourse with a woman who is not a virgin, who is prohibited to him by a positive commandment. As it is a principle with us that a negative commandment inferred from a positive commandment is a positive commandment. And they, may their memory be blessed, also said (Horayot 11b), "He is cautioned about the widow and commanded about the virgin." **It** is from the roots of the commandment [that it is] since the essence of good in a person is that he have thoughts of purity and cleanliness - for after the thoughts are the deeds of bodies drawn. Therefore, it is fitting for the highest servant to cling to a woman who has never fixed her thought towards another man besides him who is Holy of Holies. And through that, the seed that God, may He be blessed, gives him from her will be pure and clean; fitting to serve in holiness. And lest you say, "And who knows if the virgin has also fixed her thought towards a man besides him and set her eyes on another," the answer to this is that for as long as the thought has not gone from the potential to the actual, she is not disqualified. But anytime she had intercourse with him, she is disqualified. And even though they, may their memory be blessed, said (Yevamot 59a) that when she becomes an adult, she is prohibited to him, the matter is that once she has

ספר החינוך Sefer HaChinukh

matured so much, the thought of her impulse is only evil; and perhaps she fixed her thought towards another. And from when she is an adult, her evil thought counts as an act. And so [too,] from this reason did they say (Yevamot 59a) that if she was widowed from betrothal - even as a minor - she is forbidden to the [high] priest. As from when the act of designation (kiddushin) was done with her, she already fixed her thought towards another man via the act of betrothal and was [so] disqualified - as an act disqualifies even with minors, and thought [does] with adults. And likewise, they said (Yevamot 59a) that if she had intercourse not in her (customary) way, she is also disqualified - as she already did a big act, even though her virginity (hymen) is intact. And so [too,] they said (Yevamot 59a) that even [if she is one] struck by wood (on her hymen), she is disqualified. And the reason with her is apparently that she will not fix her thought greatly on the high priest. As once she lost her virginity, she does not cut (form) a strong covenant with a man ever. And [this is] similar to that which they, may their memory be blessed, said (Sanhedrin 22b) that a woman only cuts a covenant with one who 'makes her a vessel' - and behold, this one did not 'make her a vessel.' However, they, may their memory be blessed, were not very stringent with these [laws], and they said (Yevamot 60a) that if he married an adult or one struck by wood, he keeps [the marriage], ex post facto. **From the laws of the commandment** is that which they, may their memory be blessed, said (Horayot 12b) that it is one [if it is] a high priest that was anointed by the anointing oil or with many clothes, and it is one [if it is] a high priest that is serving or a high priest who they appointed and he left [the service], and likewise a priest anointed for war - they are all commanded about the virgin and forbidden with the widow. And that which they said (Yevamot 58b) that even if he betrothed a minor and she became an adult while [in his domain] before the marriage, behold this one should not [marry her]. But if he did [marry her], he does not [divorce her]. And that which they said (Yevamot 59a) that he never marry two women together, as it is stated, "And he shall take a woman in her virginity" - specifically one woman, and not two. And that which they said (Yevamot 61a) that if he [married] a widow while he was still a common [priest] and became appointed as high priest, he does not [divorce] her. And even if he [only] betrothed her before he was appointed high priest, he [marries] her after he is appointed. And the rest of its details are in the sixth chapter of Yevamot and in [various] places of Ketuvot and Kiddushin (see

Rambam, Laws of Forbidden Intercourse 17). **And** [it] is practiced in the Land at the time of the [Temple] and the service; as the high priest is appointed there, not in another place. And a high priest that transgresses this and marries one - who is neither a widow nor a divorcee - who has had intercourse with a man, has violated this commandment and [must] put her out with a bill of divorce.

מצוה רעג

שלא ישא כהן גדול אלמנה - שלא ישא כהן גדול לבד אלמנה, שנאמר (ויקרא כא יד) אלמנה וגרושה וחללה זונה את אלה לא יקח. ולא היה צריך הכתוב לחזור אסור גרושה וחללה זונה בכהן גדול, שדרך כלל נאסרו על כל כהן, והוא ראש הכהנים, ועל כן פרשו זכרונם לברכה (קדושין עז א), כי ללמד לנו ענין זה, בא כפל האזהרה בגרושה וחללה זונה בכהן גדול. ואמרו בגמרא קדושין (שם), שבא ללמד, שבזמן שיקרה שיהיו כל אסורין אלו באשה אחת כסדר הזה שבתחלה תתאלמן ואחר כך תתגרש ואחר כך תתחלל ואחר כך תעשה זונה, ובא עליה כהן גדול שחיב על ביאה אחת ארבע מלקיות, והוא שהזהר בארבעה לאוין, ואם בא עליה כהן הדיוט לוקה שלש. והטעם שיתחיבו עליה הרבה מלקיות כשהיא כסדר הזה, לפי שיש בה בענין זה אסור מוסיף, וכמו שכתבנו למעלה (מצוה רסח) סמוך במצות אסור גרושה לכהן, שאין אסור חל על אסור אלא כשיהיה אסור מוסיף או אסור כולל או אסור בבת אחת, כמו שמתבאר במסכת כרתות (יד, ב). ואין צריך לומר, שאם בעל ארבע נשים ואחת מהן אלמנה ואחת גרושה ואחת חללה ואחת זונה, והתרה על כלן שחיב ארבע מלקיות, בין שיבוא עליה כסדר או שלא כסדר, הואיל והן גופין מחלקין. **ואם** תשאל ותאמר ואיך ילקה הרבה מלקיות בין באשה אחת בין בהרבה, והא קימא לן אין לוקין על לאו שבכללות, שהרי זה לאו שבכללות הוא, שהרי בכלן באה המניעה בלאו אחד, וכמו שכתוב למעלה (מצוה ז) לדעת הרמב"ם זכרונו לברכה. התשובה דע שכבר בארו זכרונם לברכה ענין זה, וזהו אמרם בגמרא קדושין (עז, ב) במה שכתוב בכהן הדיוט ואשה גרושה מאישה לא יקחו, שמפני כן נפרדה הגרושה בלאו, ללמד שמלקין על הגרושה בפני עצמה וכמו שמלקין על הגרושה בפני עצמה, כך מלקין על החללה ועל הזונה בפני עצמה. ואמרו שם כשם שחלוקה גרושה וחללה וזונה בכהן הדיוט כך חלוקה בכהן גדול, וללמד דברים אלו נכפלה המניעה בכהן גדול, כמו שאמרנו. ***משרשי*** המצוה. לפי שיש בנשואי האלמנה מחשבות זרות, כעין מה שאמרו זכרונם לברכה (פסחים קיב, א), שבחור שנשא האלמנה שלש דעות יש במטה וכו'. **מדיני** המצוה. מה שאמרו זכרונם לברכה (יבמות נט, א) שאלמנה היא נקראת אפילו מן הארוסין, וכהן גדול שמת אחיו אפילו מן הארוסין, הרי זה לא ייבם אלא חולץ. היתה מקדשת ספק קדושין ומת ארוסה הרי זו ספק אלמנה ואסורה, שכל ספק בדאוריתא אסור הוא מן התורה, ועל כן אמרו

זכרונם לברכה בכל מקום, שספקא דאוריתא, לחמרא. ויתר פרטיה, ביבמות וקדושין. וכהן גדול העובר על זה וקדש אלמנה ובעלה לוקה שתי מלקיות: אחת, משום אלמנה לא יקח, ואחת משום לא יחלל זרעו, שהוא לאו בפני עצמו, וכמו שנכתב אותו בסמוך (מצוה רעד), אבל קדש אותה ולא בעלה אחר כך אינו לוקה כלל ואפילו משום לא יקח, וכמו שאמרו שם בקדושין (עח, א) בעל לוקה, לא בעל אינו לוקה, דמה טעם קאמר לא יקח? משום לא יחלל. אבל בעל האלמנה אף על פי שלא קדשה לוקה אחת משום לאו דלא יחלל משמע, שכן פרשו זכרונם לברכה (שם) ולא יחלל לא לה ולא זרעו, וכן אמרו שם בקדושין ומודה רבא בכהן גדול באלמנה שאם בעל ולא קדש לוקה, מאי טעמא? ולא יחלל זרעו אמר רחמנא, והרי חלל, כלומר דבכלל ולא יחלל. משמע דלא יחלל כשרים ולא [יחלל] זרעו.

Mitzvah 273

That a high priest not marry a widow: That only a high priest not marry a widow, as it is stated (Leviticus 21:14), "A widow and a divorcee and a profaned woman, a licentious woman - these he shall not take." And the verse did not need to repeat the prohibition of "a divorcee and a profaned woman, a licentious woman" with a high priest - as they were forbidden more generally to any priest, and he is the head of the priests. And therefore, they, may their memory be blessed, explained (Kiddushin 77a), that the repetition of this warning of "a divorcee and a profaned woman, a licentious woman" with a high priest comes to teach us this matter: And they said in the Gemara in Kiddushin that it comes to teach that at a time that it happens that all of these prohibitions happen with one woman in this order - that at first, she is widowed; and afterwards she divorces; and afterwards she is profaned; and afterwards she becomes a licentious woman - and the high priest has intercourse with her, he is liable four [sets] of lashes for one intercourse. And this is when he was warned about [the] four negative commandments. And if a common priest had intercourse with her, he will be lashed three [sets]. And the reason that they are liable for several [sets of] lashes when [her status changed] in this order is because there is a supplementary prohibition in this matter. And [it is] as we wrote above close by in the commandment of the prohibition of a divorcee to a priest (Sefer HaChinukh 268) - that a prohibition does not rest upon [another] prohibition except when it is a supplementary prohibition or [it was] an inclusive prohibition (issur kollel) or [several prohibitions come] at one time, as it is explained in Tractate Keritot 14b. And it is not necessary to say that if he had intercourse with four women and

ספר החינוך Sefer HaChinukh

one of them was a widow, one was a divorcee, one was a profaned woman and one was a licentious woman and he was warned about all of them, he is liable for four [sets] of lashes - whether he has intercourse in the order or not in the order - since they are different bodies. **And** if you will ask and say, how can he be lashed several [sets of] lashes - whether for one woman or several - take heed, it is established for us that we do not administer lashes for a general negative commandment; [and] behold, this is a general negative commandment, as behold the prevention of all of them comes from one negative commandment - and as we wrote above (Sefer HaChinukh 7) according to the opinion of Rambam, may his memory be blessed! The answer is - know that they, may their memory be blessed, elucidated this matter; and that is their saying in the Gemara Kiddushin 77b about that which is written about a common priest (Leviticus 21:7), "and a woman divorced from a man they shall not take," that it is for this reason that the divorcee was separated with [its own] negative commandment - to teach that we administer lashes for the divorcee on her own. And [just] like we administer lashes for the divorcee on her own, so do we administer lashes for the profaned woman and for the licentious woman on her own. And they said there, "In the same way that a divorcee and a profaned woman and a licentious woman [are] divided [into separate negative commandments] with a common priest, so too [are they] divided with a high priest." And to teach these things was the prevention repeated with a high priest, as we said. **It** is from the roots of the commandment [that it is] because there are foreign (external) thoughts in marriage to a widow. [It is] similar to that which they, may their memory be blessed, said (Pesachim 112a), "[When] a young man marries a widow, there are three dispositions in the bed, etc." **From** the laws of the commandment are that which they, may their memory be blessed, said (Yevamot 59a) that she is called a widow even from the betrothal; and that [in the case] of a high priest whose brother dies [and leaves a widow] even from betrothal, behold this one should not do levirate marriage, but rather release [her]. If she was designated by a questionable designation and her betrothed died, behold she is a questionable widow and forbidden - as any doubt in a Torah law is forbidden from Torah writ. And therefore they, may their memory be blessed, said in every place that [in the case of] a doubt in Torah law, [we go] towards stringency. And the rest of its details are in Yevamot and Kiddushin. And a high priest who transgresses it and designates a widow and has intercourse with her, is lashed twice - one on account of 'a widow he shall not take,' and one on account of "he shall not profane his seed" - which is a negative commandment on its own, and as we will write nearby (Sefer HaChinukh 274). But if he designated her and did not have intercourse afterwards, he is not lashed at all - and even on account of 'he shall not take.' And [it is] like they said there in Kiddushin 78a, "If he had intercourse, he is lashed; if he did not have intercourse, he is not lashed [...]. For what reason is he commanded 'he shall not take'? On account of 'he shall not profane.'" But if he had intercourse with the widow - even though he did not designate her, it is implied that he is lashed one [set], on account of "he shall not profane." As so did they, may their memory be blessed, explain (Kiddushin 78a), "He shall not profane": not her and not his seed. And likewise, did they say there in Kiddushin, "And Rava concedes in [the case of] a high priest with a widow, that if he had intercourse and did not designate [her], he is lashed. What is the reason? As [the Torah] states, 'And he shall not profane his seed,' and behold, he profaned" - meaning to say, it is included in "And he shall not profane." [Hence] it is implied that 'he shall not profane' proper ones [such as the widow], nor [shall he profane] 'his seed.'

מצוה רעד

שלא יבעל כהן גדול אלמנה - שלא יבעל כהן גדול אלמנה ואפילו בלא קדושין, שנאמר (ויקרא כא טו) ולא יחלל זרעו בעמיו, ואמרו בקדושין (עח, א) כהן גדול באלמנה לוקה שתים, משום לא יקח, ומשום ולא יחלל, כלומר, שאם נשאה ובעלה לוקה שתי מלקיות, ואם בעלה מבלי שקדשה לוקה אחת משום לא יחלל, וכמו שאמר רבא שם, ומודה רבא באלמנה לכהן גדול שאם בעל ולא קדש לוקה, מאי טעמא? ולא יחלל אמר רחמנא, והרי חלל. קדשה ולא בעלה אינו לוקה משום לא יקח, דהא אמרינן התם דמה טעם קאמר מה טעם לא יקח? משום לא יחלל. משמע דכל זמן שלא חלל אינו לוקה. **וזה** הטעם למדנוהו אף בכהן הדיוט בנשים האסורות לו, ואף על פי שכתוב זה דלא יחלל בכהן גדול הוא ובאלמנה, למדנו ממנו שאין ההדיוט גם כן חיב מלקות בנשים האסורות לו עד שיקח ויבעל, דודאי לא החמיר ההדיוט מגדול, וכמו שבארו שם בקדושין בעל לוקה לא בעל אינו לוקה, ואמרו שדין זה גם כן בכהן הדיוט שאינו חיב על הנשים האסורות לו עד שיקדש תחלה ואחר כך יבעל. אבל בעל זונה או גרושה וחללה בלא קדושין, אף על פי שזה אסור לו ופסלו לכהנה אינו לוקה, מכיון שלא נתבארה המניעה בו מזה בפרוש, דלא יחלל בפרשת כהן גדול הוא כתוב ובאלמנה דוקא. אבל בזונה וגרושה וחללה אף הכהן גדול גם כן אינו לוקה עליהן אלא מלקות

אחת כשנשא אותן ואחר כך בעלן, אבל בעלן בלא קדושין אף על פי שזה אסור לו ופסלו מן הכהנה אין לו בזה חיוב מלקות, אלא דינו בזה כמו כהן הדיוט בשוה, שלענין האלמנה דוקא הוא שנתיחד הלאו בכהן גדול לחיבו בלא יחלל, כלומר בבעילה בלא קדושין, כמו שאמרנו אבל לא בשלוש האחרות, שלא נכפלו השלש האחרות בכהן גדול אלא לאותו ענין שאמרנו למעלה (מצוה רעג) לחלק, כלומר לחיב על כל אחת ואחת. ועוד יש טעם אחר בדבר, שבאלמנה יש בה חלול בבעילה, שהיתה כשרה להדיוט ונפסלה בבעילה, ועל כן יש לחיבו מלקות עליה ומשום לא יחלל, אבל בשלש האחרות אין לחיבו מלקות בבעילה מבלי קדושין, שהרי אין לנו לומר בהן חלול, שהרי מחללות ועומדות הן לכהן הדיוט קדם בעילה. **משרשי** המצוה. בקודמת לה, וקצת דיניה גם כן. **ונוהגת** מצוה זו, בזמן הבית שהיה לנו כהן גדול. עבר ובעל אלמנה אפילו בלא קדושין לוקה משום לא יחלל, שהרי חלל לאלמנה שהיתה ראויה לכהן הדיוט, ועכשו אסורה לו, וכבר אמרנו שהוא חיב שלא יחלל לא לה ולא לזרעו, וחלול זרעו שיך לומר כשבא על גרושה חללה זונה שהן מחללות, וכשהוא בא עליהן, אינו מחללן, שהרי מחללות ועומדות הן, אבל זרעו הוא שמחלל, שזרעו במקום חלול. וחלול האשה שיך לומר, בבא על האלמנה שהיא כשרה עדין לכהן הדיוט ובביאה זו של כהן גדול נעשית זונה, והרי חללה מכשרותה, ואין ספק כי גם הזרע מחלל בה ממילא, אבל החילוק שיש בין החלול שבה לחלול הזרע שהיא מחללת בהעראה והזרע בגומר ביאתו, כדאיתא בגמרא (קדושין שם).

Mitzvah 274

That a high priest not have intercourse with a widow: That a high priest not have intercourse with a widow - and even without designation (kiddushin), as it is stated (Leviticus 21:15), "And he shall not profane his seed among his people." And they said in Kiddushin 78a, "A high priest with a widow is lashed two [sets], on account of 'he shall not take,' and on account of 'he shall not profane'" - meaning that if he married her and had intercourse with her, he is lashed two [sets of] lashes. But if he had intercourse with her without having designated her, he is lashed on account of "he shall not profane"; and like Rava says there: "Rava concedes in [the case of] a high priest with a widow, that if he had intercourse and did not designate [her], he is lashed. What is the reason? As [the Torah] states, 'And he shall not profane his seed,' and behold, he profaned." If he designated her and did not have intercourse with her, he is not lashed on account of 'he shall not take' - as behold, we say there, "For what reason is he commanded 'he shall not take?' On account of 'he shall not profane.'" It is implied that

ספר החינוך Sefer HaChinukh

the whole time that he does not profane, he is not lashed. **And** this reason we learned even with a common priest regarding the women forbidden to him. And even though this verse of "he shall profane," is regarding the high priest and with a widow, we learned from it that the common [priest] is also not liable for lashes with the women forbidden to him until he has intercourse. As [the Torah] was certainly not more stringent with the common [priest] than with the high. And [it is] as they elucidated it there in Kiddushin, "If he had intercourse, he is lashed; if he did not have intercourse, he is not lashed." And they said that this law is also with a common priest - that he is not liable for the women forbidden him until he first designates [her] and afterwards has intercourse. But if he had intercourse with a licentious woman or a divorcee or a profaned woman without dedication - even though it is forbidden to him and he becomes disqualified for the priesthood - he is not lashed; since the prevention is not elucidated about this explicitly - as "he shall not profane," is written in the section of the high priest and specifically about a widow. But with with a licentious woman or a divorcee or a profaned woman, the high priest is only lashed one [set] for them when he marries them and afterwards has intercourse with them; however if he has intercourse with them without dedication - even though it is forbidden and he becomes disqualified for the priesthood - he does not have a liability for lashes for this. Rather, his law is exactly like the law of the common priest. As specifically regarding the widow is it that a negative commandment was designated for the high priest, to make him liable for "he shall not profane" - meaning for intercourse without designation, as we said - but not with the three others. As the three others were only repeated with a high priest for that matter that we said above (Sefer HaChinukh 273), to divide - meaning to say to make liable for each and every one [on its own]. And there is still another reason in the matter: That with a widow, there is a profaning in the intercourse. As she was fitting for common [priests], and she became disqualified with the intercourse. And hence he should be made liable for her, and on account of "he shall not profane." But with the other three, we should not make him liable for lashes because of intercourse without designation - as behold, we cannot say, "profane," about them; as behold, they are [already] profaned for a common priest before the intercourse. **In** the [commandment] previous to it [can be found] from the roots of the commandment and also a few of its laws. **And** this commandment is practiced at the time of the

[Temple] when we had a high priest. If he transgressed and had intercourse with a widow - even without designation - he is lashed on account of "he shall not profane." As behold, he profaned the widow; as she was fitting to a common priest and now she is forbidden to him. And we have already said that he is obligated not to profane - neither her nor his seed. And the profaning of his seed is relevant to say when he has intercourse with a divorcee, a profaned woman [and] a licentious woman, who are profaned. And when he has intercourse with them, he does not profane them; as behold, they are [already] profaned. [Rather] it is his seed that he profanes, as his seed is in a place of profanation. And it is relevant to say profaning of the woman when he has intercourse with a widow, as she is still fitting to a common priest. And with this intercourse of the high priest, she is made a licentious woman; and behold, he profaned her from her being fit. And there is no doubt that the seed is also profaned, as the seed is also profaned in her automatically. But the distinction that there is between the profaning with her and the profaning of the seed is that she is profaned with insertion, but the seed [is only profaned] from the completion of intercourse - as it is [found] in the Gemara (Kiddushin 78a).

מצוה רעה

שלא יעבד כהן בעל מום במקדש - שלא יעבד כהן בעל מום בעבדת בית המקדש, שנאמר (ויקרא כא יז) איש מזרעך לדרתם אשר יהיה בו מום לא יקרב להקריב לחם אלהיו. כלומר לא יקרב לעבדה, כי כל עניני מאכל קרוי לחם בהרבה מקומות (עי' רש"י בראשית לא נד). ומום זה ענינו מום קבוע, שכן פרשו בספרא (אמור ג ה) אשר יהיה בו מום לא יקרב אין לי אלא מום קבוע, מום עובר מנין? תלמוד לומר באותה פרשה כל איש אשר בו מום לא יקרב. ומום קבוע הוא, כגון גרב או ילפת והיא החזזית. **משרשי** המצוה. לפי שרב פעלות בני אדם רצויות אל לב רואיהם לפי חשיבות עושיהן, כי בהיות האדם חשוב במראהו וטוב במעשיו, ימצא חן ושכל טוב בכל אשר יעשה בעיני כל רואיו, ואם יהיה בהפך מזה פחות בצורתו ומשנה באבריו, ואם אינו ישר בדרכיו לא יאותו פעלותיו כל כך אל לב רואיו, על כן באמת ראוי להיות השליח שהכפרה תלויה עליו איש חן יפה תאר ויפה מראה נאה בכל דרכיו, למען יתפשו מחשבות בני איש אחריו. ומלבד זה, אפשר שיש בשלמות צורתו, רמז לענינים, שמתוך מחשבות האדם בהן, תטהר נפשו ותתעלה, ולכן אין ראוי בשום צד שיהיה בו שנוי צורה מכל צורותיו, פן תתפזר נפש המחשב מצד השנוי ותנוד מן החפץ. **דיני** המצוה. מה שאמרו

ספר החינוך Sefer HaChinukh

זכרונם לברכה (בכורות מג, א) ששלשה מיני מומין הן, יש מומין שפוסלים הכהן מלעבד, ואם הן בבהמה פוסלין אותה מלקרב, ויש מומין אחרים שפוסלים האדם בלבד מלעבד ולא הבהמה מלקרב. ויש מומין שאין פוסלין לא אדם ולא בהמה, אלא משום מראית העין. וכל כהן שיש בו אחד משלשה מיני מומין אלו אינו עובד. אין פוסלין באדם אלא מומין שבגלוי, אבל מומין שבחלל הגוף כגון שנטל כליתו או טחל שלו או נקבו מעיו, אף על פי שיעשה בהן טרפה עבדתו כשרה, שנאמר שבר רגל או שבר יד מה אלו בגלוי, אף כל שהוא בגלוי. ומנו חכמים (רמב"ם ביאת מקדש ז ח) שהמומין שהם פוסלין בין באדם ובבהמה הם חמשים, מלבד שיש מומין מיחדים בבהמה והם עשרים ושלשה, ונמצאו בבהמה שבעים ושלשה, ויש גם כן מומין מיחדים באדם והם תשעים, נמצאו הפוסלין באדם מאה וארבעים. וזהו כלל התשעים המיחדים באדם, שמונה יש בראש, ושנים בצואר, ארבעה באזנים, וחמשה בגבנים ארבעה בריסי העינים, אחד עשר בעינים. ששה בחטם, שלשה בשפתים, ושלשה בבטן, ושלשה בגבו של אדם, וששה בידים, ארבעה באברי הזרע, חמשה עשר בשוקים וברגלים, ארבעה בכל הגוף, שמנה בעור הבשר. ועוד ארבעה מומין גדולים מיחדים באדם ואינם בגלוי, ואלו הן, חרש, שוטה, ונכפה ואפילו לימים, ומי שרוח רעה מבעתתו אפילו בעתים ידועים. ומלבד אלה, יש עוד שנים שפוסלין מפני מראית העין, ואלו הן, מי שנשרו ריסי עיניו אף על פי שנשאר השיער בעקרן ומי שנטלו שניו. וזהו כלל החמשים שפוסלין באדם ובבהמה חמשה באזן, ושלשה בריס של עין, ושלשה אלו בכלל חרוץ האמור בתורה, שמנה בעין, שלשה בחטם, ששה בפה, שנים עשר באברי הזרע, ששה בידים וברגלים, ארבעה ראויין להיות בכל הגוף, ואלו הן גרב, והוא האמור בתורה. ב) יבלת שיש בו עצם, וזהו יבלת האמורה בתורה. ג) מי שיש בו חזזית המצרית כל שהוא וזו היא ילפת האמורה בתורה. ד) כל עצם שבגלוי שנחרץ בו חרץ, והוא בכלל חרוץ האמור בתורה, ואין הצלעות בכלל עצמות שבגלוי. ועוד שלשה אחרים הזקן שהגיע להיות רותת ורועד כשהוא עומד. ב) החולה שהוא רועד מפני חליו וכשלון כחו, אבל הטרפה, כשר באדם ופסול בבהמה, וכן יוצא דפן, כשר באדם ופסול בבהמה. ג) המזהם הרי חמשים. ויתר פרטיה במסכת בכורות פרק שביעי. **ונוהגת** בזמן הבית בכהנים, וכן העובר על זה ועבד, והוא בעל מום, אם הוא מן המומין הפוסלין באדם ובבהמה, בין שוגג בין מזיד עבדתו פסולה, ואם היה מזיד חיב מלקות. וכן אמרו בספרא (אמור ג יא) אין בעל מום במיתה אלא באזהרה. ואם הוא מן התשעים מומין המיחדים באדם, אף על פי שהוא לוקה לא חלל עבדתו. ואם הוא מן המומין שפסלותן אינו אלא מפני מראית העין אינו לוקה, ועבדתו כשרה.

Mitzvah 275

ספר החינוך Sefer HaChinukh

That a priest with a blemish not serve in the Temple: That a priest with a blemish not serve in the Temple service, as it is stated (Leviticus 21:17), "A man from your seed in their generations who has a blemish shall not approach to offer the bread of his God." [This is] meaning that he may not approach for the service, because all types of food are called bread in many places (see Rashi on Genesis 31:54). And this blemish [referred to in this context] is permanent. As so did they explain in Sifra, Emor, Section 3:5, "'Who has a blemish shall not approach' - I only have a permanent blemish. From where [do we know] a transient blemish? [Hence] we learn to say in the same section (Leviticus 21:18), 'any man who has a blemish shall not come close'" (meaning it is from another verse and not this one). And a permanent blemish is like a boil-scar or a protrusion, and that is a growth. **It is from the roots of the commandment** [that it is] since most activities of people are pleasing to the hearts of their observers based on the importance of the ones doing them. As when a person appears important and of good deeds, 'he will find favor and appreciation' in all that he does in the eyes of those who see him. And if he is the opposite of this - of lowly form and having unusual limbs and if his actions are not straight - his actions will not be so pleasing to the heart of those who see him. It is therefore truly fitting that the messenger upon whom atonement depends be a man of favor, of nice form and nice appearance [and] pleasing in all his ways, so that the thoughts of people will attach themselves to him. Aside from this, it is possible that there is in the perfection of his form, a hint to concepts through which the thoughts of a person about them will purify his soul and he be elevated. And therefore, it is not fitting in any way for there to be [anything unusual] in any of his forms, lest the soul of the thinker be scattered due to the anomaly and he be moved from the purpose. **The laws of the commandment:** That which they, may their memory be blessed, said (Bekhorot 43a) that there are three kinds of blemishes. There are some blemishes that disqualify a priest from serving, and if they are in a beast, they disqualify it from being offered. And there are some other blemishes that only disqualify a person from the service, but do not disqualify a beast from being offered. And there are some blemishes that disqualify neither man nor beast, and [our concern] is because of [their] appearance. Any priest that has any of these three types of blemishes may not serve. Only revealed blemishes that are revealed (external) disqualify a person, but blemishes that are inside of his body, such as a removed kidney or spleen, or a

ספר החינוך Sefer HaChinukh

punctured intestine - even though they render him a treifah (terminally ill) - his service is still fit. As it is stated (Leviticus 21:9), "a broken leg or a broken hand" - just as those are revealed, so too must all disqualifying blemishes be revealed. The Sages enumerated (Mishneh Torah, Laws of Admission into the Sanctuary 7-8) that the blemishes that disqualify both people and beast are fifty, besides the blemishes that are unique to beasts and they are twenty-three; and [so] it comes out that there are seventy-three in beasts. And there are also blemishes that are unique to people and they are ninety; and [so] it comes out that the blemishes in people are one hundred and forty. This is the grouping of the ninety that are unique to people: there are eight in the head; two in the neck; four in the ears; five in the eyebrows; four in the eyelids; eleven in the eyes; six in the nose; three in the lips; three in the belly; three in a man's back; six in the hands; four in the genital organs; fifteen in the thighs and legs; four over the entire body; eight in the skin of the flesh. And there are also four more big blemishes in people and they are not external, and these are them: a deaf[-mute]; one mentally incapacitated; an epileptic, even if [only on certain] days; and one who is bewildered by an evil spirit, even [only] at set times. In addition to these there are two more that disqualify because of their appearance, and these are them: one whose eyelashes have fallen off, even though the hair remains at the root; and one whose teeth have been removed. **And** this is the grouping of the fifty disqualifying blemishes that apply to people and to beasts: five in the ear; three in the eyelid, and these three are included in [the term,] charuts that is stated in the Torah; eight in the eye; three in the nose; six in the mouth; twelve in the genital organs; six in the arms and legs; four that are fitting to be [anywhere on] the body, and these are them: the boil-scar (garav), and it is the one stated in the Torah; a protrusion that has a bone in it, and this is the yabelet that is stated in the Torah; one who has an Egyptian growth of [even] the smallest size on him, and that is the yalefet stated in the Torah; and any bone that is revealed in which a crevice formed, and it is included in charuts that is stated in the Torah. But ribs are not included in bones that are revealed. And there are three others: an old one who has reached [the point that he] shakes and trembles when he stands; a sick one who trembles because of his sickness and the failing of his strength - but a treifah is fit with men, but a disqualification with a beast, and likewise one who had a Caesarian birth is fit with men, but a disqualification with a beast; and one who has a bad smell. Behold fifty. And the rest of its details are in the seventh chapter of Tractate Bekhorot. **And** it is practiced at the time of the [Temple] by priests. And so [in the case of] one who transgressed this and served and was one with a blemish: If it was from the blemishes that disqualify a man and a beast - whether inadvertently or whether volitionally - his service is disqualified. And if he was volitional, he is liable for lashes. And so, did they say in Sifra, Emor, Chapter 3:11, "One with a blemish is not with the death penalty; but [only] with a warning (a negative commandment)." And if it was from the ninety that are unique to people - even though he is lashed - he did not profane his service. But if it was one of the blemishes the disqualification of which was only because of appearance, he is not lashed and his service is fit.

מצוה רעו

שלא יעבד כהן בעל מום עובר - שלא יעבד כהן בעל מום עובר, שנאמר (ויקרא כא כא) כל איש אשר בו מום מזרע אהרן הכהן לא יגש, כל רבויא הוא, ומרבה אפילו מום עובר, כי בתחלה יזהיר על מום קבוע, שיהא סבור שהוא מתר לעבד במום עובר שהוא קל ממנו, לפיכך הזהיר גם על העובר, והוא הגרב והילפת. **משרשי** המצוה. כענין שכתבנו במצוה הקדמת לה. **מדיני** המצוה. מה שאמרו זכרונם לברכה (קידושין סו ב) שאחד מום קבוע או מום עובר פוסל העבדה ולוקה הכהן עליו אם עבד (עבר) במזיד. ומה שאמרו זכרונם לברכה, (מדות ה ד) שבית דין הגדול היו יושבין בלשכת הגזית ועקר מעשיהן בהתמדה שהיו בודקין הכהנים ביחסין ובמומין, וכל כהן שנמצא פסול ביחסין לובש שחורים ומתעטף שחורים ויוצא מן העזרה, וכל מי שנמצא שלם וכשר לובש לבנים ונכנס ומשמש עם אחיו הכהנים. ומי שנמצא כשר ביחוסו ונמצא בו מום יושב בלשכת העצים ומתלע עצים למערכה, וחולק בקדשים עם אנשי בי אב שלו ואוכל, שנאמר לחם אלהיו מקדשי הקדשים ומן הקדשים יאכל. ויתר דיני כל המומין. בבכורות פרק שביעי. **ונוהגת** בזמן הבית בכהנים. עבר ועבד במום עובר, במזיד לוקה. והרמב"ן זכרונו לברכה (בסהמ"צ ל"ת עא) לא ימנה זה הלאו של מום עובר ללאו בפני עצמו, וכתב, דבכלל לאו דמום קבוע הוא, והוא כמו חלק מחלקי המצוה, וכבר הסכימו הוא והרמב"ם זכרונו לברכה, (בסהמ"צ שורש יא) ודבר ברור הוא שאין לחשב חלק המצוה מצוה בפני עצמה.

Mitzvah 276

That a priest with a transient blemish not serve: That a priest with a transient blemish not serve, as it is stated (Leviticus 21:21), "Any man that has a blemish from the seed of Aharon the priest shall not come forth" - [the] word, "any," is an inclusion; and it

ספר החינוך Sefer HaChinukh

includes a transient blemish. As at the beginning, it warns about a permanent blemish, such that I would reason that it is permitted to serve with a transient blemish which is less weighty than it. Therefore, it warned about the transient, and that is the garav and the yalefet. Similar to what we wrote about the commandment previous to it is from the roots of the commandment. **From** the laws of the commandment is that which they, may their memory be blessed, said (Kiddushin 66b) that both one with a permanent blemish or [one with] a transient blemish disqualifies the service and is lashed - if he served (transgressed) volitionally. And that which they, may their memory be blessed, said (Mishnah Middot 5:4) that the Great Court would sit in the chamber of hewn stone and their main constant activity was to check the priests in their pedigree and their blemishes. And any priest that was found to be disqualified in his pedigree wears black, wraps himself in black and goes out of the [Temple] yard. But one found complete and fit wears white, enters and serves with his brother priests. And one who was found fit in his pedigree but a blemish was found on him sits in the chamber of wood and removes the wormy wood for the arrangement [of wood]. And he divides the holy foods with his clan and eats, as it is stated (Leviticus 21:22), "The bread of His God from the holy of the holies and from the holy he may eat." And the rest of the laws of all of the blemishes are in Bekhorot, the seventh chapter. **And** [it] is practiced at the time of the [Temple] by the priests. If he transgressed and served with a transient blemish volitionally, he is lashed. And Ramban, may his memory be blessed, (on Sefer HaMitzvot LaRambam, Mitzvot Lo Taase 71) does not count the negative commandment of a transient blemish as a negative commandment on its own. And he wrote that it is included in the negative commandment of a permanent blemish, and that it is like a section of the [various] sections of the commandment. And he and Rambam, may his memory be blessed, (Sefer HaMitzvot LaRambam, Shorashim 11) have already agreed - and it is a clear thing - that we should not consider a section of a commandment, a commandment on its own.

מצוה רעז

שלא יכנס בעל מום בהיכל כלו - שלא יכנס בעל מום בהיכל בכללו, כלומר אל המזבח ובין האולם ולמזבח וכל שאר המקומות שבהיכל, שנאמר (ויקרא כא כג) אך אל הפרכת לא יבוא ואל המזבח לא יגש. ונתבאר בספרא (אמור ג י) ששני לאוין אלה של הפרכת והמזבח, לא יספיק אחד מהם בלתי חברו,

ושניהם באו להשלים הדין בענין אחד, והוא להרחיק המקום האסור עליהם להכנס בו. **משרשי** המצוה. להגדיל כבוד הבית והדרה על כן אין ראוי לבוא שם בעל מום, כי הוא מקום השלמות, אינו בדין לעמד שם מי שיש בו שום חסרון. וכבר כתבתי למעלה (מצוה צה) הרבה פעמים התועלת הנמצא לנו בהגדילנו מעלת הבית הקדוש ותפארתו. **דיני** המצוה. כלומר מה הן המומין שבשבילן ימנע הכהן מלכנס, זכרתים למעלה (במצוה רעה) בסמוך ברמז באזהרת בעל מום קבוע, ושם הודעתי מקומן בגמרא וכל הענין כמנהגי. וכתב הרמב"ן זכרונו לברכה (בסהמ"צ ל"ת ס"ט) שאין לנו לחשב זה הלאו במנין הלאוין, שאסור הכנס בעל מום בהיכל וגם פרוע ראש וקרוע בגדים ושתוי יין אינו אלא מעלה מדבריהם זכרונם לברכה ולא בא הכתוב הזה אלא לאסר מהם קריבה לעבודה, וזה בכלל לאו דבעל מום שלא יעבד הוא. וכתב עוד, שאף הם לא אסרו אלא המקום הנקרא בין האולם ולמזבח שהוא עשרים ושתים אמה, אבל כנגד המזבח עצמו שהוא שלשים ושתים אמה לא אסרו, וכמו שכתבתי למעלה בסדר ויהי ביום השמיני (מצוה קמט) באזהרת פרוע ראש בשם הרב זכרונו לברכה [הלכות בביאת מקדש פ"ו].

Mitzvah 277

That one with a blemish not enter the entire sanctuary: That one with a blemish not enter the sanctuary in its entirety - meaning to say the altar, between the chamber and the altar and all the rest of the places in the sanctuary, as it is stated (Leviticus 21:23), "But to the curtain he shall not come and to the altar he shall not come." And it is elucidated in Sifra, Emor, Chapter 3:10 that these two negative commandments of the curtain and the altar do not suffice, one without the [other]. And each of them comes to complete the law as one matter - and it is to distance the place that is forbidden for them to enter in [from them]. **It** is from the roots of the commandment to aggrandize the glory of the [Temple] and its beauty. Therefore, it is not fitting for someone with a blemish to go there - since it is the place of perfection, it is not appropriate for someone with any lack to stand there. And I have already written above many times (e. g. Sefer HaChinukh 95) the benefit that is found for us in our aggrandizing the loftiness of the holy [Temple] and its glory. **I** mentioned the laws of the commandment – meaning what are the blemishes for which a priest refrains from entering - with hints (in outline form), above close by in the law of the one with a permanent blessing (Sefer HaChinukh 175). And there I made known their place in the Gemara and all of the content, as is my custom. And Ramban, may his memory be blessed, wrote (on Sefer HaMitzvot, Mitzvot Lo Taase 69) that we should not count this negative commandment as one of the tally of the negative commandments; that the prohibition for one with a blemish to enter into the Sanctuary - and also one with wild [hair], torn clothes or drunk with wine - is an embellishment from the words of [the Rabbis]. And this verse is only coming to forbid drawing close for service and it is included in the negative commandment that one with a blemish not serve. And he wrote further that even they only forbade the place that is called, "between the chamber and the altar," which is twenty-two ells; but in front of the altar itself, which is thirty-two ells, they did not forbid. And [it is] as I wrote above in the Order of Vayehi Bayom Hashmini (Sefer HaChinukh 149) in the warning of the one with wild [hair] in the name of the teacher, may his memory be blessed (see Mishneh Torah, Laws of Admission into the Sanctuary 6).

מצוה רעח

שלא יעבד כהן טמא - שלא יעבד כהן בעודו טמא, שנאמר (ויקרא כב ב) וינזרו מקדשי בני ישראל ולא יחללו את שם קדשי. ואמרו זכרונם לברכה בפרק תשיעי מסנהדרין (פג, ב) מנין לטמא ששמש שהוא במיתה כלומר מיתה בידי שמים? דכתיב דבר אל אהרן ואל בניו וינזרו מקדשי בני ישראל ולא יחללו. וכתיב במקום אחר ומתו בו כי יחללוהו. **משרשי** המצוה. מה שכתבנו במקומות רבים, כי לכבוד הבית ומעלת העבודה נתרחק ממנה כל דבר שאינו במעלתו וחשיבותו, ומעלת האדם בטהרה ידוע לכל מבין. **דיני** המצוה. כגון מה הן הטמאות המטמאות מדרבנן ובאיזה ענין יטהר הטמא מטמאתו, ואיזו טמאה צריכה הזאה וקרבן לטהרתה, ואיזו אינה צריכה אלה טבילה והערב שמש, ומכלל הענין שאי אפשר לעלות משום טמאה כי אם בטבילה, ואיזו טמאה צריכה שבעה ימים לטהרתה, ואיזו יספיק לה יום אחד. ויתר רבי פרטי ענינים אלה אשר רבו למעלה יתבארו כלם בסדר טהרות [שם]. **ונוהגת** בכהנים בזמן הבית, וכהן העובר עליה ועבד בטמאה חיב מיתה בידי שמים (עי' רמב"ם הל' ביאת מקדש פ"ד ה"א).

Mitzvah 278

That an impure priest not serve: That a priest not serve when he is still impure, as it is stated (Leviticus 22:2), "and they shall separate from the holy things of the Children of Israel and they shall not profane My holy name." And they, may their memory be blessed, said in the ninth chapter of Sanhedrin 83b, "From where [do we know] about an impure one who served that he is [punished] with death" - meaning to say, with death by the hands of the Heavens? "As it is written, 'Speak to Aharon and to his sons, and they shall separate from the holy things of the Children of Israel and they shall not profane'"; and it is written in another place (Leviticus 22:9), "and die for it, since they profaned it." **That** which we have written in many places is from the roots of the commandment - [that] because of the glory of the [Temple] and the loftiness of the service, we distance from it anything that is not in its loftiness and its importance - and the loftiness of a man in purity is known to all who understand. **The** laws of the commandment are for example, what are the impurities that render impure rabbinically; in what ways one impure purifies himself from his impurity: which impurity requires sprinkling and a sacrifice for its purification and which only needs immersion and the setting of the sun - and included in the matter is that it is impossible to emerge from any impurity [without] immersion; which impurity requires seven days for its purification and which suffices with one day. And the rest of its many matters which 'became very numerous,' are all elucidated in the Order of Tahorot (see Mishneh Torah, Laws of Admission into the Sanctuary 4). **And** [it] is practiced by priests at the time of the [Temple]. And a priest that transgresses it and serves in impurity is liable for death by the hands of the Heavens (see Mishneh Torah, Laws of Admission into the Sanctuary 4:1).

מצוה רעט

שלא יאכל כהן טמא תרומה - שלא יאכל כהן טמא תרומה, שנאמר (ויקרא כב ד) איש איש מזרע אהרן וגו' בקדשים לא יאכל עד אשר יטהר. ואמרינן במסכת מכות (יד, ב) אזהרה לתרומה מנין, כלומר שלא יאכלנה טמא? שנאמר איש איש וגו' איזהו דבר שהוא שוה בזרעו של אהרן, כלומר שיאכלהו הזרע כלו זכרים ונקבות? הוי אומר זו תרומה. ונכפלה האזהרה בזה הענין, כמו שכתוב ושמרו את משמרתי, וכמו שאמרו בסנהדרין פרק תשיעי (פג, א) גבי מחיבי מיתה בידי שמים, שילמדו שם טמא האוכל תרומה מושמרו את משמרתי ולא ישאו עליו חטא. **משרשי** המצוה. להגדיל וליקר בלב כל אדם כל אשר בקדש. וכבר זכרתי פעמים רבות התועלת הנמצאת לנו בדבר, וממעלות הקדש לאכלה בטהרה ידוע. **מדיני** המצוה. מה שאמרו זכרונם לברכה (רמב"ם הל' תרומה פ"ז ה"א), שכהן טמא שאכל תרומה טהורה הוא במיתה ולוקה עליה, אבל אכל תרומה טמאה אף על פי שהוא בלאו אינו לוקה, לפי שאינה קדש, ומה שאמרו (ברכות ב, א) שהטמאים אוכלים בתרומה בהערב השמש ויראו ברקיע שלשה כוכבים בינוניים, וזה העת הוא כמו שליש שעה אחר שקיעת החמה. ומה שאמרו זכרונם לברכה (נדה מ, א) במי שהיה אוכל תרומה והרגיש שנזדעזעו אבריו להוציא שכבת

ספר החינוך Sefer HaChinukh

זרע, ומה שאמרו ברוכבי גמלים ומה שאמרו (בכורות כז, א) בתרומת חוצה לארץ שהיא מתרת לכהן שאין טמאה יוצאה עליו מגופו, כגון קטן שלא ראה קרי וקטנה שלא פרסה נדה. ומה שאמרו (חולין קל, ב) שכל עמי הארץ בחזקת טמאה, ועל כן אין נותנין התרומה אלא לכהנים היודעים לשמרה בטהרה. ודיני הטמאות זכרתי למעלה (מצוה קנט) גם כן קצתן בכלל ובפרט. ונוהגת בכהנים בזכרים ונקבות בארץ ובזמן שהיא בישובה, כי אז שם חיוב התרומה דאוריתא כדעת הרמב"ם זכרונם לברכה (תרומות א כו): והעובר על זה ואכל תרומה במזיד והוא טמא חיב מיתה בידי שמים, וכמו שנזכר בסנהדרין פרק תשיעי (פג א) שמנו שם מחיבי מיתה ומכללם מנו כהן טמא שאכל תרומה. ובזמן הזה אסור דרבנן בפרות ארץ ישראל [יו"ד סימן שלא].

Mitzvah 279

That an impure priest not eat priestly tithe: That an impure priest not eat priestly tithe, as it is stated (Leviticus 22:4), "Every man from the seed of Aharon, etc. from the holy things he shall not eat, until he becomes pure." And we say in Tractate Makkot 14b, "From where [do I know about] a warning for priestly tithe" - meaning to say, that he not eat it [while he is] impure? "As it is stated, 'Every man, etc.'; what is the thing that is equal to the seed of Aharon" - meaning to say, that all of the seed eat it, males and females? "I would say, 'that is the priestly tithe.'" And the warning about this matter is repeated, as it is written (Leviticus 22:9), "And they shall keep My charge." And [it is] like they said in Sanhedrin 83a [in] the ninth chapter concerning those liable for death by the hands of the Heavens, that they learn [about] the one who is impure that eats priestly tithe, from "And they shall keep My charge and they shall not bear a sin for it." It is from the roots of the commandment [that it is] to aggrandize and make dear all that is [part of] the holy in the heart of every man. And I have already mentioned many times the benefit that comes out to us in the thing. And it is well-known [that] to eat it in purity is from the embellishments of the holy. From the laws of the commandment is that which they, may their memory be blessed, said (Mishneh Torah, Laws of Heave Offerings 7:1) that an impure priest that ate pure priestly tithe is [punishable] with the death penalty and is lashed for it. But if he ate impure priestly tithe - even though it is [forbidden] with a negative commandment - he is not lashed, as it is not holy. And that which they said (Berakhot 2a) that impure ones eat priestly tithe with the sun setting and they see three medium stars in the firmament - and that time period is like a third of an hour after the setting of the sun. And that which they, may their memory be blessed, said about one who was eating priestly tithe and felt that his limbs shuddered to ejaculate semen, and that which they said about camel drivers. And that which they said (Bekhorot 27a) about the priestly tithe of outside the Land, that it is permitted to a priest that the impurity does not come out to him from his body - such as a boy minor who did not experience an emission or a girl minor who has not [yet] become menstruant. And that which they said (Chullin 130b) that all ignoramuses are assumed to be impure, and so we only give the priestly tithe to priests who know to keep it in purity. And I have also mentioned above (Sefer HaChinukh 159) some of the laws of the impurities in general and in particular. **And** [it] is practiced by male and female priests in the Land and at the time that it is in its settlement - as then the obligation of the priestly tithe is from Torah writ there, according to the opinion of Rambam, may his memory be blessed (Mishneh Torah, Laws of Heave Offerings 1:26). And one who transgresses it and eats priestly tithe volitionally and is impure, is liable for death by the hands of the Heavens. And [it is] as it is mentioned in Sanhedrin 83a [in] the ninth chapter, such that they enumerated those liable for death there, and enumerated an impure priest that ate priestly tithe among them. And at this time, there is a rabbinical prohibition with the fruits of the Land of Israel (see Tur, Yoreh Deah 231).

מצוה רפ

שלא יאכל שום זר תרומה - שלא יאכל שום זר תרומה, שנאמר (ויקרא כב י) וכל זר לא יאכל קדש, ובא הפרוש המקבל (פסחים כג א), שזה הקדש הוא התרומה לבד וכל מה שנקרא תרומה, אבל לא בא להזהיר בכאן על קדשים אחרים, ומה שנקרא תרומה גם כן אלו הבכורים, וכמו שדרשו זכרונם לברכה מן הקבלה (שם לו, ב), ותרומת ידיך (דבוים יב יז) אלו הבכורים. **משרשי** המצוה. כמצוה הקודמת. וממעלות הקדש, שיאכלוה משרתי השם ונשיהם ובניהם ועבדיהם אשר קנו להם, ויתנוהו לבהמתם ולכל חיתם ולא לאחרים. **מדיני** המצוה. מה שאמרו זכרונם לברכה (גיטין יב, ב) שעבד כהן שברח אוכל בתרומה, דקנין כספו הוא מכל מקום, וכן אשת כהן שמרדה, הרי היא אוכלת, וכל אשת כהן אוכלת, אפילו היא בת שלש שנים ויום אחד, וגם הארוסה לו היתה ראויה לאכל אלא שחכמים גזרו שלא תאכל, עד שתנשא, כמו שבא בריש פרק חמישי דכתבות (צ"ל פ"ה נז ב). עבד עברי של כהן, אינו אוכל, שהרי אסרה התורה שכיר עולם ושכיר שנים, כמו שכתוב (ויקרא כב י) תושב כהן ושכיר לא יאכל קדש.

אבל עבד כנעני אוכל, דקנין כספו הוא, וגם אם קנה העבד עבדים גם הם אוכלים על ידו, משום דכתיב (שם יא) כי יקנה נפש קנין, שיש במשמע, שהנפש יעשה קנין, אבל אם העבד השני קנה שלישי אינו אוכל, דכי יקנה הנפש, קנין אמר רחמנא ולא קנין הקנין. וכל כהנת שנבעלה לפסולי כהנה אסורה לאכל בתרומה לעולם (יבמות סה א), וגם אנדרוגינוס גם כן בין שנבעל דרך זכרותו או דרך נקבותו, ואף משוך והוא מי שנמשכה ערלתו עד שנראה כאלו לא מל אסור לאכל מדרבנן עד שימול פעם שניה (שם עב א), ויתר פרטיה, רבים, יתבארו במסכת תרומות. **ונוהג** אסור אכילת התרומה לזרים בכל ישראל זכרים ונקבות בכל מקום שיש שם תרומה דאוריתא, דהינו בזמן שארץ ישראל בישובה, כי אז חיוב התרומה דאוריתא, כמו שנכתב בסדר שופטים (מצוה תקז) במצות הפרשת תרומה גדולה בעזרת השם. ובזמן הזה נוהג אסורה מדרבנן בפרות ארץ ישראל וכמו שנכתב שם. והעובר על זה ואכל תרומה והוא זר, כגון ישראל שהוא זר, או אפילו כהן או כהנת שנתחללו מן הכהנה באחד ממיני החלול הידועים שהורונו חכמים זכרונם לברכה חיב מיתה בידי שמים, כמו שבא בסנהדרין פרק תשיעי (פג, ב), מדכתיב (שם ט) ומתו בו כי יחללהו, ואחריו וכל זר לא יאכל קדש.

Mitzvah 280

That no foreigner eats priestly tithe: That no foreigner (non-priest) eat priestly tithe, as it is stated (Leviticus 22:10), "And any foreigner shall not eat the holy." And the received (traditional) understanding (Pesachim 23a) came that this "holy" is only the priestly tithe and anything that is called priestly tithe (terumah), but it does not come here to warn about other types of holy things. And that which is also called priestly tithe is the first fruits, as they, may their memory be blessed, expound from the tradition (Pesachim 36b), "'And the terumah of your hand' (Deuteronomy 12:17) - these are the first fruits." **From** the roots of the commandment [is] like [that which is written about] the preceding commandment. And it is from the embellishments of the holy that only the servants of God and their wives, their children, and their slaves that they acquired eat it; and that they give it to their beasts and to all of their animals, but not to others. **From** the laws of the commandment is that which they, may their memory be blessed, said (Gittin 12b) that a runaway slave of a priest eats priestly tithe, since he is his acquired property in any case. And so [too,] a rebellious wife, behold she eats; and any wife of a priest [may] eat, even if she is only three years and one day old. Also, the betrothed of a priest would have been fitting to eat, except the Sages decreed

ספר החינוך Sefer HaChinukh

that she not eat until they are married, as it appears in the beginning of the fifth chapter of Ketubot 57b. A Hebrew slave does not eat, as behold the Torah forbade both the perennial worker and the annual worker, as it is written (Leviticus 22:10), "the boarder of a priest and the hired worker may not eat the holy." But a Canaanite (gentile) slave eats, because he is his acquired property. Also, if the slave acquires other slaves they [may] also eat through him, since it is written (Leviticus 22:11), "when he acquires an acquired soul" - which has an implication that the acquired soul makes an acquisition. If, however, the second-tier slave acquires a third-tier slave, [the latter] may not eat. Since the [Torah] stated, "when an acquired soul makes an acquisition," and not "an acquisition of an acquisition." Any priestess who had intercourse with someone who disqualifies from the priesthood is permanently forbidden from eating priestly tithe (Yevamot 65a). The same is true for a hermaphrodite [priest], whether he had intercourse through his male organ or through his female organ. And even a stretched - and that is a person who stretched his foreskin so that he would appear as if he was uncircumcised - is rabbinically forbidden from eating until he is circumcised a second time (Yevamot 72a). And the rest of its many details are elucidated in Tractate Terumot. **And the prohibition of the eating of priestly tithes for non-priests is practiced by all of Israel**, males and females, in any place that there is priestly tithe from Torah writ - that is at the time that the Land of Israel is in its settlement, for then the obligation of priestly tithe is from Torah writ, as we will write in the Order of Shoftim (Sefer HaChinukh, 507) in the commandment of separating the great priestly tithe, with God's help. And at this time, this prohibition is practiced rabbinically with the fruits of the Land of Israel, and as we will write there. One who transgressed this and ate priestly tithe and is a "foreigner," such as an Israelite - who is a foreigner - or even a priest or priestess who was profaned from [their status in the] priesthood through one of the well-known [mechanisms of] profanation that our Sages, may their memory be blessed, have instructed us, is liable for death by the hands of the Heavens, as it appears in the ninth chapter of Sanhedrin 83b, from that which is written (Leviticus 22:9), "and die for it, since they profaned it," and afterwards, "And any foreigner shall not eat the holy."

מצוה רפא

שלא יאכל תושב כהן ושכיר תרומה - שלא יאכל תושב כהן ושכיר תרומה, שנאמר (ויקרא כב י) תושב כהן ושכיר לא יאכל קדש. **שרש** המצוה וכל ענינה נכלל במצוה הקודמת, כי טעם אסורן מפני שנחשבו כמו זר אחר שאינו קנין כספו, כי התושב הוא שכיר עולם, והשכיר הוא שכיר שנים (עי' יבמות ע א).

Mitzvah 281

That the boarder of a priest and the hired worker not eat priestly tithe: That the boarder of a priest and the hired worker not eat priestly tithe, as it is written (Leviticus 22:10), "the boarder of a priest and the hired worker may not eat the holy." **The** root of the commandment and all of its content is included in the previous commandment, since the reason for their prohibition is that they are considered like "foreigners," since he is not his acquired property - as "the boarder" is the perennial worker, and "the hired worker" is the annual worker (see Yevamot 70a).

מצוה רפב

שלא יאכל ערל תרומה - שלא יאכל ערל תרומה, כלומר כהן שלא נמול, בין שהוא מזיד, או שוגג, או אנוס וכגון שמתו אחיו מחמת מילה שיראת המות מנעתו מלמול, בכל ענין שיהיה, מכיון שהוא ערל אסור לאכל בתרומה, והוא הדין שאסור בשאר קדשים. ומניעה זו לא נתבארה בכתוב, אלא נלמדה בגזרה שוה. וכתב המעתיק בשם הרמב"ם זכרונו לברכה (בסהמ"צ ל"ת קלה). ובארו המקבלים עם זה, שזה האסור הוא מדאוריתא לא מדרבנן. ולשון יבמות (ע, א) מנין לערל שאינו אוכל תרומה? נאמר (שמות יב מה) תושב ושכיר בפסח, ונאמר (ויקרא כב י) תושב ושכיר בתרומה, מה תושב ושכיר האמור בפסח ערל אסור בו אף תושב ושכיר, האמור בתרומה ערל אסור בה, והוא הדין לשאר קדשים. וזה כמו כן לשון ספרא (כאן ד יח), ושם נאמר רבי עקיבא אומר איש איש לרבות את הערל. ושם נתבאר כלומר בגמרא יבמות (עב א) שדבר תורה משוך אוכל בתרומה, ומדבריהם גזרו עליו מפני שנראה כערל, ומשוך הוא שנמשכה הערלה בענין שנראה כמי שאינו מהול אחר שנמול. הנה כבר התבאר לך שערל אסור בתרומה מן התורה, והמשוך אסור מדרבנן, והבן זה, ושם נאמר משוך צריך שימול מדרבנן, עד כאן. **ולפי** הדומה כל אריכות דבריו כאן הוא מפני שכתוב בעקר השני בספר המצות שאין כל מה שילמד באחת משלש עשרה מדות שהתורה נדרשת בהן או ברבוי ראוי למנותו במנין המצות, והנה הגזרה שוה אחת משלש עשרה מדות היא, והנה הוא בעצמו, ימנה אסור הערל בתרומה באחת, ואף על פי שהוא נלמד כן ולכן יתנצל באומרו כי המקבלים בארו שזה האסור מדאוריתא, לא מדרבנן. ונראה כי כונתו לומר

שכל זמן שבארו זכרונם לברכה בפרוש שהענין מדאוריתא לא מדרבנן נמנה אותו למצוה, ואף על פי שהוא נלמד באחד מן המדות, אחר שחכמים יעידו על הדבר שהוא דאוריתא, ואם לא שראוי להזהר מאד בגחלת הרב ואירא, הייתי אומר כי מדחק גדול נכנס לזאת הפרשה. וכבר תפש עליו בזה הרמב"ן זכרונו לברכה בספר המצות שלו בעקר השני והרבה עליו ראיות מדברי הגמרא ומן המדרשות, כמה רבו הדברים עד שלא יכילום שבעה דפין גדולים. וסוף דבר אמר הרב כי ספר מצות הרמב"ם זכרונו לברכה, עניניו ממתקים וכלו מחמדים, מלבד העקר הזה שהוא עוקר הרים. **משרשי** המצוה. לפי שהערל כמו זר נחשב אחר שלא נכנס עם ישראל בברית המילה שהוא ענין גדול, והרחקת זר מן התרומה והטמאים מן הקדש, שרש אחד להם, וכתוב למעלה בסמוך (מצוה רעט). **ונוהגת** בכהנים בכל מקום שיש שם תרומה דאוריתא כמו שאמרנו במצוה הקודמת (מצוה רפא). ומי שעבר על זה ואכל תרומה בין טהורה בין טמאה, והוא ערל חיב מלקות.

Mitzvah 282

That an uncircumcised one not eat priestly tithe: That an uncircumcised one not eat priestly tithe; meaning to say, a priest that is not circumcised - whether he is volitional or inadvertent or from duress, such as when his brothers died because of circumcision, so that the fear of death prevented him from being circumcised; in any manner that it be - since he is uncircumcised, he is forbidden to eat priestly tithe. And the same is the law - that he is forbidden - with other consecrated foods. And this prevention is not elucidated in Scripture, but we rather learn it from an inferential comparison. And the transcriber wrote in the name of Rambam, may his memory be blessed, (Sefer HaMitzvot, Mitzvot Lo Taase 135), "The ones that received the tradition elucidated with this, that this prohibition is from Torah writ and not rabbinic. And the language of Yevamot 70a is, 'From where [do we know] that an uncircumcised does not eat priestly tithe? It is stated, "a boarder and a hired worker" (Exodus 12:45) with regard to the Pesach [sacrifice], and it is stated, "a boarder and a hired worker" (Leviticus 22:10) with regard to priestly tithe. Just as "a boarder and a hired worker" with regard to the Pesach, an uncircumcised is prohibited [from eating] it, so too, "a boarder and a hired worker" stated with regard to priestly tithe, an uncircumcised is prohibited [from eating] it.' And the same is the law for other holy foods. And this is likewise the language of Sifra, Emor, Chapter 4:18. And there it is stated, 'Rabbi Akiva says, "Every man (literally, A man, a man)" (Leviticus 22:4), [is] to include the

ספר החינוך Sefer HaChinukh

uncircumcised.' And there - meaning in the Gemara Yevamot 72a - it is elucidated that a stretched [may] eat from priestly tithe from the word of the Torah, but [the Rabbis] decreed [that he may not] because he appears like one uncircumcised. And a stretched is one who stretched his foreskin in a way that he would appear as if he was uncircumcised, after he was circumcised. Behold, it is already elucidated that an uncircumcised is forbidden from the Torah and a stretched is forbidden rabbinically. And understand this. And there it is said that a stretched must be circumcised [again] rabbinically." To here [are his words]. **And** according to that which appears, the entire lengthiness of his words here is because in the second root of the Sefer HaMitzvot, it is written that not everything that we learn from the thirteen hermenutic principles through which the Torah is expounded or by an inclusion is fitting to count in the tally of the commandments. And behold the inferential comparison (gezara shava) is one of the thirteen principles, and [yet] he himself counted the prohibition of an uncircumcised one with priestly tithe as one - and even though it is learned like this. And therefore, he is apologizing, with his saying that the ones that received the tradition elucidated that this prohibition is from Torah writ and not rabbinic. And it appears that his intention is to say that any time they, may their memory be blessed, elucidated that the matter is from Torah writ [and] not rabbinic, we count it as a commandment. [And this is] even though we learn it from one of the principles, since the Sages testified about the matter that it is from Torah writ. And were it not that it is fitting to be very careful with the coal of the Rabbi and that I am afraid, I would say that he entered this topic with great duress. And Ramban, may his memory be blessed already wrangled with him in his Sefer HaMitzvot on the second root, and he [produced] many proofs from the words of the Gemara and the Midrash - how the words were prolific, to the point that seven large folios would not contain them. And [as the] final word, the Rabbi said that the contents of Sefer Hamitzvot of Rambam, may his memory be blessed, are sweet things and it is all delights, except for this root (ikar) that 'uproots (oker) mountains.' It is from the roots of the commandments [that it is] because the uncircumcised is considered like a foreigner, since he did not enter the covenant of the circumcision - which is a great matter - with [the rest of] Israel. And there is one root to the distancing of a foreigner from priestly tithe and impure ones from the holy, and it is written above close by (Sefer HaChinukh 279). **And** [it] is practiced in every place that there is priestly tithe from Torah writ there, as we said in the previous commandment (Sefer HaChinukh 281). And one who transgresses this and eats priestly tithe - whether pure or impure - and is uncircumcised is liable for lashes.

מצוה רפג

שלא תאכל חללה מן הקדש - שלא תאכל חללה מן הקדש. כלומר מן התרומה וחזה ושוק שראויות בנות אהרן הכשרות לאכלן, שנאמר (ויקרא כב יב) ובת כהן כי תהיה לאיש זר היא בתרומת הקדשים לא תאכל. ואמרינן בגמרא יבמות (סח, א) כי תהיה לאיש זר כגון שנבעלה לפסול לה שפסלה מן הכהנה. ומאשר כתוב בתרומת הקדשים אמרו זכרונם לברכה (שם ב) במורם מן הקדשים לא תאכל, כלומר מחזה ושוק, ושם נאמר לכתב קרא בקדשים לא תאכל, מאי בתרומת הקדשים? שמעת מנה תרתי, חדא שהיא כשנבעלה לפסול נפסלה מלאכל בתרומה וחזה ושוק, ועוד אחרת, שהיא כשתהיה נשואה לזר ומת בעלה שחוזרת לאכל בתרומה ואינה חוזרת לחזה ושוק. ונמצא שיהיה בכלל זה הלאו אזהרת החללה מלאכל הקדש, ואזהרת כהנת שנשאת לזר שלא תאכל חזה ושוק אף על פי שמת בעלה או גרשה, מה שלא נדין כן בתרומה, שכהנת שנשאת לזר ומת בעלה חוזרת היא לאכל בתרומה. ומשמעות הכתוב כן כי תהיה לאיש זר בתרומת הקדשים לא תאכל. כלומר כשתבעל לאיש זר, כלומר, שהוא פסול לה, וזהו זרותו לא תאכל בתרומת הקדשים, דהינו תרומה וחזה ושוק כדפרישית. ועוד יש גם כן במשמעות הכתוב כי תהיה לאיש זר למי שאינו כהן, וכן כתב רש"י זכרונו לברכה לאיש זר ללוי או לישראל, כלומר שהוא זר מן הכהנה בתרומת הקדשים אינה אוכלת בעת היותה לו, אבל אחר מותו או שגרשה שהיא אוכלת בתרומת הקדשים, שהרי יצאת מתחת ידי הזר לא תאכל בחזה ושוק, דמכיון שנשאת לזר נפסלה בחזה ושוק לעולם. ואולם תדע, כי אסור אכילת כהנת בתרומה בעודה תחת בעלה ישראל לא למדנוהו מזה הכתוב כלל, שלא בא עליו הפרוש לדרש בו כך אלא מה שכתבנו, אבל זה האסור למדוהו חכמים זכרונם לברכה (שם) בעלי הקבלה ממקום אחר, מדכתיב וכל זר לא יאכל קדש, שבא עליו הפרוש שכל זמן שהאשה תחת בעלה דהינו בעלה הישראלי שהוא זר מן הכהנה לא תאכל קדש, כי אשת הזר נחשבת כזר, והרי היא כמו אחת מצלעותיו. ודע זה וקבלהו, כי כן האמת המקבלת. ונוהגת מצוה זו בכל מקום [ובכל זמן] שיש שם תרומה דאוריתא, כמו שאמרנו במצות הקודמות. עברה הכהנת ואכלה תרומה או חזה ושוק והיא חללה כלומר, שנבעלה למי שפוסלה מן הכהנה, וכן אם עברה ואכלה חזה ושוק אחר שמת בעלה הישראלי או שנתגרשה ממנו, וכן אם עברה ואכלה תרומה או חזה ושוק בעודה תחת בעלה הישראלי, בכל צדדין אלו חיבת מלקות.

Mitzvah 283

That a profaned woman not eat from the holy: That a profaned woman not eat from the holy - meaning to say from the priestly tithe, the breast and the thigh that fit daughters of the Children of Aharon are fitting to eat - as it is stated (Leviticus 22:12), "And the daughter of a priest when she shall be to a foreign man, she shall not eat that which is raised of the consecrated things." And we say in the Gemara Yevamot 68a, "'When she shall be to a foreign man' - such that she had intercourse with one disqualified to her, that he disqualified her." And from that which it is written, "that which is raised of the consecrated things," they, may their memory be blessed, said (Yevamot 68b), "With that which is raised from the consecrated things, they shall not eat" - meaning from the breast and the thigh. And there it is said, "Let the verse write, 'she shall not eat the consecrated things.' What is [the meaning of] 'that which is raised of the consecrated things?' We hear two [things] from it: One is that when she had intercourse with one disqualified, she is disqualified from eating priestly tithe, the breast and the thigh; and the other is that when she was married to a 'foreigner' and her husband dies, she returns to eating the tithe but does not return to [eating] the breast and the thigh." And it comes out that included in this negative commandment is the warning of the priestess that married a foreigner not to eat the breast and thigh even though her husband died or divorced her, which is not what we determine with priestly tithe - as a priestess that marries a foreigner and her husband dies, returns to eat priestly tithe. And the understanding of the verse is such: "when she shall be to a man foreign with that which is raised of the consecrated things" - meaning to say when she has intercourse with a foreigner, meaning one disqualified to her, and this is his foreignness, [then] she shall not eat that which is raised of the consecrated things, which is the priestly tithe, the breast and the thigh, as I have explained. And further there is also in the understanding of the verse, "when she shall be to a foreign man" - one who is not a priest; and so did Rashi, may his memory be blessed, write (Rashi on Leviticus 22:12), "To a Levite or Israelite," meaning to say that he is foreign from the priesthood - she does not eat "that which is raised of the consecrated things" at the time that she is his. But after his death or that he divorces her, when she eats of that which is raised of the holy things - as behold, she has left from being [in the domain] of the foreigner - she [still] does not eat from the breast and the thigh.

ספר החינוך Sefer HaChinukh

As once she has married a foreigner, she is disqualified from the breast and the thigh forever. However, you should know that we did not learn the prohibition of a priestess eating from priestly tithe when she is still [in the domain of] her Israelite husband from this verse at all - as the [traditional] commentary does not come to expound this from that, but rather only that which we wrote. But this prohibition, the Sages - the masters of the received tradition - may their memory be blessed, learned (Yevamot 68b) from another place - from that which is written (Leviticus 12:10), "And any foreigner shall not eat the holy." As the commentary comes about it, that all the time that the woman is [in the domain of] her husband - meaning her Israelite husband - who is a foreigner from the priesthood, she 'shall not eat the holy.' [This is] since the wife of a foreigner is considered like a foreigner - and behold, she is like one of his ribs. And know this it and receive it, as it is the received truth. **And** this commandment is practiced in every place [and at all times] where there is priestly tithe from Torah writ, as we said in the previous commandments. A priestess that transgressed and ate priestly tithe or the breast or the thigh, and she is profaned, meaning to say she has had intercourse with someone who disqualifies her from the priesthood; and so [too,] if she transgressed and ate the breast or the thigh after her Israelite husband died or she became divorced from him; and likewise if she transgressed and ate priestly tithe or the breast or the thigh while she is still [in the domain of] her Israelite husband - in all of these ways, she is liable for lashes.

מצוה רפד

שלא לאכל טבל - שלא לאכל טבל, בין ישראל בין כהן, והוא הדבר שלא נטלה ממנו תרומה ומעשרות, שנאמר (ויקרא כב טו) ולא יחללו את קדשי בני ישראל את אשר ירימו ליי. ובא הפרוש המקבל על זה (סנהדרין פג א), שבאוכל טבל הכתוב מדבר. וענין הכתוב לומר, שלא יחללו הקדשים בעודם מערבים עם החלין, וזהו לשון את אשר ירימו שהוא לשון עתיד, כלומר שעדין לא הרמו. וכן הוא בגמרא סנהדרין (פג א) מנין לאוכל טבל שהוא במיתה? שנאמר ולא יחללו את קדשי בני ישראל את אשר ירימו ליי בעתידים להרים הכתוב מדבר, דיליף חלול חלול מתרומה שכתוב עליה ואת קדשי בני ישראל לא תחללו ולא תמותו (במדבר יח לב). והיא במיתה כמו שכתוב למעלה (מצוה רפ), מדכתיב (ויקרא כב ט) ומתו בו כי יחללוהו, וסמיך ליה וכל זר לא יאכל קדש. ועוד אמרו זכרונם לברכה בגמרא מכות (טז, ב) בענין זה, יכול לא יהיו חיבין אלא על הטבל שלא הורם ממנו כל

195

עקר, אבל נטלה ממנו תרומה גדולה. ולא נטלה ממנו תרומת מעשר, או מעשר ראשון, או מעשר שני, ואפילו מעשר עני מנין כלומר, מנין שיהיה בדבר חיוב? תלמוד לומר (דברים יב יז) לא תוכל לאכל בשעריך. ולהלן הוא אומר (שם כו יב) ואכלו בשעריך ושבעו, מה להלן מעשר עני אף כאן מעשר עני, ואמר רחמנא לא תוכל. **אמנם** זה החיוב הוא למלקות, אבל עון מיתה אינו אלא על הטבל שלא נטלה ממנו תרומה גדולה, וכן נמי באוכל מעשר קדם שנטלה ממנו תרומת מעשר, וזהו שנאמר בצואת הלוים (במדבר יח לב) כשצום להוציא מעשר מן המעשר ואת קדשי בני ישראל לא תחללו ולא תמותו, שזו היא מניעה שלא לאכל מעשר ראשון בטבלו, כן פרשוהו זכרונם לברכה (יבמות פו, א) ולפיכך חיבין עליו מיתה, כמו שנתבאר במסכת דמאי. נמצא מכלל דברינו, שהאוכל הטבל קדם שנטלה ממנו תרומה גדולה, וכמו כן קדם שנטלה ממנו תרומת מעשר הוא במיתה, ואם אכל ממנו אחר שנטלה ממנו תרומה גדולה, ונטלה ממנו גם כן תרומת מעשר, וכגון שהקדים לטול תרומת מעשר קדם מעשר, אף על פי שהוא עדין טבול לשני המעשרות, דהינו מעשר ראשון ושני, או מעשר עני, אינו בחיוב מיתה, אבל הוא בחיוב מלקות, וכן כל זמן שהוא טבול אפילו לאחד מן המעשרות במלקות. ואזהרותיה מלא תוכל לאכל בשעריך וגו', כמו שנכתוב לקמן בסדר ראה אנכי ושמר ענין זה (מצוה תעג ד), כי כן תמצא האמת אם תזכה ללמד דברי חכמינו בעלי הקבלה זכרונם לברכה. **משרשי** המצוה. מה שכתבתי למעלה סמוך בלאו דכהן טמא בתרומה (מצוה רעט). **מדיני** המצוה. מה שאמרו זכרונם לברכה (ע"ז עג, ב) באסור הטבל, שאוסר תערבתו בכל שהוא, מה שאינו כן בשאר אסורין שבתורה, חוץ מיין נסך וחמץ בפסח, כמו שכתבתי במקומו (מצוה קיא). ונתנו טעם בטבל, מפני שאסורו כמו התירו בכל שהוא, כמו שאמרו זכרונם לברכה, שאין לתרומה שעור מן התורה, אלא אפילו חטה אחת פוטרת כרי גדול של חטים, אף אסורו כמו כן בכל שהוא, ונמצא שאם נתערבו מעט חטים של טבל בכמה של חלין, שכלן אסורין. ובסדר זרעים ובמסכת תרומות ומעשר שני ומעשרות יתבאר אי זה דבר חיב בתרומה ומעשדות והן טובלין הפרות, ואי זה דבר פטור, ואי זה דבר חיב מן התורה, ואי זה מדברי סופרים. ויתר משפטי הטבל שם, ובמקומות מן מסכת דמאי [יו"ד סי' של"א]. **ונוהג** אסור זה של טבל בכל ישראל בזכרים ונקבות, ואפילו בכהנים ולוים (רמב"ם הל' מעשר א ג) אף על פי שהם האוכלים התרומות ואפילו בדגן שלהם, וכן נוהג האסור בכל מקום, כלומר, שאסור לאכל הטבל של פרות ארץ ישראל בכל מקום, אבל חיוב תרומות ומעשרות מן הפרות, ידוע הוא שלא חיבתנו התורה בהם אלא בארץ ישראל, ובזמן שישראל שם, שנאמר בתרומה (במדבר טו ב) בבואכם ודרשו זכרונם לברכה (כתובות כה, א): ביאת כלכם ולא ביאת מקצתכם. וכן פסק הרמב"ם זכרונו לברכה (תרומות א, כו) ולפיכך אין אסור הטבל מדאוריתא אלא בפרות ארץ ישראל, ובדגן ותירוש

ויצהר דוקא, כמו שנכתב במצות מעשר בסדר ויקח קרח (מצוה שצה). **וכבר** כתבתי קצת חלוקין במקומות שסביב ארץ ישראל לענין שביעית בסדר אם כסף תלוה, ותחומי ארץ ישראל ידועים הם. ועוד אכתב בארכה כל ענין תרומות ומעשרות וחלוק המקומות ומה שהוא מדאוריתא או מדרבנן בסדר שופטים (תקז) במצות הפרשת תרומה גדולה וקחנו משם. ועוד אודיעך שם מחלוקת המפרשים בענין תרומה אם היא מדאוריתא או דרבנן היום אפילו בארץ, ומי שהוא במקום שיהיה מספק עליו אם הוא מארץ ישראל אם לא, בזמן שהארץ בישובה ראוי להחמיר בדבר על כל פנים לפי שזהו ספיקא דאוריתא, וקימא לן ספיקא דאוריתא לחמרא (ביצה ג ב). ומן הדומה שחכמים זכרונם לברכה (חולין ו, ב) היו מחמירין אפילו בפרות שחיוב המעשר שלהם דרבנן במקומות המספקים להם אם הם מארץ ישראל, ואפילו אחר חרבן הבית, אף על פי שאסור זה אינו נוהג אלא בפני הבית מדאוריתא. והעובר על זה ואכל כזית מן הטבל קדם שהפרישו ממנו תרומה גדולה, וכן קדם שהפרישו ממנו תרומת מעשר חיב מיתה בידי שמים, וכמו שאמרנו למעלה, ואם אכל כזית טבל שנטלה ממנו תרומה גדולה ותרומת מעשר, אבל עדין לא הפרישו ממנו מעשרות, ואפילו לא נשארו בו אלא מעשר עני חיב מלקות, ואם הוא טבל של דבריהם, כלומר דבר שאין חיוב התרומה והמעשרות בו אלא מדרבנן, כגון כל שאר פרות חוץ מדגן תירוש ויצהר ואפילו בזמן שישראל בארץ, או אפילו דגן תירוש ויצהר של ארץ ישראל, ובזמן הבית מכין אותו מכת מרדות. ומשקין היוצאין מפרות שהן טבל אסורין כמותן. ומכל מקום אף על פי שהן אסורים מן התורה אין חיוב המלקות על המשקין אלא על גוף הפרות, חוץ מיין ושמן שלוקין עליהן כדרך שלוקין על הזיתים והענבים, והטעם לפי הדומה, מפני שעקרן של אותן פרות, למשקין הן לבריות.

Mitzvah 284

To not eat tevel: To not eat tevel - whether an Israelite or a priest - and that is a thing that tithes and priestly tithes have not been taken away from it, as it is stated (Leviticus 22:15), "And they shall not profane the consecrated things of the Children of Israel that they shall raise to the Lord." And the received (traditional) explanation comes about this (Sanhedrin 83a) that the verse is speaking about tevel. And the content of the verse is to say that they should not profane the consecrated things in their still being mixed with the non-sacred. And that is [why] the expression is [in] future tense - meaning to say that it has not yet been raised. And so [too], is it in the Gemara Sanhedrin 83a, "From where [do we know] about the one who eats tevel that he is [punishable by] death? As it is stated, 'And they shall not profane the consecrated

ספר החינוך Sefer HaChinukh

things of the Children of Israel that they shall raise to the Lord' - the verse is speaking about those that will be raised in the future; such that we learn [a comparison of] 'profane' [and] 'profane' from priestly tithe," about which it is written (Numbers 18:32), "and the consecrated things of the Children of Israel you shall not profane and not die." And [the latter] is with the death penalty - as we wrote above (Sefer HaChinukh 280), from that which is written (Leviticus 22:9), "and die for it, since they profaned it," and adjacent to it, "And any foreigner shall not eat the holy." And they, may their memory be blessed, also said about this matter in the Gemara Makkot 16b, "Perhaps one is only liable for eating tevel from which no [gifts] were taken at all; but if the great priestly tithe was taken from [the produce], but not the tithe of the tithe, or the first tithe or the second tithe, or even if only the poor tithe [was not separated]; from where [is it derived] that there is a liability in the thing? [Hence] we learn to say, 'You may not eat in your gates' (Deuteronomy 12:17), and later it states, 'and they shall eat within your gates and be satisfied' (Deuteronomy 26:12). Just as there, it is poor tithe, here too, it is poor tithe - and the [Torah] states, 'You may not.' However, this liability is for lashes, but the iniquity [punishable by] death is only for tevel that has not had the great priestly tithe taken from it; and likewise, for one who eats tithe before the priestly tithe of the tithe has been taken from it. And this is what is stated in the commandment to the Levites when it commanded to take out the tithe from the tithe (Numbers 18:32), "and the consecrated things of the Children of Israel you shall not profane and you shall not die." That is a prevention that they should not eat the first tithe in its mixture [with gifts that still need to be separated]. So, did they, may their memory be blessed, explain (Yevamot 86a). And therefore, they are liable for death for it, as it is elucidated in Tractate Dammai. It comes out from the sum of our words that one who eats tevel before he takes the great priestly tithe from it - and likewise before he took the priestly tithe from the tithe - is with death. But if he ate from it after the great priestly tithe was taken from it, and also the priestly tithe of the tithe was taken - for example that he preceded to take the priestly tithe of the tithe before the tithe, even though it is still mixed with the two tithes, which are the first tithe and the second tithe, or poor tithe; he is not liable for death, but rather he has a liability for lashes. And so [too,] the whole time when it is mixed [with] one of the tithes, it is with lashes. And its warning is from, "You may not eat in your gates, etc.," as we will write in the Order of Re'eh

ספר החינוך Sefer HaChinukh

Anochi (Sefer HaChinukh 473-4). And hold on to this matter, as you will find the truth to be like this if you merit to study the words of our Sages - the masters of the tradition - may their memory be blessed. **That** which I have written above close by in the negative commandment of an impure priest with priestly tithe (Sefer HaChinukh 279) is from the roots of the commandment. **From** the laws of the commandment is that which they, may their memory be blessed, said (Avodah Zarah 73a) about the prohibition of tevel that it forbids its mixture with the smallest amount - which is not the case with other prohibitions in the Torah besides idolatrous wine and chamets on Pesach, as I have written in its place (Sefer HaChinukh 111). And they gave a reason with tevel - [it is] because its prohibition is like its permissibility with the smallest amount: As they, may their memory be blessed, said that priestly tithe does not have a measure from Torah writ, but rather even one [grain] of wheat exempts a large threshing floor of wheat. [And so], even its prohibition is like this, with the smallest amount. And it comes out that if a little tevel got mixed in several of the non-holy [produce], they are all forbidden. And in the Order of Seeds in Tractate Terumot and Maaser Sheni and Maaserot, it is elucidated which thing is liable for priestly tithe and [other] tithes - and they make [other] fruits tevel - and which thing is exempt; which is liable from Torah writ and which is from the words of [the Rabbis]. And the rest of the statutes of tevel are there and in Tractate Dammai (see Tur, Yoreh Deah 331). **And** this prohibition of tevel is practiced by all of Israel, by males and females - and even priests and Levites (Mishneh Torah, Laws of Tithes 1:3), even though that they are the ones who eat the priestly tithes, and even with their [own] grain. And so [too,] is this prohibition practiced in every place - meaning to say that it is forbidden to eat tevel of the fruits of the Land of Israel in every place. But [regarding] the obligation of priestly tithes and [other] tithes from the fruits, it is well-known, that the Torah only obligated us about them in the Land of Israel, and at the time that Israel is there, as it is stated with the priestly tithe (Numbers 15:2), "in your coming." And they, may their memory be blessed, expounded (Ketuvot 25a), "'The coming' of all of you, and not the coming of some of you." And so, did Rambam, may his memory be blessed, determine (Mishneh Torah, Laws of Heave Offerings 1:26). And therefore, there is only a prohibition of tevel from Torah writ on the fruits of the Land of Israel - and specifically with the grain, the wine and the oil, as we will write in the commandment of tithing in the Order

ספר החינוך Sefer HaChinukh

of Vayikach Korach (Sefer HaChinuch 395). **And** I have already written some of the differences of the places surrounding the Land of Israel concerning the seventh [year] in the Order of Eem Kesef Talveh. And I will still write at length [about] the whole matter of priestly tithes and [other] tithes and the distinctions of the places and that which is from Torah writ and what is rabbinic in the Order of Shoftim in the commandment of the separation of the great priestly tithe (Sefer HaChinukh 507) - take it from there. And I will also inform you there of a disagreement among the commentators regarding whether the priestly tithe is from Torah writ or rabbinic today even in the Land. And [regarding] one who is in a place about which he is in doubt if it is from the Land of Israel or not, at the time when the land is in its inhabitation - it is fitting for him to be stringent nonetheless, since it is prohibition from Torah writ; and it is established for us that [in the case of] a doubt in Torah law, [we go] towards stringency (Beitzah 3b). And from that which it appears, the Sages, may their memory be blessed, were stringent (Chullin 6b) in the places about which they were in doubt if they were from the Land of Israel, even about the fruits the tithing obligation of which was only rabbinic - even after the destruction of the Temple, even though this prohibition is only practiced [altogether] from Torah writ [when the Temple is standing]. And one who transgresses this and ate a kazayit of tevel before they separated the great priestly tithe from it - and likewise before they separated the priestly tithe of the tithe - is liable for death by the hands of the Heavens, and as we said above. But if he ate a kazayit of tevel from which the great priestly tithe and the priestly tithe of the tithe were taken, but they still did not separate the tithes from it - and even if only the poor tithe remained in it - he is liable for lashes. And if it was tevel from their words - meaning something that the obligation of priestly tithes and [other] tithes from which is only rabbinic, such as all the fruits besides grain, wine and [olive] oil of the Land of Israel and at the time of the Temple - we strike him with lashes of rebellion. And the liquids that come out of the fruits that are tevel are forbidden like them. And nonetheless even though they are are forbidden from Torah writ, the liability for lashes is not on the liquids but only only on the body of the fruits - except for wine and [olive] oil, such that we administer lashes for them in the same way that we administer lashes for the olives and grapes [themselves]. And the reason, according to that which appears, is because the essence of those fruits for the creatures is for [their] liquids.

מצוה רפה

שלא נקדיש בעלי מומין למזבח - שלא נקדיש בעלי מומים להקריבם למזבח, ואף על פי שלא הקריבם, בהקדש לבד יש אסור לאו, ועל ההקדש לבד נאמר (ויקרא כב כ) כל אשר בו מום לא תקריבו, משום בל תקדיש (תמורה ו א). **משרשי** המצוה. מה שכתבנו למעלה (מצוה רעז) בלאו שלא יכנס בעל מום בהיכל כלו, ועין במצות הקרבן (מצוה רפו) להיות תמים ומצאת שם כי תדרשנו. **ודיני** המצוה, כלומר, מה הן המומין הפוסלין ומה אינן פוסלין, כתבתי מהן קצת מזה למעלה (מצוה רעה) בלאו שלא יעבד כהן בעל מום בעבודת המקדש. והכל בארכה במסכת בכורות [ה' איסורי מזבח פ"א]. **ונוהגת** בכל מקום ובכל זמן בזכרים ונקבות. כל העובר עליה והקדיש בעל מום ואפילו בזמן הזה עבר על לאו זה. ומן הנראה שלא יהיה בזה מלקות, לפי שאין בו מעשה, אבל ראיתי הרמב"ם זכרונו לברכה (איסורי מזבח א ב) שכתב המקדיש בעל מום לוקה, ואולי יעשהו כממיר שיש בו מלקות ואף על פי שאין בו מעשה, שזה וזה הקדש הוא, ואליו נשמע ותורה יבקשו מפיהו כי מלאך יי צבאות הוא (מלאכי ב ז).

Mitzvah 285

That we not consecrate [animals] with blemishes for the altar: That we not consecrate [animals] with blemishes, to sacrifice, them for the altar. And even though he did not sacrifice them, there is a negative commandment for the consecration alone. And about the consecration alone is it stated (Leviticus 22:20), "All that has a blemish in it, you shall not offer" - on account of you shall not consecrate (Temurah 6a). **That** which we wrote above (Sefer HaChinukh 277) in the negative commandment that [a priest] with a blemish not enter all of the sanctuary is from the roots of the commandment. And look in the commandment of the sacrifice (Sefer HaChinukh 286) to be complete (unblemished), and you will find it there if you seek it. **And** I have written a little about the laws of the commandment - meaning to say which are the blemishes that disqualify and which do not disqualify - above in the commandment that a priest who is one with a blemish not serve in the service of the Temple (Sefer HaChinukh 275). And it is all in [detail] in Tractate Bekhorot (see Mishneh Torah, Laws of Things Forbidden on the Altar 1). **And** [it] is practiced in every place and at all times by males and females. Anyone who transgresses it and consecrates an [animal] with a blemish - and even at this time - violates this negative commandment. And from what appears, there would not be lashes with this, since there is no act [involved] with it; but I saw that Rambam, may his memory be blessed, wrote (Mishneh Torah, Laws of Things Forbidden on the Altar 1:2) [that] one who consecrates an [animal] with a blemish is lashed. And maybe he makes it like one who exchanges [a sacrifice] about which there is lashes even though there is no act [involved] with it - as [in that case, we see the impact of his words - since] this and that are consecrated. And to him shall we listen 'and we will seek Torah from his mouth, as he is an angel of the Lord of hosts.'

מצוה רפו

מצות הקרבן להיות תמים - שיהיה כל קרבן שנקריבהו שלם במינו מן המומין שבאו בכתוב ומאותן שבאה הקבלה עליהם שהם מומין, והוא מה שנאמר על זה (ויקרא כב כא) תמים יהיה לרצון, ואמרו בספרא (אמור ז ט) תמים יהיה מצות עשה והביאו ראיה (מנחות פז א) על היות הנסכים וסלתם ושמנם בתכלית השלמות מההפסד, מדכתיב (במדבר כח לא) תמימם יהיו לכם ונסכיהם. **שרש** המצוה נגלה, עם מה שהקדמנו למעלה, בענין הקרבנות על צד הפשט, שהם לעורר ולכון מחשבת בני איש אל השם ברוך הוא, כי האדם מתפעל בכח מעשיו, על כן ראוי על כל פנים להיות הקרבן בלי מום, כי מזמות בן אדם לא ינוחו ולא יתפשטו במין הפחות כמו בחשוב, כי הלבבות יתעוררו בחשוב ובשלם במינו יותר, וזה דבר ידוע לכל מבין. מדיני המצוה. המומין שמנו חכמים זכרונם לברכה (רמב"ם איסורי מזבח א ב) שפוסלין בקרבן, שהם שבעים ושלשה, חמשים מהם, בין באדם בין בבהמה, והעשרים ושלשה, מיחדים בבהמה ואינן ראויין להיות באדם. וכמו כן יש מומין שהם מיחדים באדם שאינם ראויים להיות בבהמה והן תשעים, כמו שנכתב בסדר זה (מצוה רעה) גבי מומין הפוסלין בכהן. וכן מה שחלקו זכרונם לברכה (חולין קל, א) בין מום קבוע למום עובר, ומה שאמרו (זבחים קטז, א) שאין המומין פוסלין בקרבן עוף, שלא נאמר בהן תמים זכר. ובמה דברים אמורים? במומין קטנים, אבל עוף שיבש גפו או נסמית עינו או נקטעה רגלו אסור לגבי המזבח. ויתר פרטיה מבוארים בפרק שמיני ממנחות (ה' איסורי מזבח פ"א). **ונוהגת** מצוה זו בזמן הבית. והעובר עליה ושחט או זרק הדם או הקטיר האמורין מבהמה בעלת מום על המזבח, בטל עשה זה, מלבד שעבר על לאו, וכמו שנכתב בעזרת השם (מצוה רפה רצ), וכתב הרמב"ם זכרונו לברכה (שם א ד) נמצאת למד, שאם הקדיש בעל מום ושחטו וזרק דמו והקטיר אמוריו על המזבח לוקה ארבע מלקיות, ועל מה שאמר שאם הקדיש לוקה צריך עיון.

Mitzvah 286

ספר החינוך Sefer HaChinukh

The commandment of the sacrifice being unblemished: That every sacrifice that we sacrifice be perfect from blemishes that come in Scripture and from those that the tradition comes about that they are blemishes for its specie. And that is [the understanding of] what is stated about this (Leviticus 22:21), "unblemished shall it be acceptable." And they said in Sifra, Emor, Section 7:9, "'Unblemished shall it be' - is a positive commandment." And they brought a proof (Menachot 87a) that the libations and flours and oils [also] be completely perfect from degeneration from that which is written (Numbers 28:31), "they shall be unblemished, and their libations." **The** root of the commandment is revealed with that which we [wrote] previously above regarding sacrifices from the angle of the simple understanding, [which is] that they are to arouse and direct the thoughts of people towards God, blessed be He. As a man is affected by the strength of his actions - hence it is fitting no matter what that the sacrifice be without a blemish, given that the intentions of man do not rest nor become focused upon a lesser type as they will a more important [one]. As hearts will be more aroused by the important and perfect in its species and this is something well-known to all who understand. **From** the laws of the commandment are the blemishes that disqualify a sacrifice that the Sages, may their memory be blessed, enumerated (Mishneh Torah, Laws of Things Forbidden on the Altar 1:2) that are seventy-three. Fifty of them are whether with a man or with a beast, and twenty-three are unique to beasts and are not fitting to be with a man. And likewise, there are blemishes that are unique to man that are not fitting to be with a beast and they are ninety, as we shall write in this Order (Sefer HaChinukh 275) concerning blemishes that disqualify a priest. And so [too,] that which they, may their memory be blessed, distinguished between a permanent blemish and a transient blemish; and that which they said (Zevachim 116a) that the blemishes do not disqualify a sacrifice of fowl, as it does not state about them, "an unblemished male." And about what are these words speaking? About small blemishes. But a fowl the wing of which has dried up, or its eye was blinded or its leg cut off is forbidden on top of the altar. And the rest of its details are elucidated in the eighth chapter of Menachot (see Mishneh Torah, Laws of Things Forbidden on the Altar 1). **And** this commandment is practiced at the time of the [Temple]. And one who transgresses it and slaughters or sprinkles the blood or incinerates the entrails upon the altar, from a beast that is one with

ספר החינוך Sefer HaChinukh

a blemish, has violated this positive commandment - besides that he has violated a negative commandment; and as we shall write with God's help (Sefer HaChinukh 288-290). And Rambam, may his memory be blessed, wrote (Mishneh Torah, Laws of Things Forbidden on the Altar 1:4), "It comes out that you learned that if he consecrated an [animal] with a blemish and slaughtered it, and sprinkled its blood and incinerated its entrails upon the altar, he is lashed four [sets] of lashes." And about that which he said that if he consecrated, he is lashed, it requires [further] study.

מצוה רפז

שלא נתן מום בקדשים - שלא נתן מום בקדשים. כלומר שלא נעשה בבהמה שהיא קדושה למזבח שום חבורה או שום שבר שיפסלה להקרבה, שנאמר (ויקרא כב כא) וכל מום לא יהיה בו, ואמרו זכרונם לברכה (מנחות נו, ב) קרי ביה לא יהיה בו. ולשון ספרא (אמור ז ט) כל מום לא יהיה בו אל תתן בו מום. **משרשי** המצוה. לפי שיהיה בזה בזיון הקדשים, וכבר כתבתי כמה פעמים (מצוה צה) התועלת הנמצאת בהתיקר כבוד בית המקדש ומשרתיו וקרבנותיו אל לב בני אדם. **מדיני** המצוה. מה שאמרו שאחד המטיל מום בקדשים עצמן או בתמורתן, עובר בלאו ולוקה, חוץ מן הבכור ומן המעשר, שהמטיל מום בתמורתן, אינו לוקה, לפי שאין ראויין לקרבנות כמו שמתבאר בתמורה (כא א). ויתר פרטיה, מבארים במקומות מפזרים מזבים ותמורה. **ונוהג** אסור זה בכל מקום ובכל זמן בזכרים ונקבות, אבל אין חיוב המלקיות כי אם בזמן שבית המקדש קים שראויה הבהמה לקרבן, כמו שמתבאר בגמרא עבודה זרה (יג, ב).

Mitzvah 287
That we not place a blemish upon consecrated animals: - That we not place a blemish upon consecrated animals; meaning to say that we not make any wound or any fracture upon a beast that is consecrated for the altar that disqualifies it as an offering - as it is stated (Leviticus 22:21), "and no blemish shall be upon it." And they, may their memory be blessed, said (Menachot 56b), "Read it as 'shall not be made in it.'" And the language of Sifra, Emor, Section 7:9 is, "'No blemish shall be upon it' - do not place a blemish upon it." **It is from the roots of the commandment** [that it is] since there would be a disgrace to the consecrated animals with this. And I have already written many times (Sefer HaChinukh 95) [about] the benefit to the heart of man that comes out [from] the endearment of the glory of the Temple, its servants and its offerings. **From** the laws of the commandment is that which they

said that one who puts a blemish in consecrated animals themselves or their exchanges transgresses a negative commandment and is lashed, except for the first-born or the tithe. As one who puts a blemish on their exchange is not lashed, because they are not fitting as sacrifices - as is elucidated in Temurah 21b. And the rest of its details are elucidated in scattered places in Zevachim and Temurah. **And** this prohibition is practiced in every place and at all times by males and females. But there is only a liability for lashes at the time that the Temple is in existence; such that the beast would be fitting as a sacrifice, as is elucidated in the Gemara, Avodah Zarah 13b.

מצוה רפח

שלא נזרק דם בעל מום על המזבח - שלא נזרק דם בעלי מומין על גבי המזבח, שנאמר (ויקרא כב כב) עורת או שבור או חרוץ או יבלת או גרב או ילפת לא תקריבו אלה ליי, ובאה הקבלה שזה הלאו הוא מונע מזריקת דם בעלי מומין, וזהו דעת תנא קמא בגמרא תמורה (ו, ב), וכן הלכה, שאמר שם ותנא קמא האי לא תקריבו ליי למה לי? מבעי ליה לזריקת דמים. כל ענין אזהרה זו כאזהרת נתינת מום בקדשים (מצוה רפז) ושחיטת בעל מום (מצוה רפט) והקטרת אימורין (מצוה רצ). אבל אין לחשבו עם האסורים הנוהגים היום, לפי שאין לנו מזבח בעונותינו.

Mitzvah 288

That we not sprinkle blood of an [animal] with a blemish on the altar: That we not sprinkle blood of [animals] with a blemish on top of the altar, as it is stated (Leviticus 22:22), "A blind or broken or creviced (charuts) or protrusion (yabelet) or boil-scar (garav) or yalefet; you shall not sacrifice these to the Lord." And the tradition comes about this negative commandment that it is a prevention of sprinkling the blood of [animals] with blemishes. And that is the opinion of the first teacher (tanna kamma) in the Gemara, Temurah 6b, and that is the law. As it says there, "And [for] the first teacher, why do I need this 'you shall not sacrifice to the Lord.' He requires it for sprinkling of the blood." All of the content of this warning (negative commandment) is like the warning of the placing of a blemish upon holy [animals] (Sefer HaChinukh 287) and the sacrifice of an [animal] with a blemish (Sefer HaChinukh 289) and the incineration of the entrails (Sefer HaChinukh 290). However, we should not count it with the prohibitions that are practiced today; as due to our iniquities, we do not have an altar.

ספר החינוך Sefer HaChinukh

מצוה רפט
שלא נשחט בעל מום לשם קרבן - שלא נשחט בעלי מומים לשם קרבן, שנאמר (ויקרא כב כב) לא תקריבו אלה ליי; ולשון ספרא (אמור ז א) לא תקריבו משום בל תשחט. כל ענין מצוה זו, מפרש במצוה הקודמת לה. אבל אין לחשב אסור זה עם הנוהגים היום, לפי שאין לנו מקדש בעונותינו לשחט שם קרבנותינו.

Mitzvah 289
That we not slaughter an [animal with a blemish] for the sake of a sacrifice: That we not slaughter [animals] with blemishes for the sake of a sacrifice, as it is stated (Leviticus 22:22), "you shall not sacrifice these to the Lord." And the language of Sifra, Emor, Chapter 7:1 is "'You shall not sacrifice' - on account of you shall not slaughter." All of the content of this commandment is explained in the commandment preceding it. However, we should not count this prohibition with those that are practiced today; as due to our iniquities, we do not have an altar to slaughter the sacrifices there.

מצוה רצ
שלא נקטיר מאמורי בעלי מומין - שלא להקטיר אמורי בעלי מומין, פרוש אמורין, כתבתי בסדר צו במצות מעשה החטאת (מצוה קלח). ועל זה נאמר (ויקרא כב כב) ואשה לא תתנו מהם על המזבח. ענין המצוה זו גם כן ובאור מקום דיניה, כתוב במצוה הקודמת לחברתה. אבל אין לחשב אסור זה עם הנוהגים היום, לפי שאין לנו מקדש בעונותינו להקטיר בו.

Mitzvah 290
That we not incinerate the entrails of [animals] with blemishes: Not to incinerate the entrails of [animals] with blemishes. I have written the understanding of entrails in the Order of Tsav in the commandment of the procedure of the sin-offering. And about this is it stated (Leviticus 22:22), "a fire-offering you shall not give of them upon the altar." The content of this commandment as well, and the elucidation of the place of its laws is written in the commandment prior to its colleague (Sefer HaChinukh 287). However, we should not count this prohibition with those that are practiced today; as due to our iniquities, we do not have an altar upon which to incinerate.

מצוה רצא

שלא לסרס אחד מכל המינים - שלא לסרס אחד מכל המינים לא אדם ולא בהמה ולא עוף שנאמר (ויקרא כב כד) ובארצכם לא תעשו. אחר שזכר הכתוב ומעוך וכתות ונתוק וכרות שהוא נאמר על כלי התשמיש, אמר ובארצכם לא תעשו ובא הפרוש עליו (חגיגה יד, ב) כל שבארצכם לא תעשו. כלומר, לא יעשה זאת בישראל, או פרושו מכל מין שבארצכם לא תעשו, וכל שבארצנו, יכלל האדם והבהמה וכל בעלי החיים. ואין ענין הכתוב לומר שלא יהא אסור הסרוס אלא בארץ, ובפרוש אמרו זכרונם לברכה בשבת פרק שמנה שרצים (שבת קי, ב) תניא, מנין לסרוס באדם שהוא אסור? תלמוד לומר ובארצכם לא תעשו בכם לא תעשו. **משרשי** המצוה. לפי שהשם ברוך הוא ברא עולמו בתכלית השלמות, לא חסר ולא יתר בו דבר מכל הראוי להיות בו לשלמותו, והיה מרצונו לברך בעלי החיים להיותם פרים ורבים, וגם צוה את הזכרים ממין האדם על זה למען יעמדו, שאם לא כן, יהיה המין כלה, אחר שהמות מכלה בהם, ועל כן המפסיד כלי הזרע, מראה בנפשו כמי שהוא קץ במעשה הבורא, ורוצה בהשחתת עולמו הטוב. **מדיני** המצוה. מה שאמרו זכרונם לברכה (ב"מ צ, ב) שאפילו לומר לגוי לסרס בהמה של ישראל אסור, אבל אם לקחה הגוי מעצמו וסרס אותה מתר ללקחה מידו ולאכל אותה, ואם הערים הישראל כגון שאמר דברים בפני הגוי מראים חפצו בכר וכיוצא בענינים אלה כמו שעושין המערימין הפחותין קונסין אותו שיוציאנה מתחת ידו וימכרנה לישראל אחר, ואפילו לבנו הגדול התירו זכרונם לברכה למכרה, שלא גזרו אלא שתצא מתחת ידו וימכרנה לישראל אחר אבל לבנו קטן אינו מוכרה ולא נותנה. **ומה** שאמרו (שבת קיא, ב) גם כן שהמסרס אחר המסרס חיב, וכדאמר רבי חיא בר אבין אמר רבי יוחנן הכל מודים במחמץ אחר מחמץ שהוא חיב שנאמר (ויקרא ו י) לא תאפה חמץ. ולא תעשה חמץ (שם ב יא) במסרס אחר מסרס שהוא חיב, שנאמר ומעוך וכתות ונתוק וכרות אם על כרות חיב, על נתוק לא כל שכן? אלא להביא נותק אחר כורת שהוא חיב כיצד? הרי שבא אחד וכרת הגיד, ובא אחר וכרת הביצים או נתקן חיב גם האחרון, וכן אם בא אחד ומעך את הגיד, ובא אחר ונתקו כלם לוקין, ואף על פי שהאחרון אינו מסרס, שכבר מסרס הוא. ומה שאמרו זכרונם לברכה (שבת קיא א), שהמסרס את הנקבה, בין באדם בין בשאר מינין פטור. ומה שאמרו (שם קי א), שהמשקה כוס של עקרין לאדם או לשאר בריות כדי לסרסן אסור, אבל אין לוקין על זה. וכן המושיב חברו במים או בשלג עד שיבטל ממנו כח אברי הזרע אינו לוקה, עד שיסרס ביד, אבל ראוי להכותו מכת מרדות. ואשה מתרת לשתות כוס של עקרין שמסרסין אותה שלא תלד, שהנשים אינן מצוות על פריה ורביה, כמו שכתבתי במצוה ראשונה שבספר. ויתר פרטיה מבארים במקומות במסכת שבת וביבמות [א"ה סי' ה]. **ונוהגת** מצוה זו בכל מקום ובכל זמן בזכרים ונקבות, שאסור גם להם לסרס הזכרים, אבל לא עצמן

ספר החינוך Sefer HaChinukh

בכוס של עקרין, כמו שאמרנו. והעובר עליה וסרס אחד מכל מיני בעלי חיים, בין אדם בין בהמה ועוף, בין טהורים בין טמאים לוקה.

Mitzvah 291

Not to castrate one of all of the species: To not castrate one of all of the species - not a man and not a beast and not a bird, as it is stated (Leviticus 22:24), "and in your land you shall not do [it]." After the verse mentioned, "And a crushed, and a pounded and a disconnected and a cut," which is stated about the [sexual organs], it stated, "and in your land you shall not do [it]." And the explanation came about it (Chagigah 14b), "[To] all in your land you shall not do [it]" - meaning to say this shall not be done among Israel; or its explanation is from every species in your land you shall not do [it]. And "[to] all in your land you shall not do [it]" includes man and beast and all animals. And the content of the verse is not to say that there only be a prohibition of castration in the Land. And explicitly did they, may their memory be blessed, say in Shabbat 110b in the chapter [entitled] Shmoneh Sheratsim, "We learned, 'From where [do we know] about castration of a man, that it is forbidden? [Hence] we learn to say, "and in your land you shall not do [it]" - you shall not do it in (to) you.'" **It** is from the roots of the commandment [that it is] since God, blessed be He, created His world with absolute perfection - He did not miss nor add a thing in it from all that is fitting to be for its perfection. And it was from His will to bless animals that they should be fruitful and multiply. And He also commanded the males from the human species about this in order that they survive. As otherwise, the species would cease, since death finishes them. And hence, one who destroys the [sexual organs] shows himself to be as if he is disgusted by the act of the Creator and wants the destruction of His good world. **From** the laws of the commandment is that which they, may their memory be blessed, said (Bava Metzia 90b) that even to tell a gentile to castrate the beast of an Israelite is forbidden. But if the gentile took it on his own and castrated it, it is permissible to take [the beast] from his hand and eat it. However if the Israelite was being sly, such as if he said things in front of the gentile that show his desire for this - and similar to these matters, such as the lowly sly ones do - we penalize him, such that he take it out from under his hand and sell it to another Israelite. And they, may their memory be blessed, permitted him to sell it even to his adult son; as they only decreed that it should go out from under his hand and that he sell it to another Israelite. But he [may] not sell nor give it to his minor son. **And** that which they also said (Shabbat 111a) that one who castrates after [another] who castrates is liable, and like Rabbi Chiya bar Avin said that Rabbi Yochanan said, "Everyone concedes that one who leavens after [another] leavened is liable, as it is stated (Leviticus 6:10), 'It shall not be baked leavened,' and (Leviticus 2:11) 'it shall not be made leavened'; that one who castrates after [another] castrates is liable, as it is stated (Leviticus 22:24), 'And a crushed, and a pounded and a disconnected and a cut' - if one is liable for one cut, is one not all the more so [liable] for one disconnected? Rather, [this comes] to include that one who disconnects after one who cuts is liable." How is this? Behold, one came and cut the member, and another came and cut the testicles or disconnected them, the last one is also liable; and so [too,] if one came and crushed the member, and another came and disconnected it, they are all lashed - even though the last one does not castrate, as it is already castrated. And that which they, may their memory be blessed, said (Shabbat 111a) that if one neuters a female - whether a person or of the other species - he is exempt. And that which they said (Shabbat 110a) that [it] is forbidden to give a cup of roots to a man or to other creatures in order to sterilize them, but we do not administer lashes for this. And so [too,] one who places his fellow in water or in snow, until the power of his reproductive organs is neutralized, is not lashed until he castrates [him] manually. But it is fitting to strike [such a one with] lashes of rebellion. And a woman is permitted to drink a cup of roots that sterilize her, such that she not give birth; as women are not commanded about being fruitful and multiplying - as I wrote in the first commandment of the book. And the rest of its details are elucidated in [various] places in Tractate Shabbat and Yevamot (see Tur, Even HaEzer 5). **And** this commandment is practiced in every place and at all times by males and females. As it also forbidden for them to castrate the males - though not themselves with a cup of roots, as we have said. And one who transgresses this and castrates one of all the species of animals - whether a man, whether a beast or a fowl; whether pure [animals] or impure [ones] - is lashed.

מצוה רצב

שלא להקריב קרבן בעל מום מיד הנכרי - שלא להקריב בעלי מומין מיד הגוים, שנאמר (ויקרא כב כה) ומיד בן נכר לא תקריבו את לחם אלהיכם

מכל אלה, שלא נאמר, אחר שהוא גוי נקריב בעדו בעל מום. והצרכה האזהרה בזה עליהם, לפי שכבר התירתנו התורה לקבל מידם קרבנות תמימים, כמו שנאמר איש איש מבית ישראל ומן הגר בישראל אשר יקריב קרבנו לכל נדריהם ולכל נדבותם. ובא הפרוש על (מנחות עג, ב חולין יג, ב) "איש", לרבות הגוים שנודרים נדרים ונדבות, ומקבלין אותן מהם. **משרשי** המצוה. כבוד הבית, וכמו שכתבתי בלאו שלא ינתן מום בקדשים בסדר זה (מצוה רפז). **מדיני** המצוה. מה שאמרו זכרונם לברכה (תמורה ז א) שכל מום מן המומין הפוסלין בקרבנותינו כגון השבעים ושלשה מומין הידועים פוסלין גם כן במה שנקבל מהם, ולא נאמר שלא יהיה מום בקרבנותם אלא מה שהם מחשבים אותו מום כמו מחסר אבר. וקצת יתר פרטיה, מפזרים במקומות מהתלמוד. **ונוהגת** בכהנים בזמן שישראל שרויין על אדמתן, כי אז הוא זמן ההקרבה. וכהן שעבר על זה והקריב בעל מום, אף על פי שהוא מבן נכר לוקה.

Mitzvah 292

Not to sacrifice a sacrifice that is one with a blemish from the hand of the stranger: Not to sacrifice [animals] with blemishes from the hands of gentiles, as it is stated (Leviticus 22:25), "And from the hand of the stranger you shall not offer the bread of your God from all of these" - such that we not say, "Since he is a gentile, we can sacrifice one with a blemish for his sake." And it required a warning about this for them, since the Torah already permitted us to accept unblemished sacrifices from them; as it is stated (Leviticus 22:18), "Every man from the House of Israel and from the sojourner in Israel that offers his sacrifice for all of their vows and for all of their pledges." And the explanation comes about this (Menachot 73b; Chullin 13b), "'Man' to include the gentiles that promise vows and pledges." And we accept it from them. **The** glory of the [Temple] is from the roots of the commandment; and as I wrote in the negative commandment that a blemish not be placed on consecrated animals, in this Order (Sefer HaChinukh 287). **From** the laws of the commandment is that which they, may their memory be blessed, said (Temurah 7a) that every blemish of the blemishes that disqualify for our sacrifices, such as the seventy-three well-known blemishes, also disqualify with that which we accept from them. And we do not say that only that which they consider a blemish, like a missing limb, will be a blemish in their sacrifices. And the little of the rest of its details is scattered in [various] places of the Talmud. **And** [it] is practiced by the priests at the time that Israel is dwelling on its land, because then is the time of offering. And a priest who transgresses this and sacrifices an [animal] with a blemish, even though it is from a stranger, is lashed.

מצוה רצג

מצות הקרבן שיהיה משמנה ימים ולמעלה - שיהיה כל קרבן שנקריב מן הבהמה מבן שמנת ימים ומעלה, לא פחות מזה, וזאת היא מצות מחסר זמן בגופו, והמקרא המזהירנו בזה הוא שכתוב (ויקרא כב כז) שור או כשב או עז כי יולד והיה שבעת ימים תחת אמו ומיום השמיני והלאה ירצה. ודברי התורה נוטריקון הם, ומורה הכתוב, שקדם לכן לא ירצה הקרבן, וזה וכיוצא בו יקראו זכרונם לברכה לאו הבא מכלל עשה עשה. ולפיכך אין לוקין עליו, וכמו שבארו זכרונם לברכה בחלין פרק אותו ואת בנו שאמרו שם (פ, ב) לענין מלקות הנח למחסר זמן שהכתוב נתקו לעשה. **משרשי** המצוה. מה שהקדמנו בענין הקרבן על צד הפשט, כי בכח הפעלה, יתעורר האדם להכשיר מעשהו, ולכן נצטוה להיות פעלת הדברים שבהן הכשר המעשה שלמה בכל כחו. ומשלמות הקרבן, שיהיה מבן שמנת ימים והלאה כי קדם לכן, אינגו ראוי לכל דבר ולא יחמד איש אותו לאכלה לסחורה ולתשורה. מדיני המצוה. מה שאמרו זכרונם לברכה (שם כב א), שתורים שלא הגיע זמנן שהן אסורין לקרבן כמו בהמה שלא הגיע זמנה, וכן בני יונה גדולים הרבה אסורים. והטעם בהם, שהגדלות בהן נחשב כמום, ודרך כלל אמרו חכמינו זכרונם לברכה במשנה (שם), בתורים ובני יונה, שתחלת הצהוב שבזה ושבזה, פסול, לפי שהוא גדלות ביונים וקטנות לתורים. ודרשו זכרונם לברכה בזה המקרא (שם לח, ב) כי יולד פרט ליוצא דפן, שפסול לקרבן, תחת אמו פרט ליתום, כלומר שנולד אחר שנשחטה אמו. ומן הדומה, שבכל זה אפשר לומר, שאין השלמות בהן כמו בנולדים כדרכו של עולם, וכבר כתבתי (מצוה רפו) כי החיוב להיות הקרבן בתכלית השלמות מכל צד. ויתר פרטיה מתבארים בספרא וסוף מסכת זבחים [פ"ג מ"ה איה"מ]. **ונוהגת** בזמן הבית בזכרי כהנה, כי להם מצות הקרבן ועל ידם יתקרבו, והם הזהרו מן הדומה בענין, אבל מכל מקום, ראיתי לרמב"ם זכרונו לברכה שכתב, וזה לשונו, וכן המקדיש מחסר זמן הרי זה כמקדיש בעל מום עובר, ואינו לוקה, כמו שבארנו, עד כאן. נראה מדבריו שהוא סובר, שחיוב מצוה זו אף על הישראל המקדיש אותו, וכיון שכן, יש לנו לומר לדעתו שחיוב מצוה זו בין בכהנים בין בישראלים ובזכרים ונקבות. והעובר על זה והקריב מחסר זמן או הקדישו לדעת הרמב"ם זכרונו לברכה בטל עשה, אבל אינו לוקה, לפי שהוא לאו הבא מכלל עשה, כמו שכתבנו.

Mitzvah 293

The commandment of a sacrifice that it be from eight days and above: That every sacrifice that we sacrifice of the beast be from eight days [old] and above, not less than that; and this is the commandment of the lacking in time of its body. And the verse that warns us about this is that which is written (Leviticus 22:27), "An ox or a sheep or a goat when it is born shall be with its mother seven days; and from the eighth day and onward, it shall be accepted." And the words of the Torah are [in short]; and the verse teaches that before then, the sacrifice is not accepted. And this - and that which is like this - they, may their memory be blessed, called 'a negative commandment inferred from a positive commandment is a positive commandment.' And therefore, we do not administer lashes for it. And [it is] like they, may their memory be blessed, elucidated in Chullin 80b in the chapter [entitled] Oto ve'etvBeno - as there they said regarding the matter of lashes, "Leave lacking time alone, as Scripture has [connected] it to a positive commandment." **That** which we [wrote] previously regarding sacrifices from the angle of the simple understanding is from the roots of the commandment - that a man is aroused by the strength of his action to improve his deed[s]. And therefore, he was commanded that the action though which he is to improve his deed[s] be [as] perfect as he is able. And it is from the perfection of the sacrifice that it be from eight days [old] and onward. As before then, it is not fitting for anything - and no man would desire it for eating or for commerce or for a gift. **From** the laws of the commandment is that which they, may their memory be blessed, said (Chullin 22a), that doves that have not reached their time are forbidden for a sacrifice like a beast that has not reached its time. And so [too,] young pigeons that are very big are forbidden. And the reason with them is that largeness is considered like a blemish with them. And they, may their memory be blessed, said (Chullin 22a) in the Mishnah more generally about doves and young pigeons that the beginning of yellowness in this and in that disqualifies" - as it is [a sign of] largeness in pigeons and smallness in doves. And they, may their memory be blessed, expounded (Chullin 38b) about this verse, "'When it is born,' to exclude a cesarean section; 'with its mother,' to exclude an orphan" - meaning to say that it was born after its mother was slaughtered. And it is from that which appears that in all of [these], it is possible to say that perfection with them is not like with those born in the [normal] way of the world. And I have already written (Sefer HaChinukh 286) that the obligation is for the sacrifice to be in absolute perfection from every angle. And the rest of its details are elucidated in Sifra and the end of Tractate Zevachim (see Mishneh

Torah, Laws of Things Forbidden on the Altar 3). **And** [it] is practiced at the time of the [Temple] by the males of the priesthood - as the commandment of the sacrifice is upon them, and they will be sacrificed though them, and [so] it appears that they are warned (commanded) about the matter. But regardless, I saw with Rambam, may his memory be blessed, that he wrote (Mishneh Torah, Laws of Things Forbidden on the Altar 3:10) - and this is his language - "And so [too,] one who consecrates [an animal] lacking in time, behold he is like one who consecrates one with a transient blemish, but he is not lashed, as we heave elucidated." To here [are his words]. It appears from his words that he reasons that the liability of this commandment is also upon an Israelite who consecrates it. And since this is so, we should say according to his opinion that the liability of this commandment is whether with priests or whether with Israelites, and with males and females. And one who transgresses this and sacrifices [an animal] lacking in time - or consecrates it according to the opinion of Rambam, may his memory be blessed - has violated a positive commandment. But he is not lashed, since it is a negative commandment inferred from a positive commandment, as we wrote.

מצוה רצד

שלא לשחט בהמה ובנה ביום אחד - שלא נשחט בהמה ובנה ביום אחד, בין בקדשים בין בחלין, שנאמר (ויקרא כב כח) אתו ואת בנו לא תשחטו ביום אחד. **משרשי** המצוה. שיתן האדם אל לבו כי השגחת השם ברוך הוא על כל מיני בעלי חיים בכלל, ועם השגחתו עליהם יתקימו לעולם, כי השגחתו בדברים זהו קיומם, ועל כן לא יבטל מן המינין לגמרי כל ימי עולם, ואף על פי שהשגחתו על מין האדם בפרט, וכמו שכתבתי למעלה בסדר "אשה כי תזריע" (מצוה קסט), לא כן מיני שאר בעלי חיים, אלא דרך כלל במין ישים השגחתו ברוך הוא, ועל כן נמנענו מלכלות האילן וענפיו ביחד, לרמז זה. ועוד נוכל לומר בענין על צד הפשט כמו כן, שהוא לקבע בנפשותינו מדת החמלה ולהרחיק מדת האכזריות שהיא מדה רעה, ולכן אף על פי שהתיר לנו האל מיני בעלי חיים למחיתנו, צונו לבל נהרג אתו ואת בנו ביום אחד, ולקבע בנפשנו מדת החמלה. **דיני** המצוה. מה שאמרו זכרונם לברכה (חולין פב, א) שאין חלוק בין אותו ואת בנו, או בנו תחלה ואחר כך האם, ומה שאמרו (שם פג, א). דבארבעה פרקים בשנה, המוכר בהמה לחברו צריך להודיעו, אמה מכרתי לשחט, לפי שבארבעה זמנים אלו, כל הקונים מן הסתם לשחטן לשעה קונים, ואלו הן ערב יום טוב האחרון של חג וערב יום טוב הראשון של פסח, וערב עצרת, וערב ראש השנה, וכדברי רבי יוסי הגלילי, אף בערב יום הכפורים בגליל. והא דתנן צריך להודיעו

דוקא המוכר צריך להודיע הדבר, אבל הלוקח אינו צריך לשאל משום דספק ספיקא הוא עליו שמא אין לה אם, ואם יש לה שמא לא מכרה לשחט. ומה שאמרו (שם פב א) דשנים שלקחו פרה ובנה, שזה שלקח ראשון ישחט ראשון, ואם קדם השני ושחט שלא כדין אסור הראשון לשחט. ודין השוחט פרה ושני בניה או שני בניה ואחר כך היא, וכן היא ובתה ובת בתה. ומתר לשחט האם עם בת בתה, שלא אסר הכתוב אלא אותו ואת בנו. **ומה** שאמרו שאם שחט האם ובת בתה ואחר כך הבת שאין סופג אלא ארבעים, ואף על פי שבשחיטת בת זו עובר שני לאוין משום אותו ואת בנו, ובנו ואותו, מכל מקום חד מעשה הוא. **ומה** שאמרו זכרונם לברכה, (שם עח, ב) שאסור אתו ואת בנו אינו נוהג אלא בנקבות, שאמרו בפרוש בנו, מי שבנו כרוך אחריו דהינו הנקבה. ומכל מקום הכי אסיקנא בחלין (עט א) עם הפרושים הטובים, שאם נתברר לנו הדבר שהוא אביו ודאי, שאין שוחטין אותו עם בנו ביום אחד, משום דפסקינן שם הלכה כרבי יהודה. ורבי יהודה לפי הנשמע מדבריו ספוקי מספקא ליה אי חוששין לזרע האב אם לא, מדקאמר לענין כלאים בפרדות אין מרביעין עליה לא סוס ולא חמור אלא מינה, ואי הוה סבירא ליה דאין חוששין ודאי לזרע האב לא היה אומר כן, אלא הכי הוה ליה למימר, אין מרביעין עליה אלא מינה, מצד אם, אלא ודאי לרבי יהודה ספוקי מספקא ליה, וכי קאמר אין חוששין לזרע האב, כונתו לומר שלא נחוש לזרע האב להקל בדבר, אבל להחמיר, ודאי נחוש לזרע האב. ובכל מקום שיהיה חמרא כשנאמר שלא נחוש, אז נאמר שאין חוששין לו, דכיון דספוקי מספקא ליה אזלינן לחמרא בכל מקום. ולפי זה, היכא שאנו יודעין ודאי הזכר נחוש לו בענין אותו ואת בנו. ויתר פרטיה, בחלין פרק שמיני [י"ד סי' ט"ז]. **ונוהגת** בכל מקום ובכל זמן בזכרים ונקבות. והעובר על זה ושחט אותו ואת בנו ביום אחד או בנו ואותו חייב מלקות.

Mitzvah 294

To not slaughter a beast and its child on one day: That we not slaughter a beast and its child on one day - whether consecrated or mundane - as it is written (Leviticus 22:28), "it and its child you shall not slaughter on one day." **It** is from the roots of the commandment that a person should place upon his heart that the providence of God, blessed be He, is upon all species of animals more generally. And with His providence over them, they shall endure eternally; as His providence over things is [itself] their sustenance. And therefore, no species will ever become completely extinct. And even though His providence over the human species is individual - and as I explained earlier in the Order of Eesha ki Tazria (Sefer HaChinukh, 169) - this is not the case for other

ספר החינוך Sefer HaChinukh

species of animals. Rather His providence, blessed be He, is for the species as a whole. And we are therefore prevented from finishing 'the tree and its branches' together to hint [about] this. And we can also say about the matter from the angle of the simple understanding as well, that this is to fix in our souls the trait of compassion and to distance us from the trait of cruelty - which is a bad trait. And therefore, even though God permitted us [to eat] species of animals for our sustenance, He [also] commanded us that we not kill it and its child on one day to fix the trait of compassion in our souls. **The** laws of the commandment: That which they, may their memory be blessed, said (Chullin 82a) that there is no distinction between it and its child and its child and it (the order is not important). And that which they said (Chullin 83a) that at four periods during the year, one who sells a beast to his fellow must inform him, "I sold the mother for slaughter" - because at these four times, all purchasers presumably buy to slaughter [immediately]. And these are them: the eve of the last holiday of [Sukkot]; the eve of the first holiday of Pesach; the eve of [Shavuot]; and the eve of Rosh HaShanah. And according to the words of Rabbi Yose HaGalili, also on the eve of Yom Kippur in the Galilee. And behold, that which we learned that he needs to inform him - it is specifically the seller that has to inform [of] the thing. But the buyer need not ask, as it is a double doubt for him: Lest it does not have a mother; and [even] if it does, perhaps [the seller] did not sell it for slaughter. And that which they said (Chullin 82a) [regarding] two people that bought a cow and its child - that the one who purchased first, slaughters first; but if the second preceded him and slaughtered against the law, the first is forbidden to slaughter. And the law of slaughtering a cow and two of her children, or her two children and her afterwards; and so [too,] it and her daughter and the daughter of her daughter. And it is permitted to slaughter the mother and the daughter of her daughter, as the Torah only forbade "it and its child." **And** that which they said that if one slaughters the mother and the daughter of her daughter, and then the daughter, he is only lashed forty [lashes]. And [that is] even though he transgresses two negative commandments on account of "it and its child" and on account of 'its child and it' - nonetheless it is [still] one deed. **And** that which they, may their memory be blessed, said (Chullin 78b) that the prohibition of "it and its child" is only practiced with females (mothers) - as they said in explanation of "its child," the one who the child is attached to, which is the [mother]. And nevertheless, we conclude in Chullin 79a - with the good commentaries - that if the thing becomes clear to us that this is certainly its father, we [may] not slaughter it and its child on the same day; because we determine there that the law [follows] Rabbi Yehudah. And according to what is implied from his words, Rabbi Yehudah is in doubt if we concern ourselves with the seed of the father or not - [as] he says regarding the forbidden mixtures with mules [that] we do not mate a horse nor a donkey with it, but only its [own] specie. And if he reasoned that we certainly do not concern ourselves with the seed of the father, he would not have said that. Rather, he would have had to say thus: "We only mate it [with] it specie from the side of the mother." But rather Rabbi Yehudah is certainly in doubt. And when he said [that] we do not concern ourselves with the seed of the father, his intention was to say that we do not concern ourselves with the seed of the father to be lenient about a thing; but to be stringent, we definitely concern ourselves with the seed of the father. And [likewise,] in any place that a stringency will result from saying that we are not concerned, then we say that we are not concerned for [the father]. As since it was a doubt for him, we go towards stringency in every case. And according to this, when we definitively know the [identity of the father] we should be concerned for him regarding "it and its child." And the rest of its details are in the eighth chapter of Chullin (see Tur, Yoreh Deah 16). **The** commandment is practiced in every place and at all times by males and females. And one who transgresses this and slaughtered "it and its child on one day" - or its child and it - is lashed.

מצוה רצה

שלא לעשות דבר שיתחלל בו שם שמים בין בני אדם - שנמנענו מחלול השם יתברך והוא הפך קדוש השם שנצטוינו בו כמו שכתוב במצוה שאחר זה כמו שנאמר (ויקרא כב לב) ולא תחללו את שם קדשי. וכתב המעתיק בשם הרמב"ם זכדונו לברכה (בסהמ"צ ל"ת סג) והעון הזה יחלק לשלשה חלקים השנים על הכלל, והאחד על הפרט. והחלק האחד הכללי שכל מי שיבקש ממנו לעבר על מצוה מן המצות בשעת השמד והיה האונס מתכון להעביר, בין מצות קלות בין חמורות, או מי שיבקש ממנו לעבר על עבודה זרה גלוי עריות או שפיכות דמים ואפילו שלא בשעת השמד צרה והוא חיב שימסר נפשו ויהרג ואל יעבר, ואם עבר ולא נהרג כבר חלל את השם ברבים, ועבר על אמרו ולא תחללו את שם קדשי וחטאו עצום מאד, אמנם אינו לוקה, בעבור שהוא אנוס, לפי שאין לבית דין יכלת שיקימו גבול

ספר החינוך Sefer HaChinukh

מלקות או הרג, אלא במזיד, ברצון, בעדים והתראה. ולשון ספרא (קדושים ד יג) בנותן מזרעו למולך ונתתי את פני באיש ההוא. אמרו זכרונם לברכה ההוא ולא אנוס, ולא שוגג, ולא מטעה. וכבר התבאר לך שעובד עבודה זרה באנס אינו חיב כרת, וכל שכן מיתת בית דין, ואמנם עבר על חלול השם. **והחלק** השני הכללי, שיעשה האדם עברה, אין תאוה בה ולא ערבות, אבל בפעלתו יכוין להכעיס, וזהו כמו כן מחלל שם שמים וילקה, ולפיכך אמר ולא תשבעו בשמי לשקר וחללת את שם אלהיך. שזה יראה הכעסה בזה הדבר ואין ערבות גשמי בזה. והחלק אשר על הפרט, שיעשה איש מפרסם בגמילות חסדים ומעשים טובים מעשה אחד שיראה לרבים שהוא עברה, וכגון המעשה ההוא אינו ראוי לכמו האיש החסיד ההוא שיעשהו, אף על פי שהוא מעשה התר חלל השם, והוא אמרם זכרונם לברכה (יומא פו, א) היכי דמי חלול השם? כגון אנא דשקילנא בשרא מבי טבחא, ולא יהיבנא דמי לאלתר. רבי פלוני אומר כגון אנא דמסגינא ארבע אמות בלא תורה ובלא תפלין. וכבר נכפל לאו זה ואמר ולא תחלל את שם אלהיך אני יי עד כאן. **שרש** מצוה זו וקצת דיניה וכל עניניה אכתב כמנהגי במצות קדוש השם שבסמוך.

Mitzvah 295
That we not do anything through which the name of the Heavens is profaned among people: That we were prevented from profanation of God, may He be blessed, and that is the opposite of that sanctification of God about which we are commanded - as we will write in the commandment after this - as it is stated (Leviticus 22:32), "And you shall not profane My holy Name." The transcriber wrote in the name of Rambam (Sefer HaMitzvot LaRambam, Mitzvot Lo Taase 63) "This iniquity is divided into three parts - two are upon the collective, and one on the individual. The first collective part [is] in any case that one is asked to transgress one of the commandments during a time of persecution, and the enforcer intends for [him] to transgress - whether from the light commandments or from the weighty - or if one is asked to transgress idolatry, sexual immorality, or murder even not during a a time of persecution; he is obligated to give his life and be killed rather than transgressing. And if he transgressed and was not killed, he has already profaned God in public and has violated its stating, 'And you shall not profane My holy Name,' and his sin is very giant. However, he is not lashed, as he was coerced - since the court only has the ability [to give out] lashes or death for volitional [acts], with desire, with witnesses and with a warning. The language of Sifra Kedoshim, Section 4:13 about one

Sefer HaChinukh ספר החינוך

who gives from his seed to Molech, [that] I will place 'My face against that person' (Leviticus 20:5), is that they, may their memory be blessed, said '"That" one, and not coercion, nor inadvertent, nor mistaken.' It has already been elucidated to you that a person who worships idolatry under coercion is not liable for excision, and all the more so, death of the court. However, he has violated profanation of the Name. **The** second collective part is when a person commits a sin without desire for it or pleasure; but [rather] with his action, he intends to anger [God]. This is also profaning the Name of the Heavens and he is lashed. And therefore, it stated (Leviticus 19:12), 'And you shall not swear falsely in My name and profane the Name of your God.' As this one displays the causation of anger with this thing, since there is no physical pleasure in it. And the part which is upon the individual is when a person who is famous for acts of kindness and good deeds commits an act which appears to the public as a sin, such that this act is unfitting for a pious person like this to do - even if it is a permissible act, he has profaned the Name. And this is [the understanding of] their, may their memory be blessed, saying (Yoma 86a), 'How is profaning the Name? [...] "Such as if I purchase meat from the butcher and do not give him money immediately." [...] Rabbi x said, "Such as if I walk four ells without tefillin and without words of Torah."' And this negative commandment is already repeated elsewhere and it is stated (Leviticus 18:21), 'and you shall not profane the Name of your God, I am the Lord.'" To here [are his words.] **I** will write the root of this commandment and some of its laws and all of its content - as is my custom - in the commandment of sanctification of the Name, which is adjacent.

מצוה רצו

מצות קדוש השם - שנצטוינו לקדש את השם. שנאמר (ויקרא כב לב) ונקדשתי בתוך בני ישראל. כלומר שנמסר נפשנו למות על קיום מצות הדת. וכבר בארו זכרונם לברכה מפי הקבלה ומן הכתובים באי זה ענין ובאיזו מצוה נצטוינו בזה, ואף על פי שכתוב בתורה וחי בהם, דמשמע ולא שימות בהם כבר קבלו הם, שלא נאמר מקרא זה בכל ענין ובכל עברה. ומפי הקבלה אנו חיין בכל דברי התורה. ובפרוש אמרו זכרונם לברכה (סנהדרין עד, א), כי שלש מצות הם שחיב האדם שיהרג ואל יעבר בהם לעולם, והם עבודה זרה וכל אביזרהא. כלומר, כל ענין שלה, האסור לנו מכח הלאוין המיחדין בה, וכמו שנפרש למטה בעזרת השם. וכן גלוי עריות וכל אביזרהא, ושפיכות דמים: שאם יאמרו לו לאדם עבד עבודה זרה או נהרגך יהרג ואל

יעבדה, ואף על פי שלבו תמים באמונתו ביראת השם, אף על פי כן נצטוה שיהרג ואל יעשה המעשה הרע ההוא ולא יתן מקום אל המעביר לחשב שהוא כפר בשם, ולשון ספרא (אמור ח ו) על מנת כן הוצאתי אתכם מארץ מצרים, שתקדישו את שמי ברבים. וכמו כן בשתים שזכרנו, יהרג ואל יעבר, כמו שאמרנו. **שרש** מצוה זו, ידוע כי האדם לא נברא רק לעבד בוראו ומי שאינו מוסר גופו על עבדת אדוניו איננו עבד טוב, והרי בני אדם ימסרו נפשותם על אדוניהם, קל וחמר על מצות מלך מלכי המלכים הקדוש ברוך הוא. **מדיני** המצוה. מה שאמרו זכרונם לברכה (שם), שבאלו השלש עברות שזכרנו, חיב האדם למסר נפשו בכל ענין בין בשעת שמד או שלא בשעת שמד, ובין בפרהסיא או אפילו בצנעא, ובין שיתכוין הגוי להעבירו או אפילו להנאת עצמו, אבל בשאר עברות אמרו, דשלא בשעת שמד ובצנעא יעבר ואל יהרג, ואפילו יתכון הגוי להעבירו, אבל בפרהסיא, כלומר, בפני עשרה מישראל אם להנאתו מתכון המעביר יעבר ואל יהרג ואם להעבירו יהרג ואל יעבר, בשעת שמד, אפילו בצנעה ואפילו להנאתו ואפילו על מצוה קלה יהרג ואל יעבר, ומצוה קלה היא כעין מה שאמרו זכרונם לברכה (שם) אפילו ערקתא דמסאנא כלומר, שלא יעשה הישראל צורת מנעלו כמו הגוים העובדים עבודה זרה, שלא ידמה להיות עובד עבודה זרה כהם. **וזה** שאמרנו אביזרהא דעבודה זרה, הענין הוא לומר, כל מה שנאסר לנו מכל לאו המיחד בעבודה זרה, וכעין מה שאמרו בפסח ראשון זכרונם לברכה (פסחים כה, א) בכל מתרפאין במקום סכנה, חוץ מעצי אשרה, ואמרו עלה בירושלמי (שבת פי"ד ה"ד) לא סוף דבר בשאמר לו רופא הבא לי עלין של אשרה פלונית, דמחזי כמאן דמודה בה, אלא אפילו אמר לו, הבא לי עלין של אילן פלוני סתם, והלך ולא מצא אלא של אשרה יהרג ואל יעבר. ואף על גב דהשתא כי מתסי בעצי אשרה לאו עבודה זרה ממש היא, דהא לא פלח לה, אלא מכל מקום דמתהני מנה ואיכא במלתא לאו דלא ידבק בידך מאומה מן החרם (דברים יג יח), דהוא לאו המיחד בעבודה זרה. אבל אסורין טובא דאיכא בעבודה זרה דילפינן בהו מלאו דלפני עור לא תתן מכשול. ליתנהו בכלל אביזרהא דעבודה זרה להרג עליהם, כיון דלאו דלפני עור אינו מיחד בעבודה זרה ממש, דבכלהו מצות נמי איתיה. **אחר** שכתבתי זה מצאתי במקצת מחדושי מורי ישמרו אל שכתב כי בירושלמי דעבודה זרה (פ"ב ה"ב) משמע, דכל שאמר לו הרופא עליו סתם יעבר ואל יהרג. **וענין** שפיכות דמים, למדו הענין זכרונם לברכה (סנהדרין שם) מדרך הסברא ואמרו על דרך משל מאי חזית דדמא דידך סומק טפי, דלמא דמא דההוא גברא סומק טפי, כלומר, הנרצח יהיה ראוי לעשות יותר מצות מאותו שהרגו, ועל כן אינו בדין שיהרג שום אדם לחברו, ואפילו יהרג הוא על זה. ועוד אמרו זכרונם לברכה (ירושלמי תרומות פ"ח ה"ד), שאפילו היו כמה אלפים ישראלים ואמרו להם אנסים תנו לנו אחד מכם, ואם לאו, נהרג כלכם יהרגו כלם, ואל ימסרו נפש אחת מישראל. ודוקא כשאמרו להם אחד סתם,

אבל יחדוהו להם בפרוש, שאמרו תנו לנו פלוני ואם לאו נהרג כלכם רשאין לתנו, כענין הידוע בשבע בן בכרי, וכן הדין בנשים שאמרו להן גוים תנו לנו אחת מכם וכו' כדאיתא במסכת תרומות פרק שמיני (מי"ב). **ועניין** עריות שנהרגין עליהם למדו אותן חכמים זכרונם לברכה (סנהדרין שם) לפי שהקשה נערה מארסה לרוצח, מה רוצח יהרג ואל יעבר כמו שאמרנו כן נערה מארסה, יהרג אדם ולא יבעל אותה, כי התורה לא תמשל משלים חנם, רק ללמד ענין. ועוד יש להם בזה סמך מן הקבלה, שהיא חומת ברזל לכל דבריהם. וכתבו הראשונים דלא אמרינן יהרג ואל יעבד לעולם, אלא לעבר עברה, אבל להבטל ממצוה יעבר ואל יהרג ואל יעשה המצוה, וכעין מה שאמרו זכרונם לברכה (סנהדרין שם) באסתר קרקע עולם היתה, כלומר, והוא כעין שב ואל תעשה, שהרי האשה על כרחה נבעלת, ואפילו סיעה האשה בתשמיש לאחר שהלבישה היצר לא תתחיב בכך, שאין אנס גדול ממנו. ומה שמצינו מעשים לחסידים הראשונים שנהרגין אפילו על בטול מצוה, וכעין מה שאמרו זכרונם לברכה (מכילתא שמות כ ו) מה לך יוצא לסקל? על שמלתי את בני, מה לך יוצא לצלב? על שנטלתי את הלולב, מדת חסידות עשו הם וראו שהדור היה צריך לכך, והיו חכמים גדולים ראויין לכך להורות על זה, שאלמלא כן שהיו גדולים וחכמים, לא היו רשאים למסר נפשם למות, שלא לכל אדם יש רשות להרג במה שלא חיבונו זכרונם לברכה להרג עליו, ולא עוד, אלא שמתחיב בנפשו (רמב"ם יסודי התורה ה ד). **ועוד** ראיתי בענין מצוה זו בספרי מורי ישמרו אל, שבכל אשה שקדושין תופסין בה, כגון אלמנה לכהן גדול, גרושה וחלוצה לכהן הדיוט, ממזרת ונתינה לישראל, בת ישראל לממזר, שאינן בכלל עריות להרג עליהן, אבל מכל מקום להורות לשום אדם לבוא על אשה ואפילו פנויה אין מורין, אלא ימות מחליו אם העלה לבו טינא ואל תבעל לו ולא יספר עמה וכו', בסנהדרין פרק בן סורר (סנהדרין עה א) ובספר מדע (שם ט), ויתר פרטיה מבארים בפ"ח מסנהדרין ובפסחים ויומא ובמקומות אחרים [י"ד סי' קנז]. **ונוהגת** מצוה זו בכל מקום ובכל זמן בזכרים ונקבות. והעובר עליה ולא קדש השם במקום שחיב לקדשו בטל עשה זה, מלבד שעבר על לאו דלא תחללו את שם קדשי. וכמו שכתבנו למעלה בסמוך (מצוה רצה). ועון חלול השם גדול וחמור עד מאד, עד שאמרו זכרונם לברכה, שאין כח בתשובה ויום הכפורים ויסורין לכפר, אלא במיתה, כדאיתא בפרק אחרון מיומא (פו, א).

Mitzvah 296

The commandment of sanctification of the Name: That we were commanded to sanctify the Name, as it is stated (Leviticus 22:32), "and I will be sanctified in the midst of the Children of Israel," - meaning to say that we surrender our souls for the observance of the commandments of the religion. And they, may their memory be blessed, have already elucidated from the tradition and from the

ספר החינוך Sefer HaChinukh

verses in which manner and for which commandment, we are commanded about this. And even though it is written in the Torah, "and live by them" (Leviticus 18:5), which implies, and not that you should die by them - they already received that this verse is not stated in every matter and for every sin. And [it is] through the tradition that we live in all [the] words of the Torah. And in explanation, they, may their memory be blessed, said (Sanhedrin 74a) that there are three commandments which one is always obligated to be killed and not transgress them. And these are: idolatry and any of its trappings - meaning, all of its matters that are prohibited on the strength of its specific negative commandments, as we will explain below with God's help; and also, sexual immorality and all of its trappings; and murder. Such that if they say to a person, "Worship idolatry or we will kill you," he should be killed and not worship. Even though his heart is pure in his faith with the fear of God, nonetheless he is commanded that he be killed and not commit this evil act, and not give room to the assailant to think that he has denied God. And the language of Sifra, Emor, Chapter 9:6, "For this reason I took you out of the Land of Egypt, so that you will publicly sanctify My name." And likewise, for the other two that we mentioned - he must be killed and not transgress, as we said. **The** root of this commandment is well-known. As Man was only created to serve his Creator. And one who does not sacrifice his body in the service of his master is not a good servant. And behold [since] people do give their souls for their masters, all the more so [should we] for the commandment of the King of kings, the Holy One, blessed be He. **From** the laws of the commandment is that which they, may their memory be blessed, said (Sanhedrin 74a) that for these three sins that we mentioned, a person is obligated to give his life under any circumstance - whether at a time of persecution or not at a time of persecution, whether in public or even in private, whether the gentile intends to have him transgress or even for his own benefit. For other sins, however, they said if it is not at a time of persecution and it is in private, he should transgress and not be killed - and even if the gentile intends to have him transgress. But if it is in public - meaning, in the presence of ten Jews - if the coercer intends [it] for his [own] benefit, he should transgress and not be killed. However, if it is to have him transgress, he should be killed and not transgress. At a time of persecution, even in private and even for his benefit and even for a trivial commandment, he should be killed and not transgress. And a light commandment is similar to what they, may their memory be blessed, said (Sanhedrin 74b), "Even a shoe strap," such that an Israelite should not make the shape of his shoe like the gentiles that worship idolatry, that he should not appear to be an idolater like them. **That** which we said, the trappings of idolatry, the matter is to say, anything that is prohibited for us from any prohibition specific to idolatry. And [it is] similar to that which they, may their memory be blessed, said in [Pesachim 25a], "One who is in peril may be healed by anything except for asheirah (a tree-god) wood." And they said about this in Yerushalmi Shabbat 14:4 [that] it is not only if the physician said, "Bring me leaves of asheirah x," that he would [then] seem like he concedes to it. Rather even if he just said to him, "Bring me leaves of tree x," and he went and he only found [them] on the asheirah, he should be killed and not transgress. And even though when he is healed with the wood of the asheirah, it is not truly idolatry - for he did not worship it - nonetheless he benefited from it, and there is in it the matter of the negative commandment of "Nothing is to cling to your hand from the anathema" (Deuteronomy 13:18), which is a negative commandment specific to idolatry. But the many prohibitions of idolatry that exist, which we learn from the negative commandment of "in front of the blind you shall not place a stumbling block" (Leviticus 19:14), are not included in trappings of idolatry to be killed for them - since the negative commandment of "in front of the blind," is not specific to idolatry itself, as it is also with all of the [other] commandments. **After** I wrote this I found in some of the novellae of my master - may God protect him - that he wrote that it is implied in the Yerushalmi Avodah Zarah 2:2 [about] anything that the physician says generally (without mentioning the idol), [that] he should transgress and not be killed. **The** matter of murder, they, may their memory be blessed, learned by way of reasoning (Sanhedrin 74a); and they said by way of a metaphor, "What do you see that your blood is redder? Perhaps the blood of that man is redder." [That is] meaning, the murdered might be fitting to perform more commandments than the one that killed him. And therefore, it is not right that anyone kill his fellow, even if he will be killed for [not doing so]. And they may their memory be blessed, said further (Yerushalmi Terumot 8:4) that even if there were several thousand Israelites and the coercers said to them, "Give us one of you; and if not, we will kill all of you" - they should all be killed and not give over one soul of Israel. And [that is] only when they say "one," unspecifically. But if they specified him explicitly, such that they said, "Give us x; and if not, we will kill all of you," they are permitted to give him over - like the well-known matter of Sheva ben Bichri. This is also the law with women - if the gentiles say to them, "Give us one of you [to rape], etc.," as it is [found] in Tractate Terumot, the eighth chapter (Mishnah Terumot 8:12). **And** the Sages, may their memory be blessed, learned the matter that we are killed [rather than transgress] sexual immorality (Sanhedrin 74a), because the betrothed maiden is compared [by the Torah] to a murderer: Just as a murderer should be killed and not transgress, as we said; so too must a man be killed and not have intercourse with her. As the Torah does not tell metaphors for nothing, but only to teach a matter. They also had support from the tradition, which is an iron wall for all of their words. And the early authorities (rishonim) wrote that we only say a person must be killed and not transgress [about] transgressing a sin. But to not perform a commandment, he should transgress and not be killed, and not perform the commandment. And [it is] similar to what they, may their memory be blessed, said about Esther (Sanhedrin 74b), "She was ground of the earth" - meaning, it was similar to [a situation of] 'sit and do not act,' as behold a woman has intercourse against her will. And even if the woman assisted in the intercourse after her impulse covered her, she is not liable with this - as there is no greater coercion than this. And that which we find stories about the early pious ones that were killed even [so that they not participate in] the negation of a [positive] commandment - and similar to what they, may their memory be blessed, said (Mekhilta d'Rabbi Yishmael 20:6), "What is to you to go out to stoning? Because I circumcised my son. What is to you to go out to hanging? Because I took the lulav" - that was an [extra] measure of piety that they did and they saw that [their] generation needed this. And they were great sages fitting for this, to decide about this. As otherwise they would not have been permitted to give over their souls to die - as not everyone has permission to be killed for [other matters] than those that they, may their memory be blessed, obligated us about. Moreover, [such a person] would be liable for his life (Mishneh Torah, Foundations of the Torah 5:4). **I** have also seen about the matter of this commandment in the books of my teacher, may God protect him, that any woman for which betrothal (kiddushin) is effective - such as a widow to a high priest, a divorcee or released woman to a common priest, a mamzeret or a netinah to an Israelite and an Israelitess to a mamzer - are not included in the sexual prohibitions, for which one must die. Still, we nonetheless do not instruct any man to have intercourse with any woman - even if she is single, we do not instruct [it]. He should instead die from the illness that has come from his lust and not have her have intercourse with him or [even] speak with her, etc. - [as we see] in Sanhedrin 75a and the Book of Knowledge (Mishneh Torah, Foundations of the Torah 5:9). And the rest of its details are elucidated in Chapter 8 of Sanhedrin and in Pesachim and Yoma and in other places (see Tur, Yoreh Deah 157). **This commandment is practiced in every place and at all times by males and females. And one who transgresses it and did not sanctify the Name in a circumstance where he was obligated to do so, has violated this positive commandment; besides that he has also violated the negative commandment of "And you shall not profane My holy Name," and as we wrote above adjacently (Sefer HaChinukh 295). The iniquity of profaning the Name is great and very severe to the point that they, may their memory be blessed, said that repentance, Yom Kippur, and afflicitons do not have the power to atone for it, but only death - as it is [found] in the last chapter of Yoma 86a.

מצוה רצז

מצות שביתה ביום ראשון של פסח - לשבת ביום ראשון של פסח, שנאמר בו (ויקרא כג ז) ביום הראשון מקרא קדש, ובכל מה שנאמר בתורה מקרא קדש פרשו זכרונם לברכה (ספרא יב ד) קדשהו. וענין קדשתו הוא שלא נעשה בו מלאכה אלא מה שהוא מיחד באכילה, כמו שבאר הכתוב (שמות יב טז) אך אשר יאכל לכל נפש הוא לבדו יעשה לכם. והראיה ששביתת יום טוב נחשבת עשה, אמרם זכרונם לברכה (שבת כה, א): האי שבתון עשה הוא, ולמדנו מעתה שבכל מקום שנאמר בתורה שבתון גבי יום טוב הוא עשה, וכבר בא הרבה בתלמוד גם כן יום טוב עשה ולא תעשה. **משרשי** המצוה. כדי שנחשב בענין המועד בנס שנעשה לנו בו, ונהלל ונפאר במחשבתינו מה שצונו ברוך הוא עליו ועשה לנו נסים בזמן ההוא, ואם יהיה האדם טרוד במלאכתו, לא יהיה לו פנאי לחשב בשום דבר. ועוד נאריך בשרשה ובדיניה בלאו דאסור מלאכה ביום טוב שבסדר זה (מצוה רחצ) בעזרת השם. **ונוהגת** בכל מקום ובכל זמן בזכרים ונקבות. והעובר על זה ועשה מלאכה שלא לצרך אכל נפש בטל עשה זה, מלבד שעבר על לא תעשה, כמו שנכתב במקומו. **דיני** המצוה. מתבארים ביום טוב [הלכ' יו"ט פי"א].

Mitzvah 297

Sefer HaChinukh ספר החינוך

The commandment of resting on the first day of Pesach: To rest on the first day of Pesach, as it states about it (Leviticus 22:7), "On the first day, a holy occasion." And about all about which it is stated in the Torah, "a holy occasion," they, may their memory be blessed, explained (Sifra, Emor, Chapter 12:4), "Make it holy." And the content of its holiness is that no work be done on it, except for that which is specific to eating; as the verse elucidated (Exodus 12:16), "but that which is eaten by every soul, that alone shall be done for you." And the proof that the rest of the holiday is considered a positive commandment is their, may their memory be blessed, saying (Shabbat 25a), "This 'shabbaton' is a positive commandment." And we learn from now that in every place that shabbaton is stated in the Torah with regards to a holiday, it is a positive commandment. And [what] also appears much in the Talmud is, "The holiday is a positive commandment and a negative commandment." **It** is from the roots of the commandment [that it is] in order that we think about the content of the holiday in the miracle that was done for us on it, and that we praise and laud in our thoughts the One, blessed be He, who commanded us about it and did miracles for us at this time. And if a man is preoccupied in his work, he will not be free to think about anything. And we will further write at length about its root and its laws in the negative commandment of work on the holiday in this Order (Sefer HaChinukh 288) with God's help. **And** [it] is practiced in every place and at all times by males and females. And one who transgresses it and does work not for the needs of food for the soul has violated this positive commandment, besides that he violated a negative commandment - as we will write in its place. **The** laws of the commandment are elucidated in [Beitzah] (see Mishneh Torah, Laws of Rest on a Holiday 1).

מצוה רצח

שלא לעשות מלאכה ביום ראשון של פסח - שלא נעשה מלאכה ביום ראשון של חג הפסח שהוא יום חמשה עשר בניסן. שנאמר (ויקרא כב ז) ביום הראשון מקרא קדש יהיה לכם כל מלאכת עבודה לא תעשו. וכבר הזהיר על זה הכתוב בסדר בא אל פרעה בצווי חג הפסח, שנאמר שם (שמות יב טז) כל מלאכה לא יעשה בהם. וזה המקרא הביא הרמב"ם זכרונו לברכה (בסהמ"צ ל"ת שכג) במנינו. אבל אני כתבתי זה האחר, כדי שיהיו המועדות סדורים בסדר אחד, והכל עולה לענין אחד. **ואמר** הכתוב כאן מלאכת עבודה ולא אמר כל מלאכה לפי שצרכי אכל נפש התרו לעשות ביום טוב, כמו שבא בכתוב במקום אחר (שמות יב טז) אך אשר יאכל לכל נפש הוא לבדו יעשה לכם. וזהו פרוש מלאכת עבודה, כלומר מלאכה שאינה לצרך אכל

ספר החינוך

נפש, כענין שנאמר ובכל עבודה בשדה (שמות א יד). וכן "קין היה עבד אדמה" (בראשית ד ב), "מלך לשדה נעבד" (קהלת ה ח), "עבד אדמתו" (משלי יב יא), אבל המלאכה שהיא לאכל נפש כמו הבשול וכיוצא בו מלאכת הנאה היא, לא מלאכת עבודה, כן פרש הרמב"ן זכרונו לברכה (ויקרא שם). וכתב עוד שזה הפרוש מתבאר בתורה כי בחג המצות שאמר תחלה כל מלאכה לא יעשה בהם בסדר בא אל פרעה, הצרך לפרש אך אשר יאכל לכל נפש הוא לבדו יעשה לכם, ובשאר כל ימים טובים, יקצר, ויאמר כל מלאכת עבודה לא תעשו, לאסר כל מלאכה שאיננה אכל נפש ולהודיע שאכל נפש מתר בהן, ולא יאמר הכתוב לעולם באחד מכל שאר ימים טובים כל מלאכה ולא יפרש בהן התר אכל נפש, כי מלאכת עבודה ילמד על זה. אבל בפרשת כל הבכור בחג המצות אמר (דברים טז ח) וביום השביעי עצרת ליי אלהיך לא תעשה מלאכה. והטעם מפני שכבר התיר בו בחג זה בפרוש אכל נפש בסדר בא אל פרעה, ואחר כך בסדר זה הזכיר מלאכת עבודה דמשמע בו גם כן התר אכל נפש, ולפיכך כשחזר והזכירו פעם אחרת בפרשת כל הבכור לא הצרך לומר בו עוד באור, והזכיר מלאכה סתם, וסמך על הידוע. ומכל מקום, לא אמר כל מלאכה כמו בשבת ויום הכפורים, אבל אמר מלאכה כלומר, המלאכה אשר הזהרתיך עליה. **משרשי** המצוה. כדי שיזכרו הנסים הגדולים שעשה השם יתברך להם ולאבותיהם וידברו בם ויודעום לבניהם ולבני בניהם, כי מתוך השביתה מעסקי העולם, יהיו פנויים לעסק בזה, שאלו היו מתרין במלאכה, ואפילו במלאכה קלה, היה כל אחד ואחד פונה לעסקו, וכבוד הרגל ישכח מפי עוללים גם מפי הגדולים. ועוד יש תועלות רבות בשביתה, שמתקבצין כל העם בבתי כנסיות ובבתי מדרשות לשמוע דברי ספר, וראשי העם ידריכום וילמדום דעת. וכעין מה שאמרו זכרונם לברכה (מגילה לב, א) משה תקן להם לישראל שיהיו דורשין בהלכות הפסח בפסח, והלכות עצרת בעצרת [והלכות חג בחג].

מדיני המצוה. מה שאמרו זכרונם לברכה (ביצה כח, ב), שאף על פי שהתיר הכתוב המלאכות לצרך אכל נפש, דוקא הדברים שאי אפשר לעשותן מערב יום טוב כגון לישה, שחיטה, אפיה, בשול, שכל אלו המלאכות נפסלות קצת בשהיתן. וכמו כן מזה הטעם התירו לדון סממנים ביום טוב משום דמפיגי טעמיהו, בשהיה, אחר שהן נדוכין, אבל המלאכות שאפשר לעשותן מערב יום טוב ואינן מקבלות בזה שום הפסד, כגון קצירה, דישה. ברירה, טחינה, רקידה, וכיוצא בהן, אסור לעשותן ביום טוב, ואינן בכלל צרכי אכל נפש כלל, ולוקין עליהם כחרישה בשדה שהיא מלאכת עבודה באמת. ועוד בארו המפרשים האחרונים ענין זה ואמרו כן, דלא נקרא צרך אכל נפש, אלא מה שנעשה ליומו. כלומר לזמן מועט כמו בשול ואפיה וכיוצא בזה, כמו שאמרנו. וכן מה שדעתו של אדם סומכת בו להכינו לשעתו, לאפוקי צידה שאין דעתו של אדם עליה, דשמא לא תזדמן לו צידה היום. ועוד אמרו, דכי שרינן אכל נפש במה שנעשה לשעתו, כמו שאמרנו

Sefer HaChinukh ספר החינוך

דוקא כשאדם משתמש בגופה של מלאכה, אבל אם משתמש בסלוקה של מלאכה אסור. וזהו שאסרו זכרונם לברכה (שם כב, א) לכבות הבקעת, אף על פי שדעתו לכבותה כדי שלא תתעשן הקדרה. ולענין צלית בשר על הגחלים דהינו, בשרא אגמרי הנזכר בגמרא (שם כג, א), אף על פי שהאש מתכבה בלחות הבשר אין זה נקרא משתמש בסלוקה של מלאכה, כי צרך הצליה לעשותה כן ומשתמש בגופה של מלאכה הוא ושרי, וכן מה שאמרו זכרונם לברכה (שם יב, א), שאין בכלל התר צרכי אכל נפש דוקא מה שהוא אכילה ושתיה לבד, אלא אף כל דבר הצריך לו לאדם בו ביום, שהוא דבר מצוה, כגון קטן למולו, ולולב לצאת בו, וכן ספר תורה לקרות בו, דכל יומא ויומא זמן תורה הוא, ובין שאינו דבר מצוה אלא צרכי הגוף לבו ביום, כגון רחיצת רגלים במים חמין שהוחמו ביום טוב או לעשות מדורה להתחמם בה, כל דברים אלו מתרין, ובכלל התר דאכל נפש נינהו. כן פרשו הדבר חכמינו זכרונם לברכה (רמב"ם הל' יום טוב א טז). **ומיהו** דוקא דברים השוים בכל גוף אדם הוא שנתיר ונאמר שהוא בכלל התר זה של אכל נפש, כגון רחיצת רגלים, דכלי עלמא רחצי הכי לפעמים, אבל מה שאינו שוה לכל אדם, כגון מגמר דלאו כלי עלמא מגמרי כדאמרינן בכתבות (ז, א) ודאי אסור הוא וכל כיוצא בזה. ודוקא בענינים אלו בעינן שיהיה הענין שוה בכל אדם, אבל לענין אכלין, אפילו מאכל שאין דרך לעשותו אלא המלכים והשרים הגדולים, מתר לעשות אותו כל אדם, דמכל מקום, עקד אכילה, דבר השוה בכל נפש היא. וכן מה שאמרו (ביצה ב, ב) באסור הכנה, דאין יום טוב מכין לשבת, ולא שבת מכין ליום טוב, ולא משתכחא אסור הכנה מדאוריתא לדעתי כי מעינת שפיר בדברי הגמרא כי אם בביצה בלבד, ועקר אסורה הוא בשנולדה ביום טוב שלאחר שבת או בשבת שלאחר יום טוב, בהכי מתוקמא הכנה דרבה בביצה, ובהכי אסירא אסורא דאוריתא ולא בענין אחר, דהא אסרינן לה כשנולדה בשבת ליום טוב שלאחריו, או בנולדה ביום טוב לשבת שאחריו, וכן בשנולדה ביום טוב עצמו מדרבנן הוא אסורא, והכל משום גזרה דנולדה ביום טוב שלאחר שבת כדאמרן. ויאריך הענין אם באתי לכתבו בבאור רחב ובמקומו בריש ביצה (שם) הארכתי בו כאשר למדוני רבותי, ישמרם אלי. **ודין** מכשירי אכל נפש שאסור לעשותן, משום דכתיב (שמות יב טז) הוא לבדו ולא מכשיריו, ודין זימון הגוים (שם כא, ב) ביום טוב שאסור, דכתיב לכם ולא לגוים, וכן אין אופין שום דבר לכלבים, דכתיב לכם ולא לכלבים, ומה שאמרו זכרונם לברכה (שם ד, ב), בשני ימים של גליות דביצה שנולדה בזה מתרת בזה, ומה שנתלש מן הקרקע בזה דמתרת בזה, דשתי קדשות הן, ומה שאינו כן בשני ימים טובים של ראש השנה. ויתר פרטיה רבים יתבארו כלן בארכה במסכת הבנויה על זה והיא מסכת יום טוב [א"ח סימן תצה]. **ונוהגת** בכל מקום ובכל זמן בזכרים ונקבות. והעובר על זה ועשה מלאכה ממלאכות האסורות ביום טוב במזיד חיב מלקות.

Mitzvah 298

To not do work on the first day of Pesach: That we not do work on the first day of the holiday of Pesach - which is the fifteenth of Nissan - as it is stated (Leviticus 23:7), "On the first day, a holy occasion shall it be for you; all work of labor shall you not do." And Scripture already warned about this in the Order of Bo el Pharoah in the command of the holiday of Pesach; as it is stated there (Exodus 12:16), "all work shall not be done upon them." And Rambam, may his memory be blessed, brought that verse (in Sefer HaMitzvot LaRambam, Mitzvot Lo Taase 223) in his tally. But I have written this other one, so that the holidays be organized in one order. But it all comes to the same thing. **And** the verse stated here, "work of labor," and it did not state, "all work" - since the needs of food for the soul were permitted to be done on the holiday; as Scripture comes in another place (Exodus 12:16), "but that which is eaten by every soul, that alone shall be done for you." And this is the understanding of work of labor - meaning to say, work that is not for the needs of food for the soul, like the matter that is stated (Exodus 1:14), "labor in the field"; and so [too,] "Kain was a laborer of the field" (Genesis 4:2); "a king over a field that is labored" (Ecclesiastes 5:8); "labors his land" (Proverbs 12:11). But work that is for food for the soul like cooking and similar to it is work of enjoyment, not work of labor. So did Ramban, may his memory be blessed, explain. And he wrote further (Ramban on Leviticus 23:7) that this understanding is elucidated in the Torah [itself], since with the Festival of Matsot, [about which] it first stated, "all work shall not be done upon them" in the Order of Bo el Pharoah, it was required to explain, "but that which is eaten by every soul, that alone shall be done for you." But with all of the other holidays, it was brief and it stated, "all work of labor you shall not do," to forbid all work that is not [for] food for the soul, and to inform that food for the soul is permitted on them. And Scripture did not ever state in one of the other holidays, "all work," nor explain the permissibility of food for the soul - since "all work of labor" teaches about this. But in the section, Kol HaBekhor on the Festival of Matsot, it states (Deuteronomy 16:8), "and on the seventh day, it is a convocation to the Lord, your God; you shall not do work." And the reason is because it already explicitly permitted food for the soul on this holiday in the Order of Bo el Pharaoh. And afterwards in this Order, it mentions "work of labor," which also implies the permissibility of food for the soul. And

ספר החינוך Sefer HaChinukh

therefore, when it repeated and mentioned it another time in the section of Kol HaBekhor, it was not needed for it to state a further explanation about it; and [so] it mentioned just, "work," and relied on that which is known [from the earlier entries]. And nonetheless, it did not state, "all work," as [it does] with Shabbat and Yom Kippur, but [rather just] stated, "work" - meaning to say, the work which I have warned you about. **It** is from the roots of the commandment that it is so that the great miracles that God, may He be blessed, did for them and for their forefathers be remembered, and that they speak about them and inform their children and the children of their children about them. As with the rest from the business of the world, they will be free to be involved with this. As if they were permitted work - and even light work - each and every one would turn to his business. And the honor of the festival would be forgotten from 'the mouths of babes'; also, from the mouths of adults. And there are also many [other] benefits to its rest: As all the people gather in the synagogues and study halls to listen to the words of the book, and the heads of the people guide them and teach them knowledge. And [it is] similar to that which they, may their memory be blessed, said (Megillah 32a), "Moshe ordained for Israel that they should expound the laws of Pesach on Pesach and the Laws of [Shavuot] on [Shavuot and the laws of the Holiday (Sukkot) on the Holiday]. **From** the laws of the commandment is that which they, may their memory be blessed, said (Beitzah 28b) that even though Scripture permitted work for the sake of food for the soul, it is specifically things that are impossible to do from the eve of the holiday, such as kneading, slaughtering, baking [and] cooking - as all of these types of work become a little defective from delay [after them]. And likewise, for this reason, they permitted to pound spices on the holiday, on account that their taste becomes fainter with delay after they are pounded. But it is forbidden to do types of work on the holiday that are possible to do from the eve of the holiday and do not deteriorate at all - such as harvesting, threshing, separating, grinding, sifting and what is similar to them; and they are not included in the needs of food for the soul at all. And we administer lashes for them like [for] plowing in the field - which is actually a work of labor. And the later commentators elucidated this matter further and said that truly that which is called the need of food for the soul is only that which is made for its day - meaning to say, for a short time, like cooking and baking and what is similar to it, as we have said - and also [only] that which a person's mind relies upon to make for that

ספר החינוך Sefer HaChinukh

time. [This is] to exclude hunting, as the mind of a man is not upon it, since perhaps game will not appear to him today. And they said further that that which we permit food for the soul with that which is made for that time - as we said - is only if he uses the body of the work. But if he uses the removal of the work, it is forbidden. And this is [the understanding of] that which they, may their memory be blessed, forbade (Beitzah 22a) to extinguish the log, even though his mind in extinguishing it is so that [the stew in] the pot not get smoky. And regarding the roasting of meat over coals - which is the bisra agumrei mentioned in the Gemara (Beitzah 23a) - even though the fire is extinguished from the [liquids] of the meat, this is not called using the removal of the work, since it is for the needs of the roasting to do this. And [so] he is using the body of the work and it is permissible. **And** so [too,] that which they, may their memory be blessed, said (Beitzah 12a) that included in the dispensation of the needs of food for the soul is not specifically food and drink only. Rather, even every thing that a person needs on the day: [Something] which is a matter of a commandment, such as to circumcise an infant, and a lulav to fulfill [the commandment] with it, and a Torah scroll to read from it - as each and every day is the time for Torah; or whether it is not a matter of a commandment but a need of the body on that day, such as the washing of the feet with hot water that was heated on the holiday or to make a fire to warm oneself with it. All of these things are permitted and included in the dispensation of food for the soul. So did our Sages, may their memory be blessed, explain (Mishneh Torah, Laws of Rest on a Holiday 1:16). **And** nonetheless it is specifically [regarding] things that are the same for all people's bodies that we permit and we say that it is included in this dispensation of food for the soul - such as washing the feet, as everyone washes like this sometimes. But that which is not the same for every person, such as mugmar (a type of incense) - since not all people burn mugmar, as we say in Ketuvot 7a - is certainly forbidden [along with] all that is similar to it. And it is only in these things that we need that it be the same for every person. However regarding eating, every person is permitted to make even a food that is not its way to be made except by kings and great ministers - since the basic concept of eating is something that is the same for every soul. And so [too,] that which they said (Beitzah 2b) about the prohibition of preparation, that a holiday cannot prepare for Shabbat, nor a Shabbat prepare for a holiday. And you will only find a prohibition of preparation from Torah writ in my opinion -

if you have studied the words of the Gemara well - with an egg alone. And its main prohibition is when it was born on a holiday after Shabbat or on a Shabbat after a holiday. In this way is the preparation of Rabbah established with an egg, and with this is there a Torah prohibition - and in no other way. As behold, that which we prohibit when it is born on Shabbat on the holiday that is after it, and so [too,] when it is born on the holiday on the Shabbat that is after it, and so [too,] when it it is born on the holiday [on the holiday] itself is [only] a rabbinic prohibition - and it is all on account of a decree [to make a fence for] the one that is born on a holiday after Shabbat, as we said. And the matter would be [too] lengthy if I came to write it with a broad elucidation. And in its place at the beginning of Beitzah, I have written at length about it, as my teachers - may God protect them - have taught me. **And** the law that it is forbidden to make tools that prepare food for the soul, on account of its being written (Exodus 12:16), "that alone" - and not what prepares it. And the law of inviting gentiles on a holiday (Beitzah 21b), which is forbidden, as it is written, "for you" - and not for gentiles. And so [too,] that we do not bake anything for dogs, as it is written, "for you" - and not for dogs. And that which they, may their memory be blessed, said (Beitzah 4b) about the two days of the exiles - that an egg born on this one is permitted on that one; and that which is detached from the ground on this one is permitted on that one, as the [two days] are two [separate units of] holiness. And it is not like this on the two days of Rosh Hashanah. And the rest of its many details are all elucidated in the tractate that is built on this, and that is Tractate [Beitzah] (see Tur, Orach Chaim 495). **And** it is practiced in every place and at all times by males and females. And one who transgresses it and does work from the forbidden types of work on a holiday volitionally is liable for lashes.

<u>מצוה רצט</u>

מצות קרבן מוסף כל שבעת ימי הפסח - להקריב קרבן מוסף בכל שבעת ימי הפסח, שנאמר (ויקרא כג ח) והקרבתם אשה ליי שבעת ימים. והוא כקרבן ראש חדש, שני פרים ואיל אחד ושבעה כבשים הכל עולות, וכמו שכתוב בפרוש על כלן בסדר פנחס (במדבר כח יט) אשה עלה ומשפט העולה כבר פרשתיו למעלה (מצוה קטו) [ושעיר אחד לחטאת והיא נאכלת.]

משרשי המצוה. כענין מה שכתבנו למעלה בענין הקרבן, כי האדם נפעל כפי מעשהו, כי מהיותו בעל חמר, אין מחשבתו נדבקת כי אם על ידי המעשה. ומזה השרש צונו ברוך הוא לעשות פעלה מיחדת לשם היום למען נתפעל

ספר החינוך Sefer HaChinukh

מתוך כך לתת את לבנו לגדל היום וקדשתו והנסים והטובות שגמלנו האל ברוך הוא באותו הזמן. **דיני** המצוה. מה שאמרו זכרונם לברכה בפרק רביעי ממנחות (מט, א) דתמידין אינן מעכבין את המוספין ולא המוספין מעכבין זה את זה. וכן מה שאמרו זכרונם לברכה (שם מד, ב) הפרים והאילים והכבשים אינם מעכבים זה את זה. הפר והאיל והכבשים אינם מעכבים את הלחם. כלומר, מנחת הסלת שזהו הלחם ולא הלחם מעכב את הכבשים, דברי רבי עקיבא. אמר רבי שמעון בן נסס לא כי אלא הכבשים מעכבין את הלחם, והלחם אינו מעכב את הכבשים, שכן מצינו, שכשהיו ישראל במדבר ארבעים שנה קרבו כבשים בלא לחם, אף כאן יקרבו כבשים בלא לחם, אמר רבי שמעון הלכה כדברי בן ננס, אבל אין הטעם כדבריו, שכל האמור בחמש הפקודים, כלומר בספד במדבר סיני קרבו במדבר, והאמור בתורת כהנים, כלומר, בספר ויקרא לא קרבו במדבר, משבאו לארץ קרבו אלו ואלו. ומפני מה אני אומר יקרבו כבשים בלא לחם? שהכבשים מתירין את עצמן, ולחם בלא כבשים אין לו מי שיתירנו. וכן מה שאמרו שם פרק תשיעי (פט, א) מערבין נסכי פרים בנסכי אילים, אבל אין מערבין נסכי כבשים בנסכי פרים ואילים. ועוד אמרו שם (פז, ב) גם כן שבע מדות של לח היו במקדש הין וחצי הין וכו' רבי אליעזר ברבי צדוק אומר שנתות היו בהין, עד כאן לפר, עד כאן לאיל ועד כאן לכבש. ויתר פרטיה מבארים שם ובמקומות מקדשים [הלכות תמידין פ"ד]. **ונוהגת** בזמן הבית בזכרי כהנה. ואם עברו הכהנים על זה ולא הקריבו את קרבן מוסף במועדו בטלו עשה זה וחטאם ישאו, ובני ישראל נקיים, כי עליהם מוטל חיוב הקרבנות ביותר. ואם אולי הרגישו ישראל בדבר גם עליהם יהיה הפשע, כי כל ענין הבית הקדוש וכל שכן תמידין ומוספין על הצבור ועל כלן הוא מוטל.

Mitzvah 299

The commandment of the additional sacrifices all of the seven days of Pesach: To sacrifice the additional sacrifice on all of the seven days of Pesach, as it is stated (Leviticus 23:8), "And you shall offer a fire-offering to the Lord seven days." And it is like the sacrifice of Rosh Chodesh (the new moon): two bulls; one ram; seven sheep - all of them burnt-offerings, and as it is written explicitly about all of them in the Order of Pinchas (Numbers 28:19), "a fire-offering, a burnt-offering," and I have already explained the statute of a burnt-offering above (Sefer HaChinukh 115) - [and one goat as a sin-offering, and it is eaten]. **From** the roots of the commandment is like the matter that we wrote above regarding the sacrifice (Sefer HaChinukh 95) - that a man is acted upon according to his deeds. As since he is a physical being, his thought only clings through actions. And from this root, blessed be

ספר החינוך Sefer HaChinukh

He, commanded us to do a specific action for the sake of the day, in order that we be impacted by this to put our hearts to the greatness of the day and its holiness, and [to] the miracles and the goodnesses that God, blessed be He, has bestowed upon us at that time. **The** laws of the commandment: That which they, may their memory be blessed, said in the fourth chapter of Menachot 49a that the daily offerings do not impede the additional offerings and the [different] additional offerings do not impede one another. And so [too,] that which they, may their memory be blessed, said (Menachot 44b), "'The bulls, the rams and the sheep do not impede one another; and the bull, the ram and the sheep do not impede the bread'" - meaning the offering of fine flour, as that is the bread - "'and the bread does not impede the sheep.' These are the words of Rabbi Akiva. Rabbi Shimon ben Nannas said, 'No, rather these sheep impede the bread, but the bread does not impede the sheep - as so did we find when Israel was in the wilderness forty years that they offered sheep without bread; so too here, they offer sheep without bread.' Rabbi Shimon said, 'The law is like the words of Ben Nannas, but the reason is not like his words, as everything that is stated in Chumash Pekudim '" - meaning in the Book of Numbers - "'they offered in the wilderness; and that which is stated in Torat Kohanim '" - meaning in the Book of Leviticus - "'they did not offer in the wilderness. When they came to the Land they offered these and those. And because of what do I say that they offer sheep without bread? As the sheep permit themselves, but bread without sheep does not have [what] to permit it.'" And so [too,] that which they said there, the ninth chapter (Menachot 89a), "We mix the libations of the bulls with the libations of the rams, but we do not mix the libations of the sheep with the libations of the bulls and the rams." And they also said there further (Menachot 87b), "Seven liquid measurements were in the Temple: a hin; a half hin, etc. Rabbi Eleizer beRebbi Tsadok says, 'There were markers in the hin [measurement]: up to here for the bull; up to here for the ram; and up to here for the sheep.'" And the rest of its details are explained there and in [other] places in Kedoshim (see Mishneh Torah, Laws of Daily Offerings and Additional Offerings 4). **And** [it] is practiced at the time of the [Temple] by the males of the priesthood. And if the priests transgressed this and did not sacrifice the additional sacrifice at its appointed time, they violated this positive commandment and they will carry their sin. But the Israelites are clean [of sin] - as the obligation of the sacrifices is more upon [the priests]. And if perhaps the Israelites sensed the thing, the transgression will also be upon them. As the entire matter of the Holy House - and, all the more so, the daily offerings and the additional offerings - is upon the community, and it is impingent upon them all.

מצוה ש

מצות שביתה בשביעי של פסח - לשבת ביום השביעי של חג הפסח, שנאמר (ויקרא כג ח) וביום השביעי מקרא קדש. וכבר כתבתי למעלה (מצוה רצז) סמוך למצוה זו, שבכל מקום שנאמר בתורה מקרא קדש ענינו לומר, קדשהו שלא לעשות בו מלאכה, והיא מצות עשה, וגם שם כתוב רמז משרשי המצוה על צד הפשט. וקצת דיניה, כמנהגנו נכתב בעזרת השם בלאו דאסור מלאכה שבסדר זה (מצוה רחצ), וכל ענין שביתת השביעי כשביתת יום ראשון, ושניהם כרגל אחד הם חשובים לענין שאין אומרים זמן בשביעי, וכן לכל דבר, מה שאין כן בשמיני עצרת, שהוא חג בפני עצמו (יומא ב, ב). וכמו שנכתב במקומו (מצוה שכג) בעזרת השם.

Mitzvah 300

The commandment of resting on the seventh [day] of Pesach: To rest on the seventh day of Pesach, as it is stated (Leviticus 22:8), "and on the seventh day, a holy occasion." And I have already written above close by to this commandment (Sefer HaChinukh 297) that in every place in which it is stated in the Torah, "a holy occasion," its content is to say, make it holy, to not do work on it, and [that] it is a positive commandment. And a hint from the roots of the commandment from the angle of its simple understanding is also written there. And as is our custom, we will write a few of its laws with God's help in the negative commandment of the prohibition of work in this Order (Sefer HaChinukh 298). And the entire content of resting on the seventh [day] is like the rest of the first day. And they are both considered one festival with regards to that which we do not say [the blessing over] time (shehechiyanu) on the seventh; and so with every matter - which is not the case on Shemini Atseret, which is a holiday on its own (Yoma 2b), and as we will write in its place (Sefer HaChinukh 323), with God's help.

מצוה שא

שלא לעשות מלאכה ביום שביעי של פסח - שלא נעשה מלאכה ביום שביעי של פסח, שהוא יום אחד ועשרים בניסן, שנאמר (ויקרא כג ח) ביום השביעי מקרא קדש כל מלאכת עבדה לא תעשו. **שורש** מצוה זו וכל ענינה, כתוב במצוה הקודמת (מצוה רחצ) דהינו יום ראשון של פסח. ואולם ראוי

שאבאר לך בני כאן, ענין שני ימים טובים בכל מועד ומועד, ותורתנו לא חיבתנו כי אם ביום טוב אחד, כמו שבא בכתוב מפרש בפסח ביום הראשון מקרא קדש וביום השביעי, וכן בעצרת וראש השנה וסכות. **והאמת** כי הענין הוא עכשו מנהג לבד לא חיוב אחר, רצוני לומר, שאין אנחנו עושין אותו היום מפני הספק, כי כל ישראל בקיאין עכשו בקביעת החדשים ויודעים יום המועד מכון על פי החשבון המקבל בידם, כמו שכתבתי למעלה בסדר בא אל פרעה במצוה ד. ונקבע המנהג מפני שמתחלה כשהיו אנשים סמוכים בארץ היו קובעין החדש על פי הראיה כמצות התורה, כמו שכתבתי שם; ועל כן, כל מקומות ישראל הרחוקים מן המקום הנבחר שהקבע שם שלא היו יכולין שלוחים להגיע שם להודיעם יום הקבוע היה להם ספק באיזה יום קבעו החדש, אם ביום שלשים או בשלשים ואחד, והיו עושים המועד שני ימים מפני ספק זה. ואולם לא היה ספק להם לעולם ביותר מיום אחד, לפי שלעולם היו קובעין ראש חדש ביום שלשים או בשלשים ואחד, בין בעדים בין שלא בעדים, כי ידוע הדבר וברור שאין חדוש הלבנה מתאחר יותר, ועל כן, בין יבואו עדים או לא יבואו, היו קובעין ראש חדש ביום שלשים ואחד. ומפני הספק הזה (ביצה ד, ב) שיש לרחוקים מירושלים, קבעו להם בתחלה לעשות שני ימים יום טוב, וחכמים זכרונם לברכה (פסחים נב א) תקנו גם עכשיו לרחוקים מן הארץ לעשות שני ימים כדת שהיו עושין בזמן ההוא, אף על פי שכל ישראל היו בקיאים בקבוע החדש, כמו שאמרנו, אבל הקרובים וכל שכן הדרים בארץ ממש אין ראוי שיעשו כי אם יום אחד כמנהג אנשי המקום מעולם, וכן נהגו לפי מה ששמענו. **ומן** הטעם הזה שאמרנו, שהדבר הוא תקנת חכמים לא ספק, אמרו מן המפרשים שלא נאמר עכשו בשני ימים טובים של גליות נולדה בזה מתרת בזה, כמו שבא בגמרא (ביצה ד ב) דבזמן שהיה הדבר ספק היו אומרים כן, אבל עכשו, מכיון שמתקנת חכמים הוא ולא מתורת ספק כלל לא נאמר כן, אלא דינם כקדשה אחת. ומהם שאמרו דמחמת הספק הראשון תקנום חכמים זכרונם לברכה ולא נחמיר בהם יותר מבראשונה. ועוד דכי איתמר בגמרא (שם) נולדה בזה מתרת בזה, כבר היה בטל הקבוע על פי הראיה לפי הדומה וכן נהגו היום. וכל מה שאמרנו דוקא בשני ימים טובים של מועדי השנה, חוץ מראש השנה, דאילו בראש השנה בכל מקום כקדשה אחת היא, ונולדה בזה אסורה בזה, מפני שגם בבית הועד היו עושים אותו לפעמים שני ימים יום טוב שלא מתורת ספק, וכגון שבאו העדים מן המנחה ולמעלה שנוהגים אותו היום קדש ולמחר קדש, ומכל מקום גם בראש השנה מתקנת חכמים הוא היום לעשות שני ימים בכל מקום, אחר שאנו בקיאין בקבועא דירחא (רמב"ם קידוש החודש ה יב).

Mitzvah 301

ספר החינוך Sefer HaChinukh

To not do work on the seventh day of Pesach: That we not do work on the seventh day of Pesach - which is the twenty-first day of Nissan - as it is stated (Leviticus 23:8), "and on the seventh day, a holy occasion, all work of labor shall you not do." **And** the root of this commandment and all of its content is written in the previous commandment - which is the first day of Pesach (Sefer HaChinukh 298). However it is fitting, my son, that I elucidate for you the matter of two days for each and every appointed time, whereas our Torah only obligated us one holiday - as it is written explicitly about Peasch (Leviticus 23:7-8), "On the first day, a holy occasion," and "on the seventh day"; and so with [Shavuot] and Rosh Hashanah and Sukkot. **And** the truth is that the matter today is only a custom - [and] not [from] any other obligation. As we do not make that day because of a doubt, since all of Israel are now experts in the setting of the months and know the exact day of the appointed time according to the traditional calculation that is in their hand, as I wrote above in the Order of Bo el Pharaoh in Commandment 4 (Sefer HaChinukh 4). And the custom was set because at the beginning when there were ordained men in the Land, they would set the month according to sighting, which is the commandment of the Torah - as we have written there. And therefore all the places of Israel (Jewish settlement) far from the chosen place in which it was fixed there, that messengers could not reach to inform them of the day of the fixing, were in doubt about which day was fixed as the [first of the] month - whether the thirtieth [of the previous month] or the thirty-first. And [so] they would make the appointed time two days from this doubt. However, they were never in doubt about more than one day, as they would always fix the new moon on the thirtieth or the thirty-first - whether with witnesses or without witnesses. As the thing is well-known and clear that the new moon never delays more [than this]. And therefore, whether witnesses came or did not come, they would set the new month [no later than] the thirty-first. And because of this doubt that there is for those far from Jerusalem, they fixed for them at first to make two days of the holiday (Beitzah 4b). And the Sages, may their memory be blessed, ordained (Pesachim 52a) also now for those far from the Land to make two days like the law that they would do at that time - even though all of Israel have become experts in the fixing of the month, as we said. But it is not fitting for those close and - all the more so - those living in the Land itself that they should do anything but one day, like the custom of the people of the place always. And so

ספר החינוך Sefer HaChinukh

have they practiced, according to that which we have heard. **And from the reason that we said** - that the thing is an ordinance of the sages, not a doubt - some of the commentators said that we do not say now on the two days of the exiles, what was born on this one (the first day) is permitted on that one (the second day). As it comes in the Gemara (Beitzah 4b) that at the time that the thing was a doubt, they would say this. But now since it is from an ordinance of the Sages and not at all from the status of a doubt, we should not say this. Rather their law is like one [unit of] holiness. And there were some that said the Sages, may their memory be blessed, ordained it due to the first doubt, and we should not be more stringent about them than at first. And also, since when, "what is born on this one is permitted on that one," was said in the Gemara, the fixing according to sighting [had] already ceased, according to what appears. And so have they practiced today. And all that they said is specifically about the two days of holiday of the appointed times of the year except for Rosh Hashanah - as with Rosh Hashanah, it is like one [unit of] holiness. And what is born on this one is forbidden on that one, because also in the house of council they would sometimes make it two days of holiday not from the status of a doubt - for example, if the witnesses came from the [time of] mincha (afternoon) and onward - such that they would treat today as holy and the next day as holy. And nonetheless even on Rosh Hashanah it is [only on account of] the ordinance of the Sages today to do two days in every place, since we are experts in the fixing of the new month (Mishneh Torah, Sanctification of the New Month 5:12).

מצוה שב

מצות קרבן העמר של שעורים - שנקריב ביום שני של פסח יתר על המוסף של שאר ימי הפסח כבש בן שנתו לעולה, ועמר אחד של שעורים הנקרא עמר התנופה שנאמר (ויקרא כג י יא) כי תבואו אל הארץ וגו' והבאתם את עמר ראשית קצירכם וגו' והניף את העמר לפני ה' ממחרת השבת. ותרגם אונקלוס מבתר יומא טבא. כלומר, ביום שני של פסח, שהרי בפסח אירי בפרשה שלמעלה מזה, ונאמר שם ועשיתם ביום הניפכם את העמר כבש תמים בן שנתו וגו'. וקרבן זה של עמר נקרא מנחת בכורים, ואליה הוא הרמז באמרו יתברך, ואם תקריב מנחת בכורים ליי, אביב קלוי באש וגו' (ויקרא כ יד). ולשון מכלתא (משפטים סי' קפב) כל אם ואם שבתורה רשות וכו'. חוץ משלשה שהם חובה וזה אחד מהם. ואמרו שם,

אתה אומר חובה או אינו אלה רשות? תלמוד לומר תקריב מנחת בכוריך חובה ולא רשות. וענין המנחה כן (מנחות סג, ב) שהיו מביאין שלשה סאין שעורים ומוציאין מן הכל עשרון אחד שהוא מנפה בשלש עשרה נפה, והשאר נפדה ונאכל לכל אדם, וחיב בחלה ופטור מן המעשרות, ולוקחין זה העשרון של סלת השעורים ובוללין אותו בלג שמן ונותנין עליו קמץ לבונה כשאר המנחות ומניפו הכהן במזרח, מוליך ומביא, מעלה ומוריד, ומגישו כנגד חדה של קרן מערבית דרומית כשאר המנחות, וקומץ ומקטיר, והשאר נאכל לכהנים כשירי כל המנחות (שם סז ב). **משרשי** המצוה. כדי שנתבונן מתוך המעשה החסד הגדול שעושה השם ברוך הוא עם בריותיו לחדש להם שנה שנה תבואה למחיה, לכן ראוי לנו שנקריב לו ברוך הוא ממנה למען נזכיר חסדו וטובו הגדול טרם נהנה ממנה, ומתוך שנהיה ראויין לברכה בהכשר מעשינו לפניו, תתברך תבואתנו וישלם חפץ השם בנו, שחפץ מרב טובו בברכת בריותיו. ונצטוינו בזה בשני של פסח ולא בראשון כדי שלא נערב שמחה בשמחה, כי הראשון נכון לזכר הנס הגדול שהוציאנו ברוך הוא מעבדות לחרות ומיגון לשמחה. **מדיני** המצוה. מה שאמרו זכרונם לברכה (שם סח ב) שמצותו של עמר להביאו מן השעורים, ולא מן החטים, ולא מכסמין ושבלת שועל ושיפון, ומן הקרוב לירושלים שבכר תחלה. לא בכר הקרוב, היו מביאין אותו ממקום אחר מארץ ישראל. ומצותו להקצר בלילה בליל ששה עשר בניסן, בין בחל בין בשבת, ומצותו להביאו מן הלח, פרוש כדי שיהיה נראה ונכר יותר לעין בכורו, וכל העירות הסמוכות לשם מתכנסות, כדי שיהא נקצר בעסק גדול. וכל זה מן השרש שכתבנו, כדי שיתנו לבם לדבר השם יתברך מתוך המעשה והשמחה. **ושלש** סאין אלו היו קוצרין אותן בשלשה אנשים, ושלש קפות ושלש מגלות (שם סג ב, סה א). וכיון שחשכה, אומר הקוצר לעומדים שם בא השמש? אומרים לו הן שלש פעמים, מגל זו? אומרים הן, וכן שלש פעמים. קפה זו? אומרים הן, וכן, שלש פעמים. אקצר? אומרים לו קצר שלש פעמים. וכל כך למה מפני הטועין שיצאו מכלל ישראל בבית שני, והיו אומרים, שזה שנאמר בתורה ממחרת השבת, שהוא שבת בראשית ויתר פרטיה, מתבארים משלם ממנחות [הלכות תמידין ומוספין פ"ז]. **ונוהגת** בזמן הבית בזכרים, ואפילו ישראלים חיבין להשתדל במצוה זו, שהרי שלוחי בית דין יוצאין ועושין כריכות בשדות מערב יום טוב, וכמו שמפרש שם במנחות (סה א), אבל מכל מקום עקר החיוב היא ההקרבה והתנופה וההגשה והקמיצה וההקטרה, וכל זה בכהנים. ומכל מקום כיון שיש בה חלק לכל ישראל, ויסוד המצוה הוא מפני חדוש התבואה שהוא הדבר הצריך לכל יש לנו לכתבה בחשבון המצות המוטלות על כל בני ישראל.

Mitzvah 302

ספר החינוך Sefer HaChinukh

The commandment of the sacrifice of the omer of barley: That we offer on the second day of Pesach, beyond the additional offering of the rest of the days of Pesach, a one-year old sheep for a burnt-offering and one omer of barley, that is called the omer of waving - as it is stated (Leviticus 23:10-11), "When you come to the land, etc., you shall bring the omer, the beginning of your harvest, etc. And he shall wave the omer in front of the Lord from the morrow of the Shabbat." And Onkelos translates, "after the holiday" - meaning to say, on the second day of Pesach. As behold, it is referring to Pesach in the section before this. And it is stated there (Leviticus 23:12), "And you shall make on the day of your waving the omer an unblemished one-year old sheep, etc." And this sacrifice of the omer is called the offering of the first fruits. And it is a hint to this when He may He be blessed, says (Leviticus 2:14), "And if you shall bring an offering of the first-fruits to the Lord, new roasted with fire, etc." And the language of Mekhilta d'Rabbi Yishmael 22:24 is "Each and every 'if' in the Torah is optional, etc. except for three that are obligatory and this is one of them." And they said there, "You say it is an obligation or is it only optional? [Hence] we learn to say, 'you shall offer the offering of your first fruits' - [it is] an obligation and not optional. And the matter of the offering is thus (Menachot 63b): That they would bring three seah of barley, and they would take out one issaron from all of it, which they would sift with thirteen sieves. And the rest would be redeemed and eaten by any person. And it is liable for the hallah -tithe but exempted from the [other] tithes. And we take this issaron of fine barley flour and we mix it with a log of oil and place a handful of frankincense upon it - like the other meal-offerings. And the priest waves it in the East - he extends [it] and brings [it back], raises [it] and lowers [it] - and presents it across from the point of the southwest corner, like the other meal offerings. And he takes a handful and incinerates [it], and the rest is eaten by the priests, like the remainders of all of the meal-offerings (Menachot 67b). **It** is from the roots of the commandment [that it is] in order that we contemplate, through [this] deed, the great kindness that God, blessed be He, does for His creatures, to renew the grain each year for [our] nourishment. Therefore, it is fitting for us that we should sacrifice to Him, blessed be He, from it - so that we remember His kindness and His great goodness before we benefit from it. And from that which we become fitting for blessing by the refinement of our deeds in front of Him, our grain will be blessed, and God's will for us will be

ספר החינוך Sefer HaChinukh

fulfilled - as He desires blessing for His creatures, from His great goodness. And we were commanded about this on the second [day] of Pesach and not on the first, so that we not mix [one] joy with [another] joy - as the first is prepared to remember the great miracle that He, blessed be He, took us out from slavery to freedom and from anguish to joy. **From** the laws of the commandment is that which they, may their memory be blessed, said (Menachot 68b) that the commandment of the omer is to bring it from barely - and not from wheat, nor spelt, oats or rye - and from what is close to Jerusalem that came out first. If the close ones did not come out, they would bring it from another place in the Land of Israel. And its commandment is to harvest it on the night of the sixteenth of Nissan - whether on [a weekday] or whether on Shabbat. And its commandment is from the [barley that is] damp (fresh) - its explanation [is that it] is in order that its being a first-fruit is more visible and recognizable to the eye. And all of the cities that are close to there gather, in order that it is harvested with a big deal. And all of this is from the root that we wrote - so that they can give their hearts to the word of God, may He be blessed, through the deed and the joy. **And** three men with three baskets and three sickles would harvest these three seah (Menachot 63b, 65a). And when it got dark, the harvester says to those standing there, "Did the sun set?" They say to him, "Yes," three times. "This sickle?" They say, "Yes," also three times. "This basket?" They say, "Yes" also three times. "Should I harvest?" They say to him, "Harvest," three times. And why so much? Because of those in error, who left from [being in the people of] Israel at the [time of] the Second [Temple], and would say that that which it is stated in the Torah, "from the morrow of the Shabbat," is the Shabbat of creation (the seventh day of the week). And the rest of its details are fully elucidated in Menachot (see Mishneh Torah, Laws of Daily Offerings and Additional Offerings 7). **And** this commandment is practiced at the time of the [Temple] with males. And even Israelites are obligated to make efforts with this commandment, as behold the messengers of the court go out and make bundles in the field from the eve of the holiday, and as is explained in Menachot 65a. But nonetheless, the main obligation is the offering, the waving, the presenting, the taking of a handful and the incineration - and all of this is with the priests. And nonetheless since there is a portion in it for all of Israel and the foundation of the commandment is because of the renewal of the grain - which is something that is a necessary thing for all - we should write it in

ספר החינוך Sefer HaChinukh

the tally of the commandments that are incumbent upon all the Children of Israel.

מצוה שג

שלא לאכל מתבואה חדשה קדם כלות ששה עשר בניסן - שלא לאכל מתבואה חדשה קדם כלות יום ששה עשד בניסן. שנאמר (ויקרא כג יד) ולחם וקלי וכרמל לא תאכלו עד עצם היום הזה. **משרשי** המצוה. לפי שעקר מחיתן של בריות, היא בתבואות, ועל כן ראוי להקריב מהן קרבן לשם אשר נתנה טרם יהנו מהן בריותיו, וכעין מה שאמרו זכרונם לברכה (ברכות לה, א) בדומה לזה, כל הנהנה מן העולם הזה בלא ברכה מעל, וכל זה, להכשיר עצמנו שנהיה ראויין לקבל מטובו, וכמו שכתבתי בספר זה פעמים רבות. וביום ששה עשר בניסן, היינו מקריבין בזמן הבית קרבן העמר מתבואה חדשה מן השעורים, כי היא התבואה המבכרת יותר מן החטים, והיא מתרת כל התבואות. **מדיני** המצוה. מה שאמרו זכרונם לברכה (מנחות ע א) שחמש ר תבואות לבד הן, שהן בכלל אסור החדש, והן, חטה ושעורה וכסמת שבלת שועל ושיפון. ובזמן הבית. משקרב העמר ביום ששה עשר בניסן, היה מתר החדש בירושלים. ומקומות הרחוקים מתרין אחר חצות, לפי שאין בית דין מתעצלין בו עד אחר חצות, ועל כן היה מתר להם בכל מקום לסמך על חזקה זו. והיום בעונותינו, שאין מקדש, אסור מן התורה כל היום. ובמקומות שעושין שני ימים טובים אסור כל יום שבעה עשר עד לערב מדרבנן. ויתר פרטיה במנחות פרק עשירי (עי' סהמ"צ להרמב"ם ל"ת קצא) ובמקומות [משבועות] משביעית ומעשרות וחלה. **ונוהג** אסור זה בכל מקום ובכל זמן, בין בפני הבית בין שלא בפני הבית בזכרים ונקבות. ומי שעבר על זה ואכל כזית מפת חדשה קדם יום הקרבת העמר חיב מלקות.

Mitzvah 303

To not eat from the new grain before the end of the sixteenth of Nissan: To not eat from the new grain before the end of the sixteenth of Nissan, as it is stated (Leviticus 23:14), "And bread and roasted grain and fresh grain you shall not eat until this very day." **It is from the roots of the commandment** [that it is] since the main nourishment of the creatures is from grains. And therefore, it is fitting to offer from them a sacrifice to God who gave them, before the creatures benefit from them. And [it is] similar to that which they, may their memory be blessed, said about [something] resembling this (Berakhot 35a), "Anyone who benefits from this world without a blessing has misappropriated." And all of this is to prepare ourselves that we should be fitting to receive from His goodness - and as I wrote in this book many times. And at the time of the [Temple], on the sixteenth of Nissan, we would offer the

ספר החינוך Sefer HaChinukh

sacrifice of the omer from the new grain barley grain, since it is the grain that comes out first [before] the wheat. And it permits [us to benefit from] all of the grains. **From** the laws of the commandment is that which they, may their memory be blessed, said (Menachot 70a) that there are only five grains that are included in the prohibition of the new [grain]. And they are wheat, barley, spelt, oats and rye. And at the time of the [Temple] from the time that the omer was offered on the sixteenth of Nissan, the new [grain] was permitted in Jerusalem. And in places distant [from it], they would permit [it] after midnight, since the court would not be lazy with it until after midnight. And therefore, it was permitted for them in every place to rely upon this assumption. And today that - on account of our iniquities - there is no Temple, it is forbidden the whole day from Torah writ. And in places that they make two days of holiday, it is forbidden on the seventeenth until the evening rabbinically. And the rest of its details are in Menachot, the tenth chapter (see Sefer HaMitzvot LaRambam, Mitzvot Lo Taase 191) and in [some] places in [Shevuot], in Sheviit, Maasrot and Challah. **And** this prohibition is practiced in every place and at all times - whether in the presence of the [Temple] (when it exists) or not in the presence of the [Temple] - by males and females. And one who transgressed it and ate a kazayit of new bread before the day of the offering of the omer is liable for lashes.

מצוה שד
שלא לאכל קלי מתבואה חדשה עד היום ההוא - שלא לאכל קלי מתבואה חדשה קדם הזמן הנזכר, כלומר שאף על פי שלא עשה פת מן התבואה ולא טחנה ולא רקדה אלא שקלה מן החטים או מן השעורים באור ואכל מהן חיב גם עליהם. ועל זה נאמר (ויקרא כג יד) וקלי וגו'. כל ענינה, במצוה הקודמת, וחיב האוכל גם כן מלקות על כזית מן הקלי.

Mitzvah 304
To not eat roasted grain from the new grain until that day: To not eat roasted grain from the new grain until the time mentioned - meaning that even though he did not make bread from the grain and did not grind it and did not sift it, but rather roasted from the wheat or from the barley with fire, and ate from them, he is liable also for them. And about this is it stated (Leviticus 23:14), "and roasted grain, etc." And all of its content is in the previous

commandment. And one who eats it is also liable for lashes for a kazayit of roasted grain.

מצוה שה

שלא לאכל כרמל מתבואה חדשה עד היום ההוא - שלא נאכל כרמל חדש קדם הזמן הנזכר, שנאמר וכרמל לא תאכלו. והכרמל נקרא תבואה קלויה בשבלים גראני"ש בלעז. וחיבין על הכרמל גם כן בכזית. ואמרו זכרונם לברכה (כריתות ה, א) אכל מן החדש לחם וקלי וכרמל חיב על כל אחת ואחת. ואמרו גם כן קלי לא היה צריך לאמרו, אבל הזכירו הכתוב, לחלק, שמתחיב על קלי בפני עצמו, ועל כרמל ולחם. ואמרו בגמרא (שם) על הצד הדחיה, אולי יתחיב על קלי בפני עצמו וכן על כרמל בפני עצמו אחר שהוא מיתר, ויהיה חיב על לחם וכרמל מלקות אחת? והיתה התשובה למאי הלכתא כתביה רחמנא לקלי באמצע לומר לחם כי קלי, וכרמל כי קלי, ויהיה חיב על כל אחד ואחד. כל ענינה, בשתי מצות הקודמות חברותיה.

Mitzvah 305

To not eat fresh grain from the new grain until that day: To not eat fresh grain from the new grain until the time mentioned, as it is stated (Leviticus 23:14), "and fresh grain shall you not eat." And grain roasted in its sheaves is called, "fresh grain" - granis in the vernacular. And we are also liable for fresh grain with a kazayit. And they, may their memory be blessed, said (Keritot 5a), "[If] he ate bread, roasted grain, and fresh grain, he is liable for each and every one." And they also said it was not necessary to mention roasted grain, but Scripture mentioned it to distinguish, such as to make liable for roasted grain on its own, and upon the fresh grain and bread [each on its own]. And they said in the Gemara (Keritot 5a) from the angle of something pushed off, "Maybe he should become liable for roasted grain by itself, and so [too,] for fresh grain - since it is extra - but he would be liable one [set of] lashes for bread and fresh grain?" And the answer was, "For what law did the [Torah] write roasted grain in the middle? To say bread is like roasted grain, and fresh grain is like roasted grain - and he shall [hence] be liable for each and every one [on its own]." All of its content is in the two previous commandments - its 'colleagues.'

מצוה שו

מצות ספירת העמר - לספר תשעה וארבעים יום מיום הבאת העמר שהוא יום ששה עשר בניסן. שנאמר (ויקרא כג טו) וספרתם לכם ממחרת השבת

מיום הביאכם את עמר התנופה. והמנין הזה חובה, ועלינו למנות בו הימים יום יום, וכן השבועות, שהכתוב אמר תספרו חמשים יום. ואמר גם כן (דברים טז ט) שבעה שבועות תספר לך, ובפרוש אמר אביי בגמרא במנחות (סו, א) מצוה לממני יומי ומצוה לממני שבועי (עי' סהמ"צ להרמב"ם עשין קסא). ויש מן המפרשים (עי' סוף ר"ן פסחים), שהיה דעתם, כי כונת הכתוב למנות השבועות דוקא כשהן שלמים, אבל להזכיר בכל יום ולומר שהם כך וכך ימים וכך וכך שבועות אין צרך. ויש מהם שאמרו (רא"ש בתשובה כלל כד סי' יג), כי הדרך הנבחר להזכיר מנין השבועות עם הימים תמיד בכל יום וירא שמים יבחר דרכם להוציא מכל ספק, ולא יחוש לתפארת המלות, וכן נהגו היום בכל המקומות ששמענו. **וכתב** הרמב"ם זכרונו לברכה (סהמ"צ שם) ואל יטעה אותך אמרם זכרונם לברכה מצוה לממני יומי ומצוה לממני שבועי. ותחשב שהם שתי מצות, שאין הכונה בזה לומר שתהיה מצוה בפני עצמה, אבל הוא חלק מחלקי המצוה. ואמנם היו שתי מצות, אלו אמרו מנין הימים מצוה ומנין השבועות מצוה, וזה מה שלא נעלם ממי שידקדק בדבר ויבארהו, שאתה כשתאמר יתחיב שיעשה כך וכך, לא יתחיב מן המאמר הזה שהענין ההוא מצוה בפני עצמה, והראיה המבארת על זה, היותנו מונין השבועות כמו כן בכל לילה באמרנו שהם כך וכך שבועות וכך וכך ימים, ואלו היו השבועות מצוה בפני עצמה, לא סדרו מנינם אלא בלילי השבועות בלבד, והיו להן שתי ברכות אשר קדשנו במצותיו וצונו על ספירת ימי העמר, ועל ספירת שבועי העומר, ואין הדבר כן, אבל המצוה היא ספירת העמר ימיו ושבועותיו כמו שכתבנו, עד כאן. **משרשי** המצוה. על צד הפשט, לפי שכל עקרן של ישראל אינו אלא התורה, ומפני התורה נבראו שמים וארץ, וכמו שכתוב (ירמיהו לג כה) אם לא בריתי יומם ולילה וגו', והיא העקר והסבה שנגאלו ויצאו ממצרים, כדי שיקבלו התורה בסיני ויקימוה, וכמו שאמר השם למשה (שמות ג יב) וזה לך האות כי אנכי שלחתיך בהוציאך את העם ממצרים תעבדון את האלהים על ההר הזה. ופרוש הפסוק הוציאך אותם ממצרים, יהיה לך אות שתעבדון את האלהים על ההר הזה, כלומר, שתקבלו התורה שהיא העקר הגדול שבשביל זה הם נגאלים והיא תכלית הטובה שלהם, וענין גדול הוא להם יותר מן החרות מעבדות, ולכן יעשה השם למשה אות בצאתם מעבדות לקבלת התורה, כי הטפל עושין אותו אות לעולם אל העקר. **ומפני** כן, כי היא כל עקרן של ישראל ובעבורה נגאלו ועלו לכל הגדלה שעלו אליה, נצטוינו למנות ממחרת יום טוב של פסח עד יום נתינת התורה להראות בנפשנו החפץ הגדול אל היום הנכבד הנכסף ללבנו כעבד ישאף צל, וימנה תמיד מתי יבוא העת הנכסף אליו שיצא לחרות, כי המנין מראה לאדם כי כל ישעו וכל חפצו להגיע אל הזמן ההוא. וזהו שאנו מונין לעמר, כלומר, כך וכך ימים עברו מן המנין ואין אנו מונין כך וכך ימים יש לנו לזמן, כי כל זה מראה לנו הרצון החזק להגיע אל הזמן, ועל כן לא נרצה להזכיר בתחילת חשבוננו רבוי הימים שיש לנו להגיע

לקרבן שתי הלחם של עצרת, ואל יקשה עליך לומר אם כן אחר שעברו רב הימים של שבעה שבועות אלו, למה לא נזכיר מעוט הימים הנשארים? לפי שאין לשנות מטבע החשבון באמצעו. ואם תשאל אם כן למה אנו מתחילין אותו ממחרת השבת, ולא מיום ראשון? התשובה כי היום הראשון נתיחד כלו להזכרת הנס הגדול, והוא יציאת מצרים, שהוא אות ומופת בחדוש העולם ובהשגחת השם יתברך על בני אדם, ואין לנו לערב בשמחתו ולהזכיר עמו שום דבר אחר, ועל כן נתקן החשבון מיום שני מיד. ואין לומר היום כך וכך ימים ליום שני של פסח, שלא יהיה חשבון ראוי לומר ליום שני, ועל כן התקן למנות המנין ממה שנעשה בו, והוא קרבן העמר, שהוא קרבן נכבד, שבו זכר שאנו מאמינים, כי השם ברוך הוא בהשגחתו על בני אדם רוצה להחיותם ומחדש להם בכל שנה ושנה זרע תבואות לחיות בו. **מדיני** המצוה. מה שאמרו זכרונם לברכה (מנחות סו, א), שמצוה למנותן מבערב כדי שיהו תמימות, כמו שאמר הכתוב תמימות תהיינה. ואמרו זכרונם לברכה, אימתי הן תמימות בזמן שמתחיל מבערב. ומכל מקום פרשו המפרשים (תוס' מנחות שם בד"ה זכר בשם בה"ג) שאם שכח ולא מנה מבערב מונה למחר כל היום. ויש אומרים שם, שמי ששכח ולא מנה יום אחד שאין יכול למנות עוד באותה שנה, לפי שכלן מצוה אחת הם. ומכיון ששכח מהן יום אחד, הרי כל החשבון בטל ממנו, ולא הודו מורינו שבדורנו לסברא זו, אלא מי ששכח יום אחד יאמר אמש היו כך בלא ברכה, ומונה האחרים עם כל ישראל. ומצוה מן המבחר (רמב"ם תמידין ומוספין ז כג) למנות מעמד, ומברך אשר קדשנו וכו'. ומי שמנה בלא ברכה יצא, ואינו רשאי לחזר ולמנות בברכה (שם הכ"ה). ויתר פרטיה, במסכת מנחות [או"ח סימן תעט]. **ונוהגת** מצוה זו מספירת העמר מדאוריתא בכל מקום בזכרים. בזמן הבית שיש שם עמר ומדרבנן בכל מקום ואפילו שאין עמר קרב, והעובר על זה ולא ספר ימים אלו בטל עשה.

Mitzvah 306

The commandment of counting the omer: To count forty-nine days from the bringing of the omer which is on the sixteenth day of Nissan, as it is stated (Leviticus 23:15), "And you shall count for yourselves from the morrow of the Shabbat from the day of your bringing the omer of waving." And this tallying is an obligation, and it is upon us to count the days on each day and, likewise, the weeks. As Scripture said to count fifty days and also said (Deuteronomy 16:9), "Seven weeks shall you count for yourself." And in explanation, Abbaye said in the Gemara in Menachot 66a, "It is a commandment to tally the days and it is a commandment to tally the weeks" (see Sefer HaMitzvot LaRambam, Mitzvot Ase 161). And there are some of the commentators (see the end of Ran on Pesachim) the opinion of which is that the intention of the verse is to tally the weeks specifically when they are full, but there is no need to mention [them] every day and say that they are such and such days and such and such weeks. And there are some that say (Rosh in his Responsa 24:13) that the [proper] way is to mention the tally of weeks with the days always on every day. And one who fears the Heavens will choose their way to remove [himself] from any doubt, and not be concerned about the elegance of the words. And so have they practiced today in all places of which we have heard. **And** Rambam, may his memory be blessed, wrote (Sefer HaMitzvot LaRambam, Mitzvot Ase 161), "And do not be misled by their, may their memory be blessed, saying [that] it is a commandment to tally days and it is a commandment to tally weeks, and think that they are two commandments. As the intention of this is not to say that it be a commandment on its own, but [rather] it is a part of the [different] parts of the commandment. However, it would have been two commandments had they said, 'The tally of the days is a commandment and the tally of the weeks is a commandment.' And this is what will not be hidden from one who is exact in the thing and elucidates it - that when you say, 'It is obligated that he do such and such,' it is not obligatory from this statement that this matter be a commandment on its own. And the proof that elucidates this is our tallying the weeks as well on each night, in our saying that they are such and such weeks and such and such days. And if the weeks were a commandment on their own, their tally would have only been arranged on the nights of the [ends of] the weeks alone. And they would have had two blessings: 'and commanded us about the counting of the days of the omer '; and 'about the counting of the weeks of the omer ' - but the matter is not like this. [Rather] the commandment of the counting of the omer is its days and its weeks, as we have written." To here [are his words]. **It** is from the roots of the commandment from the angle of the simple understanding [that it is] since the entire essence of Israel is only the Torah, and because of the Torah were the heavens and earth created, and as it is stated (Jeremiah 33:25), "Were it not for my covenant day and night, etc." And it is the essence and the reason that they were redeemed and left from Egypt - in order that they receive the Torah at Sinai, and fulfill it. And [it is] like God said to Moshe (Exodus 3:12), "And this will be the sign for you that I have sent you; when you take out the people from Egypt, you shall worship God on this mountain." And the understanding of the

ספר החינוך Sefer HaChinukh

verse is [that] your taking them out from Egypt is a sign for you that you shall worship God on this mountain - meaning that you shall receive the Torah, which is the great principle for which they were redeemed and it is their ultimate good. And it is a great matter for them, more than freedom from slavery. And hence God made a sign of their leaving Egypt for the receiving of the Torah; as we always make what is secondary into a sign for what is the essence. And because of this - that it is [the] essence of Israel, and because of it were they redeemed and went up to all of the greatness to which they rose - we were commanded to tally from the morrow of the holiday of Pesach until the day of the giving of the Torah; to show about ourselves the great desire [we have] for the the honored day, which our hearts yearn [for] like 'a slave seeks shade' and always tallies when will come the yearned time that he goes out to freedom. As the tally shows about a man that all of his deliverance and all of his desire is to reach that time. And that which we count to the omer, meaning, "Such and such days have passed from the tally," and we do not tally "Such and such days do we have to the time," is because all of this shows us the great desire to reach the time [of Shavuot]. Therefore, we do not want to mention at the beginning of our counting the large number of days that we have to reach the offering of the two breads of [Shavuot]. And let it not be difficult for you, to say, "If so, after most of the days of these seven weeks have passed, why do we not mention the minority of the remaining days?" [It is] as one should not change the nature of the counting in the middle. And if you shall ask, "If so, why do we begin counting from the day after [Pesach] and not from the first day?" The answer [is that] it is because the first day is entirely dedicated to remembering the great miracle, which is the exodus from Egypt, that is a sign and a proof of the world having been created and of God's - may He be blessed - providence over people. And we may not mix [something else into] its joy and mention anything else with it. And as such, the counting begins immediately from the second day. And we should not say, "Today is such and such days from the second day of Pesach" - as the count would not be fitting to say, "From the second day." And therefore, it was ordained to count the tally from that which is done on it - and this is the omer offering, which is a significant sacrifice. As through it is the remembrance that we believe that God, blessed be He, wants - through His providence over people - to sustain them and [so] renews for them the seed of the grains in each and every year, to live through them. **From** the

Sefer HaChinukh ספר החינוך

laws of the commandment is that which they, may their memory be blessed, said (Menachot 66a) that it is a commandment to tally them from the evening so that they be complete. As the verse stated, "complete shall they be" - and they, may their memory be blessed, said, "From when are they complete? From when he begins from the evening." And nonetheless, the commentators (Tosafot in the name of Behag on Menachot, s.v. zecher) explained that if he forgot and did not tally from the evening, he [may] tally on the morrow the whole day. And some say there that one who forgot and did not tally one day may not tally again that year, since they are all one commandment; and since he forgot one day from them, the entire count is negated for him. And our teacher in our generation did not concede to this reasoning. Rather, one who forgot a day should say, "Yesterday was such," without a blessing; and tally the other [days] with all of Israel. And it is a choice [fulfillment] of the commandment to tally [while] standing (Mishneh Torah, Laws of Daily Offerings and Additional Offerings 7:23). And he recites the blessing, "who has sanctified us, etc." And one who has tallied without a blessing has fulfilled [the commandment], and [hence] he is not permitted to return and tally with a blessing (Mishneh Torah, Laws of Daily Offerings and Additional Offerings 7:25). And the rest of its details are in Tractate Menachot (see Tur, Orach Chaim 479). **And this commandment of counting the omer is practiced from Torah writ in every place by males at the time of the [Temple], such that the omer is there; and rabbinically in all places, even when the omer is not offered. And one who transgresses it and does not count these days has violated a positive commandment.**

מצוה שז

מצות קרבן מנחה חדשה מן החטים ביום עצרת - להקריב ביום חג השבועות לחם חמץ מן חטה חדשה, וזהו נקרא בכתוב מנחה חדשה, והם שתי ככרות כמו שכתוב (ויקרא כג טז יז) ממושבתיכם תביאו לחם תנופה שתים שני עשרנים. והענין היה כן, (מנחות עו א ב) שהיו מביאין שלש סאין חטים חדשות ושפין אותן ובועטין בהן כדרך כל המנחות, וטוחנין אותם ומניפין מהן שני עשרונים בשתים עשרה נפה, ולוקחין אותן ועושין מהן שתי חלות ומביא שאור (שם נב, ב) ונותנו לתוך העשרון, וארך כל חלה (שם צו, א) שבעה טפחים, ורחבה ארבעה, וגבהה ארבע אצבעות, ומרבעות היו, ואופין אותן מערב יום טוב, ולמחר אחר הנפתן היו נאכלות לכהנים כל אותו יום וחצי הלילה (שם ק ב), ואותה מנחה היא ראשונה לכל המנחות

הבאות מן החטים. ומקריבים עם הלחם, שבעה כבשים תמימים ופר בן בקר אחד ואילים שנים לעולה, ושעיר לחטאת, ושני כבשים לשלמים, ואלו הן הקרבנות האמורים בחמש הפקודים כל זה היה קרב עם הלחם, מלבד קרבן מוסף היום שהוא שני פרים ואיל אחד ושבעה כבשים לעולה, ושעיר עזים לחטאת, ואלו הן הקרבנות האמורות בספר ויקרא. ובפרוש נתבאר כן בפרק רביעי ממנחות (מה, ב) שזה הקרבן, יבא עם הלחם, חלוק ממוסף היום, ואחר הנפת הלחם, היה נאכל לכהנים עם כבשי השלמים. **משרשי** המצוה. כתבתי במצות העמר (מצוה שב) שבסדר זה, מה שמספיק גם לשתי הלחם על צד הפשט. ועוד אומר לי לבי בענין כי מפני זה היתה המצוה בחטים להיות המנחה בככרות של לחם, ובמנחת שעורים בקמח, לפי שהחטים למאכל אדם, ועל כן ראוי להכינם בענין שהאדם נהנה ונזון מהם, וכל זה מן השרש אשר נטענו בתחלה בענין הקרבן על צד הפשט, כי מתוך המעשה, תתעורר מחשבת האדם אל הדברים, ועל כן, כפי חשיבות הקרבן והכנתו הטובה לבו אדם מתעורר אליו יותר. **מדיני** המצוה. מה שאמרו (שם פג, ב) שאם לא מצאו חדש יביאו מן העליה, וחטין שירדו בעבים לא יביא לכתחלה, מפני שיש בהן ספק אם אני קורא בהן ממושבותיכם או לאו ואם הביא כשר. לישתן של שתי הלחם ועריכתן בחוץ, ואפיתן בפנים ככל המנחות, ואין אפיתן דוחה יום טוב, שנאמר (שמות יב טז) יעשה לכם ולא לגבוה. הנפת הלחם עם שני כבשי השלמים היתה נעשית בעודן חיים. וכהן גדול נוטל אחת מן הככרות, והשניה מתחלקת לכל המשמרות. ויתר פרטיה, מתבארים במנחות פרק רביעי, חמישי, שמיני ואחד עשר [ה' תמידין ומוספין פ"ו]. **ונוהגת** מצוה זו בזכרים וכו', כמו שכתבנו במצות העמר.

Mitzvah 307

The commandment of the sacrifice of the new meal-offering from wheat on the day of [Shavuot]: To sacrifice leavened bread from the new wheat on the day of the festival of Shavuot. And that is what is called in Scripture, "a new offering" (Leviticus 23:15). And they are two loaves, as it is written (Leviticus 23:16), "From your inhabitations you shall bring bread of waving, two of two issaron." And the matter was such that they would bring three seah of new wheat and rub them and pound them in the way of all of the meal-offerings. And they would grind them and sift two issaron in twelve sieves. And they would take them and make two loaves from them and bring leavening (Menachot 52b) and put it into the issaron. And the length of each loaf was three handbreadths and its width was four, and its height was [the span of] four fingers (Menachot 96a). And they were square; and they were baked on the eve of the holiday. And on the morrow after their waving, they were eaten by the priests that whole day and half the night

ספר החינוך Sefer HaChinukh

(Menachot 100b). And that meal-offering is the first of all of the meal-offerings [of that crop] of wheat. And with the bread, they would sacrifice seven unblemished sheep, one young bull and two rams for a burnt-offering, a goat for a sin-offering and two lambs for a peace-offering - and these are the sacrifices spoken about in [the Book of Numbers]. All of this was brought with the bread besides the additional offering of the day which was two bulls, one ram and seven lambs for a burnt offering, and one goat for a sin-offering - and these are the sacrifices spoken about in the Book of Leviticus. And it was elucidated explicitly so in the fourth chapter of Menachot 45b that this sacrifice would come with the bread, separate from the additional sacrifice of the day. And after the waving of the bread, it was eaten by the priests with the lambs of the peace-offerings. **I** have written from that which also suffices for the roots of the commandment of the two breads in the commandment of the omer, from the angle of the simple understanding. And my heart also tells me about the matter that because of [the following] was the commandment of wheat to be an offering of loaves of bread, and in the offering of barley with flour. Since wheat is for the food of man - and so it is fitting to prepare it in a way that man would enjoy and be nourished from it. And all of this is from the root that we planted at the beginning of the matter of the sacrifice from the angle of the simple understanding - that through the deed is the thought of a man aroused to things (Sefer HaChinukh 95). And therefore, according to the importance of the sacrifice and its goodly preparation is the heart of a man more aroused to it. **From** the laws of the commandment is that which they said (Menachot 73b) that if they did not find new [wheat], they can bring it from the [storehouse]; and that one should not bring wheat that descended from the clouds at the outset, because there is a doubt if I call this, "from your inhabitations," or not. But if he brought it, it is fit. The kneading of the two breads and their forming is outside [the courtyard] and its baking is inside, like all of the meal-offerings. And their baking does not push off [the prohibition of work on] the holiday, as it is stated (Exodus 12:16), "shall be done for you" - and not for the higher realm. The waving of the bread with the lambs of the peace-offerings was done while they were still alive. And the high priest takes one of the loaves, and the second is divided for all of the shifts. And the rest of its details are elucidated in Menachot, Chapters 4, 5, 8 and 11 (see Mishneh Torah, Laws of Daily Offerings and Additional Offerings 8). **And** this commandment is practiced by the males, etc. like we have written in the commandment of the omer.

מצוה שח

מצות שביתה ממלאכה ביום עצרת - לשבת מכל מלאכה זולתי מה שמיחד לצרך אכל נפש ביום ששה בסיון, שזהו הנקרא חג השבועות, שנאמר (ויקרא כג כא) וקראתם בעצם היום הזה מקרא קדש. וכבר כתבתי במצות שביתת יום ראשון של פסח שבסדר הזה (מצוה רצז) שבכל מקום שנאמר בתורה מקרא קדש ענינו לומר קדשהו שלא לעשות בו מלאכה. **וגם** שם כתוב רמז משרשי המצוה. שמספיק על צד הפשט בכל הימים טובים. ובמי נוהגת, וקצת דיניה נכתב בלאו דאסור מלאכה דיום טוב (מצוה רחצ) שלאחר זה בעזרת השם [או"ח סימן תצז].

Mitzvah 308

The commandment of resting from work on the day of [Shavuot]: To rest from all work on the sixth day of Sivan - and this is called the festival of Shavuot (Weeks) - except for that which is specific to the needs of the eating of the soul as it is stated (Leviticus 23:21), "And you shall call on that very day, a holy occasion." And I have already written in the commandment of resting on the first day of Pesach in this Order (Sefer HaChinukh 297) that in any place about which it is stated in the Torah, "a holy occasion," its content is to say, make it holy, to not do work on it. **And** also, a hint from the roots of the commandment is written there from the angle of the simple understanding that suffices for all of the holidays. And we shall write some of its laws in the negative commandment after this, of the prohibition of work on the holiday (Sefer HaChinukh 298), with God's help (see Tur, Orach Chaim 497).

מצוה שט

שלא לעשות מלאכה ביום חג שבועות - שלא לעשות מלאכה ביום עצרת, שזהו יום ששי בסיון, שנאמר (ויקרא כג טו טז) וספרתם לכם ממחרת השבת וגו' תספרו חמשים יום וגו'. ופרוש ממחרת השבת כלומר, מחרת יום טוב ראשון של פסח, שבו דבר תחלה, דאי בשבת בראשית אם כן לא יודיעונו איזהו. ונמצא, שחמשים יום כלים בששה בסיון, כיצד? חמשה עשר ימים מניסן שהוא מלא לעולם, ועשרים ותשעה מאיר שהוא חסר לעולם, וששה מסיון, הרי חמשים. ויום החמשים זה, שהיה יום שנתנה בו תורה, הוא חג העצרת, ונקרא גם כן חג השבועות. וכתוב בסוף הפרשה על זה היום הנכבד כל מלאכת עבודה לא תעשו. כבר כתבנו כי מלאכת עבודה נקראת

ספר החינוך Sefer HaChinukh

כל מלאכה שאינה לצרך אכל נפש. **שרש** מצות המועד הזה רמוז במצות ספירת העמר שבסדר זה (מצוה שו), וקחנו משם. **ודיניה** כתבתי קצתם כמנהגי במצות שביתת מלאכה ביום ראשון של פסח שבסדר זה, ואין צרך להאריך בשאר ימי מועדי השנה, כי ששת ימי המועדים הידועים, והם, ראשון ושביעי של פסח וראשון ושמיני של חג, ועצרת וראש השנה, דין אחד לכלם לכל התרן ולכל אסורן. ובאור כל דיניה בארכה במסכתא הבנויה על זה, והיא מסכת ביצה [א"ח סימן תצו].

Mitzvah 309

To not do work on the day of the holiday of Shavuot: To not do work on the day of [Shavuot] - which is the sixth day of Sivan, as it is stated (Leviticus 23:15-16), "And you shall count for yourselves from the morrow of the Shabbat, etc. you shall count fifty days, etc." And the understanding of "from the morrow of the Shabbat," is meaning to say, the morrow of the first holiday of Pesach, about which it was speaking first. As if it was the Shabbat of creation (the seventh day of the week) - if so, it will not have informed us which. And it comes out that the fifty days end on the sixth of Sivan. How is this? Fifteen days from Nissan, which is always full (consisting of thirty days); and twenty-nine days of Iyar, which is always lacking (consisting of twenty-nine days); and six days of Sivan - behold, [that is] fifty. And this fiftieth day - which was the day that the Torah was given - is the holiday of the Assembly (atseret), and it is also called the holiday of Shavuot (Weeks). And it is also written at the end of the section about this glorious day (Leviticus 23:21), "all work of labor shall you not do" - we have already written that any labor that is not for the needs of food for the soul is called, work of labor. **The** root of the commandment of this appointed time is hinted in the commandment of the counting of the omer (Sefer HaChinukh 306) - and take it from there. **And** I have written some of its laws - as is my custom - in the commandment of the resting from work on the first day of Pesach in this Order (Sefer HaChinukh 298). And there is no need to write at length about the rest of the appointed times of the year. As the six well-known days of the appointed times of the year - and they are the first and seventh [days] of Pesach, the first and eighth days of [Sukkot, Shavuot] and Rosh Hashanah - all have one law for all of their dispensations and all of their prohibitions. And the elucidation of all of its laws at length is in the Tractate that is built on this, and that is Tractate Beitzah (see Tur, Orach Chaim 496).

<u>מצוה שי</u>

מצות שביתה ביום ראש השנה - לשבת מכל מלאכה חוץ ממה שמיחד לצרך אכל נפש ביום ראשון של חדש תשרי, שנאמר (ויקרא כג כד) בחדש השביעי באחד לחדש יהיה לכם שבתון, וחדש השביעי הוא חדש תשרי, לפי שניסן ראש השנה לחדשים, וראשון יקרא בכתוב, וכתבתי במצות שביתת יום ראשן של פסח, (מצוה רצז) מה שאמרו זכרונם לברכה (ר"ה ב, א) האי שבתון עשה הוא, וכל שאר ענין המצוה, כמו שכתוב שם.

Mitzvah 310

The commandment of resting on the day of Rosh Hashanah: To rest from all work on the first day of the month of Tishrei, except for that which is specific for the needs of food for the soul, as it is stated (Leviticus 23:24), "On the seventh month, on the first day it shall be a shabbaton for you." And the seventh month is the month of Tishrei, since Nissan is the new year for months and it is called the first in Scripture. And I wrote in the commandment of resting on the first day of Pesach (Sefer HaChinukh 297) that which they, may their memory be blessed, said, (Rosh Hashanah 2a), "This ' shabbaton' is a positive commandment." And all the rest of the content of the commandment is as it is written there.

<u>מצוה שיא</u>

שלא לעשות מלאכה ביום ראשון בתשרי - שלא לעשות מלאכה ביום ראשון של חדש תשרי, שנאמר (ויקרא כג כד-כה) בחדש השביעי באחד לחדש וגו' כל מלאכת עבודה לא תעשו. וחדש השביעי יקרא תשרי, כי הוא שביעי לניסן, שהוא ראש השנה לחדשים. וזה היום של אחד בתשרי אמרו זכרונם לברכה (ר"ה ב, א) שנקרא ראש השנה למנות ממנו שנים ושמטים ויובלות, וכן מונין ממנו לנטיעה ולירקות. ובגמרא דמסכת ראש השנה (שם ח יב א) בארו זכרונם לברכה אמרם שהוא ראש השנה לענינים אלה למאי הלכתא. ועוד אמרו שם (טז, א), שביום זה נדונין כל בני העולם על מעשיהם. ואמרו על דרך המליצה לבאר שהשגחתו על מעשה כל אחד ואחד (ולא) ועל כל המין דרך כלל, שעוברין כל בני אדם לפניו כבני מרון כלומר, אחד אחד ולא בערבוב. **ומשרשי** מצות המועד הזה, שהיה מחסדי האל על ברואיו לפקד אותם ולראות מעשיהם יום אחד בכל שנה ושנה כדי שלא יתרבו העונות כל כך, ויהיה מקום לכפרה, והוא רב חסד מטה כלפי חסד, וכיון שהם מועטים מעביר עליהן. ואם אולי יש בהם עונות שצריכין מרוק נפרע מהן מעט מעט. וכעין מה שאמרו זכרונם לברכה (ע"ז ד, א) אוהבו

נפרע ממנו מעט מעט. ואם לא יפקדם עד זמן רב יתרבו כל כך עד שיתחיב העולם כמעט כליה חלילה. **נמצא** שהיום הנכבד הזה הוא קיומו של עולם, ולכן ראוי לעשות אותו יום טוב ולהיות במנין מועדי השנה היקרים. ומצד שהוא יום הדין לדון כל חי ראוי לעמד בו ביראה ופחד יותר מבכל שאר מועדי השנה. וזהו ענין זכרון תרועה הנזכרים בו, כי התרועה קול שבור, לרמז שישבר כל אחד תקף יצרו הרע ויתנחם על מעשיו הרעים, וכמו שנכתב במצות שופר בארכה בסדר פנחס (מצוה תה) בעזרת השם. וזהו הטעם שלא קבעו זכרונם לברכה, לומר הלל במועד הזה, וכמו שאמרו, שאין ראוי לו לאדם לומר שירה והוא עומד בדין; וכדאמר רבי אבהו בפרק אחרון דראש השנה (לב, ב) אמרו מלאכי השרת לפני הקדוש ברוך הוא, מפני מה אין ישראל אומרים הלל בראש השנה ויום הכפורים? וכו' כדאיתא התם. **מדיני** השביתה. ביום טוב, כתבתי קצתם כמנהגי במצות מועד הפסח, ועוד ראוי לכתב כאן מעט מן הענינים הנזכרים במסכת ראש השנה שאמרו שם שארבעה ראשי שנים הן, באחד בניסן ראש השנה למלכים ולרגלים, פרוש רגלים כלומר רגל שבו תחלה לרגלים, כן פתרונו בגמרא (שם ד, א), באחד באלול ראש השנה למעשר בהמה, באחד בתשרי ראש השנה למה שכתבנו למעלה. באחד בשבט ראש השנה לאילנות כדברי בית שמאי, ובית הלל אומרין, בחמשה עשר בו, ושם מתבאר בגמרא, ראשי שנים אלו, לאיזה ענין הם. **ושם** אמרו, (טז, ב) שארבעה דברים מקרעין גזר דינו של אדם צדקה, צעקה, שנוי השם ושנוי מעשה. וענין שנוי השם הוא לפי הדומה, כדי שיחשב האדם כאילו הוא אדם אחר (עי' רמב"ם הל' תשובה פ"ב ה"ד), ויכשיר כל דרכיו, ובכל עת שיקרא, יזכר זה ויתן לבו אל הענין. ומה שאמרו שם שלשה ספרים נפתחין בראש השנה אחד של צדיקים גמורים, ואחד של רשעים גמורים, ואחד של בינוניים, וענין פתיחת הספרים נאמר לפי הדומה על דרך משל בענין השגחתו ברוך הוא עליהם, כדי שיכנסו הדברים באזני השומעים ידברו רבותינו לעולם במרגל בבני אדם. צדיקים גמורים נכתבין ונחתמין לאלתר לחיים, פרש מורי צדיק גמור בכאן שכלו זכאי, וכן רשע גמור בכאן שכלו חיב, ולפיכך נחתם מיד למיתה. אחר שאין לו זכות בעולם שיגן עליו. בינוניים תלויין עד יום הכפורים ואז גמר דין שלהם נחתם. ומה שאמרו שם בסמוך לזה בית שמאי אומרים שלש כתות ליום הדין, כלומר, אחר המות של כל אחד ואחד מבני אדם, שזה קרוי יום הדין כת אחד של צדיקים גמורים, וכת של רשעים, וכת של בינוניים, בכאן פרשו צדיק גמור ורשע גמור בדינם. ובזה הפרוש, תסתלק קושיא גדולה מן הענין, אם תזכה, בני, תרגיש בה ויניח לך עמלי זה. **ומה** שאמרו שם, שהצדיק גמור בדנו נחתם לאלתר לחיי העולם הבא, אל תחשב, שחיי העולם הבא דבר השוה לכל צדיק, כי יש באותם החיים, מעלות אין מספר, וכל צדיק וצדיק עולה בהן עד מקום הראוי לו לפי שכרו (עי' שבת קנב א). ויתר פרטי ענינים אלה, שם בראש השנה, פרק ראשון [או"ח סימן תרב

Sefer HaChinukh ספר החינוך

תרג]. **ונוהג** אסור מלאכה ביום זה בכל מקום ובכל זמן בזכרים ונקבות. והעובר עליה ועשה מלאכה שלא לצרך אכל נפש חיב מלקות, כמו שכתבנו בשאר ימי המועדים.

Mitzvah 311
To not do work on the first day of Tishrei: To not do work on the first day of the month of Tishrei, as it is stated (Leviticus 23:24-25), "In the seventh month on the first of the month, etc. All work of labor shall you not do." And the seventh month is called 'Tishrei,' as it is the seventh from Nissan, which is the new year for [the count of] months. They, may their memory be blessed, said (Rosh Hashanah 2a) that this day, the first of Tishrei, is called the new year to count from it the sabbatical years and the jubilees, and we also count plantings and vegetables from it. In the Gemara in Tractate Rosh Hashanah 8, 12a, the Sages elucidated what are the laws [that pertain] to their saying that is considered the new year for these things. They also said there (Rosh Hashanah 16a) that on this day all the inhabitants of the world are judged for their deeds. They explained His providence of the deeds of each and every [individual] and on the species more generally, such that metaphorically all people pass before Him like bnei maron (in an orderly procession) - meaning, one at a time and not mixed together. **It** is from the roots of the commandment of this appointed time [that it] was from the kindnesses of God upon His creations that He remembers them and views their deeds one day each and every year; so that the iniquities should not mount so greatly, and there be room for atonement. He is abundantly kind and leans toward kindness; and since they are [resultantly] few, He forgives them. And if there are a few iniquities that require expiation, they will be retributed in small pieces. And [it] is like what they, may their memory blessed, said (Avodah Zarah 4a), "For a friend, one is repaid in small pieces." If He did not remember them for a longer period, [the sins] would become so abundant that the whole world would be deserving of destruction, God forbid. **And** it comes out that this glorious day is [responsible for] the sustaining of the world; and it is therefore fitting, to make it a holiday, and that it should be in the count of the dear appointed times of the year. And on the side that it is the day of judgement for all living things, it is proper to stand in fear and trepidation on this day more than on the other appointed times of the year. And this is the concept of the shofar blow (teruah) of remembrance that is mentioned in

ספר החינוך Sefer HaChinukh

[connection with this day]; as the teruah is a broken sound, and it hints to the need for each person to break the power of his evil inclination and regret his evil deeds, as I will explain at length in the commandment of shofar (Sefer HaChinukh 405) in the Order of Pinchas, with God's help. It is for this reason that they, may their memory be blessed, did not establish the recitation of Hallel on this appointed time. And as they said, that it is not proper for a person to sing songs of praise while he stands in judgement. And like Rabbi Abahu said in the final chapter of Rosh Hashanah 32b, "The ministering angels said in front of the Holy One, blessed be He, 'Why does Israel not recite Hallel on Rosh Hashanah and Yom Kippur?' etc.," as it is [found] there. I have written some of the laws of rest on the holiday - as is my custom - in the commandment of the appointed time of Pesach. And it is also fitting to write here some of the matters that are mentioned in Tractate Rosh Hashanah: That they said there that there are four 'new years'; the first of Nissan is the new year for kings and festivals - the understanding of festivals is meaning, the festival that is the first of the festivals, so is its definition in the Gemara (Rosh Hashanah 4a); the first of Elul is the New Year for tithing animals; the first of Tishrei is the new year for what we have written above; the first of Shevat is the new year for trees according to Beit Shammai, though Beit Hillel says that it is on the fifteenth in it. And there in the Gemara, it is elucidated for what matters these new years are [pertinent]. **And there they said (Rosh Hashanah 16b) that four things tear up a person's [bad] decree: charity; crying out; changing the name; and changing the deeds.** And the matter of changing a name seems to be so that a man should think of himself as if he is another person (see Mishnah Torah, Laws of Repentance 2:4) and improve all of his ways. [Thus] anytime he is called, he will remember this and pay attention to the matter. And that which they said [that] three books are opened on Rosh Hashanah, one for the completely righteous, one for the completely wicked and one for the ones in between. The substance of opening books seems to be metaphorical for the matter of His, blessed be He, providence over them. Our rabbis always spoke about the familiar, in order that the things would penetrate the ears of the listeners. The completely righteous are immediately written and sealed for life. My teacher explained that 'completely righteous' here [means] that he is totally innocent, and likewise 'completely wicked' here [means] that he is totally guilty. And therefore, he is sealed immediately for death, since he has no merit to protect him. [The judgement of] those in between is left suspended until Yom Kippur, at which time a final verdict is sealed. And that which they said adjacent to this, "Beit Shammai said, 'There are three groups for the Day of Judgement" - meaning after the death of each and every person, which is called the Day of Judgement - "one group of the completely righteous, a group of the completely wicked, and a group of those in between.'" Here the explanation of 'completely righteous' and 'completely wicked' is [that it is referring] to their judgement. And with this explanation, a great difficulty about the issue is removed. If you merit, my son, you will be sensitive to this and this toil of mine will put you at ease. **And** that which they said there that the one who is completely righteous in judgement is sealed immediately for life in the World To Come. Do not think that the World To Come is something that is identical for all righteous people; for in that life there are countless gradations, and each righteous person rises to the fitting level according to his reward (See Shabbat 152a). And the rest of the details about these matters are there in the first chapter of Rosh Hashanah (see Tur, Orach Chaim 602-603). **The** prohibition of work on this day is practiced in every place and at all times by males and females. And one who transgresses it and did work that was not for the needs of food for the soul is liable for lashes, as we have written for the other appointed times.

מצוה שיב

מצות קרבן מוסף ביום ראש השנה - להקריב קרבן מוסף ביום ראש השנה, שנאמר (ויקרא כג כד כה) ובחדש השביעי באחד לחדש וגו' והקרבתם אשה לי"י וגו' ובסדר פנחס (במדבר כט ב ה) מזכיר הקרבן בארכה. וכל ענינה כמו שכתבתי במוסף הפסח במצות קרבן מוסף של כל שבעת ימי הפסח שבסדר זה (מצוה רצט).

Mitzvah 312
The commandment of the additional sacrifice on the day of Rosh Hashanah: To sacrifice the additional sacrifice on the day of Rosh Hashanah, as it is stated (Leviticus 23:24-25), "On the seventh month on the first of the month, etc. and you shall bring a fire-offering to the Lord, etc." And in the Order of Pinchas (Numbers 29:2-5), it mentions the sacrifice at length. And all of its content is like I wrote about the additional sacrifice of Pesach in the commandment of the additional offering of all of the seven days of Pesach in this Order (Sefer HaChinukh 299).

מצוה שיג

מצות תענית ביום עשירי בתשרי - לצום ביום העשירי בתשרי, והוא הנקרא יום הכפורים, שנאמר (ויקרא כג כז) אך בעשור לחדש וגו' ועניתם את נפשותיכם. ובא הפרוש בספרא (אחרי מות ז ג) עינוי שהוא אבוד נפש, ואיזהו? זה אכילה ושתיה, וכמו כן פרשוהו זכרונם לברכה בגמרא (יומא עד, ב). ועוד באה הקבלה עליו, שהוא אסור ברחיצה, ובסיכה, ובנעילת הסנדל, ובתשמיש המטה, ולשון ספרא (שם ח ג) מנין שיום הכפורים אסור ברחיצה ובסיכה [ובנעילת הסנדל] ובתשמיש המטה? תלמוד לומר שבת שבתון. כלומר, כי כפל השביתה, יורה על שביתה מהעסקים אלו ושביתה ממזון הגוף. **משרשי** המצוה. שהיה מחסדי השם על כל בריותיו לקבע להם יום אחד בנה לכפר על החטאים עם התשובה, וכמו שכתבתי בארכה בסדר אחרי מות (מצוה קפה) במצות עבודת יום הכפורים, ולכן נצטוינו להתענות בו, לפי שהמאכל והמשתה ויתר הנאות חוש המשוש, יעוררו החמר להמשך אחר התאוה והחטא, ויבטלו צורת הנפש החכמה מחפש אחר האמת שהוא עבודת האל ומוסרו הטוב והמתוק לכל בני הדעת. ואין ראוי לעשות ביום בואו לדין לפני אדוניו לבוא בנפש חשוכה ומערבבת מתוך המאכל והמשתה במחשבות החמר אשר היא בתוכו, שאין דנין את האדם אלא לפי מעשיו שבאותה שעה, על כן טוב לו להגביר נפשו החכמה ולהכניע החמר לפניה באותו היום הנכבד, למען תהיה ראויה ונכונה לקבל כפרתה, ולא ימנענה מסך התאוות. **מדיני** המצוה. מה שאמרו זכרונם לברכה (יומא פ, א), ששעור האכילה ביום הכפורים לחיב עליה דאוריתא מאכלין הראויין הוא ככותבת הגסה. והטעם שנשתנה שעור האכילה דיום הכפורים משעור שאר אכילת אסורין שבתורה שהן בכזית, מפני שהתורה אסרה האכילה באותו היום בלשון ענוי, ולא נאמר עליה לא תאכלו כמו בשאר אסורין, ופרשו חכמים, שקבלו הדברים מאשר קדמו להם, שאכילה נקראת בכזית, אבל ענוי הוא באדם, כל זמן שלא אכל עד ככותבת, שאין דעת בן אדם מתישבת בפחות. **ושעור** כותבת הוא יותר מגרוגרת ופחות מכביצה, ופחות משלשה (נ"א משני) זיתים גם כן, ששלשה (נ"א ששני) זיתים הן כבצה. כלל הענין כבר דקדק מי שהוא בקי ושקל בפלס, שאין במשקל י"ב ארגינ"ץ ועוד שעור ככותבת, ודינו כחצי שעור. וכן מה שאמרו (יומא עג א פ ב) ששיעור השתיה הוא מלא לגמיו של אדם שהוא כביצה שכבר שערו כי ביצה מחזיקה מלא לגמיו של אדם ובפחות מכן אין בו אסור כרת אלא דינו כחצי שעור, ולפיכך מי שהוא חולה אף על פי שאין בו סכנה גמורה, אם יהיה חלוש הרבה ראוי להאכילו ולהשקותו מעט מעט מכשעור שאמרנו, ונותנין רוח בין אכילה ושתיה של פעם אחת לפעם אחרת כדי שעור אכילת פרס, שהן שלש ביצים כדעת רב המפרשים, כדי שלא יצטרפו האכילות ותהיה נחשבת כאכילה אחת ושעור אחד, אבל בין האכילה והשתיה אין צריך להפסיק, שאין

מצטרפין אכילה ושתיה לענין זה. ושעור שבין שתיה לשתיה כדי שתית רביעית. ומתר לשקל ולשער דברים אלו ביום הכפורים לעת הצרך, ומוטב נחוש ונרחיק שלא לאכל שעור, ולא נחוש לאסור המשקל שהוא מדרבנן. וכן מענין המצוה מה שאמרו זכרונם לברכה (שם עז ב) כי אלו הענוין שהן דרבנן, כגון רחיצה וסיכה, לא גזרו בהן רק שלא לעשותן שלא לצרך, אבל כל שעושה אותן לצרך לא גזרו, כגון מי שיש לו חטטין בראשו שסך כדרכו ואינו חושש, ואפילו לנטורי פירי אמרו זכרונם לברכה (שם), שמתר לעבר במים עד הצואר, וכל שכן לדבר מצוה, בין בהליכה בין בחזרה. **ובענין** הסנדל פרשו לנו מורינו ישמרם אל, שסנדל הוא בכל מקום של עור, וזהו שאסור ביום הכפורים, אבל לא של מין אחר, וכללא דמלתא לפי קצת הפרושים דכל שהוא ראוי לענין חליצה, כלומר שהוא של עור הוא אסור ביום הכפורים ומתר לצאת בו בשבת לרשות הרבים, וכל שאינו ראוי לחליצה, כגון של שעם וגמי והוצי (עי' יומא עח ב דהוא סנדל של עשבים) ושאר מיני עשבים מתרין ביום הכפורים, ובלבד שלא יצא בהם למקום שאינו מערב דמשאוי חשבינן להו. ומן המפרשים רבים ונכבדים, מתירין לצאת בכלן ברשות הרבים. **ודין** חולה (יומא פג, א) שיש בו סכנה שמאכילין אותו על פי רופא בקי, או על פי עצמו ואפילו רופא אומר אינו צריך ודין עברה (שם פב א פג א) שהריחה, ודין מי שאחזו בולמוס, ודין קטנים בין תינוק בין תינוקת מאיזה זמן מענין אותן כל היום מדרבנן, וכן מאיזה זמן מחנכין אותן לשעות, וכללא דמלתא לפי קצת מן המפרשים, דשתי שנים קדם גדלות בבריא משלימין מדרבנן, ושתי שנים קדם לכך מחנכין אותם לשעות. ויש שפרשו שנה אחת קדם גדלות משלימין מדרבנן בין תינוק בין תינוקת, ויש שפרשו שאין משלימין מדרבנן רק בתינוקת לבד שנה אחת קדם גדלות, אבל תינוק אינו משלים כלל מדרבנן, וגדלות הוא בתינוק, שלש עשרה שנה ויום אחד, ובתינוקת שתים עשרה שנה ויום אחד. והמלך והכלה ברחיצה ביום זה מה דינן (יומא עג ב). **ועוד** אזכיר לך כאן מה שאמרו זכרונם לברכה גם כן בענין תענית תשעה באב הידוע שהוא מדרבנן, ואף על פי שרחוקים מאד שני הימים אלה בטעמן ובכל ענינם, לפי ששם תענית כוללם נדבר בו מעט. ואודיעך שהחמירו בו חכמים בכל ענינו כמו ביום הכפורים להפסיק מבעוד יום, ובסיכה, ובנעילת הסנדל, ובתשמיש המטה, ועברות ומניקות שמתענות בו כשאר העם, מה שאין עושות כן בכל שאר תעניות, חוץ משלש תעניות אמצעיות של עצירת מטר, כמו שנזכר במסכת תענית בסוף פרק ראשון (יד, א), דאסיק רב אשי התם, נקוט מציעתא בידך. ויתר פרטי מצוה זו, מבארים במסכת יומא [א"ח סי' תריב].

ונוהגת בכל מקום ובכל זמן בזכרים ונקבות, והעובר על זה ואכל ביום הכפורים כשעור הכותבת בטל עשה, ועבר על לאו שיש בו כרת, שנאמר כי כל הנפש אשר לא תענה בעצם היום הזה ונכרתה אכל או שתה כשעור זה בשגגה חיב קרבן חטאת קבועה.

ספר החינוך Sefer HaChinukh

Mitzvah 313

The commandment of the fast on the tenth day of Tishrei: To fast on the tenth day of Tishrei, and this is called The Day of Atonements (Yom HaKippurim), as it is stated (Leviticus 23:27), "But on the tenth of the month, etc. you shall afflict your souls." The explanation appears is Sifra, Achrei Mot, Chapter 7:3): "[This refers to] affliction that causes a diminishing of the soul. What is this? This is eating and drinking." And so [too,] did they, may their memory be blessed, explain in the Gemara (Yoma 74b). And the tradition also came about it, that it is forbidden for washing, anointing, wearing shoes, and sexual relations. And the language of Sifra, Parshat Achrei Mot, Chapter 8:3 is "From where [do we know] that Yom Kippur is forbidden for washing, anointing, [wearing shoes] and sexual relations? [Hence] we learn to say (Leviticus 23:32), 'A Shabbat of shabbaton'" - meaning that the doubling of Shabbat (rest) indicates resting from these things [as well as] resting from nourishment of the body. **It** is from the roots of the commandment that it was from the kindnesses of God towards His creatures to establish one day to atone for their sins with repentance - and as I wrote at length in the Order of Achrei Mot (Sefer HaChinukh 185) in the commandment of the service for Yom Kippur. And we were therefore commanded to fast on this day; as food and drink and the rest of the sensual pleasures propel the physical matter toward desire and sin, and they cause people to negate the form of the wise soul from seeking truth - which is the service of God and His ethics [which are] good and sweet for anyone with knowledge. And it is not fitting to do [this] on the day of his coming to judgement in front of his Master; to come with a soul darkened and confused from the food and drink, with thoughts of the material which is in it. As we only judge a person according to his deeds of that time. Therefore, it is good for him to strengthen his wise soul and to subdue the physical in front of it on this glorious day, so that [the soul] will be fitting and prepared to receive its atonement, and [that] the veil of desires not prevent it. **From** the laws of the commandment is that which they, may their memory be blessed, said (Yoma 80a) that the measure of eating of fitting foods on Yom Kippur to be liable for it from Torah writ is a large kakotevet. And the reason that the measure of eating of Yom Kippur is differentiated from the measure of eating other prohibitions in the Torah - which are with a kazayit - is because the Torah forbade eating on that day with an expression

ספר החינוך Sefer HaChinukh

of affliction. And it does not state, "you shall not eat," about it, like it states with other prohibitions. And the Sages explained that they received [the tradition] from those that were before them: that with a kazayit, it is called eating; but affliction in a man is so long as he has not eaten a kakotevet - since the mind of a man is not set at ease with less. And the measure of a kotevet (large date) is more than a grogeret (fig cake) and less than a kabeitzah (the size of a large egg) and also less than three (textual variant - two) [large] olives (zayit) - as three (textual variant - two) olives are a kabeitzah. The principal of the matter is that one who is an expert was already exacting and measured on a scale that there is not in the measure of twelve argents and more, the measure of a kakotevet; and [so] its law is like [that of] half a measure. And so [too,] that which they said (Yoma 73a, 80b) that the measure of drinking is the fill of a man's cheek, which is a kabeitzah - as they have already measured that an egg fills the cheek of a man. And with less than this, there is no prohibition [the liability for which is with] excision. Rather its law is like [that of] half a measure. And therefore [in the case of] someone who is sick - even though there is no full danger with him - if he is very weak; it is fitting to feed him and give him drink little by little, less than the measure that we said. And we give a gap of [time] enough for the eating of a peras (half loaf of bread) - which is three eggs, according to the opinion of most commentators - between the eating and drinking of one time and [that of] another time, so that the eatings not combine and be considered one eating and [hence] one measure. But there is no need to pause between eating and drinking; as eating and drinking do not combine for this matter. And the measure between one drinking and [another] is [time] enough for the drinking of a reviit. And it is permitted to weigh and measure things on Yom Kippur at a time of need. And it is better that we be concerned and distance ourselves to not eat a measure and not be concerned to forbid measuring, which is [only] rabbinic. And also from the matter of the commandment is that which they, may their memory be blessed, said (Yoma 77b) [regarding] these afflictions that are only rabbinic - such as washing and anointing - they only decreed that they should not be done for no need. But they did not decree [about] anyone who does them for a need - for example, one who has scabs on his head [may] anoint them in his [customary] way and not be concerned. And they, may their memory be blessed (Yoma 77b), said that it is permitted to cross water until the neck even to guard fruits - and all the more so, for

ספר החינוך Sefer HaChinukh

the matter of a commandment - whether going or returning. **And** concerning the shoe (sandal), our teachers - God should protect them - explained that a shoe is always of leather. And that is what is forbidden on Yom Kippur, but not of a different type. And the principle of the matter according to some commentators is that anything that is fitting for the matter of release (chalitsah) - meaning to say, that it is of leather - is forbidden on Yom Kippur, and permitted to go out into a public domain with them (wearing them) on Shabbat. But anything that is not fitting for release - such as cork and reeds and palms (see Yoma 78b, that it is a shoe of grasses) and other types of grasses (plants) - are permitted on Yom Kippur, so long as they do not go out with them [to a public domain] in a place without an eruv, as we consider them like a burden (and not a piece of clothing, which is permitted). But from the commentators, there are [also] many honored ones that permit one to go out into the public domain with all of them. **And** the law of the sick person who is in danger, that we feed him according to an expert physician, or according to himself - and even if the physician says that he does not need [to eat] (Yoma 83a); the law of a pregnant woman that smelled [food] (Yoma 82a, 83a); the law of one who was seized by bulimia; and the law of minors - whether a boy or a girl - from what time do we we afflict them all of the day rabbinically, and likewise from when do we teach them [to fast] with [some] hours. And the principle of the the matter according to a few of the commentators is that two years before the adulthood of a healthy child, they complete [the fast] rabbinically; and two years before that, we teach them [to fast] with [some] hours. And some explained that it is one year before adulthood that they complete [the fast] rabbinically - whether a boy or a girl. And some explained that only a girl alone completes [the fast] rabbinically one year before adulthood, but a boy does not complete [the fast] at all rabbinically. And adulthood for a boy is thirteen years and a day, and for a girl is twelve years and a day. And what is the law about washing for the king and the bride on this day (Yoma 73b). **And** I will further mention to you here that which they, may their memory be blessed, said about the matter of the 9th of Av, which is well-known to be rabbinic. And even though these two days are very distant in their reasons and their content; since the word, "fast," includes [both of] them, we will speak a little about it. And I will inform you that the Sages were stringent about it in all of its content like on Yom Kippur - to stop [eating] while it is still [the previous] day, and [about] anointing, wearing shoes and sexual relations. And pregnant and nursing women fast like the rest of the people - which they do not do on all other fasts, except for the middle three fasts of the stopping of rain. [This is] as it is mentioned in Tractate Taanit 14a at the end of the first chapter, where Rav Ashi concludes, "Take the middle [one] in your hand." And the rest of the details of the commandment [of fasting on Yom Kippur] are elucidated in Tractate Yoma (see Tur, Orach Chaim 612). **And** [it] is practiced in every place and at all times by males and females. And one who transgresses it and ate like the measure of a ketovet on Yom Kippur has violated a positive commandment, and has [also] transgressed a negative commandment that has [a liability of] excision for it; as is is stated (Leviticus 23:29), "For any soul which is not afflicted on that very day shall be excised." [If] he ate or drink like this measure inadvertently, he is liable for a fixed sin-offering.

מצוה שיד

מצות קרבן מוסף של יום הכפורים - להקריב קרבן מוסף ביום הכפורים שנאמר (ויקרא כג כז) אך בעשור לחדש וגו' והקרבתם אשה ליי. ובסדר פנחס פרש הקרבן כמו שכתוב שם (במדבר כט ח) והקרבתם עלה ליי ריח ניחח פר בן בקר אחד איל אחד כבשים בני שנה שבעה וגו'. וזה הכתוב שבפנחס, הביא הרמב"ם זכרונו לברכה במנינו (סהמ"צ עשין מח), ואני כתבתי הקודם בתורה, והכל עולה לענין אחד. **משרשי** מצות קרבן המוסף וקצת דיניו, כבר כתבתי מה שידעתי במוסף הפסח שבסדר זה (מצוה רצט), וקשר אחד לכלם הדומה.

Mitzvah 314
The commandment of the additional sacrifice of Yom Kippur:
To sacrifice the additional sacrifice on Yom Kippur, as it is stated (Leviticus 23:27), "But on the tenth of the month, etc. and you shall sacrifice a fire-offering to the Lord." And in the Order of Pinchas, the sacrifice is explained, as it is written there (Numbers 29:8), "And you shall sacrifice a burnt-offering to the Lord, a pleasing smell; one young bull, one ram, seven one-year old sheep, etc." And Rambam, may his memory be blessed, brought this verse that is in Pinchas in his tally (Sefer HaMitzvot LaRambam, Mitzvot Ase 48), whereas I have written the one that is first in the Torah. But it all comes to the same thing. **I** have already written what I have known from the roots of the commandment of the additional sacrifice and some of its laws in the additional sacrifice of Pesach

in this Order (Sefer HaChinukh 299). And there is one connection to all of them that are similar.

מצוה שטו

שלא לעשות מלאכה בעשרה בתשרי - שלא לעשות שום מלאכה ביום הכפורים, והוא יום עשירי לחדש תשרי, שנאמר בעשור לחדש השביעי וגו' וכתיב בתריה וכל מלאכה לא תעשו בעצם היום הזה כי יום כפרים הוא לכפר עליכם. ומלת כי, הוא נתינת טעם לבטול המלאכה, וכענין שאכתב לקמן בסדר זה במצות עשה דשביתה דכפורים (מצוה שיז), וגם כל ענין מצוה זו שם תמצאנו, ולא אכתב לך תוספת בדבר שאינו צריך.

Mitzvah 315

To not do work on the tenth of Tishrei: To not do any work on Yom Kippur - and it is the tenth day of Tishrei - as it is stated (Leviticus 23:27), "on the tenth of the seventh month, etc."; and it is written after it (Leviticus 23:28), "And you shall not do any work on that very day, since it is the day of atonements, to atone for you." And the word, "since" (ki), [indicates] the giving of a reason for the cessation from work. And [it is] like the matter that I shall write later in this Order in the commandment of resting on Yom Kippur (Sefer HaChinukh 317). And you also find all of the content of this commandment there - and I will not write an addition for you about something that is not needed.

מצוה שטז

שלא לאכל ולשתות ביום הכפורים - שלא לאכל ולשתות ביום הכפורים, שנאמר (ויקרא כג כט) כי כל הנפש אשר לא תענה בעצם היום הזה ונכרתה. כל ענין מצוה זו כתבתי למעלה בסדר זה במצוה שי"ג, עין שם כי קרוב הוא.

Mitzvah 316

To not eat and drink on Yom Kippur: To not eat and drink on Yom Kippur, as is is stated (Leviticus 23:29), "For any soul which is not afflicted on that very day shall be excised." And I have written all of the content of this commandment above in this Order in Commandment 313 (Sefer HaChinukh 313). See there, 'for it is close.'

מצוה שיז

מצות שביתה ממלאכה ביום הכפורים - לשבת מכל מלאכה ביום הכפורים, שנאמר (ויקרא כג לב) שבת שבתון הוא לכם. וכבר כתבתי (מצוה רצז) מה שאמרו זכרונם לברכה (שבת כה, א) האי שבתון עשה הוא, כלומר, שפרושו כאלו יאמר שבתו ביום זה. **משרשי** המצוה. על צד הפשט, כדי שלא נהיה טרודים בשום דבר ונשים כל מחשבותינו וכל כונתנו לבקש מחילה וסליחה מאת אדון הכל ביום זה, שהוא נכון לסליחת העונות מיום שנברא העולם, וכמו שכתבתי ב"אחרי מות" במצות עבודת יום הכפורים (מצוה קפה). **מדיני** המצוה. מה שאמרו זכרונם לברכה (מגילה ז, ב) שכל דבר שאסור לעשותו בשבת אף על פי שאינו מלאכה גמורה אסור לעשותו ביום הכפורים. כללו של דבר אין בין שבת ליום הכפורים, אלא שזדון מלאכה בשבת בסקילה, וביום הכפורים בכרת. ומכל מקום התירו זכרונם לברכה (שבת קטו, א) לקנב הירק ביום הכפורים מן המנחה ולמעלה, כדי שנמצא אותו מוכן לערב מיד, מה שאינו מתר בשבת. ונהגו העם להחמיר בדבר ולנהג בו אסור כשבת לכל דבר. ויתר פרטיה, מבארים במסכת יומא. ונוהגת בכל מקום ובכל זמן בזכרים ונקבות. והעובר עליה ועשה מלאכה בטל עשה זה, מלבד שעבר על לאו, וכמו שנכתב בעזרת השם (מצוה רטו).

Mitzvah 317

The commandment of resting from work on Yom Kippur: To rest from all work on Yom Kippur, as it is stated, (Leviticus 23:32), "A Shabbat of shabbaton is it to you." And I have written what they, may their memory be blessed, said (Shabbat 25a), "This 'shabbaton' is a positive commandment" - meaning to say that its understanding is as if it says, "Rest on this day." **It** is from the roots of the commandment from the angle of the simple understanding [that it is] so that we not be preoccupied with anything, and [so] place all of our thoughts and all of our intent to request pardon and forgiveness from the Master of all on that day, which is prepared for the forgiveness of iniquities from the day that the world was created - and as I have written in Achrei Mot in the commandment of the service of Yom Kippur (Sefer HaChinukh 185). **From** the laws of the commandment is that which they, may their memory be blessed, said (Megillah 7b) that anything which is forbidden to do on Shabbat - even though it is not totally work - is forbidden on Yom Kippur. The principle of the matter is, "There is no difference between Shabbat and Yom Kippur except that volitional work on Shabbat is [punishable] with stoning, and on Yom Kippur with excision." And nonetheless, they, may their memory be blessed, permitted to trim vegetables on Yom Kippur from [the time of] the afternoon service and onward, so that it will be found ready immediately on the evening [after it] - which is not permitted on Shabbat. But the people have become accustomed to be strict about the thing and to practice prohibition in the matter, as [on] Shabbat for everything. And the rest of its details are elucidated in Tractate Yoma. **And** it is practiced in every place and at all times by males and females. And one who transgresses it and does work has violated this positive commandment, besides that he has violated a negative commandment; and as we shall write with God's help (Sefer HaChinukh 215).

מצוה שיח

מצות שביתה ממלאכה ביום ראשון של חג הסכות - לשבת ממלאכה שאינה צרך אכל נפש ביום ראשון של חג הסכות. שנאמר (ויקרא כג לה) ביום הראשון מקרא קודש._**משרשי** מצות השביתה בשבת ובימים טובים, כתבתי בהן כבר מה שידעתי, וטעם אחד לכלן. וקצת דיניה, כתבתי (מצוה רחצ) בלאו דאסור מלאכה שבסדר זה בעזדת השם. **ונוהגת** מצוה זו בכל מקום ובכל זמן בזכרים ונקבות. והעובר עליה בטל עשה מלבד שעבר על לאו.

Mitzvah 318

The commandment of resting on the first day of the holiday of Sukkot: To rest from any work which is not for the needs of food for the soul on the first day of the holiday of Sukkot, as it is stated (Leviticus 23:35), "On the first day, a holy occasion." **I** have already written what I have known from the roots of the commandment of rest on Shabbat and the holidays - and it is one reason for all of them. And I have written a few of its laws in the prohibition of work (Sefer HaChinukh 298) in this Order, with God's help. **And** this commandment is practiced in every place and at all times by males and females. And one who transgresses it has nullified a positive commandment, besides that he has transgressed a negative commandment.

מצוה שיט

שלא לעשות מלאכה ביום ראשון של חג הסכות - שלא לעשות מלאכה שלא לצרך אכל נפש ביום ראשון של חג הסכות, שהוא יום חמשה עשר בתשרי, שנאמר (ויקרא כג לד לה) דבר אל בני ישראל לאמר בחמשה עשר יום לחדש השביעי וגו' ביום הראשון מקרא קדש כל מלאכת עבדה לא תעשו. ענין אסור מלאכה ביום טוב כתבתיו למעלה בפסח בסדר זה (מצוה רחצ), ועניגה שוה בכל דבר.

ספר החינוך Sefer HaChinukh

Mitzvah 319
To not do work on the first day of the holiday of Sukkot: To not do work that is not for the needs of food for the soul on the first day of the holiday of Sukkot - which is the fifteenth of Tishrei - as it is stated (Leviticus 23:34-35), "Speak to the Children of Israel, saying, 'On the fifteenth day of the seventh month, etc. On the first day is a holy occasion; all work of labor shall you not do.'" I have written the content of the prohibition of work on the holiday, above about Pesach in this Order (Sefer HaChinukh 298); and its content is the same in everything.

מצוה שכ

מצות קרבן מוסף בכל יום משבעת ימי הסכות - להקריב קרבן בחג הסכות, שנאמר (ויקרא כג לו) שבעת ימים תקריבו אשה. וזהו מוסף החג, ובסדר פנחס (במדבו כט יג לה) מאריך בו יותר ומפרש במוסף של כל יום ויום כמה בהמות היו מקריבין, כי כל יום ויום חלוק מחברו, שחשבון הפרים מתמעטים בכל יום. ואמרו זכרונם לברכה (עי' רש"י עה"ת במדבר כט יח) שבזכות מצוה זו יתמעטו שונאיהם של ישראל, כמו שפרים מתמעטין בכל יום. וכבר כתבתי בקרבן מוסף הפסח (מצוה רצט) שרש מספיק לכל המוספין לפי דעתי על צד הפשט. והרמב"ם זכרונו לברכה (סהמ"צ מ"ע נ) הביא במנינו הכתוב שבסדר פנחס, ואני הבאתי הבא ראשון בתורה, והכל עולה לטעם אחד.

Mitzvah 320
The commandment of the additional sacrifice on each day of the seven days of Sukkot: To sacrifice a sacrifice on the holiday of Sukkot, as it is stated (Leviticus 23:36), "Seven days shall you sacrifice a fire-offering" - and this is the additional [sacrifice] of the holiday. And in the Order of Pinchas (Numbers 29:13-35), it writes at greater length and explains about the additional sacrifice of each and every day - how many beasts they would sacrifice - as each day was different than its fellow, since the bulls would diminish on each day. And they, may their memory be blessed, said (see Rashi on Numbers 29:18) that in the merit of this commandment will the enemies of Israel diminish, just as the bulls diminish each day. And I have already written - from the angle of the simple understanding - about the additional sacrifice of Pesach, a root sufficient for all of the additional [sacrifices], according to my opinion. And Rambam, may his memory be blessed, brought the verse that is in the Order of Pinchas in his tally (Sefer

HaMitzvot LaRambam, Mitzvot Ase 50), whereas I have brought the one that is first in the Torah. But it all comes to the same [thing].

מצוה שכא

מצות שביתה ממלאכה ביום שמיני של סכות - לשבת ממלאכה שאינה צרך אכל נפש ביום השמיני של חג הסכות, שנאמר (ויקרא כג לו) ביום השמיני מקרא קדש יהיה לכם, והוא יום שנים ועשרים בתשרי. **משרשי** מצות שביתת הרגל, כתבנו למעלה (מצוה רצז) ועוד נכתב בענין בעזרת השם, באסור מלאכה שביום זה בסדר זה (מצוה שכג), ושם נבאר שיום טוב זה, הוא יום טוב בפני עצמו. **ונוהגת** בכל מקום ובכל זמן בזכרים ונקבות. ואף על פי ששביתת הרגל ממצות שהזמן גרמא הוא, אף על פי כן מכיון שבעשית המלאכה יש בה גם כן אסור לאו, הנשים חיבות בה, מן הכלל שבידינו (קידושין לה א) איש או אשה כי יעשו מכל חטאת האדם (במדבר ה ו) השוה הכתוב אשה לאיש לכל ענשים שבתורה. והעובר על זה ועשה מלאכה ביום זה בטל עשה, מלבד שעבר על לאו, כמו שנכתב בסדר זה בעזרת השם.

Mitzvah 321

The commandment of resting from work on the eighth day of Sukkot: To rest from any work which is not for the needs of food for the soul on the eighth day of the holiday of Sukkot, as it is stated (Leviticus 23:36), "on the eighth day, a holy occasion" - and that is the twenty-second day in Tishrei. **I** have written above (Sefer HaChinukh 297) about the roots of the commandment of rest on the festival. And we will write more about the matter with God's help in the prohibition of work on this day in this Order (Sefer HaChinukh 323). And there we will elucidate that this holiday is a holiday on its own. **And** [it] is practiced in every place and at all times by males and females. And even though rest on the festival is from the positive commandments determined by time - since there is also the prohibition of a negative commandment in the doing of work, women are liable for it from the principle that is in our hands (Kiddushin 35a): "'A man or a woman, if they do from any of the sins of a person' (Numbers 5:6) - the verse equated a man and a woman for all of the punishments in the Torah." And one who transgresses it and did work on this day has violated a positive commandment, besides that he violated a negative commandment, as we shall write in this Order (Sefer HaChinukh 323) with God's help.

Sefer HaChinukh ספר החינוך

מצוה שכב

מצות קרבן מוסף ביום שמיני של סכות שהוא נקרא שמיני עצרת - להקריב קרבן מוסף ביום השמיני מחג הסכות, וזהו מוסף שמיני עצרת, שנאמר (ויקרא כג לו) והקרבתם אשה ליי עצרת היא וגו', ובסדר פנחס (במדבר כט לג לח) מפרש אותו בארכה. ובבאור אמרו זכרונם לברכה (יומא ב, ב), שהוא רגל בפני עצמו וקרבן בפני עצמו, ועל כן, יש לנו למנות מוסף זה, מצוה בפני עצמה. **משרשי** מצות מוסף ומכל ענינה, כתבתי הרבה פעמים למעלה, מה שהשיגה ידי.

Mitzvah 322

The commandment of the additional sacrifice on the eighth day of Sukkot, which is called Shemini Atseret: To sacrifice the additional sacrifice on the eighth day of the holiday of Sukkot - and that is the additional [sacrifice] of Shemini Atseret - as it is stated (Leviticus 23:27), "and you shall sacrifice a fire-offering to the Lord; it is an atseret (convocation), etc." And in the Order of Pinchas (Numbers 29:36-38), it is explained at length. And in the explanation, they, may their memory be blessed, said (Yoma 2b) that it is a festival on its own. And therefore, we should count this additional sacrifice as a commandment on its own. I have already written what my hand has reached from the roots of this commandment and its content many times above.

מצוה שכג

שלא לעשות מלאכה ביום שמיני עצרת - שלא לעשות מלאכה ביום שמיני של חג, והוא יום שנים ועשרים בתשרי, שנאמר (ויקרא כג לו) ביום השמיני מקרא קדש כל מלאכת עבודה לא תעשו, וזה נקרא חג העצרת. ואמרו זכרונם לברכה (רש"י עה"ת שם), שהוא נקרא כן, לפי שהוא סוף המועדים, ועל דרך משל הוא, כאלו אמר הקדוש ברוך הוא לישראל עכבו עמי יום אחד שקשה עלי פרידתכם. **כבר** אמרנו הרבה פעמים, שאסור מלאכה בכל המועדים שוה, אמנם יש לי להרחיב המאמר בכאן ולהודיעך בני בענין יום טוב זה מה שהודיעונו בו חכמים זכרונם לברכה (יומא ב ב), שהוא יום טוב בפני עצמו, כלומר, שאינו מכלל חג הסכות, ואף על פי שאתה רואה כל ישראל יושבים בסכותיהם יום אחד משני ימים טובים של חג העצרת זה, אין הדבר מפני שיהיה מכלל החג, שהרי בפרוש אנו אומרים בברכותיו את יום שמיני חג העצרת, ואין זכר לחג הסכות בו כלל, אבל מפני תקנת שני ימים טובים של גליות אנו צריכין לישב בסכה שמנה ימים ולא יספיקו לנו שבעה כדין התורה ועל כן אנו יושבים בסכה ביום השמיני

של חג הסכות, ואמרו זכרונם לברכה (סוכה מז, א) מיתב יתבינן בסכה, כדי לצאת ידי חובה. אחר שחיבונו זכרונם לברכה להוסיף יום אחד בכל מועד ומועד הוספנו גם כן בסכות ועשינו ימי סכה שמנה ימים, אבל מכל מקום, ברוכי לא מברכינן על הסכה ביום זה, אחר שהוא באמת יום מועד אחר, שהשתא בקיאין אנו בקבועא דירחא. ויותר ראוי שנברך על יום טוב העצרת שהוא האמתי, ולא על האחר שהוא מפני התקנה. ושמא תאמר, למה לא תקנו לברך על שניהם, ונאמר ביום חג הסכות וחג העצרח הזה, כמו בשבת ומועד שאנו זוכרים את שניהם? הא ליתא, דאילו שבת ומועד שניהם כיום אחד הן, אבל שני מועדים אי אפשר שיהיו ביחד, ועל כן אין ראוי לנו לברך כן, אבל לישב בסכה ראוי לנו, שישיבת הסכה לא גרעא מידי בחג העצרת, ויש בדבר מצות התקנה של שני ימים טובים של גליות שתקנו זכרונם לברכה בכל מועד, כמו שפרשנו למעלה (מצוה שא). **ועוד** אודיעך בני מעט במה שאמרו זכרונם לברכה בענין חלו של מועד, והם הימים האמצעיים שבפסח וסכות שאסרו זכרונם לברכה בעשית מלאכה מן התורה, ואולם לא בא מפרש בתורה איזו מלאכה אסורה בהם או מתרת, אבל מכל מקום התורה אסרה בהם מלאכה, כמו שלמדו חכמים הדבר מן הכתוב בפרק שני ממסכת חגיגה (יח, א). יש מהם שלמדו הדבר ממקרא (שמות כג טו) דאת חג המצות תשמר, והוא רבי יאשיה. דמשמע ליה, כל ימי חג המצות תשמר מעשית מלאכה, אבל לא שיהיו כלן שוין במלאכות. ורבי יונתן אתיא ליה בקל וחמר התם מראשון ושביעי, שאין קדשה לפניהם ולאחריהם וכו'. **ואיתא** התם דיליף לה (ויקרא כג ז) מכל מלאכת עבודה לא תעשו, והוא רבי יוסי הגלילי, והכי פרישנא ליה לקרא אלביה. כלומר, ביום הראשון הוא אסור כל מלאכת עבודה, חוץ מצרך אכל נפש, אבל בחלו של מועד, לא כל מלאכות של עבודה אסורות בו, אבל יש אסורות ויש מתרות ומסרן הכתוב לחכמים. ורבי עקיבא יליף לה מאלה מועדי יי מקראי קדש (שם ד) דמוקים לה אחלו של מועד ומדכתיב ביה מקראי קדש מלמד שאסור בעשית מלאכה, ואפשר דאלביה המלאכות המתרות בו נפקי ליה מעצרת היא, כלומר שיום שמיני הוא עצור מכל מלאכה ולא שאר הימים. אי נמי נפיק ליה מה' השביעי הכתוב בפסח בסדר ראה אנכי. ששת ימים תאכל מצות, שאמרו זכרונם לברכה וביום השביעי עצרת השביעי עצור בכל מלאכה ולא הששי. ואי זו מלאכה אסורה או מתרת? מסרן הכתוב לחכמים, ואחר שהדבר מסור בידם שלא אסרה התורה אלא במה שיאמרו הם חלקו המלאכות כפי רצונם ודעתם, ונמצא שכל מלאכה שאסרו הם זכרונם לברכה אסורה לנו מדאוריתא, ואשר התירו גם כן מתרת מן התורה, כי בידם נמסר אסור זה לפי משמעות הנדרש בכתוב. **והם** אמרו דרך כלל, שכל מלאכה שאם לא יעשה אותה במועד ימצא בה הפסד הרבה מתר לעשותה, וזהו אמרם (מו"ק ב, א) משקין בית השלחין במועד, כלומר, גן ירק או כיוצא בו שמשקין אותו תמיד, ואם לא ישקוהו יפסד. לשון שלחין כמו שלהין, מלשון

משלהי, שהוא צמא למים. ואמרו זכרונם לברכה, דכשהוא משקה אותו, לא ישקהו מן הברכה ומימי הגשמים שיש בדבר טרח הרבה, אבל משקין אותו מן המעין, כלומר שממשיכו ומשקה בו, הרי שהחמירו בזה קצת שלא לטרח בדבר טרח רב, מפני שזה אינו נעשה אלא כדי שתהיה גנתו רעננה, דשמא תיבש כלה או מקצתה, אבל בכל מלאכה האבדה או ודאי קרובה להפסד אם לא יעשנה במועד, כגון מי שיש לו זיתים ויירא שלא יפסד אם לא יוציאו מהן שמנן מיד או ענבים אם לא ידרך אותם מיד, או כל דבר כיוצא בהן, לא החמירו בזה, ולא חשו לטרח רב, אלא עושה בהם כל צרכיו בלא שום, שנוי כדרך שהוא עושה בחול. וכן התירו זכרונם לברכה (שם יב, ב) לבצור במועד כרם שהגיע זמנו להבצר. ועוד אמרו דרך כלל (שם ח, ב) בענין זה, שההדיוט תופר כדרכו, והאמן מכליב, ובודאי לא בתפירה לבד אמרו כן, אלא הוא הדין לכל המלאכות לפי הדומה. ושאלתי פי מורי אם נאמר כן בכתיבה, שיכתב ההדיוט כדרכו? ולא התירו לי, אולי מפני שמצאנו בפרוש, שאסרו זכרונם לברכה (שם יח, ב) להגיה אפילו אות אחת בספר תורה נחמיר בכתיבה. **ואסרו** לכל אדם (שם יב, ב) שלא יכוין מלאכתו במועד, כלומר שיניח מלאכתו לדעת קדם המועד בענין שיעשה אותה במועד מפני שהוא פנוי, כי לא לעסק במלאכה הקבעו ימי חלו של מועד, כי אם לשמוח לפני השם, רוצה לומר, להתקבץ במדרשות ולשמע נעם אמרי ספר הלכות הפסח בפסח, והלכות עצרת בעצרת, והלכות החג בחג, וכל המכון מלאכתו במועד ועשה אותה בית דין מאבדין אותה ומפקירין אותה לכל. ואם מת אותו שכון אותה מלאכה במועד אין קונסין בנו אחריו, וגם אין מונעין הבן מלעשות אותה מלאכה במועד כדי שלא תאבד. וקורא אני על בן זה יכין וצדיק ילבש (איוב כז יז). ודרך כלל התירו זכרונם לברכה (שם יג, א) כל מי שיש לו צרך, כלומר שאין לו מה יאכל לעשות כל מלאכה, וכן לבעל הבית התירו לעשות כל מלאכה לצרך מי שאין לו מה יאכל, ופרוש, אין לו מה יאכל לפי הדומה הוא, מי שאין לו מעות במה שיקנה צרכיו ואף על פי שיש לו בית וכלי תשמיש, שאין מחיבין לו לאדם למכר כליו. ויתר פרטי חלוקי מלאכות המועד, רבו עד מאד, וכלן יתבארו יפה במסכת מועד קטן.

וכלל זה יהיה בידך, שהלכות מועד כהלכות שבותי שבת, שאין לך לדמות ולהוציא בהן דבר מדבר, כי פעמים תמצא לרבותינו זכרונם לברכה מתירין מלאכה כבדה בענין אחד, ופעמים יחמירו על הקלה בענין אחר, ואל תתמה על הדבר עם ההקדמה שהקדמתי, כי התורה לא אסרה ולא התירה בחלו של מועד אלא במה שיסכימו הם, וכן בענין שבותי שבת ויום טוב נמצא בגמרא מקומות שהעמידו דבריהם זכרונם לברכה אפילו במקום תורה, ופעמים מקילין בהן במקום שראו טוב להקל, ולא דבר רק בכל דבריהם. וזכר בני כלל זה, שהלכות מועד כהלכות שבותי שבת, שאין דנין בהן דבר מדבר, ואל תטעה בו, כי גדולי עולם אמרוהו. ודעת הרמב"ם זכרונו לברכה (יום טוב ז ב) שכל אסור מלאכה בחלו של מועד אינה אלא מדברי סופרים,

וכל אותן הכתובים שאמרנו למעלה שהן ברייש מסכת משקין ירצה הרב לומר דאסמכתא בעלמא נינהו. והרמב"ן זכרונו לברכה (בפי' למוע"ק שם ובפי' עה"ת כאן) ורבים עמו אמרו, שעקר אסור מלאכה בו מן התורה, כמו שכתבנו. ופרטי המלאכות וחלוקיהן, נמסרו לחכמים זכרונם לברכה.

Mitzvah 323

To not do work on day of the holiday of Shemini Atseret: To not do work on the eighth day of the holiday - and that is the twenty-second day of Tishrei - as it is stated (Leviticus 23:36), "on the eighth day, a holy occasion; all work of labor shall you not do"; and this is what is called the holiday of convocation (atseret). And they, may their memory be blessed, said (Rashi on Leviticus 23:36) that it is called like this because it is the end of the appointed times. And metaphorically, it is as if the Holy One, blessed be He said to Israel, "Remain with me one day, as your departure is difficult for me." **We** have already said many times that the prohibition of work on all of the appointed times is the same. However I need to expand on the discussion here and inform you, my son, about the matter of this holiday which the Sages, may their memory be blessed, informed us (Yoma 2b), which is that it is a holiday on its own - meaning, that it is not part of the holiday of Sukkot. And even though you see all of Israel sitting in their sukkot on one of the two days of the holiday of this holiday of Shemini Atseret - it is not because it is a part of the holiday [of Sukkot]. As behold, we explicitly say in its blessings, "the eighth day of the holiday of convocation," and there is no mention of the holiday of Sukkot in it at all. But because of the ordinance of the two days of the exiles, we must sit in the sukkah eight days; and seven - like the law of the Torah - will not suffice. And therefore, we sit in the sukkah on the eighth day of the holiday of Sukkot. And they, may their memory be blessed, said (Sukkah 47a), "We do sit" in the sukkah, in order to fulfill the obligation: Since they, may their memory be blessed, obligated us to add a day for each and every appointed time, we have also added to Sukkot and made the days of [the] sukkah eight days. But nonetheless, "we do not bless" over the sukkah on this day; as it it is truthfully a different appointed time - since we are now experts in the fixing of the [new] moon. And it is more fitting for us to bless for the holiday of the convocation which is true than for the other which is because of the ordinance. And perhaps you will say, "Why did they not ordain to recite a blessing for both of them - and we would say, 'on this holiday of Sukkot and holiday of the convocation' - as on Shabbat and an appointed time, we mention both of them?" Behold, this is not [correct]. As Shabbat and an appointed time [can] both of them be as one day, but it is impossible for two appointed times to be together. And hence it is not fitting for us to recite the blessing like this. But it is fitting for us to sit in the sukkah - as sitting in the sukkah does not detract at all from the holiday of convocation; and there is in the thing, [a fulfillment of] the commandment of the ordinance of the two days of holiday of the exiles which they, may their memory be blessed, ordained on every appointed time, as we have explained above (Sefer HaChinukh 301). **And** I will also inform you, my son, a little of what they, may their memory be blessed, said about the matter of the intermediate days of the festival - and they are the middle days that are in Pesach and Sukkot - which they, may their memory be blessed - [found to be] forbidden in the doing of work by the Torah. However which work is forbidden on them and which is permitted did not appear explicitly in the Torah. Nonetheless, the Torah still forbade work on them, such that the Sages learned the thing from Scripture in the second chapter of Chagigah 18a. Some of them learned the thing from the verse of "The holiday of matsot you shall guard" (Exodus 23:15) - and that is Rabbi Yeshayah. As it was implied for him, "You shall guard all of the days of the holiday of matsot from the doing of work" - but not that they all be the same in the work [that is prohibited]. And Rabbi Yochanan [reasons that] it comes from an a fortiori (kal vechomer) argument there from the first and seventh [days], that do not have holiness [both] before them and after them, etc. **And** there is one there that learns it from, "all work of labor shall you not do" (Leviticus 23:7) - and that is Rabbi Yose HaGalili. And this is how the verse is explained according to him - meaning, on the first day is it that all work of labor is forbidden besides what is needed for the food of the soul, but on the intermediate days of the festival, not all work is forbidden on it. Rather some are forbidden and some are permitted; and Scripture gave them over to the Sages [to decide]. And Rabbi Akiva learns it from, "These are the appointed times of the Lord, holy occasions" (Leviticus 23:4) - as he establishes it as [referring to] the intermediate days of the festival. And from that which it is written in it, "holy occasions," it teaches that it is forbidden in the doing of work. And it is possible that according to him, permitted work is learned by him from (Leviticus 23:36) "it is an atseret (which can also mean, a cessation)" - meaning that the eighth day

ספר החינוך Sefer HaChinukh

is stopped from all work, but not the other days. Or also, he learned it form [the letter] hay (which means, the) of "the seventh," written about Pesach in the Order of Reeh Anochi (Deuteronomy 16:8), "Six days shall you eat matsot," such that they, may their memory be blessed, said "'And on the seventh day it is an atseret ' - the seventh is stopped from all work, but not the sixth. And which work is forbidden or permitted? Scripture gave them over to the Sages [to decide]." And since the matter is given over to their hand, such that the Torah only forbade what they said, they divided work according to their will and opinion. And it comes out that all work they, may their memory be blessed, forbade, is forbidden to us from Torah writ; and that which they permitted is also permitted by Torah writ. As according to the understanding expounded from Scripture, this prohibition is given over to their hand. **And** they said more generally that any work that if it is not done on the festival, will [result] in much deterioration is permitted to do. And this is [the meaning of] their saying (Moed Katan 2a), "We water an irrigated field (beit hashelachin) on the [intermediate days of the] festival" - meaning to say, a vegetable garden or what is similar to it which we water constantly, and it would deteriorate if we do not water it. The expression, shelachin is like shelahin, which is [known from the] usage, meshalhei, which is parched for water. And they, may their memory be blessed, said that when he waters it, he should not water it from a pool or from rain water; as there is much toil in the thing. [Rather], he waters it from the spring - meaning, that he channels it and waters [his field] with it. Behold that they were a little stringent about this, that he should not toil with a great toil; since this is only done to keep his garden fresh, lest all of it or part of it will dry up. But with any work [that prevents a true] loss, or it will close to certainly deteriorate if he does not do it on the [intermediate days of the] festival - such as someone who has olives and he fears that they will deteriorate if he does not extract their oil immediately, or grapes if he does not stomp them immediately or anything that is similar to them - they were not stringent about it. And they were not concerned with great toil [in this case]. Rather, he should do all of his needs for them - without any alteration - the way that he does it on a regular workday. And they, may their memory be blessed, likewise permitted (Moed Katan 12b) to harvest a vineyard that has reached the time to be harvested during the [intermediate days of the] festival. And they also said more generally (Moed Katan 8b) about this matter that a commoner (amateur) can sew in his [usual] way,

ספר החינוך Sefer HaChinukh

but a craftsman must [alter his stitch]. And they certainly did not say this only about sewing, but rather the law is the same for all types of work, according to what appears. And I asked my teacher if we say so about writing - that a commoner can write in his [usual way] but he did not permit it to me. Maybe because we have found explicitly that they, may their memory be blessed, forbade (Moed Katan 18b) to correct even one letter in a Torah scroll, we should be stringent about writing. **And** they forbade every man (Moed Katan 12b) to not plan his work for the festival - meaning that he not purposely leave his work before the festival in a way that he will do it on the festival because he will be avialable. As the intermediate days of the festival were not established to be involved in work, but rather to rejoice in front of God; meaning to say, to gather in the study halls and to hear pleasantness of the words of the book - 'the laws of Pesach on Pesach, the laws of [Shavuot] on [Shavuot] and the laws of [Sukkot] on [Sukkot].' And the court destroys the work of anyone who plans his work for the festival and makes it ownerless for everyone [to take]. But if the one who planned his work for the festival died, they do not penalize the son after him; and they also do not prevent him from doing that work on the festival so that it not get wasted. And I [say] about this son, [An evildoer] 'Prepares but the righteous one wears.' And they, may their memory be blessed, permitted (Moed Katan 13a) anyone who has a need - meaning who does not have what to eat - to do any work. And likewise, they allowed the head of a household to do any work for the sake of someone (to hire him) who does not have what to eat. And according to what appears, the understanding of 'he does not have what to eat,' is one who does not have money with which to buy his requirements - and even if he has a house and furnishings, as we do not obligate a person to sell his vessels. And the rest of the details of the distinctions of work on the festival are very many, and they are elucidated nicely in Tractate Moed Katan. **And** let this principle be in your hand: That the law of the [intermediate days of the] festival - as the laws of rabbinic enactments on Shabbat - are such that you cannot compare and extract one thing from [another] thing. As sometimes you will find that our Rabbis, may their memory be blessed allowed a heavy [type of] work in one matter, and sometimes they were stringent about a light one in another matter. And do not wonder about the thing, given the introduction that I wrote - that the Torah only forbade and allowed on the intermediate days of the festival that about which [the Rabbis] agreed. And likewise with the matter of rabbinic enactments on Shabbat and holidays, we find places in the Gemara where they, may their memory be blessed, upheld their words even in the place of [a] Torah law [that would be pushed aside]; and [yet] sometimes they were lenient with them in a place where they saw that it was good to be lenient - and there is nothing empty in all of their words. And remember, my son, this principle that the laws of the festival - as the laws of rabbinic enactments on Shabbat - are such that we do not determine a thing from [another] thing. And do not be mistaken about it, as it was said by the greats of the world. And the opinion of Rambam, may his memory be blessed, (Mishneh Torah, Laws of Rest on a Holiday 7:2) is that every prohibition of work on the intermediate days of the festival is only from the words of the [Rabbis]. And the Rabbi would want to say that all of those verses that we said above, which are in the beginning of Tractate [Moed Katan], are only a memory device (asmakhta). But Ramban, may this memory be blessed, (Ramban on Moed Katan and Ramban on Leviticus 23:7) - and many with him - said the essence of the prohibition of work on it is from the Torah, as we have written; but the specific [types of] work and their distinctions were given over to the Sages, may their memory be blessed.

מצוה שכד

מצות נטילת לולב - מצות לולב, שנקח ביום ראשון של חג הסכות בידינו, פרי עץ הדר, כפות תמרים, וענף עץ עבות, וערבי נחל, שנאמר (ויקרא כג מ) ולקחתם לכם ביום הראשון פרי עץ הדר וכפת תמרים וענף עץ עבות וערבי נחל, ובא הפרוש (סוכה לה א) כי פרי עץ הדר זה האתרוג וכפת תמרים הוא הלולב, ונכתב כפת חסר וי"ו, לרמז שהחיוב שנקח לולב אחד ולא שנים ושלשה או יותר וענף עץ עבות הוא ההדס, וערבי נחל היא הערבה הידועה בישראל. **משרשי** המצוה. הקדמה. כבר כתבתי לך בני כמה פעמים במה שקדם, שהאדם נפעל כפי פעלותיו שיעשה תמיד, ורעיוניו וכל עשתונותיו נתפשות אחרי פועל ידיו, אם טוב ואם רע. ועל כן כי רצה המקום לזכות את עמו ישראל אשר בחר הרבה להם מצות להיות נפשם מתפעלת בהן לטובה תמיד כל היום. ומכלל המצות שצונו להתפיש מחשבתנו בעבודתו בטהרה, היא מצות התפלין להיותן מנחות כנגד אברי האדם הידועים בו למשכן השכל. והם הלב והמוח, ומתוך פעלו זה, תמיד ייחד כל מחשבותיו לטוב, ויזכור ויזהר תמיד כל היום לכון כל מעשיו בישר ובצדק. וכמו כן מצות הלולב עם שלשת מיניו מזה השרש היא, לפי שימי החג הם ימי שמחה גדולה לישראל כי הוא עת אסיפת התבואות ופרות האילן לבית, ואז ישמחו בני אדם שמחה רבה, ומפני כן נקרא חג האסיף. וצוה האל לעמו

לעשות לפניו חג באותה העת לזכותם להיות עקר השמחה לשמו יתברך, ובהיות השמחה מושכת החמר הרבה ומשכחת ממנו יראת אלקים, בעת ההיא צונו השם לקחת בין ידינו דברים המזכירים אותנו כי כל שמחת לבנו לשמו ולכבודו, והיה מרצונו להיות המזכיר מין המשמח כמו שהעת עת שמחה, כי צדק כל אמרי פיו, וידוע מצד הטבע כי ארבעת המינין כלם משמחי לב רואיהם. **ועוד** יש בארבעה מינין אלו ענין אחר, שהם דומים לאברים שבאדם היקרים (עי' מדרש רבה ויקרא פ' ל' ומדרש תנחומא אמור אות יט). שהאתרוג דומה ללב, שהוא משכן השכל, לרמז שיעבד בוראו בשכלו, והלולב דומה לשדרה שהיא העקר שבאדם לרמז שיישיר כל גופו. לעבודתו ברוך הוא, וההדס דומה לעינים, לרמוז שלא יתור אחר עיניו ביום שמחת לבו, והערבה דומה לשפתים, שבהן יגמר האדם כל מעשהו בדבור, לרמז שישים רסן בפיו ויכון דבריו ויירא מהשם יתברך אף בעת השמחה. וטעם שאינו נוהג במדינה אלא יום אחד, לפי שידוע, כי עקר השמחה, ביום ראשון הוא, ואם תשאל שמיני עצרת שיש בו שמחה גדולה לישראל, למה לא היה נטל בו התשובה, כי יום שמיני עצרת כלו לשם יתברך וכמו שאמרו זכרונם לברכה (במדבר ובה פ' כא אות כב ובמדרש הגדול שמות כט לו) משל למלך שעשה סעודה וכו'. כדאיתא במדרש, ולבסוף אמר להם עכבו עמי יום אחד, שקשה עלי פרידתכם, ולפיכך נקרא עצרת, ואם כן אין צריך זכרון אחר. וחג הפסח אין צריך הזכרה בלולב, שהרי מצה ומרור וגופו של פסח בין ידיו, ועוד שאינו זמן שמחה כמו חג האסיף, וחג השבועות גם כן אין צריך הזכרה אחרת, כי עקר הרגל אינו אלא מצד מתן תורתנו, והיא זכרוננו הגדול לישר כל ארחותינו. זהו הנראה לי בענינים אלו על צד הפשט, והאמנתי כי יש אל המקבלים סודות נפלאים במצות הלולב ושלשת המינים. מדיני המצוה. מה שאמרו זכרונם לברכה (מנחות כז א) שארבעה מינין אלו, מצוה אחת הן ומעכבין זה את זה, בשאין לו, אבל אם יש לו ונטלן בזה אחר זה יצא, דקימא לן לולב אין צריך אגד (תוס' שם ד"ה לא שנו בשם בה"ג). ונוטלין לולב אחד, ואתרוג אחד, ושני בדי ערבה, ושלשה בדי הדס כשר, כלומר, שיהיו עליו, עשויין תלתא תלתא בקינא כמו שמפרש בגמרא (סוכה לב, ב), ולזה רמז הכתוב כשקראו עבות. ושעור אורכו של לולב לכל הפחות ארבעה טפחים, והדס וערבה שלשה טפחים שהן עשר אצבעות בגודל, ושעור אתרוג אין פחות מכביצה. ודין הדברים שהלולב והאתרוג והערבה וההדס נפסלין בהן (סוכה כט לד), ודין שתפין שקנו אתרוג בשתפות או אחים שקנוהו מתפיסת הבית (ב"ב קלז ב), שאם קנוהו על דעת לצאת בו יוצאין בו כל אחד מהם ואין צריכין זכיה זה מזה, כן הורו לנו מורנו, ישמרם אל. ודיני הנענוע (שם לח א) שהחיוב להוליך ולהביא ולהעלות ולהוריד, והענין, לעורר הנפש שתזכר בעת השמחה כי הכל לשם יתברך, ממעלה עד מטה וארבע רוחות, שהכל נכלל בזה. ויתר פרטיה, מבארים במסכת סכה.

ספר החינוך Sefer HaChinukh

ונוהגת מצוה זו בכל מקום ובכל זמן **בזכרים** ולא בנקבות, והעובר עליה ולא נטל ארבעה מינין אלו ביום ראשון של חג הסכות שלא חל בשבת בכל מקום, וכן בכל שבעה במקדש, בטל עשה זה. ובמקדש היה נטל ביום ראשון, אפילו בשבת.

Mitzvah 324

The commandment of taking the lulav: The commandment of lulav, that we should take in our hands on the first day of the holiday of Sukkot the fruit of a hadar tree, palm fronds, the branches of a braided tree and willows of a brook, as it is stated (Leviticus 23:40), "And you shall take for yourselves on the first day the fruit of a hadar tree and palm fronds, the branches of a braided tree and willows of a brook." And the explanation came about it (Sukkah 35a) that the fruit of the hadar tree is the citron (etrog); the fronds (kappot) of date palms is the lulav - and it is written kappat, lacking [a letter] vav (which could make it singular), to hint that the obligations is that we take one lulav, and not two or three or more; the branch of a braided tree is the myrtle; and the willows of a brook is the willow that is well-known among Israelites. **From** the roots of the commandment, [there is a need to] preface [that] I have already written to you several times in what preceded, my son - that a man is impacted according to his actions that he constantly does; and his thoughts and pursuits are all caught according to the deeds of his hands, whether good or bad. And therefore, since the Omnipresent wanted to give merit to His people Israel which he chose, He multiplied the commandments; such that their spirits constantly be effected by them for the good, all of the day. And among the commandments that He commanded us to grab our thoughts with His service in purity, is the commandment of tefillin - that they should lay across from the limbs of a man that are well-known as the dwelling place of the intellect. And [these limbs] are the heart and the brain. And from this constant action of his, he will dedicate all of his thoughts to the good, and always remember and be careful to calibrate all of his deeds in righteousness and justice. **And** so too from this root is the commandment of the lulav with its three [other plants]. As the days of the holiday are days of great joy for Israel, since it is the time of the gathering of the grain and the fruit of the tree into the home; and all men rejoice a great rejoicing. And for this reason is it is called the holiday of the gathering (haasif). And God commanded His people to make a holiday in front of Him at that

ספר החינוך Sefer HaChinukh

time to give them merit, such that the main joy will be for His sake, may He be blessed. And since joy greatly elicits the physical and makes one forget the fear of God, God commanded us at that time to take in our hands things that remind us that all the joy of our heart is for His sake and His honor. And it was from His will that the reminder be from that which brings joy, just as the time is a time of joy - as all of the words of His mouth are just. And it is well-known that it is the nature of all of these four species to gladden the heart of those that see them. **And** there is also another matter with these four things - that they are similar to precious limbs in a man (see Vayikra Rabbah 30:14; Midrash Tanchuma, Emor 19): As the citron is similar to the heart, which is the dwelling place of the intellect, to hint that he should serve His creator with his intellect; the lulav is similar to the backbone, which is the essence of a person, to hint that he should straighten himself completely for His service, blessed be He; the myrtle [leaves are] similar to the eyes, to hint that he should not stray after his eyes 'on the day of the rejoicing of his heart'; and the willow [leaves are] similar to the lips, with which a man completes all of his acts of speech, to hint that he should put a muzzle to his mouth, calibrate his words and fear God, may He be blessed, even at a time of joy. And the reason that it is only practiced one day in the country (outside of the Temple) is well-known - since the main joy is on the first day. And if you should ask, "Why would one not take it on Shemini Atseret, which has great joy on it for Israel" - the answer is that the day of Shemini Atseret is completely for God, may He be blessed. And [it is] as they, may their memory be blessed, said (Bemidbar Rabbah 21:22; Midrash HaGadol, Shemot 29:36), "A parable of a king who made a feast, etc.," as it is [found] in the Midrash. And at the end, He said to them, "Remain with me one day, as your departure is difficult for me." And therefore, it is called atseret (a stopping). And if so, there is no need for any other reminder. And the holiday of Pesach does not require another reminder with the lulav, as behold the matsa and marror and the body of the Pesach sacrifice are between his hands; and further since it is not a time of joy as [much as is] the holiday of the gathering. And the holiday of Shavuot also does not require another reminder, since the essence of [that] festival is only from the angle of the giving of our Torah - and that is the great reminder to straighten our ways. And this is what appears to me in these matters from the side of the simple understanding. And I have come to believe that the kabbalists (mystics) have wonderful secrets about the commandment of the lulav and the three [other plants]. **From** the laws of the commandment is that which they, may their memory be blessed, said (Menachot 27a) that these four species are one commandment and impede one another when he does not have [one of them]. But if he has [all of them] and he takes them one after another, he has fulfilled [the commandment]; as it is established for us that the lulav does not need a binding (Tosafot on Menachot 27a, s.v. lo shanu, in the name of Bahag). And we take one lulav, two sprigs of willow, and three sprigs of fit myrtle - meaning that its leaves are formed in threes on the nodes, as is explained in the Gemara (Sukkah 32b), and the verse hints to this when it calls it "braided." And the minimum measure of the length of a lulav is four handbreadths; and [of] a myrtle and a willow is three handbreadths, which is [the span of] ten fingers of the thumb. And the measure of the citron is that it cannot be less than a kabeitsah (like a large egg). And the law of the things that disqualify (Sukkah 29, 34) the lulav, the citron, the willow and the myrtle; the law (Bava Batra 137b) of partners that have purchased a citron in partnership - or brothers that acquired it from the contents of a house - such that if they acquired it with the intention to fulfill [the commandment] with it, each one of them fulfills [it] and they do not need the acquisition of the one from the other. So did our teachers - may God protect them - instruct us. And the laws of shaking (Sukkah 38a), such that the obligation is to extend [it] and to bring [it back], to raise [it] and to lower [it]. And the matter is to arouse the soul, that it remember at the time of joy that all belongs to God, may He be blessed - from above to below and the four directions, as all is included in this. And the rest of its details are elucidated in Tractate Sukkah. **And** this commandment is practiced in every place and at all times by males, but not by females. And one who transgresses it and does not take these four species on the first day of the holiday of Sukkot that does not fall on Shabbat in any place - and so [too,] on all seven [days of Sukkot] in the Temple - has violated this positive commandment. And in the Temple it was taken on the first day, even on Shabbat.

מצוה שכה

מצות ישיבת סכה - מצות סכה, שנצטוינו לשבת בסכה שבעת ימים, שנאמר (ויקרא כג מב) בסכות תשבו שבעת ימים, ויום ראשון הוא יום חמשה עשר בתשרי. **משרשי** המצוה. מה שמפרש בכתוב, למען נזכר הנסים הגדולים שעשה האל ברוך הוא לאבותינו במדבר בצאתם ממצרים

שסככם מענני כבוד שלא יזיק להם השמש ביום וקרח בלילה. ויש שפרשו (סוכה יא, ב), שסכות ממש עשו בני ישראל במדבר, ומתוך זכירת נפלאותיו שעשה עמנו ועם אבותינו נזהר במצותיו ברוך הוא, ונהיה ראויים לקבלת הטובה מאתו, וזהו חפצו ברוך הוא שחפץ להיטיב. **מדיני** המצוה. מה שאמרו זכרונם לברכה (שם ב, א), סכה שהיא גבוהה למעלה מעשרים אמה פסולה, וכן אם היא נמוכה למטה מעשרה טפחים, וברחבה צריך שבעה טפחים על שבעה, ופחות מכן פסולה, וצריכה שלש דפנות, וצורת פתח שהיא קנה מכאן וקנה מכאן וקנה על גביהן. ודין צלתה מרבה מחמתה שכשרה, ואם לאו פסולה, והמעבה כמין בית כשרה, ודין העושה סכתו בין האילנות והאילנות דפנות לה, ודין העושה סכתו בראש העגלה או בראש הספינה, ודין סכך על גבי אכסדרה שיש לה פצימין בין מבפנים בין מבחוץ כשרה, ודין הסכך שהחיוב לעשותו מדבר שאינו מקבל טמאה, כגון פסלת גרן ויקב, אבל לא בדבר המקבל טמאה, ודין סכך פסול באמצע או מן הצד, ודין אויר שלשה שפוסל בין באמצע בין מן הצד בסכה קטנה, ודין פרס עליה סדין מפני החמה או תחתיה מפני הנשר שפסולה, פרסן לנאותן כשרה, שכל לנאותה כשרה. **ודין** סכה על גבי סכה, ודין ישן בכילה בסכה, שאם יש לה גג אפילו גג טפח אסור ואם לאו מתר, והישן תחת המטה בסכה שאם גבוהה עשרה טפחים אסור, ואם לאו מתר, ואף על גב דבקינופות אסור אף על גב דלא גבוה עשרה, שאני מטה הואיל ולגבה היא עשויה, והפורס סדין על שני נקליטין מתר לישן תחתיו, לפי שאין ללו גג, והרי הוא כמי שעושה חלל באצילי ידיו שזה ודאי מתר. ודין סכה גזולה שכשרה, לפי שאין קרקע נגזלת, ואפילו גזל העצים ועשה מהן סכה כשרה, מתקנת חכמים שתקנו לשלם דמי עצים. ודין מצטער שפטור מן הסכה, שהתורה אמרה תשבו כעין תדורו, וכל שכן חולה שפטור גם כן מטעם זה, ואפילו משמשי חולה פטורים, וכל שלוחי מצוה, וכן החתן וכל חבורתו, דמצוה עבדי ודין הולכי דרכים, ושומרי גנות ופרדסים, ושומרי העיר, ודין ירדו גשמים, ודין סכת גנב"ך ורקב"ש שכשרה. ודין עצי סכה שאסורין כל שבעה מדאוריתא, וביום השמיני ותשיעי בגולה אסורין משום מקצה. ונויי סכה אסורין משום בזויי מצוה, משם הרמב"ן זכרונו לברכה (במלחמות ה ביצה פ"ד), ויתר רבי פרטיה, מבארים במסכתא הבנויה על זה והיא מסכת סכה [א"ח סימן תרכה]. **ונוהגת** בכל מקום ובכל זמן בזכרים אבל לא בנקבות, והעובר על זה ולא אכל אכילה של פת בסכה, או שלא ישן בה ואפילו שנת עראי, והוא שלא יהיה חולה או מצטער או פטור מחמת הדברים שאמרנו בטל עשה זה, וכבר כתבתי למעלה (מצוה ו'), שבית דין כופין על בטול עשה. ולילה הראשון חיב כל אדם מדאוריתא לאכל בה כזית פת לכל הפחות שאר הימים רשות, שאם רצה לאכל חוץ מן הסכה אוכל, ובלבד שלא יאכל אכילת קבע של פת אלא בסכה, וחסידים הראשונים לא היו אוכלין שום דבר כי אם בסכה (סוכה כו ב).

ספר החינוך Sefer HaChinukh

Mitzvah 325
The commandment of sitting in a sukkah (booth): The commandment of a sukkah, since we were commanded to sit in a sukkah for seven days - as it is stated (Leviticus 23:42), "In huts shall you sit for seven days." The first day [of these seven] is the fifteenth day of Tishrei. **What** is explained in the verse is from the roots of the commandment - so that we recall the great miracles that God, blessed be He, performed for our forefathers in the wilderness as they left Egypt. As He covered them with the clouds of glory, so that the sun would not harm them during the day nor the frost at night. And there are some that explained (Sukkah 11b) that the Children of Israel made actual huts in the wilderness. And through recalling His wonders that He did with us and our forefathers, we will be careful with His commandments, blessed be He, and we will be fitting for the receiving of good from Him. And that is His desire, blessed be He, as He desires to do good. **From** the laws of the commandment is that which they said (Sukkah 2a) that a sukkah that is higher than 20 ells is disqualified, and so [too,] if it is lower than 10 handbreadths. Its area must be at least 7x7 handbreadths; less than that is disqualified. It needs three walls and the shape of an opening (tsurat hepetach) that it formed by two vertical posts and one on top of them. And the law that if it has more shade than sun, it is fit - but if not, it is disqualified; one who makes a thick house-style roof, it is fit. The law of one that makes his sukkah between trees, and the trees are its walls; the law of one who builds a sukkah on the top of a wagon or on the top of a boat. And the law of one who covered over a porch that has posts, whether they are inside or outside, that it is fit. The law of the covering (skhakh), that the obligation is to make it from something that does not contract impurity, such as the refuse of the threshing floor and the vineyard; but not from something that does contract impurity. And the law of disqualified covering in the middle or on the side; and the law of three [handbreadths] of airspace that disqualifies the covering, whether it is in the middle or on the side in a small sukkah. And the law of one that covers a sheet over [the sukkah] because of the sun or below [the cover] because of the shedding, that it is disqualified. [But] if they covered them to beautify them, it is fit - as anything that is to beautify [the sukkah] is fit. **And** the law of a sukkah above [another] sukkah, the law of one who sleeps in a canopy in the sukkah, such that if it has a roof that is even one handbreadth wide, it is forbidden; but if not, it is

ספר החינוך Sefer HaChinukh

permissible. And one who sleeps under a bed in the sukkah, such that if the bed is higher than ten handbreadths, it is forbidden; but if not, it is permissible. And even though [sleeping under a canopy held up by four posts] is forbidden even though it less than ten handbreadths - the bed is different because it is made for (to sleep on) its top. If one placed a sheet on [two] poles, it is permissible to sleep underneath it, as it has no roof; and behold, it is like making a space [by supporting it] with his two forearms, which is certainly permitted. And the law of a stolen sukkah, that it is fit - as land cannot be stolen; and even if one stole wood and made a sukkah out of them, it is fit due to an ordinance of the Sages - as they ordained [that he is only responsible] to pay for the value of the wood. And the law [that] one who is suffering is exempted from the sukkah - for the Torah stated, "you shall sit" [which is understood to mean,] as you [normally] reside - and all the more so an ill person, who is also exempted for this reason; and even those that serve the ill person are exempted. And all emissaries of a commandment; and so [too,] the bridegroom and all of his entourage - as they are performing a commandment. And the law of sojourners and watchmen for gardens and orchards, and city watchmen; the law of rain falling; the law of sukkot of ganba'kh (gentiles, women, animals and Cuthites) and rakba"sh (a shepherd, a summer field watchman, an outpost guardian, and a guardian of fruit), that they are fit; the law that the wood [used to build] the sukkah is forbidden from Torah writ [for any other use for] all seven days - and on the eighth and ninth day in the Diaspora, they are forbidden because they are [considered] set aside (muktseh) - and the decorations of the sukkah are forbidden because it is a degradation of the commandment; [so is it said] in the name of Ramban, may his memory be blessed, (Milchamot Hashem on Beitzah 45a, Chapter 4); and the rest of its many details are [all] elucidated in the tractate built on this, which is Tractate Sukkah (see Tur, Orach Chaim 625). **And** [it] is practiced in every place and at all times by males, but not by females. And one who transgressed it and did not eat [a meal] of bread in the sukkah or did not sleep in it, even if it was a nap - and it was not that he was sick or suffering or exempt due to the reasons we have said - has violated this positive commandment. And I have already written above (Sefer HaChinukh 6) that the court coerces [for the fulfillment of] a positive commandment. On the first night every man is obligated from Torah writ to eat at least a kazayit of bread; on the remaining days, it is optional - such that if a man wished to

ספר החינוך Sefer HaChinukh

eat outside of the sukkah, he [may do so], so long as he eats his fixed meals of bread only in the sukkah. And the pious ones of old would not eat anything except in the sukkah (Sukkah 26b).

מצוה שכו

שלא נעבד האדמה בשנה השביעית - שלא נעבד האדמה בשנה השביעית שהיא נקראת שנת השמטה, שנאמר (ויקרא כה ד) ובשנה השביעית וכו' שדך לא תזרע. **שרש** מצוה זו ופרטיה וכל עניניה כתוב באם כסף תלוה (מצוה פד) [מצוה סו] וקחנו משם. והעובר על זה ועבד אדמתו בזמן הבית באחת מן העבודות האסורות מדאוריתא, כמו שאמרנו שם לוקה.

Mitzvah 326
That we not work the land on the seventh year: That we not work the land on the seventh year, which is called the sabbatical (shmitah) year, as it is stated (Leviticus 25:4), "But on the seventh year, etc. your field you shall not sow." **The** root of this commandment, its details and all of its content is written in Eem Kessef Talveh (Sefer HaChinukh 84) - take it from there. And one who transgresses it and works the land at the time of the [Temple] with one of the types of work that are forbidden from Torah writ - as we [explained] over there - is lashed.

מצוה שכז

שלא נעשה עבודה גם באילנות - שלא נעשה עבודה גם באילנות בשנה השביעית, שנאמר (ויקרא כה ד) וכרמך לא תזמר ולשון ספרא (בהר א ו) הזרע והזמיר פרוש, לא תזרע ולא תזמר בכלל היו כלומר, בכלל שביתה היו, שכבר אמר ושבתה הארץ, וכן שנת שבתון יהיה לארץ, ולמה יצאו? להקיש עליהם מה זרע וזמיר מיחדין, שהן עבודה בארץ ובאילן וכו', כדאיתא התם. ענין מצוה זו כמצות הקודמות. וקצת פרטיה כתבתי גם כן בפרשת אם כסף תלוה תראנו משם (מצוה פד).

Mitzvah 327
That we also not do work with the trees: That we also not do work with the trees on the seventh year, as it is stated (Leviticus 25:4), "and your vineyard you shall not prune." And the language of Sifra, Behar, Section 1:6 is "Sowing and pruning" - the understanding [of which is] "you shall not sow and [...] you shall not prune" - "were in the general category," meaning they were in the category of resting. "And why were they singled out? To compare to them: Just as sowing and pruning are distinct in being

work on the land and on the trees, etc." - as it is [found] there. The content of this commandment is like the previous commandment. **And** I wrote a few of its laws also in the Parsha of Eem Kessef Talveh (Sefer HaChinukh 84) - you can see it from there.

מצוה שכח

שלא נקצר ספיחים בשנה השביעית - שלא נקצר מה שתצמיח הארץ מעצמה בשנה השביעית. ולא מה שתצמיח בשנה זו ממה שנזרע בה בשנה הששית וזהו נקרא ספיח, שנאמר (ויקרא כה ה) את ספיח קצירך לא תקצר. רוצה לומר, שלא נקצר אותו כדרך שאנו קוצרים תבואתנו בשאר שנים (עי סהמ"צ ל"ת רכב), אבל מכל מקום, אכילתו התרה לנו, ובלבד שנאכלהו דרך הפקר, כלומר בלי הכנה, וכמו שנפרש במצוה שלפנינו (מצוה שכט), כי לא תקפיד התורה בדברים אלו, זולתי שיראה ממעשה האדם בכל ענין שנה זו כאלו אין דבר מיחד ברשותו, רק שהכל ברשות אדון הכל, וכמו שאמרנו למעלה. **משרשי** המצוה. מה שכתוב בענין זה (במצוה פד). **מדיני** המצוה. מה שאמרו זכרונם לברכה (שביעית פ"ד מ"ב), שאפילו עבר אדם ונטע שדהו בשביעית וצמחה פרותיה מתרין באכילה מדאוריתא, ובלבד שלא יקצר כדרך הקוצרים בכל שאר שנים שקוצרים כל השדה ומעמרין כרי ודשין בבקר, אלא הדין הוא מדאוריתא לקצר מעט מעט ולחבט ולאכל, אבל חכמים גזרו להיות הספיחין אסורין באכילה, מפני עוברי עבירה שיזרעו גנתם בסתיו ויאמרו ספיחין הן, וגזרה זו אינה אלא בירקות ותבואה וקטניות, שדרך בני אדם לזרען, אבל פרות האילנות והעשבים, שאין דרך בני אדם לזרען מתרין (עי רמב"ם שמיטה ויובל פ"ד). **ונוהגת** מצוה זו בזכרים ונקבות בארץ ישראל בלבד מן התורה, ובזמן שישראל שם, ולענין שאר מקומות הכל כמו שכתבתי (מצוה פד). והעובר על זה בזמן הבית וקצר תבואה שזרע כדרך הקוצרים, כגון שקצר את כל השדה והעמיד כרי ודש בבקר כדרך שבני אדם עושים בשאר שנים לוקה. והמלקט מספיחי תבואות הנזרעות אף על פי שלא קצר הכל ביחד היו מכין אותו מכת מרדות, שחכמים גזרו עליהם, כמו שאמרנו.

Mitzvah 328

That we not harvest the aftergrowth on the seventh year: That we not harvest that which grows on its own from the land on the seventh year, nor the growth that occurs on this year from what was sown in the sixth year - and this is called aftergrowth - as it is stated (Leviticus 25:5), "The aftergrowth of your reaping you shall not harvest." This means to say that we not harvest it in the manner that we harvest our crops in other years (See Sefer HaMitzvot LaRambam, Mitzvot Lo Taase 222). Nevertheless, eating was permitted to us, provided that it is eaten in a way [that shows that it is] ownerless - meaning without preparation, as we will explain in the commandment after this (Sefer HaChinukh 329). As the Torah's only concern in these matters was that a person's actions during this year should indicate that he has no specific property, but that everything is the property of the Master of All - and as we said above. **What** is written about this matter (in Sefer HaChinukh 84) is from the roots of the commandment. **From** the laws of the commandment is that which they, may their memory be blessed, said (Mishnah Sheviit 4:2) that even if a person transgressed and planted his field in the seventh [year] and [its produce] grew, the produce is permissible on a Torah level; so long as it is not harvested in the way of the harvesters on all other years - such that they harvest the whole field and bundle it into a threshing floor and thresh it with oxen. Rather from Torah writ, the law is to harvest a little at a time, to pound [it] and to eat. But the Sages decreed that [even] the aftergrowth be forbidden for eating, on account of the transgressors that would sow their garden in the Fall and say, "It is [only] aftergrowth." And this decree is only with vegetables, grains and legumes, as it is the way of people to plant them. But fruits of the trees and grasses - which is not the way of people to sow - are permitted (see Mishneh Torah, Laws of Sabbatical Year and the Jubilee 4). **And** this commandment is practiced from Torah writ by males and females in the Land of Israel at the time that Israel is there. And regarding the other places, it is all as I have written (Sefer HaChinukh 84). And one who transgresses this at the time of the [Temple] and harvested the produce that he sowed in the way of the harvesters - such that he harvested the whole field and bundled it into a threshing floor and threshed it with oxen in the way that people do on other years - is lashed. And one who gathers from the aftergrowth of produce that is sown - even though he does not harvest it all together - is struck with lashes of rebellion; since the Sages decreed about it, as we said.

מצוה שכט

שלא נאסף פרות האילן בשביעית כדרך שאוספין אותן בכל שנה - שלא נאסף מה שיוציאו האילנות בשנה השביעית כדרך שאוספין בני אדם פרות אילנותיהם בכל שנה. אבל יש לנו לעשות בדבר שנוי כדי להראות שהכל כהפקר בשנה זו. וזהו פרוש (ויקרא כה ה) ואת ענבי נזיריך לא תבצר. כלומר, שלא תבצר כדרך הבוצרים, שכן בא עליו הפרוש המקבל, וכמו

שאמרו זכרונם לברכה (שביעית פ"ח מ"ו) מכאן אמרו תאנים של שביעית אין קוצין אותן במקיצה, אבל קוצה הוא בחרבה, ואין דורכין ענבים בגת, אבל דורך הוא בערבה, אין עושין זיתים בבד ובקטב, אבל כותשם הוא ומכניס לבודדה. **ופרוש** נזירך כלומר, שהנזרת והפרשת אותם מבני אדם ולא עשית מהן הפקר לא תבצר אותם עד שתפקירם, כן הוא דעת רש"י זכרונו לברכה (עה"ת שם) כי הוא סובר שהשומר שדהו ופרותיו בשביעית אין הפרות נאסרין. וכן כתב בפרושיו בסכה (לט, ב ד"ה אבל) וביבמות (קכב א ד"ה של). וכן הדבר למד מדין תורה בראיות נכונות. **ומה** שאמרו בתורת כהנים (בהר א ג) ואת ענבי נזירך לא תבצר מן השמור בארץ אי אתה בוצר, [אבל בוצר אתה מן המפקר, נפרש לדעתינו זה מן השמור בארץ אי אתה בוצר], בעוד שיהא שמור אסור לך לבצר מהם, אבל לא שיאסרו הפרות בכך. והרמב"ן זכרונו לברכה (בפירוש עה"ת כאן) פרש נזירך כלומר, גפן שלא עבדוהו ולא זמרו אותו, כי כל גפן שלא יזמר ולא יעבד אמר שיקרא כן, ויאמר הכתוב שאפילו כרם הנזירות לא נבצר כדרך שבוצרין בשאר השנים, וכל שכן כרם שנעבד. **שרש** מצוה זו עם מצות שביעית שלפניה אחד הוא. והנה כתבתי לך מקומה איה (מצוה פד), ושם תמצא באיזה מקום נוהגת ובאיזה זמן, ובמסכתא הבנויה על ענינים אלה והיא מסכת שביעית שם יתבארו כל דיני מצות אלו בארכה, תזכה ותלמד ותלמד.

Mitzvah 329

That we not gather the fruit of the trees in the seventh [year] in the manner that we gather them in every year: That we not gather that which the trees produce on the seventh year in the manner that people gather the fruit of their trees in other years. Instead, we must do so differently to show that it is all as if ownerless in this year. And this is the explanation of, "and the grapes of your vines you shall not reap" (Leviticus 25:5) - meaning, you should not reap in the way of the reapers. As so did the traditional explanation come about it. And [it is as] the Sages explained, (Mishnah Sheviit 8:6) "From here they said that that figs [grown during] the seventh [year] may not be cut off with a fig-cutter, but may be cut with a knife. Grapes [grown during the sabbatical year] may not be stomped in a wine press, but may be stomped in a kneading trough. And olives may not be processed in an olive press or a small olive press, but he may crush and put them in a very small olive press." **And** the understanding of "your vine," (nezirekha, literally that which is separated of yours) is that you have separated and removed them from other people and you have not made them ownerless, [such that] you may not reap them until you make them ownerless. This is the view of Rashi (Rashi on Leviticus 25:5), may his memory be blessed; as he holds that the produce of one who guards his fields and his produce during the seventh [year] does not become forbidden. And so [too,] did he write in his commentary on Sukkah (Rashi on Sukkah 39b s.v. aval) and on Yevamot (Rashi on Yevamot 122a s.v. shel). And so is the thing learned - from Torah writ - with correct proofs. **And** [regarding] that which the Sages said (Sifra, Behar, Chapter 1:3), "'The grapes of your vine you shall not reap' - from that which is watched on the land you shall not reap, [but you may reap from the ownerless": To our opinion, we will explain this, "from that which is watched on the land you shall not reap," [that it is] when it is still guarded that it is forbidden to reap from them, but not that the produce becomes forbidden through this. But Ramban (Ramban on Leviticus 25:5) explained " nezirekha " - meaning a vine that they did not work and did not prune. As he said that any vine that he does not prune and does not work is called like this. And the verse is stating that even an unworked vineyard cannot be reaped in the manner that we reap it in other years; and all the more so, a worked vineyard. **The** root of this commandment is one with the the commandment of the seventh [year] preceding it - behold, I wrote for you where is its place (Sefer HaChinukh 84). And there you will find in which place and at what time it is practiced. And all of the laws of these commandments are elucidated at length in the tractate that is built upon these matters, and it is Tractate Sheviit - may you merit to study and teach [it].

מצוה של

מצות ספירת שבע שבתות שנים - למנות השנים שבע שנים, שבע פעמים עד שנת היובל, בהיותנו בארץ ישראל אחר התנחלנו בה. שנאמר (ויקרא כה ח) וספרת לך שבע שבתות שנים שבע שנים שבע פעמים. וזאת המצוה, כלומר, זאת הספירה של שני השמטה עד שנת היובל היא נמסרת לבית דין הגדול, כלומר הסנהדרין. וכן היא המצוה, שהיו מונין שנה שנה ושבוע שבוע של שנים עד שנת היובל, כמו שאנו מונין ימי העמר, אחר כך מקדשין שנת החמשים בשביתת הארץ ולקרות דרור לכל העבדים והשפחות, וכל הקרקעות חוזרין לבעליהן. **משרשי** המצוה. על צד הפשט, שרצה השם יתברך להודיע לעמו כי הכל שלו, ולבסוף ישוב כל דבר לאשר חפץ הוא לתנה בתחלה, כי לו הארץ, כמו שכתוב כי לי כל הארץ (שמות יט ה). ועם מצוה זו של הספירה של ארבעים ותשע שנה, ירחיקו עצמם שלא יגזלו קרקע של חבירם ולא יחמדוה בלבם, בדעתם כי הכל שב לאשר חפץ האל

שתהיה לו. **ועניין** זה של יובל, דומה קצת למה שנהוג לעשות במלכותא דארעא שלוקחים אדמות מזמן לזמן מערי הבצורות אשר לשריהם, להזכיר להם יראת האדון, וכן הדבר הזה, שרצה השם שישוב כל קרקע לאשר לו אחזת הארץ ממנו ברוך הוא, וכן כל עבד איש, יצא מתחת ידו ויהיה ברשות בוראו, ואולם מלכי ארץ יעשו כן ליראתם פן ימרדו השרים בהם, והאל ברוך הוא צוה לעמו כן, לזכותם ולהיטיב להם, כי השם יתברך חפץ להיטיב להם בטובו הגדול. **ועוד** שמעתי מפי חכמים שיש בענין היובל סוד נפלא, וכי בו נרמז כל ימי עולם ושניו (עי' רמב"ן ואבן עזרא ויקרא כה ב). גם בענין השביעיות שנצטוינו למנות השנים שבע שבע ולא שמנה שמנה, או תשע תשע או פחות מהן, גם בזה אמרו שיש ענין של חכמה גדול וטוב: ידעוהו הם ולא ירצו למסרו לכל אדם, ואף כי נגלה לנו סודם, השגחנו בדבר זה, כי האמנם הקף השביעיות סדור בהרבה ממצותינו, הננו מחזיקין במלאכה ששת ימים ובשביעי נשבת, נעבד האדמה שש שנים ובשביעית נשבת, ואחר שבע שביעיות של שנים גם כן נשבת שנה אחת, וזה היובל שבאנו עליו. והנה חג הפסח שהוא שבעה ימים, וחג הסכות כמו כן שבעה, ואחר השבעה נחג העצרת, וכמו כן נמנה שבע שבתות מפסח עד עצרת ואחר מנין השבעה, נחג חג העצרת, וכמו כן נמצא כריתת ברית שהוא דבר הנעשה לקיום ענין על חשבון שבעה, כמו שכתוב (בראשית כא ל) כי את שבע כבשות תקח מידי. וכן בלעם שהיה חכם, עשה מזבחות שבעה. וכמו כן לשון שבועה שהוא מתרגם קיום. אמרו מן החכמים שהוא נגזר מלשון שבעה. וכן רבים, לא העליתים עתה בפי עטי. ואתה הבן היקיר, תזכה ותחקר ותראה ותרבה הדעת ותבין בדברים. ואנכי כבר השלמתי מלאכתי זאת להעיר רוחך בשאלה. **ואם** תשאל למה חיבו זכרונם לברכה למנות שבע שבע מדכתיב וספרת לך, ולא ראינו מעולם שימנה הזב ימי ספרו, ולא הזבה ימי ספירתה, ואף על פי שכתוב בהם (ויקרא טו יג) וספר לו, וספרה לה זולתי שחיבים שיתנו לב על הימים, אבל לא שיתחיבו למנותם בפה ולברך על מנינן? תשובת דבר זה מה שהקדמתי לך בראש ספרי, כי כל ענין התורה תלוי בפרוש המקבל, וכמה כתובים נראין בהפך זה מזה, וכמה קשיות וכמה סתירות יתחדשו על כל מי שלא ידעו, ואשר ידענו על בוריו יראה כי כל דרכיה דרכי נעם וכל נתיבותיה שלום ואמת. וכן באתנו הקבלה שצווי וספרת לך דיובל צריך מנין בפה, וצווי הספירה הכתוב בזב וזבה אינו אלא השגחה בימים, ומנהגם של ישראל בכל מקום כך הוא, ואף על פי שאינם נביאים בני נביאים הם. וכעין ענין זה מצאנו בתורה בלשון זכירה, דכתיב בענין עמלק זכירה, ועל דבר מרים זכירה וכתיב גם כן זכירה בענין יציאת מצרים, ועל זכירת מצרים באתנו הקבלה לעשותה בפה, וכמו שאמרו זכרונם לברכה (ברכות כא, א) בברכת אמת ויציב, דאוריתא, ושאר הזכירות, די לנו בהם בזכירת הלב בלבד והשגחתינו על הדברים. **מדיני** המצוה. מה שאמרו זכרונם לברכה (ספרא בהר א ב), שאין חיוב מצות מנין

ספר החינוך Sefer HaChinukh

זה עד אחר כבוש וחלוק הארץ. שנאמר (שם כה ג) שש שנים תזרע שדך ושש שנים תזמר כרמך. עד שיהיה כל אחד ואחד מכיר ארצו. ומשגלה שבט ראובן וגד וחצי שבט מנשה בטלה מצוה זו, לפי שבטלו היובלות מאותו זמן ואילך, שנאמר וקראתם דרור בארץ לכל ישביה. בזמן שכל יושביה עליה דוקא, וגם שלא יהיו מערבים (עי' ערכין לב ב) אלא יושבים בתקנתם ובזמן שהיובל נוהג בארץ נוהג בחוצה לארץ, שנאמר יובל היא, כלומר, בכל מקום (קידושין לח ב). ובזמן שהיובל נוהג, נוהג דין עבד עברי. ודין בתי ערי חומה, ודין שדה חרמים ושדה אחזה, ומקבלין גר תושב. **ונוהגת** שביעית בארץ, והשמטת כספים בכל מקום מן התורה, ובזמן שאין היובל נוהג אין נוהגין כל אלו, זולתי שמיטת קרקע בשביעית שנוהגת בארץ מדבריהם. וכן שמיטת כספים בשביעית בכל מקום מדבריהם. ושנת השמיטה אי זו היא? הכי אסיקנא במסכת עבודה זרה במימריה דרב הונא בריה דרב יהושע בפרק קמא (ט, ב), שהיא שנת שבע עשרה לפרט לדעת רש"י זכרונו לברכה, ושנת שמנה עשרה לדעת רבנו חננאל זכרונו לברכה. וכל ענין שמיטת כספים יתבאר יפה בפרק אחרון דמסכת שביעית [הלכות שמיטה פ"י]. ויתר פרטי כל דיני שביעית שם באותה מסכת הבנויה על זה. וענין מצוה זו שהיא למנות השנים, זכרוהו זכרונם לברכה בספרא ובמקומות אחרים. וכבר כתבתי למעלה, כי זאת המצוה מסורה לבית דין הגדול דהינו הסנהדרין, שהם הנקראין עיני העדה, ושאינה נוהגת אלא בזמן שהיובל נוהג.

Mitzvah 330
The commandment of counting the seven [cycles] of seven years: To count the years - seven years - seven times to the Jubilee year, when we are in the Land of Israel after we have settled it, as it is stated (Leviticus 25:8), "And you shall count for yourself, seven cycles of seven years; seven years seven times." And this commandment - meaning this counting of the the sabbatical years until the Jubilee year - is given over to the great court, meaning to say, the Sanhedrin. And the commandment is such that they would count each year and each cycle of seven years until the Jubilee year, like we count the days of the omer. Afterwards, they would sanctify the fiftieth year with resting the land and proclaiming freedom for all of the slaves and maid-servants. And all the lands return to their [ancestral] owners. **It is from the roots of the commandment** from the angle of the simple understanding that God, may He be blessed, wanted to inform His nation that everything is His; and in the end everything will return to those to whom He wanted to give it at first - for the earth is His, as it is written (Exodus 19:5), "for all the earth is Mine." And with this commandment of the counting of forty-nine years, they will

ספר החינוך Sefer HaChinukh

distance themselves from stealing land of their fellows and they will not covet it in their hearts; in that they know that everything returns to the one that God wishes it to be his. **And** this matter of Jubilee is a little similar to that which is practiced by the earthly monarchy - that from time to time, the [kings] take lands from the fortified cities that are [owned] by their ministers, to remind them of the fear of the master. And so [too,] is this thing - that God wanted that all the land return to the one who has a holding in the land from Him, blessed be He. And so [too,] every slave of a man goes out from under his hand and will be in the domain of his Creator. However the kings of the earth do this from their fear lest their ministers rebel against them; whereas God, blessed be He, commanded this to His people to give them merit and to do good to them - as God, may He be blessed, desires to do good to them in His great goodness. **And** I have also heard from the mouth of sages that there is a great secret in the matter of the Jubilee and that all the days and years of the world are hinted to in it (see Ramban on Leviticus 25:2 and Ibn Ezra on Leviticus 25:2). Also in the matter of the sevens - that we were commanded to count the years seven at a time, and not eight at a time or nine at a time, or less than [seven] - did they say that there is a great and goodly matter of wisdom about it as well. They have known it, but did not want to give it over to every person. And even though their secret was not revealed to us, we have paid heed to this thing - that the span of sevens is arranged in many of our commandments: Behold, we continue our work six days, and we rest on the seventh; we work the land six years, and we rest on the seventh; after seven cycles of seven years, we also rest a year - and that is the Jubilee that we have come [to write] about [here]; behold the holiday of Pesach is seven days, and likewise the holiday of Sukkot is seven, and after the seven, we celebrate [Shemini] Atseret; likewise, we count seven seven-year cycles from Pesach to [Shavuot], and after the tally of the seven, we celebrate [Shavuot]; likewise the cutting of a covenant (treaty), which is something done for preservation of a matter, is on the basis of seven, as it is written (Genesis 21:30), "Rather take these seven sheep from my hand"; likewise Bilaam, who was a wise man, made seven altars; so too, some of the sages said that the word, oath (shevuah) - which is translated [into Aramaic] as preservation - is derived from the expression, seven (shevah); and so [too,] many that I have not raised now on the tip of my pen. And you, my precious son, should merit and research and see and add to your knowledge and understand the matters.

ספר החינוך Sefer HaChinukh

But I have already finished my work here to arouse your spirit about the question. **And** if you shall ask, why did they, may their memory be blessed, obligate to count the seven [cycles of] seven from that which is written, "And you shall count for yourself"; and [yet] we have never seen that the zav counts the days of his counting, nor the zavah the days of her counting, and even though it is written about them, "and he shall count for himself" (Leviticus 15:13), "and she shall count for herself" (Leviticus 15:28) - besides that they are obligated to pay attention to the days, but not that they be obligated to count them orally and recite a blessing on their count - the answer to this thing is what I prefaced at the beginning of my book: that every matter of the Torah is dependent upon the traditionally received explanation. And for the one that does not know this, how many verses will appear to be the opposite of one another, and how many difficulties and contradictions will arise? But for the one that knows it clearly, he will see that all of 'its ways are the ways of pleasantness and all of its paths are peace' and truth. And so, the tradition came to us that the command of, "And you shall count for yourself," of Jubilee requires an oral counting; whereas the command of counting, written about the zav and the zavah, is only paying heed to the days - and such is the practice of all of Israel in every place. "And even though they are not prophets, they are the children of prophets." And similar to this matter is that which we found in the Torah about the expression, remembering. As remembering is written about Amalek, and remembering [is written] about the [incident] of Miriam, and remembering is also written about the matter of leaving Egypt: And the tradition came to us about the remembering of Egypt to do it orally - and as they, may their memory be blessed, said (Berakhot 21a), about the blessing of "True and firm" (which mentions the leaving of Egypt), "It is from Torah writ." But with the other rememberings, it is enough for us with just remembering of the heart and paying heed to the things. **From** the laws of the commandment is that which they, may their memory be blessed, said (Sifra, Behar, Section 1:2) that the obligation of the commandment of this count is only after the conquest and division of the land, as it is stated (Leviticus 25:3), "Six years shall you sow your field and six years shall you prune your vineyard" - until each and every one recognizes his land. And from when the tribe of Reuven and Gad and half [of the] tribe of Menashe were exiled, this commandment became negated, because the Jubilees were negated from that time and onward; as it is sated (Leviticus 25:10), "and you shall proclaim freedom in the land for all of its inhabitants" - only when all of its inhabitants are upon it; and also that they not be mixed up (see Arakhin 32b), but rather sitting in their proper order. And at the time when the Jubilee is practiced in the Land [of Israel], it is [also] practiced outside of the Land; as it is stated (Leviticus 25:11), "It is a Jubilee" - meaning in every place (Kiddushin 38b). And at the time when the Jubilee is practiced, the law of the Hebrew slave is practiced, as well as the law of the houses of a walled city, the law of a consecrated (cherem) field and the field of a holding; and we accept a resident stranger (ger toshav). **The** [laws of the sabbatical year] are practiced in the Land - and the release of monies in every place - from Torah writ. But at the time when the Jubilee is not practiced, none of these are practiced [either] - except for the release of land on the seventh [year] which is practiced in the Land [rabbincally]; and also the release of monies on the seventh [year] in every place [rabbincally]. And which is the sabbatical year? It was concluded like this in Tractate Avodah Zarah in the statement of Rav Huna, the son of Rav Yehoshua in the the first chapter (Avodah Zarah 9b) - that it is the seventeenth year (5017), specifically according to the opinion of Rashi, may his memory be blessed; and the eighteenth year (5018) according to the opinion of Rabbenu Chananel, may his memory be blessed. And all of the matter of the release of monies is elucidated nicely in the last chapter of Tractate Sheviit (see Mishneh Torah, Laws of Sabbatical Year and the Jubilee 10). And the rest of the details of all of the laws of the [seventh] year are there in the same tractate that is built on this. And they, may their memory be blessed, mentioned the matter of this commandment - which is to count the years - in Sifra and in other places. And I have already written above that this commandment is given over to the Great Court - which is the Sanhedrin [and] which is called the eyes of the congregation - and that it is only practiced when the Jubilee is practiced.

מצוה שלא

מצות תקיעת שופר ביום הכפורים של יובל - לתקע בשופר בעשירי בתשרי שהוא יום הכפורים. שנאמר (ויקרא כה ט י) והעברת שופר תרועה וגו' ביום הכפורים תעבירו שופר בכל ארצכם וגו' וקראתם דרור וגו'. וידוע שמצות התקיעה ביום זה היא לפרסם חרות כל עבד עברי שיצא בן חורין (עי' ר"ה ח ב) בלי דמים, ואין ענינה כענין תקיעת השופר בראש השנה, שהתקיעה ההיא אנו עושים לקבע מחשבתנו על ענין עקידת יצחק, ונציר

בנפשנו לעשות גם אנו כמוהו לאהבת השם יתברך, ומתוך כך יעלה זכרוננו לפני השם לטוב, כלומר, שנהיה זכאים לפניו, וזאת התקיעה של יובל היא לפרסם החרות, כמו שאמרנו (עי' סהמ"צ עשין קלז). משרשי המצוה. לפי שידוע כי קול השופר יעורר לב בני אדם אם לשלום ואם למלחמה, וענין שלוח העבד שעבד את אדוניו זמן רב הוא קשה מאד בעיני אדוניו, על כן לעורר לב הבריות על הענין ולחזק נפשם ולהזהירם על המצוה בשמעם את קול השופר, בראותם כי הדבר השוה הוא בכל הארץ ושהכל עושים כן נצטוינו על זה, שאין דבר שיחזק לבות בני אדם כמו מעשה הרבים, וכמאמר החכם צער רבים נחמה (עי' דברים רבה ב כב). גם העבד בעצמו מתעורר לצאת ככל העבדים מתחת ידי רבו אשר אהב, בשמעו קול השופר, ומתוך כך, המצוה מתקימת לשוב הכל ברשות אדון הכל. **דיני** המצוה. כגון באיזה שופר תוקעין ביום זה, ואיזו ברכה מברכין בו. וכבר אמרו זכרונם לברכה (ר"ה כו, ב) דרך כלל במסכת ראש השנה שוה היובל לראש השנה לתקיעה ולברכות. ובמצות שופר דראש השנה בסדר פנחס (מצוה תה), נדבר בו קצת בעזרת השם כמנהגנו. ומכל מקום, אף על פי שאמרו זכרונם לברכה (שם ל, א) ששוין הן חלוק קצת יש ביניהם, דבראש השנה שחל להיות בשבת לא היו תוקעין אלא בבית דין, וביובל תוקע כל יחיד ויחיד כל זמן שבית דין יושבין, בין בפני בית דין, ובין שלא בפניהם. **וכן** מדיני המצוה מה שאמרו זכרונם לברכה (שם ח, ב): כי מראש השנה ועד יום הכפורים, היו העבדים אוכלין ושותין ושמחין בבית אדונם, לא נפטרין לבתיהם, ולא האדון משתעבד בהן, כיון שהגיע יום הכפורים והיו תוקעין בית דין בשופר נפטרין לבתיהם, וכמו כן שדות חוזרות לבעליהם. ורבים מפרטי דיני היובל בערכין, ודיני שופר במסכת ראש השנה (שם).**ונוהגת** מצוה זו בארץ ישראל בזמן שהיובל נוהג, והרי כתבתי לך בסמוך (מצוה של), איזה זמן היובל נוהג, ושמצות היובל מסורה לבית דין, ואם עברו בית דין על זה ולא תקעו בשופר, אף על פי שנשתלחו העבדים והחזרו השדות לבעליהן מבלי תקיעה בטלו מצות עשה זה.

Mitzvah 331

The commandment of blowing the shofar on Yom Yippur of the Jubilee: To blow the shofar on the tenth of Tishrei - which is Yom Kippur - as it is stated (Leviticus 25:9-10), "And you shall proclaim a shofar blow, etc. on Yom Kippur, you shall proclaim the shofar in all of your land, etc. and you shall proclaim freedom, etc." And it is known that the commandment of the blowing of the shofar on this day is to publicize the freedom of every Israelite slave to go out as a free man without money (see Rosh Hashanah 8b). And its substance is not like the substance of the blowing of the shofar on Rosh Hashanah, as that blowing we do to fix our

ספר החינוך Sefer HaChinukh

thoughts on the matter of the binding of Yitschak and to depict in our souls to also do like him from the love of God, may He be blessed. And from that, our memory will go up well in front of God - meaning, that we be meriting (cleared in judgement) in front of Him. Whereas this blowing of the Jubilee is to publicize the freedom, as we have said (see Sefer HaMitzvot, Mitzvot Ase 137). It is from the roots of the commandment [that it is] since the sound of the shofar is to arouse the hearts of all people - whether for peace or for war. And the matter of sending away the slave that served his master a long time is very difficult in the eyes of the master. Therefore we were commanded about it to arouse the hearts of the creatures about the matter - to strengthen their souls and to warn them about the commandment when they hear the sound of the shofar, through their perceiving that the thing is the same in the whole land and that everyone [releases their slaves]. As there is nothing that strengthens the hearts of people like the action of the many; and like the statement of the sage, "The pain of the many is a consolation" (see Devarim Rabbah 2:22). Also, the slave himself is aroused to leave from under the hand of his master whom he loves, like all of the slaves, when he hears the sound of the shofar. And from that, the commandment is observed, such that everyone returns to the domain of the Master of all. **The** laws of the commandment: For example, with which shofar do we blow on this day and which blessing do we recite for it - and they, may their memory be blessed, have already said more generally in Tractate Rosh Hashanah 26b, "Jubilee and Rosh Hashanah are the same for blowing and for the blessings." And we will speak a little about it in the commandment of shofar of Rosh Hashanah (Sefer HaChinukh 405), with God's help - as is our custom. And nonetheless, even though they, may their memory be blessed, said that they are the same, there is a little difference between them; as on Rosh Hashanah that falls out on Shabbat, they would only blow the shofar in the court; whereas on the Jubilee, each and every individual blows - whether in front of the court or whether not in front of the court - so long as the court meets (Rosh Hashanah 30a). **And** likewise from the laws of the commandment is that which they, may their memory be blessed, said (Rosh Hashanah 8b), "From Rosh Hashanah until Yom Kippur, the slaves would eat, drink, and rejoice in their masters' homes - they were not released to their homes and they were [also] not enslaved to their masters. Once Yom Kippur arrived, [and] the court would sound the shofar, they would be released to their homes; and likewise, fields would

Sefer HaChinukh ספר החינוך

be returned to their owners." And many of the details of the laws of the Jubilee are in Arakhin and the laws of shofar are in Tractate Rosh Hashanah. **And** this commandment is practiced in the Land of Israel at the time that Jubilee is practiced. And behold, I have written you adjacently (Sefer HaChinukh 330), which time the Jubilee is practiced and that the commandment of Jubilee is given over to the court. And if the court transgresses this and does not blow the shofar - even if the slaves are sent away and the fields go back to their owners without blowing - they have violated this positive commandment.

מצוה שלב

מצות קדוש שנת היובל - לקדש שנת החמשים כמו שנת השמטה. כלומר, בבטול העבודה בארץ והפקר הצומח בה, שנאמר (ויקרא כה י) וקדשתם את שנת החמשים שנה. ובאר הכתוב שענין הקדשה הוא שיהיו פרותיה ותבואתה נפקרים, ושיהיו העבדים יוצאין מתחת יד האדון, שאמר הכתוב אחר כן, וקראתם דרור בארץ לכל יושביה. כלומר, חרות לעבדים, כי יובל הוא קדש תהיה לכם מן השדה תאכלו את תבואתה. כלומר, שתהיה התבואה הפקר, ולא יאספה כל אחד ואחד לרשותו. **משרשי** המצוה. מה שכתבתי במצות מנין השנים (מצוה של), שרצה השם לזכות עמו בקבלת מלכותו וכו', כמו שכתבתיו שם, וכאן היה מקומו. **מדיני** המצוה. מה שאמרו זכרונם לברכה (רמב"ם שמיטה ויובל פ"י הל' טו, טז) שכל שאסור בשנה השביעית מעבודת הארץ אסור ביובל. וכל שמתר בה מתר בה. והחיוב על העושה שוה בשניהם. ודין הפרות באכילה ובמכירה ובבעור שוה בשניהם. יתירה שביעית על היובל שהיא משמטת כספים, ודוקא בסופה, ויתר יובל על השביעית, שמשמט קרקע ומוציא עבדים בתחלתה. ושנת יובל אינה עולה ממנין שני השבוע אלא מונין תשע וארבעים שנה, שהן שבע שנים שבע פעמים, ואחר שנת השמטה שהיא בשביעי האחרון עושין יובל בשנת החמשים, ושנת אחת וחמשים מתחילים למנות יובל אחר, והיא התחלת שש שנים של שבוע (עי' נדרים סא א). **ונוהגת** מצוה זו בארץ ישראל, ובזמן שכל יושביה עליה, כמו שכתבתי למעלה. ומן הדומה שהיו הסנהדרין מתקבצין בקדוש השנה ומברכין עליה לקדש שנים ואחר כך תוקעין בשופר, וכן כל יחיד ויחיד תוקע גם כן ברשותו, והקול נשמע בכל הארץ, והעבדים נפטרין לבתיהם, והקרקעות חוזרין לבעליהם. ויתר פרטיה במסכת ערכין [שם]. והעובר על זה ועבד אדמתו ביובל עבודה האסורה, וכן אם לא רצה לשלח עבדו חפשי, בטל עשה זה, מלבד שעבר על לאו, וכמו שנכתב בסדר זה בעזרת השם (מצוה שלג), וענשו גדול מאד, שהוא כאלו כופר בחדוש העולם.

ספר החינוך Sefer HaChinukh

Mitzvah 332
The commandment of the sanctification of the Jubilee year: To sanctify the fiftieth year, like the sabbatical year - meaning to say with the stoppage of work on the land and the rendering ownerless of that which grows on it - as it is stated (Leviticus 25:10), "And you shall sanctify the fiftieth year." And the verse explained that the matter of the sanctity is that its fruit and its produce be ownerless, and that the slaves go out from under the hand of their master. As Scripture states after that, "and you shall proclaim freedom in the land for all of its inhabitants" - meaning freedom for slaves - "Since it is the Jubilee, it shall be holy to you; from the field shall you eat its produce" (Leviticus 25:12) - meaning that the produce will be ownerless, and not that each and every one gather it into his domain. **What** I wrote about the commandment of the counting of the years (Sefer HaChinukh 330) is from the roots of the commandment - that God wanted to have His nation merit in the acceptance of His Kingdom, etc., as I wrote it there, but here was its [true] place. **From** the laws of the commandment is that which they, may their memory be blessed, said (Mishneh Torah, Laws of Sabbatical Year and the Jubilee 10:16-17) that everything that is forbidden from work on the land in the seventh year is [also] forbidden on the Jubilee; and everything that is permitted on [the one] is permitted on [the other]. And the liability for one who does [forbidden work] is the same in both of them. The seventh [year] is more than the Jubilee in that it releases [loans], and specifically at its end. And the Jubilee is more than the seventh [year] in that it releases land and removes slaves at [its] beginning. And the Jubilee year does not count in the tally of the years of the seven-year cycle. Rather we count forty-nine years, which are seven times seven years; and after the sabbatical year, which is in the last seven-year cycle, we make the Jubilee in the fiftieth year; and we begin to tally for [the next] Jubilee in the fifty-first year. And it is [also] the beginning of the six years of the seven-year cycle (see Nedarim 61a). **And** this commandment is practiced in the Land of Israel at the time that all of its inhabitants (the Jews) are upon it, as I wrote above. And it is from what it appears that the Sanhedrin would gather for the sanctification of the year and recite the blessing, "to sanctify the years," upon it and blow the shofar afterwards. And so [too,] each and every individual would blow in his domain; and the sound would be heard in all of the land. And the slaves would leave to their homes and the lands would go back to their [original] owners. And the rest of its details are in Tractate

ספר החינוך   Sefer HaChinukh

Arakhin. And one who transgresses it and worked his land [with] a forbidden work on the Jubilee - and likewise one who did not want to send away his slave [to be] free - has violated this positive commandment, besides that he violated a negative commandment, and as we will write in this Order, with God's help (Sefer HaChinukh 333). And his punishment is very great, as he is like one who denies the creation of the world.

מצוה שלג

שלא נעבד הארץ שנת היובל - שלא נעבד הארץ בשנת היובל, כמו שנמנענו מעבודתה בשנת השמטה. שנאמר ביובל לא תזרעו, כמו שנאמר (ויקרא כה יא) בשמטה, שדך לא תזרע. וכמו שהשמטה נאסר בה בין עבודת הארץ בין עבודת האילנות כך היובל, ולפיכך לא תזרעו על הכלל יכלל ארץ ואילן. **משרשי** מצות היובל, כתבתי במצוה הקודמת מה שיכלתי. **דיניה** בענין עבודת הארץ והאילנות, כמו בשביעית ובאם כסף תלוה (מצוה פד), כתבתי קצת מן הענינים לעורר לב הקורא על עניני המצוה כמנהגי, עין שם אם תחפץ בו.

Mitzvah 333

That we not work the land on the Jubilee year: That we not work the land on the Jubilee year, in the same way that we were prevented from its work on the sabbatical year. As it is stated about the Jubilee (Leviticus 25:11), "you shall not sow," [just] like it is stated about the sabbatical (Leviticus 25:4), "your field shall you not sow." And [just] like the sabbatical year is forbidden whether regarding the working of the land or whether regarding the working of the trees, so is [it with] the Jubilee. And therefore, "you shall not sow," is a category that includes land and tree. I have written in the previous commandment what I could of the roots of the commandment of the Jubilee. Its laws regarding working the land and the trees is like in the seventh [year]. And in Eem Kesef Talveh (Sefer HaChinukh 84), I have written a little of its matters to arouse the heart of the reader about the matters of the commandment, as is my custom. Look there if you desire it.

מצוה שלד

שלא נקצר ספיחי תבואות של שנת היובל - שלא נקצר ונלקט ספיחי תבואות שנת היובל כמו שאדם קוצר בשאר השנים, אבל יש לנו לעשות בדברים שנוי. שנאמר ולא תקצרו וגו' וכל הענין, כמו שפרשנו בסמוך בספיחי שביעית (מצוה שכח).

Mitzvah 334
To not harvest the aftergrowth of the produce of the Jubilee year: That we not harvest and collect the aftergrowth of the produce of the Jubilee year in the way that a person reaps [it] in other years - rather we should perform an alteration in the things - as it is stated (Leviticus 25:11), "and you shall not harvest, etc." And the whole content is like we explained nearby with the aftergrowth of the seventh [year] (Sefer HaChinukh 328).

מצוה שלה
שלא לאסף פרות האילנות בשנת היובל כדרך שאוספים אותן בשאר השנים - שלא נאסף פרות האילנות בשנת היובל כמו שאנו אוספין אותן בשאד השנים. שנאמר (ויקרא כה יא) ולא תבצרו את נזיריה. והוא אזהרה דרך כלל לכל פרות האילן. והזהיר הכתוב ביובל בפרות האילן אזהרה בפני עצמה, ובתבואות אזהרה בפני עצמה, כמו בשביעית, וכמו שכתבנו למעלה (מצוה שלג). והדין בשניהם, כלומר, בשמיטה וביובל, ובלאוין אלה אחד הוא, ומשרש אחד יעלה הכל לפי הדומה, ואין צרך להאריך על כלן. וכבר כתבתי (מצוד של) כי כל זה אינו נוהג אלא בארץ, ועל תנאי שיהיו כל יושביה עליה, ויהיה כל שבט ושבט דר במקומו.

Mitzvah 335
To not gather the fruits of the trees on the Jubilee year in the manner that we gather them in other years: That we not gather the fruits of the trees on the Jubilee year in the manner that we gather them in other years, as it is stated (Leviticus 25:11), "and you shall not reap its vines" - and that is a general warning for all fruits of the tree. And Scripture gave for the Jubilee a warning about the fruits of the tree on its own and a warning about the produce on its own - as with the seventh [year], and as we wrote above (Sefer HaChinukh 333). And the law about about both of them - meaning about the sabbatical year and the Jubilee and about these negative commandments - is one. And according to what appears, it all arises from one root - and [so] there is no need to write at length about all of them. And I have already written (Sefer HaChinukh 330) that all of this is only practiced in the Land, and with the condition that all of its inhabitants be upon it, and that each and every tribe reside in its place.

מצוה שלו

מצות עשית דין בין לוקח ומוכר - שנדין בדין מקח וממכר כענין שצותה התורה עליו. כלומר, שיש צדדין שתתקים המכירה בין המוכר ללוקח. ויש צדדין שאין לה קיום, והוא חובה עלינו לדון ביניהם כמצות התורה. ואף על פי שבאו מצות אחרות על זה כמו שכתבנו בפרשת משפטים (מצוה נח), שנצטוינו לדון בין טוען ונטען ובין מזיק וניזק וכיוצא בזה, וכל מקח וממכר בכלל טוען ונטען הוא, אף על פי כן באה המצוה על ענין המקח והממכר מיחדת, מפני שהוא דבר תמידי אל הבריות שאי אפשר לבני אדם לחיות אפילו יום אחד זולתו, ועל זה נאמרה פרשת וכי תמכרו וגו'. ואתה מוצא שכך דרכה של תורה בהרבה מקומות, שלפי צרך הדבר או חמר שבו תתיחד המצוה בו, וכמו כן תכפל האזהרות בדבר פעמים רבות, כמו שאתה רואה באזהרת עבודה זרה שנכפלה בארבעים וארבעה מקומות, ויחד האזהרה במלך לבדו, לפי שהיתה מצויה הרבה אותה העבודה הרעה, וכן באו בענין שבת שתים עשרה אזהרות בתורה, ונתיחדה האזהרה בו בקצת מלאכות, כמו הבערה והוצאה, ואף על פי שיש בהן מדרש אם לחלק יצאת אם ללאו אין המדרש לנו סתירה הרבה פנים לתורה. **שרש** הדינין ידוע. כי הוא דבר ששכל בני איש מעיד עליו ומבקש אותו, כי בדין יתקים ישוב בין בני אדם. מדיני המצוה מה שאמרו זכרונם לברכה (קדושין כו כח), שדיני המקח והממכר חלוקים לפי הדברים הנמכרים והנלקחים, שהקרקעות והעבדים נקנים בכסף ובשטר ובחזקה, ובכל אחד מאלו כיצד בכסף, וכיצד בשטר, וכן בחזקה, יש בהם פרטים רבים, כמו שבא ב"קדושין" בפרק קמא. והמטלטלין נקנין בדרכים אחרים יש מהן שנקנין בהגבהה (עי' ב"ב עו ב), וזאת הקניה גדולה ומספקת לכל המטלטלין, ויש מהן שנקנים בקניה פחותה מזו, והיא המשיכה, ומהן שנקנין בפחותה מזו, והיא המסירה. והביאו זכרונם לברכה (ב"מ מז, ב) ראיה על היות המטלטלין צריכין אלו הקניות ושאינן נקנין כמו הקרקעות, מדכתיב (ויקרא כה יד) או קנה מיד עמיתך. ופרשו הם זכרונם לברכה מצד הקבלה בפרוש או קנה מיד כלומר, דבר הנקנה מיד ליד. וכמו כן הביאו ראיה על קנית הקרקעות בכסף בשטר ובחזקה מכתובים אחרים, כמו שבא שם בקדושין (שם). **ואין** ספק כי אלו הקניות כלן מתקנת חכמים הן, והביאו הכתובים לסמך בהם דבריהם. והאמת כי חכמתם היקרה העתידה להגלות על ידם היתה רמוזה וגנוזה בתוך הכתובים, ואף על פי שעקר הכתובים אינו על אותן אסמכתות נלמדות הן מתוכן. ואמרו זכרונם לברכה בגמרא (ב"מ שם) דבר תורה מעות קונות אף במטלטלין, אבל טעם הצריכים משיכה בהן גזרה שמא יאמר לו מוכר ללוקח נשרפו חטיך בעליה. ומפני שתקנת המשיכה נעשית על זה, אמרו זכרונם לברכה (שם מט ב), שאם היו המטלטלין ברשותו של לוקח, אף על פי שנשכר אותו מקום למוכר, מכיון שהרשות הוא של לוקח ועיניו תמיד עליו, ואם יארע שום מקרה באותן מטלטלין, גם הוא יכול להרגיש בענין כמו המוכר וישתדל בהצלה, שבצד זה לא יקנה במשיכה אלא בכסף כדין תורה.

וכן אם הלוקח שוכר אותו מקום שהמטלטלין בו גם בענין זה לא תקנו בהם משיכה ומסירה והגבהה. ואמרו (ב"ק עט, ב) גם כן שהקרקע נשכר עם הדברים שהוא נלקח, והוא כסף ושטר וחזקה, שהשכירות קנויה היא ליומא. ואמרו (ב"ב פה, א) גם כן כשם שמקומו של אדם קונה לו, כך כליו קונים לו בכל מקום שיהיה לו רשות להניח אותו, ומכיון שיהיו המטלטלין בתוך הכלי אין אחד מהם יכול לחזור בו, אלא הרי הן כמי שהגביהן או כמו שהנחו בתוך ביתו, אבל כל מקום שאין לו רשות ללוקח להניח שם הכלי אין כליו (אינו) קונים לו שם כגון רשות הרבים, וכן רשות המוכר. ומכל מקום אמרו חכמים לענין רשות מוכר, שאם אמר לו מוכד ללוקח קנה בכלי זה, או אפילו לא אמר לו כן, אלא שקנה ממנו ברשות המוכר כלי אחר והגביהו כדי לקנותו ואחר כך קנה ממנו פרות והניחן בתוך הכלי מיד קנה אותן, שמפני ההנאה שיש לו למוכר במכירת הכלי אינו מקפיד על מקומו של כלי, וכאלו הכלי ברשות הלוקח חשבינן ליה. **והמסירה** אינה כן, שאין המסירה קונה אלא ברשות הרבים ובחצר שאינה של שניהם (ב"ב עו ב). וקנין המסירה הוא במה שאין דרך בני אדם לרב גדלן להגביהן ולא אפילו למשכן, כגון הספינות הגדולות וכיוצא בהן שאי אפשר לבני אדם להזוז אותן כי אם בטרח רב וברבוי בני אדם (רמב"ם מכירה פ"ג ה"ג). **והמשיכה** אינה כן, שאין המשיכה עושה קנין אלא בסמטא, והוא מקום סמוך לצד רשות הרבים, שדרך בני אדם להניח שם כליהם, וכל הקודם להניח שם כליו אין חברו רשאי לסלקו, וכמו כן קונה המשיכה בחצר [שהיא] (שאינה) של שניהם, וההגבהה קונה בכל מקום, לפי שבגופו הוא מגביה, וכן (ובו) הוא קונה, וגופו רשותו הוא בכל מקום שהוא. **ועוד** יש קניה אחרת בקרקעות ומטלטלין דבר תורה והיא החליפין, וזאת הקניה היתה מרגלת לפנים בישראל. וענין החליפין הוא, שאדם מחליף בהמתו בבהמת חברו, או כלי בכלי, או כלים בקרקעות, ואמרו חכמים (רמב"ם מכירה ה ה) בכל אלו, שכיון שמשך האחד הכלי מחברו זכה חבדו באותו הכלי האחר שהוא רוצה לקנותו ממנו, בכל מקום שיהיה, ואם יארע בו שום אבדה, נאבד לצרך זה שזכה בו עכשו בחליפין. ודין קנית החליפין אינו אלא בכלים, אבל לא בפרות, שאין הפרות עושין חליפין (ב"מ מז א), שהרי בפרוש מצאנו באותו כתוב שלמדנו ממנו החליפין שבכלי הן, כמו שכתוב (רות ד ז) וזאת לפנים בישראל שלף איש נעלו, כלומר, בית יד שלו וזהו הכלי. ומכל מקום אף על פי שאין הפרות נעשין חליפין לקנות בהן כמו בכלי, בקנין (נקנין) הן בתורת חליפין, כלומר, בכלי יכול אדם לקנותן כדרך חליפין, שיתן אדם לחברו כלי ויזכה בפרות חברו בכל מקום שהן. מה שאין כן במטבע, שהמטבע אינו נעשה חליפין ולא נקנה בחליפין, לפי שדעתו של אדם על הצורה, והצורה עשויה להבטל ברצון המלך או גדולי המדינות, ועל מה שאינו דבר קים אין לב הבריות סומך בו לקנות בו, ועל כן אינו נקנה בחליפין ולא נעשה חליפין. אבל מטבע שאין חשיבותו מחמת הצורה נקנה בחליפין ונעשה חליפין ככל

שאר המטלטלין, ואיזהו? זה מטבע שפסלתו מלכות או בני המדינה, וכדאמר ריש לקיש בפרק הזהב (בבא מציעא מו, ב) אפילו כיס מלא מעות, ותרגמה רבי אבא, בדינרא ניאקא ואנגרא, חד פסלתו מלכות וחד פסלתו מדינה. **ואין** הכונה באמרנו שאינו נעשה חליפין ולא נקנה בחליפין, שמי שמשך פרות מחברו בכך וכך מעות לא יתחיב לתת לו המעות, דודאי מתחיב הוא להשלים לו מעותיו. מכיון שמשך פרותיו, אבל הענין הוא שאינו נעשה חליפין שמי שהיו לו שק של מעות ממטבע שאינו נפסל, כמו שאמרנו, ומשך מחברו כלים או בהמה או פרות, ואמר לחברו הריני מושך פרות אלו חליפי אותו שק של מעות שיש לי בבית שיש בו מאה דינרין אין חברו זוכה באותן דינרין כלל, ואם נאבדו אחר שמשך זה הפרות בשום צד ואפילו באנס לא נאבדו לו כלל, אלא חברו מחיב לתת לו מאה דינרין מכל מקום, וזהו שאמרו זכרונם לברכה (שם מד א) משך הימנו פרות ולא נתן לו מעות אינו יכול לחזור בו כלומר מחיב הוא להשלים לו הדמים מכל מקום, דלא בתורת חליפין אתמר, אלא בתורת דמים. וכן הוא מבואר בריש פרק הזהב שאמרו שם (מה, ב) הזהב קונה את הכסף מאי לאו בחליפין? לא, בדמים. ומקשה שם אי הכי, קונה? מחיב מבעי ליה כלומר, דלא נפיל לשון קנין אלא בדבר ידוע, אבל זה, מביא הוא לו איזה דמים שירצה. ומתרץ, תני, מחיב כלומר, מחיב הוא לתת לו הדמים מכיון שמשך ממנו את הפרות, ואינו יכול לחזר בו. **אבל** הנותן לחברו מעות לקנות ממנו פרות אינו מתחיב בעל הפרות לתתם לו, שזו היא תקנת חכמים זכרונם לברכה, שלא לקנות בכסף אלא במשיכה, אבל מכל מקום חיבוהו זכרונם לברכה (שם מד, א), לקבל מי שפרע. לפי שחוזר בדבודו, ואחר שעשה מעשה עם חברו, וקבל ממנו מעות. וקניה זו של חליפין שהיא הנקראת לחכמים זכרונם לברכה קנין היא קניה [חזקה] בכל דבר, בין במכר, בין במתנה, ובכל תנאים שבין אדם לחברו, שנאמר בזה לקים כל דבר וזאת התעודה בישראל. ודין מי הוא ראוי למכר ויתקים ממכרו, ומי אינו ראוי כגון בן דעת ושאינו בן דעת, ודין מוכר דברים סתם ואינו מפרש כל הענינים שצריך לפרש, ודין משיר בממכרו שום דבר, בגוף או בפרות, ודין מצרים שצריך אדם להזכיר במכר קרקע, ואם הזכיר קצתם ולא כלם היאך תורתו. ודין מוכר ממון שאינו שלו מה דינו, ודין מי שנאנס למכור קרקעו מה דינו והחלוק שבין תלוה וזבין ותלוה ויהיב. ודין המתנה עם חברו שאם ירצה למכר קרקעו שימכרהו לו, ודין המוכר קרקעו על דעת לעשות שום ענין ולא עלה בידו לעשות, אם יתקים מכרו אם לאו, כגון המוכר אותו על דעת לעלות לארץ ישראל ולבסוף לא עלה שם, וכן כל כיוצא בזה. וזה שאני אומר על דעת לעשות שום דבר, לא שיפרש המוכר אותו דבר בשעת המכר, אלא שהבריות יודעות מתוך מעשיו ודבריו שכן חפצו (עי, קידושין מט ב ובתוס' שם). **ודין** מכירת הקדשות (ערכין כא ב) או בתי כנסיות כיצד, ולאיזה ענין התר המכר בהן, ודין קנית שטרות שצריך בהן מסירת השטר וכתיבה מצד אחר, שיפרש בו שהוא מוכר לו אותו שטר

וכל שעבודא דאית ביה (ב"ב עו א). ודין נותן מעות לחברו לקנות לו דבר וקנאו לעצמו באותן מעות מה יהא בזה. ודין שלשה שנתנו מעות לאחד, והלך וקנה במקצת הדמים היאך יחלקו, ודין מה שאמרו שבארבעה פרקים בשנה, מעות קונות לענין קונה בהמה, ולפיכך אמרו זכרונם לברכה בפרק אותו ואת בנו (חולין פג א) שמשחיטין את הטבח על כרחו, וכאוקימתא דרבי אלעאי אמר רבי יוחנן שפירש דארבעה פרקים אלו העמידו דבריהם על דברי תורה, וכדאמר רבי יצחק אמר רבי יוחנן דבר תורה מעות קונות. ודין מוכר בהמה ונמצאת טרפה, מה דינו (כתובות עו ב). ודין מוכר אומר במנה ולוקח בחמשים, הלך כל אחד ואחד ואחר כך לקחו סתם, ודין מה שאמרו שאין אדם מקנה דבר שלא בא לעולם (יבמות צג ב). ודין בעל המכר, ודין שלוחו של אדם ושתפו במקחו וממכרו, בהפסדו ובשכרו. ויתר פרטי המצוה רבים, יתבארו בפרק ראשון מקדושין, ובפרק רביעי ושמיני ותשיעי ממציעא, ובפרק שלישי ורביעי וחמשי וששי ושביעי מבתרא, וקצת מהן במקומות אחרים מפזרים בגמרא. [ח"מ]. **ונוהגת** בכל מקום ובכל זמן בזכרים, כי להם לעשות דין. ובית דין העובר על זה ודן בין מוכר ולוקח שלא כדין שצותה על זה תורתנו השלמה בטל עשה זה, זולתי אם עשה כן מדעת שניהם, שאלו בקבלת שניהם רשאי, דכל תנאי שבממון תנאו קים.

Mitzvah 336

The commandment of adjudicating between the buyer and the seller: That we must adjudicate cases of a buyer and seller according to what the Torah commanded - meaning that there are circumstances that the sale between the seller and buyer stands, and there are circumstances when it does not stand; and it is an obligation upon us to adjudicate between them according to the commandment of the Torah. And even though there are other commandments that came about this - as we have written in Parshat Mishpatim (Sefer HaChinukh 58) that we were commanded to adjudicate between the claimant and the defendant and between the injurer and the injured and similar to them; and all buying and selling is included in a claimant and a defendant - nonetheless, this commandment came specifically about the matter of buying and selling, since it is a constant thing with the creatures. As it is impossible to go even one day without it. And the section of "And when you sell, etc." is stated about this. You find that this is the way of the Torah in many places - according to the necessity or severity of the matter will a commandment be specified for it. Likewise, will warnings be repeated many times [in such cases]. As you see with the prohibition of idolatry that it was repeated in forty-four places, but a warning about Molekh was [still] singled out because this evil worship was very common. And also twelve warnings come about Shabbat in the Torah, but some types of work are [still] singled out with a warning - such as kindling and carrying. And even though there is a midrash about them [to ascertain] if they were [mentioned] to individualize [all the prohibitions of Shabbat] or to [reduce them] to a [simple] negative commandment, the midrash is not a contradiction for us, there are many [possibilities in explaining] the Torah. **The** root of civil laws is well-known - as it is something to which human reason testifies and that it demands; for through law is civilization preserved among people. **From** the laws of the commandment is that which they, may their memory be blessed, said (Kiddushin 26a-28b) that the laws of buying and selling are different according to what is being bought and sold: Land and slaves are acquired with money, a contract or possession; and there are many details with each of these - how is it with money, how is it with the contract and so [too,] with possession - as it appears in the first chapter of Kiddushin. Movable items are acquired in other ways - some are acquired by lifting (see Bava Batra 76b) and that is the greatest [form] of acquisition, and it is sufficient for all movable items. And some are acquired through an acquisition [that is of a] lower level than this, and that is dragging; and some are acquired though a [still] lower level, and this is handing over. And they, may their memory be blessed, brought a proof (Bava Metzia 47b) that movable items require these [ways of] acquisition and that they cannot be acquired like lands, from that which it is written (Leviticus 25:14), "or purchased from the hand of your fellow." And they, may their memory be blessed, explained from the angle of the tradition in explanation of "or purchased from the hand" [as] meaning to say, something that is acquired from one hand to [another]. And likewise, did they bring proof from other verses about the acquisition of lands with money, with a contract and with possession, as it appears in Kiddushin. **And** there is no doubt that all of these acquisitions are from rabbinic enactment, and they [only] brought the verses to support their words. And the truth is that their dear wisdom that would eventually be revealed by them was hinted and stored in the verses. And even though the essence of the verses are not about these supports, they are learned from them. And they, may their memory be blessed, said (Bava Metzia 47b) [that] on a Torah level, money [is effective] even for movable properties, but the reason they required dragging it was a decree lest the seller say to the buyer "Your wheat burnt in the loft." And because the ordinance of dragging was made for this, they, may their memory be blessed, said (Bava Metzia 49b) that if the movable items were in the buyer]s domain - even if he rented that place to the seller - since the domain is the buyer's and his eyes are always upon it and if any incident should happen to those movable items, he could also sense the matter like the buyer and attempt to rescue [them], as the seller could, in this case the sale is enacted only through money as the Torah prescribed, and not through dragging. And also, if the buyer rents that place that the movable items are located - in that case as well, they did not ordain dragging, giving over or lifting. And they also said (Bava Kamma 79b) that land is rented with the ways that it is bought - and that is money, a contract or possession - since renting is acquisition for its days. And they also said (Bava Batra 85b) that just as a person's place acquires for him, so too his vessels can acquire for him in any place that he is allowed to leave them. And once the movable items are placed inside the vessel, neither of them can retract about it; rather it is as if it was lifted, or placed inside his house. But in a place where the buyer is not allowed to place his vessel, his vessels will not (it does not) acquire for him there - such as the public domain or the seller's property. Nevertheless the Sages said regarding the seller's domain that if the seller says to him, "Acquire with this vessel" - or even if he doesn't say it, but the buyer acquired another vessel from him in the domain of the seller by lifting it, and afterwards acquired fruits from him and placed them into the vessel - he has immediately acquired them. As due to the pleasure that the seller receives from the sale of the vessel, he is not concerned with the place of the vessel and it is considered as if the vessel is in the buyer's domain. **And** handing over is not like this, as it only acquires in a public domain or a courtyard that belongs to neither of them (Bava Batra 76b). And acquisition by giving over is for that which is not the way of people to lift them, nor to even drag them, because of their great size - such as large ships and that which is similar to them that are impossible for people to move without much strain and many people (Mishneh Torah, Laws of Sales 3:3). **But** dragging is not like this, as dragging only acquires in an alley - which is a place adjacent to the side of the public domain - where it is the way of people to leave their vessels there. [Any] vessels left in such a place may not be moved by [another person]. And dragging also acquires in a yard that [belongs] (does not belong) to both of them. But lifting

ספר החינוך Sefer HaChinukh

acquires in all places; since he is lifting it with his body, and so (and with it), he acquires - because his body is his domain in all places that it is [present]. **And** there is yet another [method of] acquisition of lands and movable items on a Torah level, and that is exchange. And this acquisition was formerly common in Israel. And this matter of exchange is that a man trades his beast for his fellow's beast, or one vessel for another vessel, or vessels for land. And the Sages said about all of these (Mishneh Torah, Laws of Sales 5:5) that once the first dragged the object from his fellow; his fellow possessed the other object that he wanted to acquire from him, wherever it may be. And if anything happens that destroys the object, the loss is [absorbed by the purchaser]. And the law of acquisition by exchange is only with vessels, but not with produce; as produce cannot be used for exchange (Bava Batra 47a). As behold, we found explicitly in that verse from which we learned [about] exchange, that it is with a vessel (Ruth 4:7) - "And this was formerly common in Israel, a man would remove his shoe," meaning his glove, and this is a vessel. And nevertheless, even though produce cannot be the medium of barter, with which to acquire, produce can be acquired through barter like a vessel; i.e., a person can use a vessel to acquire produce through barter - such that he he give a vessel to his fellow, and possess the produce of his fellow wherever it may be. The same is not true of coins, which can neither be bartered with nor be acquired with barter - because the mind of people is always on the imprint, and the imprint may be cancelled by the will of the king or the great ones of the states. And people do not rely upon that which is not a firm thing, to acquire with. And so, it cannot be acquired in barter, nor used for barter. But a coin the value of which is not because of its imprint is acquired in barter and can be used for barter, like all other movable items. And which one is that? That is a coin that was cancelled by the monrachy - and as Reish Lakish said in the chapter [entitled] HaZahav (Bava Metzia 46b), "Even a purse filled with coins" and "Rabbi Abba translated it as anka dinars and anigera - dinars. One is that the kingdom invalidated and one is that the province invalidated." **When** we said that it is not used as barter nor bartered for, the intention was not that the one who bought produce from his fellow for such and such money, is not obligated to pay him the money; for he is certainly obligated to pay him his money once he dragged the produce. Rather the matter is that it is not made into barter. As one who has a bag of coins that are not invalidated, as we said, and his fellow dragged vessels or a beast or produce and said to this fellow, "Behold, I am pulling this produce in exchange for that bag of coins that I have at home which has a hundred dinar" - his fellow does not possess those dinars at all. And if they get lost in any way - and even if it is beyond his control - they are not lost from [his fellow] at all. Rather [the original owner of the coins] is [still] obligated to give him one hundred dinar from any place. And this is [the meaning of] that which they, may their memory be blessed, said (Bava Metzia 44a), "He pulled the produce, but he did not [yet] give him the money, he cannot renege on [the transaction]" - meaning he is obligated to pay him the value from any place. As it was not said with a status of barter, but with a status of value. And so was it elucidated at the beginning of the chapter [entitled] HaZahav. As there, they said (Bava Metzia 45b), "'The gold [coins] acquires the silver coins.' What, is it not with barter? No, with value." And it raises a difficulty there, "If so, [why the expression], 'acquires' - it should have been, 'obligates?'" [This] is meaning to say that the expression of acquisition only falls upon something known, but this one brings whatever [objects of] value he wants. And it answers, "[Emend the text and] teach, "obligates" - meaning, he is obligated to give him the value once he pulled the produce from him, and he may not renege on it. **But** [in the case of] one who gives his money to his fellow to acquire produce with it, the owner of the produce is not obligated to give it to him. As this is an ordinance of the Sages, may their memory be blessed - not to acquire with money but with dragging. Nonetheless, the Sages, may their memory be blessed, made him liable [if he does not give him the produce] to receive [the curse of] 'The One who dispenses' (Bava Metzia 44a); as he went back on his word after he did an act with his fellow and took money from him. And this acquisition of exchange - which is [just] called, 'acquisition' by the Sages, may their memory be blessed - is a strong acquisition for every matter, whether for a sale, for a gift or for all of the conditions between a man and his fellow; as it is stated about it (Ruth 4:7), "to establish any matter [...] and this is a validation in Israel." And the law of who is fitting to sell and his sale stands and who is not fitting - such as a competent person and an incompetent person; the law of one who sells things undifferentiatedly and does not explain all the things that he must explain; and the law of one who leaves anything over in his sale, whether in an item or in produce; the law of the borders that a man must mention in the selling of land and what is its status if he mentioned some of them but not all of them. And the law of one

ספר החינוך Sefer HaChinukh

who sells property that is not his; and what is the law of the one who is forced to sell his land - and the distinction between he was hung and he sold, and he was hung and he gave. And the law of one who makes a condition with his fellow that if he will want to sell his land, he will sell it to him. And the one who sells his land with the intention to do any [particular] thing and it did not come up in his hand to do it; such as one who sells it with the intention of going to the Land of Israel, and in the end he does not go there, and all that is similar to this. And that which I say, with the intention to do any [particular] thing - it is not that the seller explicitly says the thing at the time of the sale, but rather that creatures know from his deeds and his words that this is his desire (see Kiddushin 49b and Tosefot there). **And** the law of how is the selling of consecrated properties or synagogues, and for which matter is their selling permitted (Arakhin 21b). And the law of buying deeds - that they require the handing over of the deed and also writing that makes explicit that he is selling him the deed and any lien that it has (Bava Batra 76a). And the law of what would be if one gives money to his fellow to buy him something and he buys it for himself with that money; and the law of three that gave money to one, and he went and he bought with part of the money, how do they divide it. And the laws of that which they said, at four periods in the year does money [itself actually] acquire beasts - and therefore they, may their memory be blessed, said in the chapter [entitled] Oto ve'et Beno (Chullin 83a) that we make a butcher slaughter [an animal once he received the buyers' money] against his will; and like the contextualization of Rabbi Eelai that Rabbi Yochanan said - which explained that [the Sages] stood their words upon the words of the Torah at these four times, and like Rabbi Yitschak said that Rabbi Yochanan said, "Money acquires from Torah writ." And what is the law (Ketuvot 76b) of one who sells a beast and it is found to be 'torn' (terminally ill and, so, unfit to eat). And the laws of a seller who says [the sale] is for a hundred and a buyer who says [it is] for fifty, and each one goes away, but he buys it afterwards undifferentiatedly. And the law of that which they said that a man may not sell what has not [yet] come to the world (Yevamot 93b). And the law of the owner of the sale; the law of a person's agent, and his partner in his buying and his selling regarding his loss and his profit. And the rest of the many details of the commandment are elucidated in the first chapter of Kiddushin and in the fourth, eighth and ninth chapter of [Bava] Metzia, and in the third, fourth, fifth, sixth and seventh chapter of

[Bava] Batra. And a few of them are in scattered other places in the Gemara (see Tur, Choshen Mishpat). **And** [it] is practiced in every place and at all times by males, as it is upon them to administer justice. And a court that transgresses this and adjudicates between a buyer and a seller not according to the law that our perfect Torah commanded us about this has violated this commandment - unless if it did this with the consent of both of them, since it is allowed [to do so] with the acceptance of the two of them. As any condition with money is upheld.

מצוה שלז

שלא להונות במקח וממכר - שלא להונות אחד מישראל, בין זכר בין נקבה, במקח ובממכר, שנאמר (ויקרא כה יד) וכי תמכרו ממכר לעמיתך או קנה מיד עמיתך אל תונו איש את אחיו. ואמרו זכרונם לברכה בספרא (בהר ג ד) אל תונו איש את אחיו, זו אונאת ממון, ובגמרא (ב"מ נו, ב) אמרו זכרונם לברכה, מיד עמיתך, דבר הנקנה מיד ליד, כלומר, מטלטלין. ואין כונת המדרש, שלא יזהיר הכתוב על אונאת הקרקעות כמו כן, אלא הענין הוא לומר, שדיני אונאה כגון החלוקין שאמרו זכרונם לברכה (שם נ, ב), שהיא חוזרת ביתר משתות, ודיניה בפחות משתות, ובשתות אינן נוהגין בקרקעות, אלא במטלטלין. ועוד דרשו בזה הכתוב (בספרא שם א) אם באת לקנות קנה מישראל, שנאמר או קנה מיד עמיתך. ואולי זה שדקדקו בכאן להיות דיני האונאה במטלטלין לבד, לפי ששנה הכתוב בלשון זה שאמר וכי תמכרו ממכר דמשמע כל ממכר, בין קרקע בין מטלטלין, ואחר כך יחד האזהרה במטלטלין, שאמר או קנה מיד דמשמע דוקא מטלטלין שהן נקנין מיד ליד. למדו מזה לומר, שיש במטלטלין דין מחדש שאינו בקרקע, וזהו חזרת הממון בקצת צדדין שבו. **אבל** עקר האזהרה, בין בקרקע בין במטלטלין הוא באמת, שהזהרנו שלא להונות את הבריות לדעת, אבל החלוק שביניהם הוא, שאם נמצאת אונאה במטלטלין ביתר משתות שיבטל המכר, שדעת הבריות שלא לסבל אונאה יתרה מכן במטלטלין, אבל בקרקע לפי שהקרקע דבר קים לעולם דרך הבריות למחל בו כל אונאה אחר שלקחו אותו, וכעין מה שאמרו זכרונם לברכה (ב"ק יד, ב) על דרך ההפלגה, שהקרקע דבר השוה כל כסף הוא. והראיה לדברינו אלה, כלומר, שאסור אונאה אף בקרקע, שהרי עקר אזהרה זו בקרקעות הוא דכתיב, וכמו שמפרש בפרשה, זהו דעת הרמב"ן זכרונו לברכה בענין זה וכמו שכתב בפרוש החמש. **שרש** המצוה ידוע, כי הוא דבר שהשכל מעיד עליו. ואם לא נכתב דין הוא שיכתב, שאין ראוי לקחת ממון בני אדם דרך שקר ותרמית, אלא כל אחד יזכה בעמלו במה שיחננו האלהים בעולמו באמת ובישר, ולכל אחד ואחד יש בדבר הזה תועלת, כי כמו שהוא לא יונה אחרים גם אחרים לא יונו אותו, ואף כי אם יהיה אחד יודע לרמות יותר משאר בני אדם, אולי בניו לא יהיו כן וירמו

אותם בני אדם, ונמצא שהדברים שוים לכל, ושהוא תועלת רב [ה] בישובו של עולם, והשם ברוך הוא לשבת יצרו. **מדיני** המצוה. מה שאמרו זכרונם לברכה (ב"מ נא, א), שהמוכר והלוקח שניהם מזהרים באזהרה זו. שנאמר וכי תמכרו ממכר או קנה, ולא יאמר הלוקח דרך המוכר לדעת שווי ממכרו, ואחר שהוא מוכרו לי בדמים קלים אין עלי עון, שאינו כן, אלא שניהם באזהרה, וכמו כן שניהם הן בדיני האונאות כמו שחלקום זכרונם לברכה, וכן הוא במשנה (שם) אחד המוכר ואחד הלוקח יש להם אונאה, וכל מי שנתאנה מהם יכול לחזר בו. ואמרו זכרונם לברכה (שם מט ב), ששעור האונאה שמחזירין אותה ויהיה המקח קים הוא שתות המקח או שתות הדמים, ושעור האונאה שאין מחזירין אפילו אותה, ואין צריך לומר שאין מבטלין המקח בשבילה הוא פחות משתות המקח והדמים, אבל היה בדבר שתות אחד מהם, כלומר שתות המקח או שתות הדמים מחזירין האונאה. ושעור האונאה שמבטלת המקח כלו, הוא כל זמן שהוא יתר משתות המקח והדמים, שהלכה היא כשמואל דאמר בגמרא (שם) שתות מעות נמי שנינו. כלומר, שאם האונאה אינה יתירה על שניהם לא יתבטל המקח, אלא יחזיר האונאה. **ומה** שאמרנו שבאונאה שיתרה על שתות יתבטל המקח, ואף על פי שזה הלך לביתו במעותיו וזה בפרותיו דוקא שבא לחזר בו מי שנתאנה, אבל בא לחזר בו המאנה מחמת שנתיקרו הפרות בינתים או בטענה אחרת אין שומעין לו, משום דאמר ליה מי שנתאנה אי לאו דאוניתן לא מצית הדרת בך, והשתא מצית הדרת בך? וכן הוא הלשון בגמרא (ב"ב פד א) ורב חסדא הוא דאמר לשמעתא בפרק הספינה. ורב אלפס ז"ל פסקה בבטול מקח ופרות, כלומר, דאמר ליה מי שנתאנה למאנה בשעת המכר הרוח היה עמך, וכבר נתקים ממכרנו או מקחנו מחמתך, מה זה שבא לבטל אותה האונאה שעשית לי, הריני מוחלה, כי רבותינו לא בטלו הקנין, אלא מחמת המתאנה, מכיון שהוא רוצה בדבר הרי הוא קים. וזה ששנינו (שם פג ב) יפות ונמצאו רעות לוקח יכול לחזר בו. כלומר, ולא מוכר, רעות ונמצאו יפות מוכר יכול לחזר בו, כלומר, ולא לוקח. **ואמרו** זכרונם לברכה (ב"מ נב א) בעניני האונאה, שאין ראוי להיות דין החזרה או הבטול נמשך לעולם, אלא זמן קצוב הוא שנתנו בדברים, כדי שיתקימו עניני המקח והממכר בין בני אדם, והזמן שנתנו אינו שוה בכל הדברים, וגם אינו שוה בלוקח ומוכר, כי בכל סחורה שתהיה בחלוף המטבעות נתנו בה שעור כדי שיראה אותה הלוקח לשלחני אם הוא בכרך. ואם הוא בכפר יהיה השעור עד יום השוק שיעלה לכרך, או למקום ששלחני שם. ובשאר כל הסחורות אין חלוק בין כפר לכרך, והשעור בהן הוא כדי שיראה האדם מה שלקח לתגר או לקרובו, ושעור זה לפי ראות עיני הדין, שאי אפשר לקבע בענין זה חשבון שעות. ורבא נתן טעם בגמרא (שם ב) בחלוק המטבע משאר סחורות, ואמרו דרך כלל, טלית לכל אינש קים ליה, סלע לשלחני הוא דקים ליה. עבר זה העת ולא חזר בו הלוקח, אפילו יש באונאה יתר משתות כמה אין יכול לחזר בו

מן הדין, אבל אמרו חכמים (שם) שממדת החסידות ראוי להחזירה לעולם. ושעורים אלו הן בלוקח, אבל המוכר חוזר בו לעולם, לפי שאין הסחורה בידו כדי שיוכל למלך עליה. **ולא** נאמרו דינין אלו שכתבנו, אלא בלוקח מן התגר, אבל בלוקח מבעל הבית אין בו אונאה, ולא בטול מקח בתוך הזמן הקצוב שאמרנו, ולא אחר כן, שלא נאמרו אלו הדברים אלא בתגרים לתקון העולם ולישובי המדינות, אבל בעלי בתים אין מוכרין כליהם אלא ביקר, ובני אדם בדעתם ענין זה שהוא כן מוחלין הדבר לעולם בבעל הבית. ואלו דברים (שם נו, א) שאין בהם דיני אונאה לשום אדם, ואפילו נמכרו פי שנים כשוים, ואף על פי שיש בהן אסור אונאה, כמו שכתבתי בראש המצוה לדעת הרמב"ן זכרונו לברכה הקרקעות, והעבדים, שהקשו לקרקעות, כמו שנלמד בגמרא (שם ב) מדכתיב והתנחלתם אתם. והשטרות, וההקדשות, וכמו שאמרו זכרונם לברכה. תנו רבנן, וכי תמכרו. וכו' או קנה מיד דבר הנקנה מיד ליד, יצאו הקרקעות שאינן מטלטלין, ויצאו עבדים שהקשו לקרקעות, ויצאו שטרות דאמר קרא ממכר, מי שגופו קנוי, יצאו אלו שאין גופן קנוי אלא לראיה שבהן. מכאן אמרו המוכר שטרותיו לבשם יש להם אונאה. והטעם, לפי שאין מוכרין לו לראיה שבהן, אלא להשתמש בניר. וקא מתמה עליו בגמרא (שם): מאי קא משמע לן? כלומר פשיטא, וכי מגרע גרע ניר מכל שאר מלי? ומשני לאפוקי מדרב כהנא דאמר אין אונאה לפרוטות, והקדשות אמעיטו מדין אונאה, מדכתיב עמיתך. **ותדע** שכל עניני האונאה נאמרו בשווי החפץ, כגון שמכר שוה שש בחמש או שוה חמש בשש וכיוצא בזה, אבל המאנה במדתו של חפץ, בארכו ורחבו, בעביו או במשקלו, ואפילו בדבר מועט חוזר. והינו דאמר רבא (קידושין מב, ב) כל דבר שבמדה ושבמשקל ושבמנין אפילו פחות מכדי אונאה חוזר. והרוצה להנצל מכל חשש ענינים אלו שכתבנו, יכול לומר ללוקח, חפץ זה שאני מוכר לך יודע אני שיש בו אונאה עד כך וכך, אם תרצה לקח אותו על מנת שלא לך עלי אונאה קחנו, ואם לאו הנח אותו אין לו עליו אונאה אחר כן, ולא אפילו תרעמת דברים (כמבואר ב"מ נא ב). ויתר פרטיה בפרק רביעי ממציעא [ח"מ סימן רכז]. **ונוהגת** בכל מקום ובכל זמן בזכרים ונקבות. והעובר על זה ועשה אונאה לחברו לדעת בשתות או יותר עבר על לאו זה, אבל בפחות משתות התירו זכרונם לברכה להשתכר לתגר, מפני תקון הישוב, שימצאו בני אדם צרכיהם מוכנים בכל מקום. ואין לוקין על לאו זה, לפי שנתן להשבון.

Mitzvah 337

To not mistreat in buying and selling: To not mistreat one of Israel - whether male or female - in buying and selling, as it is stated (Leviticus 25:14), "And if you sell a sale to your countryman or buy from the hand of your countryman, a man should not mistreat his brother." And they, may their memory be blessed, said

ספר החינוך Sefer HaChinukh

in Sifra, Behar, Section 3:4, "'A man should not mistreat his brother' - that is mistreatment [with] money." And in the Gemara (Bava Metzia 56b), they, may their memory be blessed, said "'From the hand of your countryman' - something that is acquired from a hand to a hand" - that is to say, movable items. And the intention of the midrash is not that the verse does not warn likewise about lands. Rather the matter is to say that the laws of mistreatment - such as the distinctions that they, may their memory be blessed, said (Bava Metzia 50b) that it is returned if there is [overcharging that is] more than a sixth [above the market price], and its laws for less than a sixth and for a sixth - are not practiced with lands, but only with movable items. And they expounded further about this verse (Sifra, Behar, Section 3:1), "If you have come to purchase, purchase from an Israelite, as it is stated, 'or buy from the hand of your countryman.'" And perhaps that which they were exacting here that the laws of mistreatment are only with movable items is because the verse changed [its] expression - as it stated, "And if you sell a sale," which implies any sale, whether land or movable items; and afterwards it designated the warning for movable items, as it stated, "or buy from the hand," which implies specifically movable items that are acquired from a hand to a hand. They learned from this to say that there is a novel law with movable items which is not with land - and that is the return of money with it in certain cases. **But** the essence of the warning – whether with land or whether with movable items - is truthfully that we have been warned not to mistreat the creatures on purpose. However, the difference between [movable items and land] is if there is mistreatment (overcharging) with movable items that is more than a sixth, the sale is nullified – as the mind of the creatures does not tolerate more [overcharging] than this with movable items. However, it is the way of the creatures to forgive all mistreatment regarding land after one has bought it, since land is something that exists forever. And it is similar to that which they, may their memory be blessed, said by way of exaggeration (Bava Kamma 14b) that land is something worth all money. And the proof to these words of ours - meaning to say, that the prohibition of [overcharging] is also with land - is that behold, the main warning is written about lands, as is explained in this section of the Torah. And that is the opinion of Ramban regarding this - and as he wrote in his commentary of the Pentateuch (Ramban on Leviticus 25:14). **The** root of the commandment is well-known, as it is something to which the intellect testifies. And if it were not written, it is appropriate that it would be written - as it is not fitting to take the money of people through falsehood and deceit. Rather, everyone should earn that which God has granted him through his toil, in truth and righteousness. And there is a benefit to each and every one with this thing; such that [just] like he will not mistreat others, others will also not mistreat him. And even if there be one who knows how to trick more than other people [do], maybe his children will not be so and people will deceive them. And [so] it comes out that the things are the same for all, and that it is of great benefit for the inhabitation of the world. And God, blessed be He, created it to be inhabited. **From** the laws of the commandment is that which they, may their memory be blessed, said (Bava Metzia 51a) that both the buyer and the purchaser are warned by this warning (commandment), as it is stated, "And if you sell a sale to your countryman or buy." And the buyer should not say, "It is the way of the seller to know the worth of his sale. And given that he sold it to me for a little money, I do not have an iniquity [for buying it below its fair price]." As it is not like this, but they are rather both [included] in the warning. And likewise, both of them are [included] in the laws of mistreatments, in the manner that they, may their memory be blessed, differentiated [the laws]. And so is it in the Mishnah (Bava Metzia 51a), "It is the same for the seller and the buyer that they have [the law of] mistreatment. And anyone that is [overcharged] is able to renege on [the sale]." And they, may their memory be blessed, said (Bava Metzia 49b) that the measure of [overpricing] that we return [the extra amount] but the sale will stand is a sixth of the sold item or a sixth of the money; and the measure of [overcharging] that we do not even return it - and it is not necessary to say that we do not nullify the sale for it - is less than a sixth of the sold item or of the money, but if there was a sixth of one of them in the thing, [the extra amount] is returned; and the measure of [overcharging] for which the entire purchase is nullified is so long as it is more than a sixth of the purchase or the money. As the law is like Shmuel, who says in the Gemara (Bava Metzia 49b) that if the [overcharging] is not greater than either of them, the sale is not nullified, but he rather returns the [extra amount]. **And** that which we said that with [overcharging] that is more than a sixth, the sale is nullified - and even though this one went [back] to his house with his money, and this one went to his house with his produce - [that is] only if the one that was mistreated comes to renege on it. But if the one who mistreated comes to renege on it, because the produce had appreciated in between or

ספר החינוך Sefer HaChinukh

[because of] another claim, we do not listen to him. [This is] because the one mistreated [could] say to him, "If you had not [overcharged] me, you would not have been able to go back on it; and now you have found that you want to go back on it?" And so is the language of the Gemara (Bava Batra 84a), and Rav Chisda is the one who said the teaching in the chapter [entitled] Hasefinah; and Rabbi Alfas, may his memory be blessed, ruled [like] it regarding the nullification of a sale and of produce. [This is] meaning to say, that the one mistreated is saying to the one who mistreated, "At the time of the sale, the [extra] profit was already with you, and our sale or purchase was already standing because of you. What is it that comes to nullify it? The mistreatment that you did to me. Behold, I forgive it." As our Rabbis only nullified the acquisition because of the one mistreated. From when he wants the preservation of the [sale], behold, it is preserved. And that is [the meaning of that] which we learned (Bava Batra 83b), "Fine, and they were found to be inferior, the buyer can renege on it" - meaning to say, but not the seller; "Inferior and they were found to be fine, the buyer can renege on it" - meaning to say, but not the buyer. **And** they, may their memory be blessed, said (Bava Metzia 52a) about the matter of [overcharging] that it is not fitting that the law of reneging or nullification be forever; but they rather gave a set time about the things, so that the matters of buying and selling among people be preserved. And the time that they gave is not the same for all things and is also not the same for the buyer and the seller: As with any trade that [involves] the exchange of coins, they gave the measure [of time sufficient] for the buyer to show it to the money-changer if he is in the city. But if he is in a village, the measure is until the market day, that he can bring it to the city or to the place where the money-changer is [found]. And with all other goods there is no difference between a village and a city - and the measure for them is [time sufficient] for a person to show what he bought to a trader or to his relative. And this measure is according to what the eyes of the judge see; as it is impossible to set a calculation of hours about this matter. And Rava gave a reason in the Gemara (Bava Metzia 52b) about the distinction of a coin from other goods, and said it more generally, "Everyone is certain about a cloak, it is [only] a money-changer who is certain about a sela. If this time passed and the buyer did not renege on it, he may not legally renege on it - even if there is much more than a sixth of [overpayment]. However, the Sages said (Bava Metzia 52b) that it is fitting from the trait of piety to always [allow him]

ספר החינוך Sefer HaChinukh

to renege on it. And these measures are for the buyer, but the seller can always renege on it; since the goods are not in his hand so that he can confer about them. **And** these laws that we wrote are only said about one who purchased from a trader. But [regarding] one who buys from a homeowner, there is no [overcharging] in it and no nullification of the sale within the set time that we said nor afterwards. As these things were only said with traders for the improvement of the world and the settlements of the states. But homeowners only sell expensively - and in their knowing the matter that it is like this, people always forgive the matter with a homeowner. And these are the things (Bava Metzia 56a) that do not have the laws of [overcharging] for anyone, and even if they were sold for twice their worth - and even though there is a prohibition of [overcharging] about them, according to the opinion of Ramban, may his memory be blessed: lands; slaves - since they were compared to lands, as is learned in the Gemara (Bava Metzia 56b), from that which it is written (Leviticus 25:46), "And you shall inherit them"; deeds; and consecrated properties. And [it is] as they, may their memory be blessed, said, "'And if you sell, etc. or buy from the hand' - something that is acquired from a hand to a hand; [so] lands are excluded, as they are not movable items. Slaves are excluded, as they are compared to lands. Deeds are excluded, as Scripture stated, 'a sale' - that which it, itself, is sold; [so] deeds are excluded, as they are not sold themselves and they are not acquired themselves, but only for the proof in them. From here they said, one who sells his deeds to a perfumer has [the possibility of overcharging]." And the reason is because they do not sell it to him for the proof in them, but rather to use the paper. And it wonders about this in the Gemara, "What do we understand from it?" - meaning, isn't this obvious; is paper worse than any other thing? And it answers, "To exclude from that of Rav Kahana, as he says, 'There is no [overcharging] for perutot (the smallest coins) [and things of similar value].'" Consecrated property is excluded from the law of overcharging, from that which it is written, "your countryman." **And** know that all of the matters of [overcharging] are said regarding the worth of an object, such as if he sold what is worth six for five or what is worth five for six. But one who [defrauds] about the measure of an object - in its length, width or thickness - or about its weight, [causes the sale to] go back; and even for a small thing. And that is [the meaning of] that which Rava said (Kiddushin 42b), "Anything with a measure, a weight or a number - even less than for [overcharging] - goes back." And one who wants to be saved from any concern of these matters that we wrote can say to the buyer, "I know that there is [overcharging] up to such and such [value] in this object that I am selling to you. If you want to buy it on condition that you do not [claim overcharging] against me, buy it; but if not, leave it." [Like this, the buyer] has no claim of [overcharging] against him afterwards, nor even words of grievance (as is elucidated in Bava Metzia 51b). And the rest of its details are in the fourth chapter of [Bava] Metzia (see Tur, Choshen Mishpat 227). **And** [it] is practiced in every place and at all times by males and females. And one who transgresses it and [overcharges] his fellow on purpose by a sixth or more has violated this negative commandment. But they, may their memory be blessed, permitted a trader to profit from less than a sixth for the betterment of civilization, so that people find their needs ready [for them] in every place. And we do not administer lashes for this negative commandment, as it is given to repayment.

מצוה שלח

שלא להונות אחד מישראל בדברים - שלא להונות אחד מישראל בדברים, כלומר, שלא נאמר לישראל דברים שיכאיבוהו ויצערוהו ואין בו כח להעזר מהם. ובפרוש אמרו זכרונם לברכה (ב"מ נח, ב) כיצד, אם היה בעל תשובה לא יאמר לו זכר מעשיך הראשונים, היו חלאים באין עליו לא יאמר לו כדרך שאמרו חבריו לאיוב (ד ו) הלא יראתך כסלתך וגו'. ראה חמרים מבקשים תבואה לא יאמר להם לכו אצל פלוני והוא יודע שאין לו, ולא יאמר לתגר בכמה חפץ זה והוא אינו רוצה לקח, ועל זה נאמר (ויקרא כה יז) ולא תונו איש את עמיתו. **שרש** מצוה זו ידוע כי הוא לתת שלום בין הבריות, וגדול השלום שבו הברכה מצויה בעולם, וקשה המחלקת כמה קללות וכמה תקלות תלויות בה. **מדיני** המצוה. כמה אזהרות וכמה זרוזין שהזהירונו זכרונם לברכה בענין זה שלא להכאיב הבריות בשום דבר ולא לבישם, והפליגו בדבר עד שאמרו (שם), שלא יתלה עיניו על המקח בשעה שאין לו דמים, וראוי להזהר שאפילו ברמז דבריו לא יהיה נשמע חרוף לבני אדם, כי התורה הקפידה הרבה באונאת הדברים, לפי שהוא דבר קשה מאד ללב הבריות, והרבה מבני אדם יקפידו עליהם יותר מעל הממון. וכמו שאמרו זכרונם לברכה (שם) גדולה אונאת דברים מאונאת ממון, שבאונאת דברים הוא אומר ויראת מאלהיך וגו. ולא יהיה באפשר לכתב פרט כל הדברים שיש בהן צער לבריות, אבל כל אחד צריך להזהר כפי מה שיראה, כי השם ברוך הוא יודע כל פסיעותיו וכל רמיזותיו, כי האדם יראה לעינים והוא יראה ללבב, וכמה מעשים כתבו לנו זכרונם לברכה במדרשים ללמד על זה מוסר, ועקר הענין בפרק רביעי ממציעא [שם]. **ונוהגת** מצוה זו בכל מקום ובכל

זמן בזכרים ונקבות, ואפילו בקטנים, ראוי להזהר שלא להכאיבן בדברים יותר מדאי, זולתי במה שצריכין הרבה כדי שיקחו מוסר, ואפילו בבניו ובנותיו בני ביתו של אדם, והמקל בהם שלא לצערם בענינים אלה ימצא חיים ברכה וכבוד. והעובר על זה והכאיב את חברו בדברים באותן שפרשו חכמינו זכרונם לברכה בבעל תשובה ובחולה וכיוצא בהן עבר על לאו זה, אבל אין לוקין עליו, לפי שאין בו מעשה. וכמה מלקיות מבלי רצועה של עגל יש ביד האדון המצוה על זה, יתעלה ויתברך. **ואולם** לפי הדומה, אין במשמע שאם בא ישראל אחד והתחיל והדשיע לצער חבירו בדבריו הרעים שלא יענהו השומע, שאי אפשר להיות האדם כאבן שאין לה הופכים, ועוד, שיהיה בשתיקתו כמודה על החרופין. ובאמת, לא תצוה התורה להיות האדם כאבן, שותק למחרפיו כמו למברכיו, אבל תצוה אותנו שנתרחק מן המדה הזאת ושלא נתחיל להתקוטט ולחרף בני אדם, ובכן ינצל כל אדם מכל זה, כי מי שאינו בעל קטטה לא יחרפוהו בני אדם, זולתי השוטים הגמורים, ואין לתת לב על השוטים. ואם אולי יכריחנו מחרף מבני אדם להשיב על דבריו ראוי לחכם שישיב לו דרך סלסול ונעימות ולא יכעס הרבה כי כעס בחיק כסילים ינוח (קהלת ז ט). וינצל עצמו אל השומעים מחרופיו וישליך המשא על המחרף, זהו דרך הטובים שבבני אדם. ויש לנו ללמד דבר זה שמתר לנו לענות כסיל לפי הדומה מאשר התירה התורה הבא במחתרת להקדים ולהרגו (שמות כב א), שאין ספק שלא נתחיב האדם לסבל הנזקים מיד חבירו, כי יש לו רשות להנצל מידו וכמו כן מדברי פיהו אשר מלא מרמות ותוך, בכל דבר שהוא יכול להנצל ממנו. ואולם יש כת מבני אדם שעולה חסידותם כל כך שלא ירצו להכניס עצמם בהוראה זו להשיב חורפיהם דבר, פן יגבר עליהם הכעס ויתפשטו בענין זה יותר מדאי, ועליהם אמרו זכרונם לברכה (שבת פח, ב) הנעלבין ואינם עולבים, שומעין חרפתם ואינם משיבין עליהם הכתוב אומר (שופטים ה לא) ואוהביו כצאת השמש בגבורתו.

Mitzvah 338

To not mistreat any Israelite with words: To not mistreat any Israelite with words, meaning to say that one not say to an Israelite words that hurt him or cause him pain and he doesn't have the strength to be helped by them. And in explanation, they, may their memory be blessed, said (Baba Metzia 58b), "How is it? If he was a penitent, he should not say to him, 'Remember your previous deeds.' If ailments are coming upon him, he should not say to him in the way that Job's friends spoke (Job 4:6), 'Is not your reverence, your confidence, etc.' If one saw donkey drivers seeking [feed], he should not say, 'Go to x,' when he knows that he does not have any. And do not to say to a trader, 'How much is this item?' when he does not wish to buy it." And about this it is stated (Leviticus

ספר החינוך Sefer HaChinukh

25:17), "A person should not mistreat his countryman." **The** root of this commandment is well-known - for it is to give peace among the creatures. And great is peace, as through it is blessing found in the world; and difficult is disagreement - how many curses and how many tragedies are dependent upon it. **From** the laws of the commandment are many warnings and many prods with which they, may their memory be blessed, warned us about this matter that we not hurt the creatures in anything nor embarrass them. And they expanded on the thing until they said (Baba Metzia 58b) that one should not place his eyes on a [possible] purchase at a time when he has no money. And it is fitting to be careful that no insult of people be heard even from a hint of his words. As the Torah was very concerned about mistreatment in words, since it is something very difficult for the heart of the creatures. And many people are more concerned about it than about money - and as they, may their memory be blessed said (Baba Metzia 58b), "Mistreatment of words is greater than mistreatment of money; as with mistreatment of words, it states (Leviticus 25:17), 'and you shall fear your God, etc.'" And it would not be possible to write all of the things that [bring] pain to people individually. But everyone needs to be careful according to what he sees - as God, blessed be He, knows all of his steps and all of his hints; 'since man looks to the eyes, but He looks to the heart.' And how many stories did they, may their memory be blessed, write in midrashim to teach us ethics about this! And the essence of the matter is in the fourth chapter of [Bava] Metzia. **And** this commandment is practiced in all places and at all times by males and females. And even to minors, it is proper to be careful not to pain them with words more than what is necessary - unless in regard to when they need a lot, so that they will take rebuke - and even to one's sons and daughters who live in a man's house. And one who is lenient with them, not to cause them pain in these matters, will find life, blessing, and honor. And one who transgresses this and pained his fellow with words, with the ones our Sages, may their memory be blessed, specified - with a penitent or a sick man or those like them - has violated this negative commandment. But we do not administer lashes for it, since there is no act [involved] with it. But how many lashes - even without the whip of the calf (leather) - are there in the hands of the Master who commands about this, may He be exalted and blessed. However according to what it seems, it is not understood that if an Israelite came and began to be wicked to pain his fellow with his bad words, that the listener should not answer him. For it is not possible for a man to be 'like a stone that cannot be overturned' - moreover, that he will be in his silence like one who concedes to the insults. And in truth, the Torah did not command for a man to be like a stone, silent to those who insult him and to those who bless him alike. Rather it commands us to distance ourselves from this trait and that we should not begin to quarrel and insult people. And like this, every man will be saved from all this - since one who doesn't quarrel will not be insulted by people, except for [by] complete fools; and we should not pay attention to fools. And if perhaps some insulting person will force him to answer his words, it is fitting for a wise person to reply to him in a roundabout and pleasant way, and not become very angry; as 'anger rests on the bosom of fools.' And he will [so] save himself before those who listen to his insults, and he will cast the burden upon the one who insults [him]; and this is the way of the best among men. And we should learn this thing - that it is permitted to us to reply to a fool - according to what it seems from how the Torah permitted one who comes to rob secretly to be preceded and killed (Exodus 22:1). As there is no doubt that a man is not obligated to bear harm from his fellow; as he has permission to save himself from his hand - and similarly from the words of his mouth that are full of deceit and cunning - with anything that he is able to save himself from him. However, there is a group of people the righteousness of which rises so much that they do not want to include themselves in this teaching - to reply something to those that insult them, lest anger will overpower them and they become involved in the matter more than is necessary. And about them they, may their memory be blessed, said (Shabbat 88b), "Those who are humiliated but do not humiliate [back], who hear their insult and do not reply - about them the verse states (Judges 5:31), 'but those who love Him are like the sun coming out in its strength.'"

מצוה שלט

שלא נמכר שדה בארץ ישראל לצמיתות - שלא נמכר שדה בארץ ישראל לצמיתות, שנאמר (ויקרא כה כג), והארץ לא תמכר לצמתות. כלומר, שלא יתנו ביניהם מוכר ולוקח לעשות ממכרם לצמיתות, ואף על פי שהיובל מפקיעה בעל כרחם, שאי אפשר להם להתנות על זה, לפי שהוא כנגד מצות התורה אף על פי כן, אם עשו כן עברו על לאו הזה, זהו דעת הרמב"ם זכרונו לברכה (שמיטה ויובל יא א) והרמב"ן זכרונו לברכה כתב (בפירושו עה"ת כאן, ובסהמ"צ להרמב"ם ל"ת רכז) שדברי הרב בזה כענין המזכר בראשון של תמורה (ד, ב), דאמר רבא התם חולק על אביי דכל מלתא דאמר רחמנא

לא תעביד, אי עביד לא מהני ולקי, משום דעבר אהרמנא דמלכא והוא זכרונו לברכה פרש בענין אחר, שמזהיר אותנו שלא נצמית הארץ ביד הגוים, כלומר שלא נמכרנה להם לצמיתות. ופרוש הכתוב כן, לא תמכר למי שיחזיק בה לעולם, וזהו הגוי, אבל הישראל יחזיר אותה, ואם התנה עם הגוי להחזירה מתר למכרה לו. **משרשי** מצות היובל, מה שכתבתי במצות מנין שני היובל שבסדר זה (מצוה של). **מדיני** המצוה. מה שאמרו זכרונם לברכה (ב"מ עט, א), שהמוכר שדהו לששים שנה או יותר, כלומר, כל זמן שיזכר לו סכום שנים אינו חוזר ביובל, שאין חוזר ביובל אלא דבר הנמכר סתם או הנמכר לצמיתות, כמו שאמרנו למעלה, ששניהם עוברים על הלאו כשהמכר נעשה לצמיתות, ולא הועלו מעשיהם, שאין מתנין לעבר על דברי תורה, שהתורה אמרה והארץ לא תמכר לצמיתות, אבל כל זמן שמזכירין ביניהם סכום שנים אין זה צמיתות, ואולי (ואולם) למדו זכרונם לברכה, דבר זה מאשר אמר הכתוב לא תמכר לצמיתות, ולא אמר לא תמכר אלא עד היובל דמשמע, שכל זמן שלא מכרה לחלוטין אינה חוזרת ביובל. **ובפרוש** כתב הרמב"ן זכרונו לברכה בחדושיו במסכת מכות (ג, ב), שהמתנה על מנת שלא תחזר השדה ביובל שאין תנאו תנאי וחוזר הוא ביובל אף על פי שבשמטה אינו כן, שהמתנה על מנת שלא תשמטנה בשביעית אינו נשמט בשביעית, דכל תנאי שבממון קים, ונתן טעם בדבר, לפי שבשמטה לא הזהר על שמטת כספים, כי אם המלוה, וכמו שכתוב שמוט כל בעל משה ידו אשר ישה ברעהו (דברים טו ב). אבל לא הלוה, שאם רצה לפרע הרשות בידו הוא, אבל בענין היובל שניהם הזהרו עליו, מוכר ולוקח, וכמו שכתבנו, שלשניהם נאמר לא תמכר לצמיתות, כלומר, לא יתנו ביניהן מוכר ולוקח מכירת צמיתות, כי לה' הארץ, ואין ביד בן אדם למכרה לחלוטין, ומכיון שהחיוב על שניהם אין ביד אחד מהם למחל על הדבר, אבל על כרחם, ישוב הקרקע לאשר לו אחזת הארץ, ואף על פי שהתנו אלף פעמים על מנת שלא ישוב ביובל, וטעם נכון הוא. **וכן** מדיני המצוה, מה שאמרו זכרונם לברכה (ערכין ל, א) שהמוכר שדה אחזה והיו לו שדות אחרות, כלומר, שדות שקנה הוא או נתנו לו במתנה, ומכר מאותן שדות כדי לגאל שדה אחזתו שמכר, שאין שומעין לו, דכתיב בפרשת שדה אחזה ומצא כדי גאולתו, ובא הפרוש עליו עד שימצא לו דבר שלא היה לו מצוי בשעה שמכר, וכן אם לוה ורצה לגאל באותה הלואה אין שומעין לו, שנאמר והשיגה ידו, ולא שילוה. **וענין** שדות אחזה יקראו השדות שנפלו בירושה לכל אחד מישראל בחלוק הארץ, וכן מי שזכה ונוספה אחזתו מחמת הסעת נחלה על ידי בת יורשת נחלה, שדבר ידוע הוא שלא נאמר (במדבר לו ז) ולא תסוב נחלה אלא באותו הדור בלבד, אלו הן הנקראין שדות אחזה, ונתחדש דינם בתורה משאר שדות לענין הגאולה, ששדה אחזה נגאל על ידי המוכר או על ידי גואלו לאחר שתי שנים בעל כדחו של לוקח, ושאר שדות שנקראין שדה מקנה אינם נגאלין אלא ברצון הלוקח, אלא שיעמדו ביד הלוקח עד היובל.

ובחלוק בתים משדות. כבר כתבנו להלן (מצוה שמ) במקומו דינם, כי בתי החצרים, דינם כשדה אחזה, כלומר, שיש להם גאולה על כרחו של לוקח, כמו שכתוב בהן גאולה תהיה לו, ויפה כחן משדות שהן נגאלין אפילו תוך שנה, כדין בתי ערי חומה. ודין בתי ערי חומה מפרש בכתוב, וכבר כתבנוהו להלן גם כן. **ומענין** המצוה מה שאמרו זכרונם לברכה (ב"מ קח, א) גם כן, שהלוקח שדה אחזה ונטע בה אילנות והשביחה כשהיא חוזרת, שמין שבח האילנות שבתוכה ללוקח, שנאמר ויצא ממכר בית, ובא עליו הפרוש המקבל ממכר חוזר ואין שבח חוזר. ומה שאמרו זכרונם לברכה (ערכין כט, ב) גם כן שהמוכר שדהו, בין שדה אחזה או שדה אחר אין רשאי לגאלה בפחות משתי שנים, ואפילו ברצון הלוקח, שהכתוב צוה, שיעמוד המכר קים שתי שנים על כל פנים, שנאמר במספר שני תבואת ימכר לך, אזהרה למוכר, ואזהרה ללוקח, מדכתיב במספר שנים תקנה, ומעוט שנים שנים. ומן הדומה שהענין הוא, כדי שימכר כל אדם קרקעו בקושי, ואל יחשב כי למחר ישוב ויקחנו לו מיד הלוקח, אבל ידע שאינו יכול לאכל מתבואותיו בשום פנים, עד שתי שנים מיום ליום מעת המכירה. וגם אמרו זכרונם לברכה (שם) גם כן שצריך שיאכל הלוקח שתי תבואות באותן שתי שנים, שנאמר שני תבואות, לפיכך אם היתה אחת משתי שנים אלו שנת שדפון וירקון או שנת שביעית אינה עולה מן המנין. [אבל שנה בורה אמרו זכרונם לברכה, שעולה היא מן המנין] מכרה בשנת היובל עצמה, אין המכירה מכירה, וחוזרין הדמים לבעליו. מכר האילנות לבד אין נגאלין לפחות משתי שנים, ואם לא גאלן בתוך שני יובל אינם חוזרין ביובל, שנאמר ושב לאחזתו ולא לאילנות. מכר שדהו לראשון וראשון לשני ושני לשלישי ואפילו מאה או יותר השדה חוזרת ביובל לראשון, שנאמר לאשר לו אחזת הארץ (ויקרא כז כד) ויתר פרטיה, בסוף ערכין [הלכות שמיטה פי"א]. **ונוהגת** בזכרים ונקבות בארץ ישראל בזמן שיושביה עליה, כי כל עניני היובל אינם אלא בזמן שיושביה עליה, כמו שכתבנו למעלה. והעובר על זה ומכר שדהו לצמיתות. וכן הלוקח ממנו בענין זה שניהם לוקין אף על פי שלא הועילו דבריהם, והוא שעשו מעשה בדבר, שאין לוקין בלאו שאין בו מעשה, זה דעת הרמב"ם זכרונו לברכה. אבל לדעת הרמב"ן זכרונו לברכה, אין בזה מלקות כלל, כמו שכתבתי בראש המצוה.

Mitzvah 339

That we not sell a field in the Land of Israel in perpetuity: That we not sell a field in the Land of Israel in perpetuity, as it is stated (Leviticus 25:23), "But the land shall not be sold in perpetuity." That is, the buyer and seller should not stipulate between them that their sale be in perpetuity - and even though the Jubilee will void [it] against their will; as it is impossible for them to stipulate about this, since it is against the commandments of the Torah - nonetheless, if they did it, they have violated this negative commandment. That is the opinion of Rambam, may his memory be blessed (Mishneh Torah, Laws of Sabbatical Year and the Jubilee 11:1). But Ramban, may his memory be blessed, wrote (Ramban on Leviticus 25:23, and on Sefer HaMitzvot LaRambam, Mitzvot Lo Taase 227) that the words of the Master about this are like the matter that is mentioned in the first [chapter] of Temurah 4b, where Rava, differing with Abbaye said, "As anything that the [Torah] said not to do - if he did it, it is ineffective and he is lashed, as he has violated an edict of the King." But he, may his memory be blessed, explained it in a different manner; that it warns (prohibits) us to not put the Land in the hand of the gentiles in perpetuity - meaning that we not sell it to them in perpetuity. He explained the verse like this: You shall not sell [it] to one who will hold it forever, and that is a gentile. But an Israelite will return it. And if he stipulated with the gentile to return it, it is permitted to sell it to him. **That** which I have written in the commandment of the counting of the years of the Jubilee in this Order (Sefer HaChinukh 330) is from the roots of the commandment of the Jubilee. **From** the laws of the commandment is that which they, may their memory be blessed, said (Bava Metzia 79a) that [in a case of] one who sells his field for sixty years or more - meaning that he mentions a sum of years - it does not return in the Jubilee. As the only thing that returns in the Jubilee is something that was sold undifferentiatedly or in perpetuity. As we said above, when the sale is made in perpetuity, both [parties] have transgressed this law and their actions are ineffective - as one may not make conditions to violate the Torah, and the Torah stated, "But the land shall not be sold in perpetuity." But if, they mention a number of years between them, this is not perpetuity. And maybe (However) they, may their memory be blessed, learned this thing from that which the verse stated, "shall not be sold in perpetuity," and it did not state "shall only be sold until the Jubilee" - which implies that anything other than a final (irreversible) sale does not return in the Jubilee. **And** Ramban, may his memory be blessed, explicitly wrote in his novellae (Ramban on Makkot, 3b) that [in the case of] one who stipulates, "On condition that the field will not return in the Jubilee," his condition is not a condition and it returns in the Jubilee - even though the same is not true for the sabbatical year. As if one [loans] on condition that it will not be released by the seventh [year], it is not released by the seventh [year] - since any condition about money stands. And he gave a reason about the thing: That regarding the sabbatical year, only the lender is warned about the cancellation of debts - and as it is written (Deuteronomy 15:2), "every creditor should release his hand from that which he lent his neighbor" - but not the borrower. As if he wants to repay, the option is in his hand. But regarding the Jubilee both of them, the buyer and the seller, are warned, and as we have written. As "shall not be sold in perpetuity," is stated to both of them, 'since the land is the Lord's,' and it is not in the hand of a person to sell it finally. And since the obligation is upon both of them, neither has the [authority] to forgive about the thing. Rather the land is forcibly returned to the one with the holding of the Land - and even if they make a thousand conditions that it should not return in the Jubilee. And it is a good reason. **And** also from the laws of the commandment is that which they, may their memory be blessed, said (Arakhin 30a) that one who sells a field of holding and he had other lands - that is, land that he purchased or [others] gave to him as a gift - and [then] he sells those fields to redeem his field of holding that he sold, he is not heeded. As it is written in the section of the field of holding (Leviticus 25:26), "but he finds enough to redeem" - and the explanation comes about it, that it is until he finds something that was not available to him at the time of the sale. And so [too,] if he borrowed and wished to redeem with that loan, he is not heeded - as it is stated, "and his hand reached," and not that he borrowed. **Fields** of holding are those that came as an inheritance to each Israelite in the division of the Land, as well as anyone who merited and had his holding added to, due to shifts in the possession by a daughter that inherits possession. As it is a well-known thing that "and the possession should not move" (Numbers 36:7), was only stated about that generation alone. These are the ones called the fields of holding, and their laws are a novelty from the Torah - differing from other lands for the purposes of redemption: As a field of holding can be redeemed by the seller or its redeemer after two years, against the will of the buyer; whereas other fields - which are called a purchased field - can only be redeemed with the buyers consent, [or else] they stay with the buyer until the Jubilee. **And** regarding the difference of houses from fields, we have already written their law later in its place (Sefer Hachinukh 340) - that the law of the houses of open (unwalled) towns is like the field of holding - meaning, that they [can also be redeemed] against the buyer's will; as it is written (Leviticus 25:31), "it may be redeemed." And their power is

ספר החינוך Sefer HaChinukh

greater than the fields, in that they can be redeemed even within the [first] year, like the law of houses of walled cities. And the law of houses of walled cities is also explained in Scripture, and I have already written it later as well. **And** from the content of the commandment is that which they, may their memory be blessed, also said (Bava Metzia 108a) that if one purchased a field of holding and planted trees on it and thereby enhanced [the field]; when it returns, we evaluate the enhancement that is in it for the buyer. As it is stated (Leviticus 25:33), "the sale of the house shall go out," - and the traditional received explanation comes about it [that] the house goes back, but the enhancement does not go back. And that which they, may their memory be blessed, also said (Arakhin 29b) that if one sells his field - whether it is a field of holding or another field - he is not permitted to redeem it in less than two years, even with the permission of the buyer. As Scripture commands that the sale stay intact for two years regardless, from that which it is written (Leviticus 25:15), "for the number of years of harvests shall he sell it to you" - that is the warning to the seller; the warning to the buyer is from that which it is written, "In the number of years shall you buy"; and the minimum of [what can be referred to as] "years" is two. It seems that the matter is so that no one will sell his land without difficulty, and he should not think that he will return and buy it from the hand of the buyer tomorrow. Rather he should know that he will not be able to eat from its produce in any way for two full years from the time of the sale. And they, may their memory be blessed, also said (Arakhin 29b) that the buyer must consume two harvests during those two years, as it is stated, "years of harvests." Therefore, if one of these two years is a year of blight or plant-disease, or a [sabbatical year], it does not count in the tally. [But they, may their memory be blessed, said that a fallow year is counted.] If he sold it in the Jubilee year itself, the sale is not a sale, and the money is returned to its owner. If he sold just the trees, they may [also] not be redeemed in less than two years. But if they are not redeemed during the Jubilee [cycle], they do not return in the Jubilee - as it is stated (Leviticus 27:25), "and return to his holding," but not to the trees. If he sold it to the first one and the first one [sold it] to the second one and the second one to the third one - and even if there were one hundred or more [buyers] - the field returns to the [original] owner at the Jubilee, as it is stated (Leviticus 27:24), "to he who has a holding of the land." And the rest of its details are at the end of Arakhin (see Mishneh Torah, Laws of Sabbatical Year and the Jubilee 10).

And [it] is practiced by males and females in the Land of Israel when its inhabitants are upon it; as all the matters of the Jubilee are only [applied] at the time when its inhabitants are upon it, as we wrote above. One who transgressed it and sold his field in perpetuity - and likewise one who purchased it from him in this way - is lashed, even though their words are not effective. And that is if they performed some act in the thing, as we do not administer lashes for a negative commandment that does not [involve] an act. This is the opinion of Rambam, may his memory be blessed. But according to the opinion of Ramban, may his memory be blessed, there are no lashes in this at all, as I wrote at the top of the commandment.

מצוה שמ

מצות השבת קרקע לבעליהן ביובל - להשיב כל הקרקעות בין בית בין שדה וכרם ופרדסין בשנת היובל לבעליהן בלא כסף ובלא מחיר, שנאמר (ויקרא כד כד) ובכל ארץ אחזתכם גאולה תתנו לארץ. כלומר, בכל ארץ ישראל, שהיא אחזתכם, גאלה תתנו לארץ. וענין הגאלה באר הכתוב, שהיא חזרת הקרקע לבעליו, וכמו שכתוב בשנת היובל הזאת תשובו איש אל אחזתו. **משרשי** המצוה. מה שכתבנו בראש הסדר (מצוה של). **מדיני** המצוה. קצתם מבארים בכתוב איך יהיה דין המוכר עם הקונה כשירצה לפדות נחלתו הנמכרת קדם שנת היובל. והחלוק שבאר הכתוב שהוא בין מוכר בית בעיר חומה למוכר אותו בערי הפרזות, שנקראת בלשון הכתוב ערי החצרים. שדין בתי ערי הפרזות כדין השדות. ועוד אמרו זכרונם לברכה (ערכין לא, א) במצוה זו, שאם מכר בית בבתי ערי חומה לאחד ומכרה הלוקח [ה] ראשון לשני בתוך השנה מונין לראשון, וכיון ששלמה שנה לראשון החלט הבית לשני, מפני שענין מוכר בית בבתי ערי חומה שהוא מחלט לשנה כענין קנס הוא שקנסה התורה למוכר, מפני חיבת הארץ, ומכיון שעמד ביד זולתו שנה ראוי הוא שיחלט גם ביד השני. ועוד, שהראשון מכר לשני כל זכות שלו, ואלו עמדה שנה שלמה ביד הראשון כבר היתה מחלטת בידו. **ומה** שאמרו רבותינו זכרונם לברכה (שם ב) גם כן, שאם הגיע יום שנים עשר חדש ולא נמצא הלוקח [לפדות ממנו הרי זה מניח מעותיו בבית דין ושובר את הדלת ונכנס לבית, ואמתי שיבוא הלוקח] יבוא ויטל מעותיו. ומה שאמרו (שם) שהמוכר בית בערי חומה והגיע יובל בתוך שנת המכר שאינו חוזר מיד ביובל, אלא דינו כמו בשאר שנים שבתוך שני היובל, שהוא נחלט לשנה אם אין המוכר רוצה לגאלה. ומה שאמרו (שם לג, א) שהמוכר בית בערי החצרים, שאם רצה לגאל מיד גואל כדין בית בבתי ערי חומה, ואם לא רצה לגאל מיד גואל אותה אפילו אחר שנה כדין שדות, דכח יפה שבשדות, ושבבתי ערי חומה יש להן. ומה שאמרו

(שם לב א) שכל שהוא לפנים מן החומה, כגון גנות, מרחצאות ושובכות דינם כבתים, דמכתוב אשר בעיר רבה הכל אבל אם היו שדות בתוך העיר דינן כשדות שחוץ לעיר, שנאמר וקם הבית. כלומר, בית וכל הדומה לבית כגון מרחצאות ושובכות ואף פרדסין, אבל לא שדות. ובית שאין בו ארבע אמות על ארבע אינו נקרא בית, ולפיכך אינו נחלט. ובירושלים אין הבית נחלט בה. ועיר שגגותיה חומתה אין דינה כמקפת חומה, אלא בעינן שתהיה לה חומה מלבד גגותיה, ובעינן גם כן שהקפה חומה תחלה ואחר כך נתישבה, אבל נתישבה ואחר כך הקפה אין זו עיר חומה. ואין סומכין אלא על חומה המקפת בשעה שכבש יהושע את הארץ. וכיון שגלו בחרבן ראשון בטלה קדשת עיר חומה, וכשעלה עזרה בביאה שניה נתקדשו כל הערים המקפות חומה באותה העת, מפני שביאתן בימי עזרא שהיא ביאה שניה כביאתן בימי יהושע, מה ביאתן בימי יהושע מנו שמיטין ויובלות וקדשו ערי חומה ונתחיבו במעשר אף בימי עזרא כן, וכן כשיבוא משיח בביאה שלישית, נתחיל למנות שמיטין ויובלות ויתקדשו בתי ערי חומה שיהיו מקפין באותה העת, ויתחיב כל מקום שנכבש במעשרות, שנאמר (דברים ל ה) והביאך יי אלהיך וגו' ואמרו (שם ב), מקיש ירשתך לירשת אבותיך וכו' ויתר פרטיה מבארים במסכת ערכין [ה' שמטה פי"ב]. **ונוהגת** בזכרים ונקבות, בארץ ישראל ובזמן שהיובל נוהג. וכבר כתבתי למעלה באיזה זמן היובל נוהג, והוא בזמן שכל ישראל על אדמתן בישובן. והעובר על זה וכבש הקרקע שבידו ולא החזירו לבעליו בטל עשה זה, וענשו גדול מאד, כאלו כופר במעשה בראשית.

Mitzvah 340

The commandment of returning land to its owners on the Jubilee: To return all the lands - whether a house, or a field, or a vineyard or orchards - to their owners without money and without a price on the Jubilee year, as it is stated (Leviticus 25:24), "And in all the land of your holding, you shall give redemption to the land." [This is] to say in all the Land of Israel, which is your holding, you shall give redemption to the land. And Scripture elucidated the matter of redemption - which is return of the land to its owner; and as it is written (Leviticus 25:13), "In this jubilee year, each man shall return to his holding." **What** we wrote at the beginning of this Order (Sefer HaChinukh 330) is from the roots of the commandment. **From** the laws of the commandment: A few of them are elucidated in Scripture - how the law should be of the seller with the buyer when he wants to redeem his sold possession before the Jubilee year. And the distinction that Scripture elucidates is between one who sells a house in a walled city and one who sells one in open cities, that are called cities of chatserim

ספר החינוך Sefer HaChinukh

in the language of Scripture. As the law of houses of open cities is like the law of fields. And they, may their memory be blessed, also said (Arakhin 31a) about this commandment, that if [one] sold his house among the houses of walled cities to another and the first buyer sold it to a second within the [first] year, we count [the year according to] the first. And once the year comes to an end for the first, the house is finalized to the second (it is permanently his). As the matter of selling a house among the houses of the walled cities which is permanent [after] a year is a type of penalty, with which the Torah penalized the seller, on account of love of the Land. And since it stood for a year in the hand of someone besides him, it is fitting that it be finalized in the hand of the second. And further, since the first sold it to the second, all of the right [to it] is his. And had it stood for a full year in the hand of the first, it would already have been finalized in his hand. **And** that which our Rabbis, may their memory be blessed, also said (Arakhin 31b) that if the [last] day of the twelfth month arrives and [the original owner] does not find the buyer [to redeem it from him, behold he places his money in the court, breaks the door of the house and enters; and when the buyer comes,] he comes and takes his money. And that which they said (Arakhin 31b) that one who sells a house in the walled cities and the Jubilee arrives in the midst of the year of the sale, it does not go back immediately with the [start of the] Jubilee, but its law is like in other years in the years of the Jubilee [cycle] - that it is finalized with the [end of the] year if the seller does not want to redeem it. And that which they said (Arakhin 33a) [regarding] the seller of a house in the open cities - that if he wants, he can redeem [it] immediately like the law of a house from the houses of walled cities; and if does not want to redeem [it] immediately, he can redeem it even after a year like the law of fields. As they have the better power of [both] the fields, and the houses of the walled cities. And that which they said (Arakhin 32a) that the law of everything that is inside the wall, such as gardens, bathhouses, and birdhouses, is like the law of houses - as from that it is written (Leviticus 25:30), "that is in the city," it includes it all. But if there were fields inside the city, their law is like fields outside of the city, as it is stated, "the house will be established" - meaning to say, the house and all that is similar to a house, such as bathhouses, and birdhouses and even orchards, but not fields. And a house that does not have four ells by four ells is not called a house; and therefore, it is not finalized. And a house is not finalized in Jerusalem. And a city that its roofs are its walls does not have the status of of one surrounded by a wall, but rather we require that it has a wall besides its roofs. And we also require that it was first surrounded and settled afterwards, but if it was settled [first] and surrounded afterwards, that is not a walled city. And we only rely upon a wall that surrounded [a city] from the time that Yehoshua conquered the Land. And once they were exiled in the first destruction [of the Temple], the holiness of a walled city was nullified. But when Ezra came in the second coming [to the Land of Israel], all of the cities surrounded by walls at that time were sanctified; since their coming in the the time of Ezra which was the second coming, was like their coming in the time of Yehoshua: Just like their coming in the time of Yehoshua [provided that] they counted the sabbatical years and Jubilees, the walled cities were sanctified and they become obligated in the tithe; so too at the time of Ezra was it so. And so too, when the messiah will come with the third coming, we will begin to count the sabbatical years and Jubilees, the houses of walled cities that will be surrounded at that time will be sanctified and every place that will be conquered will be obligated in tithes. As it is stated (Deuteronomy 30:5), "And the Lord, your God, will bring you, etc." - and they said (Arakhin 32b), "It compares your inheriting to the inheriting of your ancestors, etc." And the rest of its details are elucidated in Tractate Arakhin (see Mishneh Torah, Laws of Sabbatical Year and the Jubilee 12). **And** [it] is practiced by males and females in the Land of Israel and at the time that the Jubilee is practiced. And I have already written at which time the Jubilee is practiced, above - and it is at the time that all of Israel is on their land in their inhabitation. And one who transgresses this and holds the land that is in his hand and does not return it to its owner has violated this positive commandment; and his punishment is very great, as it is as if he denied the story of creation.

מצוה שמא

מצות פדיון בתי ערי חומה עד השלמת שנה - שיהיה פדיון הנחלות שהן תוך העיר המקפת חומה עד השלמת שנה אחת, ואחר השנה תהיה בחזקת הקונה אותן ולא יהיו חוזרות ביובל, שנאמר (ויקרא כה כט) ואיש כי ימכר בית מושב עיר חומה וגו'. כבר כתבתי למעלה, (מצוה שמ) שענין היות בית בעיר חומה נחלט לשנה מצד חבת הארץ הוא, כדי שישתדל המוכרה לגאל אותה מהרה. **מדיני** המצוה. מה שאמרו זכרונם לברכה (ערכין לא, א) שהמוכר יכול לגאלה בכל עת שירצה תוך שנה, וכשפודה אותה נותן לו כל הדמים שקבל במכירתה ואינו מנכה לו כלום מחמת הזמן שדר בה, ואף על

פי שבעלמא אסור, דהינו צד אחד ברבית, התורה התירתו כאן, כדאיתא במסכת ערכין (שם). ושאר הקרובים אין פודין אותה אלא המוכר בעצמו, זהו דעת הרמב"ם זכרונו לברכה, ולא נראה כן בקדושין (כא א) ואינו לוה וגואל, אלא ימכר נכסים אחרים אם יש לו ויגאלנה, או אם רוח מעות או נתנו לו יכול לגאלה בהם ואינו גואל אותה לחצאין, כלומר שיפרע לו קצת המעות בפעם [אחת וקצתן בפעם] אחרת, כמו שאמרו זכרונם לברכה בקדושין פרק קמא (כ ב). ואם מת הלוקח תוך שנה פודה אותה מיד בנו. ואם מת המוכר פודה אותה גם כן בנו של מוכר מיד הלוקח. ויתר פרטיה, במסכת ערכין [שם]. **ונוהגת** בארץ ישראל בזכרים ונקבות, בזמן שהיובל נוהג.

Mitzvah 341

The law of redemption of houses of walled cities until the completion of a year: That there be redemption of properties that are within a city surrounded by a wall until the completion of one year. And after the year, it will be in the possession of the one that buys them. And they do not go back in the Jubilee, as it is stated (Leviticus 25:29, "And if a man sells a dwelling house in a walled city, etc." I have already written above (Sefer HaChinukh 340) that the matter of the [sale of the] house of a walled city being finalized after a year is from the angle of love of the Land, in order that one who sells it makes efforts to redeem it quickly. **From** the laws of the commandment is that which they, may their memory be blessed, said (Arakhin 31a) that the seller may redeem it at any time that he wants within the year. And when he redeems it, he gives him all of the money that he received in its sale; and he does not deduct anything to him because of the time that he lived there [as rent]. And even though this is generally forbidden - as it is a method of interest - the Torah permitted it here, as is [found] in Arakhin 31a. And the other relatives may not redeem it, but rather only the seller himself. This is the opinion of Rambam, may his memory be blessed, but it does not appear so in Kiddushin 21a. And he may not borrow and redeem [with that money]; but rather he may sell other properties if he has [any] and redeem it, or if he profited monies or [others] gave them to him, he may redeem it with them. But he may not redeem it in halves - meaning that he repays part of the money at [one] time and [part of it at] another [time], as they, may their memory be blessed, said in Kiddushin 20b in the first chapter. And if the buyer died within the year, he may redeem from the hand of his son. And if the seller died, the son of the seller may also redeem it from the hand of the buyer.

And the rest of its details are in Tractate Arakhin. **And** [it] is practiced in the Land of Israel by males and females at the time that the Jubilee is practiced.

מצוה שמב

שלא לשנות ממגרשי הלוים - שלא לשנות מגרשי ערי הלוים ושדותיהן. כלומר, שלא יחזירו העיר מגרש, ולא מגרש עיר, ולא השדה מגרש, ולא המגרש שדה, והוא הדין מגרש (נ"א שדה) עיר או עיר מגרש, (נ"א שדה) שאין לשנות בענינם דבר. והענין הזה ידוע, כי התורה צותה (במדבר לה ב ז) שיתנו שאר השבטים ערים ידועים לשבט לוי, והם ארבעים ושמנה עיר עם שש ערי מקלט שהיו בהן, וצותה גם כן להיות באותן ערים אלף אמה מגרש. כלומר מקום פנוי לרוחה ונוי לעיר, ואלפים אמה חוץ לה לצרך שדות וכרמים, וזה גם מנויי העיר וממה שצריך לה כמו שמפרש בסוטה (כז, ב), ובאה המניעה בזה שלא לשנות ענינים אלה לעולם, ועל זה נאמר ושדה מגרש עריהם לא ימכר, שכן בא הפרוש על לשון מכירה זו. כלומר, לא ישנה, דאלו במכירה ממש, לא קאמר, שהרי בפרוש כתוב גאלת עולם תהיה ללוים, מכלל שרשות יש להם למכר. **משרשי** המצוה. לפי שערי הלוים היו נכונים לצרכי כל שאר השבטים, כי הוא השבט הנבחר לעבודת השם, וכל עסקם היה בחכמה שלא היו טרודים בעבודת האדמה כשאר שבטי ישראל, ועליהם נאמר (דברים לג י) יורו משפטיך ליעקב ותורתך לישראל. ומתוך כך שהחכמה בתוכם, היה עסק כל ישראל תמיד עמהם, מלבד שהיו בתוך עריהם, ערי מקלט הרוצח, ומתוך כך גם כן היו עיני כל ישראל על עריהם, כי לא ידע האדם מה ילד יום ולכן היה בדין להיות אותן הערים אשר יד הכל שוה בהן ולב הכל עליהן, להיותן בתכלית היופי והחמדה, ושבח כל עם ישראל בכך, ומפני כן באה הצואה עליהם שלא לשנות בענינם דבר, כי אדון החכמה יסדן ותקנן והגביל גבולם, וירא כי כן טוב וכל חלוף אחר דברו אינו אלא גרוע וגנאי. **מדיני** המצוה. מה שאמרו זכרונם לברכה (מכות יב א) מלבד אלו השלשה אלף אמה שאמרנו, שהן בין מגרש ושדות וכרמים, נותנין לכל עיר בית הקברות חוץ לתחום זה שנאמר (במדבר לה ג) ומגרשיהם יהיו לבהמתם ולרכושם ולכל חיתם, ובא הפרוש בזה, לחיים נתנו ולא לקבורה. ומה שאמרו (ערכין לג ב) גם כן, שכהנים ולוים שמכרו שדה משדותיהם, או בית אפילו בעיר חומה נגאלין לעולם, ואפילו מיד הקדש, שנאמר (ויקרא כה לג) גאלת עולם תהיה ללוים. וישראל שירש אבי אמו לוי הרי זה גואל כלוים ויתר פרטיה, מבוארים בסוף ערכין. **ונוהגת** מצוה זו בארץ ישראל בזמן שישראל שם, בין בלוים בין בישראלים, בזכרים ונקבות, שהכל חיבים שלא לשנות שלשה מקומות האמורים לעולם העיר, והמגרש, ומקום השדות והכרמים. ומן הדומה, כי כל מי ששינה בהן בעדים והתראה חיב מלקות, ולא ידעתי שעור לשינוי זה כמה יהיה ויתחיב

ספר החינוך Sefer HaChinukh

עליו, חכם בני ודעהו. וכתב הרמב"ם זכרונו לברכה (שמיטה ויובל יג יב, יג) על מצוה זו, למה לא זכה לוי בנחלת ארץ ישראל ובביזתם עם אחיו? מפני שהבדל לעבד השם יתברך ולשרתו ולהורות דרכיו הישרים, ולפיכך הבדלו מדרכי העולם, לא עורכין מלחמה כשאר ישראל, ולא נוחלין, ולא זוכין לעצמן בכח גופן, אלא חיל יי, שנאמר ברך יי חילו וגו', והוא, ברוך הוא, זכה להם שנאמר אני חלקך ונחלתך וגו'. ולא שבט לוי בלבד בכלל זה, אלא כל איש ואיש מבאי העולם, אשר נדבה רוחו להבדל ולעמד לפני יי לעבדו לדעת דרכיו הישרים והצדיקים וללמדם לאחרים, פורק מעל צוארו על חשבונות הרבים אשר בקשו בני האדם, והרי זה נתקדש להיות קדש קדשים ויהיה יי נחלתו לעולמי עולמים, ויזכה בעולם הזה בדבר המספיק לו כמו שזכה שבט לוי, וכן דוד הוא אומר (תהלים טז, ה) "יי מנת חלקי וכוסי אתה תומיך גורלי".

Mitzvah 342

To not change the open areas of the Levites: Not to change the open areas of the cities of the Levites and their fields - meaning to say, that a city may not be made into an open area, nor an open area into a city, a field into an open area, nor an open area into a field. And the law is the same about an open area (another textual variant: field) into a city and a city into an open area (another textual variant: field) - that one may not change anything about their content. And this matter is well-known, as the Torah commanded (Numbers 35:2-7) that the other tribes cede certain cities to the tribe of Levi; and these are forty-eight cities, with the six cities of refuge that were among them. And it also commanded that there be in these cities a thousand ells of open area - meaning a place open for space and beauty for the city; and two thousand ells beyond that for the sake of fields and vineyards, and this is also of the beauty of the city and from that which it needs, as it is explained in Sotah 27b. And this prevention comes about this, that these matters never be changed. And concerning this it states (Leviticus 25:34), "And the fields of open areas of their cities shall not be sold" - meaning, shall not be changed. As it is not speaking about actual selling, since it is explicitly written in Scripture (Leviticus 25:32), "a perpetual redemption shall there be for the Levites" - which implies that they are permitted to sell them. **It is from the roots of the commandment** [that it is] because the cities of the Levites were prepared for the needs of all the other tribes; as it was the tribe that was selected for the service of God - and all of their efforts were about wisdom, as they were not preoccupied

ספר החינוך Sefer HaChinukh

with the working of the land like the rest of the the tribes of Israel. And about them is it stated (Deuteronomy 33:10), "They shall teach Your statutes to Yaakov and Your law to Israel." And because of this - that wisdom was within them - the dealings of all of Israel were constantly with them; beside that there were among their cities, the cities of refuge for [those charged with manslaughter]. And from this also, the eyes of all of Israel were upon their cities, as a man cannot tell what [tomorrow will bring]. Hence it was appropriate that these cities - that the hand of all is equal with them and the heart of all are upon them - be of the utmost beauty and loveliness. And there is glory for all of Israel with this. And because of this, the command came about them, not to change any of their contents; for the Master of Wisdom established them, set them up and decided on their boundaries. And He saw that this was good, and [so] any reversal after His word is only detrimental and a disparagement. **From** the laws of the commandment is that which, they, may their memory be blessed, said (Makkot 12a) [that] beyond these three thousand ells that we said above that is of open space, fields and vineyards, we give to each city a cemetery, as it is stated (Numbers 35:3), "and their open spaces shall be for their beasts and their property and all their animals (chayatam)" - and the explanation came about this, that it was was given for the living (chayim), and not for burial. And that which they also said (Arakhin 33b) [about] priests or Levites that sold one of their fields or a house even in a walled city, [it can] always be redeemed, even from the hand of what is consecrated, as it is stated (Leviticus 25:33), "a perpetual redemption shall there be for the Levites." And [in the case of] an Israelite who inherits [property] from his mother's father who was a Levite, behold he may redeem like the Levites. And the rest of its details are elucidated at the end of Arakhin. **And** this commandment is practiced in the Land of Israel at the time when Israel is there - whether by Levites or by Israelites - by males and females, as all are obligated never to change the three places spoken about: the city; the open space; and the fields and vineyards. And it would seem that anyone who did change them with witnesses and a warning would be liable for lashes. But I did not know the measure of this change - how much it would be for him to be liable for it. Be wise, my son, and know it. And Rambam, may his memory be blessed, wrote concerning this commandment (Mishneh Torah, Laws of Sabbatical Year and the Jubilee 13:12), "Why did the Levites not merit [a portion] in the possession of the

Land of Israel and in the spoils of war, with his brethren? Because they were set aside to serve God, may He be blessed, and minister unto Him and to instruct His just paths. And therefore, they were set apart from the ways of the world: They do not wage war like the remainder of the Israelites, nor do they [receive an inheritance], nor do they acquire [things] for themselves through the power of their bodies. Instead, they are God's legion - as it is stated (Deuteronomy 13:11), 'May the Lord bless His legion' - and He provides for them, as it is stated (Numbers 18:20), 'I am your portion and your possession.' And it is not only the tribe of Levi that is included in this, but each and every man that comes to the world whose spirit has moved him to be separated and to stand in front of God and to serve Him, to know His straight and righteous paths and to teach them to others - the yoke of the many calculations that people seek out is lifted from upon his neck. And behold, he is sanctified to become holy of holies, and God will be his possession for ever and ever. And he will acquire the thing that he needs in this world, just as the tribe of Levi acquired [it]. And so, David states (Psalms 16:5), 'The Lord is my appointed portion and my cup. You sustain my fate.'"

<u>מצוה שמג</u>

שלא להלוות ברבית לישראל - שלא להלוות ברבית לישראל. שנאמר (ויקרא כה לז) את כספך לא תתן לו בנשך ובמרבית לא תתן אכלך, ואין אלו שני לאוין, שהרבית הוא הנשך, והנשך הוא הרבית. וכמו שאמרו זכרונם לברכה במציעא (סא, א) אי אתה מוצא נשך בלא רבית, ולא רבית בלא נשך ולמה חלקם הכתוב? כלומר, למה חלקם ולא כתב את כספך ואכלך לא תתן לו בנשך? לעבר עליו בשני לאוין, כלומר, להרבות האזהרות עליו. וזה הענין הוא מה שאמרתי למעלה (מצוה שלו) כי התורה תכפל האזהרות לפעמים על מה שחפץ האל להרחיקנו ממנו הרבה, ואפשר שנאמר בזה כעין מה שאמרו זכרונם לברכה (ברכות לא ב) בענינים אחרים דברה תורה כלשון בני אדם, וכמו כן תתמיד התורה התראות במה שיש עלינו להזהר בו, כדרך בני אדם בהזהירם זה את זה בדבר חמור, יכפלו תנאם וירבו דבריהם על הדבר, כדי שיהא המזרז נזכר וזריז על הענין על כל פנים. ואם אמנם כי ראוי האדם להזהר בדבר השם עד מאד ואף כי ישמע דברו ברמז קטן, כל זה מחסדיו הרבים על בריותיו כפל להם האזהרות פעמים רבות בקצת מקומות כאשר ייסר איש את בנו, על כן נודה לשמו הגדול סלה ברב הטובות אשר גמלנו ברוך הוא. **משרשי** המצוה. כתבתי (מצוה סח) באזהרת ערב ועדים וסופר שלא יתעסקו בהלואת רבית בפרשת משפטים וקחנו משם. **דיני** המצוה. כגון החלוקים שלמדונו זכרונם לברכה באזהרה זו,

שאמרו שיש רבית שהוא אסור מן התורה, וזהו הנקרא לרבותינו זכרונם לברכה (ב"מ סא ב) רבית קצוצה. ויש רבית שהוא למטה ממנו והוא אסור מדרבנן, וקראוהו זכרונם לברכה (שם) אבק רבית, ויש רבית אחרת, שהוא למטה משני אלו הראשונים, והוא (והיה) מן הדין מתר לפי שהוא רחוק הרבה מן רבית האסור מן התורה עד שאין לגזר עליו כלל, אבל חכמים החמירו בענין בראותם החמר שהחמירה התורה ורב האזהרות בדבר הרבית, ואסרוהו כדי שלא יערימו בני אדם לטל רבית, לא מפני דבר אחר. ואלו הן שלשה מיני הרבית שאמרנו, רבית האסורה דבר תורה הוא, כל מי שאומר לחברו הלויני מנה ואתן לך ממנו פרוטה בכל יום, או שלשים פרוטות בחדש, או פחות או יותר, עד שאפרענו. וכן כשאמר לו הלויני מאה דינרים במאה ועשרים לשנה, וכן המלוה לחברו מעות ומשכן לו בהן בית או חצר, שיחזיק בהם ויקח הפרות עד שיחזיר לו מעותיו, מבלי שינכה לו כלום מן ההלואה זו היא רבית קצוצה האסורה מן התורה. ודרך כלל אמרו זכרונם לברכה (שם סג ב) כל אגר נטר לי אסור מן התורה והוא שבא מיד לוה למלוה זו היא רבית האסורה מדבר תורה, ועליה יאמרו זכרונם לברכה (שם סא, ב) רבית קצוצה יוצאה בדינין, כלומר, שבית דין יורדין לנכסי המלוה ומוציאין ממנו, כמו בגזלות והחבלות. ויש מן המפרשים שפרשו יוצאה בדינין לענין כפיה. כלומר, שכופין בית דין את המלוה להחזירה בשוטים, כמו שעושין לכל מי שיאמר שלא יעשה מצות עשה. **כל** שאר הרבית שאפשר לקבל חוץ מאלו שאמרנו, הן נקראים רבית דרבנן ונקראים אבק רבית, ואינה יוצאה בדינין, ואסרום חכמים משום גזרה שלא יבא האדם לידי רבית דאוריתא. ומהם כגון מה שאמרו זכרונם לברכה (שם ע ב) שאין מקבלין צאן ברזל מישראל, פרוש צאן ברזל המקבל ממון על תנאי שתהיה הקרן קימת לבעל הממון על המקבל ויטל חלקו ברוח. וכן אין פוסקין על הפרות, עד שיצא השער, אבל יצא השער פוסקין, אף על פי שאין לזה יש לזה, ובמה דברים אמורים, שאין פוסקין לעולם עד שיצא השער בשלא היה לו, כלומר מאותו המין שפסק עליו, אבל היה לו ממנו כלום פוסק עליו, אף על פי שלא יצא השער עדין, ואפילו לא היה לו ממנו אלא סאה אחת פוסק עליו כמה סאין [כמו בהלואה] שהלכה כשמואל דאמר הכי בגמרא (שם עה א). וזה שאנו אומרים שצריך שיהיה לו מאותו המין, יש מן המפרשים שאמרו (ב"י יו"ד סי' קעה), דוקא מאותו המין ממש צריך שיהיה לו, שאם הוא פוסק על חטין חדשות לא יפסק אליו אם היו לו חטים ישנות, כעין אותו המין ממש מה שפוסק עליו צריך שיהיה לו, ויש מהם שאמרו שאין חלוק בין חדש לישן, דכל שיש לו מאותו המין מתר. ומכל מקום אם היה לו מאותו המין אף על פי שהוא מחסר מלאכה אחת או שתים פוסק עמו עליו, אבל אם היה מחסר שלש מלאכות הרי זה כמי שאין לו מאותו המין כלום. ובגמרא פרק איזהו נשך (ב"מ עד, א), בא הבאור בארכה בחלוק מלאכות אלו בחטים, וכן בכלי יוצר ובדברים אחרים. **וכן** מענין המצוה מה שאסרו (שם

סו, א) להלוות על הקרקע מעות ולהתנות עם הלוה אם לא תחזיר לי המעות מכאן ועד יום פלוני תהא הקרקע שלי, לפי שהקנין הזה אינו מועיל מפני שהוא אסמכתא. כלומר, שדעתו של אדם היתה סומכת בכך, כלומר, שיחזיר המעות בשעת המעשה ולא השיגה ידו להשלים הדבר, וכעין אנס הוא, וכל כי האי גוונא, יש לחוש באכילת הפרות משום רבית. והרבה דרכים נאמרו בגמרא באסמכתא בענין רבית ובענינים אחרים, ודרך כלל למדנו רבי ישמרו אל בענין דיני האסמכתא, שכל שיתנה האדם עם חברו דרך קנס, כלומר, אם לא יהיה כן יענש בממון כך וכך יקרא אסמכתא, ועל זה אמרו זכרונם לברכה (שם, ב) לעולם דאסמכתא לא קניא. ובלשון אחרת אמרו זכרונם לברכה (שם) גם כן, כל דאי לא קני. אבל כל תנאי שיתנה האדם עם חברו ויאמר אם אתה תעשה כך אף אני אעשה כך וכך כדרך בני אדם שמתנין בלשון זה, אין זה בכלל אסמכתא כלל חלילה, שאם כן, איך נמצא ידינו ורגלינו על כל תנאי בני אדם זה עם זה, שכלם בלשון "אם" הם, דאי אפשר בלאו הכי, ועוד בכל התנאים הנזכרים בענין גטין וקדושין, שכלן בלשון "אם" מה נאמר בהן? אלא ודאי טעם נכון מה שכתבנו, שלא נאמר אסמכתא לא קניא אלא במה שיתנו בני אדם זה עם זה דרך קנס, כגון אם לא פרעתיך עד יום פלוני תהא השדה שלך, או המשכון איזה שיהיה, וכל כיוצא בזה, אבל לא בכל שאר התנאים רבים שמתנים בני אדם, כגון אם תלך למקום פלוני אתן לך כך וכך, או אם תעשה בשבילי ענין פלוני אתן לך מאתים זוז, וכל כיוצא בזה. והבן זה, בני, ותן לבך עליו, כי בזה תסיר מבין עיניך ענן גדול בדברי הגמרא במקומות הרבה. **וכמו** כן אמרו (שם עה ב) שהוא אבק רבית ואסור מדרבנן רבית מקדמת ורבית מאחרת, כיצד? נתן עיניו ללוות ממנו והיה משלח לו סבלונות בשביל שילוהו זהו רבית מקדמת. לוה ממנו והחזיר לו מעותיו ואחר כך שלח לו סבלונות בשביל מעותיו שהיו בטלות אצלו זהו רבית מאחרת. וכן אמרו קצת מן המפרשים (עי' רמב"ם מלו"ל ו ז), שהמלוה מעות לחברו על מקום שפרותיו מצוין לו תדיר, כגון חצר ומרחץ וחנות, בלא נכוי הרי זה רבית קצוצה, ובנכוי הרי זה אבק רבית. אבל המלוה מעות בלא נכוי על מקום שאין פרותיו מצוין תדיר, כגון שדה וכרם, שאין פרותיו מצויין, כי פעמים ההוצאה בהם מרבה על השבח הרי זה אבק רבית. ובנכוי הרי זה מתר. ומהם שאמרו שאפילו בשדה וכרם בנכוי אסרוה חכמים זכרונם לברכה ולא מצאו משכונה מתרת אלא משכנתא דסורא, שהיו כותבין במשלם שניא אלין תפוק ארעא דא בלא כסף. והאמת לפי הנראה מדברי הגמרא לרבותינו ישמרם אל עם הפרושים הטובים, שכל משכונא בנכוי בין בית דירה ומרחץ שפרותיהן מצויין, וכל שכן שדה וכרם, הכל בנכוי מתר, וכן נהגו בארצנו על פיהם, והחושש לדברי גאוני עולם שהחמירו בדבר יתברך מן השמים. **ואיזהו** רבית האחרת שאמרנו למעלה שאסרו זכרונם לברכה מפני הערמת רבית, כגון שאמר אדם לחברו הלויני מנה, ואמר לו מנה אין לי, חטים במנה יש לי, ונתן לו חטים במנה וחזר

ולקחן ממנו בתשעים זה בודאי היה מן הדין מתר, אלא שאסרוהו חכמים מפני הערמת רבית, שהרי דבר זה נראה הוא כרבית, שזה נתן תשעים דינרין ולוקח מאה, אבל אם עבר ועשה כן מוציא ממנו כל המאה, שאפילו אבק רבית אין כאן, אלא משום גדר הוא שהחמירו חכמים בדבר. וכן מי שהיתה שדה ממשכנת בידו לא יחזר וישכיר אותה לבעל השדה מפני הערמת רבית. וכיוצא בענינים אלו כמו שבא בגמרא (שם סח א). ואף על פי שדברים אלו אסרו משום הערמת רבית יש דברים אחרים שהן כעין רבית ממש, והתירו אותן חכמים שלא ראו לחוש בהן ולגזר כלל, וזה שהתירו שימכר אדם חובו בפחות, והתירו אותו חכמים גם כן שיתן אדם לחברו דינר שיאמר לישראל אחר שילוהו מנה. ודרך כלל אמרו זכרונם לברכה (שם סט ב), שלא אסרה תורה אלא רבית הבאה מיד לוה למלוה, והענין הוא, לפי שהתורה תבחר ברב לעולם ותניח הפרטים, על כן תזהיר ללוה ומלוה, כי כן דרכו של עולם, ואף על פי שאמרו כן והוא האמת, ראוי לכל בעל נפש להתרחק מכל ענין שיש בו הערמת רבית בכל כחו. וכל המחזר ומבקש צדדים לטל רבית מישראל סופו מתרושש, וכמו שאמרו זכרונם לברכה (שם עא, א), שכל העוסק ברבית נכסיו מתמעטים. גם אמרו (שם עה, ב) שפרוטה של רבית, גורמת לו לאדם לאבד כמה אוצרות של ממון. ויתר רבי פרטי המצוה, בבבא מציעא פרק איזהו נשך [י"ד סי' קסז].

ונוהגת בכל מקום ובכל זמן בזכרים ונקבות. והעובר על זה והלוה ברבית האסורה מן התורה עבר על לאו, ומוציאין אותו ממנו בדינין, שיורדין בית דין לנכסיו, כדרך שיורדין בית דין לנכסים בגזלו או בנזקיו, כדעת קצת מן המפרשים או מוציאין אותה ממנו דרך כפיה כדרך שכופין לישראל שלא רצה לקים מצות עשה, כדעת קצת מרבותינו ישמרם אל. ואם הלוה ברבית האסורה מדבריהם שהוא הנקרא אבק רבית עבר על לאו דרבנן, ואין רבית זו יוצאה בדינין, אבל אם תפש הלוה מן המלוה בכדי אותה רבית אין מוציאין מידו. ואם עבר והלוה ברבית שאסרו זכרונם לברכה מפני הערמת רבית לבד, אין צריך לומר שאין מוציאין אותו מן המלוה אם לקחו שאפילו מן הלוה מוציאין אותו ונותנין אותו למלוה, מכיון שעברו והתנו ביניהם בכך, דמכיון שלא החמירו זכרונם לברכה בדבר אלא משום הערמת רבית לא חששו בדבר בדיעבד, ובדיעבד נקרא, מכיון שנתקימו הדברים בין מלוה ללוה.

Mitzvah 343

To not lend with interest to an Israelite: To not lend with interest to an Israelite, as it is written (Leviticus 25:37), "You shall not give your money with interest, nor should you give your sustenance with increase." And these are not two prohibitions - as increase is interest, and interest is increase; and as they, may their memory be blessed, said in [Bava] Metzia, "You will not find interest without increase or increase without interest. So why did the verse divide

ספר החינוך Sefer HaChinukh

them?" [That is] meaning to say, why did it divide them and not write, "Give neither your money nor your food with interest." "To cause the transgression of two prohibitions" - meaning to say, to give multiple warnings about it (Bava Metzia 61a). And this matter is what I have said above (Sefer HaChinukh 336), that the Torah will occasionally repeat warnings about that which it wanted to distance us from greatly. And it is possible for us to say about this, similar to what they, may their memory be blessed, said about other matters, "The Torah speaks like the language of man" (Berakhot 31b). And likewise, the Torah is constantly warning about that which requires our vigilance in the way that people will repeat their conditions and speak much when they warn one another about a weighty matter - so that the [listener] be aware and vigilant about it in all circumstances. And even though it is fitting that a person should be most careful about the word of God - even if he heard the word through the slightest hint - this is all from His great kindnesses upon His creatures, that in a few places He repeated warnings for them many times - like a parent disciplines his child. And we should therefore thank Him for all the goodness that He, blessed be He, bestowed upon us. **What** I have written about it in the warning (negative commandment) for the guarantor, witnesses and scribe that they should not be involved is loans with interest (Sefer HaChinukh 68) is from the root of the commandment: **The** laws of the commandment: For example, the distinctions that they, may their memory be blessed, taught us about this warning - that they said that there is interest that is prohibited from the Torah, which they call (Bava Metzia 61b) 'fixed interest'; and there is interest which is below this and it is rabbinically prohibited, which they, may their memory be blessed, called 'the dust of interest'; and there is another interest, which is lower than these first two and it (should have been) is strictly speaking permitted, as it is far removed from Torah-level interest, to the point that it is not suited to decree about at all, but the Sages were strict in this matter, in their seeing, that the Torah was very strict about it, and the many warnings about the matter of interest, and they forbade it so that people would not cheat, [and] not for some other reason. And these are the three types of interest: Torah level interest is when anyone says to his fellow, "Lend me a maneh and I will give you a perutah every day for it," or thirty perutah a month, or more or less, until I pay it [back]; or if he says, "Lend me a hundred dinar, for a hundred and twenty [after] a year"; or if he lends money and takes a house or courtyard as collateral that he

ספר החינוך Sefer HaChinukh

will hold and reap the produce until he returns his money, without subtracting something from the loan - that is fixed interest that is prohibited from the Torah. And they, may their memory be blessed, said (Bava Metzia 63b) more generally, "And payment for 'Wait for me' is forbidden by the Torah," and that is so long as it came from the hand of the lender to the borrower - that is forbidden by Torah writ. And they, may their memory be blessed, said about it, "Fixed interest can be extracted by judges" (Bava Metzia 61b). That is, the court may seize assets from the borrower and deduct from them, as is the law for theft and torts. But other commentators explain "extracted by judges" regarding coercion, meaning to say that the court coerces the borrower with whips to return it - as they do with anyone who says that he will not fulfill a positive commandment. **Every** other form of interest aside from those mentioned is called rabbinic interest and is [also] called 'the dust of usury', and it cannot be extracted by judges. And the Sages prohibited these as a decree so that a person not come to [lending with] interest from Torah writ. And among them are like that which they, may their memory be blessed, said (Bava Metzia 70b) that one cannot accept 'iron sheep' from an Israelite - the understanding of 'iron sheep' is one who takes money on condition that the principle will stay intact for the money's owner from the one who receives it, and [that] he [also] takes his share of the profit. And so [too,] may one not set [the price] for produce until the market rate is disseminated; though if the market rate is disseminated, we can set [a price] - for [even if] the [seller] may not have it, [someone else] has it. And to what do these words apply, that we never set [the price] until the market price has been disseminated? When he does not have it - meaning, from that type that he set [the price]; but if he does have some of it - and even if he only had a seah - he may set [the price] for several seah, [as with a loan]. For the law follows Shmuel who said like this in the Gemara (Bava Metzia 75a). And that which we said that he must have the same type, there are some of the commentators that said he must have exactly the same type (Beit Yosef, Yoreh De'ah 175), such that he may not set the price in new wheat if he only has old wheat - he must have exactly like the type for which he is setting [the price]. But there are others of them that said that there is no distinction between old and new, as so long as he has from the same type, it is permitted. And regardless, if he has from the same type, he may set [the price] with it even if it is lacking one or two [preparatory types of] work. But if it is lacking three [preparatory

ספר החינוך Sefer HaChinukh

types] of work, behold, he is like one that does not have from that type. And in the Gemara, the chapter [entitled] Eizehu Nesekh (Bava Metzia 74a), the elucidation appears at length on the distinction of these [types of] work [involved] with wheat, as well as with the tools of a potter and with other things. **And** so [too,] from the matter of the commandment is that which they prohibited to lend money with land [as collateral] and to make a condition with the borrower, "If you do not return the money from now until day x, the land will be mine" (Bava Metzia 66a); because the acquisition is not effective, as it is a dependence (asmakhta). [This is] meaning to say that the person's mind was depending on this at the time of the [loan] - that is that he would return the money - but his hand did not reach to fulfill the matter. And this is a type of duress. And [with] all that is of this type, we must be concerned about the eating of the produce on account of interest. And many types of dependence about the matter of interest and about other matters are spoken of in the Gemara. And my teacher, may God protect him, taught us more generally about the matter of dependences, that any time a person makes a condition with his fellow that is by way of a penalty - that is, if it not be so, he will be punished with such and such money - is called a dependence. And concerning this, they, may their memory be blessed, said always (Bava Metzia 66b), "Dependences do not acquire." And with a different expression did they, may their memory be blessed, also say, "Any 'that if' does not acquire." But any condition that a person makes with his fellow and says, "If you do such, I will do such and such" - as [is] the manner of people to make conditions in this way of speaking - is not included in dependencies at all, God forbid. For if so, how would we ever 'find our hands and feet' with any conditions people make with one another - as they are all with the expression, 'if'; since it is impossible without this. Moreover, what could we say about the many conditions that pertain to bills of divorce and marriages - as they are all with the expression, 'if?' Rather, that which we have written is certainly a correct explanation: That we only say, 'dependences do not acquire,' about that which people make conditions one with another by way of a penalty - such as "If I don't pay you by day x, the field will be yours," or whatever the collateral is, and all that is similar to it; but not for the great many other conditions that people make with each other - such as, "If you go to place x, I will give you such and such," or "If you do thing x for me, I will give you two hundred zuz," and anything like that. Understand this, my son, and give your heart to it, as through this you will remove a great cloud from between your eyes about the words of the Gemara in many places. **They** also said (Bava Metzia 75b) that early or late interest is the 'dust of interest' and prohibited rabbinically. How is this? If one placed his eyes that he wanted to borrow money from someone and sent him gifts in order that he will lend to him - that is early interest. If he borrowed from him and returned the money to him, and then sent gifts [in recognition of the fact] that [the lender's] money was idle with him - that is late interest. And likewise, some of the commentators said (Mishneh Torah, Laws of Creditor and Debtor 6:7) that if one lends money to his fellow for [collateral of] a place that constantly produces value - such as a courtyard, bathhouse or store - [if it is] without a deduction [for that value], behold it is fixed interest; and with a deduction, behold it is 'dust of interest.' But one who lends money for a place that does not constantly produce value - such as a field or a vineyard, as its value is not always found, since sometimes the expense involved exceeds the revenues - without a deduction, it is 'dust of interest'; and with a deduction, it is permitted. But there are some of them that say that the Sages, may their memory be blessed, prohibited even a field and a vineyard with a deduction; and the only permissible form of collateral that they found is the 'collateral of Sura,' [in which] they would write, "At the end of these years, this land will revert without money." And the truth according to what seemed from the Gemara to our teachers, may God protect them, with the good commentaries is that any collateral that is made with a deduction - whether it is a house or bathhouse that produces profits, and all the more so with a field or vineyard - it is all permitted with a deduction. And so, have they practiced in our land based on their words? But one who is concerned for the view of the great savants who were strict in this matter will be blessed from the Heavens. **And** what was the other interest that we said above that they, may their memory be blessed, prohibited to prevent cheating on interest? Such as if a person says to his fellow, "Lend me a maneh (one hundred zuz)," and [the other responds], "I have no maneh, [but] I have a maneh's worth of wheat": [If] he gives him the wheat for a maneh and buys them back for ninety, this would certainly be logically permitted, except that the Sages forbade it because of cheating with interest. As behold, this thing appears like interest - as this one gave ninety dinar, but he is taking a hundred. Yet if he transgressed and did this, [the lender can] extract the full hundred, as there is not even the 'dust of interest'

ספר החינוך Sefer HaChinukh

here. It is only as a fence that the Sages were strict about the matter. Also, if one had a field as collateral, he may not rent it to its owner, because of cheating with interest; and similar to these matters, as is found in the Gemara (Bava Metzia 68a). And even though they forbade these things only because of cheating with interest, there are some things they permitted, even though they are similar to true interest. And the Sages permitted them because they did not see a concern about them [in order] to make a decree at all: And that is that they permitted a person to sell a debt at a discount; and the Sages also permitted a person to give his fellow a dinar so that he will say to another Israelite that he lend [the first] a maneh. And they, may their memory be blessed, said (Bava Metzia 69b) more generally that the Torah only forbade interest that goes from the hand of the borrower to the lender - as this is the way of the world. As the Torah always chooses the [more common case] and leaves out the details (unusual cases). And since the way of the world is like this, it [only] warned the borrower and the lender. And even though they said so and it is true, it is fitting for any scrupulous person to distance himself with all of his might from every matter that has cheating with interest in it. And anyone who pursues ways to take interest payments from an Israelite will eventually become poor - and as they, may their memory be blessed, said (Bava Metzia 71a), that the property of anyone who deals in interest will shrink. [They] also said (Bava Metzia 75b) that a perutah of interest causes a loss of storehouses of money. And the rest of the many details of the commandment are in Bava Metzia, the chapter [entitled] Eizehu Nesekh (see Tur, Yoreh Deah 167). **And** [it] is practiced in every place and at all times by males and females. And one who transgresses this and gave a loan with interest from Torah writ has violated a negative commandment, and [so] we extract money from him with judges; as the court may seize his assets in the way that the court seizes his assets for his theft or for his damages, according to the view of some of the commentators - or we extract if from him by way of coercion in the way that we coerce an Israelite who does not want to fulfill a positive commandment, according to the view of some of our rabbis, may God protect them. And if he lent with interest that is forbidden [rabbinically] that is called 'the dust of interest,' he has violated a rabbinic proscription, but the money cannot be extracted by judges. However, if the borrower seized enough for the [value] of that interest from the lender, we do not extract it from his hand. And if he transgressed and lent with interest, which they, may their memory be blessed, forbade only because of cheating with interest; there is no need to say that we do not extract it from the lender if he took it, as we even extract if from the borrower and give it to the lender - as they [already] transgressed and stipulated this between them. As since they, may their memory be blessed, were only stringent about the thing because of cheating with interest, they did not concern themselves with the thing ex post facto. And this is called ex post facto, since the words between the lender and the borrower have [already] been fulfilled.

מצוה שמד

שלא נעבד בעבד עברי עבדת בזיון כמו עבדת כנעני - שלא נעבד בעבד עברי בעבדה שיש בה בזיון גדול והכנעה שדרך לעבד כן בעבד כנעני. שנאמר (ויקרא כה לט) לא תעבד בו עבדת עבד. ואמרו זכרונם לברכה בספרא (בהר ז ב) בפרוש ענין זה. שלא יטל אחריך בלנשיא (בלונטיא) (עיין סהמצ"מ ל"ת רנז) והוא כלי של בגד קטן שעושין בני אדם לישב עליו בכל מקום שהם כשהם יגעים, ודרך העבד הנבזה שנוטל אותו כלי ומוליכו אחר אדוניו, וכמו כן אמרו (שם) ולא יטל לפניו כלים לבית המרחץ, והם זכרונם לברכה בארו אלו המלאכות, והוא הדין שנלמד מהן לכל כיוצא בהן. נמצא, שיש לו לאדם שיתן אל לבו איזו מלאכה יצוה לעבדו עברי, וזהו מכלל מה שאמרו זכרונם לברכה (קדושין כב, א) כל הקונה עבד עברי כקונה אדון לעצמו. ומכל מקום מה שאמר הכתוב כשכיר כתושב יהיה עמך. יש ללמד שיכול אדם לצוותו בכל הדברים שדרך בני אדם לצוות השכיר והתושב. ובאמת, השכיר שהוא אדם בן חורין, ברב איננו נשכר למלאכה בזויה, וכמו כן התושב שהוא אדם שבא לגור בארץ אחרת, ודרכן של תושבים לעבד בעל הבית שהם מתגוררים עמו לרצונם, ועל כן לא יעשה עמו מלאכה בזויה ביותר, ועל כן אמר הכתוב כשכיר כתושב יהיה עמך ששני אנשים אלו, אף על פי שהם עובדים אין עבדתם עבדה בזויה ברב הפעמים. ואף על פי כן צריך העבד לנהג בעצמו מנהג עבדות ויכבד אדוניו בכל כחו, ולא יתגאה בכל זה שאמרנו. **משרשי** המצוה. כדי שיתן האדם אל לבו, כי האמה שלנו היא הנכבדת מכלן, ומתוך כך יאהב אמתו ותורתו, ויתן אל לבו גם כן, כי כמו שזה העבד העברי נמכר לו מפני דחקו, כך אפשר שיקרה לקונה אותו, או לאחד מבניו אם יגרם להם החטא, ובכבדו עבדו יחשב מחשבה זו בלי ספק, ומתוך מחשבתו זאת, יזהר מחטא לשם. ועוד תועלת אחרת בדבר, שילמד האדם נפשו במדת החסד והרחמים, ויתרחק ממדת האכזריות הרעה, ובהכין נפשו אל הטובה תקבל הטוב, והשם חפץ להעניק מברכותיו אל בריותיו, כמו שכתבתי פעמים הרבה במצות הקודמות. **דיני** המצוה. מה שדקדקו זכרונם לברכה פרק קמא דקדושין (כב ב), ממה שאמר הכתוב (דברים טו טז), כי טוב לו עמך, עמך במאכל ועמך

במשתה, שלא תהא אתה אוכל פת נקיה והוא אוכל פת קבר, אתה שותה יין ישן והוא שותה יין חדש, אתה ישן על גבי מוכין והוא ישן על גבי התבן. וכן אמרו זכרונם לברכה (ספרא ז ג) שלא ידור האדון בכרך, והעבד בכפר, שנאמר (ויקרא כה מא) "ויצא מעמך". ויתר פרטיה בספרא ובקדושין [יו"ד סימן רסז]. **ונוהגת** בזכרים ונקבות בזמן שהיובל נוהג. וכבר כתבתי בראש הסדר (מצוה של) באיזה זמן היובל נוהג. ואף על פי שאין ראוי לאשה שתקנה עבד מפני החשד בכלל המצוה היא מכל מקום. והעובר על מצוה זו ועבד בעבד עברי בעבדות הבזויות עבר על לאו זה, אבל מן הדומה שאין בזה חיוב מלקות, לפי שאין בו מעשה, כי בדברים יוסר עבד לעשות מלאכתו בזויה או נכבדת, וכבר כתבתי למעלה (מצוה רמא) כי כל לאו שאפשר לעבר עליו מבלי מעשה, אף על פי שנעשה בו שום מעשה שאין לחיבו מלקות עליו, דלאו שאין בו מעשה נקרא מכל מקום; זה דרכי זך בעיני.

Mitzvah 344

That we not make a Hebrew slave perform demeaning work, like the work of a Canaanite (gentile) slave: That we not make a Hebrew slave perform work that is very demeaning and humiliating, which is the way to make a Canaanite slave work - as it is written (Leviticus 25:29), "do not have him work with the work of a slave." And they, may their memory be blessed, said in Sifra, Behar, Chapter 7:2 in explanation of this matter, "He should not carry your cushion" (see Sefer HaMitzvot LaRambam, Mitzvot Lo Taase 257) - which is a small cloth that people make to sit upon in every place if they tire - and it is the way of a demeaned slave to take this [item] and carry it behind his master. And they said likewise (Sifra, Behar, Chapter 7:2), "Nor should he carry his vessels in front of him into the bathhouse." And they, may their memory be blessed, elucidated these types of work, and the law is the same for anything that is similar to them. It comes out that a person should be mindful of which type of work he orders his Hebrew slave to perform. And this is part of the principle which they, may their memory be blessed, said (Kiddushin 22a), "Anyone who acquires a Hebrew slave is like he has acquired a master for himself." Nonetheless, from that which the verse states (Leviticus 25:40), "Like a laborer, like a boarder shall he be with you," it should be learned that a man may command him to do anything that it is the way of people to command a laborer or a boarder. And truthfully, a laborer - who is a free man - is usually not employed for degrading work; and likewise, a boarder - who is a man who comes to live in a different land. And the way of

ספר החינוך Sefer HaChinukh

boarders is is to do the work of the homeowner with whom they are living, from their [own] will - therefore [a householder] will not do very demeaning work with him. And hence Scripture sated, "Like a laborer, like a boarder shall he be with you," because these two men - even though they do work - their work is not usually demeaning work. Still, the slave must behave according to the way of a slave and honor his master with all of his might, and not become haughty with all that we have said. **It** is from the roots of the commandment [that it is] so that a person place upon his heart that our nation is the most honored of all of them. And through that, he will love his people and his Torah. And he will also place upon his heart, that just as this slave was sold because of his desperation, so is it possible that the same could happen to the one who acquires him, or to one of his sons - if [their] sin causes it to them. And through honoring his slave, he will certainly think this thought; and through this thought he will be careful from sinning to God. And there is another purpose in the thing - that a man learn the traits of kindness and mercy, and distance himself from the evil trait of cruelty. And by preparing his soul for goodness, it will receive good - [as] God wishes to bestow from His blessings on His creations, as I have written many times before in previous commandments. **The** laws of the commandment: That which they, may their memory be blessed, were exacting about in the first chapter of Kiddushin 22b from that which the verse stated (Deuteronomy 15:16), "for it is good for him with you" - "'With you' regarding food, 'with you' regarding drink; that you should not eat refined bread and he eat coarse bread, nor should you drink aged wine and he drink unaged wine, nor should you sleep on pillows and he sleep on straw." They, may their memory be blessed, likewise said (Sifra, Behar, Chapter 7:3) that the master should not live in the town and the slave in the village, as it is stated (Leviticus 25:41), "And he shall leave from with you." And the rest of its details are in the Sifra and in Kiddushin (See Tur, Yoreh Deah 267). **And** [it] is practiced by males and females at the time that the Jubilee is practiced; and I have already written when the Jubilee is practiced at the beginning of the Order (Sefer HaChinukh 330). And even though it is not fitting for a woman to acquire a slave on account of suspicion, she is still included in the commandment nonetheless. And if one transgressed this commandment and had his Hebrew slave do degrading work, he has violated this negative commandment. Though from what it appears, there is no liability for lashes - as there is no act [involved] with it; since a slave is disciplined with words to get him him to do work - [whether] demeaning or honorable. And I already wrote above (Sefer HaChinuch, 241) that any negative commandment that can be transgressed without an act - even if he does any act with it, he should still not be made liable for lashes; as it is still termed a negative commandment without an act. This is my approach - it is clear in my eyes.

מצוה שמה

שלא נמכר עבד עברי על אבן המקח - שלא נמכר עבד עברי כדרך שמוכרין עבדים כנעניים בהכרזה על אבן המקח, אלא בהצנע ודרך כבוד. וכן אמרו בספרא (בהר ו א) לא ימכרו ממכרת עבד, שלא ימכרם בסמטא ויעמידם על אבן המקח. **שרש** מצוה זו ידוע, שאין ראוי לו לאדם להקל בכבוד חברו, אף על פי שהביאו עונותיו למכר, כי לא ידע אם אולי למחר יבוא גם הוא לכך. באור מצוה זו בקדושין [שם], ודיניה כלולים בעקרה, אין להאריך בהם. **ונוהגת** בזכרים ונקבות בזמן שהיובל נוהג שאין עבד עברי נוהג, אלא בזמן היובל, כמו שכתבתי למעלה (מצוה של). והעובר על זה ומכר עבד עברי כדרך שהעבדים כנעניים נמכרים עבר על לאו, אבל מן הדומה שאין בו חיוב מלקות, לפי שאפשר לעבר עליו מבלי מעשה.

Mitzvah 345

That we not sell a Hebrew slave upon the auctioning stone: - That we not sell a Hebrew slave in the way that we sell Canaanite (gentile) slaves, by announcement upon the auctioning stone, but rather discreetly and in an honorable fashion. And so, did they say (Sifra, Behar, Section 6:1), "'They shall not be sold with the sale of a slave' (Leviticus 25:42) - that they not be sold in a market-stand and be placed up on the auctioning stone." **The** root of this commandment is well-known - that it is not fitting for a person to treat the honor of his fellow lightly; even if his sins have brought him to be sold. As he does not know if maybe tomorrow, he will also come to this. The elucidation of this commandment is in Kiddushin and its laws are included in its essence - there is no need to be lengthy about them. **And** [it] is practiced by males and females at the time that the Jubilee is practiced, as [the law of] Hebrew slaves is only practiced at the time of the Jubilee, as I wrote above (Sefer HaChinukh 330). And one who transgresses this and sells a Hebrew slave in the way that Canaanite slaves are sold has violated a negative commandment. But from what appears, there is no liability for lashes, since it is possible to transgress it without an act.

מצוה שמו
שלא לעבד בעבד עברי בעבדת פרך - שלא נעביד עבד עברי בעבדת פרך, שנאמר (ויקרא כה מג) לא תרדה בו בפרך. ואי זו עבדת פרך? ופרשו זכרונם לברכה (בספרא כאן ו), שהיא עבדה שאין לה קצבה, וכן עבדה שאין אדם צריך לה, אלא יעשנה כדי שלא יתבטל העבד, וכמו שאמרו זכרונם לברכה לא יאמר אדם לו עדר תחת הגפנים עד שאבוא, שהרי לא נתן לו קצבה, אלא יאמר לו עדר עד שעה פלונית או עד מקום פלוני. ואמרו גם כן בספרא שלא יאמר לו החם לי כוס זה והוא אינו צריך לו, וכן כל כיוצא בזה, אבל הביאו זכרונם לברכה במשל הקלה שבמלאכות והנמהרת לעשות וכל שכן האחרות. והכלל, שלא נעבידהו זולתי בהיות הצרך לנו לעשות המלאכה ההיא שנצוהו עליה. פרטי המצוה קצרים, והנה כתבתי קצתן. **ונוהגת** מצוה זו בזכרים ונקבות, בזמן שהיובל נוהג. ואין לחיב מלקות עליה, לפי שאפשר לעבר עליה בדבור לבד מבלי מעשה. ואף על פי שאינה נוהגת בזמן הזה לפי שאין קנין עבד עברי נוהג, מכל מקום ראוי לו לאדם להזהר בענין מצוה זו גם היום בהיות עניים בני ביתו ולהזהר בה הרבה, ויתן אל לבו כי העשר ועניות גלגל הוא שחוזר בעולם, ומהשם הוא, ויתננו לאשר ישר בעיניו כל זמן שירצה ולא יותר ואפילו רגע, שגם כי יצבר כעפר כסף ויטמנהו בקרקע ויקנה קרקעות עד אין מספר וטובה הרבה יהיה לו, הכל יאבד ממנו יחד בחטאו לשם, ואם יצדק תתקים בו הטובה, כי כל מין במינו ידבק.

Mitzvah 346
To not make a Hebrew slave perform oppressive work: To not make a Hebrew slave do oppressive work, as it is stated (Leviticus 25:43), "do not subjugate him with oppressive work." And what is oppressive work? They, may their memory be blessed, explained (Sifra, Behar, Section 6:2) that it is work that does not have a limit, and so [too,] work that a person does not need but he does it so that the slave not be idle - and like they, may their memory be blessed said, "A man should not say to him, 'Hoe underneath the vines until I come,' as behold he has not given him a limit; but rather he should say to him, 'Hoe until x hour,' or 'until place y.' And they also said in Sifra that he should not say to him, "Heat this cup for me," when he does not need it; and all that is similar to it. But they, may their memory be blessed, brought an example of the lightest type of work and the quickest to do - and all the more so [is it the case with] other ones. And the principle is that we only make him do

work that we have a need for that work that we commanded him. The details of the commandment are short, and behold I have written a few of them. **And** this commandment is practiced by males and females at the time the Jubilee is practiced. And we should not make him liable for lashes for it - since it is possible to transgress it with speech alone, without an act. And even though it is not practiced in our time, since the acquisition of Hebrew slaves is not practiced - nonetheless it is fitting for a person to be careful about the content of this commandment also today [if] the poor are members of his household. And he should be very careful about it and place upon his heart that wealth and poverty is a wheel that spins in the world, and it is from God. And He gives to the one that is straight in His eyes so long as He wants - but not a minute longer. As even if he gathers money like the dirt and buries it in the ground and acquires so many lands that they be countless, it will all be lost from him [if he sins] to God. But if he is righteous, the good will be preserved for him, as each type clings to its type.

מצוה שמז

מצות עבודה בעבד כנעני לעולם - שנעבד בעבד כנעני לעולם, כלומר, שלא נשחרר אותו לעולם ושלא יצא לחרות כי אם בשן ועין כמו שבא בכתוב (שמות כא כו כז), או בראשי אברים הדומין להם, כלומר, אברים שאינן חוזרין, כמו שבא על זה הפרוש המקבל (קידושין כד, א), שנאמר (ויקרא כה מו) לעולם בהם תעבדו. ואמרו זכרונם לברכה במסכת גטין בפרק השולח (גיטין לח, ב) אמר רב יהודה כל המשחרר עבדו עובר בעשה, שנאמר "לעולם בהם תעבודו". ועבד כנעני נקרא, אחד מכל האמות שקנהו ישראל לעבדות, אבל נתיחסו כל העבדים בשם כנען, מפני שכנען נתקלל להיות עבד הוא וזרעו לעולם. ואף על פי שפרשה זו שנצטוינו בה להשתעבד בהם תדבר בכנענים, כמו שכתוב מאת הגוים אשר סביבותיכם מהם תקנו עבד ואמה, וכתיב למעלה מזה לתת לכם את ארץ כנען, ידוע לחכמים זכרונם לברכה, דלאו דוקא משפחת כנען ואשר בארצם נקראים עבדים כנענים, דהוא הדין לכל שאר האמות, שיש להם דין עבד כנעני לכל דבר.
וכן ישראל שבא על שפחה כנענית, כלומר, על אשה מן האמות שקנה אותה אחד מישראל הרי הנולד ממנה ומישראל כעבד כנעני לכל דבר (יבמות כב א), ואפילו היא שפחתו של אותו ישראל שבא עליה, וכן אחד מן האמות שבא על שפחה כנענית שלנו הרי הבן עבד כנעני, שנאמר אשר הולידו בארצכם. אבל עבד שלנו שבא על אחת מן האמות אין הבן עבד, שהעבד אין לו יחוס. וכן גר תושב כלומר, שקבל שלא לעבד עבודה זרה והוא שוכן בארצנו שמכר עצמו לישראל הרי דינו כעבד כנעני, ואמרו זכרונם לברכה (יבמות מח ב) בענין עבד כנעני שמטפל בו אדוניו עד שנה אם רוצה לכפר

בעבודה זרה ולהניחה ושימול ויטבל לשם עבדות ושיתחיב במצות שהנשים ישראליות חיבות בהן מוטב, ואם לאו אסור לנו להשהותו בבתינו יותר משנים עשר חדש, אלא מוכרים אותו מיד, ועל אלה העבדים שמלו וטבלו לשם עבדות נצטוינו לעבד בהן לעולם. **משרשי** המצוה. לפי שעם ישראל הם מבחר המין האנושי ונבראו להכיר בוראם ולעבד לפניו וראוים להיות להם עבדים לשמש אותם, ואם אין להם עבדים מן האמות, על כל פנים יצטרכו להשתעבד באחיהם ולא יוכלו להשתדל בעבודתו ברוך הוא, על כן נצטוינו להחזיק באלו לתשמישנו אחר שהכשרו ונעקרה עבודה זרה מפיהם ולא יהיו למוקש בבתינו. וזהו שאמר הכתוב אחר כן ובאחיכם בני ישראל איש באחיו לא תרדה וגו'. כלומר, ובכן לא תצטרכו להשתעבד באחיכם, ותהיו נכונים כלכם לעבודת השם, ואף על פי שיש במשמעות הכתוב שיבא להזהיר שלא להשתעבד בעבודת פרך בעבד עברי שבעים פנים לכתובים.
ומהיות יסוד המצוה כדי שירבו בני אדם בעבודת בוראם ברוך הוא התירו חכמים זכרונם לברכה [לעבר] על מצוה זו בכל עת שבטול מצוה זו יהיה גורם למצוה אחרת, ואפילו בשביל מצוה דרבנן אם היא מצוה דרבים, כגון שלא היו עשרה בבית הכנסת וצריכים לשחרר העבד ולהשלים המנין (עי' ברכות מז ב). ואל יקשה עליך, ואיך נדחה מצות עשה זו דאוריתא בשביל מצוה דרבנן, כי מפני שיסוד המצוה אינו אלא כדי להרבות עבודתו ברוך הוא, אחר שבשחרורו עכשו נעשית מצוה, ועוד שגם הוא מתרבה בגופו במצות שלא היה חיב קדם השחרור כן, וזה אמרם זכרונם לברכה (שם) שמתר לשחררו, שכן קבלו הענין. **מדיני** המצוה. מה שאמרו זכרונם לברכה (קידושין כב, ב) שהוא קונה עצמו בכסף, ובשטר שחרור, ובראשי אברים שאינן חוזרין, והם עשרים וארבעה אברים, ואף על פי שדינו לצאת בראשי אברים שאינן חוזרין צריך גט שחרור מן האדון, וכופין את רבו לכתבו לו אחר שחסרו מאחד מעשרים וארבעה אברים הידועים. ואמרו זכרונם לברכה (גיטין מג ב) שהמוכר עבדו לגוים או לכותים או אפילו לגר תושב יצא בן חורין, וכן ישראל הדר בארץ שמכרו לישראל הדר בחוצה לארץ כדי שיוציאנו מן הארץ, יצא בן חורין. וכמו כן אמרו זכרונם לברכה (שם מ, א) שאם השיאו רבו לעבד בת חורין או הניח לו תפלין בראשו או שאמר לו רבו לקרות שלשה פסוקים בספר תורה בפני הצבור, וכל כיוצא באלו הדברים שאינן חיבין בהן אלא בני חורין יצא לחרות בכך, וכופין את רבו אחר כך לכתב לו גט שחרור, ולפיכך צריך הרב להזהר שלא לעשות לו מכל אלו הדברים כלל, כדי שלא יבטל מצות עשה זה, אלא אם כן עשה כן לכבוד מצוה, כמו שפרשנו. ודיני כתיבת גט השחרור ותורתו ויתר פרטיה. בקדושין וגטין [יו"ד סימן רסז וח"מ סימן קצו]. **ונוהגת** בכל מקום ובכל זמן בזכרים ונקבות, אף על פי שהנקבות אסורות להן לקנות עבדים מפני החשד, מכל מקום, אם קנו אותן אסור להן לשחררן, אלא ימכרו אותם. והעובר על זה ושחרר עבדו שלא לדבר מצוה כמו שאמרנו, בטל עשה זה.

ספר החינוך Sefer HaChinukh

Mitzvah 347
The commandment of work with a Canaanite slave forever:
That we have a Canaanite slave work forever, meaning that we should never manumit him; and he should only go free for [suffering the loss of] a tooth or limb, as it appears in Scripture (Exodus 21:26-27) - or from the main limbs that are similar to them, meaning limbs that do not grow back, as the accepted traditional explanation comes about this (Kiddushin 24a) - as it is stated (Leviticus 25:46) "you shall work them forever." And they, may their memory be blessed, said (Gittin 38a), "Rav Yehudah said, 'Anyone who manumits his slave is in violation of a positive commandment, as it says, "you shall work them forever."'" And [any] one from all of the [other] nations who was acquired by a Jew as a slave is called a Canaanite slave. But all slaves are attached with the name, Canaan, because Canaan was cursed to be a slave - he and his progeny - forever. And even though this section in which we were commanded to subjugate them is speaking about Canaanites - as it is written (Leviticus 25:44), "from the peoples that surround you may you purchase a slave or maid-servant," and it is written earlier (Leviticus 25:38), "to give to you the Land of Canaan" - it was known to the Sages, may their memory be blessed, that it was not only Canaan and those in their land that were called Canaanite slaves. As the law is the same for all the rest of the nations - that they have the status of a Canaanite slave in every matter. **Also**, if an Israelite has intercourse with a Canaanite slave woman - that is, a woman from the [other] nations who was purchased by an Israelite - behold the offspring from her is a Canaanite slave for all purposes (Yevamot 22a), and even if she is the slave of that Israelite that had intercourse with her. Similarly, [in the case of a free man] from the nations that had intercourse with a Canaanite slave woman of ours, the child is a Canaanite slave - as it it stated (Leviticus 25:45), "that they begot in your land." However [in the case of] one of our slaves that has intercourse with a [free woman] from the nations, the child is not a slave - as a slave has no [paternity]. And so [too,] a resident alien - that is, one that has accepted not to worship idolatry and he is living in our land - who sold himself to an Israelite, behold his status is that of a Canaanite slave. And they, may their memory be blessed, said regarding a Canaanite slave (Yevamot 48b) that his master takes care of him up to twelve months; if he wants to deny and abandon idolatry, get circumcised and immerse for the sake of

slavery and accept the commandments that Jewish women are obligated, it is good. But if not, it is forbidden for us to hold him in our homes longer than twelve months. Rather we sell him immediately. And [it is] about those slaves that were circumcised and immersed for the sake of slavery that we were commanded to work them forever. **It is from the roots of the commandment** [that] since the people of Israel are the choicest of the human species and they were created to recognize their Creator and to serve in front of Him, it is fitting that they should have slaves to serve them. And if they do not have slaves from the nations, they would nonetheless need to subjugate their brethren, and [those subjugated] would be unable to strive in His service, blessed be He. We were therefore commanded to retain these for our use - after they have been readied and have had idolatry removed from their mouths, lest they be a snare in our homes. And this [is the meaning of] the verse afterwards (Leviticus 25:46), "and as for your brothers, the Children of Israel, a man shall not subjugate his brother." That is to say that with this, you will not need to subjugate your brethren and you will all be prepared for the service of God. And even though the understanding of the verse is to warn not to subjugate a Hebrew slave with oppressive labor, there are seventy face to the verses. **And** given that the foundation of this commandment is in order to proliferate people's service of their Creator, the Sages, may their memory be blessed, permitted [to transgress] this commandment whenever its nullification would cause [the fulfillment of] another commandment - and even for the sake of a rabbinic commandment, such as if there were not ten (a quorum) in the Synagogue and they needed to free the slave to complete the quorum (see Berakhot 47b). And let it not be difficult to you, how we can forsake this positive biblical commandment for the sake of a rabbinic one. As it is because the foundation of the commandment is only the proliferation of His service, blessed be He: Since by manumitting him now, a commandment will be fulfilled. Moreover, he, himself will be increased in commandments that he was not obligated before the freeing. And this is [the understanding of] their, may their memory be blessed, saying (Berakhot 47b) that is is permissible to free him - as they received the matter like this. **From** the laws of the commandment is that which they, may their memory be blessed, said (Kiddushin 22b) that he may acquire [his freedom] though money, a contract, or [an injury to] the main limbs that will not grow back - and they are twenty-four. And even though the law pertaining to him is to go out for the main limbs that do not grow back, he [still] requires a contract of manumission from the [master]; and we force the master to write [it] for him, since he caused him to lack one of the twenty-four well-known limbs. And they, may their memory be blessed, said (Gittin 43b) that [in a case of] one who sells his slave to gentiles or Kuthites, or even to a resident alien, [the] slave goes out to freedom. And so [too, in the case of] an Israelite who lives in the Land [of Israel] who sold him to an Israelite who lives outside of the Land, in order that he take him outside of the Land - [the] slave goes out to freedom. And similarly, they, may their memory be blessed, said (Gittin 40a) that if his master marries him to a free woman, or if lays tefillin on him, or [if] his master tells him to read three verses in a Torah scroll before the congregation or anything that is similar to these things about which only free men are obligated, [the slave] goes out to freedom with these and we force his master afterwards to write him a contract of manumission. And therefore, the master must be careful not to do any of these things at all, so that he will not violate this positive commandment, unless he did this for the honor of [another] commandment, as we explained. And the laws of the writing of the contract, its instruction and the rest of its details are in Kiddushin and Gittin (see Tur, Yoreh Deah 267 and Tur, Choshen Mishpat 197). **And** [it] is practiced in every place and at all times by males and females. Even though women are forbidden to purchase slaves for themselves because of suspicion; if they did purchase them, it is forbidden for them to free them, but they must sell them instead. One who transgressed this and freed his slave not for the sake of a commandment - as we said - has violated this positive commandment.

מצוה שמח

שלא להניח לגוי לעבד בעבד עברי הנמכר לו - שלא נניח הגוי השוכן בארצותינו להעביד בעבד עברי שמכר עצמו לו בעבודת פרך. שנאמר (ויקרא כה נג) לא ירדנו בפרך לעיניך. ולא נאמר אחר שזה העברי, עבר על נפשו ומכר עצמו לגוי נניחנו לסבל כל עבודה. ואמרו בספרא (בהר ח ח) לא ירדנו בפרך לעיניך. אין אתה מצוה אלא לעיניך, כלומר, שאין אנו חיבים לחזר עליו ולהכנס בבית הגוי לראות אם יעבידנו בפרך אם לא, אלא כל זמן שנראה הדבר נמנענו ממנו. **שרש** מצוה זו נגלה הוא לכל רואי השמש. דיניה כלולים בעקרה. **ונוהגת** בזכרים ונקבות בזמן שידנו תקיפה על האמות, שיש בנו כח עליהם לצוותם לעשות דבר או שלא לעשותו. והעובר על זה וראה הגוי מעביד הישראל בעבודת פרך, ויש כח

בידו למנעו ולא מנעו עובר על לאו זה, אבל אין מלקין אותו עליו, לפי שאין בו מעשה.

Mitzvah 348

To not allow a gentile to work a Hebrew slave sold to him: That we not allow a gentile that dwells in our lands work a Hebrew slave, who sold himself to him, with oppressive work - as it is stated (Leviticus 25:53), "he shall not subjugate him oppressively in your eyes." And we should not say, "Since this Hebrew sinned against himself and sold himself to the gentile, let us leave him to suffer all the work. And they said in Sifra, Behar, Chapter 8:8), "'He shall not subjugate him oppressively in your eyes' - you are only commanded 'in your eyes.'" [This is] meaning to say that we are not obligated to look for it and to enter the house of the gentile to see if he has him work oppressively or not; but rather any time we see the thing, we have to prevent it from him. **The** root of this commandment is revealed to all who see the sun. Its laws are included in its essence. **And** [it] is practiced by males and females at the time that our hand is powerful over the nations, that we have the power with us over them to command them to do a thing or not to do it. And one who transgresses it and saw the gentile make the Israelite work with oppressive work - and he has the power in his hand to prevent him - but he does not prevent him, violates this negative commandment. But we do not administer lashes for it, since there is no act [involved] with it.

מצוה שמט

שלא נשתחוה על אבן משכית אפילו לשם - שלא נשתחוה על אבן משכית, אפילו לשם ברוך הוא, שנאמר (ויקרא כו א) ואבן משכית לא תתנו בארצכם להשתחוות עליה, ואבן משכית תקרא אבן מצירת (עי' סהמ"צ ל"ת יב), וכן אבני גזית מגררות במגרה בכלל אסור אבן משכית. **ומשרשי** המצוה. כתב הרמב"ם זכרונו לברכה (בסהמ"צ), שהוא לפי שהיו עושין כן לעבודה זרה, ישימו אבנים מצירות במלאכה נאה לפני הצלם, והיו משתחוים עליה לפניו. ואפשר לומר כן שהטעם מפני שנראה כמשתחוה לאבן עצמה, אחר שהכינוה וצירוה והיא נאה יש מקום לחשד, אבל המשתחוה על גבי בגדים נאים אין שם מקום לחשד, שהבגד דבר שהוא כלה במהרה ולא יעשנו בריה אלוהו, אבל האבן שהוא דבר קים ויש לה שר בשמים, וכמו שאמרו זכרונם לברכה בחלין (מ, א) הא דאמר להר, הא דאמר לגדא (למלאך הממונה על ההרים) דהר יפול בהם החשד, והתורה תרחיק האדם הרבה מלעשות דבר שיחשד בו, ועוד שלא יכשלו אחריו.

ספר החינוך Sefer HaChinukh

מדיני המצוה. מה שאמרו זכרונם לברכה (מגילה כב, ב) שאין חיוב מלקות בזה, אלא בפשוט ידים ורגלים, שנמצא כלו מוטל על האבן, שכן בא הפרוש המקבל שזו היא ההשתחויה האמורה בתורה, אבל בלא פשוט ידים ורגלים אין בו מלקות, אבל היו מכין העושה כן מכת מרדות. ולענין עבודה זרה אין חלוק בפשוט ידים ורגלים, אלא משעה שיכבש האדם פניו בקרקע לפניה נסקל (הוריות ד א). ומה שאמרו זכרונם לברכה (רמב"ם הל' עבו"ז ו, ז) שאם פרס מחצלאות על רצפת האבנים וכסה אותן מתר להשתחות עליהם, ומה שאמרו זכרונם לברכה (שם), דבכל מקום הוא האסור, חוץ מן המקדש שמתר להשתחות לה' על האבנים, שנאמר לא תתנו בארצכם, בארצכם אי אתם משתחוים, אבל אתם משתחוים על האבנים המפצלות במקדש, וזה הענין לפי הדומה מן הטעם שאמרתי, כי יחשדו בני אדם המשתחוה, שלא יעשה האבנים אלוה, ומפני שהבית הקדוש נבחר לעבודת השם ברוך הוא, ומפרסם לכל העולם כשמש בחצי היום שאין עבודה שם בלתי לה' לבדו אין שם מקום לחשד, אבל אם כטעם הרמב"ם זכרונו לברכה, שהוא להרחיק עבודה זרה שהיו עושין לה כן, כל שכן שהיה ראוי להרחיק כל הדומה לה ממקום המקדש שלא לפגל מחשבת המשתחוה לשם בזכרו אותם, ואולם ידעתי כי יש לרבנו טעם נכון בכל אשר יפנה, ונעלם לפעמים מחסרון הבנת השומע. ויתר פרטי המצות בגמרא מגלה (כב א) [הלכות עבודת אלילים פרק ו]. **ונוהגת** בכל מקום ובכל זמן בזכרים ונקבות, והעובר על זה והשתחוה על האבנים בפשוט ידים ורגלים לוקה, ושומר מצוה אשריו (משלי כט יח ושומר תורה אשרהו).

Mitzvah 349
That we not prostrate ourselves on a figured stone, even to God: That we not prostrate ourselves on a figured stone, even to God, blessed be He; as it is stated (Leviticus. 26:1), "and a figured stone you shall not place in your land, to prostate upon it." A figured stone refers to a stone that is adorned (see Sefer HaMitzvot LaRambam, Mitzvot Lo Taase 12). And so [too,] hewn stones that have been planed down with a scraper are also included in this prohibition of a figured stone. **From** the roots of the commandment is what Rambam, may his memory be blessed, wrote (Sefer HaMitzvotLaRambam, Mitzvot Lo Taase 12) that it is since they would do this for idolatry: They would place nicely figured stones before the idol and they would prostrate themselves upon [the stones] in front of it. It is [also] possible to say that the reason is because it seems like he is prostrating himself to the stone itself - since they prepared and beautified it, there is room for suspicion. But there is no room for suspicion for bowing on pretty clothing, as clothing is something that is quickly destroyed and

ספר החינוך Sefer HaChinukh

[therefore] no one will make it into his god; whereas a stone, which is something lasting and has a [corresponding] minister in the Heavens - and like they, may their memory be blessed, said (Chullin 40a), "Whether he speaks to the mountain, or to the gada of the mountain (to the angel that is appointed over the mountains)" - [he arouses] suspicion. And the Torah distances man greatly from doing anything about which [others might] suspect him; and also, that they not stumble [by following his deeds]. **From** the laws of the commandment is that which they, may their memory be blessed, said (Megillah 22b) that there is no liability for lashes unless he spreads his arms and legs, which would find him resting completely on the stone - as so did the accepted understanding come, that this is the prostration stated in the Torah. But without the spreading of the hands and legs, there is no lashes for it; but they would strike one who did this with lashes of rebellion. However, regarding [actual] idolatry there is no distinction between spreading of the hands and legs [and not] - as soon as one buries his face in the ground in front of it, he is stoned (Horayot 4a). And that which they, may their memory be blessed, said (Mishneh Torah, Laws of Foreign Worship and Customs of the Nations 6:7) that if he placed mats on the stone floor and covered them, it is permissible to prostrate himself upon them. And that which they, may their memory be blessed, said (Mishneh Torah, Laws of Foreign Worship and Customs of the Nations 6:7) that the prohibition [applies] everywhere except for the Temple, [where] it is permissible to prostate oneself to God on the stones; as it is stated, "you shall not place in your land" - in your lands you shall not prostrate yourselves, but you shall prostrate yourselves on the cut stones in the Temple. And from what it appears, this [distinction] is from the reason that I have said, that people will suspect the prostrater, that he not deifies the stones. And since the Temple is chosen for the service of God, blessed be He, and it is as [clear] to all as the sun in the middle of the day that there is no worship there except only to God, there is no room for suspicion. But according to the reason of Rambam, may his memory be blessed - that it is to distance us from idolatry, since they were doing this for it - all the more so should it be fitting to distance all that is similar to it in the sanctified place, to avoid disqualifying the thoughts of the one who comes to prostrate himself to God in his thinking about them. However, I know that our Rabbi had a correct reason for 'everything to which he turned' - but sometimes it is hidden from the inadequacy of the understanding of the listener. And the rest of the details of the commandment are in the Gemara, Megillah (See Mishneh Torah, Laws of Foreign Worship and Customs of the Nations 6). **And** [it] is practiced in every place and at all times by males and females. And one who transgresses it and prostrated himself with spread arms and legs upon stones is flogged. 'But happy is he who guards the commandment.'

<u>מצוה שנ</u>

מצות מעריך אדם שיתן דמים הקצובים בתורה - לדון בערכי אדם, כלומר, מי שאמר ערכי עלי או ערך פלוני עלי, שיתן לכהן כפי הערך שאמר ולא פחות, כמו שבא בכתוב מפרש בזכר ונקבה ולפי חשבון השנים, שנאמר (ויקרא כז ב) איש כי יפליא נדר בערכך נפשות ליי. וענין הערכין הוא מכלל נדרי הקדש, ולפיכך חיבים עליהם משום לא יחל דברו (במדבר ל ג), ומשום לא תאחר לשלמו (דברים כג כב), ומשום ככל היוצא מפיו יעשה (במדבר ל ג). **ומשרשי** המצוה. לפי שהאדם לא ישתתף בעליונים זולתי בדבור, והוא כל החלק הנכבד שבו, וזה יקרא באדם נפש חיה, כדמתרגם אונקלוס והות באדם לרוח ממללא, כי שאר חלקי הגוף מתים הם, ואם יפסיד האדם זה החלק הטוב ישאר הגוף מת וככלי אין חפץ בו, על כן נתחיב לקים דבורו במה שהוא משתמש בו בדברי שמים מכל מקום, כגון בהקדשות ובכל דברי הצדקות. וביתר כל עניני העולם, אף על פי שלא נתיחדו בהן עשה ולאו צוו חכמים והזהירו כמה אזהרות שלא ישנה אדם בדבורו, גם תקנו לקלל המשנה בדבורו כל זמן שנעשה בענין מעשה, וזהו ענין מי שפרע הנזכר להם בהרבה מקומות שאמרו בו, דברים ומעות [לא] קני, אבל אמרו (ב"מ מד, א). וכו', כמו שבא בגמרא בפרק הזהב, וכבר הארכתי הרבה בשרשי שבועות ונדרים בסדר "וישמע יתרו" במצות "לא תשא" (מצוה ל). **מדיני** המצוה. מה שאמרו זכרונם לברכה (ערכין יח, ב), ששנים אלו האמורין בערכין, כך קבלנו שהם שנים הנמנים מיום ליום. כלומר, מיום הלידה, וכל השקלים האמורים שם גם כן הם שקלי הקדש, ושקל הקדש ידענו בקבלה שהוא משקל שלש מאות ועשרים גרעיני שעורה מכסף טהור. וכבר הוסיפו חכמים עליו ועשו משקלו כמשקל המטבע הנקרא סלע בזמן בית שני, שהוא משקל שלש מאות וארבע ושמנים שעורה בינונית (כ"ה ברמב"ם שקלים א ב ג). וסלע זה, אמרו זכרונם לברכה, שהוא (ארבעה) דינרין, והדינר שש מעין, ומעה היא הנקראת בימי משה גרה, כדמתרגם אונקלוס גרה מעה, ומשקלה שש עשרה שעורות. **ומה** שאמרו גם כן (שם ב, א), שאין חלוק בערכין בין יפה, או כעור, או חולה, או סומא, או גדם אלא הכל נערכין לפי השנים, כמו שצותה התורה בהן, ומה שאמרו (שם) שהדמים אינם כערכין, שהאומר, דמי פלוני עלי נותן כמה שהוא שוה, ואין משגיחין בשנים כלל, שלא צותה התורה לתת ערך לפי השנים, אלא במעריך דוקא, כמו שפרשנו. והערכין והדמים סתמן לבדק הבית ונותנין הכל לעולם בלשכה שהיתה

מוכנת במקדש לקדשי בדק הבית (כ"ה ברמב"ם ערכין א י). ודין טומטום ואנדרוגינוס וגוי ועבד שהעריכו או שנערכו, ודין הגוסס שאין לו ערך ולא דמים, ודין היוצא להרג, ודין המעריך אבר אחד, ודין האומר משקלי עלי, ודין האומר, קומתי עלי או מלא קומתי עלי, והאומר הרי עלי כסף וזהב, ולא פרש מאי זה מטבע (מנחות קו ב). ודין מי שהעריך ולא השיגה ידו לפרע מה שהעריך, כיצד מסדרין לו, וזהו שאמרו חכמים (שם כג ב) ענין זה, חיבי ערכין ודמים ממשכנין אותם, ואין מחזירין להם המשכון ביום ובלילה, ומוכרים כל הנמצא להם מן הקרקע ומן המטלטלין, אפילו כסות וכלי תשמיש, ואין צריך לומר עבדים ובהמות, ואין מוכרין להן לא כסות נשותיהם ובניהם ובנותיהם, ולא אפילו בגדים שצבעם לשמן, ולא סנדלים חדשים מכיון שלקחן לשמן קדם שהעריך, וכן המקדיש כל נכסיו לא הקדיש את אלו. **וענין** הסדור הוא, שנותנין לו לזה שיש עליו ערכין או דמים, מזון שלשים יום וכסות שנים עשר חדש, וכסות הראויה לו וסנדליו ותפליו, אבל לא שאר ספרים, ומטה ומצע הוא הראויים לו, אבל לאשתו ולבניו אף על פי שהוא חיב במזונותיהם ובכסותם, אין נותנין להם מזון וכסות, וכשנותנין לו לבדו כסות שנים עשר חדש דוקא מכסות הראויה לו, אבל היה לבוש כלי משי ובגדים מזהבין מעבירין אותם מעליו, ונותנין לו כסות הראויה לאיש כמותו לחול, אבל לא לשבתות וימים טובים (ב"מ קיג ב). ואם היה אמן נותנין לו כלי אמנותו, שני כלי אמנות מכל מין ומין. כיצד? אם היה חרש נותנין לו שני מעצדות ושני מגרות. ואם היו לו כלים מרבין ממין אחד ומעטין ממין אחר אין מוכרין מן המרבה כדי לקח לו מן המועט, אלא נותנין לו שני כלים מן המרבין, וכל שיש לו מן המועט. ואם היה חמר או ספן אין נותנין לו הבהמה או הספינה, אף על פי שאין להם מזונות אלא מהם. וכן אם היה תלמיד חכם ואין לו במה שיתפרנס כי אם בשכר למודו, אמרו המפרשים שאין מניחין לו ספריו, שאין זה גם כן בכלל כלי אמנות. ומכאן יש לי ראיה, שעל התלמיד להביא ספר לרב. ויש מן המפרשים שאמרו, שאותה מסכתא שהוא לומד באותה שעה מניחין לו, ויפה אמרו, משום כבוד תורה. **ומה** שאמרו זכרונם לברכה (שם כג, א) שנשאלין על הערכין ועל הדמים כדרך שנשאלין על שאר נדרים והקדשות. ואמרו גם כן (שם כד, א) שאם היו בנכסי המעריך בהמות או עבדים ומרגליות, ואמרו התגרים אם ילקח לעבד זה כסות בשלשים דינר משביח בו יותר מששים, ואם תמתינו לבהמה זו עד חדש ימים משבחת היא כפלים בדמיה, ומרגלית זו אם מעלין אותה למקום פלוני תשוה ממון רב אין שומעין להם כלל, אלא מוכרין הכל במקומם ובשעתן שנאמר ונתן את הערכך ביום ההוא קדש ליי. ובא הפרוש עליו, שזה הכתוב מלמד על כל דבר הקדש, שאין מפרנסין אותן, ואין ממתינין להם ליום השוק, ואין מוליכין אותן ממקום למקום, וזה הכלל, שאין לך בהם אלא מקומן ושעתן בלבד. ובמה דברים אמורים? במטלטלין, אבל הקרקעות מכריזין עליהם ששים יום רצופים בקר וערב, ואחר כך

מוכרין אותם. **והואיל** ואתא לידן ענין סדור, נכתב כאן מה שאמרו זכרונם לברכה בענין סדור בבעל חוב בפרק המקבל שדה מחברו בבבא מציעא (קיג, ב,), דאמרינן התם תני תנא קמיה דרב נחמן בר יצחק כדרך שמסדרין בערכין כך מסדרין בבעל חוב, והביאו (שם) בזה הרבה קשיות ותרוצין, וסוף הענין מביא בגמרא מעשה דאליהו דאשכחיה רבה בר אבוה דהוה קאים בבית הקברות של גוים, אמר ליה מהו שיסדרו בבעל חוב? ורש"י זכרונו לברכה ואחרים גרסי מנין שיסדרו בבעל חוב, כלומר, דפשיטא ליה לרבה בר אבוה דמסדרין, אבל היה שואל מאליהו מאיזה מקרא אנו למדין אותו. ואהדר ליה אליהו דהכי הוא דגמרינן מיכה מיכה מערכין, כלומר, דכתיב גבי הלואה (ויקרא כה לה), וכי ימוך אחיך ומטה ידו עמך והחזקת בו. דהינו הלואה, כדכתיב בסופיה אל תקח מאתו נשך ותרבית וגו', וכתיב בערכין (שם כז ח) ואם מך הוא מערכך, ובא הפרוש המקבל (ערכין כד א) החיהו מערכך. **וגמרינן** מיכה מיכה לסדר בבעל חוב כדרך שמסדרין בערכין. ואין לפקפק אחר דברי אליהו, וכן פסקו כל הגאונים ורבנו אלפסי. ואף על גב דרבי יעקב משמה דרבי פדת ורבי ירמיה משמיה דאילפא אמרו דרך פשיטות בגמרא דאין מסדרין בבעל חוב, אנו אין לנו אחר דברי אליהו פקפוק, ואף על פי שמצאנו לרבנו תם שכתב כמאן דאמר אין מסדרין וראיותיו בספרו אחרי רבים להטות (שמות כג ב). גם הרמב"ם זכרונו לברכה (בהלכות מלוה ולוה א ז) פסק כשאר הגאונים דמסדרין, ומכל מקום אף על פי כן כתב, דאין שליח בית דין מניח לבעל חוב אלא כלים שאי אפשר לו בלא הם, כגון מטה ומצע ומה שהוא לבוש, ונראה שהזקיקו לרב לומר כן, כשראה בפרק זה דמקבל גבי שליח בית דין שאמרו במשנה (שם קיג א) היו לו שני כלים נוטל אחד ומחזיר אחד, את הכר בלילה ואת המחרשה ביום, ולא מנו כלי האמנות, וזה ודאי מן הנראה שאינו הכרח גדול, דכיון דקימא לן דמסדרין בו כדרך שמסדרין בערכין שוין הם בכל דבר, ואף על גב דלא חשיב להו במשנה אין בכך כלום, דלאו כי רוכלא חשיב ותני בכל מקום. ונקט כר ומחרשה, והוא הדין לכל מה שראוי להניח לו. וכללא דמלתא, לפי הנראה והמסכם לכל גאוני העולם אשר יצא להם שם בתורה שמסדרין בבעל חוב כדרך שמסדרין בערכין בשוה, ויש להם על מה שיסמוכו מדברי הגמרא ומדאליהו זכור לטוב, כדכתבינן. **ואם** תשאל והיכי מסדרין לו כסותו, והרי אמרינן בגמרא (ב"ק יא, ב) מניה ואפילו מגלימא דעל כתפיה, אפשר לומר, דלשון גזמא הוא, אי נמי מגלימא החשובה ביותר, כגון כלי משי וזהב מאותם הוא דאמרינן, שאינם בכלל הסדור. ויתר רבי דיני ערכין, מבארים במסכתא הבנויה על זה היא מסכת ערכין [ה' ערכין פי"ד]. **ונוהגת** מצות ערכין בכל מקום ובכל זמן, בזכרים ונקבות כלומר נוהגת לענין שאם העריכו ערכן נתפס והוא קדש. ומכל מקום אמרו חכמים דבזמן הזה לכתחלה אין מעריכין, וכדאמרינן במסכת עבודה זרה פרק קמא (יג, א) אין מקדישין ואין מעריכין ואין מחרימין בזמן הזה, ואם הקדיש או

העריך או החרים בהמה תעקר, פרות כסות וכלים ירקבו, מעות וכלי מתכת יוליכם לים המלח. ואי זהו עקור? נועל דלת בפניה, והיא מתה מאליה. וזה ההקדש פרושו, הקדש דבדק הבית, דהא גבי ערכין תני ליה דסתמן נמי הוי לבדק הבית. ואף על גב דאמר שמואל בערכין (כט, א) הקדש שוה מנה שחללו על שוה פרוטה הרי זה מחלל, והינו נמי הקדש דבדק הבית, דאלו הקדש דעניים ודאי אינו בר חלול, אלא פורעין אותו משלם, ולאו דוקא דקאמר שמואל שחללו דיעבד, דהוא הדין דקסבר דמחללין אותו על שוה פדוטה לכתחלה, כדמוכח בגמרא מברר לא קשיא מידי ההיא בהא דאמרינן הכא בהמה תעקר וכו', דהכי קתני דינא, ושמואל קאמר תקנתא, והכי נראה דתרצינהו רבנו אלפסי זכרונו לברכה בהלכותיו בפרק קמא דעבודה זרה, דמייתי להו התם תרויהו בהדי הדדי. **והעובר** על זה והעריך בזמן הבית ולא השלים לתת בערך הקצוב בתורה, או שלא עשה בדבר בזמן הזה מה שאמרו זכרונם לברכה מדינא לאבד הכל, או מה שאמר שמואל בתקנתא בטל עשה זה, וענשו גדול מאד, שמעל מעל בשם, ואם עברו עליו שלשה רגלים אחר שהעריך יש בדבר עוד ענש אחר שעובר משום בל תאחר. ויש שפרשו, שמיד עובר גם כן משום בל תאחר. דבכל מידי דאיהו חיב נפשיה וחזי לשלומי כצדקה וכיוצא בה לאלתר אית ביה משום בל תאחר, לאפוקי קרבן דלאו איהו חיב נפשיה, דלא עבר עלה עד שלשה רגלים, וכדברי רבי שמעון (ר"ה ד, ב) עד שלשה רגלים וחג המצות תחלה. ויש שאמרו, שאפילו בצדקה וכל שכן בשאר נדרים גם כן אין עוברין משום בל תאחר, עד שלשה רגלים, וכדאשכחן בגמרא (שם ה ב) גבי לקט שכחה ופאה, ואין מחלקין בין חיב נפשיה ללא חיב נפשיה. ומה שאמרו בגמרא בראש השנה (ו, א) וצדקה מחיב עלה, כלומד, לאלתר מחיב בה בעשה [הלכות ערכין פ"ד].

Mitzvah 350

The commandment that one who appraises a man give the value delineated in the Torah: To rule on appraisals of people; that is, one who says, "My appraisal is upon me" or "The appraisal of x is upon me," must give to the priest according to the amount that he said, and not less - as appears explicitly in Scripture about a male and female and according to the tally of [their] years - as it is stated (Leviticus 27:2), "If a man proclaims an oath of the appraisal of souls to the Lord." And the matter of appraisals is included in vows of consecration and we are therefore obligated to keep them on account of "he shall not profane his words" (Numbers 30:3), "you shall not delay" (Deuteronomy 23:22) and "he shall do like everything that comes out of his mouth" (Numbers 30:3). **It** is from the roots of the commandment [that it is] since a person only belongs to the higher [realm] through speech, and this is the entire esteemed part in him. And it is what called the "living soul" (Genesis 2:7) of a man - as Onkelos' translates [this phrase as] "and there was a speaking spirit in man" - since the rest of the parts of the body die. And if a man loses this good part, the body remains dead and like an undesirable vessel. Therefore, he is obligated to [at least] fulfill his speech in whatever he uses it for matters of the Heavens, such as consecrations and with all matters of charity. And regarding all other matters of the world - even though there is no particular positive or negative commandment specified for them - the Sages commanded and warned with several warnings that a person should never change his words. And they also ordained to curse one who changes his words so long as an act is done with the matter. And that is the matter of [the curse of] "He who repaid" that is mentioned about them in many places, about which they said (Bava Metzia 44a), "Words and money [do not] acquire, but they said, etc." as it appears in the chapter [entitled] HaZahav. And I have already written at much length about the roots of oaths and vows in the Order of Vayishma Yitro in the commandment of "You shall not bear" (Sefer HaChinukh 30). **From** the laws of the commandment is that which they, may their memory be blessed, said (Arakhin 18b) that we received from the tradition that these years that are stated for appraisals are measured day to day - meaning from the day of birth - and also that all the shekel-coins stated there are the holy shekels. And we have known from the received tradition that the weight of a holy shekel is three hundred and twenty barley grains of pure silver. And the Sages have already added upon it and made its weight like the weight of the coin called the sela at the time of the Second [Temple], which is three hundred and eighty-four medium barley grains (so is it in Mishneh Torah, Laws of Sheqel Dues 1:2-3). And they, may their memory be blessed, said that this sela is (four) dinar, and the dinar is six maah - and the maah is what was called gerah in the days of Moshe, as Onkelos translates gerah as maah - and its weight is sixteen barley grains. **And** that which they, may their memory be blessed, said (Arakhin 2a) that there is no distinction in appraisals whether he is handsome or ugly or sick or blind or stump-legged. Rather all are appraised according to [their] years, as the Torah commanded about them. And that which they said (Arakhin 2a) that the value is not like appraisal, such that one who says, "The value of x is upon me," gives according to what he is worth and we do not pay attention to the years at all - as the Torah only commanded to give the valuation according to years specifically for appraisal, as we explained. And [payment of]

ספר החינוך Sefer HaChinukh

undifferentiated appraisals and values are for the upkeep of the [Temple] and we always give all of it into the cell that was prepared in the Temple for the consecrated items of the upkeep of the [Temple] (so is it found in Mishneh Torah, Laws of Appraisals and Devoted Property 1:10). And [also] the law of one [the sex of which is in doubt], a gentile or a slave who appraised or were appraised; the law of one who is dying that he has no appraisal or value; the law of one who is going out to be killed; the law of one who appraises one limb; the law of one who says, "My weight is upon me"; the law of one who says, "My height is upon me," or "My full height is upon me"; [the law of] one who says, "Gold and silver are upon me," but he did not specify from which [type of] coin (Menachot 104b); and the law of how it is that we arrange things for one who made an appraisal and his hand could not reach to pay what he appraised - and this is what the Sages said about this matter (Arakhin 23b): We take collateral from those obligated in appraisals and values, and we do not return the collateral during the day or the night; and we sell everything that is found to them of land and movable items - even clothing and household utensils, and there is no need to say, slaves and beasts. But we do not sell for them the clothing of their wives or their children - and not even clothes that he [just] dyed for their sake nor new shoes from when he bought them for their sake before he made the appraisal. And so [too,] one who consecrates all of his possessions, does not consecrate these. **And** the matter of the arrangement is that we provide for the one that has appraisals or values [that he owes], thirty days of food and twelve months of clothing - clothes that are suitable for him - and his shoes and his tefillin, but not other books. And [we provide him with] a suitable bed and bedding. But we do not provide food and clothing for his wife and children, even though he is obligated in their food and clothing. And when we give him alone clothing for twelve months, it is only that which is suitable for him, but if he wore silk items and golden clothing we take it off of him, and we provide him with suitable clothing for a man like him for weekdays, but not for Shabbat and holidays (Bava Metzia 113b). And if he was a craftsman, we provide him with tools of his trade - two craft tools from each and every type. How is this? If he was a carpenter, we provide him with two planes and two saws. And if he had many tools of one type and few of another type, we do not sell the many in order to buy him of the few. Rather we provide him with two of the many and all that he has of the few. But if he was a donkey driver or a shipowner, we do not

ספר החינוך Sefer HaChinukh

provide him with the beast or the ship, even though their [sustenance] is only from them. And so [too,] if he is a Torah scholar and he has nothing with which to earn his livelihood besides his study, the commentators said that we do not leave him his books, as this is also not included in tools of a trade - and from here I have a proof that it is upon the student to bring the book to the teacher. But there are some of the commentators who said that we leave him the tractate that he is studying at that time - and they said well, on account of the honor of the Torah. **And** that which they, may their memory be blessed, said (Arakhin 23a) that we ask about appraisals and values [in order to annul them] in the [same] way that we ask about other vows and consecrations. And they also said (Arakhin 24a) that if there were animals or slaves or jewels among the possessions of the appraiser and the traders say, "If he buys clothing of thirty dinar for this slave, he will increase his value by more than sixty"; or "If you wait on this animal for a month, its value will increase by double"; or "If they bring this jewel to place x, it will be worth much money" - we do not listen to them at all. Rather we sell everything in their place and in their time, as it is stated (Leviticus 27:23), "and he shall give the appraisal on that day, holy to the Lord." And the understanding came about this that this verse teaches about all consecrated things that we do not sustain them, we do not wait with them for the market day and we do not take them from one place to [another]. And this is the principle - that they only have their place and time alone. And what are these words speaking about? About movable items. But we proclaim [the intention to sell] lands sixty consecutive days - morning and evening - and afterwards, we sell them. **And** since the matter of arranging [this debt] has come to our hand, we shall write here that which they, may their memory be blessed, said about a [general] debtor in the chapter [entitled] HaMekabel Sadeh Mechavero in Bava Metzia 113b: That there we say, "A teacher taught in front of Rav Nachman bar Yitzchak, 'In the [same] way that we arrange things with appraisals, so do we arrange things with a debtor.'" And they brought many challenges and solutions and the end of the matter is that which the Gemara brings, "A story of Eliyahu, who Rabbah bar Avoua found standing in a graveyard of gentiles. He said to him, 'What is [the law] about their arranging things for a debtor?'" And Rashi, may his memory be blessed, and others had a textual variant [instead], "From where [do we know] about their arranging things for a debtor?" [This is] meaning to say, it was obvious to Rabbah bar

ספר החינוך Sefer HaChinukh

Avoua that we arrange [things for a debtor], but he was asking Eliyahu, from which verse we learn it. "And Eliyahu answered him, 'That this is how we learn it, "destitution, destitution," from appraisals.'" [This is] meaning to say that it is written about a loan (Leviticus 25:35), "And if your brother becomes destitute and his hand falters with you, you shall strengthen him" - which is a loan, as it is written at its end (Leviticus 25:35), "Do not take from him interest or increase, etc."; and it is written about appraisals (Leviticus 27:8), "And if he is destitute from [paying] the appraisal" - and the received tradition (Arakhin 24a) comes [that its understanding is], revive him from his appraisal. **And** [so] we learn, "destitution, destitution," to arrange things with a debtor in the way that we arrange things with appraisals, and we should not hesitate about the words of Eliyahu. And so, did all the Geonim and Rabbenu Alfasi rule. And even though Rabbi Yaakov in the name of Rabbi Pedat, and Rabbi Yirmiya in the name of Ilfa, said that we do not arrange things for a debtor, in the way of it being obvious in the Gemara - [nonetheless] we do not hesitate about the words of Eliyahu. And even though we found that Rabbenu Tam wrote like the opinion that we do not arrange things, and his proofs are in his book, 'after the many do we incline.' And Rambam, may his memory be blessed, also ruled like the other Geonim that we arrange things (Mishneh Torah, Laws of Creditor and Debtor 1:7). And nonetheless, he wrote that the agent of the court only leaves the debtor items that are essential to him, such as a bed and bedding and that which he wears. And it appears that what forced the Teacher to say this is when he saw in this chapter [entitled] Mekabel regarding an agent of the court: That they said in the Mishnah (Bava Metzia 113a), "If he had two items, he takes one and returns one - the pillow at night, and the plow during the day." And they did not list tools of the trades. But from what it appears, this is certainly not a great compulsion [to rule as he did]. As since it is established to us that we arrange things with him in the way that we arrange things with appraisals, they are the same in every matter. And even though the Mishnah did not enumerate them, this is no matter; as it is not like a peddler that enumerates [all of his wears] and repeats [them] in every place. [Rather] it mentioned pillow and plow, and the law is the same for everything that is fitting to leave him. And the principle of the matter, according to that which seems - and that which is agreed by all the savants of the world whose fame about Torah has been disseminated - is that we arrange things with a debtor exactly in the way that we arrange

ספר החינוך Sefer HaChinukh

things with appraisals. And they have what to rely upon from the words of the Gemara and from that of Eliyahu - may he be remembered for the good - as we we have written. **And** if you ask, "And how do we arrange his clothing; and behold, we say in the Gemara (Bava Kamma 11b), 'His clothing, and even the cloak that is on his shoulder'" - it is possible to say that it is an expression of exaggeration. And also [one could say it is referring to] a very precious cloak - such as [one] of silk and gold - from those that we said are not included in the arrangement [of what he keeps]. And the rest of the many laws of appraisals are elucidated in the tractate that is built upon this, and that is Tractate Arakhin (see Mishneh Torah, Laws of Appraisals and Devoted Property 4). **And** the commandment of appraisals is practiced in every place and at all times by males and females - meaning that it is practiced such that if they appraised, their appraisal is effective and [the amount] is consecrated. And nonetheless, the Sages said that at this time we should not appraise from the outset. And [it is] as we say in Tractate Avodah Zarah 13a [in the] first chapter, "We do not consecrate, and we do not appraise and we do not dedicate at this time. But if one did consecrate, or appraise or dedicate, a beast should be destroyed; produce, garments, or vessels should rot; money or metal vessels, he should take to the Dead Sea. And what is destroying? He locks the door before it, and it dies on its own." And the understanding of this consecration is consecration for the [Temple] upkeep - as with regards to appraisals, it was taught with it, that their undifferentiated [pledge] is also for the [Temple] upkeep. And even though Shmuel said in Arakhin 29a, "Consecrated items worth a maneh (a hundred large coins) that they desanctified upon that which is worth a perutah (the smallest coin), is desanctified (it is effective)" - and this is also about consecrated items of the [Temple] upkeep, as with consecration for the poor, it is certainly not something that can be desanctified, but rather we pay it in full; and that which Shmuel said, "desanctified," in the past is not [meant] to be precise, as he holds that we can desanctify it on the worth of the smallest coin at the outset, as is clearly proven in the Gemara - it is not a difficulty at all: That which we say about it here, "A beast should be destroyed, etc." - such is the law; but Shmuel said the solution [to the problem created by the law]. And it appears that this is how Rabbenu Alfasi, may his memory be blessed, solves [it] in his Laws in the first chapter of Avodah Zarah, as he brings both of [these statements] together there. **And** one who transgresses this and appraises at the time of the [Temple] and does not fulfill [it] to give the amount specified in the Torah; or that at this time he did not do in the thing that which they, may their memory be blessed, said to destroy everything according to the law - or that which Shmuel said as its solution - has violated this positive commandment. And his punishment is very great, as he has 'misappropriated a misappropriation of the Lord.' And if three festivals have passed him by after he appraised, there is another punishment in the things, since he is [also] transgressing, 'do not delay.' And there are those that explained that he transgresses immediately also on account of 'do not delay': That in everything that he obligated himself and it is fit to pay, like charity and that which is similar to it, 'do not delay' [applies] immediately. [This is] to exclude a sacrifice, as he did not obligate himself, such that he does not transgress until three festivals - and like the words of Rabbi Shimon (Rosh Hashanah 4b), "Until three festivals, and the holiday of [Pesach] is first." And there are those that said that even regarding charity - and all the more so, other vows - we do not transgress on account of 'do not delay,' until three festivals. And [it is] like we find in the Gemara (Rosh Hashanah 5b) concerning gleanings, forgotten sheaves and the corner, "And we do not differentiate between if he obligated himself or he did not obligate himself." And that which they said in the Gemara, in Rosh Hashanah 6a, "And for charity, he is liable for it" - meaning, immediately - [means] he is liable for it with a positive commandment (see Mishneh Torah, Laws of Appraisals and Devoted Property 4).

מצוה שנא

שלא נמיר הקדשים - שלא נמיר הקדשים. כלומר בהמה שהקדישה למזבח שלא ימירוה אחר כן בבהמה אחרת, אלא תקרב היא בעצמה, ועל זה נאמר (ויקרא כז י) לא יחליפנו ולא ימיר אתו. ומכיון שהמירוה, כלומר, שאמרו זו תחת זו או זו תמורת זו וכיוצא בלשונות אלו, שזהו ענין התמורה (תמורה כו ב), אף על פי שאין שם מעשה יש בדבר חיוב מלקות. ואפילו היה בדבר שגגה קצת יש בו חיוב מלקות. כיצד? המתכוין לומר הרי זו תמורת עולה שיש לי ואמר תמורת שלמים שיש לי, הרי זו תמורה ולוקה. דמכל מקום מזיד הוא בתמורה. אבל אם היתה מחשבתו שמתר להמיר ודאי אינו לוקה, חדא דשוגג הוא, ועוד דלא מלקינן אלא בעדים והתראה והרי אין כאן התראה. **ואם** תשאל, ולמה לוקין על התמורה, והרי הוא לאו שנתק לעשה, והוא שאם המיר יהא הוא ותמורתו קדש? כבר פרשו חכמים זכרונם לברכה

טעם הדבר ואמרו (תמורה ד, ב). מפני שיש בה שני לאוין כמו שכתבתי בסדר זה (מצוה שנב), ולא אתי עשה ועקר תרי לאוי. ועוד אמרו (שם) טעם אחר, לפי שאין לאו דתמורה שוה לעשה שבה, שהצבור וכן השתפין אין עושין תמורה אם המירו, ואף על פי שהם מזהרים שלא ימירו, ומכיון שאין הלאו שוה לעשה לא נאמר בזה שיהא דינו כלאו שניתק לעשה. ואם תשאל עוד, ולמה לוקין על לאו זה, אחר שאפשר לעבר עליו מבלי מעשה בדבור לבד, וכללא הוא דקימא לן, כל לאו שאין בו מעשה אין לוקין עליו, התשובה כבר כתבנוה במקומות הרבה, כי בפרוש הוציאו זכרונם לברכה (שבועות כא, א) מכלל זה נשבע וממיר, ומקלל חברו בשם, שהתורה החמירה בהם הרבה, לחיב בהם מלקות, אף על פי שאין בהם מעשה. **ואל** תהרהר דמשום עקימת שפתים הוא דהויא מעשה, דהא אסיקנא בגמרא בסנהדרין (סה, א), דלא הויא מעשה, אבל ודאי בלא מעשה כלל, איכא חיוב מלקות בקצת עברות, והן שלש הנזכרות, ומוציא שם רע, ועד זומם, מהם שהמלקות מפרש בתורה בהם, כגון מוציא שם רע ועד זומם, ומהם דנפיק לן מקרא כגון נשבע, כדילפינן בשבועות פרק שבועות שתים (שבועות כא א), ומהם שאמרו קצת מפרשים משום מעשה דנפיק מיניה בסוף כגון הא דממיר, שהבהמה נעשית קדש בדבורו ונהנה ממנה מעל בה (תמורה ג ב). **שרש** המצוה וקצת דיניה הכל נכתב בסדר זה במצוה הבאה [שם]. **ונוהג** אסור זה בכל מקום ובכל זמן בזכרים ונקבות, שאפילו בזמן הזה אם עבר אדם והקדיש בהמה למזבח ואחר כך המירה בעדים והתראה חיב מלקות.

Mitzvah 351

To not exchange consecrated things: To not exchange consecrated things - meaning to say one should not exchange a beast that has been consecrated for another beast afterwards, but it should rather be offered itself. And about this is it stated (Leviticus 27:10), "He shall not substitute nor exchange for it." And from when they exchanged it - meaning, that they said, "This instead of that"; "This in exchange for that"; or what is similar to these expressions, which is the essence of exchange (Temurah 26b) - there is liability for lashes in the thing, even though there is no act [involved] with it. [This is the case] even if there was somewhat of an error in the case. How is this? One who intends to say, "Behold this is in exchange for the burnt-offering that I have," but he says, "in exchange for the peace-offering that I have" - behold, this is an exchange and he is lashed; as nonetheless regarding the exchange it was volitional. But if his thought was that it was permissible to exchange, he is certainly not lashed. For one, it was inadvertent. And also, we only administer lashes with witnesses and a warning - and behold there is no warning [in such a case]. **And** if you will

ספר החינוך Sefer HaChinukh

ask, "And why do we administer lashes for exchange - behold, it is a negative commandment that is rectifiable by a positive commandment, and that [commandment] is, 'and it and its exchange will be consecrated'"; the Sages, may their memory be blessed, have already given a reason for that matter. And they said (Temurah 4b) it is because there are two negative commandments about it, as I have written in this Order (Sefer HaChinukh 352); and a positive commandment does not come and uproot two negative commandments. And they also said another reason - since the negative commandment of exchange is not the same as the positive commandment about it: As if the community, or partners make an exchange, they do not create an exchange (it is not effective), even if they are warned not to exchange (it is forbidden). And since the negative commandment is not the same as the positive commandment, we do not say about it that its law is like a negative commandment that is rectifiable by a positive commandment. And if you will ask further, "And why do we administer lashes for this negative commandment, as it is possible to transgress it without an act, with speech alone - and the principle is established for us that we do not administer lashes for any negative commandment that does not have an act [involved] with it"; we have already written the answer in many places: That they, may their memory be blessed, explicitly excluded (Shevuot 21a) swearing, exchanging and cursing his fellow with [God's] name from this principle. As the Torah was very stringent about them to make them liable for lashes, even though there is no act [involved] with them. **And** do not ruminate that it is on account of the bending of the lips, as it is an act. As behold, it is concluded in the Gemara in Sanhedrin 65a that it is not an act. Rather without an act at all is there a liability for lashes with some sins. And they are the three mentioned, one who puts out a bad name and a colluding witness. Some of them the lashes are explicit in the Torah about them - such as one who puts out a bad name and a colluding witness. And some of them we learned out from Scripture, such as swearing - as we learn in Shevuot 21a in the chapter [entitled] Shevuot Shtayim. And some commentators said about some of them that it is because an act will come out from it in the end - such as this of exchange, since the beast became consecrated with his speech and one who benefits from it will misappropriate it. **The** root of this commandment and some of its laws are all written in this Order in the next commandment. **And** this prohibition is practiced in every place and at all times by males and females. As even at this time, if a man transgressed and consecrated a beast for the altar and afterwards exchanged it [in front of] witnesses and [with] a warning, he is liable for lashes.

<u>מצוה שנב</u>

מצות הממיר בהמת קרבן בבהמה אחרת שתהיינה שתיהן קדש - להיות התמורה קדש, כלומר הממיר בהמת קרבנו בבהמה אחרת, כגון שאמר זו תהיה לקרבן תמורת זו שתהיינה היא והתמורה שתיהן קדש. שנאמר (ויקרא כז י) והיה הוא ותמורתו יהיה קדש. וזה הכתוב מצות עשה הוא, כלומר, שתצוה אותנו התורה להיות התמורה קדושה ולנהג קדש בשתיהן. והראיה שזה מצות עשה הוא אמרם זכרונם לברכה במסכת תמורה (ד, ב) בענין ממיר לא אתי עשה ועקר תרי לאוי כלומר, שהמניעה בתמורה נכפלה שתי פעמים, שנאמר לא יחליפנו ולא ימיר אותו, ולא אתי עשה דוהיה הוא ותמורתו ועקר תרי לאוין אלו. הנה התבאר מה שרצינו דמצות עשה הוא. **משרשי** המצוה שרצה השם ברוך הוא להטיל מורא בלב בני אדם בכל עניני הקדש, וכמו שכתבתי בבנין הבית הקדוש וכליו בסדר ויקחו לי תרומה (מצוה צה) במצוה זו, שם תראה על צד הפשט כונתנו בחמר הגדול הראוי לנו לנהג בקדש, ועל כן כדי לקבע בלבנו מוראת ענין הקדש צוה הכתוב לבל נשנה הדברים, אלא מכיון שנתקדשה הבהמה תהיה בקדשתה לעולם, ולא נחשב להפקיעה מקדשתה ולהחליפה בבהמה אחרת, ואם יוציא הדבר מפיו שתהפך מחשבתו וכל מעשהו ותהיינה שתיהן קדש, כי הוא בא במעשיו להפקיע קדשה, ותהיה להפך, שתתפשט יותר ותתפש הכל. והרמב"ם זכרונו לברכה (הל, תמורה פ"ד הי"ג) כתב בטעם מצוה זו, ובמה שנצטוינו להוסיף חמש בפדיון הקדש, שירדה התורה לסוף מחשבת האדם ויצרו רע, שטבעו להרבות קניניו ולחוס על ממונו, ואף על פי שנדר והקדיש, אפשר שיחזור בו וינחם וירצה לפדותו בפחות משויו לפיכך יוסיף חמש. וכמו כן יחליף בהמה שהקדיש בפחותה ממנה, ואם יתן לו רשות להחליף רע בטוב יחליף טוב ברע, ולפיכך סתם הכתוב הדלת בפניו. ועוד האריך בענין זה וכתב, אף על פי שכל חקי התורה גזרות הן, ראוי אתה להתבונן בהן, (על) [וכל] שאתה יכול ליתן בו טעם תן. ויזכר הרב לטובה שסיע ידי עם דבריו במלאכתי זאת. **מדיני** המצוה. מה שאמרו זכרונם לברכה (שם יז א) הממיר בכלאים או בטריפה ויוצא דופן או בטומטום ואנדרוגינוס אין הקדשה חלה עליהם, והרי זה כמי שהמיר בגמל או בחמור, לפי שאין במינן קרבן, ולפיכך אינו לוקה. ובהמה בעלת מום עושה תמורה, לפי שיש במינה קרבן. וכמו שאמרו (שם טא), שאין אדם ממיר בהמתו בקרבן שאינו שלו, אבל אם אמר בעל הקרבן כל הרוצה להמיר ימיר, ממיר בה כל אדם. והממיר בקר בצאן או צאן בבקר או כבשים בעזים או עזים בכבשים או נקבות בזכרים או זכרים בנקבות, או שהמיר בהמה אחת במאה או מאה באחת, בין בבת אחת

בין בזו אחר זו הרי אלו תמורה, ולוקה כחשבון הבהמות שהמיר. ואין התמורה עושה תמורה, ולא ולד בהמת הקדש עושה תמורה, שנאמר והיה הוא ותמורתו יהיה קדש. ודקדקו זכרונם לברכה (שם יג א) עם הפרוש המקבל, הוא ולא ולדו, ותמורתו ולא תמורת תמורתו. אבל הממיר בבהמה וחזר והמיר בה אפילו אלף פעמים כלן תמורה, ולוקה על כל אחת. והעופות והמנחות אינם עושין תמורה, שלא נאמר בכתוב אלא בהמה. ואין קדשי גויים עושין תמורה מן התורה, אבל מדרבנן גוי שהמיר מומר (רמב"ם תמורה א ו). והכל ממירין, אחד אנשים ואחד נשים, לא שאדם רשאי להמיר, אלא שאם המיר מומר, וסופג את הארבעים. ומה שאמרו כיצד דין התמורה לקרב. ודין ולדותיה וולדי ולדות, ויתר פרטיה, מבארין במסכת תמורה [ה' תמורה פ"א]. **ונוהגת** בכל מקום ובכל זמן בזכרים ונקבות, והעובר עליה והמיר ולא נהג קדשה בשתי הבהמות, כלומר, בראשונה ובתמורתה בטל עשה מלבד הענש שיש בדבר שמועל בקדש.

Mitzvah 352

The commandment of the one who exchanges the beast of a sacrifice with another beast, such that both of them be consecrated: That the exchange be consecrated - meaning to say, that both will be consecrated if one exchanges the beast of a sacrifice with another beast, such that he said, "This one will be for a sacrifice in exchange for that one," as it is stated (Leviticus 27:10), "and it and its exchange will be consecrated." And this passage is a positive commandment - meaning that the Torah commanded us that the exchange be holy and that we practice holiness with both of them. And the proof that this is a positive commandment is their, may their memory be blessed, saying in Tractate Temurah 4b regarding the one who exchanges, "A positive commandment does not come and uproot two negative commandments." [This is] meaning to say that the prevention of exchange is repeated twice - as it is stated, "He shall not exchange nor substitute for it" - and the positive commandment of "and it and its exchange shall be" does not come and uproot these two negative commandments. Behold, what we wanted is elucidated, that it is a positive commandment. **It** is from the roots of the commandment that God, blessed be He, wanted to instill His fear in the hearts of people in all matters of sanctity, and as I wrote in the building of the the holy House and its vessels in the Order of Vayikchu Li Terumah (Sefer HaChinukh 95). In that commandment you will see our intent, from the angle of the simple understanding, about the great stringency that is fitting for us to

ספר החינוך Sefer HaChinukh

practice with the holy. And therefore, in order to establish the awe of the matter of the holy in our hearts, the verse commanded us that we not change our words. Rather, from when the beast is sanctified, it is in its sanctity forever; and we should not think to remove it from its sanctity and to exchange it with another beast. But if he did [speak] this thing from his mouth, his thought and all of his action is reversed and both of them are holy. As he came with his actions to remove holiness and it shall be the opposite - that it expands more and be attached to all [of them]. And Rambam, may his memory be blessed, wrote (Mishneh Torah, Laws of Substitution 4:13) about the reason for this commandment, and about that which we have been commanded to add a fifth for the redemption of consecrated things, that the Torah went down to the bottom of man's thinking and his evil impulse. As his nature is to multiply his [own] possessions and to be concerned with his money. And even though he vowed and sanctified, it is possible that he will go back on it and regret and want to redeem it for less than its worth. Therefore, he adds a fifth. And likewise, he will exchange the beast that he sanctified with one that is less than it. And if permission was given to him to exchange a bad one with a good one, he will exchange a good one with a bad one. And therefore, Scripture sealed the door in front of him. And he was further lengthy about this matter and wrote, "And even though all the statutes of the Torah are decrees, you are fitting to examine them (about) and give a reason for [everything] that you can." And the Teacher should be remembered for the good, as he aided me in this [project] of mine. **From** the laws of the commandment is that which they, may their memory be blessed, said (Temurah 17a) [that in the case of one] who exchanges with a forbidden mixture, a 'torn' (terminally ill) animal, or [one of unknown sex], sanctity does not descend upon it - since there is no sacrifice with its type. And therefore, he is not lashed. But a beast that has a blemish creates an exchange, since there is a sacrifice with its type. And like that which they said (Temurah 9a) that a man can not exchange his beast for a sacrifice that is not his. But if the owner of the sacrifice said, "Anyone who wants to exchange may exchange," any man can exchange for it. And one who exchanges cattle for sheep or sheep for cattle, sheep for goats or goats for sheep, males for females or females for males, or exchanged one beast for a hundred or a hundred for one - whether at one time or whether one after the other - behold, this is an exchange and he is lashed according to the calculation of the animals that he has exchanged. And the exchange cannot create a [further] exchange, nor can the offspring of a sanctified beast create an exchange, as it is stated, "and it and its exchange will be consecrated." And they, may their memory be blessed, were precise, alongside the received traditional understanding (Temurah 13a): "'It,' and not its offspring; 'and its exchange,' and not the exchange of its exchange." But [in the case of] one who exchanges for a beast and goes back and exchanges for it even a thousand times, they are all an exchange and he is lashed for every one. And fowl and meal-offerings do not create an exchange, as only "beast" is stated in the verse. And the exchange for the sanctified things of gentiles [is not effective] from Torah writ. But rabbinically, [in the case of] a gentile who exchanges, it is exchanged (Mishneh Torah, Laws of Substitution 1:6). And everyone exchanges - both men and women. It is not that a man is permitted to exchange, but rather if he exchanges [an appropriate beast], it is exchanged and he absorbs the forty [lashes]. And that which they said how the law is of sacrificing the exchange; the law of its offspring and the offspring of its offspring; and the rest of its details, are elucidated in Tractate Temurah (see Mishneh Torah, Laws of Substitution 1). And it is practiced in every place and at all times by males and females. And one who transgresses it and exchanges, but does not practice holiness towards both of the beasts - meaning, with the first and its exchange - has violated a positive commandment; besides the punishment that there is in the thing that he misappropriates what is holy.

מצוה שנג

מצות מעריך בהמה שיתן כפי שיעריכנה הכהן - לדון בדין ערכי בהמה כמו שצותנו התורה עליו, שנאמר (ויקרא כז יא יב) והעמיד את הבהמה לפני הכהן והעריך הכהן אותה. ולתת כפי הערך שיעריכנה הכהן ולא פחת, שאין לפחות ולשקר במה שאדם פותח פיו לשמים, ואפילו בדברי הדיוט אסור לשקר, כמו שפרשתי למעלה (מצוה שנ). **ומשרשי** המצוה. מה שכתבתי בדין ערכי אדם בראש הסדר. **מדיני** המצוה. מה שאמרו זכרונם לברכה (תמורה לב, ב) שהמקדיש בהמה תמימה למזבח ונפל בה מום ונפסלה, הרי זו נערכת ונפדת, ויביא בהמה אחרת קרבן תחתיה, ועל זה נאמר ואם כל בהמה טמאה אשר לא יקריבו ממנה קרבן ליי והעמיד את הבהמה וגו', שכן בא על זה הפרוש המקבל שהוציאה הכתוב בלשון טמאה, ובין שהקדיש אדם בהמה טהורה למזבח ונפל בה מום, כמו שאמרנו, או טמאה לבדק הבית צריכה העמדה לפני הכהן, שנאמר והעמיד את הבהמה

Sefer HaChinukh ספר החינוך

לפני הכהן, והוא מעריך אותה. ואם מתה קדם שתערך ותפדה אין מעריכין ולא פודין אותה אחר שמתה. ואם שחט בה שנים או רב שנים, אף על פי שהיא כמתה לענין שחיטה כדקימא לן (חולין כח, א) שכן נצטוה משה על רב אחד בעוף ורב שנים בבהמה, הרי היא כחיה לענין ערכין, ומביאה לפני הכהן ומעריכה. ויתר פרטיה במקומות מתמורה ומעילה [הלכות ערכין פרק ד]. **ונוהגת** מצוה זו בזכרים ונקבות בזמן הבית. אבל בזמן הזה אמרו חכמים זכרונם לברכה (ע״ז יג, א) שאין מקדישין ואין מעריכין ואין מחרימין, ואם הקדיש או העריך או החרים מן הדין הוא שהבהמה תעקר, ופרות כסות וכלים ירקבו, אבל אם רוצה בתקנתן עבד להו כדשמואל דאמר הקדש שוה מנה שחללו על שוה פרוטה מחלל, כדכתיבנא. וכיון שכן, יש לנו לכתב, שאין דין העמדה לפני הכהן נוהג עכשו כלל, אבל מכל מקום דין ערכי בהמה נוהג לענין, שמי שעבר והעריך בהמה בזמן הזה שצריך לעשות בדבר מה שצוונו חכמים, ומכיון דבדיעבד צריכין אנו תקנה בדבר אפילו בזמן הזה יש לי למנותה היא וכל כיוצא בה בכלל המצות הנוהגות בזמן הזה.

Mitzvah 353

The commandment of the appraisal of a beast, such that one give according to what the priest appraises: To rule in the case of appraisals of beasts according to that which the Torah commanded us about it - as it is stated (Leviticus 27:11-12), "and he shall place the beast in front of the priest. And the priest shall appraise it" - and to give according to the appraisal that the priest appraises, and not less. As a man should not decrease and lie about that which he opens his mouth for the Heavens; and it is even forbidden to lie with common things, as I explained above (Sefer HaChinukh 350). **And** what I wrote in the law of the appraisals of a man at the beginning of the Order (Sefer HaChinukh 350) is from the roots of the commandment. **From** the laws of the commandment is that which they, may their memory be blessed, said (Temurah 32b) that one who consecrates an unblemished beast for the altar and a blemish develops on it and it becomes disqualified, behold it is appraised and redeemed and he brings another beast instead of it. And about this is it stated (Leviticus 27:11), "And if it is any impure animal from which shall not be sacrificed to the Lord, he shall appraise the beast, etc." - as so did it come in the received traditional understanding, that Scripture expressed [this] with the expression of "impure." And whether a man consecrated a pure animal for the altar and a blemish developed upon it, as we said - or an impure [one] for the [Temple] upkeep - it requires being placed in front of the priest, as it is stated, "and he shall place the beast in front of the priest," and he appraises it. And if it died before it is appraised and redeemed, we do not appraise it and we do not redeem it after it died. But if he slaughtered two (the esophagus and the trachea) or the majority of two - even though it is like dead regarding slaughter, as it is established for us (Chullin 28a), as so was Moshe commanded about the majority of one with fowl and the majority of two with a beast - behold, it is living regrading appraisals. And [so] he brings it in front of the priest, and he appraises it. And the rest of its details are in [various] places in Temurah and Meilah (see Mishneh Torah, Laws of Substitution 4). **And** this commandment is practiced by males and females at the time of the [Temple]. But at this time, the Sages, may their memory be blessed, said (Avodah Zarah 13a) that "We do not consecrate, and we do not appraise and we do not dedicate [...]. But if one did consecrate, or appraise or dedicate," the law is that "a beast should be destroyed and produce, garments, or vessels should rot." But if he wants its solution, he can do to them like that of Shmuel, who said, "Consecrated items worth a maneh (a hundred large coins) that they desanctified upon that which is worth a perutah (the smallest coin), is desanctified (it is effective)" - as I wrote. And since this is so, we should write that the law of placing [it] in front of the priest is now not practiced at all. But nonetheless the law of appraisals of a beast is practiced with regards to that which if one did transgress and appraise his beast at this time, he needs to do what the Sages commanded with the thing. And since ex post facto we need a solution for the thing even at this time, I should count it and anything that is similar to it, among the commandments that are are practiced at this time.

מצוה שנד

מצות מעריך בתים שיתן כערך שיעריכנה הכהן ותוספת חמש - לדון בערכי בתים. כלומר, מי שהקדיש ביתו ורוצה לפדותו מיד הקדש, הוא או אשתו או יורשיו שמעריך אותו הכהן, ונותן לו כפי הערך שיאמר הוא, ועוד חמש, כמו שכתוב (ויקרא כז יד) ואיש כי יקדיש את ביתו קדש וגו'. **משרשי** המצוה. מה שכתבתי בתמורה בסדר זה (מצוה שנב), כי האל רצה לטובתנו לתת מוראת הקדש בלב בני אדם. ואף פי שהיה מחסדיו הרבים לתת להם מקום לפדותן, רצה שיוסיפו חמש בפדיונן כדי להתרחק שלא לפחת מדמי ההקדש כלום. ואף על פי שבשדה מקנה אין בו חמש, לפי שאינו מצוי שיקדיש אדם שדה מקנתו שחביבה עליו ביותר, מכיון שקנאה במעותיו לא תקפיד הכתוב לעולם במה שאינו מצוי. **מדיני** המצוה. מה שאמרו זכרונם

לברכה (רמב"ם ערכין ה ג), שהמקדיש ביתו וכן בהמה טמאה או מטלטלין שכל אלו נערכין בשוייהן, בין טוב בין רע. וכשבאין הכהנים להעריך אותן כופין הבעלים לפתח ראשון ולומר בכך וכך אני נוטלה לעצמי והדמים נופלין לבדק הבית. אבל בזמן הזה אמרו זכרונם לברכה (ע"ז יג א) שאין מקדישין, ונראה ודאי, שאם עבר והקדיש בתו בזמן הזה לבדק הבית שמעריכין אותה בשויה ועביד כתקנתא דשמואל, או משליך כל שויה לים המלח. ובין שהיה הבית בערי חומה, בין שהיה בערי החצרים לעולם יכולים הבעלים או יורשים לגאל אותם מיד ההקדש, אבל גאלו אדם אחר, אם היה בבתי ערי חומה וקם ביד הגואל שנים עשר חדש נחלט, ואם היה בבתי החצרים והגיע יובל והוא ביד הגואל חוזר לבעליו ביובל, וממה שאמר הכתוב כי יקדיש את ביתו, ולא אמר בית, דקדקו זכרונם לברכה (ב"ק סט, ב) מה ביתו ברשותו, אף כל דבר שאדם רוצה להקדיש צריך שיהא ברשותו, אבל אם אינו ברשותו אף על פי שהוא שלו אינו יכול להקדישו. וכן אמרו זכרונם לברכה (שם סח ב) גזל ולא נתיאשו הבעלים שניהם אינם יכולים להקדיש, זה לפי שאינו שלו, וזה לפי שאינו ברשותו. ודוקא במטלטלין, אבל קרקע בחזקת בעליה עומדת, ואפילו מטלטלין שהפקידן כל שיכול להוציאן בדינין יכול להקדישן. ויתר פרטיה, עמסכת ערכין [שם]. **ונוהגת** בזמן שהיובל נוהג, שאין דין ערכי בתים נוהג כלומר להקדיש בית לכתחלה, אלא בזמן שהיובל נוהג. והעובר על זה והקדיש ביתו ולא נתן הערך בזמן הבית כמשפט הכתוב בפרשה, או שלא תקן הדבר בזמן הזה כמו שאמרנו, בטל עשה, ועוד יש לו ענש שמועל בהקדש.

Mitzvah 354

The commandment of appraising houses, such that he give the appraisal that the priest appraises and the addition of a fifth:
To rule about the appraisals of homes; meaning [that] the priest appraise the house of one who consecrated it and wants to redeem it from that which is consecrated - he or his wife or his inheritors - and that [the redeemer] gives him according to the appraisal that he says to him, and also a fifth [of that sum]; as it is stated (Leviticus 27:14), "And if a man consecrates his house, holy, etc." What I wrote about exchange in this Order (Sefer HaChinukh 352) is from the roots of the commandment - that God wanted for our good to place the fear of the holy in the hearts of people. And even though it was from His many kindnesses to give them room to redeem them, He wanted that they add a fifth to their redemption in order to distance [us], that we not reduce anything from the value of that which is consecrated. And even though there is no fifth with a purchased field, it is since it is not common that a man will consecrate his purchased field - as it is very beloved to him,

ספר החינוך Sefer HaChinukh

since he acquired it with his money. Scripture is never concerned with what is not common. **From** the laws of the commandment is that which they, may their memory be blessed, said (Mishneh Torah, Laws of Appraisals and Devoted Property 5:3) that [in the case of] one who consecrates his house - and so [too,] his impure beast or movable items - that all of these are evaluated according to their worth, whether it is good or bad. And when the priests come to appraise them, we force the owners to open first and to say, "I would take it for me for such and such," and [that] value goes to the upkeep of the [Temple]. But they, may their memory be blessed, said (Avodah Zarah 13a) that we do not consecrate at this time. And it appears certain that if [one] transgressed and consecrated his house at this time to the [Temple] upkeep - that we appraise its worth and he does like the solution of Shmuel or throws all of its value to the Dead Sea. And whether it was a house in the walled cities or whether it was in the unwalled cities, the owners or inheritors are always allowed to redeem them from the consecrated. But if another man redeemed it - if it was from the houses of the walled cities and it stood in the hand of the redeemer twelve months, it is finalized [to be his]; and if it was from the houses of the unwalled cities and the Jubilee came and it was in the hand of the redeemer, it goes back to its [original] owner at the Jubilee. And from that which the verse stated, "if a man consecrates his house," and it did not state, "a house," they, may their memory be blessed were precise (Bava Kamma 69b): "Just as one's house is in his possession, so too anything" that one wants to consecrate must be "in his possession." But if it is not in his possession, he many not consecrate it, even if it is his. And so [too,] did they, may their memory be blessed, say (Bava Kamma 68b), "If he stole [something] but the owners did not despair, neither of them can consecrate it - this one because it is not his, and that one because it is not in his possession." And that is specifically with movable items; but land stays in the possession of its owners. And even with movable items that were deposited - he may consecrate anything that he can extract with judges. And the rest of its details are in Tractate Arakhin. **And** [it] is practiced at the time that the Jubilee is practiced, as the law of appraisals of houses is only practiced - meaning to consecrate a house from the outset - at the time that the Jubilee is practiced. And one who transgresses it and consecrates his home and does not give its appraisal like the law written in the section of the Torah, at the time of the [Temple] - or did not solve the thing as we said, at this time - has nullified the positive commandment. And he also has a punishment since he misappropriated that which is consecrated.

מצוה שנה

מצות מעריך שדה שיתן כערך הקצוב בפרשה - לדון בדין ערכי שדות. כלומר, המקדיש שדהו ורצה לפדותה שיתן בערך הקצוב בפרשה זרע חמר שעורים בחמשים שקל כסף לכל שני היובל שהם תשע וארבעים שנה, ולפי החשבון מכון יהיה ערך שדה הראוי לזרוע חמר שעורים סלע ופנדיון לשנה, לפי שהשקל האמור בתורה הוא נקרא סלע סתם בלשון חכמים, והגרה האמורה בתורה היא המעה בדברי חכמים. והוסיפו חכמים על השקל הנקרא סלע כמו שאמרנו שתות. והסלע זה שוה ארבעה דינרין, והדינר שש מעין, והמעה שני פנדיונין, נמצא לכל שנה, סלע ופנדיון, שאף על פי שהסלע שמנה וארבעים פנדיונין לפי חשבוננו זה, מכל מקום הרוצה לקח סלע מן השלחני, תשעה ואדבעים פנדיונין הוא צריך לתת כדי שירויח בו השלחני פנדיון אחד, ואחר שהוא צריך לתת תשעה וארבעים פנדיונין כפי החשבון שיקחם המקדיש מן השלחני מחשבין לו שיד ההקדש על העליונה לעולם. ואחד המקדיש שדה טובה שאין בכל ארץ ישראל כמותה, או שדה רעה שאין כמותה לרע כזה מעריכין אותה, שלא רצה הכתוב לחלק בענין זה, והשוה כל הקרקעות לערך אחד (ערכין יד א). **ואחר** שפרשנו השקלים, ראוי שנפרש החמר כמה הוא. דע, שהחמר הוא מדה אחת שנקראת כר והכר הוא שני לתכים, והלתך חמש עשרה סאין נמצא החמר שלשים סאין, שהן עשר איפות, שהאיפה שלש סאין. ידוע הדבר וכבר ידענו גם כן מדברי רבותינו זכרונם לברכה (עירובין כג ב), שמקום שיש בו חמשים אמה על חמשים אמה הוא בית סאה, כלומר, שהוא מזרע סאה שעורים, והן אלפים וחמש מאות בתשברת. נמצא שמקום הראוי לזרע חמר שעורים, שהוא שלשים סאין יש בו חמשה ושבעים אלף אמה בתשברת. **וכיצד** דרך החשבון בערכי שדות? שדה אחזה חלוק בענינו משדה מקנה, וכשמודדין אותה אין מודדין בה, אלא מקומות הראויים לזריעה, וערכה הוא הקצוב בתורה זרע חמר שעורים בחמשים שקל כסף, כמו שבארנו בין יפה בין רעה, ומוסיף חמש על הערך הזה הקצוב. וכלל זה יהיה בידך בכל חמש האמור בתורה, שהוא רביע הקרן, כדי שיהא הקרן עם החמש הנוסף עליו הכל חמשה. ואם כל השדה שהקדיש אינה ראויה לזריעה כלל פודין אותה בשויה. ואי זו היא הנקראת שדה אחזה? זו, שדה שירשה אדם ממורישיו, ושדה מקנה הוא שדה שלקחה אדם משלו, או שזכה בה בשום צד שלא מחמת ירשה. **ודין** המקדיש שדה מקנתו ששמין אותה בשויה רואין כמה שוה עד שנת היובל, ואם פדאה המקדיש אינו מוסיף בה חמש, ופדיונה לבדק הבית כשאר ערכין ודמים (ערכין כד א), וכשיגיע היובל תחזר השדה לבעלים שמכרוה בין שנפדית מיד הגזבר על ידי שום אדם ויוציאה מתחת

ידו, בין שלא נפדית ויצאה מיד הקדש חוזר לעולם לאשר לו אחזת הארץ ואינה יוצאה לכהנים, לפי שאין אדם מקדיש דבר שאינו שלו, וזה הקרקע לא היה ללוקח כי אם עד שנת היובל, ולא כן שדה אחזה, שאם הגיע היובל ולא פדאוה הבעלים מיד הקדש או מיד אחר שקנאה מן ההקדש הכהנים נותנין דמיה, לפי שאין הקדש יוצא בלא פדיון, והיא אחזה להם לעולם, ואותן הדמים נופלין להקדש בדק הבית. וכל שדה ששמין אותה להקדש למכר אותה בדמיה מכריזין עליה ששים יום בבקר ובערב, שהוא שעה שהפועלים נכנסין למלאכתן ויוצאין, כדי שישמעו הכל בדבר, ומסמנין מצרניה ואומרים כך היא יפה ובכך היא שומה, וכל הרוצה לקח יבא ויקח (שם כא ב). ויתר פרטיה, מבארים במסכתא הבנויה על זה והיא מסכת ערכין [שם]. **ונוהגת** בזכרים ונקבות בזמן שהיובל נוהג, אבל בזמן הזה כבר אמרו חכמים, שאין מקדישין ולא מחרימין ולא מעריכין, כמו שכתבנו למעלה (מצוה של). ומכל מקום אם עבר והקדיש קרקע עכשו לבדק הבית אפשר ליה בתקנה כדשמואל, שמחללו על שוה פרוטה או יותר ומשליכם לים המלח, ואם אינו רוצה בתקנה זו נראה ודאי שיש לו להעריכו כמשפט שכתבנו ומשליך הדמים לים המלח, כדי שלא יבא למכשול לו או לבניו, מוטב יאבדו ואל יכשלו בהם בני אדם, משיניחם בקרן זוית לבדק הבית, כי לעתיד לא נחסר ממון לחזק את בית אלהינו.

Mitzvah 355

The commandment of appraising a field, that he give the appraisal specified in the section of the Torah: To rule in the laws of appraisal of fields - meaning to say that one who consecrates his field and wants to redeem it, that he should give the appraisal fixed in the section of the Torah - "the seed of a chomer of barley for fifty shekel-coins of silver" (Leviticus 27:16), for all of the years of the Jubilee [cycle], which are forty-nine years. And according to the exact calculation, the appraisal of the field that is fitting to plant a chomer of barley is a sela and a pundyon a year. As the shekel-coin stated in the Torah is called an undifferentiated sela in the language of the Sages; and the gerah that is stated in the Torah is the maah in the words of the Sages - and the Sages added a sixth upon the shekel-coin, that is called a sela, as we have said. And that sela is equal to four dinar, and a dinar is four maah, and a maah is two pundyon. It comes out [to] a sela and a pundyon for each year. As even though the sela is forty-eight pundyon according to this calculation of ours - nonetheless, one who wants to take a sela from a money changer, needs to give forty-nine pundyon so that the money changer will earn one pundyon. And since he has to give forty-nine pundyon [in this case], we calculate it according to the calculation of what the consecrator would pay the money changer - as the hand of (terms for) the consecrated is always upon the higher. And we appraise it the same if he consecrates a field so good that there is none like it in the land or a field so bad that there is none as bad as it. As Scripture did not want to distinguish in this matter and made [the same] appraisal for all lands (Arakhin 14a). **And** since we explained the shekel-coins, it is fitting that we explain how much is a chomer: You should know that the chomer is a measure that is [also] called a kor. And a kor is two letech, and a letech is fifteen seah. It comes out that a chomer is thirty seah, which is ten eipah - as an eipah is three seah. It is a well-known thing and we also already knew it from our Rabbis, may their memory be blessed, (Eruvin 23b) that a place that has fifty ells by fifty ells is a beit seah - meaning that it is [what contains what grows from] a seah of barley - and that is two thousand five hundred [square ells] by arithmetic (multiplication). It comes out that a place that is fitting for the seed of a chomer of barley - which is thirty seah - is seventy-five thousand ells by arithmetic. **And** what is the way of the calculation with the appraisal of fields? A field of holding is distinguished in its content from a purchased field. And when we measure [a field of holding], we only measure the places in it that are fitting for planting; and its appraisal is that stipulated by the Torah - "the seed of a chomer of barley for fifty shekel-coins of silver" - as we elucidated, whether it is good or bad; and he adds a fifth to this stipulated appraisal. And let this rule be in your hand: with every fifth stated in the Torah, it is a fourth of the principle, so that the principle and the fifth that is added to it are five [portions together]. And if the entire field that he consecrated is not fitting for seeding at all, we redeem it according to its worth. And which is that which is called a field of holding? That is a field that a man inherited from his bequeathers. And a purchased field is a field that a man purchased [on] his own, or that he received the rights to it in any way that is not because of inheritance. **And** the law of one who consecrates his purchased field - that we estimate it worth - is [that] we see how much it is worth until the Jubilee year. And if the consecrator redeems it, he does not add a fifth onto it. And its redemption is for the upkeep of the [Temple], like other appraisals and values (Arakhin 24a). And when the Jubilee arrives, the field goes back to its [original] owners who sold it. Whether it was redeemed from the treasurer by any man and it goes out [now] from under his hand, or whether it was not redeemed and it goes out from the hand of the consecrated - it always returns to the one for which it is a holding in the Land. And it does not go out to the priests because a man cannot consecrate something that is not his, and this land was the purchaser's only until the Jubilee year. And this is not the case for a field of holding: As if the Jubilee arrived and the owners did not redeem it from the hand of the consecrated or from the hand of another who acquired it from the consecrated, the priests give its value - since the consecrated only goes out with redemption - and it is a holding for them forever. And those monies go to the consecrated for the upkeep of the [Temple]. And any field that we estimate for the consecrated, to sell it for its value, we announce sixty days - morning and evening, which is the time that the workers come in from their work and go out - so that all will hear about the thing. And we demarcate its borders and say, "Its quality is such and [price] x is its estimation." And whoever wants to buy comes and buys (Arakhin 21b). And the rest of its details are elucidated in the tractate that is built on this, and that is Tractate Arakhin. **And** [it] is practiced by males and females at the time that the Jubilee is practiced. But at this time, the Sages, may their memory be blessed, already said (Avodah Zarah 13a) that we do not consecrate and we do not appraise, as we wrote above (Sefer HaChinukh 360). But nonetheless, if one transgressed and did consecrate land now to the [Temple] upkeep, it is possible for him to solve it - like that of Shmuel - such that he desanctifies it upon that which is worth a perutah (the smallest coin) or more and he throws it to the Dead Sea. But if he does not want this solution, it appears certain that he must appraise it according to the statute that we have written and throw its money to the Dead Sea - so that it not be a stumbling block for him or for his children. It is better that [the money] be lost and that people not stumble with it, than that he leave it in a corner for the [Temple] upkeep - as there will not be a lack of money in the future to support the House of our God.

מצוה שנו

שלא לשנות הקדשים מקרבן לקרבן - שלא לשנות הקדשים מקרבן לקרבן, כגון שנחזיר השלמים אשם, או האשם שנחזירהו חטאת בזה והדומה לו יש בו לאו, ועל דבר זה נאמר בכאן בבכור (ויקרא כ"ז:כ"ו בו), לא יקדיש איש אתו, כלומר שלא יעשה הבכור, לא עולה ולא שלמים ולא קרבן אחר. ובאה הקבלה דלאו דוקא בבכור הקפיד הכתוב, דהוא הדין לכל הקדש מזבח, שכן אמרו בספרא (כאן ח ג) אין לי אלא בכור, מנין לכל הקדשים

Sefer HaChinukh

שאין משנין אותן מקדשה לקדשה? תלמוד לומר, בבהמה לא יקדיש אתו, ירמוז בכל בהמה קדושה בין בקדושה לקדשי מזבח או אפילו לבדק הבית שאין משנין אותה מקדשתה, ועל הכל נאמר לא יקדיש איש אתו, אבל ינח כמות שהוא. **משרשי** המצוה. מה שכתבתי למעלה במצות התמורה (מצוה שנב), כי כל זה למוראת הקדש. **מדיני** המצוה. כגון מה שאמרו זכרונם לברכה (תמורה פ"ד הי"א), שאם הקדיש לבדק ההיכל לא ישנה לבדק מזבח, וכן כל כיוצא בזה. ועוד אמרו (תמורה כה א) גם כן שאין מערימין על בהמת ההקדש להקדיש עברה קדשה אחרת, אלא הרי הוא בקדשת אמו, שולדות קדשים ממעי אמן הן קדושים, מה שאין כן בבכור, שהבכור ביציאתו הוא מתקדש, דבפטר רחם תלה הכתוב, ולפיכך אפשר להערים על הבכור קדם שנולד להקדישו קדשה אחרת, ועל זה נאמר אשר יבכר ליי לא יקדיש איש אתו, משיבכר אי אתה מקדישו, אבל אתה מקדישו בבטן, ולפיכך מי שאמר, אם תלד זכר המבכרת הרי הוא עולה יקריב אותו לעולה, אבל אינו יכול לעשותו זבחי שלמים, לפי שאינו יכול להפקיעו מקדשתו, דקדשת השלמים למטה היא מן הבכור, שהבכור נאכל לכהנים לבד, והשלמים לכל אדם. ויתר פרטיה בפרק חמישי מתמורה [שם]. **ונוהג** אסור זה בכל מקום ובכל זמן בזכרים ונקבות, שאפילו בזמן הזה שאין מקדישין, מי שעבר והקדיש בהמה להקדש אחד אינו יכול לשנותה להקדש אחר. והעובר על זה ושנה אותה מקדשה לקדשה, כגון שהקדישה לשלמים ואחר כך אמר שתהא קדושה לעולה או לקרבן אחר, עבר על לאו זה ואין לוקין עליו, לפי שאין בו מעשה.

Mitzvah 356

To not change the consecrated from a sacrifice to a sacrifice: To not change the consecrated from a sacrifice to a sacrifice, such that we turn a peace-offering back into a guilt-offering, or a guilt-offering we turn back into a sin-offering - there is a negative commandment in this and that which is similar to it. And about this thing is it stated (Leviticus 27:26), "a man may not consecrate it" - meaning that he not make the first-born a burnt-offering nor a peace-offering nor any other sacrifice. And the received tradition comes that it is not specifically with a first-born that the verse is concerned - that the law is the same for all that is consecrated [for] the altar. As so did they say in Sifra, Bechukotai, Section 8:3, "I only have the first born. From where [do we know] about all the consecrated that we do not change it from [one] holiness to [another] holiness? [Hence] we learn to say, 'with a beast, a man may not consecrate it.'" It hints that with every consecrated animal - whether the consecration of the consecrated for the altar or even for the upkeep of the [Temple] - we do not change it from its holiness, but it is [to be] left like it is; and "a man may not consecrate it" is stated about everything. **That** which we wrote above in the commandment of exchange (Sefer HaChinukh 352) is from the roots of the commandment - that all this is from the awe of the holy. **From** the law of the commandment is, for example, that which they, may their memory be blessed, said (Mishneh Torah, Laws of Substitution 4:11) that if he consecrated [a beast] to the upkeep of the sanctuary, he should not change it to the upkeep of the altar. And they also said (Temurah 25a) that we are not to be tricky with a consecrated animal, to consecrate its embryo [with] a different holiness, but it is rather in the [same] holiness as its mother - as offspring of consecrated animals are consecrated from the innards of their mother. This is not the case with the first-born, as the first-born is consecrated upon its exit, as Scripture makes it depend on opening the womb. And therefore, it is possible to be tricky with a first-born before it is born, to consecrate it with a different holiness. And about this is it stated, "which becomes a first-born of [...], a man may not consecrate it" - from when it becomes a first-born, you may not consecrate it, but you can consecrate it in the belly. And therefore, one who said, "If the one that is first is a male, behold it is a burnt-offering," must sacrifice it as a burnt-offering. But he may not make it into a sacrifice of a peace-offering, since he cannot remove it from its holiness. As the holiness of peace-offerings is below that of the first-born; such that the first-born is only eaten by priests, whereas the peace-offerings [are eaten] by every person. And the rest of its details are in the fifth chapter of Temurah. **And** this prohibition is practiced in every place and at all times by males and females. As even at this time that we do not consecrate, one who transgressed and did consecrate a beast for one consecration may not change it to another consecration. And one who transgresses this and changed it from [one] holiness to [another] holiness - for example if he consecrated it for a peace-offering and afterwards said that its holiness should be for a burnt-offering, or another sacrifice - has violated this negative commandment. But we do not administer lashes for it, since there is no act [involved] with it.

מצוה שנז

מצות דין מחרים מנכסיו שהוא לכהנים - לדון בדיני חרמים. כלומר, שכל מי שהחרים דבר מנכסיו סתם, כגון שאמר דבר פלוני ממה שיש לי יהי חרם, שינתן אותו דבר לכהן, שנאמר (ויקרא כז כח) אך כל חרם אשר

יחרים איש וגו', אלא אם כן אמר בפרוש שהחרם יהיה ליי, או לבדק הבית, שכך אמרו זכרונם לברכה (ערכין כח, ב) סתם חרמים לכהנים, וראיתם ממה שכתוב בפרוש בפרשה כשדה החרם לכהן תהיה אחזתו. **משרשי** המצוה. לפי שישראל הוא העם אשר בחר האל מכל שאר העמים לעבודתו ולהכיר שמו, והם אינם תחת ממשלת מזלות אשר חלק השם לכל שאר העמים, אבל הם תחת ידו של הקדוש ברוך הוא מבלי אמצעות מלאך ומזל, וכמו שכתוב (דברים לב ט) כי חלק יי עמו יעקב חבל נחלתו. וכמו שאתה מוצא כשגאלם ממצרים, שהיה נס כולל כל האמה, שהוא בעצמו ובכבודו הוציאם משם, כמו שדרשו זכרונם לברכה (שמות יב יב) ועברתי בארץ מצרים אני ולא מלאך, והכיתי כל בכור אני ולא שרף וגו'. כמו שבא בהגדה. ולכן בכל עת היות ישראל מחזיקים בתורתו ומתעטרים בעבודתו, לא תנוח בהם רק טובה, ושפע ברכה ורוח נדיבה וטהורה תסמכם, וההפך והיא המארה והחרם על אויביהם ושונאיהם. ועל כן כי יקצר רוח אחד מהם ויוציא מפיו לשון קללה וחרם על ממונו וקרקעותיו, שהם תחת הברכה הודיעו הכתוב שאי אפשר לו להוציאו מרשות המבורך לרשות אחר, לפי שכל אשר לישראל, שהם חלק השם לו הוא, ומה שקנה עבד קנה רבו (פסחים פח ב), אבל מכל מקום, אחר שידענו באמת כי כונת המחרים להוציא אותו הדבר מרשותו ראוי להשלים חפצו וישוב לרשות אדניו ויהיה קדש. **וזה** שאמר הכתוב בסמוך (ויקרא כז כט) כל חרם אשר יחרם מן האדם לא יפדה מות יומת, שענינו על דרך הפשט, שהמחרים מן האדם שאינו שלו, כגון הנלחמים על אויביהם שנודרים נדר אם נתן תתן את העם הזה בידי והחרמתי את עריהם (במדבר כא ב). שימותו, כי שאר האמות אינם בתוך מעין הברכות, כמו שאמרנו, ולשון חרם נתפס עליהן ופועל בהם, וכן פרש הכתוב הזה (הרמב"ן) הרמב"ם זכרונו לברכה (עה"ת בחוקותי כז כט) על צד הפשט. ואף על פי שיש בכתוב מדרשות רבים שבעים פנים לתורה, וכלם נכוחים למבין. ומזה השרש הוא מה שאמרו זכרונם לברכה (שם כח א), שכל אשר ללוים ולכהנים, בין קרקע בין מטלטלין, אין מחרימין אותם. כלומר, שאפילו אמר הכהן או הלוי על שדהו שיהא חרם אין נתפס בו כלל, כי הוא כשוכן בית אדוניו מקום הברכה והחסד והטוב, וכל יש לו להשם הוא, ובתוך הברכה, אין מקום לחרם חלילה. **מדיני** המצוה. מה שאמרו זכרונם לברכה (שם ב) מה בין חרמי כהנים לחרמי שמים? שחרמי שמים הקדש, ונפדין בשוייהן, ויפלו הדמים לבדק הבית, ויצאו הנכסים לחלין. וחרמי הכהנים כלומר, חרם סתם שהוא לכהנים אין להם פדיון לעולם, אלא נתנין לכהנים כתרומה. ועל חרם כהנים נאמר לא ימכר ולא יגאל. לא ימכר לאחר ולא יגאל לבעלים. ואחד המחרים קרקע או מטלטלין נתנין לכהנים שבאותו משמר בשעה שמחרים, וחרמי כהנים כל זמן שהם בבית הבעלים הרי הם הקדש לכל דבריהם, שנאמר (במדבר יח יד) כל חרם קדש קדשים הוא ליי. נתנם לכהן הרי הן כחלין לכל דבריהם.

שנאמר (שם) כל חרם בישראל לך יהיה, ושדה חרמו של כהן אינה חוזרת לבעלים הראשונים לעולם. ויתר פרטיה, בפרק שמיני מערכין וראשון מנדרים [ה' ערכין פ"ו]. **ונוהגת** בזמן הבית בזכרים ונקבות, אבל בזמן הזה כבר אמרנו במצוה הראשונה שבסדר זה (מצוה שנ) שאין מחרימין, אבל אם עבר והחרים בזמן הזה כתב הרמב"ם זכרונו לברכה (ערכין ח יא), שאם החרים בחוצה לארץ מטלטלין סתם או קרקע לכהנים בפרוש, שהם נתנין לכהנים הנמצאים באותו מקום, שהקרקע שבחוצה לארץ דינו כמטלטלין לענין זה, אבל אם החרים קרקע בארץ ישראל אינה חרם, שאין שדה חרמים נוהג אלא בזמן שהיובל נוהג. והעובר על זה והחרים מנכסיו ולא נתנם לכהן או לבדק הבית באותן צדדין שפרשנו שנתנין לבדק הבית בטל עשה זה, וענשו גדול מאד שמועל בקדש.

Mitzvah 357

The commandment of the law of one who dedicates from his properties, that it is of the priests: To rule in matters of dedications (cherem, something that is put off limits) - that is, if anyone dedicated something of his possessions undifferentiatedly - for example, [if] he said, "Thing x of mine will become dedicated" - that thing must be given to the priest; as it is stated (Leviticus 27:28), "But any dedication that a man dedicates, etc." [That is,] unless he explicitly said that the dedication be to the Lord, or to the upkeep of the [Temple]. As so did the they, may their memory be blessed, say (Arakhin 28b), "Undifferentiated dedications are for the priest." And their proof is from that which is written explicitly in the section, "like the dedicated field, his holding shall be of the priest." **It** is from the roots of the commandment [that it is] because Israel is the nation that God chose from all the other nations for His service and to recognize His Name, and they are not under the rule of the constellations that God apportioned to all the other nations. They are instead [directly] under the hand of the Holy One, blessed be He, without any intermediary of an angel or constellation; and as it is written (Deuteronomy 32:9), "For the portion of the Lord is His people, Yaakov is the measure of His inheritance." And as you find when He took them out from Egypt - which was a miracle that included all the people - that He took them out by Himself in His glory. And [this is] as they, may their memory be blessed, expounded, "'I will pass through Egypt' (Exodus 12:12) - I and not an angel; 'and I will strike the first-born' - I and not a seraph," as it appears in the Haggadah. And therefore, anytime Israel maintains the Torah and crowns themselves with His service, only goodness will rest upon them, and the flow of blessing and a pure benevolent spirit will support them; and the opposite - the curse and the 'dedication' - will [rest] upon their enemies and haters. As such, if one of their tempers become short and he pronounces an expression of curse and 'dedication' on his money or his lands - which are under the blessing - the verse informs that it is impossible to remove it from the domain of the blessed to another domain. [This is] since everything that belongs to Israel - who is the portion of God - is His; [as] whatever a slave acquired; his master acquired (Pesachim 88b). Still, since we truly know that the intention of the one who dedicates is to remove that thing from his domain, it is fitting to fulfill his will; and [so] it returns to the domain of his Master and it becomes holy. **And** that is [the sense of that] which Scripture (Leviticus 27:29) states nearby, "Any dedication that is dedicated of a man you shall not redeem, he shall surely die"; as its content in the way of the simple meaning is that [in the case of] one who dedicates of a man that is not his - for example, those fighting against their enemies who make a vow, "If this nation is surely given into my hands, I will dedicate their cities" (Numbers 21:2) - [the objects of the vow] should die. As other nations are not included in the wellspring of blessings, as we have said; and [so] the expression of 'dedication' clings to them. And so, did Ramban (Rambam) explain this verse in the way of its simple understanding (Ramban on Leviticus 27:29). And even though there are many midrashic explanations about this verse, there are seventy faces to the Torah and 'they are all straight for the one who understands.' And from this root they, may their memory be blessed, said (Arakhin 28a) that all that belongs to the Levites and the priests - whether land or whether movable items - cannot be dedicated. That is, even if the priest or the Levite said about his field that it be dedicated, it does not hold. As he is like one who dwells in his Master's house - the place of blessing and kindness and good - and all that he has is God's. And amidst blessing there is no place for 'dedication.' **From** the laws of the commandment is that which they, may their memory be blessed, said (Arakhin 28b), "What [is the difference] between dedications of the priests and dedications of the Heavens? That dedications of the Heavens are consecrated and are redeemed with their worth, their value goes to the [Temple] upkeep and the properties go out to the non-sacred. But the dedications of the priests" - meaning to say, an undifferentiated dedication, that [goes] to the priests - "never have redemption, but are rather given to the priests like priestly tithe."

ספר החינוך Sefer HaChinukh

And it is concerning the dedications of the priests that it is stated, "it shall not be sold and it shall not be redeemed" (Leviticus 27:28) - "it shall not be sold" to another, "and it shall not be redeemed" for its [original] owners. It is one whether he dedicates land or movable items - they are given to the priests of that shift, [serving] at the time that he dedicates. And during the whole time that the dedications of the priests are in the house of the owners, they are consecrated for all of their purposes - as it is stated (Leviticus 27:28), "every dedication is holy of holies to the Lord." [Once] they are given to the priest, behold they are like the non-sacred for all of their purposes - as it is stated (Numbers 18:14), "Every dedication in Israel shall be for you." And a field that is dedicated to a priest never returns to the original owners. And the rest of its details are in the eight chapter of Arakhin and the first of Nedarim (see Mishneh Torah, Laws of Appraisals and Devoted Property 6). **And** [it] is practiced at the time of the [Temple] by males and females. But at this time, we have already said in the first commandment of this Order (Sefer HaChinukh 350) that we do not dedicate. If, however, one transgressed and did dedicate [something] at this time, Rambam, may his memory be blessed, wrote (Mishneh Torah, Laws of Appraisals and Devoted Property 8:11) that if one dedicated outside of the Land [of Israel] movable property undifferentiatedly or land explicitly to the priests - that they are given to the priests found in that place; as the status of land outside of the Land is like movable items for this matter. But if he dedicated land in the Land, it is not dedicated - as the field of dedications is only practiced when the Jubilee is practiced. And one who transgressed this and dedicated from his properties but did not give them to a priest or to the upkeep of the [Temple] - in the cases that we explained that they are given to the upkeep of the [Temple] - has violated this positive commandment. And his punishment is very great, as he has misappropriated from the holy.

מצוה שנח

שלא ימכר קרקע שהחרימו אותה בעלים אלא תנתן לכהנים - שלא ימכר שדה החרם. וכן כל שאר קרקעות, והוא הדין למטלטלין שהחרימו אותן בעליהם, אלא ינתנו לכהנים שבאותו משמר, כמו שנכתב בסדר זה (מצוה שנז) עשה ו. ואפילו לגזבר ההקדש אסור לבעלים למכרו, אלא זוכה בו בלא כלום, כי השם זכה החרמים לכהנים, וזה יהיה בסתם חרמים כמו שאמרנו למעלה, דקימא לן כמאן דאמר, סתם חרמין לכהנים. כלומר מי שהחרים ולא פרש למי, שאלו מחרים בפרוש לבדק הבית לא זכו בהם

Sefer HaChinukh ספר החינוך

הכהנים. ועל חרמי כהנים נאמר כאן, כל חרם לא ימכר, אבל הכהנים ודאי מוכרים אותם כרצונם, שחרמי כהנים אחר שיצאו מיד הבעלים שהחרימום והגיעו ליד הכהנים הרי הן כחלין לכל דבריהם, שנאמר (במדבר יח יד) כל חרם בישראל לך יהיה. אבל בעוד שהם תחת ידי הבעלים נאמר עליהם כל חרם קדש קדשים ליי. **ושרש** המצוה וכל ענינה, כתוב למעלה (מצוה שנז), עין שם כי קרוב הוא [שם].

Mitzvah 358

That owners that dedicated land not sell it, but that it rather be given to the priests: That one should not sell a dedicated field, and so [too,] all other lands. And the law is the same for movable items that have been dedicated by their owners. Rather, they should be given to the priests of that watch, as we wrote in this Order, positive commandment 6 (Sefer HaChinukh 357). And it is even forbidden for the owners to sell it to the treasurer of the consecrated, but rather [the latter] should attain the rights to it with nothing. As God gave the rights of dedications to the priests. And this is with undifferentiated dedications, as we said above. Since it established for us [that the law is] like the [opinion] that says, undifferentiated dedications - meaning to say that one who dedicated but did not specify to whom - are for the priests. As if he dedicates explicitly for the upkeep of the [Temple], the priests do not get rights to [it]. And about the dedications of the priests is it stated here (Leviticus 27:28), "any dedication [...] shall not be sold." But the priests can certainly sell them according to their will. As [with] the dedications of the priests - after they have gone out from the hand of their owners who dedicated them and have reached the hand of the priests - behold they are like the non-sacred for all of their purposes, as it is stated (Numbers 18:14), "Every dedication in Israel shall be for you." But so long as they are still under the hand of the owners, it is stated about them (Leviticus 27:28), "every dedication is holy of holies to the Lord." **And the root of the commandment and all of its content is written above** (Sefer HaChinukh 357). See there, 'as it is close' (see Mishneh Torah, Laws of Appraisals and Devoted Property 6).

מצוה שנט

שלא יגאל שדה החרם - שלא יגאל שדה החרם, והוא הדין לכל שאר קרקעות ומטלטלין המחרמין שאין להם פדיון, אלא נתנין לכהנים והם עושין

ספר החינוך Sefer HaChinukh

בהם כל חפצם, ועל זה נאמר, כל חרם ולא יגאל. ואמרו בספרא (יב ד), לא ימכר לאחר, ולא יגאל לבעלים. **משרשי** המצוה. כתוב למעלה (מצוה שנז), מדיני המצוה. מה שאמרו רבותינו זכרונם לברכה (ערכין פ"ו ה"ד), שהמחרים לשמים הקדיש, אבל נפדה הוא בשויו, ויפלו הדמים לבדק הבית, ויצאו הנכסים לחלין, אבל חרמי כהנים אין להם פדיון לעולם, אלא הרי הם לכהנים ולזרעם לעולם. וכהן שזכה בשדה חרמים ומכרו חוזרת לו או לזרעו ביובל, שנאמר לכהן תהיה אחזתו. מלמד ששדה חרמו לו כשדה אחזתו לישראל. **ויתר** פרטיה וכל ענינה הכל כמו שכתבתי למעלה (מצוה שנז), ומתבאר הכל במסכת ערכין. ואין ספק כי שני לאוין אלו, שהן לא ימכר ולא יגאל", נוהגין היום, וכמו שכתבתי למעלה לדעת הרמב"ם זכרונו לברכה, שהמחרים בזמן הזה קרקע או מטלטלין בחוצה לארץ שנתן לכהנים, ואף על פי שאינו נוהג שדה חרמין בארץ אלא בזמן שהיובל נוהג, כך כתב הרמב"ם זכרונו לברכה בספר הפלאה (שם ח יא יב).

Mitzvah 359

That a dedicated field not be redeemed: That a dedicated field not be redeemed; and the law is the same for all other lands and movable items that are dedicated - they do not have redemption but are rather given to the priests; and [the priests] do with them according to their will. And about this is it stated (Leviticus 27:28), "any dedication [...] shall not be redeemed." And they said in Sifra, Bechukotai, Chapter 12:4, "'It shall not be sold' to another, 'and it shall not be redeemed' for its [original] owners." **The** roots of the commandment are written above (Sefer HaChinukh 357). **From** the laws of the commandment is that which our Rabbis, may their memory be blessed, said (Mishneh Torah, Laws of Appraisals and Devoted Property 6:4) that one who dedicates to the Heavens consecrates [the property], but he [may] redeem it for its worth, such that the value goes to upkeep of the [Temple] and the property goes out to the non-sacred. But dedications of the priests never have a redemption. Rather behold they belong to the priests and their children forever. And [in the case of] a priest who got the rights for a field of dedication and sold it, it goes back to him or his seed in the Jubilee; as is is stated (Leviticus 27:21), "for the priest shall it be a holding" - this teaches that his field of dedication is like a field of holding for an Israelite. And the rest of its details and of its content - all of it is like I wrote above (Sefer HaChinukh 357) and it is all elucidated in Tractate Arakhin. And there is no doubt that these two negative commandments - which are "it shall not be sold" and "it shall not be redeemed" - are practiced today according to the opinion of Rambam, may his memory be blessed, as I wrote above: [In the case of] one who dedicates land or movable objects outside the Land at this time, it is given to the priests. [This is so] even though the field of dedication is not practiced in the Land [of Israel] today, but only at the time that the Jubilee is practiced. So did Rambam, may his memory be blessed, write in the Book of Separation (Mishneh Torah, Laws of Appraisals and Devoted Property 8:11-12).

מצוה שס

מצות מעשר בהמה טהורה בכל שנה - לעשר כל הבהמות טהורות שהן בקר וצאן ועזים (בכורות נג א) הנולדים בעדרינו בכל שנה ושנה, ולהביא המעשר לירושלים ולאכלו שם, אחר שיהיה קרב החלב והדם במזבח (זבחים נו ב). שנאמר (ויקרא כז לב) וכל מעשר בקר וצאן כל אשר יעבר תחת השבט העשירי יהיה קדש לה'. ואמרו זכרונם לברכה בבכורות (נח, ב) כיצד מעשרין? כונסן לדיר ועושה להם פתח קטן כדי שלא יהיו שנים יכולים לצאת כאחד, ומעמיד אמותיהן מבחוץ והן גועות, כדי שישמעו הטלאים קולם ויצאו מן הדיר לקראתם מעצמם ולא מכח אחר, ומונה אותן בשבט, אחד שנים שלשה ארבעה וכן עד עשרה, והיוצא עשירי סוקרו בסקרא ואומר הרי זה מעשר. **משרשי** המצוה. שהאל ברוך הוא בחר בעם ישראל וחפץ למען צדקו להיות כלם עוסקי תורתו ויודעי שמו, ובחכמתו משכם במצוה זו למען ילמדו יקחו מוסר, כי יודע אלקים שרב בני אדם נמשכים אחר החמר הפחות, בשגם הוא בשר, ולא יתנו נפשם בעמל התורה ובעסקה תמיד, על כן סבב בתבונתו ונתן להם מקום שידעו הכל דברי תורתו על כל פנים, שאין ספק כי כל אדם נמשך לקבע דירתו במקום שממונו שם. ולכן בהעלות כל איש מעשר כל בקר וצאן שלו שנה שנה במקום שעסק החכמה והתורה שם והיא ירושלים, ששם הסנהדרין יודעי דעת ומביני מדע, וכמו כן נעלה לשם מעשר תבואתנו בארבע שני השמטה, כמו שידוע שמעשר שני נאכל שם, וכן נטע רבעי שנאכל שם, על כל פנים או ילך שם בעל הממון עצמו ללמד תורה, או ישלח שם אחד מבניו שילמד שם ויהיה נזון באותן פירות. **ומתוך** כך יהיה בכל בית ובית מכל ישראל איש חכם יודע התורה, אשר ילמד בחכמתו כל בית אביו, ובכן תמלא הארץ דעה את השם, כי אם חכם אחד לבד יהיה בעיר או אפילו עשרה יהיו הרבה מבני אדם שבעיר וכל שכן הנשים והילדים שלא יבואו לפניהם כי אם פעם אחת בשנה, או אפילו ישמעו דבריהם פעם אחת בשבוע, ילכו לביתם וישליכו כל דברי החכם אחרי גום, אבל בהיות המלמד בכל בית ובית שוכן שם ערב ובקר וצהרים ויזהירם תמיד, אז יהיו כלם אנשים ונשים וילדים מזהרין ועומדים, ולא ימצא ביניהם שום דבר חטא ועון, ועל ידי זה יזכו למה שכתוב (ויקרא כו יא יב) ונתתי משכני בתוככם. (ירמיה יא ד) והייתם לי לעם ואנכי

אהיה לכם לאלהים. **מדיני** המצוה. מה שאמרו זכרונם לברכה (שם נג א), שאין מעשרין מן הבקר על הצאן, ולא מן הצאן על הבקר, אבל מעשרין מן הצאן על העזים, ומן העזים על הצאן, ששניהם הוציאם הכתוב בלשון צאן וכמין אחד נחשבין. ואין מעשרין מן הנולד בשנה זו לשנה אחרת, כמו שאין מעשרין בזרע הארץ מן החדש על הישן, ולא מן הישן על החדש, שנאמר בה (דברים יד כב) היוצא השדה שנה שנה. אבל מכל מקום אם עבר ועשר מן הבהמה הישנים על החדשים או מן החדשים על הישנים, כתב הרמב"ם זכרונו לברכה (הל' בכורות ז ה), שיראה לו שהן מעשר מפני חמרת מעשר, שהרי לא כתיב שנה שנה אלא בזרע הארץ, ודי לנו שנלמד ממנו להיות מעשר בהמה כמוהו לענין לכתחלה, אבל לא דיעבד. **וכן** מענין המצוה מה שאמרו זכרונם לברכה (שם גז ב), שאין הטלאים הנולדים כמו הטבל שאסור לאכל ממנו עד שיתעשר, אלא מתר לאכל ולשחט מן הטלאים כל מה שירצה, וכשיגיעו הזמנים שקבעו חכמים לעשר והם נקראין גורן מעשר בהמה, יעשר אותן הנמצאים לו. ומשהגיעו אותם זמנים אסור לו למכר ולשחט עד שיעשר אותם, ואם עבר ושחט הרי זה מתר. **ושלשה** זמנים הם שקבעו זכרונם לברכה בזה ואלו הן, יום אחרון של חדש אדר, ויום שלשים וחמשה מספירת העומר, ויום אחרון מחדש אלול, ולמה קבעו זמנים אלו שהם סמוכים למועדים? כדי שיהיו בהמות מצויות לעולי רגלים, שאף על פי שמתר למכר קדם מעשר כמו שאמרנו, מכל מקום נמנעים היו מלמכר עד שיעשרו אותן כדי שיעשו בהן מצוה. ודין המונה אותם וטעה במנינו וקרא לשמיני עשירי או לשנים עשר עשירי, שלא נתקדשו, ואם טעה בתשיעי ואחד עשר וקראן עשירי נתקדשו מפני שהם סמוכים לעשירי, ודבר זה מפי הקבלה ידענוהו (שם כג א). ומה שאמרו (ב"מ ו ב) שכל בהמה שהיא ספק אם בת מעשר היא או אינה בת מעשר הרי היא פטורה מן המעשר. והכל נכנסין לדיר להתעשר, בין תמימים בין בעלי מומין, חוץ מן הכלאים והטרפה ומחסר זמן, וכן היתום שמתה אמו או שנשחטה עם לדתו, ודברים אלו מפי השמועה ידענום (שם נז א). ויתר פרטיה, בפרק אחרון מבכורות [הלכות בכורות פרק ו יד]. **וכתב** הרמב"ם זכרונו לברכה (סהמ"צ עשין סח), שמצוה זו נוהגת בזכרים ונקבות, בין בישראלים בין בכהנים ולוים, ובארץ ובחוצה לארץ, בין בפני הבית ושלא בפני הבית, וזהו דין תורה, ואולם בגזרה מדרבנן, כדי שלא יאכל שלא במום, אחר שאין לנו מקדש, ונמצא בא לידי אסור גדול, שהוא שוחט קדשים בחוץ, אמרו זכרונם לברכה שאינו נוהג אלא בפני הבית, וכשיהיה שם מקדש בנוי נוהג בארץ ובחוצה לארץ, עד כאן לשונו. ועוד כתב במקום אחר, שאם עבר ועשה בזמן הזה הרי זה מעשר ויאכל במומו בכל מקום, כי הוא כחלין גמורים. והתמים שנאכל בירושלים בזמן הבית דינו שיאכל לבעלים כלו כפסח, חוץ מן האמורין והדם שהוא קרב, כמו שאמרנו למעלה.

ספר החינוך Sefer HaChinukh

Mitzvah 360
The commandment of the tithe of pure beasts every year: To tithe all the pure beasts - which are cattle, sheep and goats (Bekhorot 53a) - that are born in our flocks each and every year, and to take that tithe and eat it in Jerusalem after the fat and blood have been offered on the altar (Zevchim 56b), as it is written (Leviticus 27:32), "And all the tithe of your cattle and sheep, all that passes beneath the rod, the tenth shall be holy to the Lord." And they, may their memory be blessed, said in Bekhorot 58b, "How do we tithe? He brings them to a pen and makes for them a small opening, so that two cannot go out at the same time. He places their mothers outside, and they would moan, so that the lambs would hear their voices and exit the pen to meet them on their own and not from the effort of another. And he counts them with a rod, 'One, two, three, four' and so on, until ten. And the one that comes out tenth he marks with red chalk and he says, 'Behold, this is tithe.'" **It** is from the roots of the commandment [that it is because] God chose the nation of Israel and wished for the sake of His righteousness that all of them be engaged with His Torah and be knowers of His Name. And in His Wisdom, he lured them with this commandment so that they would study [and] draw moral teachings. As God knows that most people are lured by lower physicality, 'as [they] are also flesh,' and they will not put their souls to the toil of the Torah and its constant involvement. Therefore, in His understanding, He caused [it] and gave them a place wherein everyone will know the words of His Torah regardless - for there is no doubt that every man will be drawn to establish his residence in the place that his money is there. And as such, when each person brings up the tithe of all his cattle and his sheep each year to the place where involvement with wisdom and Torah is found - that is Jerusalem, where is the Sanhedrin of those who master knowledge and understand information - and we similarly bring up the tithe of our grain in four years of the sabbatical [cycle], as we know that the second tithe is eaten there, and so [too,] the fourth year planting is eaten there; the owner of [these things] will perforce either go there and study Torah himself, or send one of his sons to study there and to be sustained by that produce. **And** through this, each and every house in all of Israel will have someone who is wise and knowledgeable in the Torah who can [then] teach all of the household of his father with his wisdom. And with this, 'the land will be filled with knowledge of the Lord.' As if there was only one sage in each city - or even

ספר החינוך Sefer HaChinukh

ten - there would be many men who would only come in front of them once a year, and all the more so the women and the children. And even if they heard their words once a week, they would [then] go to their home and throw all the words of the sage behind their back. But when the teacher is in each and every house, dwelling there evening, morning and afternoon and constantly reminding them; then they will all - men, women and children - be careful and aware and no matter of sin or iniquity will be found among them. And through this they will merit that which is written (Leviticus 26:11-12) "And I will place My dwelling amongst you [...] and you will be for Me a nation, and I will be for you God" (while the second part of this citation is likely meant to be a very similar quote from Leviticus 26:12, the actual quote is from Jeremiah 11:4). **From** the laws of the commandment is that which they, may their memory be blessed, said (Bekhorot 53a) that we do not tithe from cows onto sheep, or from sheep onto cows, but we do tithe from sheep onto goats and goats onto sheep, as Scripture used the expression, "sheep" for both of them, and they are considered like one species. We do not tithe from that which is born this year for [that born] another year, [just] as we do not tithe with the seed of the ground from the new onto the old, nor from the old onto the new, as it is written about it, "which comes out from your field each year" (Deuteronomy 14:22). Still, if one transgressed and nonetheless tithed from the old beasts onto the new or the new onto the old, Rambam, may his memory be blessed, wrote (Mishneh Torah, Laws of Firstlings 7:5) that it appears to him that it is tithe, because of the severity of the tithes - as behold, "each year," is only written about the seed of the earth. And it is enough for us that we learn from it that the tithe of beasts be like it regarding [the law] from the outset, but not ex post facto. **And** also, from the content of the commandment is that which they, may their memory be blessed, said (Bekhorot 57b) that the newborn lambs are not like untithed produce, from which it is forbidden to eat until they are tithed. Rather, it is permissible to slaughter and eat all that he wants from the lambs; and when the times that the Sages have set for tithing arrive - and they are called the threshing floor of the beast - he tithes those [still] found with him. And once those times arrive, it is forbidden for him to eat or sell until he tithes them. But if one transgressed and slaughtered them, behold it is permissible [to eat them]. **And** there are three times set by them, may their memory be blessed, and these are them: The last day of the month of Adar, the thirty-fifth day of the counting of the

ספר החינוך Sefer HaChinukh

omer, and the last day of the month of Elul. And why did they set these times that are close to the holidays? So that animals should be available for pilgrims. For even though it is permissible to sell the animals before tithing, as we said - nonetheless people would refrain from selling until they tithed them, so as to fulfill the commandment with them. And the law that if one counted and erred in the number and called the eighth, the tenth; or the twelfth, the tenth - they are not consecrated. But if he erred in the ninth or the eleventh and called them the tenth - they are consecrated, since they are adjacent to the tenth. And we known this thing from the tradition (Bekhorot 23a). And that which they said (Bava Metzia 6b) that any beast about which there is a doubt as to whether it is obligated in tithing or it is not obligated in tithing, behold it is exempt from the tithe. And all - whether unblemished or blemished - are brought into the pen for the counting; except for forbidden mixtures, 'torn' (terminally ill) animals and one lacking time (very young ones), and so [too,] an orphan whose mother died or was slaughtered at its birth. And we have known these things from the heard tradition (Bekhorot 57a, Mishneh Torah, Laws of Firstlings 6:14). And the rest of its details are in the last chapter of Bekhorot. **And** Rambam, may his memory be blessed, wrote (Sefer HaMitzvot LaRambam, Mitzvot Ase 68), "This commandment is practiced by males and females - whether Israelites or whether priests and Levites; in the Land [of Israel] and outside of the Land - whether in the presence of the [Temple] or not in the presence of the [Temple]. And this is the Torah law; however as a rabbinic decree so that one not eat [tithe] without a blemish - since we do not have a Temple and he would come to a great prohibition which is slaughtering consecrated animals outside [the Temple] - they, may their memory be blessed, said that it is only practiced in the presence of the [Temple]. But when there will be a Temple built there, it [will be] practiced in the Land and outside of the Land." To here is his language. And he further wrote in a different place (Mishneh Torah, Laws of Firstlings 6:2, 4) that if one transgressed and did it at this time, behold it is tithe and he eats it with its blemish (if and when it develops a blemish) in any place - as it is like the totally non-sacred. And the law of the unblemished that is eaten in Jerusalem at the time of the [Temple] is that all of it be eaten by the owners, like the Pesach sacrifice - except for the entrails and the blood which is offered, as we said above.

מצוה שסא

שלא למכר מעשר בהמה אלא יאכל בירושלים - שלא למכר מעשר בהמה בשום צד, אלא יאכלוהו בעליו או מי שירצו הם בירושלים, ועל זה נאמר כאן במעשר בהמה (ויקרא כז לג) לא יגאל. ואמרו בספרא (יג ד), במעשר הוא אומר לא יגאל, אינו נמכר לא חי ולא שחוט ולא תמים ולא בעל מום. ולשון גאלה ישמש כאן בלשון מכירה, לפי שהגאלה מעין מכירה היא, שהאדם נותן דמים ולוקח קרקע. **משרשי** המצוה. מה שכתבתי בסדר זה במצות מעשר בקר וצאן (מצוה שס), ומן הטעם ההוא שתראה שם נצטוינו שלא למכר המעשר בשום צד, אלא יאכל על כל פנים בירושלים. **מדיני** המצוה. מה שאמרו זכרונם לברכה (זבחים נו ב), שמעשר בהמה היה נאכל כלו לבעלים בירושלים, ואין לכהנים בהם כלום, אבל היה נשחט בעזרה ומקרבין אמוריו וזורקין דמו זריקה אחת כנגד היסוד. ואם נפל בו מום נאכל בכל מקום. אבל אסרו חכמים למכרו בכל מקום, ואפילו הוא בעל מום, ואפילו שחוט אסור למכרו, גזרה שמא ימכרנו חי (בכורות לא ב), ולפיכך אמרו שאין שוקלין ממנו מנה כנגד מנה, מפני שנראה כמוכר, ואף על פי שדבר זה התר לעשות אפילו בבכור תמים, שאמרו זכרונם לברכה (שם א), כהנים שנמנו על הבכור מתרין לשקל מנה כנגד מנה. ומה שאמרו זכרונם לברכה, שמעשר בהמה שנשחט מתר למכר חלבו וגידיו ועורו ועצמותיו, שלא אסרו למכר אלא בשרו בלבד, ואם היו העצמות יקרים והבליע דמי הבשר בעצמות מתר. וכתב הרמב"ם זכרונו לברכה (בכורות ו ה), שיראה לו שהמוכר מעשר לא קנה לוקח, ולפיכך אינו לוקה עליו המוכר, לפי שלא הועילו מעשיו, כמו מוכר חרמי כהנים שלא קנה לוקח, וכמו מוכר יפת תואר שלא קנה לוקח, כמו שיתבאר במקומו, עד כאן. ויתר פרטי המצוה, יתבארו במסכת בכורות ובמסכת מעשר שני בתחלתה. **ונוהג** אסור זה בזכרים ונקבות, ישראלים וכהנים ולוים, בכל מקום ובכל זמן. ואף על פי שחכמים אסרו לעשר בהמה בזמן הזה, גזרה שמא יאכלום תמימים, ויהיה בדבר אסור כרת שהוא שחיטת קדשים בחוץ כמו שכתבנו למעלה, אף על פי כן מי שעבר ועשר בזמן הזה יש בו קדשת מעשר, ואם ימכרנו בשום צד יעבר עליו בלאו הזה שהוא לא יגאל, אבל אין לוקין עליו, כמו שאמרנו בסמוך בשם הרמב"ם זכרונו לברכה.

ותהלה לאל גדול ונורא סימנו ספר ויקרא.

Mitzvah 361

To not sell the tithe of beasts, but rather that it be eaten in Jerusalem: To not sell the tithe of beasts in any way, but rather its owners - or whoever they want - eat it in Jerusalem. And regarding this is it stated here about the tithe of beasts (Leviticus 27:33), "it shall not be redeemed." And they said in Sifra, Bechukotai, Chapter 13:4, "With the tithe, it states, 'it shall not be redeemed' -

ספר החינוך Sefer HaChinukh

it is not sold, neither alive nor slaughtered; neither unblemished nor blemished." And the expression of redemption is used here as an expression of sale, because redemption is similar to sale, since [redemption is when] a man gives value (money) and he purchases land. **That** which I wrote in this Order in the commandment of the tithe of cattle and sheep (Sefer HaChinukh 360) is from the roots of the commandment. And from that reason that you will see there, we have been commanded not to sell the tithe in any way, but rather it must be eaten in Jerusalem regardless. **From** the laws of the commandment is that which they, may their memory be blessed, said (Zevachim 56b) the tithe of beasts was eaten completely by the owners in Jerusalem, and the priests have nothing in it. However, it was slaughtered in the courtyard and they would offer its entrails and sprinkle its blood with one sprinkling across from the base [of the altar]. And if it developed a blemish, it is eaten in any place. But the Sages forbade to sell it nonetheless, and even if it is a blemished one. And even if it is slaughtered is it forbidden to sell it [as a] decree lest one will sell it alive (Bekhorot 31b). And therefore, they said that we do not weigh one piece from it against [another] piece - as it appears like selling. And [this is the law] even though this thing is permitted to do even with an unblemished first-born; as they, may their memory be blessed, said (Bekhorot 31a) [that] the priests that are designated for a first-born are permitted to weigh one piece against [another] piece. And that which they, may their memory be blessed, said [regarding] the tithe of beasts that is slaughtered, [that] it is permissible to sell its fat, its tendons, its skin and its bones - as the they only forbade to sell its meat alone. And if the bones were expensive and he included the value of the meat in [that of] the bones, it is permitted. And Rambam, may his memory be blessed, wrote (Mishneh Torah, Laws of Firstlings 6:5) that it appears to him that [in the case of] one who sells the tithe, the purchaser does not acquire [it]. And therefore, the seller is not lashed for it - since his actions were not effective. And [it is] like one who sells the dedications of the priests, such that the buyer did not acquire [it], and like one who sells a woman (captive) of beautiful form, such that the buyer did not acquire [it] - as is elucidated in its place. To here [are his words]. And the rest of the details of the commandment are elucidated in Tractate Bekhorot and in Tractate Maaser Sheni at the beginning. **And** this prohibition is practiced by males and females - Israelites, priests and Levites - in every place and at all times. And even though the Sages forbade to tithe beasts at this time [as a] decree lest he eat them unblemished and there would be a prohibition of excision in the thing - which is the slaughter of consecrated animals outside [of the Temple], as we wrote above - nonetheless, [in the case of] one who transgressed and tithed at this time, it has the sanctity of the tithe. And if he sold it in any way, he has violated this negative commandment - which is "it shall not be redeemed." But we do not administer lashes for it, like we said adjacently in the name of Rambam, may his memory be blessed.

And praise to great and awesome God, we have completed the Book of Leviticus.

מצוה שסב

מצות שלוח טמאים חוץ למחנה שכינה - לשלח הטמאים חוץ למחנה שכינה, שנאמר (במדבר ה ב) צו את בני ישראל וישלחו מן המחנה כל צרוע וכל זב וכל טמא לנפש. וידוע היה להם במדבר עד היכן גבול מחנה שכינה, וכמו כן לדורות תקרא מחנה שכינה והיא בכלל מצוה זו: בית המקדש וכל העזרה שהיא לפניה (זבחים קטז, ב). ואמרו בספרי וישלחו מן המחנה אזהרה לטמאים שלא יכנסו למקדש. ואמרו בפסחים (סח, א) ויצא אל מחוץ למחנה (דברים כג יא) מצות עשה. ונכפלה מצוה זו במקום אחר, שנאמר כי יהיה בך איש אשר לא יהיה טהור מקרה לילה ויצא אל מחוץ למחנה. ופרושו (פסחים שם) מחוץ למחנה שכינה. וכמו כן נכפלה במקום זה בעצמו שחזר ואמר פעם שנית אל מחוץ למחנה תשלחום. וכבר כתבתי (מצוה רכח) כי בהכפל האזהרות במצוה, הוראה קצת בחמר המצות, שהשם חפץ בטובת בריותיו והזהירם וחזר והזהירם עליה, כדרך בני אדם יזהירו זה את זה הרבה פעמים בכל דבר הצריך להם צרך רב, ואם אמנם שמצינו גופי תורה נאמרו ברמז, הכל בטעם נכון. **משרשי** המצוה. לפי שענין הטמאה ידוע לחכמים שיחליש כח הנפש השכלית ויערבב אותה ויפריד בינה ובין השכל עליוני השלם, ותהי נפרדת עד אשר תטהר, וכמו שכתוב בענין הטמאה (ויקרא יא מג), ולא תטמאו בהם ונטמאתם בם. ודרשו זכרונם לברכה (יומא לט, א) ונטמתם בם. כלומר שמעינות השכל מטמטמים בטמאה. על כן במקום הקדוש והטהור, אשר רוח אלקים שם אין ראוי להיות בו האיש המלכלך בטמאה. והענין הזה יש לדמותו על דרך משל, לפלטרין של מלך שמרחיקין ממנו כל איש צרוע ונמאס בגופו או אפילו במלבושיו, וכעין מה שכתוב (אסתר ד ב), כי אין לבוא אל שער המלך בלבוש שק. **מדיני** המצוה. מה שאמרו זכרונם לברכה (ספרי כאן ובפסחים סז א), שהמצרע שהוא חמור בטמאתו שמטמא באהל, חמור גם כן בשלוחו, והוא משתלח חוץ לשלש מחנות דהינו, חוץ לירושלים. וזבים וזבות ונדות ויולדות, שאין טמאתם חמורה כל כך שלוחם חוץ לשתי מחנות, שהן מחנות כהנים ולוים, וזהו חוץ להר הבית, וטמא מת שאין טמאתו חמורה כל כך אינו משתלח

אלא חוץ למחנה אחת, לפיכך מתר לכנס בהר הבית. ומה היא החמרא בזבין יותר מטמא מת? שהזב מטמא משכב ומושב אפילו מתחת האבן, מה שאין המת מטמא כן. וטמא מת ובועלי נדות וכל הגוים דרך כלל משלחין אותם מן החיל, אבל טבול יום נכנס לשם, עזרת ישראל, ועזרת נשים משלחין ממנה טבול יום, אבל לא מחסר כפורים ומעזרת ישראל ולפנים, אפילו מחסר כפורים אינו נכנס שם. ויתר פרטיה מבארים בפרק אבות הטמאה, שהוא פרק ראשון מסדר טהרות [הלכות ביאת מקדש פ"ג ה"ט]. **ונוהגת** מצוה זו בזכרים ונקבות בכל זמן, שאפילו בזמן הזה (כדברי הרמב"ם בהל' בית הבחירה פ"ו הט"ו), שהמקדש שמם בעונותינו אסור להכנס בו טמא. והעובר על זה ונכנס במקום שאינו רשאי בעודו טמא בצדדים שפרשנו, בטל עשה, מלבד שעבר על לאו, כמו שנפרש בסדר זה (מצוה שסג) בעזרת השם.

Mitzvah 362

The commandment to send the impure out of the camp of the Divine Presence: To send away the impure from the camp of the Divine Presence, as it is stated (Numbers 5:2), "Command the Children of Israel, and they shall send from the camp anyone with an eruption or a discharge and anyone impure of a soul." And until where was the boundary of the camp of the Divine Presence was known to them in the wilderness. And so [too,] in the [future] generations, the Temple and the whole yard which is in front of it is called the camp of the Divine Presence (Zevachim 116b), and it is included in this commandment. And they said in Sifrei Bamidbar 1 that "and they shall send from the camp" is a warning (negative commandment) to the impure not to enter the Temple. And they said in Pesachim 68a, [that] "He shall exit to outside the camp" (Deuteronomy 23:11) is a positive commandment. And this commandment is [indeed] repeated in another place, "If there be among you a man who will not be pure of a nocturnal emission, he shall exit to outside the camp." And its explanation (Pesachim 68a) is [that it means] outside the camp of the Divine Presence. And, likewise, this itself is repeated, as it went back and stated (Numbers 5:3), "and send them out of the camp." And I have already written (Sefer HaChinukh 228) that the repetition of prohibitions within a [single] commandment indicates a little bit of the stringency of the commandment; as God wanted for the benefit of His creatures to warn them and go back and warn them about it. [It is like] the way of people that they warn each other many times about all things that have a great need. And if we have nonetheless found [important] bodies of the Torah stated by clues, everything is for a correct reason. **It** is from the roots of the commandment [that it is] because it is known to the Sages that the matter of impurity weakens the power of the intellect and mixes it up and separates between it and the pure and perfect Elevated Understanding. And it will be separated until it is purified. And [it is] as it is written regarding the matter of impurity (Leviticus 11:43), "and do not become impure with them and be impurified (venitmetem) in them" - and they, may their memory be blessed, expounded (Yoma 39a), "and be stupefied (venitamtem) in them"; meaning to say that the the sources of intellect are stupefied by impurity. Hence it is not fitting for a person who is sullied by impurity to be in the holy and pure place, wherein the spirit of God is [found]. And this matter can be compared metaphorically to the palace of a king from which we distance any man that is leprous or disgusting in his body, or even in his clothing. And it is similar to that which is written (Esther 4:2), "for one can not enter the king's gate wearing sackcloth." **From** the laws of the commandment is that which they, may their memory be blessed, said (Sifrei Bamidbar 1:3-5 and Pesachim 67a), that the metsora who is more stringent in his impurity is also more stringent in his being sent out. And [so] he is sent out of three camps, which means out of Jerusalem; whereas those who have a genital flow whose impurity is not so stringent are [only] sent out of two camps, which are the camps of the priests and the camp of the Levites, and that is outside of the Temple mount; and one impure from a dead body whose impurity is [in some regards even less] stringent is only sent out from one camp - hence it is permissible for him to enter the Temple Mount. And what is the stringency of those with abnormal genital flows over one impure from a dead body? That the [former] renders impure that which is resting or sitting upon him, even when [separated by] a stone, whereas the one impure from a dead body does not impart impurity this way. And one impure from a dead body, and those that have intercourse with a menstruant and all gentiles more generally are sent out from the perimeter (chail), whereas someone who has immersed in purifying waters but only becomes pure at the end of the day (tevul yom) enters there. A tevul yom is sent out of they courtyard of the Israelites and the women's yard, whereas one lacking [only] the atonement sacrifice is not. But from the yard of the Israelites inwards, even one lacking the atonement sacrifice does not enter. [This] and the rest of its details are elucidated in the chapter [entitled] Avot HaTumaot, which is the first chapter of the Order of Taharot (see Mishneh Torah, Laws of Admission into the Sanctuary 3). **And** this commandment is practiced by males and females at all times. As even at this time (according to the words of Rambam in Mishneh Torah, Laws of The Chosen Temple 6:15) when the Temple is desolate on account of our iniquities, it is forbidden for an impure person to enter there. And one who transgresses it and enters a place that he is not permitted while he is still impure, along the guidelines that we have explained, has violated a positive commandment; besides having violated a negative commandment, as we will explain in this Order (Sefer HaChinukh 363), with God's help.

מצוה שסג

שלא יכנס טמא בכל המקדש - שנמנע כל טמא מהכנס בכל המקדש, שדמיונו לדורות כל העזרה משער ניקנור ולפנים, שהוא תחלת עזרת ישראל, שנאמר (במדבר ה ג) ולא יטמאו את מחניהם. כלומר, מחנה שכינה. והראיה מהיות זה מכלל הלאוין מה שאמרו זכרונם לברכה בגמרא מכות (יד ב) הבא אל המקדש טמא חיב כרת, כתיב ענש וכתיב אזהרה, כתיב ענש (שם יט כ) את משכן יי טמא ונכרתה. אזהרה ולא יטמאו את מחניהם. ואמרו במכילתא (ספרי זוטא כאן) גם כן צו את בני ישראל וישלחו מן המחנה. בעשה, מנין בלא תעשה? דכתיב ולא יטמאו את מחניהם. ונכפלה המניעה במלה אחרת, דכתיב (ויקרא יב ד) ואל המקדש לא תבוא. ואמרו בספרא (ריש פ' תזריע) לפי שנאמר והזרתם את בני ישראל מטמאתם. שומע אני בין מתוכו בין מאחריו, כלומר, שמי שקרב למקדש מאחריו והוא טמא שיהא חיב כרת? תלמוד לומר ביולדת ואל המקדש לא תבוא. כלומר, שאין לשון ביאה אלא בנכנס לפנים, ושם נתבאר שדין יולדת ודין שאר טמאים שוין בזה. **משרשי** המצוה. בענין הרחקת הטמאה ממקום הקדש כתבתי למעלה בסדר זה מצוה ראשונה (שסב) מה שידעתי, וגם מדיני המצוה כתבתי קצת. ועוד אודיעך כלל בענין זה, שכל הטעון ביאת מים מן התורה, והיא הטמאה שהנזיר של תורה מגלח עליה חיב כרת על ביאת מקדש אם נכנס לשם קדם טבילה והערב שמש, אבל הטמא בטמאת מת שאין הנזיר מגלח עליהן אף על פי שהוא טמא טמאת שבעה, הרי זה פטוד על ביאת מקדש, וכן הנוגע בכלים שנגעו באדם שנגע במת, או שנגע באדם שנגע בכלים הנוגעים במת, אף על פי שהוא טמא ראשון לענין הטמאה ולטמא בשר הקדשים הרי זה פטור על ביאת מקדש, ודברים אלו הלכה למשה מסיני. ואף על פי שהוא פטור היו מכין אותו מכת מרדות. והטמאות שהנזיר מגלח עליהן או שאינו מגלח עליהן במסכת נזיר יתבאר הכל. והזורק כלים טמאים למקדש, אפילו היו כלים טמאים שנגעו במת, פטור מן הכרת אבל חיב מלקות, שנאמר (ויקרא יז טז) ואם לא יכבס ובשרו לא ירחץ. ולמדנו מפי השמועה, (תו"כ אחרי יב יג) שעל רחיצת גופו ענוש כרת, ועל כבוס בגדים לוקה ארבעים.

ויתר פרטיה נתבארו בפרק ראשון משבועות, ובהוריות, ובכרתות, ובמקומות מזבחים [הלכות ביאת מקדש פרק ג יג יז]. **ונוהגת** מצוה זו בזכרים ונקבות, ואפילו בזמן הזה יתחיב כרת הנכנס לשם והוא טמא בצדדין שכתבנו, שקדשת השם עליו אפילו היום שהוא שמם, וכמו שדרשו זכרונם לברכה (מגלה כח, א), מדכתיב (ויקרא כו לא) והשמותי את מקדשיכם. כמו שכתבתי למעלה באחרי מות (קפד).

Mitzvah 363

That an impure person not enter the entire Temple: That any impure person is prevented from entering the entire Temple - the likeness of which in the [future] generations is all of the yard from Nikanor Gate and inwards, which is the beginning of the yard of the Israelites - as it is stated (Numbers 5:3), "and they will not render your camps impure" - meaning to say the camp of the Divine Presence. And the proof of this being among the negative commandments is that which they, may their memory be blessed, said in the Gemara (Makkot 14b), "One who enters the Temple while impure [is liable for excision], as both the punishment and the warning are written [in the Torah.] The punishment is written (Numbers 19:13) 'the Tabernacle of God he has defiled and he shall be cut off.' The warning is written (Numbers 5:3) 'and they will not render your camps impure.'" And they also said in the Mekhilta (Sifrei Zuta on Bamidbar 5:3), "'Command the Children of Israel, and they shall send from the camp' - [that is] a positive commandment. From where do we derive [the] negative commandment? Since it is written, 'and they will not render your camps impure.'" And they said in Sifra (Sifra, Tazria Parashat Yoledet, Section 1 1), "Since it is stated (Leviticus 15:31), 'And you shall separate the children of Israel from their uncleanliness[...],' I might understand, whether from its midst or from its back," meaning to say that one who approaches the Temple from its back while he is impure would be liable for excision; "it is, therefore, written in respect to a yoledet (a woman after childbirth) (Leviticus 12:4), 'and into the sanctuary she shall not come,'" meaning to say the expression of coming is only about one who enters from the front. And there it is elucidated that the law of a yoledet and the other [cases of] impurity are the same regarding this. I have written above in this Order on the first commandment (Sefer HaChinukh 362) what I have known from the roots of the commandment regarding the distancing of impurity. And I have also written some of the laws of the commandment. **But** I will still inform you of a general principle regarding this matter: Everything that requires going into water by Torah writ and it is from the impurity that the Torah's nazirite must shave [for its acquisition], is liable for excision for coming into the Temple if he goes in before immersion and the [end of the day]. But one who is impure from the impurity of a dead body, for which a nazirite does not shave - even though he is impure [with] an impurity [requiring] seven [days before being able to be pure] - is exempt [from excision] for coming into the Temple. And so [too,] one who touched vestments that touched a person who touched a dead body, or if he touched a person who touched vestments that touched a dead body - even though he is impure [on the] first [level] regarding impurity and to impart impurity to sanctified meat - behold, such a one is exempt for coming into the Temple. And these things are a law of Moshe from Sinai (halakha le'Moshe me'Sinai). And even though he is exempt, they would give him lashes of rebellion. And all of the impurities for which a nazirite must shave about or not shave about are elucidated in Tractate Nazir. And one who throws impure vestments into the Temple - even if they were impure vestment that touched a dead body - is exempt from excision, but liable for lashes. As it is stated (Leviticus 17:16), "And if he does not wash and his flesh he does not bathe" - and we learned form the tradition (Sifra, Acharei Mot, Chapter 12 13) that for [failure to] bathe his body, he is punished by excision, but for [failure to] wash his clothes, he is lashed forty [times]. [This] and the rest of its details are elucidated in the first chapter of Shevuot and in Horayot and in Keritot and in [scattered] places in Zevachim (see Mishneh Torah, Laws of Admission into the Sanctuary 3:13, 17). **And** this commandment is practiced by males and females. And even at this time, one who enters there and is impure according to the guidelines that we wrote, will be liable for excision - since the holiness of God is upon it, even today when it is desolate. And [it is] like they, may their memory be blessed, expounded (Megillah 28a) from that which it is written (Leviticus 21:31), "and I will make your sanctuaries desolate," as I wrote above in Acharei Mot (Sefer HaChinukh 184).

מצוה שסד

מצות ודוי על החטא - שנצטוינו להתודות לפני השם על כל החטאים שחטאנו בעת שנתנחם עליהן, וזהו ענין הודוי שיאמר האדם בעת התשובה אנא השם חטאתי, עויתי ופשעתי כך וכך. כלומר שיזכיר החטא שעשה

בפרוש בפיו. ויבקש כפרה עליו ויאריך בדבר כפי מה שיהיה צחות לשונו. ואמרו זכרונם לברכה, שאפילו החטאים שחיבה התורה קרבן עליהם, צריך האדם אל הודוי עם הקרבן, ועל זה נאמר (במדבר ה ו) דבר אל בני ישראל איש או אשה כי יעשו מכל חטאת האדם למעל מעל ביי ואשמה הנפש ההיא והתודו את חטאתם אשר עשו. ואמרו במכילתא (ספרי זוטא כאן) לפי שנאמר (ויקרא ה ה) והתודה אשר חטא. יתודה על חטא שחטא עליה, על חטאת כשהיא קימת, לא משנשחטה, כלומר בעוד שבהמת הקרבן חיה, ולא משנשחטה. ועוד אמרו שם למדנו חיוב הודוי למטמא מקדש וקדשיו, מנין אתה מרבה שאר כל המצות, כלומר שהמקרא הזה בא בפרשת ויקרא במטמא מקדש וקדשיו, מנין אתה מרבה שאר כל המצות? דכתיב דבר אל בני ישראל וגו' והתודו. כלומר, שנדרש הכתוב כאלו לא נכתב על דבר מיחד. ומנין שיש שמע הזה אף מיתות וכרתות? שנאמר גבי ודוי אהרן באחרי מות (שם טז טז) לכל חטאתם. ודרשו זכרונם לברכה לרבות מצות לא תעשה, וכי יעשו דכתיב כאן לרבות מצות עשה, כלומר, אם בטל מצות עשה שהיה יכול לעשות שחיב להתודות עליה. ועוד דרשו שם במכלתא מכל חטאת האדם. ממה שבינו לבין חבירו על הגנבות ועל הגזלות ועל לשון הרע, וזה הודוי, צריך באמת שישיב החמס אשר בכפיו, שאם לא כן מוטב שלא יתודה על זה. למעל מעל לרבות כל חיבי מיתות שיתודו. יכול אף הנהרגין על פי זוממין, כלומר אף על פי שהוא יודע שלא חטא, אלא שהועד עליו עדות שקר, שיהא חיב להתודות על זה? תלמוד לומר ואשמה הנפש, לא אמרתי אלא כשיהיה שם אשמה, אבל לא כשידע שאין לו חטא אלא שהועד שקר עליו. הנה התבאר שכל העונות הגדולים והקטנים ואפילו מצות עשה חיב האדם עליהם הודוי. **ולפי** שבאה מצוה זו של ודוי עם חיוב הקרבן, כמו שכתוב בפרשת ויקרא דכתיב שם (ה ו) והביא את אשמו וגו, שמא יעלה במחשבה שאין הודוי לבדו מצוה בפני עצמה, אלא מהדברים הנגררים אחר הקרבן, על כן היו צריכים לבאר במכילתא שאינו כן, אלא מצוה בפני עצמה היא. וכן אמרו שם יכול בזמן שהם מביאין? מתודין, ומנין אף בזמן שאין מביאין שנאמר בני ישראל והתודו. כלומר שהקבלה באה לדרש כן. ועדין הייתי אומר, שאין הודוי אלא בארץ, כלומר אף על פי שמתודין בלא קרבן, מכל מקום שלא יהיה חיוב הודוי אלא בארץ, כי שם עקר הכפרה, ושם הקרבנות, ועקר הכל בה. מנין אף בגליות? דכתיב (שם כו מ) והתודו את עונם ואת עון אבותם. כלומר עון אבותם שחטאו וגרשו מן הארץ. וכן אמר דניאל בחוצה לארץ (ט ז) לך יי הצדקה ולנו בשת הפנים כיום הזה. הנה התבאר שהודוי מצוה בפני עצמה, ונוהג בכל מקום. ואמרו גם כן בספרא (אחרי ד ו) והתודה זה ודוי דברים. **משרשי** המצוה. לפי שבהודאת העון בפה תתגלה מחשבת החוטא ודעתו, שהוא מאמין באמת, כי גלוי וידוע לפני האל ברוך הוא כל מעשהו, ולא יעשה עין רואה כאינה רואה, גם מתוך הזכרת החטא בפרט ובהתנחמו עליו יזהר ממנו יותר פעם אחרת לבל יהי

נכשל בו, אחר שיאמר בפיו כזו וכזו עשיתי ונסכלתי במעשי יהיה נגדר שלא ישוב לעשות כן, ומתוך כך ירצה לפני בוראו ברוך הוא. והאל הטוב החפץ בטובת בריותיו הדריכם בדרך זו יזכו בה. **מדיני** המצוה. מה שאמרו זכרונם לברכה (תענית טז, א) שהתשובה היא שיעזב החוטא חטאו ויסירנו מלבו וממחשבתו ויגמר בלבו שלא יעשה כן עוד. כדכתיב (ישעיהו נה ז) יעזב רשע דרכו ואיש און מחשבתיו. ואחר כך יתודה עליו. כלומר שיאמר דברי התשובה בפיו, שנאמר (שמות לב לא) ויעשו להם אלהי זהב. וגם כן צריך להזכיר בפרוש שלא ישוב לעשות החטא עוד, שנאמר (הושע יד ד) ולא נאמר עוד אלהינו למעשה ידינו וגו'. ואמרו זכרונם לברכה (עי' רמב"ם הל' תשובה פ"א הל"ב), ששעיר המשתלח היה מכפר כשעשה תשובה על כל עברות שבתורה הקלות והחמורות, בין שעבר עליהן בזדון או בשגגה, בין שהודע לו או לא הודע לו, אבל אם לא עשה תשובה אין שעיר המשתלח מכפר אלא על הקלות. ומה הן הקלות ומה הן החמורות? עברות שחיבין עליהן מיתת בית דין או כרת, וכן שבועת שוא ושקר, אף על פי שאין בהם כרת מן החמורות הן, ושאר מצות עשה ולא תעשה שאין בהם כרת נקראות קלות כנגד החמורות. ועכשיו בעונותינו שאין לנו מקדש, ולא מזבח כפרה אין לנו אלא תשובה, והתשובה מכפרת על כל העברות, ואפילו היה רשע גמור כל ימיו ועשה תשובה שלמה באחרונה אין מזכירין לו שום רשעו, שנאמר (יחזקאל לג יב) ורשעת הרשע לא יכשל בה ביום שובו מרשעו וגו'.
במה דברים אמורים שהתשובה לבדה מספקת בעבירות שבין אדם למקום, כגון האוכל דבר אסור או בועל בעילה אסורה, וכן המבטל אחת ממצות עשה וכיוצא בזה, אבל עבירות שבין אדם לחברו, כגון החובל בחברו, או הגוזל ממונו, או בכל דבר אחר שהזיקו שלא כדין בין במעשה בין בדבור, אין נמחל לו לעולם בתשובה בלבד, עד שיתן לחברו מה שהוא חיב לו ועד שירצהו, ואם לא רצה חברו להתרצות לו כבר אמרו זכרונם לברכה (יומא פז א), מה תקנתו. ומענין המצוה כמו כן, מה שאמרו בתוספתא, שעשרים וארבעה דברים הם שמעכבין את התשובה, ושם מנו אותן חכמים. ויתר פרטי המצוה יתבארו בפרק אחרון מיומא. [הלכות תשובה פ"א]. **ונוהגת** מצוה זו בכל מקום ובכל זמן בזכרים ונקבות, והעובר על זה ולא התודה על חטאיו ביום הכפורים שהוא יום קבוע מעולם לסליחה וכפרה בטל עשה זה, ואוי לו לאדם אם ימות בלא ודוי ונשא עונו. **ועיקר** הודוי שקבלנו מרבותינו ונהגו בו כל ישראל לאמרו בימי התשובה הוא, אבל חטאנו אשמנו וכו'.
ואמרו זכרונם לברכה בשבת פרק במה מדליקין (שבת לב א) מי שחלה ונטה למות, אומרים לו התודה, שכן דרך כל המומתין מתודין, וכן במסכת שמחות תניא, נטה למות אומרים לו התודה עד שלא תמות, הרבה שהתודו ולא מתו, והרבה שלא התודו ומתו, והרבה שמהלכין בשוק ומתודין, שבזכות שאתה מתודה אתה חי. אם יכול להתודות בפיו יתודה, ואם לאו יתודה בלבו. וכתב הרב משה בן נחמן זכרונו לברכה (בתורת האדם שער

Sefer HaChinukh ספר החינוך

הסוף ענין הוידוי), שכך קבל מחסידים ואנשי מעשה, שסדר ודוי של שכיב מרע כך הוא. מודה אני לפניך ה' אלהי ואלהי אבותי, שרפואתי בידיך ומתתי בידיך, יהי רצון מלפניך שתרפאני רפואה שלמה, ואם אמות תהא מתתי כפרה על כל חטאים ועונות ופשעים שחטאתי ושעויתי ושפשעתי לפניך, ותן חלקי בגן עדן, וזכני לעולם הבא הצפון לצדיקים ותזכר הסדר הזה לומר חטאים תחילה ואחר כך עונות ואחר כך פשעים, כמו שזכרנו חטאתי עויתי פשעתי, לפי שכבר חלקו בזה בגמרא (יומא לו, א) רבי מאיר וחכמים, ורבי מאיר סבר דאיפכא הוא דאמרינן כמו שאמר משה (שמות לד ז) נשא עון ופשע וחטאה. והלכה כחכמים שסברו שהחטאים מזכיר תחילה, וטעם הענין מפרש בגמרא (שם).

Mitzvah 364

The commandment of confession of sin: We are commanded to confess before God our sins that we have sinned, at such time that we feel remorse for them. And this is the content of confession: to say at the time of repentance, "Please, God, I have sinned, I have transgressed, I have rebelled [in] such and such," meaning to say that he mention the sin that he did explicitly with his mouth. He should [then] seek atonement for it and extend his words in this matter according to his fluency. And they, may their memory be blessed, said that even sins that require the bringing of a sin-offering still demand confession with the offering, and about this it states (Numbers 5:6), "Speak to the children of Israel [saying], a man or woman who commits from any of the sins of man and rebels against the Lord, that soul is guilty and they shall confess the sins that they did." [The Sages] said in the Mekhilta (Sifrei Zuta on Numbers 5:6), "Since it says 'confess the sin' (Leviticus 5:5) it means that the sin must be extant, that is that the sin-offering is alive and not slaughtered." This mean that the animal to be offered must still be alive. They also said there, "We see that one must confess if he renders impure the Temple and its holy things. From where do you know to include all other commandments?" That is that this verse in Parshat Vayikra only [discusses] one who renders impure the Temple and its holy things; from where do you know to include all other commandments? "As it is written, 'Speak to the children of Israel, etc. and they should confess.'" That is, that we expound the verse as if it is not written about a specific thing. "And from where do we know that its understanding [includes sins that are punishable by] death and excision? Since it is stated about the confession of Aharon in Acharei Mot (Leviticus 16:16 'for all their sins'." [The Sages], may their memory be blessed, expounded [on this verse] to include negative commandments; and 'that they did' which is written here to include positive commandments, meaning to say that if he does not do a positive commandment that he could have done, he is obligated to confess about it. And they further expounded there in the Mekhilta, "'From any of the sins of man' - from that which is between him and his fellow, theft, robbery and evil speech." And this confession truthfully requires that he return the '[theft] that is in his hands,' as if he does not do so it would be better not to confess about it. "'To rebel' includes all those sentenced to death who must [also] confess. I might have thought to include even those convicted by false witnesses"; that is, even though he knows that he did not sin, except that false testimony was testified against him, that he be obligated to confess about this. "Hence the verse teaches, 'soul [that] is guilty' - I only said when there is guilt there, but not when he knows that he did not sin, except false testimony was testified against him. Hence, we understand that [for] all iniquities, large and small - even positive commandments - a man is obligated to confess about them. **And** since this commandment of confession comes with the obligation to bring an offering - as is written in Parshat Vayikra there (Leviticus 5:6), "And he shall bring his guilt-offering, etc." - one might think that the confession is not an independent commandment on its own, but rather only one of the things that are an extension of the sacrifice. Therefore, they had to elucidate in the Mekhilta that such is not the case, but rather it is indeed an independent commandment. And so, they said there, "I might have thought that I only confess when they brought [offerings]. From where do I know even at the time that they do not bring [them]? Since it is stated, 'the children of Israel[...] and they shall confess'" - meaning to say that the tradition comes to expound [it] in this way. "Still, I might have thought that there is confession only in the Land"; that is, even though one may confess without the sacrifice, nonetheless, that the obligation for confession is only in the Land, as that is the locus of atonement, and the sacrifices are there and the locus of everything is there. "From where do I know to include the Diaspora? From that which is written (Leviticus 26:40), 'And they shall confess their iniquity and the iniquity of their fathers.'" That is, the iniquity of their fathers who sinned and were exiled from the Land. "And so [too,] did Daniel say outside of the Land (Daniel 9:7) 'For You, Lord, is the righteousness and for us is the shame on this day.'" Hence it is elucidated that confession is an independent commandment and that it is practiced

ספר החינוך Sefer HaChinukh

in all places. And they also said in the Sifra (Sifra, Acharei Mot, Section 4 6), "'And they shall confess' - that is verbal confession." It is from the roots of this commandment [that it is] because through the verbal admission of iniquity, the sinner reveals his thoughts and opinion: that he truly believes that all his deeds are revealed and known before God, blessed be He, and that he will not act as if 'the Eye that sees' does not see. Furthermore, through mentioning the sin specifically, and through his remorse about it, he will be more careful about it on another occasion not to stumble in the same way again. Since he declares verbally, "I did such-and-such, and I stumbled in my deeds," he will have created a fence so he will not repeat what he did. And through this he will be wanted by his Creator. blessed be He. And the Good God, who wants the good for His creations makes them walk in this way, [that] they merit with it. **From** the laws of the commandment is that which they, may their memory be blessed, said (Taanit 15a) that repentance is that the sinner leave the sin and remove it from his heart and from his thought, and he decide in his heart not to do like this again, as it is written (Isaiah 55:7), "Let the wicked give up his way, the sinful man his thoughts"; and afterwards, he must confess about it, meaning to say that he say the words of repentance orally, as it is stated (Exodus 32:31), "and they made for themselves a god of gold." And he must also mention explicitly that he will not return to do the sin again, as it is stated (Hosea 14:4), "and we will not again say 'our god' about the work of our hands, etc." And they, may their memory be blessed, said (see Rambam, Mishneh Torah, Laws of Repentance 1:2) that the scapegoat would atone for all sins when one repented, light and weighty - whether he transgressed them volitionally or accidentally whether it was known to him or unknown to him. But if he did not repent, the scapegoat only atones for the light ones. And what are the light ones and what are the weighty ones? [Weighty ones] are sins for which one is liable for the death penalties of the court or excision; and also, vain and false oaths are from the weighty ones, even though they do not come with excision. And the other positive and negative commandments that do not come with excision are called light, in comparison to the weighty ones. And now that we do not have the Temple and the altar of atonement, on account of our iniquities, we only have repentance. And repentance atones for all sins. And even if one was a complete evildoer all of his days and he repented completely at the end, we do no mention any of his evil, as it is stated (Ezekiel 33:12), "and the wickedness of the

ספר החינוך Sefer HaChinukh

wicked will not cause him to stumble when he turns back from his wickedness, etc." To what do these words apply that repentance alone suffices? To sins between man and the Omnipresent, such as one who eats something prohibited or has a prohibited sexual intercourse and so [too,] one who negates one of the positive commandments and similar to it. But [regarding[sins between a man and his fellow, such as one who injures his fellow, or robs his money or with any other thing through which he illegally injures him - whether in action or in speech - it is never forgiven him with repentance alone, until he gives his fellow what he owes him and until he is appeased. And they, may their memory be blessed, have already said (Yoma 87a) what is his remedy if his fellow does not want to be appeased by him. And also, from the content of the commandment is that which they said in the Tosefta that there are twenty-four things that impede repentance, and they enumerate them there. [This] and the rest of the details of the commandment are elucidated in the last chapter of Yoma (see Mishneh Torah, Laws of Repentance 1). **And** this commandment is practiced in every place and at all time by males and females. And one who transgresses it and does not confess about his sins on Yom Kippur, which is the day that is set from always for forgiveness and atonement, has violated this positive commandment. And woe to a man, if he dies without confession and carries his iniquity. **And** the essence of confession that we received from our Rabbis and that is the custom of all of Israel to say during the Days of Repentance is, "However, we have sinned, we have been guilty, etc." And they, may their memory be blessed, said in Shabbat 32a in the chapter [entitled] Bemeh Madlikin, "One who became ill and tended toward death, they say to him, 'Confess,' as it is the way of all those executed to confess." And so [too,] in Tractate Semachot, it is taught, "One who tended toward death, they say to him, 'Confess before you do not die. Many confessed and did not die, and many who did not confess died and many that are walking in the marketplace [have] confessed, as you live from the merit of your confessing.'" If he can confess orally, he [should do so], and if not, he [should] confess in his heart. And Rabbi Moshe ben Nachman (Ramban), may his memory be blessed, wrote (in Torat HaAdam, Chapter of the End, regarding confession) that he received [a tradition] from pious men and men of good deeds, that such is the confession of someone on his deathbed: "I admit in front of You, Lord, my God and God of my fathers, that my healing is in Your hands and my death is in Your hands. May it be the will in front of You that You heal me [with] a complete healing. But if I die, let my death be atonement for all of my sins and my iniquities and my rebellion that I have sinned and been iniquitous and rebelled in front of You; and let my portion be in the Garden of Eden, and make me merit the World to Come that is safeguarded for the righteous." And remember this order, to say sins first, and afterwards iniquities and afterwards rebellion - the way we have mentioned, "I have sinned, I have been iniquitous, I have rebelled (chatati, aaviti, pashaati)." As Rabbi Meir and the Sages already disagreed about this in the Gemara (Yoma 36a): Rabbi Meir reasons that it is the opposite, that we say like Moshe said, "Who carries iniquity, rebellion and sin" (Exodus 34:7). But the law is like the Sages who reason that one mentions sins first. And the reason for the matter is explained in the Gemara.

מצוה שסה

מצות סוטה שיביאנה הבעל אל הכהן ויעשה לה כמשפט הכתוב - להביא האשה הסוטה אל הכהן, שיעשה לה כמשפט הכתוב עליה בפרשה. וענין הסוטה מפרש הוא בכתוב, שהיא האשה שקנא לה בעלה. וכבר פרשו זכרונם לברכה (שבת קד ב) מאי לשון סוטה? כלומר, סטת מן בעלה, כי רב הקנאות יבואו בסבת פריצות האשה, ולכן תקרא סוטה מבעלה מכיון שקינא בה, והכתוב המורה על מצוה זו הוא (במדבר ה יב) "איש איש כי תשטה אשתו" וגו' "והביא האיש את אשתו אל הכהן". **שרש** מצוה זו נגלה לכל רואי השמש שהוא שבח גדול באמה להיות לנו תחבולה להוציא מתוך לבבנו החשד בנשותינו ולדעת באמת אם זנתה האשה תחת בעלה או לא זנתה, מה שאי אפשר לכל גוי וממלכה להיות ביניהם כן, ועליהן נאמר (משלי ל כ) אכלה ומחתה פיה ואמרה לא פעלתי און, כי מי יגלה על בנותיהם כי תזנינה ועל כלותיהם כי תנאפנה. ועמנו נתקדש בכל דבר שבקדשה ונתן לנו האל מופת לדעת ענין זה הנעלם משאר העמים, ומתוך כך תתרבה בין איש לאשתו אהבה ושלום וזרעינו יהיה קדוש. ומה אאריך עוד בפרטי ענינים אלה, והכל נגלה בלב כל מבין. ולכן בהיות טעם הענין נס באמתנו וכבוד גדול להם פסק משעה שנתקלקלו בעבירות, כמו שאמרו זכרונם לברכה (סוטה מז, א) משרבו הנואפים פסקו מי סוטה, שנאמר (הושע ד יד) לא אפקוד על בנותיכם כי תזנינה וגו'. ופרוש הכתוב לומר שלא יעשה להם הנס הגדול הזה להיות המים בודקין את האשה אם זנתה. **מדיני** המצוה. מה שאמרו זכרונם לברכה (ריש סוטה), שענין הקנוי הוא כגון שאמר לאשתו בפני עדים אל תסתרי עם פלוני, ואפילו היה אביה, או אחיה או גוי או עבד, או שחוף והוא האיש שאינו מוליד, ונסתרה עם אחד מהם בפני עדים או שהתה עמו כדי טמאה, שהיא כדי לצלות ביצה ולגמעה הרי זו אסורה על

בעלה, עד שתשתה מי המרים ויבדק הדבר. ובזמן שאין שם מי סוטה, תאסר עליו לעולם ותצא בלא כתבה. אבל אמר לה אל תדברי עם איש פלוני אין זה קנוי, ולא תאסר עליו בקנוי זה, אף על פי שנסתרה עמו. קנא לה בפני שנים וראה אותה הוא בלא עדים שנסתרה עם אותו שקנא לה הרי זו אסורה עליו ויוציא ויתן כתבה, שאין יכול להשקותה על פי עצמו. וכן אם שמע העם מרננין אחריה שזנתה עם האיש שקנא לה עד שהנשים הטוות לאור הלבנה מדברות עליה יוציא ויתן כתבה. **ומה** שאמרו זכרונם לברכה (שם כד, א) גם כן, שיש נשים שבית דין מקנאין עליהן, והן מי שנתחרש בעלה או נשתטה או שהיה במדינה אחרת או שהיה חבוש בבית האסורים, ולא להשקותה, אלא לפסלה מכתבתה. וזה הענין הוא כששמעו בית דין שהעם מרננין אחריה מאדם אחר, שקוראין לה ואומרים לה אל תסתרי עמו, ואם נסתרה עמו אחר כן בית דין אוסרין אותה על בעלה לעולם, וקורעין כתבתה, וכשיבוא בעלה נותן לה גט. ומה שאמרו (שם יח ב) שאם שתתה מי המרים פעם אחת על איש אחר ונקתה מהם וחזר וקנא לה עליו ונסתרה עמו אינה שותה על ידו פעם אחרת לעולם, אלא תאסר על בעלה ותצא בלא כתבה, אבל אם קנא לה באנשים חלוקים אפילו מאה פעמים היא שותה. ולעולם אין כופין אותה לשתות, בין שאמרה נטמאתי או שאמרה איני טמאה ואיני שותה, אלא תצא בלא כתבה ותאסר לבעלה לעולם. ואם בעלה הוא שאומר איני רוצה להשקותה תצא ותטל כתבה. **ויש** נשים שאינן שותות אף על פי שרצו הן ובעליהן, וחמש עשרה נשים הן, ואלו הן אנוסה, ושומרת יבם, דכתיב (במדבר ה כט) תחת אישה ואלו עדין אינן תחת איש וקטנה אשת גדול, דכתיב אשר תשטה אשה וזו אינה אשה עדין, וגדולה אשת קטן, דכתיב תחת אישה וזה עדין אינו איש, ואשת אנדרוגינוס, דכתיב אישה וזה אינו איש גמור, ואשת סומא דכתיב ונעלם מעיני אישה וזה אין לו עינים, והחגרת, דכתיב והעמיד הכהן את האשה, וזו אינה יכולה לעמד, ומי שאין לה כף יד, דכתיב ונתן על כפיה, וזו אין לה כף. וכן אם היתה ידה עקומה או יבשה, שאינה יכולה לקח כי אם ביד אחת לבד אינה שותה, דכתיב כפיה. והאלמת, דכתיב ואמרה האשה, ומי שאינה שומעת, דכתיב ואמר אל האשה. וכן הוא שהיה חגר או קטוע או אלם או חרש, וכן היא שהיתה סומא, דכתיב אשה תחת אישה עד שתהיה היא שלמה כמוהו והוא כמותה. ויתר פרטיה, וסדר השקאת הסוטה, ובאיזה צד בודקין המים אותה ובאיזה צד אין בודקין אותה, הכל מתבאר יפה במסכתא הבנויה על זה והיא מסכת סוטה [א"ה סימן קמח]. **ונוהגת** מצוה זו בזמן הבית בזכרים, לפי שעליהם מוטל שיעשו לנשים המעשה הזה כדי לבדק אותן, אם ראו שצריכות הן לכך, ודוקא כשיש שם בית דין של שבעים ואחד, שכך קבלנו (סוטה ז, ב) שאין משקין הסוטה אלא בבית דין של שבעים ואחד במקדש. והעובר על זה וקנא לאשתו ונסתרה ולא הביאה אל הכהן לעשות לה המעשה הכתוב בפרשה בטל עשה זה.

ספר החינוך Sefer HaChinukh

Mitzvah 365

The commandment of the suspected adulteress (sotah) for the husband to bring her to the priest and that he do to her according to the statute that is written: To bring the sotah woman to the priest, so that he do to her according to the statute that is written about her in the [relevant] section of the Torah. And the matter of the sotah is explained in Scripture - that she is a woman whose husband has become jealous about her. And they, may their memory be blessed, have already explained (Midrash Tanchuma, Nasso 5) what is [the meaning of] the expression, sotah, [that it is] meaning to say, she wandered from her husband - as most jealousy comes from the reason of the woman's licentiousness. And hence she is called a " sotah from her husband," since he is jealous about her. And the Scripture that teaches about this commandment is "If any man's wife stray, etc. And he shall bring his wife to the priest" (Numbers 5:12-15). **The root of this commandment** is revealed to all that see the sun: that it is a great benefit within the nation that we have a mechanism to remove suspicion about our wives from our hearts and to truly know if she was unfaithful from her husband, which is impossible for any nation or country to have [something] like this among them. And about them, it is stated (Proverbs 30:20), "she eats, wipes her mouth, and says, 'I have done no wrong.'" As who will reveal 'about their daughters if they have been unfaithful, and about their daughters-in-law if they have been adulterous.' But our nation is sanctified with every matter of sanctification, and [so] God gave us a sign to know this matter which is hidden from the rest of the nations. And through this, love and peace between a man and his wife will be augmented and our seed will be holy. And [for] what [reason] should I write at more length about the details of these matters, as all of it is revealed to the heart of anyone with understanding. And therefore, in that the reason of the matter is a miracle with our people and a great honor for them, it stopped from the time they became corrupted by sins; as they, may their memory be blessed, said (Sotah 47a), "From when adulterers proliferated, the sotah waters stopped; as it is stated (Hosea 12:4), 'I will not punish your daughters when they are unfaithful, etc.'" And the understanding of the verse is to say that He will [no longer] do this great miracle for them, that the waters should test whether the woman was unfaithful. **From** the laws of the commandment is that which they, may their memory be blessed, said (Sotah 2a) that the

ספר החינוך Sefer HaChinukh

matter of jealousy is such that he said to his wife in front of two witnesses, "Do not seclude yourself with x" - and even if it were her father, or her brother or a gentile or slave or one impotent, and that is a man who cannot have children - and she secludes herself with one of them in front of witnesses [and] she remains with him enough [time] for impurity, which is enough to roast an egg and swallow it. Behold, [in this case] she is prohibited to her husband until she drinks the bitter waters, and the matter is tested. And at the time when there is no sotah waters, she is prohibited to her husband forever and she leaves [the marriage] without [collecting the value of her] marriage contract. But if he said to her, "Do not speak with Mr. x," this is not [considered] jealousy. And she is not prohibited to him with this jealousy, even though she secluded herself with him. If he was jealous in front of two witnesses, and he saw her seclude herself with the one with which he was jealous about her without witnesses, behold she is prohibited to him and he [must divorce her] and he gives her [the value of her] marriage contract - as he is not able to have her drink based on his own [testimony]. And so [too,] if he heard the people chattering about her that she was unfaithful with the man with whom he was jealous about her - to the point that the women who spin by the light of the moon are talking about her - he [must divorce her] and he gives her [the value of her] marriage contract. **And** that which they, may their memory be blessed, also said (Sotah 24a) that there are women that the court becomes jealous against; and they are the one whose husband has become deaf, or insane or that he has [gone] to another country or that he was imprisoned in a jail. And [it is not] to have her drink [that they do this], but rather to disqualify her from [collecting the value of] the marriage contract. And this matter is that if the court heard that the people are chattering about her [regarding] another man, they call her and say to her, "Do not seclude yourself with him." And if she secludes herself with him afterwards, the court prohibits her to her husband forever and they tear up her marriage contract. And when the husband arrives, he gives her a bill of divorce. And that which they said (Sotah 18b) that if she drank the bitter waters once about another man and she was rendered innocent by them, and he went back and was jealous about her from him [again], and she secluded herself with him [again] - she never drinks another time on his account. Rather, she is prohibited to her husband and leaves [the marriage] without [collecting the value of her] marriage contract. But if he became jealous about her [regarding] different men, she must drink, even

ספר החינוך Sefer HaChinukh

a hundred times. And we never force her to drink - whether she said, "I have become impure," or she says, "I am not impure, but I will not drink." Rather, [if she refuse to drink,] she leaves [the marriage] without [collecting the value of her] marriage contract and she becomes prohibited to her husband forever. And if it is her husband that says, "I do not want to have her drink," she leaves [the marriage], but takes [the value of her] marriage contract. **And** there are women that do not drink even though they and their husbands want [it]. And they are fifteen women and these are them: a raped woman (see note), and one waiting to preform levirate marriage, as it is written (Numbers 5:29), "underneath (tachat) her husband" - and these are not yet underneath a husband; a minor [who is] the wife of an adult, as it is written, "whereby a woman strays" - and this one is not yet a woman; an adult [who is] the wife of a minor, as it is written, "underneath her husband (literally, man)" - and this one is not yet a man; the wife of a man of unclear sex (androginos), as it is written, "her man" - and this one is not completely a man; the wife of a blind man, as it is written (Numbers 5:13), "and it is hidden from the eyes of her husband" - and this one has no eyes; a lame woman, as it is written (Numbers 5:18), "And the priest will make the woman stand" - and this one is not able to stand; one who does not have a palm of the hand, as it is written, "and he gives into her palms" - and this one does not have a palm; so [too] if her hand is crooked or paralyzed, such that she can only only take it with one hand alone, she does not drink, as it is written, "into her palms"; a mute, as it is written (Numbers 5:22), "and the woman says"; one who does not hear, as it is written (Numbers 5:19) "and he says to the woman"; so [too,] [if] he be lame or stump-armed or mute or deaf, and so [if] she is blind, as it is written (Numbers 5:29), "a woman tachat her husband" (here, the word, tachat, is understood as, corresponding to) - until she be complete like he, and he like her. [These] and the rest of all its details, the order of the drinking of the sotah and which angles does the water test and which angles does it not test is all well elucidated in the Tractate that is built on it, and that is Tractate Sotah (see Tur, Even HaEzer 148). **And** this commandment is practiced at the time of the Temple by males, as it is incumbent upon them to do this process to women to test them, if they see that they require it. And [this is] only when there is a court of seventy-one [judges]. As so have we received in tradition (Sotah 7b), that we only make a sotah drink with the court of seventy-one in the Temple. And one who transgresses it and became jealous of his wife and she [then] isolated herself, and he did not bring her to the priest to do to her the process that is written in this section of the Torah, has violated this positive commandment.

מצוה שסו

שלא נתן שמן בקרבן סוטה - שלא נתן שמן בקרבן סוטה, שנאמר (במדבר ה טו) והביא את קרבנה וגו'. ולא יצק עליו שמן. **משרשי** המצוה. אמרו זכרונם לברכה (מדרש רבה נשא ט יג) כדי שלא יהיה קרבנה מהדר, שהשמן קרוי אור, והיא עשתה בחשך, ועשתה מעשה בהמה שנרבעת לכל, לפיכך מנחתה גרועה להיות שעורים (סוטה טו א). והרב משה בן נחמן זכרונו לברכה כתב (במדבר שם) בענין קרבנה של סוטה על צד הפשט גם כן, כי הקרבן הזה, הבעל מביא אותו משלו על קנאתו שקנא בה, כדי שינקם השם יתברך נקמתו ממנה. וטעם השעורים שתהיה סערת השם חמה יוצאה וסער מתחולל, על ראש הרשעה הזונה יחול, וכענין צליל לחם שעורים האמור בגדעון (שופטים ז יג) שפתרו אותו לסער ומהומה רבה, וכן בכלי חרש סימן שתשבר ככלי יוצר, וכן העפר סימן שתמות ותשוב אל עפר. ובענין השמן לא דבר מאומה, ואענה בו אני חלקי, כי השמן עליון על כל המשקין שהוא צף על כלן, עתה הסוטה שקלקלה מעשיה, ויסירה מגבירה ונתנה למטה בשפל ובזיון, אין ראוי להביא בקרבנה השמן הנכבד שהוא נכון לאורה ולגדלה למשחה בו המלכים והכהנים הגדולים. וכלל הענינים שנצטוינו בהם לתקן מחשבת העושים במלאכה ולתת אל לבם כי המקלקל במעשיו כל דרכיו יבואו בחרפה ובבשת, וכדי בזיון וקלס ולטובים ייטיב השם ושמחה וששון ויקר ישיגם. מצוה זו עם דיניה מבארת בכתוב ואין להאריך בה [הלכות סוטה פ"ג]. **ונוהגת** בזמן הבית, וכמו שכתבנו למעלה בסדר זה במצות סוטה, שאין משקין הסוטה אלא בבית דין של שבעים ואחד במקדש, וכהן העובר על זה ויצק שמן במנחת סוטה עבר על לאו ולוקה.

Mitzvah 366

That we not put oil on the sotah sacrifice: That we not put oil on the sotah sacrifice, as it is stated (Numbers 5:15), "And he shall bring her sacrifice, etc. and he shall not pour oil upon it." **From** the roots of the commandment is that which they, may their memory be blessed said (Bamidbar Rabbah 9:13) [that it is] so that her sacrifice not be beautiful. As oil is called light and she did it in the dark; and she did the act of an animal which fornicates with all, therefore her offering is inferior, it being barley (Sotah 15a). And Rabbi Moshe ben Nachman, may his memory be blessed, also wrote (Ramban on Numbers 5:15) regarding the matter of the sacrifice of the sotah, on the level of its simple meaning, that the husband brings this sacrifice from his [possessions] for the jealousy that he has towards her, so that God, may He be blessed, will take vengeance from her. And the reason for the barley (seorim) is that there be 'an angry storm (saara) of the Lord going out, and the storm land on the head of the evildoer, that it land on the head' of the unfaithful woman; and like the matter of griddle bread of barley that is stated with Gidon (Judges 7:13), which they interpreted as a great, tumultuous storm. And so, [it being] in the clay vessel is a sign that she should be broken like the pot of a craftsman; and so, the dirt is a sign that she die and return to the dirt. But regarding the matter of the oil, he did not say anything. And I will answer my portion about it: [It is] because the oil is the highest of all the liquids, as it floats over all of them. And now that the sotah has corrupted her deeds and he has removed her from being the mistress and put her down to be lowly and contemptuous, it is not fitting to bring on her sacrifice, the glorious oil which is prepared for light and greatness, to anoint the kings and the high priests with it. And the principle of the matters that we have been commanded [is that they are] to refine the thought of those that do the process, and to place into their hearts that one who corrupts his actions [will have] all of his ways come to disgrace and shame, and [be] 'full of humiliation' and mockery; and that God will benefit the good, and 'joy and gladness and preciousness will reach them.' This commandment with its laws is elucidated in the Scripture and there is no need to write at length about it (see Mishneh Torah, Laws of Woman Suspected of Infidelity 3). **And** it is practiced at the time of the Temple. And as we wrote above in this Order in the commandment of the sotah (Sefer HaChinukh 365), we only have a sotah drink with the court of seventy-one in the Temple. And a priest that transgresses this and pours oil on the offering of the sotah has violated a negative commandment and is lashed.

מצוה שסז

שלא לשים לבונה בקרבן סוטה - שלא לשים לבונה בקרבן סוטה. שנאמר (במדבר ה טו) ולא יתן עליו לבונה. **משרשי** המצוה. כענין מה שכתבתי בשמן, כי הלבונה הדור הקרבן וריח טוב, ולכן אין ראוי לאשה החוטאת להדר קרבנה. ועוד אמרו זכרונם לברכה על זה (מדרש רבה נשא ט יג), שהאמהות הכשרות והצנועות קרויות לבונה, שנאמר (שיר השירים ד ו) ואל גבעת הלבונה. וזו פרשה מדרכיהן. ומצוה זו גם כן מבארת בכתוב, ועניגה כתוב בחברתה, אין להאריך בה.

Mitzvah 367

Not to place frankincense on the sotah sacrifice: Not to place frankincense on the sotah sacrifice, as it is stated (Numbers 5:15), "and he shall not put frankincense on it." **From** the roots of the commandment is that which we have written about oil, as frankincense is a beautification of the sacrifice and a pleasant smell. And hence it is not fitting for a sinful woman to beautify her sacrifice. And they, may their memory be blessed, also said about this (Bamidbar Rabbah 9:13) that the proper and modest matriarchs were called frankincense, as it is stated (Song of Songs 4:6), "to the hill of frankincense" - and this one separated from their ways. And this commandment is also elucidated in the Scripture, and its matter is written in its 'colleague' - there is no need to write at length about it.

מצוה שסח

שלא ישתה הנזיר יין או כל מיני שכר - שלא ישתה הנזיר יין או כל מיני שכר שעקר ערובו יהיה יין, שהוא מיחל הענבים. דאלו מיחל שאר פרות, אף על פי שנקרא שכר לא נאסר על הנזיר, אלא בתערבת היוצא מן הגפן, ועל זה נאמר (במדבר ו ג) מיין ושכר יזיר וגו'. וכל משרת ענבים לא ישתה. כלומר, שכל תערבת שיש בו ענבים בכלל האסור. והפליג במניעה ואמר, שאפילו נתחמץ היין או השכר, שנתערב היין עמו אסור לשתותו, ועל זה אמר הכתוב, חמץ יין וחמץ שכר לא ישתה. ואין אלו שני לאוין, כלומר, לאו ביין ולאו אחר בחמץ, שהרי לא אמר יין לא ישתה וחמץ יין לא ישתה. ולמדנו מעתה, כי השותה יין וחמץ אינו לוקה אלא על אחת. **משרשי** ענין הנזירות אכתב במצות גדול שער נזיר בסדר זה (מצוה שעד) מה שידעתי וגדל הרחקת הנזיר מכל תערבת היין הכל מן הטעם הכתוב שם. **מדיני** המצוה. מה שאמרו זכרונם לברכה (נזיר לד ב), שכל היוצא מן הגפן בין פרי בין פסלת, כלומר, הזג שהיא הקלפה, והחרצן שהוא הזרע שבתוכו אסור לנזיר. וכמו שמפרש בכתוב, אבל העלין והלולבין והגפנים והסמדר הרי אלו מותרין שאינן לא פרי ולא פסלת, אלא כמו עץ הם נחשבים. ויתר רבי פרטי המצוה מבארת במסכתא הבנויה על זה והיא מסכת נזיר (פרק שלשה מינין). **ונוהג** אסור זה בזכרים ונקבות בכל מקום ובכל זמן, שכל מי שנדר נזירות חיב להזיר מיין ושכר, וחמץ יין וחמץ שכר, ומכל משרת ענבים. והעובר על זה ושתה רביעית לג יין, או אכל כזית ענבים לחים, או יבשים, או מפסלת שלהם שהוא החרצנים והזגין חיב מלקות. ואפילו אכל כזית בין הכל, כלומר שלקח מעט מעט מכל אחד מאלו שזכרנו עד שיהיו בין כלם שעור כזית ואכלו לוקה, שכל אסורי נזיר מצטרפין זה עם זה לכזית

להלקות עליהן, אבל שאר אסורין שבתורה אין מצטרפין זה עם זה, חוץ מבשר נבלה עם בשר טרפה, ופגול עם נותר שמצטרפין. וששה דברים שבקרבן תודה, שהן חלב ובשר וסלת ושמן ויין ולחם גם כן מצטרפין, ואין צרך לומר שכל דבר שהוא משם אחד שמצטרף, כגון נבלת שור ונבלת שה ונבלת צבי כיוצא בזה (רמב"ם מאכלות אסורות פ"ד הי"ז). **ולמדונו** זכרונם לברכה, שאסור באסור הוא שמצטרף לכזית, כאלו שזכרנו, אבל התר אינו מצטרף לאסור בכל האסורין שבתורה, כלומר שמי שאכל חצי זית אסור וחצי זית התר מערבין ביחד לא יתחיב מלקות, בין באסורי נזיר בין בכל שאר האסורין, ואפילו בקדשים ובשר בחלב וגעולי גוים שיש בהם קצת חדוש, כמו שמפרש בפסחים (מד, ב) ובנזיר (לז, ב), גם כן מכיון שלא אכל כזית מן האסור אין חיוב מלקות בדבר לעולם, שאין הלכה כרבי עקיבא דסבירא ליה הכי במסכת נזיר פרק שלשה מינין (שם א) ויליף לה מקרא דוכל משרת. אלא הלכה כרבנן דפליגי עליה ומוקמי האי קרא התם. וכן במסכת פסחים, (שם) ללמד ממנו שטעם האסור אסור כמו עקרו, בין בנזיר בין בכל אסורין שבתורה, וכן נאמר שם, והאי וכל משרת להכי הוא דאתא, ההוא מבעי ליה לכדתניא משרת לתן טעם כעקר, שאם שרה ענביו במים ויש בהם טעם יין אסור. מכאן אתה דן לכל אסורין שבתורה, ומה נזיר וכו', עד הא מני רבנן, ואיכא [ואנא] דאמרי כרבי עקיבא. **ופרוש** טעם כעקר הרבה פרושים נאמרו בו, ואחד מהם, והוא הטוב לפי הדומה, שכל אסור שאינו במינו אלא שנתערב בתוך התר ונתן טעם בו לאפוקי אם נתערב במינו, שאין כאן נתינת טעם, על זה אמרו זכרונם לברכה שטעם האסור אסור כמו עקרו של אסור, ולזה הצרך מקרא זה דוכל משרת, שאם לא שלמדנו דבר זה מן המקרא הזה הייתי דן שכל שנתערב אסור בהתר במינו או אפילו בשאינו מינו, שיבטל ברב מן הכלל הידוע לנו מדין התורה דחד בתרי בטל, כלומר ברבא, דלשון תרי לאו דוקא. ואחר שידענו זה יש לנו לדון הטעם כמו הממש. ומה הוא הדין הידוע לנו בממשו מבלי תערבת? שמי שאכל כזית אסור מבלי שהית שעור אכילת פרס שלוקה עליו, אבל שהה יותר מזה פטור, וזה הדין בעצמו הוא שנאמר בטעמו, שאם נתערב מן האסור בהתר כזית בכדי אכילת פרס ואכל ממנו שעור אכילת פרס מבלי שהיה הנזכרת לוקה עליו, אכל ממנו פחות מכן או שנתערב בו מן האסור פחות משעור זה אינו לוקה עליו. וכמו כן אמרו קצת המפרשים, שבכלל אסור טעמו ולא ממשו להלקות עליו הוא, כל זמן שנתן האסור טעם בהתר כל כך כאלו נתערבו בו אסור כזית בכדי אכילת פרס, ואף על פי שלא ידענו כמה שעור נכנס בו מממשות האסור. ולא כך דעת הרב משה בן מימון זכרונו לברכה לפי הנראה מדבריו בהפלאה (נזירות ה ד) וקדשה (מאכלות אסורות טו, ג) אלא דלא לקי לעולם לדעתו עד דעתנו שאכל ממשות האסור כזית, או בפני עצמו, או בתערבת כזית בכדי אכילת פרס, ולפי סברתו זאת, מה

ספר החינוך Sefer HaChinukh

שאמרו שם משרת ליתן טעם כעקר, כגון ששרה ענבים במים לענין אסור הוא שאמרו כן ולא למלקות.

Mitzvah 368
That the nazirite not drink wine or all types of spirits: That the nazirite not drink wine or all types of spirits, the essential [ingredient] of which be wine, which is the juice of grapes. As with the juice of other fruits, even though they are called spirits, they are not prohibited to the nazirite, except when they are in a mixture of that which comes out of the grape. And about this is it stated (Numbers 6:3), "From wine and spirit shall he abstain, etc. and any marination of grapes shall he not drink" - meaning to say that any mixture that has grapes is included in the prohibition. And it broadened this prevention and stated that even if the wine or the spirit that wine mixed into became vinegar, it is prohibited to drink it. And about this, the Scripture stated, "wine vinegar and spirit vinegar shall he not drink." And these are not two [separate] negative commandments, meaning to say one about wine and one about vinegar; as behold, it did not state, "wine vinegar shall he not drink and spirit vinegar shall he not drink." And we have learned from here that one who drinks wine and vinegar is only lashed for one [commandment]. **I** will write that which I have known about the roots of the matter of naziriteness in the commandment of growing the hair of the nazirite in this Order (Sefer HaChinukh 374). And the distancing of the nazirite from all mixtures of wine is all from the reason that is written there. **From** the laws of the commandment is that which they, may their memory be blessed, said (Nazir 34b) that anything that comes out of the grape, whether it is the fruit or the refuse - meaning to say the zag which is the peel, and the chartsan, which is the seed that is inside it - is forbidden to the nazirite, and as it is explained in the Scripture. But behold, the leaves, the shoots, the vines and the immature berries (smadar), they are permissible; since they are not fruit and not refuse, but are considered like the tree. [This] and the rest of the many details of the commandment are elucidated in the tractate that is built on this, and that is Tractate Nazir. **And** this prohibition is practiced by males and females in every place and at all times, as anyone who vows [to become a] nazirite is obligated to abstain form wine, spirits, wine vinegar, spirit vinegar and from any grape marinade. And one who transgresses this and drinks a reviit of a log of wine, or ate a kazayit of grapes that are wet or

ספר החינוך Sefer HaChinukh

dry, or from their refuse which is the seeds and the peels, is liable for lashes. And even if he ate a kazayit from among them all - meaning to say that he took a little from each one of those [items] that we mentioned, until among all of them, there was the measurement of a kazayit - and he ate it, he is lashed. As all prohibitions of the nazirite combine one with the other to a kazayit, to require lashes because of them. But other prohibitions in the Torah do not combine one with the other, except for the meat of a carcass with the meat of a 'torn' animal (tereifah), and a sacrifice disqualified by the wrong thought (pigul) with a sacrifice disqualified by its lateness (notar), which combine. And the six items in the thanksgiving sacrifice, which are fat, meat, fine flour, oil, wine, and bread also combine. And it is not necessary to say that everything that is of one name combines, such as the carcass of an ox, the carcass of a lamb and the carcass of a gazelle, and similar to this (Mishneh Torah, Laws of Forbidden Foods 4:17).

And they, may their memory be blessed, taught us that it is a prohibited substance with a prohibited substance that combines to [form a] kazayit, like those that we mentioned. But a permitted substance does not combine with a prohibited substance, regarding all of the prohibitions in the Torah. [This] means to say that one who eats half a [kazayit] of a prohibited substance and half a [kazayit] of a permitted substance mixed together will not be liable for lashes - whether in the prohibitions of the nazirite, or whether in all of the other prohibitions. And also even with consecrated foods, meat and milk, and expurgations [of the vessels] of the gentiles - which [all] include novelties - when he did not eat a kazayit of the prohibited matter, there is never a liability for lashes in the thing, as is explained in Pesachim 44b and Nazir 37b. As the law is not like Rabbi Akiva, who holds like that in Tractate Nazir 37a [in] the chapter [entitled] Shloshah Minin, and learns it from the passage of "and any marination." Rather, the law is like the Rabbis who disagree with him and establish that verse there, and so [too] in Tractate Pesachim 44b, to learn from it that the taste of the prohibited matter is prohibited just like its essence (its solid mass) - whether for the nazirite or whether for all of the prohibited substances in the Torah. And so, is it said there, "And [does] this 'and any marination' come [to teach] that? That one is required to [teach] like that which was taught, "'And any marination" is to give [that] the taste be like its essence. As where one soaked grapes in water and the water has the taste of wine, [it is forbidden]. From here you derive [the law] with regard to all prohibited substances in the Torah.' Just as with regard to a nazirite, etc. [continuing to] whose [opinion] is this? The Rabbis. However, some [and I] say [it is] like Rabbi Akiva." **And** many interpretations have been said about the understanding of 'the taste is like the essence.' And one of them - and it appears to be the best - is that any prohibited substance that is not with its type, but rather is mixed into a permissible substance and gave taste to it; about this they, may their memory be blessed, said that the taste of the prohibited matter is forbidden, like the essence of the prohibited matter. This excludes if it mixed into its [own] type [of substance], as there is no giving off [a different] taste here. And for [the previous matter], this passage of "and any marination" was required. As if it were not that we learned this thing from this passage, I would have determined that any prohibited substance that mixed into a permissible substance - in its type, or even not in its type - is nullified by the majority [constituted by the permissible substance], based on the well-known principle of the Torah, that one [part] is nullified in two [parts]. [This] means to say, in a majority, as the expression, 'two' is not [meant to be] exact. And once we have known this, we should determine the taste to be like the substance. And what is the law that is well-known to us regarding the substance without a mixture? That one who eats a kazayit of a prohibited substance without the elapsing of the measurement [of time] of eating a peras is lashed for it. But if more than this elapsed, he is exempted. And this same law is said with its taste: That if a kazayit of the taste of the prohibited substance mixed into the permissible substance [such that it could be eaten] within the [time] required to eat a peras, and he ate from it the measurement of eating a peras without the mentioned elapsing [of time], he is lashed for it. [But] if he ate less than this, or if less than this measurement of the prohibited substance mixed into it, he is not lashed for it. And, likewise, some of the commentators said that included in lashing for the prohibition of its taste without its essence is that any time the prohibited substance gave so much taste into the permitted substance as if a kazayit of the prohibited substance was mixed into it, [such that it could be eaten] within the [time] required to eat a peras - even though we do not know the measurement of how much of the prohibited substance [itself] entered into it. And this is not the opinion of Rabbi Moshe ben Maimon (Rambam), may his memory be blessed, according to what appears from his words in Separation (Mishneh Torah, Laws of Nazariteship 5:4) and in Holiness (Mishneh Torah, Laws of

Forbidden Foods 15:3). Rather, according to his opinion, we never administer lashes until we know that he ate a kazayit of the substance of the prohibited substance - either on its own or in a mixture [wherein it constitutes] a kazayit [such that it could be eaten] within the [time] required to eat a peras. And according to this reasoning, that which they said there, "'Marination' is to give [that] the taste be like its essence; such as where one soaked grapes in water," is said regarding the matter of the prohibition, and not about lashes.

מצוה שסט

שלא יאכל הנזיר ענבים לחים - שלא יאכל הנזיר ענבים לחים, שנאמר (במדבר ו ג) וענבים לחים וגו' לא יאכל. ואמרו זכרונם לברכה במסכת נזיר (לה ב) וענבים לחים לא יאכל להביא את הבסר. כל ענין מצוה זו במצוה הקודמת לה. **ומשרשי** ענין הנזירות אכתב למטה במצות גדול שער נזיר (מצוה שעד).

Mitzvah 369

That the nazirite not eat damp grapes: That the nazirite not eat damp (fresh) grapes, as it is stated (Numbers 6:3), "and damp, etc. grapes shall he not eat." And they, may their memory be blessed, said in Tractate Nazir 35b, "'And damp [etc.] grapes, shall he not eat' [is to include] unripe fruit (boser)." The entire content of this commandment is [found] in the commandment before it (Sefer HaChinukh 368). **I** will write from the roots of the matter of naziriteness below in the commandment of growing the hair of the nazirite (Sefer HaChinukh 374).

מצוה שע

שלא יאכל הנזיר צמוקים - שלא יאכל הנזיר צמוקים, שנאמר (במדבר ו ג) וענבים לחים ויבשים לא יאכל. שלא תאמר הואיל ונשתנה שמם שנקראים צמוקים ולא ענבים התרו, לפיכך באר הכתוב האסור גם בהם. וכל ענינה במצות הקודמות. ומי שאכל כזית מהם לוקה.

Mitzvah 370

That the nazirite not eat raisins: That the nazirite not eat raisins, as it is stated (Numbers 6:3), "and damp and dry grapes shall he not eat." [It is] such that you should not say, since they have changed their name - as they are called raisins and not grapes - they have become permissible. Hence the verse elucidated the prohibition with them also. And all of its content is in the previous commandments. And one who ate a kazayit of them is lashed.

מצוה שעא
שלא יאכל הנזיר גרעיני הענבים - שלא יאכל הנזיר זרע הענבים, שנאמר (במדבר ו ד) מחרצנים ועד זג לא יאכל. כל ענינה במצות הקודמות. ואם אכל מהן כזית לוקה.

Mitzvah 371
That the nazirite not eat the seeds of the grapes: That the nazirite not eat the seed of the grapes, as it is stated (Numbers 6:4), "from the seeds to the skin shall he not eat." All of its content is in the previous commandments. And if he ate a kazayit of them, he is lashed.

מצוה שעב
שלא יאכל הנזיר קלפת הענבים - שלא יאכל הנזיר קלפת הענבים. שנאמר (במדבר ו ד) ועד זג לא יאכל. ופרוש זג היא הקלפה. כל ענינה במצות הקודמות. ונתרבו האזהרות בהרחקת היין ובכל היוצא מן הגפן לפי הדומה, מפני שיש בכל היוצא ממנה, כח רב להגדיל היצר, וזה ידוע לחכמי הטבע. **וכתב** הרב משה בן מימון זכרונו לברכה (ספה"מ ל"ת רו) והראיה על היות אלו החמשה, כלומר היין והענבים, והצמוקים והחרצן והזג, כל אחד ואחד מצוה בפני עצמה שהרי מתחיב אדם מלקות אחת על כל אחד ואחד וכמו שאמרו זכרונם לברכה במשנה (נזיר לד, ב) וחיב על היין בפני עצמו, ועל הענבים בפני עצמן, ואמרו כן במסכת נזיר (לח, ב) אכל ענבים לחים ויבשים, חרצנים וזגין, וסחט אשכל של ענבים ושתה לוקה חמש, וכשרצו שם לקים, שזה התנא דתני מלקיות, תנא ושיר, ושיתחיב הנזיר יותר מחמש מלקיות, ואמרו והא שיר לאו דלא יחל ולא אמרו והא שיר לאו דחמץ, והטעם לפי שלא יתחיב על היין ועל החמץ שתים, כמו שאמרנו, מפני שהחמץ נאסר מחמת עקרו שהוא יין, וענין הכתוב כאילו אמר שעקר אסורו של יין לא סר ממנו בהפסדו, כמו שזכרנו למעלה במקומו (מצוה שסח). וממה שראוי שתדעהו, שאלה אסורי נזיר מצטרפין כלן לכזית ולוקין על כזית, עד כאן.

Mitzvah 372
That the nazirite not eat the peel of the grapes: That the nazirite not eat the peel of the grapes, as it is stated (Numbers 6:4), "to the zag shall he not eat" - and the understanding of zag is the peel. All

of its content is in the previous commandments. And if he ate a kazayit of them, he is lashed. And the warnings in the distancing of wine are multiplied, since there is a great power in everything that comes out of the vine to magnify the [evil] impulse. And this is well-known to the wise men of science. **And** Rabbi Moshe ben Maimon (Rambam) wrote (Sefer HaMitzvot LaRambam, Mitzot Lo Taase 206), "The proof about each and every one of these five being an independent commandment - meaning wine, grapes, raisins, seeds and pits - is that, behold a person is liable for one [set of] lashes for each and every one. And [it is] like they, may their memory be blessed, said in the Mishnah (Nazir 34b), 'He is liable for the wine by itself, and for the grapes by themselves.' And they said [as follows] in Tractate Nazir 38b, '[If] he ate grapes that were damp and dry [along with] seeds and skins, and squeezed a cluster of grapes and drank [the juice], he is lashed five times.' And when they wanted to establish that the teacher that taught [these five sets of] lashes taught [certain prohibitions] and omitted [others] and that the nazirite is liable for more than five [sets of] lashes, they said, 'What did he omit? Behold, he omitted the negative commandment of "He shall not profane his word" (Numbers 30:3),' and they did not say he omitted, the prohibition of vinegar. And the reason is because he would not be liable for two [sets of lashes] for wine and for vinegar - as vinegar is prohibited for its essence which is wine, as we have said. And the content of the passage is as if it had stated that the essence of the prohibition of wine does not depart from it when [the wine] spoils, and as we mentioned above in its place (Sefer HaChinukh 368). And from that which is fitting for you to know is that these prohibitions of the nazirite all combine to [form] a kazayit and that we administer lashes for a kazayit." To here [are the words of Rambam].

מצוה שעג

שלא יגלח הנזיר שערו - שלא יגלח הנזיר שערו כל ימי נזירותו, שנאמר (במדבר ו ה) תער לא יעבר על ראשו. **משרשי** המצוה. כתבתי למטה במצות גדול שער נזיר (מצוה שעד). **מדיני** המצוה. מה שאמרו זכרונם לברכה (נזיר לט, א) שאחד מגלח בתער או במספרים כעין תער, או שתלש השער בידו כל זמן שקצצה מעקרה לוקה, אבל כל זמן שהניח ממנו כדי לכף ראשו לעקרו אינו לוקה, שאין זה כעין תער. העביר על ראשו סם שמשיר את השער והשיר את שערו אינו לוקה, [אלא בטל מצות עשה. נזיר שגלח כל ראשו אינו לוקה] משום התגלחת אלא אחת, ואם התרו בו על כל שער ושער ואמרו לו אל תגלח והוא מגלח לוקה על כל אחת ואחת. וכן מענין

המצוה, מה שאמרו במסכת שבת (נ א) נזיר חופף ומפספס, אבל לא סורק. כלומר, שחופף שערו בידיו וחוכך בצפרניו, ואם נפלו שערות מתוך החפיפה והפספוס אינו חושש, אחר שאין כונתו להשירו, ואפשר גם כן שלא יהא נשר מפני זה, אבל לא סורק במסרק, לפי שהמסרק מפיל ומשיר השער בלי ספק, וכן לא יחף באדמה מפני שמשרת השער ודאי, אבל אם עשה כן אינו לוקה. ויתר פרטיה במסכת נזיר. **ולענין** במי נוהגת, ובאיזה זמן, וענש העובר עליה, הכל כדין שאר מצות הנזיר שכתבנו. ומכל מקום יש לברר כאן שאם גלח אפילו שערה אחת יתחיב מלקות עליה, וכמו שאמרו בנזיר פרק שלשה מינין (נזיר מ, א) אמר רב חסדא ללקות באחת לעכב בשתים, כלומר, שלא קים מצות עשה דגלוח כל זמן שנשתירו בראשו שתי שערות, לסתר אינו סותר אלא ברב ראשו, כלומר אינו סותר חשבון ימי נזרו, אלא אם גלח רב ראשו, אבל גלח מעוטו אף על פי שעבר על לאו דתער לא יעבר על ראשו, אינו סותר חשבון הימים בכך. **ונוהג** אסור זה בכל מקום ובכל זמן בזכרים ונקבות, שכל מי שקבל עליו נזירות ואפילו בזמן הזה אסור לגלח אפילו שערה אחת, והעובר על זה וגלח אפילו שערה אחת חיב מלקות.

Mitzvah 373

That the nazirite not shave his hair: That the nazirite not shave his hair, all of the days of his naziriteness, as it is stated (Numbers 6:5) "a razor shall not pass over his head." **I** have written from the roots of the commandment below in the commandment of growing the hair of the nazirite (Sefer HaChinukh 374). **From** the laws of the commandment - that which they, may their memory be blessed, said (Nazir 39a) that it is the same whether he shaves with a blade or with scissors like a blade or he plucked his hair with his hand, anytime that he cut it from the root, he is lashed, but anytime he left enough of it to bend its head to its root, he is not lashed, as this is not like a blade; [that] if he passed a salve over his head that removes hair and it removed his hair, he is not lashed, [but he did violate a positive commandment; (that) a nazirite who shaves all of his head is only lashed] for one shaving, but if they warned him about it for each and every hair, and he shaves [regardless], he is lashed for each and every one; so [too,] from the matter of the commandment, that which they said in Tractate Shabbat (50a), "A nazirite washes and separates, but he does not comb," meaning to say he [may] wash his hair with his hand and separate it with his fingernails and if hairs fall from his washing and his separating, he [need] not be concerned, since it is not his intention to remove them, and it is also possible that they will not shed because of this, but he [may] not comb with a comb, since a comb will remove and shed hair without a doubt, and so [too,] he should not wash with dirt, as it will certainly remove hair, but if he does so, he is not lashed, and the rest of its details - are in Tractate Nazir. **And** regarding who practices it, and at which time and the punishment of one who transgresses it, it is all like the law of the other commandments of the nazirite that we have written. And nonetheless, it should be clarified here that if he shaves even one hair, he would be liable for lashes for it, and like they said in Nazir 40a, "Rav Chisda said, 'To get lashes, [it is] with one hair; to invalidate, [it is] with two'" - meaning to say that he did not perform the commandment of shaving [at the end of his term] so long as two hairs remain on his head; "'and to interrupt, he only interrupts with the majority of his head'" - meaning to say he only interrupts the tally of the days of his naziriteness if he shaves the majority of his head. But if he shaves its minority, he does not interrupt the tally of the days of his naziriteness with this, even though he has transgressed the negative commandment of "a razor shall not pass over his head." **And** this prohibition is practiced in all places and at all times by males and females, since anyone who accepts naziriteness upon himself - and even in our time - is prohibited from shaving even one hair. And one who transgresses this and shaved even one hair, is liable for lashes.

מצוה שעד

מצות גדול שער בנזיר - שנצטוה הנזיר והוא האדם שהפריש עצמו מן היין, לגדל שער ראשו כל ימי הזירו להשם שנאמר (במדבר ו ה) גדל פרע שער ראשו. ולשון מכלתא (ספרי זוטא כאן) גדל פרע מצות עשה, ומנין בלא תעשה? תלמוד לומר תער לא יעבר על ראשו. **משרשי** המצוה. הקדמה כבר כתבתי בפתיחת הספר בהקדמה כי בהיות בעולמו של הקדוש ברוך הוא בריה משתפת מחמר ושכל, וזהו האדם היה דבר ראוי ומחיב כדי להיות קלוסו ברוך הוא עולה יפה מבריותיו, שעם בריה זו לא יחסר מעולמו כל האפשרות שיש בדעתנו להשיג וכו', כמו שכתבתי שם. ואין ספק, כי לולא מן הטעם הזה שנתחיב שכלנו לשכן בתוך החמר בעל התאוות והחטאים ראוי היה שכלנו לעמוד לשרת לפני בוראו ולהכיר כבודו כאחד מבני אלהים הנצבים עליו, ואמנם מפני החיוב הזה נשתעבד לשכן בתי חמר, ואחר שנשתעבד לזה מכרח על כל פנים לנטות מעבודת בוראו לפעמים ולהשתדל בצרכי הבית אשר ידור שם, כי לא יתקיים בנין הבית עציו ואבניו ויסודותיו, מבלתי שישגיח האדם עליו. ואם כן אחרי היות כונת האדם ביצירתו על מה שאמרנו, בכל עת שיוכל שכלו למעט בעבודת החמר וישים מגמתו לעבודת קונו אז טוב לו, ובלבד שלא יטוש מלאכת הבית לגמרי ויחריבהו, כי גם זה

יחשב לו עון אחר שהמלך חפץ להיות לו בריה כזו, וכדאמר רבי יוסי במסכת תענית פרק שלישי (כ ב, ב) שאין היחיד רשאי לסגף עצמו בתענית, ופריש רב יהודה בשם רב טעמיה דרבי יוסי משום דכתיב (בראשית, ב ז), ויהי האדם לנפש חיה, אמרה תורה נשמה שנתתי בך החיה, ועל זה אמר המלך החכם (קהלת ז טז) אל תהי צדיק הרבה ואל תתחכם יותר למה תשומם. וזו היא קדשת הנזיר ומעלתו בהניחו מלאכת החומר ומשבר תאוותיו, במה שאינו חרבן גמור אל הבית, כגון מניעת שתיית היין וגידול השיער, כי בזה יכנע היצר ולא ידלף הבית בעבורו ולא יהרסו פנותיו, אבל תתחזק בו עבודת השכל, ויאורו מהלכיו, וכבוד השם תשכן עליו, ויתקיים באיש הזה כוונת הבריאה מבלי התמעט עבודת שכלו אל בוראו מפני שיתוף החומר שבו. והראיה שעניין גדול השער הוא כמו כן מפני הכנעת היצר, כמו שאמרו זכרונם לברכה בנזיר ריש פרק קמא אמר רבי שמעון הצדיק מימי לא אכלתי אשם נזיר טמא, אלא פעם אחת בא אדם אחד לפני מן הדרום, ראיתיו יפה עינים וטוב ראי וקוצותיו סדורות לו תלתלים, אמרתי לו מה ראית להשחית שערך זה [הנאה]? אמר לי רועה הייתי לאבא בעירי, והלכתי למלאת מים מן המעין ונסתכלתי בבבואה שלי, ופחז יצרי עלי ובקש לטרדני מן העולם, אמרתי לו רשע למה אתה מתגאה בעולם שאינו שלך, במי שהוא עתיד להיות רמה ותולעה? העבודה שאגלחך לשמים, מיד, עמדתי ונשקתיו על ראשו ואמרתי לו בני, כמותך ירבו נודרי נזירות, עליך הכתוב אומר איש כי יפליא לנדר נדר נזיר להזיר ליי ועל כן, כדי להכניע היצר, גם כן נצטוה לגלח כל שערו במלאות ימי נזרו ולא הרשה לתקן אותם ולטל מהם קצת, כדי שלא ישוב יצרו עליו כאשר בתחלה, אבל נתחיב לגלחם מכל וכל כי אין ספק שהשער הגדול ביותר או הגלוח הגמור יפסיד תאר האדם. **ואל** תתפשני בטעם זה שכתבתי ממה שאמרו זכרונם לברכה (שם יט, א) יביא כפרה על עצמו על שצער עצמו מן היין, כי גם זה יתכן על טעמנו, כי אחר שאמרתי שאין רשות נתונה לאדם להשחית ביתו ולקלקל דבר בבנין אשר בנה הבונה הראשון ראוי לו להביא כפרה על נפשו, כי אולי נטה מן הגדר המחיב עליו בענין גופו ונשמתו, כי שמא טבעו ובנינו נכון על צד שהנזירות ענוי יותר מדאי על נפשו, וכל דרכי השם יתברך ישרים, וצדיקים ילכו בם. והרמב"ן זכרונו לברכה כתב בפרושיו (במדבר ו יא) על דרך הפשט בטעם החטאת שמביא הנזיר לכפרה, כי הענין הוא שצריך כפרה בשובו להטמא בתאוות העולם דמכיון שהיתה עליו רוח השם והתחיל להיות נזיר להשם ראוי היה לעמד כן כל ימיו, ושבעים פנים יש לתורה. **מדיני** המצוה. מה שאמרו זכרונם לברכה (שם לט, א) שאם נתגלח הנזיר בין בזדון בין בשגגה ואפילו באנס, הרי זה סותר מנינו ומתחיל למנות שלשים יום, דקימא לן (שם ה א) סתם נזירות שלשים יום, כדי שיהיה לו פרע, ובמה דברים אמורים (רמב"ם נזירות ו א) כשנתגלח ברב ראשו בין בתער בין במין תער ולא נשאר כדי לכף ראשן לעקרן, אבל גלח מעוט שער ראשו

אינו סותר מנינו מפני כן, וכמו כן אינו סותר מנינו מפני שתית היין ואפילו שתה ממנו ימים רבים, אבל סותר הוא מנינו מפני הטמאה, כמו שמפרש בכתוב. **ומה** שאמרו זכרונם לברכה גם כן בענין נזירות, דכל כנויי נזירות כנזירות, כלומר, מי שהיה עלג או מקומות שהכל עלגין ודרכן לומר במקום נזיר, נזיק או נזיח או פזיח, ואמר אחד מלשונות אלו על עצמו, כגון שאמר אהא נזיק או נזיח או פזיח הרי זה נזיר, שאין אומרים בנזירות שיהיו דברי פיו בכוון כלבבו כמו בשבועה, אלא מכיון שבלבבו להנזר ואמר דברים שיש להבין בהן שיהא נזיר, אף על פי שהן מלות שאין ענין הנזירות מובן מתוכן יפה הרי זה נזיר. וכן מה שאמרו שידות נזירות כנזירות, ומה הן הידות? כגון שאמר אהא והיה נזיר עובר לפניו הרי זה נזיר. או שאמר אהא נאה ותפס בשערו הרי זה נזיר וכן האומר הריני נזיר מן החרצנים בלבד או מן התגלחת, או מן הטמאה בלבד הרי זה נזיר גמור. והאומר הריני נזיר על מנת שאשתה יין או אטמא למתים או אגלח הרי זה נזיר ואסור בכלם, מפני שהתנה על מה שכתוב בתורה ותנאו בטל. ונשאלים על הנזירות כדרך שנשאלין על שאר הנדרים. והאב מדיר את בנו קטן עד שלש עשרה שנה ויום אחד בנזיר, אבל לא האם, ודבר זה קבלה. והגוים אין להם נזירות, אבל יש נזירות בעבדים ובנשים. והבעל והאב מפר לאשה נדר נזירות כמו שאר נדרים, וכן האדון אם ירצה כופה לעבד לשתות יין ולהטמא [ה' נזירות פ"א]. ונוהגת מצוה זו, שחיב בגדול השער כל מי שנדר בנזיר בכל מקום ובכל זמן בזכרים ונקבות. שאף על פי שלמדונו זכרונם לברכה (שם יט, ב) שהנזירות נוהגת בארץ ישראל, כלומר, שחיב כל אדם להיות נוהג נזירותו בארץ ישראל כמנין הימים שנדר, ושאין עולין לו הימים לימי נדר נזרו אלא שם, בחוצה לארץ גם כן כל דקדוקי נזירות עליו, לפיכך מי שנדר בנזיר בזמן הזה הרי זה נזיר לעולם, לפי שעכשו בעונות אין לנו בית כדי שיביא קרבנותיו במלאת ימי נזרו. ועוד אמרו זכרונם לברכה (רמב"ם נזירות ב כא), שכופין אותו אם יש בנו כח לכפו לעלות לארץ ולנהג נזירותו שם עד שימות או עד שיבנה בית המקדש וישלים קרבנותיו.

Mitzvah 374

The commandment of growing the hair of the nazirite: That the nazirite - who is the person who separated himself from wine - is commanded to let his head hair grow for all the days of his naziriteness for God, as it states (Numbers 6:5), "he shall grow the locks of his head." And the language of Mekhilta (Sifra Zuta on Numbers 6:5) is "'He shall grow the hair' is a positive commandment. From where [do I know there is also a] negative commandment? Hence, it teaches to say 'a blade shall not pass over his head.'" **From** the root of the commandment, I have already written an introduction at the beginning of the book that there being something in the world of the Holy One, blessed be He, that combines physicality and intellect - and that is Man - was something fitting and necessary for His praise, blessed be He, to come up properly from His creatures; that with this creature, there would not be lacking any possibilities, which we have in our minds to grasp, from His world, etc., as I wrote there. And there is no doubt that without this reason that obligates our intellect to dwell within the physical, [which is involved with] desire and sin, it would have been fitting for our intellect to stand and serve in front of our Creator and to recognize His honor like one of the 'sons of God' that are stationed with Him. However, because of this obligation, it is subjugated to live in physical houses. And since it is subjugated to this, it must occasionally veer from the service of its Creator to tend to the needs of its home where it lives. For a home's structure and its lumber and its stones cannot stand without a person minding it. If so, as the intention of man's creation was according to what we have said, whenever the intellect can minimize physical work and focus on the service of its Master, that is good for it; so long as it does not completely ignore the work of the house and destroy it. As this would also be considered a sin for him, as the King wished to have a creature like this. It is like the saying of Rabbi Yose, (Taanit 22b) that a person may not afflict himself on a fast day, which Rav Yehudah explained in the name of Rav as stemming from the verse "and man was a living thing" (Genesis 2:7), [which implies that the soul should be allowed to live]. On the [same basis] the wise king stated (Ecclesiastes 7:15), "Do not be overly righteous; do not be overly wise. Why should you be desolate?" And this is the holiness of the nazirite and his loftiness, as he departs from the physical. [About this] Shimon the Righteous said (Nazir 4b), "In all my days [as a priest], I never ate the guilt-offering of an impure nazirite, apart from one man who came to me from the South, who had beautiful eyes and a fine countenance, and his locks were arranged in curls. I said to him, 'My son, what did you see to destroy this [beautiful] hair?' He said to me, 'I was a shepherd for my father in my town, and I went to draw water from the spring, and I looked at my reflection. And my evil inclination quickly rose against me and sought to drive me from the world. I said to my evil inclination, "Wicked one! For what reason are you proud in a world that is not yours, about one who in the future will be maggots and worms. [I swear by] the Temple service that I will shave you for the [sake of] Heaven.' Immediately, I arose and kissed him on his head, and said to him,

ספר החינוך Sefer HaChinukh

'My son, may there be more nazirites like you in Israel. With regard to you the verse states (Numbers 6:2), "When either a man or a woman shall clearly utter a vow, the vow of a nazirite, to consecrate himself to the Lord."'" Therefore, in order to suppress the [evil] inclination, he is commanded to shave his head at the end of the days of his [term]. And he is not permitted to fix it up and to take a little of them, so that his [evil] impulse does not come back against him as [it did] at first. Rather, he has become obligated to shave it all, for there is no doubt that both very long hair and completely shaven heads destroy the appearance of a person. **And** do not wrangle [with] me from what they, may their memory be blessed, said (Nazir 19a), "He must bring an atonement offering for himself, for he pained himself by avoiding wine." For this also works with our explanation. Since I have already said that a person does not have the right to destroy his house and to wreck anything of the building that was built by the First Builder, it is fitting for him to bring atonement for his soul. For perhaps he has overstepped the boundary that obligates him with regard to his body and his soul. As perhaps being a nazirite is overly afflicting to his soul according to his nature and constitution. And all 'the ways of God, may He be blessed, are righteous and the just follow them.' And Ramban, may his memory be blessed, wrote in his commentary (Ramban on Numbers 6:11) according to the simple understanding that the reason of the sin-offering that the nazirite bring for atonement [is] that he requires atonement for returning to become impure with the desires of the world. As once this person had had a 'spirit of God' upon him and began to become a nazirite to God, it would have been fit to stay that way for his whole life. And there are seventy faces to the Torah. **From** the laws of the commandment is that which they, may their memory be blessed, said (Nazir 39a) that if the nazirite shaves - whether volitionally or accidentally, or even under duress - behold, this interrupts his count, and he begins to count [another] thirty days; as we hold that a standard nazirite period is thirty days (Nazir, 5a), so that he will have a lock. To what do these words apply? If the majority of his head was shaved with a blade or something like a blade, and there is not enough to fold their tops over to their roots from that which remains of [what was shaved]. But if he only shaved the minority of the hair on his head, he does not interrupt his count for this. And so too, he does not interrupt his count by drinking wine, even if he drank [it] for several days. But he does interrupt his number by impurity, as the verse explains. **[Also among the laws is]** that

ספר החינוך Sefer HaChinukh

which they, may their memory be blessed, said that all substitutes for the term of nazirite are effective - meaning to say, if a person had a speech impediment, or lived in a place where everyone has a speech impediment, and their way is instead of saying nazir, they say nazik, nazich or pazich and he said one of these expressions about himself, such that he said, "I will be a nazik, nazich or pazich," behold, he is a nazirite. As we do not say that the words of his mouth must be identical to [what is in] his heart, as we do for oaths. Rather, once he has [decided] in his heart to become a nazirite and he says [something by which] it can be understood that [he wants] to be a nazirite - even though these are words that themselves do not [positively identify] him as a nazirite - behold, he is a nazirite. And so [too,] that which they said that [adjunct expressions are effective]; for example where he says, "I shall be," as a nazirite passes before him. Or if he says, "I will be beautiful" and holds his hair, behold, he is a nazirite. And so, one who says, "I will be a nazirite from grape seeds only," or "shaving, or impurity only," behold, he is a complete nazirite. And one who says, "I will be a nazirite on the condition that I will drink wine", or "become impure," or "shave," behold, he is a nazirite, and all [the prohibitions of a nazirite] are prohibited to him; because [in the case of] one who makes a condition which violates the laws of the Torah, the condition is cancelled. One may request [annulment] on a nazirite vow in the same way that one requests on other vows. A father may make a nazirite oath for his son up until age thirteen, but the mother may not, and this thing is a tradition. Gentiles are not subject to [becoming a] nazirite, though women and slaves are. A husband or father may annul the nazirite vow of his wife or daughter like other vows, as may a master force his slave to drink wine or become impure (see Mishneh Torah, Laws of Nazariteship 1). **This** commandment, that anyone who vows to be a nazirite is obligated to grow his hair, is practiced in all places and at all times by males and females. As even though they, may their memory be blessed, taught us (Nazir 19b) that being a nazirite is only practiced in the Land of Israel - meaning to say that every person must observe his days of his naziriteness that he vowed in the Land of Israel, and that only the days that he is a nazirite there count in his tally - [still], all of the stringencies of being a nazirite are upon him outside of [Israel] as well. Therefore, if one made a nazirite vow at this time, behold, he is a nazirite forever. As now, on account of our afflictions, we have no [Temple in order] to offer the sacrifices at the end of the period of being a nazirite. They, may their memory be blessed, also said that if we have the ability, we coerce the nazirite to go to [Israel] and to fulfill his nazirite vow there until he dies or until the Temple is rebuilt and he can repay his sacrifices.

מצוה שעה

שלא יכנס הנזיר לאהל המת - שלא יכנס הנזיר לאהל המת שנאמר (במדבר ו':ו') על נפש מת לא יבא. **משרשי** הרחקת הטמאה ממקום הקדש, כתבתי בסדר זה במצוה ראשונה (מצוה שסב) מה שידעתי, והוא הדין והוא הטעם להרחיק האיש הקדוש ממנה. ובטעם טמאת גוף האדם המת, כתבתי גם כן מה שהשגתי בסדר אמר אל הכהנים (רסג). **מדיני** המצוה. מה שאמרו זכרונם לברכה (נזיר מג, א) שאין הנזיר חיב משום ביאה באהל המת עד שיכנס שם כלו, ואף על פי שמעת שיכניס שם חטמו או אצבעות רגליו יטמא מכל מקום, אין נקרא ביאה, עד שיכנס כלו, לפיכך נזיר שנכנס לבית שהמת בתוכו בשדה תבה ומגדל ובא חבירו ופרע גג התיבה מעליו מדעתו לוקה שתים, אחת משום לא יבוא, ואחת משום לא יטמא, שהרי עכשו טמאה וביאה באין כאחת. ונזיר שנכנס באהל המת או בבית הקברות בשגגה ואחר שנודע לו שהה שם כדי השתחויה במקדש חיב מלקות. ויתר פרטיה מבארים במסכת נזיר [שם פ"א]. **ונוהג** אסור זה בכל מקום ובכל זמן בזכרים ונקבות, והעובר עליו ונטמא בצדדין שאמרנו חיב מלקות.

Mitzvah 375

That the nazirite not enter the tent of a dead body: That the nazirite not enter the tent of a dead body, as it is stated (Numbers 6:6), "to the soul of a dead person he shall not enter." **I** have written what I have known from the roots of distancing impurity from a holy place in this Order in the first commandment (Sefer HaChinukh 362). And it is the same thing and the same reason for the distancing of a holy man from it. And I have also written what I grasped about the reason of the impurity of a dead body in the Order of Emor el HaKohanim (Sefer HaChinukh 563). **From** the laws of the commandment - that which they, may their memory be blessed, said (Nazir 43a) that the nazirite is not liable for coming into the tent of a dead body until he goes in completely, and even though he becomes impure regardless from the time when his nose or his toe goes in, it is not called entering until he goes in completely, therefore a nazirite that goes into a house where there is a dead body inside a chest, a box or a cabinet and his fellow opens the roof of [the relevant item] with his knowledge, is given two [sets] of lashes, one for "he shall not enter" and one for "he shall not become impure," as behold the impurity and the entering come at one time; [that] a nazirite that entered a tent of a dead body or a graveyard accidentally and, after it was known to him, remained there enough time to prostrate oneself in the Temple, is liable for lashes; and the rest of its details - are elucidated in Tractate Nazir. **And** this prohibition is practiced in every place and at all times by males and females. And one who transgresses it and becomes impure according to the guidelines that we have said is liable for lashes.

מצוה שעו

שלא יטמא הנזיר במת ובשאר טמאות - שלא יטמא הנזיר במת. שנאמר (במדבר ו ז) לאביו ולאמו וכו' לא יטמא וגו'. אף על פי שכבר כתבתי במצוה ראשונה שבסדר זה (מצוה שסב) טעם בהרחקת הטמאה מן הקדש, עוד אגיד העולה על רוחי בטעם החמר הגדול שבנזיר, שנצטוה שלא יטמא גם לאביו ולאמו ואין צריך לומר בשאר קרובים, והרי הכהן הדיוט שגם הוא קדוש מטמא בהן. והענין הוא לפי הדומה, כי קדשת הכהן חלה עליו ממילא לא הסכים הוא עליה ומדעתו לא נהיתה, כי אם מלדה ומבטן נתקדש בכח שבטו שכלו קדש, והנהגתו עם קרוביו ככל שאר בני העולם, כי אין חלוק בין האיש הכהן לשאר העם, זולתי כי לעתים יעבד בין אלקיו. ואמנם לעתים גם כן ישכן בהיכלו ויגל עם אוהביו לשמחה ולמשתה יקרא רעיו וקרוביו, על כן יחם לבבו עליהם וגם הם עליו, ומפני זה הרשה להטמא להם, כל דרכי התורה נעם וכל נתיבותיה שלום. **אכן** האיש הנזיר לשם כל ימי נדר נזרו קדוש הוא לשם, וכמו שהעיד עליו הכתוב כי נזר אלהיו על ראשו לא יטמא בתאוות העולם, ולא ימצא בית משתאות ובסעדת רעים, כי הפרשתו מן היין מוכחת עליו שנתן לבו להכין ולהתענות לפני השם, ולתקן דרכי נפשו, ולהניח תענוגי הגוף החשוך, ואחרי שומו כל לבו וכל מחשבותיו אחר נפשו היקרה, וצרכי עצמו ובשרו נטש מה חפצו בהקרבת רעיו ואוהביו עוד זולתי למצוה אין ספק, כי בהתעלות הנפש, יקל מאד בעיניה הנאת הגוף וכל ענינו, כל שכן שלא תפנה אחר חברת גופים אחרים ואם קרובים המה או רחוקים, ולא תמצא תענוג בכל דבר מהדברים, זולתי בעבודה הקדושה אשר נתקשרה בה, ועיניה אליה תמיד. ועל כן לרב קדשתו ומעלתו ופרשותו מאחיו תמנענו התורה מהטמא להם, וכענין הכהן הגדול, כי מהיותו מעלה מאד בענינו, ונפרש מחברת האוהבים, ואין כל עסקיו ומחשבותיו זולתי בעבודת אלקיו יתברך תמנענו התורה גם כן מהטמא לאחד מכל קרוביו, וטעם הנאמר עליו בכתוב בהרחקת הטמאה נאמר גם על הנזיר, זולתי שבכהן הזכיר שמן, מפני שהוא משוח בו, ובנזיר לא הזכיר שמן, שבכהן נאמר (ויקרא כא כב) כי נזר שמן משחת אלהיו עליו. ובנזיר נאמר כי נזר אלהיו על ראשו. ואולי תחשב להשיב עלי, כי הנזיר לזמן בהשלים זמנו

ישוב לימי עלומיו וירדף תאוותיו, ואם כן למה יהיה חמור יותר מכהן הדיוט? התשובה כי האדם אחר הזירו לשם פעם אחת תקוה יש בו לקדש עצמו ולהוסיף יום יום בטובו, ומן השמים מסכימין על ידו, וכענין שאמרו זכרונם לברכה (שבת קד, א) בא לטהר מסיעין אותו, ואחר שהזיר אפילו יום אחד יסתיע וישלים כל ימיו בטהרה. **מדיני** המצוה. מה שאמרו זכרונם לברכה (נזיר מט ב). שיש טמאת מת שאם נטמא הנזיר בה מגלח וסותר הימים הקודמים, ומתחיל למנות ימי נזירותו אחר כן, ויש טמאת מת שאין מגלח בעבורה ולא סותר הימים הקודמים, ואף על פי שהיא טמאת שבעה, לפי שלא נאמר בו וכי יטמא לנפש, אלא וכי ימות מת עליו, דמשמע, עד שיטמא בטמאות שהן בעצמו של מת. ואלו הן הטמאות שהנזיר מגלח עליהן על הנפל, ואפילו לא נתקשרו אבריו בגידין, ועל כזית מן המת, ועל כזית נצל, ועל העצמות שהן רב מנין העצמות, אף על פי שאין בהן רבע הקב, ועל עצמות שהן בנינו של מת, ואף על פי שאין בהן רבע הקב, ועל חצי קב עצמות, אף על פי שאין בהן רב בנינו ולא רב מנינו, ובלבד שכל העצמות יהיו משל מת אחד ולא משני מתים, ועל שדרה הבאה מן המת, ועל הגלגלת של מת אחד, ועל אבר מן המת, ועל אבר מן החי מאדם, שיש עליהם בשר שראוי לעלות בו ארוכה בחי, ועל חצי לג דם שבא ממת אחד, ועל מלא חפנים רקב המת. ואיזהו נצל? זה בשר המת שנמוח ונעשה לחה סרוחה, ואין רקב המת מטמא, עד שיקבר ערום בארון של שיש ויהיה כלו שלם, חסר ממנו אבר אחד, או שנקבר בכסותו, או בארון של "עצמות" או של מתכת אין לו רקב, ולא אמרו רקב, אלא למת בלבד להוציא הרוג, שהרי חסר דמו. קברו שני מתים כאחת, או שגזזו שערו או צפרניו וקברום עמו, או אשה עברה שמתה ונקברה ועברה במעיה אין הרקב שלהן מטמא, וכן אם טחן המת עד שנעשה רקב אינו מטמא, עד שירקב מאליו. וכן אם נטמא ברבע העצמות הבאים משדרה או מן הגלגלת [באהלן] הרי זה ספק טמא. **כל** אלו שתים עשרה טמאות שמנינו, אם נגע נזיר באחת מהן, או אם נשאה, או האהיל הנזיר עליה, או האהילה הטמאה על הנזיר, או היה הנזיר ואחת מטמאות אלו באהל הרי זה מגלח תגלחת טמאה, ומביא קרבן טמאה, וסותר את הכל, חוץ מן הרקב שאינו מטמא במגע, שאי אפשר שיגע בכלו, שהרי אינו גוף אחד, אבל אם נשאו או נטמא באהלו מגלח. וכן נזיר שנגע בעצם המת אפילו בעצם כשעורה, או נשאו הרי זה מגלח עליו, ומביא קרבן טמאה, וסותר את הקודמין, ואין עצם אחד מטמא אהלו. **אבל** אם נטמא בגוש ארץ העמים או בשדה שנחרש קבר בתוכה שהן מטמאין במגע ובמשא, או שהאהילו עליו ועל אחת מן השתים עשרה טמאות הנזכרות, ושריגים היוצאים מן האילנות, או הפרעות היוצאות מן הגדר, או מטה, או גמל וכיוצא בו, ונטמא באהלן או ברבע העצמות שאין בהן לא רב מנין ולא רב בנין, או שנטמא ברביעית דם, ואף על פי שהוא מטמא במגע ובמשא ובאהל, או שנטמא בגולל או בדפק שהן מטמאין במגע ובמשא, או שנטמא באבר מן

החי או באבר מן המת שאין עליהם בשר כראוי, לפי הענין שזכרנו הרי זה אינו סותר, אף על פי שבכל אלו הוא טמא טמאת שבעה, ומזה בשלישי ובשביעי, אינו מגלח תגלחת טמאה, ולא מביא קרבנות ולא סותר את הקודמין, אבל כל ימי הטמאה אין עולין לו למנין ימי נזירותו. **וכן** מענין המצוה מה שאמרו (נזיר מד א), שהמטמא הנזיר אם היה הנזיר מזיד לוקה, וזה שטמאו עובר משום (ויקרא יט יד) ולפני עור וגו', ואם הנזיר שוגג וזה שטמאו מזיד אין אחד מהן לוקה, ולמה אינו לוקה המטמא הנזיר? לפי שנאמר בנזיר (במדבר ו ט) וטמא ראש נזרו, כלומר שאין חיוב מלקות אלא בו כשהוא מטמא מדעתו. ויתר פרטיה במסכת נזיר [שם]. **ונוהג** אסור זה בכל מקום ובכל זמן בזכרים ונקבות, והעובר על זה וטמא עצמו במזיד בצדדין שבארנו לוקה. וכתב הרמב"ם זכרונו לברכה (נזירות ה, כ כא) שהנזיר שטמא עצמו במזיד יתחיב ארבע מלקיות, משום לא יטמא, ומשום לא יחל דברו, ומשום לא תאחר לשלמו ומשום לא יבא, אם היתה ביאה וטמאה באין כאחת.

Mitzvah 376

That the nazirite not become impure through a dead body or through other impurities: That the nazirite not become impure through a dead body, as it is stated (Numbers 6:7), "For his father or for his mother, etc. he shall not become impure, etc." Even though I have already written the reason for the distancing of impurity from that which is holy in the first commandment of this Order (Sefer HaChinukh 362), I will still say that which comes to my spirit about the reason of the great stringency with the nazirite; as he is commanded not to become impure even for his father and his mother and - there is no need to say - other relatives, and [yet] a regular priest who is also holy, may become impure for [his close relatives]. And the matter is apparently because the holiness of the priest rests upon him automatically. He did not agree to it and it was not from his consent, but rather he was sanctified from birth and from the womb, by force of his tribe which is totally holy. And [so] his behavior towards his relatives is like all other people, since there is no difference between the priestly man and the rest of the people, except that sometimes he will do the service for his God. However, sometimes he will also dwell in his domicile and regale with his friends - he calls to his companions for joy and parties. Hence his heart will be warm towards them and theirs towards him. And because of this, the Torah permitted [him] to become impure for them - 'all the ways of the Torah are pleasant and all of its paths are peace.' **However,** the man that is a nazirite to God is holy to

ספר החינוך Sefer HaChinukh

God all the days of his nazirite vows and - as the verse attests to him (Numbers 6:7) - "as the crown of his God is upon him," he will not become impurified with worldly desires, and he will not be found at parties and the banquets of his companions. As his separation from wine shows about him that he has given his heart to prepare himself and to afflict himself before God, to improve the ways of his soul and to leave the pleasures of the benighted body. And since he has placed all of his heart and all of his thoughts towards his dear soul and he has abandoned all of his own needs and those of his flesh, what would be his desire for the drawing close of his companions and his friends - besides for the commandment, without a doubt. As with the raising of the soul, the pleasures of the body and all of its matters become very light in its eyes. All the more so will it not seek the company of other bodies, whether they be relatives or [others], and it will not find delight in any of their things, besides the holy service to which it is connected and to which its eyes are always directed. And hence from his great holiness and separation from his brothers, the Torah prevents him from becoming impure for them. And [it is] like the matter of the high priest - as since his matters are very elevated and he is separated from the company of his friends, and his pursuits and thoughts are only about the service of his God, may He be blessed, the Torah prevents him from becoming impure for anyone of his relatives. And the stated explanation for his distancing from impurity is also stated about the nazirite; except that with the priest, it mentions oil, since he is anointed with it, but with the nazirite, it does not mention oil. As with the priest, it states (Leviticus 21:22), "as the crown of the anointing oil of his God is upon him." But with the nazirite, it [only] states, "as the crown of his God is upon him." And maybe you will think to respond to me, that when a temporary nazirite finishes his time, he will return to his obliviousness and chase after his desires; and, if so, why should he be more stringent than a regular priest? The answer is that after a person takes on being a nazirite one time, there is hope for him to sanctify himself and to add to his goodness each day. And he will be agreed to from the Heavens and like the matter that they, may their memory be blessed, said (Shabbat 104a), "One who comes to purify himself, is assisted." And since he has taken on being a nazirite even one day, he is assisted and will finish all of his days in purity. **From** the laws of the commandment is that which they, may their memory blessed, said (Nazir 49b) that there is a [type of] impurity of a dead body that if the nazirite is made

ספר החינוך Sefer HaChinukh

impure by it, he shaves and it interrupts his earlier [tally of] days, and begins to count the days of his naziriteness afterwards [from the beginning]; and there is [another type of] impurity of a dead body for which he does not shave and it does not interrupt his earlier days. [And the latter is such,] even though it is an impurity [that makes impure for] seven [days] (characteristic of impurity generated by a dead body); because it is not said about it, "and if he becomes impure for a soul," but rather (Numbers 6:9), "And if a dead body dies upon him" - which implies [only] when he becomes impure with impurities which are from the essence of the dead body. And these are the impurities for which the nazirite must shave: for a stillborn embryo, even if its limbs have not become attached to its tendons; for a kazayit from a dead body; for a kazayit of the discarded (netsel); for the bones that make up the numerical majority of the bones, even if they do not constiture one quarter of a kav; for half a kav of bones, even if they do not constitute the majority of its structure or their numerical majority, so long as all of the bones are from one dead body and not from two dead bodies; for a backbone coming from a dead body; for the skull of one dead body; for the [detached] limb of a living person that has [enough] flesh to grow back on a living person; for half a log of blood from one dead body; and for a fist-full of rotted remains of a dead body. And what is netsel? It is flesh of a dead body that is dissolved and has become rotten liquid. And the rotten remains (rakav) of a dead person only render impure if he is buried naked in a marble coffin and he is all complete. If one limb was lacking from him or if he was buried with his cloak or in a coffin of boneware or metal, [his remains] are not [considered] rakav. And they only spoke about rakav regarding a dead body alone, which excludes someone killed, as behold, he is missing his blood. If they buried two dead bodies together or they cut his hair or his fingernails and buried them with him, or if a pregnant woman died and she was buried [with] the embryo in her innards and so [too,] if [someone] ground the dead body until it became rakav, their rakav does not render impure until [the body itself] rots on its own. And so [too,] if he became impure from a quarter [of a kav] of bones that come from the backbone or from the skull in their tent, behold it is a doubt whether he is impure. **[Regarding]** all of these twelve [types of] impurity that we have enumerated - if the nazirite touched one of them or if he carried it, or if the nazirite hovered over it or the impurity hovered over the nazirite or the nazirite and one of the impurities were [together] in a tent (under anything over

ספר החינוך Sefer HaChinukh

them) - behold he must shave the shaving of (caused by) impurity, and he brings a sacrifice for impurity and it interrupts all [of the days of his tally]. [This is true of all of the impurities] except for rakav, which does not render impure with touch, as it is impossible for him to touch it all, as behold, it is not one body. But if he carries it or becomes impure in its tent, he must shave. And so [too,] a nazirite who touches a bone of a dead body - even a bone that is [the size] of a barley grain - or he carries it, behold, this one must shave for it and bring a sacrifice for impurity and interrupts the previous [days]. But one [single] bone does not render impure in a tent. **But** if he became impure from a clod of the land of the [other] peoples or of a field in which a grave was plowed - which render impure through touch and carrying; or if one of the twelve impurities mentioned was hovered over by shoots coming out of trees or protrusions coming out of a fence or a bed or a camel and that which is similar to it and he become impure in their hovering; or from a quarter [of a kav] of bones that do not constitute the majority of its structure or their numerical majority; or he became impure from a quarter [of a log] of blood - even though it renders impure through touch and carrying and in a tent; or he became impure from a grave-covering or [its] frame - which renders impure through touch and carrying; or he became impure from a limb from a living person or from a limb from a dead person, which does not have flesh that is fit, according to the matter that we described - behold this does not interrupt, even though he is impure from an impurity [that makes impure for] seven [days] and he sprinkles on the third and on the seventh, [nonetheless] he does not shave the shaving of impurity and he does not bring sacrifices and he does not interrupt the first ones. However, all of the days of impurity do not count for him in the tally of the days of being a nazirite. **And** so [too,] from the matter of the commandment is that which they said (Nazir 44a), that one who causes a nazirite to become impure - if the nazirite was volitional - [the nazirite] is given lashes, and the one who rendered him impure transgresses on account of "in front of a blind man, etc." (Leviticus 19:14). But if the nazirite is indavertent, [even] if the one who makes him impure is volitional, neither one of them is lashed. And why is the one who makes him impure not lashed? Because it is stated (Numbers 6:9), "and he makes impure the head of his naziriteness" - meaning to say that the liability for lashes is only when he becomes impure with his consent. [These] and the rest of its details are in Tractate Nazir. **And** this prohibition is practiced in every place and at all times by males and females. And one who transgresses it and makes himself impure volitionally according to the guidelines we have elucidated is lashed. And Ramban, may his memory be blessed, wrote (the seemingly correct textual variant reads, Rambam, as the source is Mishneh Torah, Laws of Nazariteship 5:20-21) that a nazirite who makes himself impure volitionally is liable for four [different sets of] lashes: on account of "he shall not become impure"; on account of "he shall not profane his word"; on account of "he shall not delay to repay it"; and on account of "he shall not enter" - and that is when the entering and the impurity come together.

מצוה שעז

מצות גלוח הנזיר והבאת קרבנותיו - שיגלח הנזיר שערו ויביא קרבנות כשישלים נזירותו, וכן כשיטמא שנאמר וביום מלאת ימי נזרו וגו' וכן וכי ימות מת עליו וגו'. ואמרו בספרא (מצורע ב, ו) שלשה מגלחין ותגלחתן מצוה, הנזיר והמצרע והלוים, אולם שלשה אלה אינם שוים לכל דבריהם שגלוח הלוים היה לשעה במדבר ואינה נוהגת לדורות וגלוח מצרע ונזיר מצוה ונוהגת לדורות. וכתב הרמב"ם זכרונו לברכה (סה"מ עשה צג) ששני גלוחים אלו של נזיר, שהן גלוח טמאה וגלוח טהרה אין ראוי למנותן כי אם מצוה אחת, לפי שענין גלוח הטמאה אינו מצוה בפני עצמה, כלל, אלא דין מדיני הנזירות הוא, שביאר הכתוב שאם נטמא הנזיר בימי הנזירות שיגלח ויביא קרבן ואז ישוב ויגדל פרע בקדשה כבתחלה מנין כל ימי הנזירות שאסר על נפשו, כמו שיש למצרע גם כן שתי תגלחות והן מצוה אחת, ואחר שאין זה עקר המצוה אלא דין מדניה אין ראוי למנותו מצוה בפני עצמה, וכמו שבאר הרב זכרונו לברכה בספר המצות שלו בעקר השביעי. ובסדר זאת תהיה (מצרע) (מצוה קעד) כתבתי גם כן בשם הרב זכרונו לברכה, מה היא הסבה במנותנו תגלחת נזיר וקרבנותיו מצוה אחת, ותגלחת מצרע וקרבנותיו שתי מצות, ושם תראנו מבאר אם תרצה ללמד. **משרשי** מצוה זו של גלוח כל השער במלאת ימי הנזירות והבאת הקרבנות כתבתי בכלל שרש מצוה הקודמת (שעד) מה שידעתי. **מדיני** המצוה. מה שאמרו זכרונם לברכה (מדות ב, ה) היכן מגלח שערו? בעזרת נשים (רמב"ם נזירות ח ג) ולשכת נזירים היתה שם בקרן דרומית מזרחית, ושם מבשלים שלמיהם ומשליכין שערן לאש, ואם גלח במדינה יצא, ובכל מקום שמגלח תחת הדוד משליך שערו, ואינו מגלח, עד שיהא פתח העזרה פתוח, שנאמר (במדבר ו יח) פתח אהל מועד, ואין פרוש הכתוב שיגלח כנגד הפתח שבזיון מקדש יהיה בזה. וכן מה שאמרו זכרונם לברכה במצוה זו (נזיר מו א) נזיר ממרט אינו צריך להעביר תער, ואף על פי שאין לו שער, וכן אם אין לו כפים הרי זה מקריב קרבנותיו ושותה יין אחר כן ומטמא, ואפילו יש לו שער מכיון

שהביא קרבנותיו, אף על פי שלא גלח אין התגלחת מעכבת, ושותה ומטמא לערב, דמשנזרק עליו אחד מן הדמים מקרבנותיו התר, אף על פי שלא נתן על כפיו ולא הניף, שכל הדברים האלה למצוה ולא לעכוב, ואף על פי שאין התגלחת מעכבת מצוה לגלח אפילו לאחר זמן מרבה. ונזיר שגלח בלא תער או שגלח בתער ושיר שתי שערות לא עשה ולא כלום, ולא קים מצות גלוח, בין נזיר טהור, בין נזיר טמא. גלח על השלמים ונמצא פסול תגלחתו פסולה, וזבחיו לא עלו לו. גלח על שלשת הבהמות שהוא מקריב ונמצאת אחת מהן כשרה תגלחתו כשרה, ויביא שאר הזבחים ויקרבו כהלכתן. שלש בהמות אלו שאמרנו הם, כבש לעולה, וכבשה לחטאת, ואיל לשלמים, ומביא עם האיל ששה עשרונות ושני שלישי[ת] עשרון סלת ואופה מהן עשרים חלות. ויתר פרטיה במסכת נזיר [שם פ"ז]. **ונוהגת** בזמן הבית בזכרים ונקבות, והעובר על זה ולא גלח, או שגלח בלא תער, או שגלח ושיר שתי שערות בטל עשה. אבל שיר אחת לבדה אין המצוה מתבטלת בשביל שער אחת, ואפילו גלח ושיר שתי שערות ואחר כך נשרה אחת מהן מעצמה, אם גלח האחרת אף על פי ששער אין כאן, שהרי שערה אחת אינה חשובה שער, כמו שאמרנו, מצות גלוח יש כאן, לפי שכבר גלח כל ראשו חוץ מן השתים, ונפילת האחת אינה כלום, ששערה אחת אינה חשובה לכלום, וכשגלח האחרת הרי השלים גלוחו לגמרי וקים מצות גלוח. ואף על פי שהתגלחת אינה מעכבת משתית היין ומהטמא, כמו שאמרנו, הבאת הקרבנות מעכבת הכל, ואם לא הביאן בטל עשה זה, והוא אסור לשתות יין ולהטמא עד שיביאם, ואף על פי שגלח לא נשלמה המצוה עד שהביא הקרבנות.

Mitzvah 377

The commandment of shaving the nazirite and bringing his sacrifices: That the nazirite shave his hair and bring sacrifices when he completes his naziriteness, and so [too,] if he becomes impure; as it is stated (Numbers 6:13), "and on the day that his term as nazirite is completed, etc." and also (Numbers 6:9), "If a dead body dies upon him, etc." And they said in Sifra, Metzora, Chapter 2:6, "Three shave, and their shaving is a commandment - the nazirite, the leper (metsora), and the Levites." However the three are not equal in all of their [characteristics], as the shaving of the Levites was for its time in the wilderness and not practiced [by future] generations; but the shaving of the leper and the nazirite is a commandment that is practiced [by future] generations. And Rambam, may his memory be blessed, wrote (Sefer Ha Mitzvot LaRambam, Mitzvot Ase 93) that the two shavings of the nazirite - which are the shaving of impurity and the shaving of purification - are only fitting to be counted as one commandment; as the matter of the shaving of impurity is not a separate commandment at all, but rather one law of the laws of naziriteness. [That is] that the Scripture elucidated that if the nazirite becomes impure in the days of his being a nazirite, he must shave and bring a sacrifice and then he goes back to growing his locks in holiness for the days of naziriteness that he forbade to himself, like at the start. [It is] like the leper who also has two shavings and they are one commandment. And since it is not the essence of the commandment, but rather one law of its laws, it is not fitting to count it as a separate commandment - and as the Teacher, may his memory be blessed, elucidated in his Book of the Commandments in the Seventh Root. And in the Order of Zot Tehiyeh (Metsora), I have also written in the name of the Teacher, may his memory be blessed, the reason for our counting the shaving of the nazirite and his sacrifices as one commandment, and the shaving of the leper and his sacrifices as two commandments. And you will see it elucidated there, if you want to study [it]. **I** have written what I have known from the roots of this commandment, of shaving all of the hair with the completion of the days of being a nazirite and the bringing of sacrifices, within the root of the previous commandment (Sefer HaChinukh 374). **From** the laws of the commandment - that which they, may their memory be blessed, said (Mishnah Middot 2:5), "Where does he shave his hair? In the women's courtyard," and the chamber of nazirites was there in the southeast corner, and they would cook their peace-offerings there and throw the hair into the fire, and if he shaved in the [rest of the] country, he would have discharged [his obligation] (Mishneh Torah, Laws of Nazariteship 8:3); [that] in any place that he shaves, he throws it under the cauldron; [that] he does not shave until the opening of the courtyard be open, as it is stated (Numbers 6:18), "at the opening of the Tent of Meeting," and the understanding of the verse is not that he should shave in front of the opening, as there would be a disgrace to the Temple in this; so [too,] that which they, may their memory be blessed, said about this commandment (Nazir 46a), [that] a nazirite who pulled out [his hair] does not need to pass a blade over [his head] even though he does not have hair, and so [too,] if he does not have palms [of the hand], behold, this one brings his sacrifices, and afterwards he can drink and become impure, and even if he has hair, once he has brought his sacrifices, even though he did not shave, the shaving does not impede [it], and he can drink and become impure in the evening, even though he did not give it on his palms and wave it, as all of these things are for [the fulfillment of] the commandment and not for an impediment; [that] even though the shaving does not impede, it is a commandment to shave even after much time; [that] a nazirite who shaved without a blade or shaved with a blade but left [at least] two hairs, did not do anything and did not fulfill the commandment of shaving, whether [in the case of] a pure nazirite, or whether [in the case of] an impure nazirite; that if he shaved upon his peace-offerings and they were found to be disqualified, his shaving is disqualified, [but] if he shaved upon [all] three animals that he is sacrificing, and it comes out that [at least] one of them is fit, his shaving is fit, and he shall bring the rest of his offerings [afterwards] and they are to be sacrificed, as per their law, [and] these three animals are a male lamb for a burnt-offering, a female lamb for a sin-offering and a ram for a peace-offering, and he brings six and two-thirds issaron of fine flour with the ram, and he bakes twenty loaves from it; and the rest of its details - are in Tractate Nazir. **And** it is practiced at the time of the [Temple] by males and females. And one who transgresses it and does not shave it or shaves it without a blade or shaves but leaves [at least] two hairs has violated a positive commandment. But if he left one hair alone, the commandment is not violated for one hair. And even if he shaved and left two hairs, and afterwards, one of them sheds on its own; if he [now] shaves the other - even though there is no hair here, as behold, one strand is not considered hair, as we have said, [nonetheless] there is the commandment of shaving here, as he already shaved all of his head except for the two, and the shedding of one was nothing, as one strand is not considered anything - when he shaved the other, behold, he finished the shaving completely and fulfilled the commandment of shaving. And even though the shaving does not impede from drinking wine and becoming impure [at the end of his term], as we have said, the bringing of sacrifices impedes everything. And if he did not bring [them], he has violated this positive commandment, and he is prohibited from drinking wine and to become impure, until he brings them. And even though he has shaved, the commandment is not completed until he brings the sacrifices.

מצוה שעח

מצות ברכת כהנים בכל יום - שנצטוו הכהנים שיברכו ישראל בכל יום. שנאמר (במדבר ו כג) כה תברכו את בני ישראל אמור להם. **משרשי** המצוה. שחפץ השם בטובו הגדול לברך עמו על ידי המשרתים החונים תמיד בבית השם, וכל מחשבתם דבקה בעבודתו, ונפשם קשורה ביראתו כל היום,

ובזכותם תחול הברכה עליהם, ויתברכו כל מעשיהם, ויהי נעם השם עליהם. ואל תתמה לאמר ולו חפץ השם בברכתם יצו אתם את הברכה, ואין צרך בברכת הכהנים, כי כבר הקדמתי לך פעמים רבות, כי בכח הכשר מעשינו תחול הברכה עלינו, כי ידו ברוך הוא פתוחה לכל שואל בהיותו מכשר ומוכן לקבלת הטוב, ועל כן כי בחר בנו מכל העמים ורצה שנזכה בטובו הזהירנו וצונו להכין מעשינו ולהכשיר גופינו במצותיו, להיותינו ראויים אל הטוב, גם צונו בטובו הגדול לבקש ממנו הברכה, ושנשאל אותה על ידי המשרתים הטהורים, כי כל זה יהיה זכות לנפשותינו, ומתוך כך נזכה בטובו. **מדיני** המצוה. מה שאמרו זכרונם לברכה (מגילה כג, ב) שאין הכהנים נושאים כפיהם אלא בעשרה, והכהנים מן המנין. וכיצד היא נשיאות כפים? (סוטה לח, ב רמב"ם תפלה יד ג ד) בשעה שיגיע שליח צבור לעבודה, כלומר כשירצה להתחיל בברכת רצה כל הכהנים העומדים בבית הכנסת עולין לדוכן, ופניהם למול ההיכל, ואחוריהם כלפי העם, ואצבעותיהם כפפות על כפיהם עד שישלים שליח צבור ברכת הודאה, ואחר כך מחזירין פניהן כלפי העם ופושטין אצבעותיהם ומגביהין ידיהן כנגד כתפיהם, ומתחילין יברכך, ושליח צבור מקרא אותן מלה מלה, שנאמר אמור להם, והם עונים אחריו בקול נאה, וכשמשלימין פסוק ראשון כל העם עונין אמן וכן בפסוק שני ושלישי, וכשישלימו השלשה פסוקים מתחיל שליח צבור בשים שלום וכו', והכהנים מחזירין פניהם כלפי הקדש וכופפין אצבעותיהם ועומדין שם בדוכן עד שיגמר ברכת שים שלום וחוזרין למקומן. ומנהגנו היום, שהכהנים אינן עולים לדוכן, אלא עומדים לפני הארון ועושין כסדר שכתבנו. **וקדם** שיחזירו פניהם לברך העם מברכים ברוך אתה יי אלהינו מלך העולם אשר קדשנו בקדשתו של אהרן וצונו לברך את עמו ישראל באהבה. וכל פנות שיהיו פונין כגון חזרת פניהם לצבור או להיכל יהיו לעולם דרך ימין. וששה דברים מונעין מן הכהנים נשיאות כפים (רמב"ם תפלה טו, א) הלשון, והמומין, והעברה, וטמאת הידים, והשנים, והיין, ובאור דברים אלה עם יתר פרטי המצוה הכל מבאר בפרק אחרון ממגילה ותענית, ובשביעי ממסכת סוטה [א"ח סי' קכח]. **ונוהגת** מצוה זו בכל מקום ובכל זמן בכהנים, כי עליהם מצוה זו לברך את ישראל. ובשחרית ובמוסף ובנעילה חיבין לברכם, אבל במנחה של כל יום אין שם נשיאות כפים, מפני שבמנחה כבר סעדו כל אדם ויש שם חשש יין, ושכור אסור בנשיאות כפים. אפילו במנחת תענית, גזרו זכרונם לברכה, אטו מנחה של כל יום, וכדפסק רב נחמן בפרק בתרא דתענית (כו, ב) אבל אמרו שם, אלא האידנא מאי טעמא פרסי ידיהו כהני במנחתא דתעניתא, הואיל וסמוך לשקיעת החמה מצלי לה כתפלת נעילה דמיא.

Mitzvah 378

ספר החינוך Sefer HaChinukh

The commandment of the priestly blessing every day: That the priests were commanded that they should bless Israel every day, as it is stated (Numbers 6:23), "Thus shall you bless the Children of Israel; say to them." **It** is from the roots of the commandment that God wanted in His great goodness to bless His people through the servants that are always encamped in the House of God and all of their thoughts cling to His service and their souls are connected to His fear the whole day. And in their merit the blessing rests upon [the Jewish people] and all of their deeds are blessed, and the pleasantness of God will be upon them. And do not wonder to say, "Were God to desire their blessing, He would command the blessing to them, and there is no need for the priestly blessing." As I have already anticipated [this] many times [by saying] that blessing rests upon us according to the preparation of our deeds. As His hand, blessed be He, is open to all that ask if they are fit and prepared to receive the good. And therefore, when He chose us from all of the nations and wanted that we merit His goodness, He warned us and commanded us to prepare our deeds and refine our bodies with His commandments, so that we will be fit [to receive] the good. He also commanded us in His great goodness to request blessing from Him, and that we should ask for it through the pure servants. As all of this will be a merit for our souls, and through it, we will merit His goodness. **From** the laws of the commandment is that which they, may their memory be blessed, said (Megillah 23b) that the priests only raise their hands (to make the blessing) when there are ten (a prayer quorum), and the priests [are included in] the tally. And how is the raising of the hands? (Sotah 38b, Mishneh Torah, Laws of Prayer and the Priestly Blessing 14:3-4) At the time the prayer leader reaches the [blessing of] service, meaning to say when he wants to begin to say the blessing of Retseh, all the priests in the synagogue go up to the platform [with] their faces towards the ark, their backs towards the people, and their fingers bent upon their palms, until the prayer leader finishes the blessing of thanksgiving. And afterwards, they turn their faces towards the people, extend their fingers and raise their hands across from their shoulders and begin, "May He bless you." And the prayer leader dictates to them word by word, as it is stated, "say to them"; and they repeat after him with a pleasant tone. And when they finish the first verse [of the blessing], all of the people answer, "Amen." And so [too,] with the second verse, and the third. And when they finish [all] three verses, the prayer leader begins " Sim shalom, etc." (the next blessing) and the priests turn their faces towards the holy [ark] and bend their fingers and stand there on the platform until he finishes the blessing of Sim shalom, and [then] return to their places. And our custom today is that the priests do not go up to the platform, but rather stand in front of the ark and follow the [rest of the] order that we have written. **And** before they turn their faces to bless the people, they recite the blessing, Blessed are You, Lord, our God, King of the universe, who has sanctified us with the holiness of Aharon and commanded us to bless His people, Israel, with love. And all of the turns that they turn - such as turning their faces to the congregation or to the chamber - should always be to the right. And six things prevent the priests from the 'raising of the hands' (Mishneh Torah, Laws of Prayer and the Priestly Blessing 15:1): the tongue; blemishes; sin; impurity of the hands; years; and wine. And the elucidation of these things together with the rest of the details of the commandment are all elucidated in the last chapter of Megillah and Taanit, and the seventh [one] of Sotah (see Tur, Orach Chaim 128). **And** this commandment is practiced every day and at all times by the priests, as this commandment to bless Israel is upon them. And they are obligated to bless them in the morning service, in the additional service, and at the sealing of the gates (Neilah service on Yom Kippur). But in the afternoon service, there is no 'raising of the hands,' because all men have already had their [lunch] meal by the afternoon service, and [so] there is a concern of wine, as a drunk is forbidden in the 'raising of the hands.' They, may their memory be blessed, decreed [not to say it] even in the afternoon service of a fast day, based on the afternoon service of every day, and as Rav Nachman decided in the last chapter of Taanit 26b. But over there, they said, "But nowadays, what is the reason [that] priests spread their hands in the afternoon prayer of a fast? Since they prayed it near sunset, it is considered like the Neilah service."

מצוה שעט

מצות משא הארון בכתף - שנצטוו הכהנים שישאו הארון על הכתף כשמוליכין אותו ישראל ממקום למקום. שנאמר (במדבר ז ט) כי עבודת הקדש עליהם בכתף ישאו. וכתב הרב משה בן מימון זכרונו לברכה (בסה"מ עשה לד) אף על פי שמצוה זו באה ללוים, בעת ההיא היה, כלומר במדבר למעוט מספר הכהנים בימים ההם ואולם לדורות הכהנים חיבים במצוה זו והם ישאוהו, כמו שהתבאר בספר יהושע (ג ו) וספר שמואל. **והרב** משה בן נחמן זכרונו לברכה כתב (בהשגותיו על השרש השלישי בד"ה וראיתי) זה

שאמר הרב שנעתקה המצוה לכהנים אינו אמת, חלילה לנו שנאמר שנשתנה שום מצוה בתורה, שיהיו נפסלין הלוים ממשא הארון לעולם, ויפה פרש. והלוים נשאוהו בימי דוד, שנאמר (דברי הימים א טו כו) ויהי בעזר האלהים את הלוים נושאי ארון ברית יי, וכתיב וכל הלוים הנושאים את הארון וגו'. אבל באמת, כי הכהנים והלוים כלם כשרים במשא הארון מן התורה, שכלן נקראו לוים, וכמו שכתוב (יחזקאל מד טו) והכהנים הלוים, וכן כתוב (דברי הימים שם יד טו) ויתקדשו הכהנים והלוים להעלות את ארון יי אלהי ישראל כאשר צוה משה כדבר יי בכתפם במוטות עליהם. ואמרו בספרי, והיכן צוה? ולבני קהת לא נתן וגו', כי כלם נקראו בני קהת. ועוד כתב, כי מה שאמר הרב משה בן מימון זכרונו לברכה, שהתבאר זה בספר יהושע ושמואל לא מצא הוא הבאור הזה, אבל מצא בהפך, שהרי נאמר שם (יהושע ג ג) ויצו את העם לאמר כראותכם את ארון ברית יי אלהיכם והכהנים הלוים נושאים אותו. אבל האמת כמו שאמרנו, שכל השבט כשר למשא הארון, ועוד שמפרש הוא הדבר במסכת סוטה (לג, ב), שאמרו זכרונם לברכה, כיצד עברו ישראל את הירדן? בכל יום לוים נושאים את הארון, והיום נשאוהו כהנים, כלומר ביום שעברו את הירדן נשאוהו הכהנים לבדם, כי כן כתוב ויאמר יהושע אל הכהנים לאמר שאו את ארון הברית כדי להעשות הנס על ידי כהנים, שהם קדש קדשים בשבט. **ולפי** הדומה, מה שאמר הרב משה בן מימון זכרונו לברכה, שמבאר הוא ביהושע מזה המקרא הוא, ואיננו באור הכרחי כלל, כמו שבארנו. וזה שנאמר בספר מלכים (א ח, ו) ויביאו הכהנים את ארון ברית יי אל מקומו אל דביר הבית אל קדש הקדשים. גם זה אל יקשה בעיניך, כי מפני שהלוים אינם נכנסים לבית קדשי הקדשים הכניסוהו הכהנים לבדם. והעקר לפי הדומה, כדברי הרב משה בן נחמן זכרונו לברכה, שכל השבט כשר למשא הארון, וכמו שכתוב (דברי הימים ב לה, ג) ויאמר ללוים וגו' תנו את ארון הקדש בבית אשר בנה שלמה בן דוד מלך ישראל אין לכם משא בכתף. עוד ענינו, שלא יצטרכו ישראל לשא הארון ממקום למקום, אבל, אין הענין שאם יצטרכו לשאת אותו שלא ישאוהו הלוים, וזה דבר ברור ונגלה לכל. ומה שאמרו זכרונם לברכה (חולין כד, א) מומין פוסלין בכהנים, ואין שנים פוסלין בכהנים לא אמרו כן אלא בעבודת הכהנה שאין שנים פוסלין באותה עבודה, אבל בעבודת המשא גם בכהנים פוסלין שנים, כמו בלוים [ה' כלי מקדש פ"ב]. ***משרשי*** המצוה. לפי שכל עקר כבודן של ישראל הוא התורה שבה נבדלו משאר העמים ונעשו חלק השם, על כן ראוי וכשר לשאת אותה בכתפי האנשים הנכבדים והמקדשים שבנו, ואין צרך להאריך במובן לתינוקות של בית רבן. כל ענין מצוה זו מבאר בכתוב, והוא שישאו הכהנים והלוים הארון בכתף בעת שיצטרכו לנשאו ממקום למקום, כגון בעת מלחמה או לשום דבר אחר, ולא ישאוהו בעגלה או על גבי בהמה, וכבר שמו חכמים (סוטה לה, א) לדוד טועה בדבר שהתינוקות קורין אותו, בנשאו הארון על העגלה. **ונוהגת** מצוה זו בזמן

ספר החינוך Sefer HaChinukh

שישראל על אדמתן, כי אז היו צריכין לשאת ארון ברית השם מפני מלחמה או כאשר יצוה מלכם, אבל עכשו בעונותינו אין לנו מלך ולא ארון לשאת בשום מקום. ומצוה זו מוטלת על שבט לוי ועל שאר ישראל שיסכימו על ידם. וזה שנהגו בגליות היום להוציא ספר תורה לקראת מלכי האמות אין זה בחיוב מצוה זו כלל, שכל בני ישראל רשאים לשא אותו, ואם מדרך כבוד התורה יבחרו גם היום שישאוהו מבני לוי תבוא עליהם ברכה.

Mitzvah 379

The commandment of carrying the Ark on the shoulder: That the priests (Kohanim) are commanded to carry the Ark on their shoulders when the People of Israel move it from one place to another, as it is stated (Numbers 7:9), "for the holy service is upon them, they shall carry on their shoulders." Rabbi Moshe ben Maimon (Maimonides), may his memory be blessed, wrote (Sefer HaMitzvot LaRambam, Mitzvot Ase 34) [that] even though this commandment came to the Levites, that was [only] at that time - meaning to say in the wilderness, due to the small number of Kohanim at that time. In [future] generations, however, the Kohanim were obligated in this commandment - and they shall carry it - as is elucidated from the Book of Joshua and the Book of Samuel. **And** Rabbi Moshe ben Nachman (Nachmanides), may his memory be blessed, wrote (in his glosses to the Sefer HaMitzvot LaRambam on the third Shoresh, s.v. veraiti) that that which the teacher said that the commandment was moved to the Kohanim is not true. God forbid that we should say that any commandment in the Torah changed, that the Levites were disqualified from carrying the Ark forever, and that he explained it well. [As we see that] the Levites carried it in the days of David, as it is stated (I Chronicles 15:26), "And it was in God's assisting the Levites who were carriers of the Ark of the Covenant of the Lord," and it is written (I Chronicles 15:27), "And all the Levites who were carrying the Ark, etc." But in truth, both the Kohanim and Levites are acceptable for carrying the Ark from Torah writ. As they are all called Levites, as it is written (Ezekiel 44:15), "the Levite Kohanim." And so [too,] is it written (I Chronicles 15:14-15), "And the Kohanim and Levites sanctified themselves to bring up the Ark of the Lord, the God of Israel, as Moshe had commanded by the word of the Lord, with the poles on their shoulders." And they said in the Sifrei, "Where did He command [this]? [From the verse] 'And to the sons of Kehat was not given any other, etc.'" - as they are all called the sons of Kehat. And he also wrote [regarding] what Maimonides, may his memory be blessed, wrote that it is elucidated from the Book of Joshua and Samuel, that he did not find this elucidation. Rather, he found the opposite, as it is stated there (Joshua 3:3), "And he commanded the people saying, 'When you see the Ark of the Covenant of the Lord, your God, that is carried by the Kohanim, Levites." Rather, the truth is as we have said, that the whole tribe is eligible to carry the Ark. Moreover, the thing is explicit in Tractate Sotah 33b, where they, may their memory be blessed, said, "How did the Israelites cross the Jordan? Every day the Levites carried the Ark, and on this day it was carried by the Kohanim." That is, on the day that they crossed the Jordan, only the Kohanim carried it, as so is it written (Joshua 3:6), "And Yehoshua said to the Kohanim, 'Carry the Ark of the Covenant'" - so that the miracle would be done by the Kohanim, as they are the holiest members of the tribe. It also seems that that which Maimonides, may his memory be blessed, said that it is elucidated in Joshua is from this verse, but it is not a clear elucidation at all, as we have said. And that which is stated in I Kings 8:1, "And the Kohanim brought the Ark of the Covenant of the Lord to its place, to the sanctuary, to the Holy of Holies" should also not be difficult in your eyes. It is because the Levites were not permitted to enter the Holy of Holies that only the Kohanim brought it in. And [so] the main approach seems to be like the words of Nachmanides, may his memory be blessed, that the entire tribe is fit to carry the Ark; and as it is written (II Chronicles 35:3), "And he said to the Levites, etc. 'place the Holy Ark in the Temple that was built by Solomon son of David, the king of Israel, there is no longer a burden on your shoulders.'" Its matter is also that Israel would have no more need to carry the Ark form one place to another; but it does not indicate that if it were to move it, that it would not be done by the Levites, and this is clear and obvious to all. And [regarding] that which the Sages said (Chullin 24a) [that] blemishes disqualify the Kohanim but years do not, it is only the priestly duties that are not affected by age, but age does disqualify the Kohanim for the labor of carrying, as it does for the Levites (see Mishneh Torah, Laws of Vessels of the Sanctuary and Those who Serve Therein 2). It is from the roots of the commandment that it is because the main glory of Israel is the Torah, through which they were made distinct from the other peoples and made into the portion of God. And it is therefore fitting and proper that it should be carried by the most dignified and holy people among us. And there is no need to elaborate on matters that any school child can understand. The entire content of the commandment is elucidated in the verse, and that is that the Kohanim and Levites would carry the Ark on their shoulders whenever they needed to move it from place to place, such as during war or for some other thing; and they would not carry it in a wagon or the back of an animal. And the Sages already castigated David for being mistaken about a thing that even toddlers read about, in his placing the Ark on a wagon (Sotah 34a). **And** this commandment is practiced at the time when Israel is on their land; for there was a need then to carry the Ark of the Covenant of God because of war or when the king commanded. But today, on account of our iniquitis, we have no king and no Ark to carry in any place. And this commandment is incumbent upon the tribe of Levi; and upon the rest of the people to support them. And that to which they are accustomed today in the Diaspora to bring out the Torah to greet the [non-Jewish] kings is not governed by this commandment at all, as any of the Children of Israel may carry it. But if they choose a [Levite] even today as a way of showing honor to the Torah, [it is praiseworthy].

מצוה שפ

מצות פסח שני בארבעה עשר באייר - שיעשה פסח שני בארבעה עשר באיר, כל מי שלא יכל לעשות פסח ראשון בארבעה עשר בניסן, כגון מחמת טמאה או שהיה בדרך רחוקה, שנאמר (במדבר ט יא) בחדש השני בארבעה עשר יום בין הערבים יעשו אתו. ועוד הורונו חכמים זכרונם לברכה (פסחים עג, א) דלאו דוקא טמאה ורחוק הדרך לבד, אלא כל ששגג, או נאנס, או אפילו הזיד ולא הקריב בראשון מקריב בשני. **משרשי** המצוה לפי שמצות הפסח הוא אות חזק וברור לכל רואי השמש בחדוש העולם. כי אז בעת ההיא עשה עמנו האל ברוך הוא נסים ונפלאות גדולות ושנה טבע העולם לעיני עמים רבים, וראו כל עמי הארץ כי השגחתו ויכלתו בתחתונים, ואז בעת ההיא האמינו הכל ויאמינו כל הבאים אחריהם לעולם באמת שהוא ברוך הוא ברא העולם יש מאין בעת שרצה, והיא העת הידועה, ואף על פי שבריאת היש מן האין הוא דבר נמנע מדרך הטבע, כי כמו כן נמנע לבקע מצולות ים עד עבור בתוכו עם כבד ביבשה וישובו למקומן, ולהחיות עם גדול ורב ארבעים שנה מלחם היורד מן השמים יום יום, ויתר האותות והמופתים שעשה לנו בעת ההיא שכלן נתחדשו בהפך הטבעים וענין חדוש העולם, הוא העמוד החזק באמונתנו ובתורתנו, כי למאמיני הקדמות אין להם תורה וחלק לעולם הבא עם ישראל, ידוע הדבר, אין להאריך במפרסם. על כן היה מרצונו ברוך הוא לזכות במצוה זו הנכבדת כל איש מישראל, ואל יעכבהו אנס ורחוק מקום מעשותה, כי אם יקרהו עון שנאנס בחדש הראשון ולא זכה בה עם הקודמים יעשה אותה בחדש השני. ולפי שהוא

יסוד גדול בדת, הגיע החיוב גם כן אף על הגר שנתגיר בין פסח ראשון לשני, וכן קטן שהגדיל בין שני הפסחים שחיבים לעשות פסח שני. (רמב"ם קרבן פסח ו ז). **מדיני** המצוה. מה שאמרו זכרונם לברכה בפסחים פרק מי שהיה טמא (פסחים צה, א) מה בין ראשון לשני? הראשון חמץ אסור בבל יראה ובבל ימצא. והשני חמץ ומצה עמו בבית, והשני אינו נוהג אלא יום אחד, ואין שם יום טוב ואסור מלאכה, והראשון טעון הלל באכילתו והשני אין טעון הלל באכילתו, זה וזה טעונין הלל בעשיתו, ושניהם נאכלין צלי על מצות ומרורים, שבפרוש נאמר בכתוב כן. ושניהם דוחין את השבת ובשניהם אין מותירין ולא שוברין עצם, שבפרוש הזהיר הכתוב גם בזה, בלא תותירו ועצם לא ישברו בו. **ואם** תשאל בני ולמה לא ישוו שניהם בכל דבר, שהרי בפרוש נאמר כאן בפסח שני, ככל חקת הפסח יעשו אתו, דע, כי כבר עוררו אותנו חכמים זכרונם לברכה בזה ובארו בפרק מי שהיה טמא (שם), שבמצות שבגופו של פסח הכתוב מדבר, כגון לאכלו על מצות ומרורים, ושלא להשאיר ממנו, ושלא לשבר בו עצם, וכמו שפרשנו. ולמדנו לומר כן, מאשר פרש הכתוב כאן בפסח שני קצת מדיניו, ואלו היה שוה לגמרי עם הראשון יאמר ככל חקת הפסח וגו' ודיו. וכן אמרו שם מה עצם מיחד שבגופו, אף כל וכו'. **וכן** מענין המצוה מה שאמרו (שם צג א) גם כן, שהטמא שנדחה לפסח שני, הוא מי שנטמא בטמאה חמורה המעכבתו מלאכל הפסח, כגון זבים וזבות, נדות ויולדות ובועלי נדות, וכן טמא מת שנטמא בטמאה מן המת שהנזיר מגלח עליה, וכמו שפרשנו בסדר נשא (מצוה שעו). אבל אם היה טמא בשאר טמאות מן המת שאין הנזיר מגלח עליה, וכן אם נגע בנבלה ובשרץ וכיוצא בהן, ואפילו ביום ארבעה עשר הרי זה טובל, ושוחטין עליו אחר טבילה, ולערב כשיעריב שמשו אוכל פסחו. וכן מענין המצוה מה שאמרו זכרונם לברכה שם בפרק מי שהיה טמא (שם ב), על דרך ההלכה המקימת שדרך רחוקה תקרא כל שהוא רחוק מחומות ירושלים חמשה עשר מילין, אבל פחות מכן אין נקרא דרך רחוקה. ויתר פרטיה, במסכת פסחים [ה' קרבן פסח פ"ה]. **ונוהגת** מצוה זו בזמן הבית, בזכרים בתורת חיוב, ובנקבות בתורת רשות, שכן הורונו זכרונם לברכה (שם צא, ב), שנשים שנדחו לפסח שני מפני טמאה או מפני אחד מהדברים שזכרנו, שעשית הפסח שני להן רשות, רצו שוחטין, רצו אין שוחטין, ומן הטעם הזה אין שוחטין עליהן בפני עצמן בשבת. והאיש העובר על זה והזיד ובטל עשה זו ולא הקריב פסח שני כשנאנס ולא יכל להקריב פסח ראשון חיב כרת, זוהי דעת רבי במשנה (שם צג, א), אבל רבי נתן ורבי חנינא ורבי עקיבא פוטרין אותו מן הכרת, מכיון שלא הזיד בראשון. ואין צריך לומר שאם הזיד ובטל הראשון, ובטל גם השני בין בזדון בין בשגגה שחיב כרת לדברי הכל, מכיון שהזיד ולא הקריב קרבן ה' במועדו. וזאת היא אחת משתי מצות עשה שבתורה שמתחיבין עליה כרת, כמו שאמרנו בסדר בא אל פרעה (מצוה ה).

ספר החינוך Sefer HaChinukh

Mitzvah 380

The commandment of the second Pesach (Pesach Sheni) on the fourteenth of Iyar: That anyone who was unable to offer the first Pesach offering on the fourteenth day of Nissan - for example, due to impurity or because he was at a distance - [offer] the second Pesach offering on the fourteenth day of Iyar; as it is stated (Numbers 9:11), "On the second month on the fourteenth day in the afternoon, you shall offer it." The Sages taught us further (Pesachim 73a) that it is not specifically ritual impurity or distance, but any case of inadvertence or duress; or even if was volitional and he did not offer the first one, he may offer the second one. **It is from the roots of the commandment** that it is because the commandment of the Pesach offering is a powerful and clear sign to all of the creation of the world. For at the time [of the exodus], God, blessed be He, performed great miracles and wonders for us and changed the nature of the world in the eyes of many nations. And [so] all the peoples of the earth saw that His providence and power is over the lower (earthly) beings. And then at that time, everyone believed and all who came after them believed that He, Blessed be He, created the word ex nihilo at the time that He chose - and that was the well-known time. [As] even though creation ex nihilo is impossible according to the [laws of] nature, so too is splitting the depths of the sea to allow the passage of a great assemblage of people on dry land and returning them to their place, as is sustaining a large and numerous people for forty years on bread that would descend from the sky every day, and all the other signs and wonders that He performed for us at that time, as they all were novel and went against the laws of nature. This is the firm pillar of our faith and our Torah, for people who believe in the eternity of the universe have no Torah and no share in the World to Come. This thing is well-known and there is no need to elaborate on well-known matters. Therefore, it was His will, blessed be He, to allow every man of Israel to merit in this important commandment, and that an accident or long-distance not impede him from fulfilling it. Rather, 'if trouble will occur to him' and he is prevented in the first month and he did not do it with the earlier ones, he may do it in the second month. And since this is a great fundamental principle in our religion, the obligation even extends to a convert who converted between the first Pesach and the second, and so [too, to] a child who reached maturity between the two Pesachs - that they are obligated to [offer] the Pesach Sheni

ספר החינוך Sefer HaChinukh

sacrifice (see Mishneh Torah, Laws of Paschal Offering 6:7). **From** the laws of the commandment is that which they, may their memory be blessed, taught in Pesachim 95a in the chapter [entitled] Mi Shehaya Tamei, "What [are the differences] between first and second? On the first all leaven is forbidden to be seen or kept in one's possession; on the second both leaven and matsa are with him in the house. The second is only observed one day, and there is no holiday or prohibition of labor. The first requires Hallel while eating it; the second does not require Hallel while eating it - though this and that require Hallel during the offering. Both are eaten roasted with matsa and marror," as it is explicitly stated like that in the verse. "Both supersede the Shabbat, and neither may be left over or have bones broken in them," as the verse explicitly warns about this too, with "do not leave over" and "they shall not break a bone in it." **And** if you ask, my son, why they are not completely equal, as behold, the verse explicitly states with respect to the Pesach Sheni sacrifice, "according to all the laws of the Pesach sacrifice shall you make it"; you should know that the Sages, may their memory be blessed, already alerted us to this. And they clarified in the chapter [entitled] Mi Shehaya Tamei (Pesachim 95a) that the verse refers only to details that pertain to the body of the Pesach sacrifice, such as eating it with matsa and marror, not leaving any over, and not breaking bones, as we have explained. They taught us this from [the fact] that the verse singled out a few laws here with Pesach Sheni, while if the laws were truly identical it would have been sufficient to simply state, "according to all the laws of the Pesach sacrifice, etc." And so, they said, "Just as the bone is remarkable in that is part of the body, so too anything, etc." **Also** relevant to this commandment is that which they also said (Pesachim 93a) that the impure person that is delayed to Pesach Sheni is one who is impure in a severe way that impedes him from eating the Pesach sacrifice, such as someone who experienced a flow, or a menstruant, or a new mother, or one who had intercourse with a menstruant or someone who became impure through contact with the dead under circumstances that would require a nazirite to shave, as we explained in the Order of Nasso (Sefer HaChinukh 376). But if he became impure from the other impurities of the dead body for which the nazirite does not shave, and so [too,] if he touched a carcass or a crawling animal (sherets), or something like it - even on the fourteenth - behold, he will immerse [in the mikveh] and they slaughter [the Pesach sacrifice] after he immerses; and in the evening when the sun has set for him, he eats his Pesach sacrifice. Also relevant to this commandment is that which they, may their memory be blessed, said there in the chapter [entitled] Mi Shehaya Tamei (Pesachim 93b) that a 'far distance' with regard to the established law [means anything] that is fifteen mil outside of the walls of Jerusalem, but less than that is not called a far distance. And the rest of its details are in Tractate Pesachim (see Mishneh Torah, Laws of Paschal Offering 5). **This** commandment is practiced at the time of the [Temple] - by males in the category of obligation, and by females in the category of the optional. As so did they, may their memory be blessed, instruct us (Pesachim 91b) [regarding] women who were delayed to Pesach Sheni because of impurity or because of one of the things that we mentioned, that the offering of the Pesach Sheni sacrifice is optional for them: If they wish [to], they slaughter, if they wish [not to], they do not slaughter. And for this reason we may not slaughter only on their behalf on the Shabbat. And a man who transgresses this and volitionally violated this positive commandment and did not bring the Pesach Sheni sacrifice, after he was under duress and was unable to offer the first Pesach sacrifice, is liable for excision. This is the opinion of Rabbi [Yehudah HaNasi] in the Mishnah (Pesachim 93a). But Rabbi Natan, Rabbi Chaninah and Rabbi Akiva exempt him from excision, as he was not volitional in the first case. And we need not say that if he deliberately [did not partake of a sacrifice] the first time, and he also violated the second, whether willfully or not, that he incurs excision according to all, as he deliberately failed to offer the sacrifice of God in its proper time. And this is one of two positive commandments for which the punishment is excision, as we explained in the Order of Bo el Pharoah (Sefer HaChinukh 5).

<u>מצוה שפא</u>

מצות פסח שני שיאכל על מצות ומרורים - שכל המחיב בפסח שני שיאכל בשר הפסח על מצות ומרורים, שנאמר (במדבר ט יא) על מצות ומרורים יאכלוהו. **משרשי** מצות כל ענין הפסח כתבתי בסדר בא אל פרעה (מצוה ה), ואין ספק כי כל ענין פסח שני אינו כי אם מיסודו של ראשון, ידוע הדבר. **מדיני** המצוה. מה שאמרו זכרונם לברכה (פסחים מ, א) שהמצות צריכות שמור גדול שלא יבואו לידי חמוץ, עד שחיבונו זכרונם לברכה (רמב"ם חמץ ומצה ה ט) להזהר בהם אפילו מזמן קצירה שלא יבואו עליהן מים, פן יבואו לידי חמוץ. ויתר רבוי פרטיהן בענין הלישה והאפיה בפסח ראשון, וכלל הכל הוא, שנעשה בהן שמירה גדולה מחמוץ. וכן מה שפרשו

ספר החינוך — Sefer HaChinukh

במרורים שכל עשב מר הוא בכלל מרורים שהזכיר הכתוב, ושאדם יוצא ידי חובתו בפסח בכלן, לפי שהצואה לנו במרור, זכר לוימררו את חייהם (שמות א יד), ובכל עשב מר יזכר הדבר. אבל מכל מקום בררו לנו חכמים זכרונם לברכה (שם לט א) לאכל החזרת, כי בה זכר התמרור מצד הקלח שטעמו מר קצת, וגם יש בה הדור למצוה יותר מבשאר עשבים מרים, גם כי שמה הדור שנקראת חסא, ורמז ברכה בו שחס רחמנא עלינו ופדאנו מיד המצריים הקשים, ומכל אלה יש התעוררות וזכר אל לב בני אדם בענין הנסים שנעשו לנו במצרים, ולפיכך הקבעה ההלכה שראוי לנו לחזר אחר החזרת. פרטיה גם כן במסכת פסחים [שם]. **ונוהגת** בזמן הבית, בזכרים ולא בנקבות, כי כמו שאין שחיטת פסח שני חובה להן אלא רשות, כמו שאמרנו במצוה הקודמת, כן אכילת מצה ומרור עמו אינה חובה להם, ומבאר גם זה שם במסכת פסחים (צה א). והעובר על זה ואכל פסח שני מבלי מצה ומרור בטל עשה זה.

Mitzvah 381

The commandment that the second Pesach (Pesach Sheni) offering be eaten with matsot and maror (bitter herbs): That anyone who is obligated in Pesach Sheni eat from the meat of the Pesach offering with matsot and bitter herbs, as it is stated (Numbers 9:11), "They shall eat it with unleavened bread and bitter herbs." **[Concerning]** the roots of the commandment, I have written about all of the matter of Pesach in the Order of Bo el Pharaoh (Sefer HaChinukh 5). And there is no doubt that the entire matter of Pesach Sheni is all from the foundation of the first - the thing is well-known. **From** the laws of the commandment - that which they, may their memory be blessed, said (Pesachim 40a) that matsot require great watching, that they not come to rising, to the point that they, may their memory be blessed, obligated us to be careful that no water come upon [the wheat], even from the time of reaping, lest it come to rising (Mishneh Torah, Laws of Leavened and Unleavened Bread 5:9); and the rest of its details - are [all] elucidated in [the] first [section of] Pesach[im]. And the general rule is that there be a great guarding upon them that they not come to rising. And so [too,] what they explained about marror, that any bitter (mar) herb is included in the marror mentioned by the verse, and that a person fulfills his obligation on Pesach with any of them. As the commandment to us about marror is in memory of "they made life bitter for them" (Exodus 1:14), and the matter is remembered with any bitter herb. But nonetheless, the Sages, may their memory be blessed, chose for us (Pesachim 39a)

Sefer HaChinukh ספר החינוך

to eat romaine lettuce. As with it, there is memory of the bitterness through the stalk, the taste of which is a little bitter, and there is also more beauty to the commandment than with other bitter herbs. And also its name is beautiful, as it is called chassa, [such that] a blessing is hinted in it - that the Merciful One pitied (chass) us and redeemed us from the hand of the harsh Egyptians. And from all of these [angles] there is arousal and remembrance in the heart of people of the matter of the miracles that were done for us in Egypt. And therefore, the law was fixed that it it fitting for us to look for romaine lettuce. Its details are also found in Pesachim. **And** [it] is practiced at the time of the [Temple] by males, but not by females. As just like the slaughtering of the Pesach Sheni sacrifice is not obligatory [for them], but optional - as we said in the previous commandment - so too is the eating of matsa and marror with it not obligatory for them. And this is also elucidated there in Tractate Pesachim 95a. And one who transgresses this and eats the Pesach Sheni sacrifice without matsa and marror has violated this positive commandment.

מצוה שפב

שלא להותיר כלום מבשר הפסח שני למחרתו - שלא להותיר כלום מבשר הפסח שני למחרתו שהוא יום חמשה עשר באיר, שנאמר (במדבר ט יב) לא ישאירו ממנו עד בקר. כל ענינה בלאו הבא על זה בפסח ראשון, הכתוב בסדר בא אל פרעה, והוא שם לאו שני (מצוה ח).

Mitzvah 382

Not to leave any meat from the Pesach Sheni sacrifice to its morrow: Not to leave any meat from the Pesach Sheni sacrifice to its morrow, which is the fifteenth day of Iyar, as it is stated (Numbers 9:12), "They shall not leave any of it over until morning." All of its content is in the negative commandment that comes about this on the first Pesach which is written in the Order of Bo el Pharaoh, and it is the second negative commandment there (Sefer HaChinukh 8).

מצוה שפג

שלא לשבר עצם מעצמות פסח שני - שלא לשבר עצם מכל עצמות הפסח. שנאמר (במדבר ט יב) ועצם לא ישברו בו. כל ענין לאו זה מכון בלאו הבא על זה גם כן בפסח ראשון בסדר בא אל פרעה והוא שם (מצוה טז), תראנו משם אם רצונך לדעת.

Mitzvah 383

Not to break a bone from the bones of the Pesach Sheni sacrifice: Not to break a bone from all of the bones of the Pesach sacrifice, as it is stated (Numbers 9:12), "and a bone they shall not break in it." All of the content of this negative commandment is reflected in the negative commandment that comes about this also on the first Pesach, which is written in the Order of Bo el Pharaoh (Sefer HaChinukh 8). And it is there - see it there if you want to know.

מצוה שפד

מצות תקיעת חצוצרות במקדש ובמלחמה - לתקע בחצוצרות במקדש בכל יום בהקריב כל קרבן, וכמו כן בשעת הצרות. שנאמר (במדבר י ט) וכי תבואו מלחמה וכו', וכתיב אחריו גם כן (שם י) וביום שמחתכם ובמועדיכם ובראשי חדשיכם ותקעתם בחצוצרות על עולותיכם ועל זבחי שלמיכם וגו'. ואף על פי שהזהיר הכתוב ביום שמחה ומועד וראש חדש לאו דוקא, דבכל יום, היו תוקעין במקדש בחצוצרות על הקרבן. וכן מבואר בראש השנה פרק ראוהו בית דין שאמרו שם (כט, א) הכל חיבין בתקיעת שופר כהנים לוים וישראלים, ומתמה תלמודא עלה בגמרא, פשיטא, אי הני לא מחיבי מאן מחיב? ומהדר ליה, כהנים איצטרכא ליה, סלקא דעתך אמינא הואיל וכתיב יום תרועה וגו', והני כהני הואיל ואתנהו בתקיעה דכל השנה כלה, דכתיב ותקעתם בחצוצרות על עולותיכם וגו'. ומהדר ליה מי דמי? התם חצוצרות, הכא שופר. למדנו מכל מקום דבכל השנה כלה, כלומר בכל יום ויום, איכא חצוצרות במקדש, ואמרו במסכת ערכין (יג א) אין פוחתין מעשרים ואחת תקיעות במקדש, ולא מוסיפין על ארבעים ושמנה. **משרשי** המצוה. לפי שבשעת הקרבן היו צריכים לכון דעתם יפה בענינו, כמו שידוע, שהוא נפסל במחשבות ידועות, וגם כן צריך הקרבן כונה שלמה לפני אדון הכל שצונו עליו, וגם כן בעת הצרה צריך האדם כוון גדול בהתחננו לפני בוראו שירחם עליו ויצילהו מצרתו, ולכן נצטוו בתקיעת החצוצרות בעתים אלה, לפי שהאדם מהיותו בעל חמר צריך התעוררות גדולה אל הדברים, כי הטבע מבלי מעיר יעמד כישן, ואין דבר יעוררהו כמו קולות הנגון, ידוע הדבר, וכל שכן קול החצוצרות, שהוא הקול הגדול שבכל כלי נגון. ועוד יש תועלת נמצא בקול החצוצרות לפי הדומה מלבד ההתעוררות אל הכונה, כי בכח הקולות יסיר האדם מלבו מחשבת שאר עסקי העולם ולא יתן לב באותה שעה כי אם בדבר הקרבן, ומה אאריך וידוע זה לכל אשר הטה אזן לשמע החצוצרות וקול שופר בכונה. **מדיני** המצוה. מה שאמרו זכרונם לברכה במסכת מנחות (כח, א) שהחצוצרה היתה באה מן העשת של כסף כמו שבא בכתוב, ומשאר מיני מתכות פסולה. ומה שאמרו זכרונם לברכה

(ערכין יג, א) שאין פוחתין לעולם במקדש משתי חצוצרות, ולא מוסיפין על מאה ועשרים, ויתר פרטיה, מבארים בספרי (בהעלותך פיסקא עז) ובמסכת ראש השנה (כו ב) וגם כן במסכת תענית (יט א) בארו שאנו מצוין בתקיעת החצוצרות בעת צרה [ה' תענית פרק א]. **ונוהגת** מצוה זו בזמן הבית בכהנים, שעליהם המצוה לתקע בחצוצרות, וכענין שכתוב בהן במסע המחנות, ובני אהרן הכהנים יתקעו בחצצרות. ושמא תאמר לא היו תוקעין הם על הקרבן אלא הלוים אינו כן, שהרי בפרוש אמרו במסכת תמיד פרק שביעי (מ"ג) נתנו לו יין לנסך, הסגן עומד על הקרן והסודרין בידו, ושני כהנים עומדים על שלחן החלבים ושתי חצוצרות בידם, תקעו והריעו ותקעו. הרי נתבאר, שעל ידי כהנים נעשית מצוה זו ושהיא מצוה תמידית להם, כלומר שבכל יום היו תוקעין, ולא ביום מועד וראש חדש בלבד. אבל ראיתי להרמב"ם זכרונו לברכה (כלי מקדש ג, ה) שכתב, בימי המועד כלן ובראשי חדשים היו הכהנים תוקעין בחצוצרות והלוים אומרים שירה. נראה מדבריו, שדעתו שבשאר הימים אף הלוים תוקעין בחצוצרות. ואם עברו על זה הכהנים ולא תקעו בשעת הקרבן, וכן אם לא תקעו בעת הצרה, בטלו עשה זה.

Mitzvah 384

The commandment of blowing the trumpets in the Temple and in war: To blow trumpets in the Temple each day as every sacrifice is offered, and also at a time of troubles, as it is stated (Number 10:9), "When you come to war, etc." and it is written after it also (Number 10:10), "And on your joyous occasions, and your fixed festivals and new moon days, you shall blow the trumpets over your burnt-offerings and over the sacrifices of your peace-offerings, etc." And even though the verse warns about a joyous occasion, a fixed festival and a new moon day, this is not precise. As they would blow with the trumpets over the sacrifice every day in the Temple. And so is it explained in Rosh HaShannah 29a: "Everyone is obligated in the blowing of the shofar - priests, Levites, and Israelites." And the Talmud wonders about this in the Gemara, "Is this not obvious? [For] if they are not obligated, who would be obligated?" And it responds to it, "It was necessary [to say] priests, for it may enter your mind to say, 'Since it is written (Numbers 29:1), "It is a day of blowing, etc.," [you might have said that with regard to one who is obligated to sound only one day, he is obligated to sound the shofar on Rosh HaShanah.] But these priests, since they are [obligated] all year long, as it is written (Numbers 10:10), "you shall blow the trumpets over your burnt-offerings and over the sacrifices of your peace-offerings, etc." [you

ספר החינוך Sefer HaChinukh

might say that they are not obligated]."' The Talmud then asks, "Are they similar? There it is a trumpet and here it is a shofar!" Nevertheless, we learned [from this] that throughout the whole year - meaning to say on each and every day - there were trumpets in the Temple. And they said in Tractate Arakhin 13a that we do not reduce to less than twenty-one blasts in the Temple and we do not increase to over forty-eight. **It** is from the roots of the commandment that [it is] since at the time of the sacrifice they would need to properly focus their attention - as it is well-known that it is disqualified by certain thoughts - and also [that] the sacrifice requires complete awareness in front of the Master of all who commanded about them; and also at the time of trouble, a person needs great focus in his supplication before his Creator, that He should have mercy upon him and save him from his trouble; we are therefore commanded to blow the trumpets at these times. As since man is physical, he requires great arousal to these things. For the way of nature is to stand asleep, and there is nothing as arousing as the sounds of music, [as is] well known - and all the more so, the sounds of trumpets, which is the greatest sound of all musical instruments. And there is also another purpose, aside from arousal to focusing attention, that is realized through the sound of the trumpet; and that is that the sound of the trumpets removes all other worldly concerns from the heart of the listener, such that at that time he will only [direct] his heart to the matter of the sacrifice. But why should I go on so long? This is well-known to anyone who has ever bent his ear to hear the trumpets or the sound of a shofar with focus. **From** the laws of the commandment - that which they, may their memory be blessed, said (Menachot 28a) that the trumpets came from a block of silver, as [indicated] in Scripture, and [if it is] from other types of metals, it is disqualified; that which they, may their memory be blessed, said (Arakhin 13a) that we do not ever reduce to less than two trumpets in the Temple and we do not increase above one hundred and twenty; and the rest of its details - are elucidated in Sifrei Bamidbar 77 (in Parshat Behaalotcha) and in Tractate Rosh HaShanah. And also, in Tractate Taanit (Taanit 19a), the Sages elucidated that we are commanded to blow the trumpets at a time of trouble (see Mishneh Torah, Laws of Fasts 1). **The** commandment is practiced by priests at the time of the Temple, as the commandment to blow the trumpets is incumbent upon them, and like the matter that is written about them in the movements of the encampments (Numbers 10:8), "And the sons of Aharon, the priests, will blow with the trumpets." And lest you say that they did not blow over the sacrifices, but rather the Levites, this is not so. As behold, they explicitly said (Mishnah Tamid 7:3), "They gave him the wine to pour [for the libation]. The assistant stood on the horn [of the altar] with two handkerchiefs in his hand. Two priests stood in the table of (used for) fats and two trumpets were in their hands. They blew a teki'ah (long steady sound), then a teruah (a series of very short sounds) and then again a teki'ah." Behold, it is elucidated that this commandment was performed by the priests, and that it was a constant commandment to them, meaning to say that they would blow every day, and not only on a holiday or the day of the new month. However, I have seen that Rambam wrote (Mishnah Torah, Vessels of the Sanctuary and Those who Serve Therein 3:5), "On all the festivals and on the the new moon days, the priests would sound the trumpets and the Levites would sing." It seems from his words that his opinion is that on other days, even the Levites blow the trumpets. And if the priests transgressed this and did not blow at the time of a sacrifice, and so [too,] if they did not blow at a time of trouble, they will have nullified this positive commandment.

מצוה שפה

מצות חלה - להפריש חלה מכל עריסה ולתן אותה לכהן, שנאמר (במדבר טו כ) ראשית ערסתכם חלה תרימו תרומה. ודרשו זכרונם לברכה (ערובין פג, א) ראשית ערסתכם כדי עסתכם, ועסת המדבר היתה עמר, והעמר עשרית האפה הוא, והאפה שלש סאין, והסאה ששה קבין, וקב ארבעה לגין, ולג שש ביצים. נמצאת האפה ארבע מאות ושלשים ושתים ביצים ועשיריתה ארבעים ושלש ביצים וחמש ביצה, וזהו שעור עסה המחיבת בחלה. **משרשי** המצוה. לפי שחיותו של אדם במזונות ורב העולם יחיו בלחם, רצה המקום לזכותנו במצוה תמידית בלחמנו, כדי שתנוח ברכה בו על ידי המצוה ונקבל בה זכות בנפשנו, ונמצאת העסה מזון לגוף ומזון לנפש, וגם למען יחיו בו משרתי השם, העוסקים תמיד בעבודתו והם הכהנים מבלי יגיעה כלל, שאלו בתרומת הגרן יש להם עמל להעביר התבואה בכברה ולטחן אותה, אבל כאן יבוא חקם להם מבלי צער של כלום. **מדיני** המצוה. מה שאמרו זכרונם לברכה (חלה ג, א) שאין חיוב העסה משנתן הקמח בעריסה, אלא החיוב הוא משעת גלגול, כלומר, משיערב הקמח והמים מיד חיוב החלה חל. וחמשת המינין הם שחיבים בחלה החטים ושעורים, וכסמין, ושבלת שועל, ושיפון, שנאמר והיה באכלכם מלחם הארץ וגו'. ואין קרוי לחם אלא פת הנעשית מאלו, וכלן מצטרפין לשעור חלה. ומי שלא הפריש חלה בעיסה מפריש אותה מן הלחם, שנאמר באכלכם מלחם מלמד שהחיוב גם בלחם. ואפילו הלש פחות מכשעור שהוא פטור מחלה, אם אחר כך לש

פעם אחרת והשלים השעור ונתערב כל הפת בכלי אחד שיש לו תוך הכלי מצרפן לחלה. ושמעתי מפי מורי, ישמרו אל, דדוקא בשנתן הפת מן התנור לכלי שיש לו בית קבול דוקא, אבל הניח אותו כשהוציאו מן התנור על גבי לוח או על הקרקע ובכל דבר שאין לו תוך, אף על פי שנתנו אחר כן בסל כבר נפטר מחלה, וזהו שאמרו הרודה ונותן לסל, דדוקא לסל בשעת רדיה מן התנור, ואין צריך לומר שהתנור אינו עושה צרוף לחלה (רמב"ם ביכורים ו טז). הסבין שבקמח, קדם שרקדו משלים לשעור, אבל אחר שרקדו, אם חזרו ועירבו אינו משלים לשעור (חלה פ"ב מ"ו). **החלה** אין לה שעור ידוע מן התורה, אפילו לא הפריש אלא כשעורה מן העסה פטר כל העסה שבעריסה מדין חלה, שלא נאמר בתורה אלא ראשית ערסתכם חלה תרימו. וכל שהוא מרים ממנה פטור הוא בכך. אבל חכמים חיבונו (שם מ"ז) להפריש מן העסה חלק אחד מעשרים וארבעה, וסמכו הדבר במה שאמר הכתוב במצוה זו תתנו ליי. כלומר, תן לכהן מתנה ראויה, ושערו הם שהיא כן. והנחתום שהוא עושה עסתו למכר בשוק והיא מרבה, וגם צריך להרויח, לא חיבוהו לתת אלא אחד מארבעים ושמנה, ובין שהרבה בעל הבית בעסה ובין שמעט נחתום דינם כמו שאמרנו למעלה. **עיסה** שנלושה בשתי קצות העריסה ואין באחד מן החלקים שעור חלה אינה מתחיבת בחלה, אלא אם כן נשכו זה את זה והן מאיש אחד. **עיסה** שנלושה בין במים בין בכל שאר משקים ובין שאפאה בתנור או בקרקע או במחבת ומרחשת, ובין שהדביק הפת תחלה בהן ולבסוף הרתיח, כלומר שהדליק האש תחתיה, או הרתיח ולבסוף הדביק, בכל ענינים יש חיוב חלה שבכל ענינים אלו לחם נקרא, שאין הלכה כמאן (פסחים לז א) דאמר אין לחם אלא אפוי בתנור בלבד, אבל העושה עסה ליבשה בחמה או לבשלה בקדרה אין בה חיוב חלה. ועסת ארנונא, כלומר משתפת בין ישראל וגוי חיבת בחלה אם יש בחלק הישראל שעור חלה. עסה (חלה א, ח) הנעשית בשביל בהמות פטורה מן החלה, ואם בשביל בהמות ואדם חיבת בחלה. עסה מתקנת כלומר, שהורמה ממנה חלה ונתערבה בה עסה אחרת שלא הורמה ממנה חלה כיצד עושה? מביא עסה אחרת וסומכה עליה ונוטל חלה על הכל, ואם אין לו עסה אחרת נוטל ממנה חלה בלא ברכה לפי הדומה, לפי שנעשית כלה טבל, ואפילו מעט ממנה טובלת כמה עסת מתקנות, שהטבל אוסר בכל שהוא, כמו שכתבתי בסדר אמר אל הכהנים (מצוה רפד). ויתר פרטיה, מבארים במסכת חלה וכן במסכת ערלה [ה' ביכורים פ"ה]. **ונוהגת** בזכרים ונקבות, בארץ ישראל בלבד מדאוריתא. שנאמר באכלכם מלחם הארץ. ודוקא בזמן שכל ישראל שם, כלומר רבם, שנאמר בבואכם ובא הפרוש על זה (כתובות כ, א) בביאת כלכם ולא בביאת מקצתכם. ומדברי סופרים (רמב"ם ביכורים ה ז) להפריש חלה בחוצה לארץ, כדי שלא תשתכח תורת חלה מישראל, ומפני שאין החיוב בה אלא שלא תשתכח מישראל, נהגו להקל בה (עי' הל, הרמב"ן פ"ד דבכורות) בענין שאין מפרישין מעסה גדולה אלא כזית, ומשליכין אותה

באש, ואינה נאכלת לשום כהן קטן או גדול. ושמעתי שיש מקומות שנהגו להפריש חלה גדולה כשעור שנתנו לנו חכמים בה, ונותנין אותה לכהן קטן שאין טמאה יוצאה עליו מגופו או לכהנת קטנה שעדין לא ראתה [נדה], ואפילו לכהן גדול שטבל לקריו או לזיבתו נותנין אותה, ואף על פי שהוא טמא מת, נהגו להאכילה לו באותן מקומות. ועוד נראה שיש להקל בה עוד בחלת חוצה לארץ שאדם יכול לבטלה לכתחלה ברב, כמו שבא במסכת יבמות (צ"ל בכורות כז א) ובמקומות אחרים מהגמרא, ואין בכל האסורין שבתורה כן לפי ידיעתי, זולתי בעצים שנשרו מן הדקל ביום טוב לתוך התנור שמבטלין אותן גם כן לכתחלה, וכדאמרינן ביום טוב (ביצה ד, ב) אדם מרבה עליהם עצים ומתרין, ואמרו בטעם הדבר משום דמקלא קלי אסוריהו, כלומר, שהוא דבר שכלה באש, ולכן הקלו בדבר. **והרמב"ם** זכרונו לברכה כתב בספר זרעים הלכות תרומה ובכורים פרק חמישי (הל' ט יא) ובזמן הזה שאין שם עסה טהורה מפני טמאת המת מפרישין חלה אחת בכל ארץ ישראל אחד מארבעים ושמנה, ושורף אותה מפני שהיא טמאה, ויש לה שם עקר מן התורה, ומכזיב עד אמנה מפרישין חלה שניה לכהן לאכילה, ואין לה שעור כמו שהיה הדבר מקדם. **חלת** חוצה לארץ, אף על פי שהיא טמאה, הואיל ועקר חיובה מדבריהם אינה אסורה באכילה אלא על כהן שטמאה יוצאה עליו מגופו, כגון בעלי קרין וזבין, וזבות ונדות ויולדות ומצרעין, אבל שאר הטמאין במגע הטמאות, אפילו טמא מת מתר לאכלה. לפיכך אם היה שם כהן קטן בחוצה לארץ, בין בסוריא בין בשאר ארצות, רצה להפריש חלה אחת מפריש אחד מארבעים ושמנה, והיא נאכלת לקטן שעדין לא ראה קרי, ולקטנה שעדין לא ראתה נדה, ואין צריך להפריש שניה לאש, וכן אם היה שם כהן גדול שטבל משכבת זרע או מזיבתו, אף על פי שלא העריב שמשו, ואף על פי שהוא טמא מת הרי זה מתר לאכל החלה הראשונה, ואינו צריך להפריש שניה בחוצה לארץ, עד כאן.

Mitzvah 385

The commandment of challah (dough-offering): To separate some of our kneading and to give it to the priest, as it is written (Numbers 15:20), "The first of your kneading, set aside challah as a gift." And they, may their memory be blessed, expounded (Eruvin, 93a) [that] "The first of your kneading (arissa)" [means] enough for your measure (issa), and the [dough] measure of the wilderness was an omer, which was one-tenth of an eifah, which is three saah, which is six kav, which is four log, which is six eggs' worth. It turns out that an eifah is four hundred and thirty-two eggs, one-tenth of which is forty-three and 1/5 eggs, and that is the measurement of dough that obligates [the separation] of challah.

ספר החינוך Sefer HaChinukh

It is from the roots of the commandment [that it is that] since the sustenance of a person is through food and most of the world will be sustained with bread, the Omnipresent desired to give us merit with a constant commandment in our bread, so that blessing should rest upon it through the commandment; and through it, we will receive merit for our souls. And [hence] it turns out that the dough is food for our body and food for our soul. Additionally, [it is] in order that the servants of God, those that are constantly involved in His service - and these are the priests - should be sustained without any toil at all. Whereas with the tithe of the threshing floor there is labor for them, to pass the grain through the sieve and to grind it; here, their ration will come to them without any pain whatsoever. **From** the laws of the commandment is that which they, may their memory be blessed, said (Mishnah Challah 3:1) that the obligation begins not from the time that the dough is placed into the trough, but from the time of rolling; that is to say that the obligation begins from the time that the water and flour are mixed. And the five types of grain that are obligated in challah are wheat, barley, spelt, oats, and rye; as it is stated (Numbers 15:19), "And it shall be when you eat from the bread of the land" - and only loaves made from these are called bread. And they all combine to [constitute] the measurement [of what requires the separation] of challah. And if one did not separate challah from the dough, he may separate it from the bread; as it says, "when you eat from the bread," which teaches that bread is also obligated. Even if one first kneaded a quantity that was insufficient [to be obligated] in challah, if he then kneaded another batch and mixed the whole loaf into one vessel that has an interior, such that the two combine to the requisite measurement, the vessel combines them [to be obligated in] challah. I heard from my teacher, may God protect him, that this is only if the bread was taken from the oven and put into a vessel that has an interior, but if it was placed on a board or on the floor, or anything else that has no interior, even though they were subsequently placed into a basket, they are already exempt from challah. This is what they meant when they said, "one who removes it into a basket;" it is only if it went from the oven to the basket at the time of [their] removal. And there is no need to say that the oven does not serve to combine [to obligate in] challah (Mishneh Torah, Laws of First Fruits and other Gifts to Priests Outside the Sanctuary 6:16). The bran that is in the dough is counted toward the requisite measurement before it is sifted; but if it is mixed back in after it is sifted, it does not count towards the

ספר החינוך Sefer HaChinukh

requisite measurement (see Mishnah Challah 4:6). **The** measurement [to be given] for challah is not [specified in] the Torah - and even if one separated only a barley grain from the kneading, he would exempt the whole kneading in the trough from the law of challah; as the Torah only says, "The first of your kneading, set aside challah." [Thus] anything that he sets aside [suffices] to exempt him. The Sages however obligated us (Mishnah Challah 2:7) to separate 1/24th, which they based upon what the verse stated about this commandment, "give to the Lord," meaning that the gift should be dignified, and this was [the amount] that they estimated. A baker who prepares his [dough] for sale in the market - and [the dough] is large, and he also needs to make a profit - was only obligated to give 1/48th. And whether it should happen that the professional prepares a small [amount] or the homeowner prepares a large [amount], their [laws] are [still] as we said above. **Dough** that was kneaded from two ends of the trough and neither suffices to the measurement [of what is required for] challah is not obligated in challah, unless they touch each other and are from the same person. **Dough**, whether it was kneaded with water or another liquid; whether it was baked in an oven or on the ground, in a [standard] pan, or in a deep-frying pan; and whether he first stuck the loaf [to the oven walls] and then heated - meaning that he lit the fire underneath it - or if he heated it and stuck it afterwards, in all instances there is an obligation of challah. As in all these cases it is called bread, since the law is not like the view (Pesachim 37a) that bread is only what is baked in an oven alone. But if one prepares dough that will be dried in the sun or boiled in a pot, it is not obligated in challah. **Dough** of the arnona (tax) - meaning to say that is shared by a Israelite and a gentile - is obligated in challah, if the Israelite's portion constitutes the measurement of [what is required for] challah. Dough that is made for animals is exempted from challah, but if it is for both animals and humans, it is obligated in challah (Mishnah Challah 1:8). If prepared dough - meaning to say, that from which challah had been separated - was mixed with other dough from which challah was not separated, what does he do? A new dough is brought and placed on [the mixture], and he takes challah for all of it. But if he has no other dough, he should take challah from [the mixture]; apparently without a blessing, for all of it has been rendered 'unseparated' (tevel). And even a small amount can render several prepared doughs, 'unseparated'; for 'unseparated' material creates a prohibition with the smallest amount, as I have written in the Order

ספר הַחִינוּךְ Sefer HaChinukh

of Emor el HaKohanim (Sefer HaChinukh 284). And the rest of its details are elucidated in Tractate Challah and so [too,] in Tractate Orlah (see Mishneh Torah, Laws of First Fruits and other Gifts to Priests Outside the Sanctuary 5). **The** commandment is practiced by males and females in the Land of Israel by Torah writ, as it is stated, "when you eat from the bread of the land," but specifically at the time that all of [the people of] Israel are there, meaning to say their majority. [This is], as it is stated, "when you come" - and the explanation came upon this (Ketubot 20a) [to mean] all of you, and not when some of you come. On a rabbinic level [we are obligated] to separate challah [even] outside of Israel, so that the concept of challah not be forgotten by Israel (Mishneh Torah, Laws of First Fruits and other Gifts to Priests Outside the Sanctuary 5:7). And because the obligation is so that it not be forgotten by Israel, we are accustomed to be lenient with it, such that we only separate a kazayit from a large dough, and throw it into the fire. And it is not given to any priest - child or adult. And I have heard that in some places they are accustomed to separate large challah according to the measurement that the Sages gave us for it, and they give it to a minor priest boy, that impurity does not come to him out of his body or to a minor priest girl who has not yet menstruated. And they even give it to an adult priest who has immersed [to purify himself from genital flows]. And even though he is impure due to contact with the dead, they give him to eat it in these places. It also seems that another leniency outside of Israel is that one may deliberately cancel it out by a majority [of permissible matter], as it [is found] in Tractate Yevamot (it should read, Bekhorot 27a) and in other places in the Gemara. And as far as I know, the same does not apply to any other prohibition in the Torah, with the exception of [branches] that fell into the oven on a festival which can have other [prepared] wood added to it to cancel those, as they said (Beitzah 4b), "a person may add wood to them and permit them." And they said that the reason of the thing is because the prohibited matter burns constantly, meaning to say it is something consumed by the fire, and we can therefore be lenient. **And** Rambam, may his memory be blessed, wrote in the Book of Seeds in the Laws of Tithes and First-fruits in the fifth chapter (Mishneh Torah, Laws of First Fruits and other Gifts to Priests Outside the Sanctuary 5:9-11), "At this time, when there is no pure dough because of impurity from contact with the dead, challah - [which is] 1/48th - is separated once in all Israel, and it is burned because it is impure. And this has a foundation from the Torah.

But from Keziv to Amanah, a second challah is separated and given to the priest, but this has no required amount - as was the matter in the past. **Since** its main obligation is only rabbinic, challah outside of [Israel] - even though it is impure - is not prohibited to be consumed by a priest unless he has impurity that emits from his body, such as those who have had seminal emissions or irregular genital flows, mestruant women, those who have recently birthed and lepers. Therefore, if there was a minor priest boy outside of Israel - whether in Syria or other lands - if they want to, they may separate one challah as 1/48th and it may be given to eat to a minor priest boy who has not yet seen a seminal emission or to a minor priest girl who has not yet menstruated, and there is no need to do a second separation to burn it. Also, if there is a an adult priest there who has immersed [to purify himself from genital flows] - even if the sun has not yet set for him [on the day of his immersion], and even though he is impure from contact with the dead - he may eat this first challah, and there is no need to do a second separation outside of Israel." To here [are the words of Rambam].

מצוה שפו

מצות ציצית - להטיל ציצית בבגד שנתכסה בו. שנאמר (במדבר טו לח) ועשו להם ציצת וגו', וזה החיוב הוא כשיהיה לבגד ארבע כנפים או יותר, דכתיב (דברים כב יב) על ארבע כנפות כסותך. ויש (רמב"ם ציצית פ"ג ה"א) בכלל ארבע חמש או יותר, ויהיה שעורו גדול, כדי שיוכל להתכסות בו ראשו ורב גופו של קטן המתהלך בשוק לבדו מבלי שומר. ולפי הדומה, שזמן זה הוא כבר שית כבר שבע. ושיהיה הטלית מצמר או מפשתים זה הבגד שאנו חיבין להטיל בו ציצית כשנתכסה בו. היה חסר דבר אחד מכל אלה, כגון שיש לו פחות מארבע כנפים, או שעור גדלו פחות מזה שאמרנו, או שהוא משאר המינין פטור מן הציצית מן התורה, כגון בגדי משי, או אפילו של צמר גמלים, או ארנבים, או מנוצה של עזים, כל אלו פטורין מן הציצית מן התורה, שאין נקרא בגד סתם, אלא בגד של צמר רחלים וכבשים או בגד פשתים, וכן לענין צרעת הבגד, כמו שכתבתי במקומו (מצוה קעב). שרש המצוה נגלה בכתוב, שהוא למען נזכר כל מצות השם תמיד, ואין דבר בעולם יותר טוב לזכרון, כמו נושא חותם אדוניו קבוע בכסותו אשר יכסה בה תמיד, ועיניו ולבו עליו כל היום, וזהו שנאמר בו בכתוב (במדבר טו לט) וזכרתם את כל מצות יי. ואמרו זכרונם לברכה (תנחומא קורח יב) כי מלת ציצית תרמז לתרי"ג מצות עם צירוף שמנה חוטין שבציצית וחמשה קשרין שבו. ועוד אומר לי לבי, שיש בו רמז וזכרון, שגופו של אדם ונפשו הכל להשם ברוך הוא, כי הלבן רמז לגוף שהוא מן הארץ שנבראת מן השלג

שהוא לבן, כדאשכחן בפרקי רבי אליעזר (פ"ג) הארץ מהיכן נבראת? משלג שתחת כסא הכבוד, וחוטין רמז אל הגוף, כענין אמרם כי תחילת בריאת הגוף הוא כעין חוטין, וכמו שאמרו זכרונם לברכה פרק המפלת (נדה כה, ב) אמר רב עמרם תנא שני ירכותיו כשני חוטין של זהורית, שני זרועותיו כשני חוטין של זהורית, והתכלת אשר עינו כעין הרקיע ירמז לנפש שהיא מן העליונים, ולזה רמזו באמרם (מנחות מז ב) מה נשתנה תכלת מכל מיני צבעונין? מפני שהתכלת דומה לים, והים דומה לרקיע, והרקיע דומה לכסא הכבוד, שנאמר (שמות כד י) ויראו את אלהי ישראל וגו' ואומר (יחזקאל א כו) כמראה אבן ספיר דמות כסא. ותחת כסא הכבוד מקום שנפשות הצדיקים גנוזות שם, ומפני כן אמרו (מנחות לט א) שכורכין חוט התכלת על הלבן, שהנפש היא העליונה והגוף תחתון. ואמרו שעושין ממנו שבע כריכות או שלש עשרה לרמז הרקיעים והאוירים שביניהם, וכמו שאמרו (שם) תנא הפוחת לא יפחת משבע, כנגד שבעה רקיעים, ולא יוסיף על שלש עשרה כנגד שבעה רקיעים וששה אוירים שביניהם. **מדיני** המצוה. מה שאמרו זכרונם לברכה (שם מג ב) שהכסות של חמש כנפים, או יותר אין מטילין בו ציצית, אלא בארבע כנפים ממנו המרחקות. ומה שאמרו (שם כח, א), שארבע ציציות מעכבות זו את זו, שארבעתן מצוה אחת. ומה שאמדו (שם לח, א) שהתכלת אינו מעכב את הלבן, והלבן אינו מעכב את התכלת, דאין הענין לומר שהן שתי מצות שהכל מצוה אחת היא, אלא לומר שאין מעכבין זה את זה, כגון אנו היום שאין אנו מוצאים תכלת, שלא נמנע מפני זה מהטיל חוטין לבנים מבלי תכלת בטלית, ונברך עליהן כאלו הוא בשלמותו עם התכלת, וכן בזמן שהתכלת נמצא, מי שלא היו לו חוטין לבנים, יכל להטיל תכלת בסדינו ומתעטף בו ומברך עליה. **וצבע** התכלת הזה שנצטוינו בו דומה לעין הרקיע בטהרו, והוא נעשה בדם דג אחד שנקרא חלזון, שעינו דומה לעין הים (מנחות מד א), ובים המלח הוא מצוי, וצובעין בו פתיל של צמר. וזה ימים רבים לישראל, לא שמענו מי שזכה לתכלת בטליתו. וצריך לצבעה לשם מצותו והחוטין הלבנים גם כן צריכין טויה לשם המצוה, ואין טוין אותן מצמר הנאחז בקוצים כשהצאן רובצין, ולא מן הנימין הנתלשין מן הבהמה, ולא משיורי שתי שהאורג משיר בסוף הבגד, ואין עושין אותן מצמר הגזול, ולא משל עיר הנדחת, ולא משל קדשים, ואם עשה פסול. ציצית שטוה (י"ג שתלה) אותה גוי פסולה שנאמר דבר אל בני ישראל ועשו. אבל עשאה ישראל בלא כונה דיעבד כשרה. ושמעתי מגדולים (עי' ר"ת הביאו הומ"א סי' יד סעיף א), שהעשיה אינה כשרה בנשים. **כיצד** עושין הציצית? (רמב"ם שם א ו) מעבירין ארבעה חוטין בכנף הבגד, שהן שמנה ראשי חוטין כשהן תלוין בכנף, ואין תולה אותן סמוך ממש לשפת הבגד, ולא רחוק אלא סמוך כשעור גודל מראשו עד הפרק הראשון, כדאמר רבי יעקב אמר רבי יוחנן בגמרא (שם מב, א), וצריך להרחיק כמלא קשר גודל. ועושה אחד מהם גדול כדי שיכרך בו האחרים, וקושרן בחמשה מקומות

קשר כפול (שם לט, א בתוס' ד"ה לא). ובין קשר וקשר עושה שלש חליות, ובאמצעות הקשר האחרון עושה ארבע חליות שנמצאו בין כלן שלש עשרה חליות. ועושה החוטין ארכים בכדי שיספיקו שיהיה בהן שני חלקים ענף כלומר, בלא קשרים וחליות, מלבד הקשרים והחליות, זהו עקר מצותו לכתחלה. אבל דיעבד אפילו בחליה אחת יצא, וכן בדיעבד אם נתמעטו חוטי הציצית, (שם לח, ב) אפילו לא נשאר בהן אלא כדי עניבה כשר. אבל נפסק אפילו חוט אחד מהם מעקרו פסול. **ומי** שיש לו כסות ארבע כנפים, כל זמן שאינו מתכסה בה אינו חיב להטיל בה ציצית והלכה כרב דאמר (שם מב, א) ציצית חובת גברא, כלומר חיוב האיש הוא לעשות ציצית בבגד כשהוא מתכסה בו, אבל בבגד המנח בקפסא אינו חיב להטיל בו ציצית, שאין הלכה כמאן דאמר חובת מנא היא. כלומר, שאם היו לו לאדם כמה טליתות של ארבע כנפים בביתו, אפילו לא יתכסה בהן לעולם חיב להניח בכלן ציציות זה אינו, אלא הלכה כרב כדאמרן. **ומי** שיש לו טלית של פשתן מטיל בו ציציות של פשתן, דלית הלכתא כבית שמאי דאמרי (שם מ א) סדין בציצית פטורה, כלומר דטלית של פשתן מכיון שאי אפשר לו להטיל בו תכלת לעולם, משום כלאים, כי התכלת ודאי עמרא הוא, שצבע התכלת לא היה יפה בפשתן לעולם אלא בצמר, והתורה חיבה אותנו בתכלת גמורה, ומכיון שאי אפשר להטיל חוט צמר בפשתן לעולם משום כלאים, אף חוטין של לבן כלומר של פשתן אין מניחין בו. וזהו שאמרו סדין בציצית בית שמאי פוטרין, ואין הלכה כמותם, דטעמא דידהו משום דלא דרשי סמוכין, והלכה כבית הלל דדרשי סמוכין, וסברי, דלאו דכלאים אינו בציצית, שהתורה אמרה (דברים כב יא), לא תלבש שעטנז גדילים תעשה לך. כלומר אבל גדילים תעשה לך משעטנז, ומשום הכי קא סברי בית הלל דסדין בציצית חיבת, כלומר, שמניחין ציצית של פשתן בטלית של פשתן, והלכה כמותם, אבל אין מניחין בו תכלת גזרה משום קלא אילן, כלומר גזרה שמא יצבעו אותו בצבע אחר שאינו תכלת, ויהיה כלאים שלא במקום מצוה, והקשו בגמרא במנחות (שם) על דבר זה לא יהא אלא לבן? כלומר לבית הלל דדרשי סמוכין למה נגזר בזה? שאפילו יהיה קלא אילן, מה בכך? הרי אמרנו דכלאים התרו בציצית? כלומר אפילו בלבן, כלומר, אפילו להניח בטלית של פשתן ציציות של צמר לבן, ואין צריך לומר בצמר צבוע בתכלת כמצותו? ופריק, הני מילי דאמרי בית הלל דכלאים התרו בציצית מדרשא דסמוכין היכא דליכא מיניה, כלומר היכא דלא אפשר לן במיניה כגון טלית שהוא של פשתן, שאם אתה רוצה להטיל בו תכלת על כל פנים אתה צריך צמר שאי אפשר לתכלת אלא מצמר, בענין זה סמכי בית הלל אדרשא דסמוכין ומחיבי להטיל תכלת בסדין, אבל היכא דאיכא מיניה, כלומר היכא שאתה רוצה להניח חוטין לבנים בלא תכלת בטלית של פשתן אי אפשר לך להניחם בו של צמר מכח אותה דרשא דסמוכין, שהרי חוטין לבנים מפשתן אפשר לך לעשותם, והינו דרבי שמעון בן לקיש, דאמר רבי שמעון בן לקיש

כל מקום שאתה מוצא עשה ולא תעשה אם אתה יכול לקים שניהם מוטב, ואם לאו יבוא עשה וידחה את לא תעשה, ועכשו יכל אתה לקים את שניהם, דכיון שאי אתה רוצה להניח בו תכלת לגבי לבן הרי בפשתים אפשר לך, וכיון שכן, אם תעשה מצמר הוו להו כלאים ואסור ותו לא מידי. ומפני שיש בענינים אלה הרבה פרושים הארכתי לך מעט בכאן, ובמה שעלה במצודתי ערכתי לפניך שלחן, ואם תזכה בני האמת תבחן, ואם אולי מדרך הישר יראה לך לסתר דרכי במקום זה או אפילו באחר לא תשא פני אב, ירבן, והנני קורא מעתה סתירתך בנין. **ודע**, שאף על פי שאין חיוב מצוה זו מן התורה (רמב"ם פ"ג הי"ח) אלא כשיש לו לאדם כסות ארבע כנפים, כמו שאין חיוב מצות מעקה אלא במי שיש לו גג, אף על פי כן הזהירוהו חכמים במצוה זו הרבה ואמרו (מנחות מא א) שראוי לחזר עליה, ואמרו (שבת לב, ב) שהזהיר בה זוכה ומשמשין אותו עבדים רבים, שהרי הכתוב שקלה ותלה בה כל המצות, שנאמר וראיתם אתו וזכרתם את כל מצות יי. ואמר רבי אלעזר שהזהיר בה ובתפלין ובמזוזה מבטח הוא שלא יחטא לעולם שנאמר (קהלת ד יב) והחוט המשלש לא במהרה ינתק. **ודיני** מצוה זו. במסכת מנחות פרק רביעי תמצא אותן [או"ח מסי' ח' עד כ"ב]. **ונוהגת** מצוה זו בזכרים בכל מקום ובכל זמן אבל לא בנקבות. ואם רצו הנקבות להתעטף מתעטפות בלא ברכה, כדעת קצת המפרשים (רמב"ם פ"ג ה"ט). וקצתם אמרו אפילו בברכה (ר"ת בתוס' ר"ה לג א ד"ה הא ר' יהודה). והעובר על זה ולבש בגד צמר או פשתים גדול כשעור שאמרנו והוא שלו ולא הטיל בו ציצית בטל עשה זה, ואם הוא של שאר מינין בטל מצוה מדרבנן. ואם אינו שלו אלא ששאל אותו כל שלשים יום, כלומר מיום ששאלה עד תשלום שלשים יום פטורה מן הציצית (רמב"ם שם ה"ד), מכאן ואילך חיב להטיל בו ציצית.

Mitzvah 386

The commandment of fringes (tsitsit): To put fringes on the clothes that we wear, as it is stated (Numbers 15:18), "and they shall make fringes for themselves." And this obligation applies to garments with four or more corners, as it is written (Deuteronomy 22:12), "on the four corners of your garment." And 'four' includes five or more (Mishneh Torah, Laws of Fringes 3:1), provided that the garment is large enough that the head and most of the body of a child who is old enough to walk unescorted in the marketplace can be wrapped in it. And it seems that this age is around six or seven years old. The garment must be made of wool or linen to be obligated in fringes when it is worn. If it is missing one of these [conditions], i.e. if it has fewer than four corners or is not as large as described, or it is made from some other material, it is exempted from fringes on a Torah level. Garments of silk, and even camel hair, rabbit hair, and goat hair are all exempted from fringes on a Torah level; as 'garment' in the Torah [refers] only to those made from sheep's or lamb's wool or linen, and so [too] in relation to tsara'at of clothing, as I have written in its place (Sefer HaChinukh 172). **The** root of the commandment is revealed in the verse: It is in order that we always remember all of the commandments of God. And there is no better reminder in the world than carrying the seal of the Master on the clothes that one wears at all times, as a person is [always attentive] to his clothes. And this is what is stated in the verse (Numbers 15:39), "and you will recall all the commandments of the Lord." And they, may their memory be blessed, said (Midrash Tanchuma, Korach 12) that the word ' tsitsit ' alludes to the six hundred and thirteen commandments (in the numerical equivalent of the letters) when combined with the eight strings of the fringes and their five knots. And my heart also tells me that there is a reminder and allusion here that the soul and body of man all belong to God, Blessed be He. As the white portion corresponds to the body which is from the land, which was made from the snow, which is white, as we find in Pirkei D'Rabbi Eliezer 3, "From where is the land from? From the snow that is under the Holy Throne." And the threads [also] allude to the body, as the matter that they said, that the initial formation of a body is like threads. [It is] as they, may their memory be blessed, said (Niddah 25b), "Rabbi Amram said, 'The two thighs are like two strands of crimson, the two forearms are like two strands of crimson.'" The blue (tekhelet), the appearance of which, is like the appearance of the sky hints to the soul which is from the upper beings. And they hinted to this in their saying (Menachot 47b), "What [makes] tekhelet different than all other colors? Because tekhelet is like the sea, and the sea is like the sky, and the sky is like the Throne of Glory, as it is stated (Exodus 24:10), 'And they saw the God of Israel, etc.' and it states (Ezekiel 1:26), 'The Throne appeared as sapphire stone'" - and the souls of the righteous are stored underneath the Throne. And because of this, they said (Menachot 39a) that we wrap the string of tekhelet around the white, as the soul is above and the body below. They said that we make seven or thirteen windings [around the white strings] to allude to the heavens and the divisions between them. And it is as they said (Menachot 39a), "It is taught, 'One who wishes to do fewer should not do fewer than seven, nor should he add more than thirteen, corresponding to the seven heavens and the six air-spaces between them.'" **From** the laws of the commandment is that which they,

ספר החינוך Sefer HaChinukh

may their memory be blessed, said (Menachot 43b) that on a garment that has five or more corners we only put fringes in the four most distant corners. And [also] that which they said (Menachot 28a) that the four fringes impede one another, since all four of them are one commandment. And what they said (Menachot 38a) that the tekhelet does not impede the white [strings] and the white does not impede the tekhelet, which does not mean that they are actually two commandments, as it is all one commandment, but it means that that they do not impede one another. [This is the case] today where we cannot find tekhelet, such that we should still not hesitate to put white fringes without tekhelet onto our garments, and recite the blessing upon them as if it were complete with the tekhelet. Also - when the tekhelet is available - if one has no white strings, he may place the tekhelet on his garment, wrap himself in its garment and recite the blessing upon it. **The** tekhelet dye that we are commanded to use, is similar to the appearance of a pure blue sky, and it is made from the blood of a fish called the chilazon, whose appearance is like the appearance of the ocean (Menachot 44a). And it is found in the Dead Sea, and we dye a string of wool in it. And it has been many days for Israel that we have not heard of anyone who merited [having] tekhelet in his talit. It must be dyed for the sake of its commandment, and the white strings also must be spun for the sake of the commandment. We may not use wool that was caught in thorns when the herd was crouching, nor from hairs that were torn from the animal, nor from the remnant left over from the loom, nor from stolen wool nor wool from a condemned city (of Jewish idolaters), nor from consecrated wool. If [any of these was used,] it is disqualified. Fringes that were spun (some have the textual variant, 'hung') by a non-Jew are disqualified, as it is stated, "Speak to the Children of Israel [...] and they shall make." But if a Jew made them without [proper] intention, it is fit, [nonetheless] ex post facto. And I have heard from great scholars that the making of fringes by women is not fit (see Rabbenu Tam, which is brought in the Ramah on Shulchan Arukh, Orach Chayim 12:1). **How** are the fringes made? (Mishneh Torah, Laws of Fringes 1:6) Four strings are passed through the corner of the garment, such that there are now eight ends hanging from the corner. This is not done precisely at the corner, but [a half-] thumb's distance from the edge, as Rabbi Yaakov said that Rabbi Yochanan said in the Gemara (Menachot 42a), "It must be one large joint away." One of the strings should be longer so that it can be used for winding [around] the others. Five double knots are tied (Tosafot on Menachot 39a, s.v. lo); and between each knot, he makes three rings (windings), and between the final knot, four rings, so that there are a total of thirteen rings. The strings are made long so that it be enough for two [thirds] of the length to be branching; meaning to say without the knots and rings, besides the knots and rings. This is the main [approach to the] ideal fulfillment of the commandment. But ex post facto, even one ring suffices, and so [too,] ex post fact, even if the strings of the fringes shorten, even if there is only enough to make a basic bow, it is fit (Menachot 38b). But if even one string is completely torn, it is disqualified. **And** one who owns a four cornered garment is not required to put fringes on it so long as he does not wear it. And the law is like [the view] of Rav who said, (Menachot 42a) [that] fringes is an obligation on the man, meaning that the obligation is for a person to put fringes on a garment when he wears it. But he is not obligated to put fringes on a garment that is sitting in a drawer, as the law is not like the other view, that it is an obligation on the garment itself. [This] would mean that if a person had many four cornered garments in his home, he would be obligated to put fringes on all of them, even if he never wears them. [But] this is not [the case], as the law is like Rav, as we have said. **And** if one has a linen garment, he should place linen fringes in it, for the law is not like [the view of] Beit Shammai who taught (Menachot 40a) that a [linen] cloak is exempted from fringes. [This] means to say that since a linen garment could never have tekhelet placed on it, because [it would form] a forbidden mixture [of wool and linen] - as tekhelet must always be wool, since the tekhelet dye would never be absorbed properly by linen but rather only by wool, and the Torah obligates us in proper tekhelet - and since it would be impossible to ever put a string of wool into the linen because of the forbidden mixture, even white strings, meaning strings of linen, are not put on. This is what [they meant when] they said that Beit Shammai exempts a [linen] cloak from fringes. But the law is not like them, since their reason is because they did not expound adjacent verses; rather the law is like Beit Hillel who did expound adjacent verses. And they [therefore] held that there is no prohibition of forbidden mixtures in fringes, as the Torah stated (Deuteronomy 22:11-12), "Do not wear shaatnez (wool and linen together). Make fringes for yourself" - meaning to say, but fringes you may make for yourself from shaatncz. And therefore, Beit Hillel held that a [linen] cloak is obligated in fringes, and the law

is like them. Still, we do not put tekhelet on [a linen garment] due to a concern about indigo; that is, lest they would dye it with a non-tekhelet dye and then it would be shaatnez without the [performance of a] commandment. They asked in the Gemara in Menachot 40a, "Why? Is it not just white [strings]?" That is, for Beit Hillel who did expound adjacent verses, why should we make such a decree? As even if it is indigo, what is with that? Behold, we said that the forbidden mixture is permitted in fringes, meaning even with white [strings] - that is to say, even to put fringes of white wool in a garment of linen - and it is not [even] necessary to say that [it would be allowed] with fringes of wool that are dyed with tekhelet as is its commandment. And it was answered that these words that Beit Hillel said forbidden mixtures were permitted in fringes on the [strength of the] expounding of adjacent verses is only in cases where there is not from it; meaning to say when it is impossible from its own type - e.g. in a linen garment, if you want to place tekhelet in it, you will need wool regardless, as tekhelet is impossible without wool. [Only] in such cases did Beit Hillel rely on the expounding of adjacent verses and obligate the use of tekhelet in a linen garment. If however, there is 'from it,' meaning to say where you want to use white strings without tekhelet in a linen garment, it is not acceptable to use wool on the strength of the expounding of adjacent verses, as those white strings can be made of linen. This [follows] the principle of Reish Lakish; as Reish Lakish said that in any case where it is possible to maintain both the positive and negative commandments it is better [to do so], and only otherwise do we say that the positive commandment supersedes the negative. And here it is possible to maintain both commandments, for if you do not wish to place tekhelet with the white, linen suffices. And since this is so, if you use wool [you have violated the law of] forbidden mixtures and there is nothing [to help you]. Because there are many interpretations of these matters, I have spent some time on it for you. And from what I found in my trap I have set the table for you. But if you merit, my son, you will distinguish the truth. And if you perhaps find valid reason to challenge my words in this matter - or even in another - you should not mind the honor of your father and teacher, and I will then read (consider) your destruction as building. **And** know that even though this commandment is only obligated by the Torah when he has a four cornered garment (Mishneh Torah 3:18) - like there is no obligation for the commandment [to build a] parapet unless one has a roof - the Sages still warned much about this commandment and said (Menachot 41a) that it is fitting to pursue it. They also said (Shabbat 32b) that a person who is careful [in the fulfillment of this commandment] will merit to be waited upon by many servants, as the Torah equated it to and depended upon it the fulfillment of all the other commandments, as it is stated, "And you will see it and remember all the commandments of the Lord." And Rabbi Elazar said that one who is careful in this and tefillin and mezuzah is assured that he will never sin, as it is stated (Ecclesiastes 4:12), "The three fold thread will not easily break." **And** you will find the laws of this commandment in Tractate Menachot in the fourth chapter (see Tur, Yoreh Deah 8-22. **This** commandment is practiced by men in every place and at all times, but not by women. But if women want to [wear fringes, they may do so] without [reciting] a blessing, according to some commentators (Mishneh Torah, Laws of Fringes 3:9). But others say even with a blessing (Rabbenu Tam in Tosafot on Rosh Hashanah 33a, s.v. Rabbi Yehudah). And one who transgressed it and wore a wool or linen garment - that meets the size requirements above and it is his - without fringes has violated this positive commandment. And if it is [made] from other materials he has nullified a rabbinic commandment. But if it is not his own garment but rather it is borrowed, it is exempt for all thirty days. [This] means to say from the day that he borrowed it until the completion of the thirty days, he is exempt (Mishneh Torah, Laws of Fringes 3:4). From then on, he is obligated to put fringes on it.

מצוה שפז

שלא לתור אחר מחשבת הלב וראית העינים - שלא נתור אחר מחשבת הלב וראית העינים, שנאמר (במדבר טו לט) ולא תתורו אחרי לבבכם ואחרי עיניכם אשר אתם זנים אחריהם. ענין לאו זה שנמנענו שלא ניחד מחשבותינו לחשב בדעות שהם הפך הדעת שהתורה בנויה עליו, לפי שאפשר לבוא מתוך כך למינות, אבל אם יעלה על לבו רוח לחשב באותן דעות הרעים יקצר מחשבתו בהם, וישנה לחשב בדרכי התורה האמתיים והטובים, וכמו כן שלא ירדף האדם אחר מראה עיניו, ובכלל זה שלא נרדף אחר תאוות העולם הזה, כי אחריתם רעה וכדי בזיון וקצף, וזהו שאמרו זכרונם לברכה (ברכות יב, ב) ולא תתורו אחרי לבבכם זו מינות, ואחרי עיניכם זו זנות, שנאמר (שופטים יד ג) ויאמר שמשון אל אביו אותה קח לי כי היא ישרה בעיני. **שרש** מצוה זו נגלה, כי בזה ישמר האדם מחטא להשם יתברך כל ימיו, והמצוה הזאת באמת יסוד גדול בדת, כי המחשבות הרעות

אבות הטמאות, והמעשים ילדיהן, ואם ימות האדם טרם יוליד אין זכר לבנים, נמצאת זאת המניעה שרש שכל הטובות יוצאות ממנה. ודע בני ותהי מרגלא בפומך מה שאמרו זכרונם לברכה (אבות ד ב) עבירה גוררת עבירה, ומצוה גוררת מצוה, שאם תשית דעתך למלאת תאותך הרעה פעם אחת תמשך אחריה כמה פעמים, ואם תזכה להיות גבור בארץ לכבש יצרך ולעצום עיניך מראות ברע פעם אחת יקל בעיניך לעשות כן כמה פעמים. כי התאוה תמשך הבשר כמשך היין אל שותיו. כי הסובאים לא תשבע נפשם לעולם ביין, אבל יתאו אליו תאוה גדולה, ולפי הרגילם נפשם בו תחזק עליהם תאותם, ולו ישתו שם כוס מים יפיג יקוד אש תאות היין ויערב להם, כן הדבר הזה כל איש בהרגילו בתאוות ובהתמידו בהן יחזק עליו יצרו הרע יום יום, ובהמנעו מהם ישמח בחלקו תמיד כל היום, ויראה כי עשה האלהים את האדם ישר והמה בקשו חשבנות רבים. ללא תועלת של כלום. **דיני** מצוה זו קצרים, הרי בארנו בזה רב עקרן [הלכות עבודת אלילים פרק ג]. **ונוהגת** מצוה זו בכל מקום ובכל זמן בזכרים ונקבות. והעובר על זה ויחד מחשבתו בענינים אלו שזכרנו שמביאין האדם לצאת מדרך דעות תורתנו השלמה והנקיה ולהכנס בדעת המהבילים הכופרים רע ומר. וכן מי שהוא תר אחר עיניו, כלומר, שהוא רודף אחר תאוות העולם, כגון שהוא משים לבו תמיד להרבות תענוגים גדולים לנפשו מבלי שיכון בהם כלל, לכונה טובה, כלומר, שלא יעשה כדי שיעמד בריא ויוכל להשתדל בעבודת בוראו, רק להשלים נפשו בתענוגים, כל מי שהוא הולך בדרך זה עובר על לאו זה תמיד בכל עת עסקו, במה שאמרנו. ואין לוקין על לאו זה, לפי שאין זה דבר מסים שנוכל להתרות בו העובר עליו, כי מהיות האדם בנוי בענין שאי אפשר לו שלא יראה בעיניו לפעמים יותר ממה שראוי, וכמו כן אי אפשר לו שלא תתפשט המחשבה לפעמים יותר מן הראוי, על כן אי אפשר להגביל האדם בזה בגבול ידוע, גם כי פעמים אפשר לעבר על לאו זה מבלי שום מעשה, וכבר כתבתי למעלה (מצוה שמה שמו) שכל לאו שאפשר לעבר עליו מבלי מעשה, אף על פי שעשה בו מעשה אין לוקין עליו לפי הדומה.

Mitzvah 387

To not wander after the thoughts of the heart and the vision of the eyes: That we not wander after the thoughts of the heart and the vision of the eyes, as it is stated (Numbers 15:39), "Do not wander after your hearts and your eyes." The content of this negative commandment is that we were prevented from dedicating our thoughts to think about opinions that are antithetical to the ones on which the Torah is built, as that may lead one to apostasy. Rather, if the spirit to pursue these bad opinions should arise, one should minimize his thinking about them, and redouble his efforts to contemplate the true and good ways of the Torah. Similarly, one

ספר החינוך Sefer HaChinukh

should not pursue the things he sees; and included in this is that we not pursue after the desires of this world, for in the end they are evil and 'there is much shame and wrath.' This is [the meaning of] what they, may their memory be blessed, said (Berakhot 12b), "'Do not stray after your hearts' refers to apostasy. 'After your eyes' refers to licentiousness, as it is stated (Judges 14:3), 'And Samson said to his father, "Take her for me, as she is right in my eyes."'" **The** root of this commandment is revealed, as through it a person is protected from sinning against God all his days. This commandment is really a fundamental principle in the religion, as evil thoughts are the progenitors of impurities, and the actions are their descendants. And if a person dies before having children, there is no record of the progeny; so it emerges that this prevention is the root that all good comes from. Understand my son, and let it be a jewel in your mouth, that which they, may their memory be blessed, said (Avot 4:2), "One sin leads to another, and one commandment leads to another." As if you allow yourself to fulfill your evil desire one time, you will be drawn after it many times. But if you merit to be 'mighty in the land' and to conquer your evil inclination and close your eyes from seeing evil one time, it will be easier for you to do so many times. As lust pulls the body like wine draws the drinker. Drunkards can never be sated by wine, but they will rather have a great desire for it. And according to [the large quantity that] they have gotten themselves accustomed, the stronger their desire will become. And if only they would drink a cup of water, it would temper the burning fire of [their] desire for wine, and make it pleasant for them. The same is true here: The more a person allows himself to be governed by his desires and to allow them to become habit, the stronger his evil inclination becomes every day. But in his preventing himself from them, he will always be happy with his portion every day; and he will see that 'God made people straight, but they seek out many schemes' for no reason of any point. **The** laws of this commandment are brief; behold, we have already elucidated the bulk of their essence here (see Mishneh Torah, Laws of Foreign Worship and Customs of the Nations 3). **And** this commandment is practiced in all places and at all times by men and women. And one who transgresses it and dedicated his thought to these topics that we mentioned that cause a person to abandon the views of our perfect, pure Torah and to [partake of] the view of the empty heretics that are bitter and evil, or if he wandered after his eyes; that is, he chased the desires of the world - for example, if he constantly attempts to maximize great delights for himself without any attention paid to some positive gain that could be realized from it, meaning that he does not do it in order to be healthy and be able to strive in the service of his Creator, but just to maximize delights for himself - anyone who follows this path has violated this negative commandment constantly whenever he is involved in what we have said. But we do not administer lashes for this negative commandment, because there is no specific thing for which the transgressor can be warned, as man is made in such a way that it is impossible for his eyes not to sometimes see more than what is fitting, and it is similarly impossible for his thought not to sometimes go beyond what is fitting, so it is impossible to limit a man with clear boundaries about this. Also, this negative commandment can be transgressed without any deed at all; and I already wrote earlier (Sefer HaChinukh 346) that for any negative commandment that can be transgressed without a deed - even if a person does a deed - it seems that no lashes are administered to him.

מצוה שפח

מצות שמירת המקדש - שנצטוו הכהנים והלוים לשמר המקדש וללכת סביבו תמיד בכל לילה ולילה כל הלילה (עי' בסהמ"צ לר' חיים הלר עשה כב). ושמירה זו היא כדי לכבדו ולרוממו ולפארו, לא מהיות שום פחד מאויב חלילה. שנאמר (במדבר יח ד) ושמרו את משמרת אהל מועד. ולשון ספרי (כאן), ואתה ובניך אתך לפני אהל העדות. הכהנים מבפנים, והלוים אף מבחוץ, כלומר לשמר אותו וללכת סביבו. ובמכלתא אמרו (ספרי זוטא כאן) ושמרו את משמרת אהל מועד. אין לי אלא בעשה וכו', הנה התבאר ששמירתו מצות עשה היא. ושם נאמר עוד גדלה למקדש שיש עליו שומרין אינו דומה פלטרין שיש עליה שומרין לפלטרין שאין עליה שומרין, וידוע שפלטרין שם ההיכל. **משרשי** המצוה. מה שכבר כתבתי כמה פעמים, כי בכבוד הבית סבה לתת מוראו אל לב בני אדם, ובבואנו שם לבקש תחנה וסליחה מאת אדון הכל יתרככו הלבבות אל התשובה במהרה, וכענין שאמרנו בארכה בסדר ואתה תצוה (מצוה צח) ומכבודו של בית הוא, למנות עליו שומרים כדרך המלכים הגדולים אשר בארץ שיעשו כן, וכמו שבא במכלתא, אינו דומה וכו' כמו שכתוב בסמוך. **מדיני** המצוה. מה שאמרו זכרונם לברכה (מדות א, א ב) שארבעה ועשרים אדם שומרים אותו בכל לילה בארבעה ועשרים מקומות, הכהנים שומרים בשלשה מקומות מבפנים, והלוים מבחוץ, ומעמידין אחד שהיה מחזר על המשמרות כל הלילה ואבוקות דולקות לפניו, ואיש הר הבית נקרא, וכל משמר שאינו עומד ואומר לו איש הר הבית שלום עליך נכר שהוא ישן, וחובטו במקלו, ורשות היה לו לשרף את כסותו, עד שהיו אומרים בירושלים מה קול בעזרה? קול בן לוי

ספר החינוך Sefer HaChinukh

לוקה ובגדיו נשרפין שישן על משמרו. **ויתר** פרטיה, כגון היכן היו הלוים והכהנים שומרים? ואם ארע קרי לאחד מהם כיצד הוא עושה? וכיצד סדרן ומעשיהן סמוך לשחר? הכל מתבאר יפה בפרק ראשון ממסכת תמיד ומסכת מדות [הלכות בית הבחירה פרק ח]. **ונוהגת** בכהנים ולוים בזכרים בזמן הבית, כי הם נתיחדו בצואת שמירת המקדש ולא הישראלים. ואם עברו על זה ובטלו שמירה זו בטלו עשה, מלבד שעברו על לא תעשה, כמו שנכתב בסדר זה (מצוה שצז) בעזרת השם.

Mitzvah 388

The commandment to guard the Temple: That the priests and the Levites were commanded to guard the Temple and walk around it constantly the whole night, on each and every night (see R. Chaim Heller - Sefer HaMitzvot LaRambam, Mitzvot Ase 22) - and this guarding is to honor it, to exalt it and to glorify it, and not from there being any fear from the enemy, God forbid - as it is stated (Numbers 18:4), "and they shall guard the guarding of the Tent of Meeting." And the language of Sifrei Bamidbar 116 is "'And you and your sons with you will be in front of the Tent of Testimony' (Numbers 18:2) - the priests inside and the Levites only outside"; meaning to say to guard it and to walk around it. And in the Mekhilta (Sifrei Zuta on Numbers 18:4), they said, "'And they shall guard the guarding of the Tent of Meeting' - I only know of a positive commandment, etc." Behold, it is elucidated that its guarding is a positive commandment. And there it says another greatness of the Temple is that it has guards - "A palace that has guards is not similar to a palace that does not have guards." And it is known that the palace is a name for the sanctuary. **What** I have already written several times is from the roots of the commandment - that the glory of the [Temple] brings awe to the heart of people. And in our coming there to request supplication and pardon from the Master of All, [our] hearts will soften to quick repentance; and like the matter that we said at length in the Order of VeAtah Tetsaveh (Sefer HaChinukh 98). And it is from the glory of the [Temple] to appoint guards for it, like the way of great kings in the world that do such; and as it comes in the Mekhilta, "It is not similar, etc.," as is written adjacently (above). **From** the laws of the commandment is that which they, may their memory be blessed, said (Mishnah Middot 1:1-2) that twenty-four men guard it every night in twenty-four stations: the priests guard in three stations inside and the Levites outside. And they would appoint one who would circulate to the stations all of the night and there would be torches lit in front of him, and he was called the man of the Temple Mount. And it would be recognizable that any sentry that would not get up when the man of the Temple Mount would say to him, "Peace unto you," was asleep. And [the man of the Temple Mount] would hit him with his stick, and he had the right to burn his clothing, to the point that they would say in Jerusalem, "What is the voice in the Courtyard? It is the voice of a Levite being struck and his clothes burning, because he was sleeping at his sentry. **And** the rest of its details, such as where did the Levites and the priests guard; if one of them had a nocturnal emission, how would he proceed; how was their order and their activities close to the dawn are all nicely elucidated in the first chapter of Tractate Tamid and Tractate Middot (see Mishneh Torah, Laws of The Chosen Temple 8). **And** it is practiced by priests and Levites [that are] males at the time of the [Temple]. As they were designated in the command of guarding the Temple, and not the Israelites. And if they transgressed this and nullified this guarding, they have violated a positive commandment, besides violating a negative commandment, as we will write in this Order (Sefer HaChinukh 297), with God's help.

מצוה שפט

שלא יתעסקו הכהנים בעבודת הלוים ולא הלוים בעבודת כהנים - שלא יתעסקו הלוים בעבודת הכהנים, ולא הכהנים בעסק הלוים, אלא כל אחד יעשה מלאכתו המיחדת לו, מדכתיב (במדבר ד יט) איש איש על עבודתו ואל משאו. ולשון המניעה שבאה בזה הוא שנאמר בלוים (שם יח ג) אך אל כלי הקדש ואל המזבח לא יקרבו ואחר כן שב הכתוב מדבר אל הכהנים ואמר ולא ימותו גם הם גם אתם, ירצה לומר בזה, שאתם כמו כן יכלל אתכם לאו זה, כי כמו שהלוים נמנעים ממלאכתם כך אתם נמנעים ממלאכתכם. ולשון ספרי (כאן), אל כלי הקדש והמזבח אזהרה, ולא ימותו ענש, אין לי אלא הלוים שענושין ומזהרין על עבודת הכהנים, כהנים על עבודת הלוים מנין? תלמוד לומד גם הם, ומעבודה לחברתה מנין? תלמוד לומר גם אתם. ומצאנו (ספרי כאן) שבקש רבי יהושע בן חנניא לסיע את רבי יוחנן בן גדגדה בהגפת דלתות, אמר לו חזר לאחוריך, שכבר אתה מתחיב בנפשך, שאני מן השוערים ואתה מן המשוררים. הנה התבאר שכל לוי שלא יעשה במקדש שלא מלאכתו המיחדת לו חיב מיתה בידי שמים, וכמו כן הכהנים הזהרו שלא יקרבו למלאכת הלוים, ואולם אם עברו בזה אינם במיתה, אלא במלקות. ואמרו במכילתא אל כלי הקדש ואל המזבח לא יגשו יכל אם נגעו יהו חיבין? תלמוד לומר אך, משום עבודה הם חיבים ולא משום נגיעה. אין לי אלא הלוים על ידי הכהנים, הכהנים על ידי הלוים מנין? תלמוד לומר גם

אתם. ושם נאמר הלוים על של כהנים במיתה, ואין הכהנים על של הלוים אלא בלא תעשה. **משרשי** המצוה. לפי שעבודת שתי כתות אלה היא עבודה יקרה ומקדשת, על כן צריכה המלאכה להשמר מאד מן היאוש, מן העצלה והשכחה, ואין ספק, כי כל מלאכה המוטלת על שני אנשים או יותר הפשיעה מצויה בה יותר ממלאכה המוטלת על האחד לבדו, כי הרבה פעמים יסמכו שניהם כל אחד על חברו ותתבטל המלאכה מביניהם, זה דבר ברור לכל אדם, ודרך משל אמרו זכרונם לברכה (ב"ב כד, ב) על כיוצא בזה קדירא דבי שתפי לא חמימא ולא קרירא. **מדיני** המצוה. מה שאמרו זכרונם לברכה (שקלים ה, א). חמשה עשר ממנים היו במקדש אחד על הזמנים, כלומר לכוין עת הקרבן, ומיד מזרז אותם ואומר עמדו כהנים לעבודה ולוים לדוכן וישראל לעבד, וכיון ששומעין קולו באים כל אחד למלאכתו. וכהנים ולוים ידועים היו עובדים שם, וכמו שאמרו זכרונם לברכה (תענית כז, א) כי משה ושמואל הרואה ודוד המלך חלקום לארבע ועשרים משמרות, כדאיתא בתענית (שם), ועובד כל משמר שבת אחת, וחוזרין חלילה, וכל אנשי המשמר מחלק אותם ראש המשמר לבתי אבות, וכל יום מימי השבת עובדין בו אנשים ידועים, וראשי האבות מחלקין להם אנשים ידועים איש איש על עבודתו, ולא היו רשאים לסיע זה את זה, וכן הלוים לא היו רשאים לסיע המשורר לשוער, ולא השוער למשורר. ומאלו החמשה עשר ממנים שזכרנו, הראשון כבר אמרנו שהיה ממנה על הזמנים, והשני היה ממנה על נעילת שערים, שלישי על השומרים, רביעי על המשוררים, וכו'. כמו שבא במשנה. ויתר פרטיה במקומות בסדר קדשים ובספרי ובמכילתא כמו שאמרנו למעלה [ה' כלי המקדש פ"ג]. **ונוהגת** בזמן הבית בכהנים ולוים. ולוי העובר על זה ועשה במקדש במלאכת כהן או אפילו במלאכת חברו הלוי חיב מיתה בידי שמים, וכן כהן שעבר ועשה במלאכת הלוי עבר על לאו, אבל אינו חיב מיתה, כמו שאמרנו למעלה. ומן הדומה, כי הכהן שסיע במלאכת חברו הכהן גם כן במיתה.

Mitzvah 389

That the priests not be involved in the service of the the Levites and the Levites in the service of the priests: That the priests not be involved in the service of the Levites and the priests in the business of the Levites, but rather each one does the work designated for him, from that which is written (Numbers 4:19), "each man to his service and his load." And the language of the prevention that comes about this is that which is stated about the Levites (Numbers 18:3), "but to the vessels of the Holy and to the Altar they shall not approach"; and afterwards the verse returns to speak about the priests, "and they shall not die, also they and also you" - meaning to say with this that you too, you are included in

ספר החינוך Sefer HaChinukh

this negative commandment. Since just like the Levites are prevented from their work [when it is not assigned to them], so too are you prevented from your work [when it is not assigned to you]. And the language of the Sifrei on Numbers 18:3: "'To the vessels of the Holy and to the Altar' [is the] warning; 'and they shall not die' is the punishment. I only [know] that the Levites are punished and warned about the service of the priests; from where do I know [the same] about the priests [doing] the service of the Levites? [Hence] we learn to say, 'also you.'" And we have found (Sifrei on Numbers 18:3) that Rabbi Yehoshua ben Chananiah wanted to help Rabbi Yochanan ben Gudgodah in the closing of the doors, [and] he said to him, "Go back, as you are already liable with your soul (life), as I am from the gatesmen and you are from the singers." Behold, it is elucidated that any Levite that does work in the Temple that is not his designated work is liable for death by the hand of the Heavens. And so [too,] the priests are warned not to approach the work of the Levites. However, if they did transgress this, they are not killed, but rather [get] lashes. And they said in the Mekhilta (Sifra Zuta), "'To the vessels of the Holy and to the Altar they shall not approach' It is possible that they would be liable if they touched [them]. [Hence] we learn to say, 'but' - for the work they are liable, and not for touching. I only [know] about the Levites for the [work of the] priests, from where do I know about the priests for the [work of the] Levites? [Hence] we learn to say, 'also you.'" And there it is said that the Leivtes on that of the priests is [punished] with death, but the priests on that of the Levites is only with [the consequences of violating] a negative commandment. **It** is from the roots of the commandment [that] because the service of these two groups is a very precious and holy service, therefore the work needs to be very guarded from abandon, from slothfulness and from forgetfulness. And there is no doubt that there is more negligence with any work incumbent upon two people or more, than work incumbent upon one alone. As many times each one of the two of them will rely upon his fellow, and the work will be neglected by both of them. This is something clear to all men. And by way of a parable, they, may their memory be blessed, said about something similar to this (Bava Batra 24b), "A stew of partners is not hot and not cold." **From** the laws of the commandment [is] that which they, may their memory be blessed, said (Mishnah Shekalim 5:1), "There were fifteen appointees in the Temple: one was over the times," meaning to say to determine the time of the sacrifice. And he immediately envigorates them and says, "Priests, stand at your services; Levites, to the platform; and Israel, to serve!" And once they hear his voice, each one comes to his work. And specific priests and Levites would serve there. And it is like they, may their memory be blessed, said that Moshe and Shmuel the Seer and King David divided them into twenty-four shifts, as it is found in Taanit 27a. And each shift would serve for a week and take turns in a cycle. And the head of the shift would divide all the men of the shift into clans. And each day of the week specific men would work, and the heads of the clans would divide specific men, each one to his service, and they would not be allowed to assist one another [in their tasks]. And so [too,] the Levites, the singer would not be allowed to help the gatekeeper; nor the gatekeeper, the singer. And of these fifteen appointees that we mentioned, we have already said that the first was appointed over the times; the second was appointed over the closing of the gates; third over the guards; fourth over the singers, etc., as it comes in the Mishnah. [This] and the rest of its details are in [various] places in the Order of Kedoshim and in Sifrei and in Mekhilta, as we have said above (see Mishneh Torah, Laws of Vessels of the Sanctuary and Those who Serve Therein 3). **And** it is practiced at the time of the [Temple] by priests and Levites. And a Levite that transgresses it and does the work of the priest in the Temple, or even the work of his fellow Levite, is liable for death by the hand of the Heavens. And so [too,] a priest that transgressed and did the work of the Levite has violated a negative commandment, but he is not liable for death, as we said above. And apparently, a priest that assists in the work of a fellow priest is also [liable for] death.

מצוה שצ

שלא יעבד זר במקדש - שלא יעבד זר במקדש. כלומר כל מי שאינו מזרע אהרן, שנאמר (במדבר יח ד) וזר לא יקרב אליכם. ונכפלה המניעה בזה בלשון אחר בכתוב, והוא שנאמר (שם כב) ולא יקרבו עוד בני ישראל אל אהל מועד לשאת חטא למות. **משרשי** המצוה. כתבתי למעלה בסדר זה במצות עבודת המקדש (מצוה שצד). **מדיני** המצוה. מה שאמרו זכרונם לברכה, שאין חיוב אזהרת קריבה זו, אלא הקרב לעבודה מכל העבודות שהן מיחדות בכהן, וכמו שאמרו זכרונם לברכה (זבחים לב א) מקבלת הדם ואילך מצות כהנה, כגון יציקות, בלילות, תנופות, הגשות, והרבה עבודות כאלו מפרשות בגמרא שמצותן בכהן הרי אלו כלן באזהרה לזר, והקרבן פסול. אבל יש שם עבודות שאינן בכלל אזהרה זו, כגון שחיטה

ספר החינוך Sefer HaChinukh

שכשרה אפילו לכתחלה בזרים, ואפילו בקדשי קדשים, וכן הולכת העצים, וכן הדלקת הנרות שאם הוציאן הכהן לחוץ אחר שהטיב אותן שמתר לזר להדליקן, ויש מהן ארבע עבודות לבד מיחדות שהן חמורות שיש בהן חיוב מיתה, והם זריקה, הקטרה, הקרבה, ונסוך, ועליהם נאמר והזר הקרב יומת, וכמו שנתבאר במסכת יומא בפרק בראשונה כל מי, שהוא רוצה לתרום (כד א) ויתר פרטיה, מבארים שם ביומא ובפרק בתרא ממסכת זבחים [הלכות ביאת המקדש פ"ג]. **ונוהג** אסור זה בזכרים ונקבות, בזמן הבית, ואף בזמן הזה אף על פי שהוא שמם בעונותינו. והעובר על זה ועשה במקדש אפילו היום אחת מכל העבודות שהם בכהנים עובר על לאו, כמו שכתבנו (מצוה קפד, שסג), ואם עשה אחת מארבע עבודות שזכרנו חיב מיתה בידי שמים.

Mitzvah 390

That a foreigner not serve in the Temple: That a foreigner not serve in the Temple - meaning to say anyone who is not from the seed of Aharon - as it is stated (Numbers 18:4), "and a foreigner will not approach you." And the prevention of this is repeated with a different expression in Scripture, and that is as it is stated (Numbers 18:22), "And the Children of Israel shall not again approach the Tent of Meeting, to carry guilt, to die." **I** have written from the roots of the commandment above in this Order in the commandment of the service of the Temple (Sefer HaChinukh 394). **From** the laws of the commandment is that which they, may their memory be blessed, said that this warning of approaching is only [about] one who approaches to [do] a service from one of the services that are specific to a priest. And it is like they, may their memory be blessed, said (Zevachim 32a), "From the receiving of the blood and onward, it is a commandment of the priesthood." For example, pourings, mixings, wavings, bringings and many other services like these that are explained in the Gemara that are commanded to be with a priest; behold, they are all with a warning to the foreigner, and the [effected] sacrifice is disqualified. But there are [also] services that are not included in this warning, such as slaughtering, which is fit, even a priori, with a foreigner, and even of sacrifices of the highest sanctity. And so [too,] lighting the lights; such that if a priest took them outside after he arranged them, it is permitted for a foreigner to light them. And there are only four specific services among them that are weighty, such that there is liability for the death penalty for them. And they are throwing, burning incense, placement [of the sacrifice] and pouring libations. And it is about them that it is stated, "and the

ספר החינוך Sefer HaChinukh

foreigner that approaches shall die," as it is elucidated in the first chapter of Yoma [entitled] Kol Mi Shehu Rotseh Litrom (Yoma 24a). [This] and the rest of its details are elucidated there in Yoma and in the last chapter of Tractate Zevachim (see Mishneh Torah, Laws of Admission into the Sanctuary 3). **And** this prohibition is practiced by males and females at the time of the [Temple]; and even at this time, even though it is desolate, on account of our iniquities. And one who transgresses it and does one of the services that are specific to the priests in the Temple even today, violates a negative commandment, as we have written (Sefer HaChinukh 184, 263). And if he does one of the four services that we mentioned, he is liable for death by the hand of the Heavens.

מצוה שצא

שלא לבטל שמירת המקדש - שלא לבטל שמירת המקדש ללכת סביבו תמיד בכל לילה, שנאמר (במדבר יח ה) ושמרתם את משמרת הקדש. וידוע שלשון שמירה עומד במקום לאו, וכמו שאמרו זכרונם לברכה (עירובין צו, א) כל מקום שנאמר השמר פן ואל אינו אלא לא תעשה. ואמרו במכלתא ושמרו את משמרת אהל מועד אין לי אלא בעשה, ומנין בלא תעשה? תלמוד לומר ושמרתם את משמרת הקדש. עד כאן, ואולי דרשו עשה ולאו כשימצאו שני המקראות מורים על דבר אחד ומאותו שבא דרך צווי לנכח למדו הלאו, והצווי הנסתר שהוא קל ממנו דרשו בעשה, וכל שוקל הדברים במאזני צדק יודה בזה שהנסתר קל מצווי, שהוא לנכח. **משרשי** המצוה. עם קצת דיניה כמשפט הספר, כתוב בסדר זה במצוה ראשונה (שפח).

Mitzvah 391

To not nullify the guarding of the Temple: To not nullify the guarding of the Temple, [but rather] to always walk around it every night, as it is stated (Numbers 18:5), "And you shall guard the guarding of the Holy." And it is well-known that the expression of guarding takes the place of a negative commandment. And [it is] as they, may their memory be blessed, said (Eruvin 96a), "Every place in which it is stated, 'guard yourself,' 'lest,' and 'not,' is nothing but a negative commandment." And they said in Mekhilta, "'And they shall guard the guarding of the Tent of Meeting' (Numbers 18:4), - I only [know of] a positive commandment. From where [do I know] a negative commandment? [Hence], we learn to say, 'And you shall guard the guarding of the Holy.'" To here [are the words of Mekhilta]. And maybe they expounded a positive commandment and a negative commandment when they found two verses teaching one thing. And from the one that comes by way of a command in second person, they learned a negative commandment; and they expounded the command in third person - which is lighter than it - about a positive commandment. And anyone who weighs the things in just scales will concede about this - that the third person is lighter than a command in second person. From the roots of the commandment - with some of its laws - are written, according to the rule of the book, in the first commandment [on this topic] (Sefer haChinukh 388).

מצוה שצב

מצות פדיון בכור אדם - לפדות בכור אדם, כלומר, שמצוה על כל איש מישראל, שיפדה מן הכהן בנו שהוא בכור לאמו הישראלית שנאמר (במדבר יח טו) אך פדה תפדה את בכור האדם. ומצאנו במקום אחר, שתלה הכתוב הבכורה בפטר רחם, שנאמר בסדר בא אל פרעה (שמות יג ב) כל בכור פטר כל רחם בבני ישראל באדם ובבהמה לי הוא, ופרוש פטר רחם פתיחת רחם, כלומר, שהיה ראשון לפתח רחם אמו, ומפני כן אמרו זכרונם לברכה (בכורות מו, א), שהבא אחר הנפלים, כל נפל שאמו טמאה לדה מחמתו, הבא אחריו אינו בכור לכהן, מפני שלא פתח זה רחם אמו, שהנפל פתחו שקדם לו, אבל כל נפל שאין אמו טמאה לדה בשבילו, הבא אחריו בכור לכהן. ובמסכת נדה (כא, א) יתבאר חלוק זה, ובמסכת בכורות (שם) יתבאר כמו כן איזהו בכור לכהן ולא לנחלה, או בכור לנחלה ולא לכהן? גם אמר שם, שיש בכור לכל, ויש שאינו בכור לאחד מהם. **משרשי** המצוה. כתבתי מה שידעתי בסדר בא אל פרעה ועין שם (מצוה יח). **מדיני** המצוה. מה שאמרו זכרונם לברכה (שם מט, א) שמצות הפדיון הוא, משיש לו שלשים יום ומעלה, שיצא מכלל נפל, שנאמר (במדבר יח טז) ופדויו מבן חדש תפדה. ומצוה זו (קדושין כט, א) מוטלת על האב, עבר האב ולא רצה לפדותו מצוה על הבן לפדות עצמו משיגדיל, והפדיון הוא, בין בכסף השוה חמש סלעים, בין בשוה כסף מן המטלטלין שגופן ממון, יצאו עבדים וקרקעות ושטרות, שאם פדהו בהן אינו פדוי. חמש סלעים של פדיון האב יכול לתנם לכהן אחד או לכהנים הרבה, והחיוב לתנו לכהן זכר ולא לכהנת דאהרן ובניו כתיב בכסף פדיון בכור, ואם רצה הכהן להחזיר לו הפדיון אחר שנתנו לו יצא ידי חובה, ובלבד שלא יתננו הוא לו על מנת כן. ואם נתנו לו על מנת כן אין בנו פדוי, עד שיגמר בלבו לתנו לו מתנה גמורה. ואם פרש ונתן לו על מנת להחזיר ונתפיס הכהן בכך בנו פדוי. **וכן** למדונו רבותינו שבזמננו, שבסדר כזה עושין פדיון הבן, מביאין כוס יין והדס לבית אבי הבן או למקום אחר, והכהן שיבחר בו האב לתת לו פדיון בנו מברך תחלה על היין ועל ההדס, ואחר כך מברך ברכה זו ברוך אתה ה' אלהינו מלך העולם, אשר

קדש עבר במעי אמו, ולארבעים יום חלק את אבריו מאתים ארבעים ושמנה אברים, ואחר כך נפח בו נשמה, כדכתיב (בראשית ב ז) ויפח באפיו וגו'. עור ובשר הלבישו, ובעצמות וגידים סוככו, כדכתיב (איוב י יא) עור ובשר תלבישני ובעצמות וגידים תסככני. וצוה לו מאכל ומשתה, דבש וחלב, להתענג בו, וזמן לו שני מלאכי השרת לשמרו בתוך מעי אמו, דכתיב חיים וחסד וגו' אמו אומרת זה בני בכורי, שבו פתח הקדוש ברוך הוא דלתי בטני, אביו אומר, זה בני בכורי הוא, ואני מזהר לפדותו. שנאמר (שמות יג יג) וכל בכור אדם בבניך תפדה, יהי רצון מלפניך ה' אלהי, שכשם שזכית את אביו לפדותו כן תזכהו לתורה לחפה ולמעשים טובים, ברוך אתה ה' מקדש בכורי ישראל לפדיונם. ואבי הבן מברך שתים (רמב"ם בכורים פי"א הל"ה) על פדיון הבן, ושהחינו. ונותן לכהן הפדיון הידוע, שהוא חמש סלעים, כמו שקצוב בתורה, והם ששים ארגינ"ץ של כסף צרוף במשקל ארצנו, ואחר הפדיון, מברך הכהן שלש ברכות אלו שכתבנו. **עוד** כתב הרמב"ן זכרונו לברכה, שבשעה שנותן האב כסף פדיונו לכהן, שנותן בנו ביד הכהן ואומר לו הכהן איזה חביב עליך יותר, בנך או חמש סלעים הללו? והאב משיב בני חביב עלי. מיד נוטל הכהן הדינרין ומוליכן בידו על ראש הבן ואומר זה תחת זה, חלוף זה, זה מחלל על זה, יצא זה לכהן, ויכנס זה הבן לחיים ולתורה וליראת שמים, יהי רצון, שכשם שנכנס לפדיון כן יכנס לתורה ולחפה ולמעשים טובים, ונאמר אמן. ונתן הכהן את ידיו על ראש הבן ומברכו כפי שיודע לברכו, כגון יי שמרך וגו' (תהלים קכא ה). כי ארך ימים ושנות חיים וגו' (משלי ג ב), יי ישמרך מכל רע ישמר את נפשך וגו' (תהלים שם ז). ומוציאו לכל חפצו. ויתר פרטיה, במסכת בכורות [יו"ד סימן שה]. **ונוהגת** מצוה זו בכל מקום ובכל זמן בישראלים הזכרים אבל לא בנקבות, שכך קבלנו (קדושין כט א) שהאיש שהוא חיב לפדות עצמו הוא חיב לפדות בנו, אבל לא האשה שהיא אינה בת פדיה. וכן אינה נוהגת בכהנים ולוים (בכורות ד א) מקל וחמר אם הם פטרו ישראל במדבר מפדיון בכורות דין הוא שיפטרו את עצמן, ועוד אמרו זכרונם לברכה (שם מז א), שאפילו בן ישראל הבא מן הכהנת או הלויה בנו ממנה, פטור מפדיון, לפי שהדבר תלוי באם, שבפטר רחם תלה הכתוב. והעובר על זה ולא פדה בנו משהוא ראוי, כלומר משעברו עליו שלשים יום, אם מת קדם שיפדנו בטל עשה זה, ואוי לו שנשא עונו על נפשו, ואף על פי שאין למצוה זו זמן קבוע, דבכל שעתא ושעתא אחר שלשים יום זמנה היא, אף על פי כן חכם לב יקח מצות. ויקדים ויעשה אותן מיד שאפשר לו, וחפץ יי בידו יצלח. ולפי הדומה, שהאב חיב לעולם לפדות בנו, ואפילו אחר שהגדיל הבן המצוה מוטלת על האב, וכמו שאמר הכתוב (שמות יג יז) וכל בכור אדם בבניך תפדה. הרי שהטיל המצוה על האב, וכן נראה בקדושין.

Mitzvah 392

ספר החינוך Sefer HaChinukh

The commandment of redeeming the first-born of a man: To redeem the first-born of man; as it is a commandment upon every man in Israel to redeem, from the priest, his son who is the firstborn to his Israelite mother - as it is stated (Numbers 18:15), "but you shall redeem the first-born of man." Elsewhere we find that the Torah makes being firstborn dependent on exiting the womb, as it it is stated in the Order of Bo el Pharaoh (Exodus 13:2), "all the first-born, all that exit the womb of the Children of Israel - whether man or beast - is Mine." And the meaning of exit the womb is opening the womb, meaning who was the first to open the womb of the mother. And because of this, they, may their memory be blessed, said (Bekhorot 46a) that one who is born after a stillborn - any stillborn for which the mother would be impure [as a result of it] - the one that comes after it is not a first-born to [be redeemed from] the priest, as the stillborn preceded him; but if the fetus [is not developed enough that] the mother [contracts] the impurity of birthing, the one that comes after it is a first-born. In Tractate Niddah (Niddah 21a) this distinction is elucidated, and likewise in Tractate Bekhorot (Bekhorot 46a) is elucidated which first-born children are considered first for the priest and not for inheritance, and which are first for inheritance but not for the priest. It also said there that there is a firstborn for everything and one that is not a firstborn for [even] one of them. I have written what I have known from the roots of the commandment in the Order of Bo el Pharaoh. See there (Sefer HaChinukh 18). **From** the laws of the commandment is that which they, may their memory be blessed, said (Bekhorot 49a) that the commandment of redemption [begins when] the child is thirty days old, for [at that point he is no longer considered a potential] stillborn, as it is stated (Numbers 18:16), "And his redemption that you redeem, from one aged a month." And this commandment is the responsibility of the father (Kiddushin 29a). If the father transgressed and did not want to redeem him, the commandment devolves upon the son, to redeem himself when he becomes an adult. The amount of the redemption is five sela, whether it be money equivalent to five sela or commodities that are the equivalent of money, such that their makeup is money, to exclude slaves, land and deeds - as if one redeemed him with them, he is not redeemed. The five sela may be given to one priest or to several priests, and the obligation is to give it to a male priest, and not to a female priestess; as it is written regarding the money of redeeming the firstborn, "Aharon and his sons." If the priest wishes to return the redemption money after it

ספר החינוך Sefer HaChinukh

is given to him, [the father] has [still] fulfilled his obligation, so long as the money is not given with this condition [in mind]. If he did give the money with this condition, the son is not redeemed, until he concludes in his heart to give it to him as a full gift. But if he did specify and gave the money with the condition that it be returned, and the priest was appeased to this, the child is redeemed. Our Rabbis also taught us that in our time, we do the redemption of the first-born in an order like this: They bring a cup of wine and a myrtle branch to the home of the father of the son or to [some] other place, and the priest to whom the father chooses to give the redemption of his son blesses first over the wine and over the myrtle and then recites this blessing - "Blessed are You, our Lord, King of the Universe, Who sanctified the fetus in his mother's innards, and at forty days individuated his limbs into two hundred and forty-eight limbs, and then breathed in the spirit of life, as it is written (Genesis 2:7), 'and He breathed in his nostrils...'; He clothed him with skin and flesh, and covered him with bones and ligaments, as it is written (Job 10:11), 'He clothed me with flesh and skin and covered me with bones and ligaments.' He appointed food and drink for him, honey and milk to bring him joy, and appointed two ministering angels to guard him in his mother's womb, as it is written (Job 10:12), 'with life and kindness, etc.'" His mother says, "This is my firstborn son, with which God opened the doors of my belly." His father says, "This is my first-born and I am warned about redeeming him, as it is stated (Exodus 13:13), 'and all the first-born of man, your sons shall you redeem.' May it be the will in front of You, Lord, my God, that as You have allowed his father to merit to redeem him, so too should you allow him to merit Torah, marriage and good deeds. Blessed are You, Lord, who sanctified the first born of Israel to be redeemed." The father of the son then recites two blessings: 'on the redemption of the first born'; and 'Who has allowed us to live.' He gives the well-known redemption to the priest, which is five sela, as specified in the Torah. This is equal to sixty argents of refined silver in our land. And after the redemption, the priest recites these three blessings that we wrote. **Ramban**, may his memory be blessed, also wrote that when the father gives the money to the priest, he should first give the child into the priest's hand, and the priest should say, "Which is more beloved to you, your son or these five sela?" And the father responds, "My son is more beloved to me." The priest immediately takes the silver coins and passes them over the head of the son and says, "This is in the place of this, traded for

ספר החינוך Sefer HaChinukh

this, this is rendered no longer sacred through this. This goes out to the priest and this child should come to life and Torah and fear of heaven. May it be His will that as this one came to redemption, may he also come to Torah, marriage and good deeds, and let us say amen." The priest places his hands on the son's head and blesses him, according to how he knows to bless him, such as "May the Lord guard you, etc." (Psalms 121:5), or "As length of days and years of life, etc." (Proverbs 3:2) or "The Lord shall protect you from all evil and guard your soul, etc." (Psalms 121:7). And [the father] takes him out for all of his will. [This] and the rest of its details are elucidated in Tractate Bekhorot (see Tur, Yoreh Deah 308). **This** commandment is practiced in every place and at all times by male Israelites, but not by females. As we have in our tradition that only a man who is obligated to [potentially] redeem himself is obligated to redeem his son; but not a woman, who is not [in the category of] redemption. The commandment is also not practiced by priests and Levites (Bekhorot 4a) from an a fortiori argument (kal vechomer): If they could exempt Israelites from redemption of the firstborn in the wilderness, it follows that they would exempt themselves. They, may their memory be blessed, also said that even a son of an Israelite who has relations with a priestess or a Levite woman and his son is from her is exempt from redemption (Bekhorot 47a); since the matter is dependent upon the mother, as Scripture made it dependent on exiting the womb. And one who transgressed this and did not redeem his son from when he is fit, that is after thirty days have passed [from his birth]; if he dies before he has redeemed him, he has violated this positive commandment, and woe unto him for he carries his sin upon his soul. And even though there is no specified time for this commandment, as any time after thirty days have elapsed is appropriate, still the wise of heart will grab commandments and perform them at the first available moment, and 'the desire of God will prosper in his hand.' And it seems that the father is always obligated to redeem his son. And even after the son matures, the commandment is incumbent on the father, as the verse states (Exodus 13:17), "And all the first-born of man, your sons you shall redeem" - behold, that the commandment is made incumbent on the father. And so, does it seem in Kiddushin.

מצוה שצג

שלא לפדות בכור בהמה טהורה - שלא נפדה בכור בהמה טהורה, מפני שהתורה צותה לפדות פטר חמור, אולי יעלה על דעתנו לפדות גם כן בכור בהמה טהורה בבהמה אחרת על כן באתנו המניעה בזה, שלא נפדה אותו לעולם. ואפילו עבר ופדהו אינו פדוי, ועל זה נאמר (במדבר יח יז) אך בכור שור או בכור כשב או בכור עז לא תפדה קדש הם. באר הכתוב שלש הבהמות הטהורות, שהן בחיוב מצות בכור, כי מיני החיה שהם שבעה, אינם בתורת בכורות, וכמו שכתבתי בסדר "בא" (מצוה יח). **משרשי** מצות הבכור לתתו לכהן, כתבתי שם. וענין האזהרה שלא לפדותו, נקשר עמו וקחנו משם. **מדיני** המצוה. כתב הרמב"ם זכרונו לברכה (בכורות א, יז) הבכור כמו שאין פודין אותו כך אין הכהן יכול למכרו בעודו תם, דכיון שהוא עומד לקרבן אין לכהן זכות בו למכרו. ובזמן הזה שאין בית, הואיל ולאכילה עומד הרי זה מתר למכרו, ואף על פי שהוא תמים, בין לכהן, בין לישראל, עד כאן. ודאי שזה שאמר רבנו זכרונו לברכה הואיל ולאכילה עומד כונתו לומר לכשיפל בו מום. ובכור בעל מום יש לכהן למכרו בכל זמן, בין בפני הבית ושלא בפני הבית, בין חי בין שחוט, לכל אדם, ואפילו לגוי, דכחלין גמורין הוא. כמו שכתוב (דברים יב טו) הטמא והטהור יחדו כצבי וכאיל. ומכל מקום, הזהירו חכמים שלא למכרו בשוק דרך פרהסיא, אלא בבית. יתר פרטיה, מבארים במסכת בכורות (פ"ה) [יו"ד סי' שו].
ונוהגת מצוה זו בארץ ישראל, כמו מצות קדוש בכור בהמה טהורה, שהוא נוהג בארץ בלבד, כדעת קצת המפרשים (עי' ב"י סימן שו), בין בפני הבית ושלא בפני הבית, שנאמר (דברים יד כג) ואכלת לפני יי אלהיך מעשר דגנך וגו' ובכרות בקרך וצאנך. ודרשו זכרונם לברכה (תמורה כא, ב) ממקום שאתה מביא מעשר, דהינו ארץ ישראל אתה מביא צאן ובקר. ומי שהביא מחוצה לארץ בכור לארץ אין מקבלים ממנו, ולא יקרב דחלין גמורין הוא. והכל חיבים במצוה זו (רמב"ם שם ה"ז) כהנים, לוים וישראלים, שנאמר (דברים טו יט) כל הבכור אשר יולד וגו'. ואף על פי שנפטרו כהנים ולוים מפדיון בכור אדם ופטר חמור, כמו שכתבנו בכל אחד מהם בסדר זה (מצוה שצב), ובסדר בא אל פרעה (מצוה כב) חיבים הם בזו. והעובר על זה ופדה בכור בהמה טהורה, אף על פי שלא הועילו לו מעשיו ואינו פדוי, אלא בקדשתו הוא כמו שהיה עבר על לאו, שלענין העברת הלאו לא אכפת לן אי אהנו מעשיו או לא, וכדאיתא בתמורה פרק ראשון (ד, ב) במחלקת אביי ורבא. אבל אינו לוקה, לפי שאפשר לעבר עליו מבלי מעשה.

Mitzvah 393

To not redeem the first-born of a pure animal: That we should not redeem the first-born of a pure (kosher) animal. Since the Torah had commanded that the first-born donkey be redeemed, it may have come to our minds to also redeem the first-born of a pure animal with another animal. Therefore, this prevention came to us,

ספר החינוך Sefer HaChinukh

that we should never redeem it. And even if one transgressed and redeemed it, it is not redeemed. About this is it stated (Numbers 18:17), "But the first-born of an ox, the first-born of a sheep, or the first-born of a goat should not be redeemed; they are sacred." The verse elucidated the three types of pure (domesticated) beasts that are subject to the commandment of the first-born, as the seven varieties of wild animals are not included in the law of firstborns, and as I explained in the Order of Bo (Sefer HaChinukh 17). I wrote about the roots of the commandment of the first-born to give it to the priest there. The matter of the warning not to redeem it is connected to it - so take it from there. **From** the laws of the commandment: Rambam, may his memory be blessed, wrote (Mishneh Torah, Laws of Firstlings 1:17), "Just as the first-born cannot be redeemed, so too can the priest not sell it while it is still unblemished. As since it stands to be offered as a sacrifice, the priest does not have the right to sell it. But at this time (when there is no Temple), since it is destined to be eaten, behold, it is permitted to sell it, even though it is unblemished - whether to a priest or an Israelite." To here [are his words]. Certainly, about that which our Teacher, may his memory be blessed, said that it is destined to be eaten, his intention was to say, when it gets a blemish. And a blemished first-born can be sold by the priest at any time, whether the Temple [is standing] or whether the Temple [is not standing], whether it is alive or whether it is slaughtered, to any person, even a non-Jew, as it is completely non-sacred, as it is written (Deuteronomy 12:15), "The pure and the impure together, like the gazelle and the deer." Still, the Sages warned not to sell it in the marketplace in public, but rather at home. The rest of its details are elucidated in Tractate Bekhorot [Chapter 5] (see Tur, Yoreh Deah 306). **And** this commandment is practiced in the Land of Israel, like the commandment of sanctifying the first-born pure animals, which is only practiced in the Land of Israel, according to some commentators (see Beit Yosef, Yoreh Deah 306) - both when the Temple [is standing] and when the Temple [is not standing] - as it is stated (Deuteronomy 14:23), "And you shall eat before the Lord, Your God, the tithes of your grain, etc. and the first-born of your cattle and your sheep." And they, may their memory be blessed, expounded [it to mean] (Temurah 21b), from the place that you bring your tithes - which is the Land of Israel - you shall bring your sheep and cattle. And if one brought a first-born animal from outside the Land, they would not accept it from him and it may not be sacrificed, as it is completely non-sacred. Everyone is

Sefer HaChinukh ספר החינוך

obligated in this commandment, priests, Levites, and Israelites, as it stated (Deuteronomy 15:19), "Any first-born that is born, etc." (Mishneh Torah, Laws of Firstlings 1:7). And even though the priests and the Levites are exempt from redeeming the first-born of man and the one that exits the donkey, as we have written about each one of them in this Order (Sefer HaChinukh 392) and in the Order of Bo el Pharaoh (Sefer HaChinukh 22), they are obligated in this. And one who transgressed this and redeemed his first-born pure animal - even though his actions were not effective and it is not redeemed, but rather it is is sacred as it was [before] - he has violated a negative commandment. As regarding the transgression of the negative commandment, [the efficacy of] the violation of a negative commandment does not concern us, as is found in the first chapter of Temurah (Temurah 4b), in the disagreement of Abbaye and Rava. But he is not lashed, as he could transgress it without an act.

מצוה שצד

מצות עבודת הלוים במקדש - להיות הלוים עובדים במקדש להיות שוערים ומשוררים בכל יום על הקרבן. שנאמר (במדבר יח כג) ועבד הלוי הוא וגו'. ולשון ספרי שומע אני אם רצה יעבד, ואם לא רצה לא יעבד תלמוד לומר ועבד הלוי הוא על כרחו. כלומר, שהדבר ההוא חובה, וענין זה מוטל עליו בהכרח. ונתבאר כמו כן בפרק שני מערכין (יא, א), שהשיר בפה לא יאמר אותו לעולם, אלא הלוי. ונכפלה מצוה זו בלשון אחר בתורה, שנאמר (דברים יח ז) ושרת בשם יי אלהיו. ואמרו שם בערכין אי זהו שרות שהוא בשם השם? הוי אומר זו שירה. **משרשי** המצוה. לפי שכבוד המלך והמקום הוא להיות שם אנשים ידועים משבט ידוע, קבועים לשרותו, ולא יכנס זר ביניהם לעבודה, כעין מלכותא דארעא, ימנו להם אנשים ידועים נכבדים להיות כל מלאכת ההיכל נעשית על ידם, כי לא ראוי למלך שישנה בכל יום משרתים לפניו ויהיו הכל משתמשים בכתר שרות המלך זה דבר ברור הוא. מדיני המצוה. מה שאמרו זכרונם לברכה (בכורות ל, ב) שבן לוי שקבל עליו כל מצות לויה חוץ מדבר אחד אין מקבלין אותו עד שיקבל את כלם. ועבודה שלהן היתה שהיו שומרים את המקדש, כמו שכתבנו בסדר זה, (מצוה שפח), והיו מהם שוערים, לפתח ולסגר שערי המקדש. **ועקר** עבודתם, לשורר על הקרבן ולא היו אומרים שירה אלא בעולות צבור שהן חובה, ועל שלמי עצרת בעת נסוך היין, אבל על עולות נדבה שעושין הצבור לקיץ המזבח, וכן בנסכים הבאין בפני עצמן אין אומרים עליהם שירה, לוי האונן מתר לעבוד ולשורר, ואין פוחתין לעולם משנים עשר לוים שעומדין על הדוכן לומר שירה על הקרבן, ומוסיפין עד לעולם, והשירה שאומרים

הלוים היא בפה שעיקר שירה בפה היא; ואחרים היו עומדים שם שמנגנים בכלי שיר, מהם לוים ומהם ישראלים מיחסין שמשיאין אותם לכהנה, שאין עולה על הדוכן לעולם אלא מיחס. ואין פוחתין לעולם מתשעה כנורות, ומוסיפין עד לעולם. וצלצלים היה אחד בלבד, ומן הדומה, כי הטעם, לפי שקולו המצלתים גדול ומבעית קצת, ואלו היו הרבה לא היו נשמעין יתר כלי הנגון ששם, וכל שכן שירת הפה. והחלילין שהיו מנגנין בהם היה אבוב שלהם של קנה, מפני שקולו ערב, ושנים עשר יום בשנה החליל מכה (מנגן) לפני המזבח; והוא דוחה שבת, לפי שהוא מעבודת הקרבן, וקרבן דוחה את השבת. ואין בן לוי נכנס לעבודה, עד שילמדוהו חמש שנים, וכמו שלמדו זכרונם לברכה מן הכתוב, ומכאן אמרו זכרונם לברכה (חולין כד א), שתלמיד שלא ראה סימן יפה בתלמודו חמש שנים, שוב אינו רואה. ואינו נכנס לעבוד לעולם עד שיהא גדול, שנאמר "איש איש על עבדתו" ואין הלוי נפסל לעבודה בשנים, ולא במומין, אלא בקלקול הקול, כגון הזקנים שמתקלקל קולם לעת זקנה, וזהו שנאמר בתורה "ומבן חמשים שנה ישוב מצבא העבדה (במדבר ח, כה) אינו אלא בזמן שהיו נושאין המשכן ממקום למקום; ואפילו בעת זקנה שנתקלקל קולו אינו נפסל לשמירת המקדש ולהגפת דלתות. וכל זה עם יתר פרטיה יתבאר יפה במקומות מתמיד ומדות, גם בפרק שני מערכין מבאר קצת מענין זה. והארכתי לך בני מעט בזה, כי מהרה יבנה בית המקדש ותצטרך לו, אמן כן יעשה השם. [ה' כלי המקדש פ"ט]. **ונוהגת** בזמן הבית בלויים. ולוי העובר על זה ולא שר על הקרבן ביומו הקבוע לו כי ימים קבועים להם לפי חלוק המשמרות אלא ששתק, בטל עשה זה, וענשו גדול מאד, שנראה שאינו חפץ בכבוד עבודת השם, ועל כן ימנענו האל מכבוד; ואשר יחפץ מן הלוים בעבודת בוראו החיים והשלום והברכה והכבוד יהיו אתו.

Mitzvah 394

The commandment of the service of the Levites in the Temple: That the Levites serve in the Temple to be gatekeepers and to sing everyday over the sacrifice, as it is stated (Numbers 18:23), "And the Levite shall serve, he, etc." And the language of the Sifrei is "I can understand if he wants, he serves, and if he does not want, he does not serve. [Hence], we learn to say, 'And the Levite shall serve, he' - [even] against his will," meaning to say that this thing is an obligation, and that this matter is incumbent upon him perforce. And it is also elucidated in the second chapter of Arakhin 11a, that no one should ever say the song of the mouth (in the Temple) besides the Levite. And this commandment is repeated in the Torah with a different expression, as it is stated (Deuteronomy 18:7), "And he shall serve in the name of the Lord, his God." And

ספר החינוך Sefer HaChinukh

they said there in Arakhin, "What is the service that is [done] in the name of the Lord? It should be said, it is song." **It** is from the roots of the roots of the commandment [that it is] because it is the glory of the King and the place that there be specific people from a specific tribe, that are affixed to His service, and that foreigners not come to serve. [It is] similar to earthly monarchy, [wherein] they appoint specific respected people, such that all of the work of the king be done through them. As it is not fitting for a king that his servants in front of him should change every day, and that all would make use of the crown of the king's service. That is something clear. **From** the laws of the commandment is that which they, may their memory be blessed, said (Bekhorot 30b), that we do not accept a [Levite] who accepts all of the commandments of the Levites except for one thing, [but rather only if] he accepts all of them. And their service was that they would be guardsmen for the Temple, as we have written in this Order (Sefer HaChinukh 388). And some of them were gatekeepers, to open and close the gates of the Temple. **But** the core of their service is to sing over the sacrifice. And they would only say song with communal burnt-offerings that are obligatory and upon the peace-offerings of [Shavouot] at the time of the wine libation; but not over voluntary offerings that the community would make for the 'end of the altar.' And so [too], they would not say song upon libations that came on their own. A Levite who is bereaved (onen) is permitted to serve and sing. We do not ever decrease below twelve Levites that stand on the platform to say song over the sacrifice, but we [may] increase [as much as is wanted]. And the song that the Levites would say was with the mouth, as the crux of song is with the mouth. And others would stand there that would play musical instruments - some of them Levites and some of them pedigreed Israelites that [their family be permitted to] be married to [priests] - as only the pedigreed are ever able to go up to the platform. And we never reduce below nine lyres, but we [may] increase [as much as is wanted]. And there was only one cymbals. And it appears that the reason is that the sound of cymbals is loud and a bit frightening; and [so] if there were many, the rest of the musical instruments that were there would not be heard - all the more so, the song of the mouth. And the hollow of the flutes that they would play with were of reed, since their sound is pleasant. And the flute would strike [play] in front of the altar twelve days a year. And it pushes off the Shabbat, since it is [a part of] the service of the sacrifice, and the sacrifice pushes off the Shabbat. And a [Levite] does not come to the service until they teach him for five years. and as they, may their memory be blessed, learned from the verse. And from here, they, may their memory be blessed, said (Chullin 24a) that a student that does not see a good sign of (some success) for five years, will never see [it]. And he does not ever come to serve until he is an adult, as it is stated (Numbers 4:49), "each man to his service." But a Levite is not disqualified by age and not by blemishes, but rather by deterioration of the voice, such as the old men whose voices deteriorate at the time of old age. And that which is stated in the Torah (Numbers 8:25), "But at the age of fifty they shall retire from the legion of service" is only at the time they were carrying the tabernacle from place to place. And even at the time of old age when his voice deteriorates, he is not disqualified from guarding the Temple and from closing the doors. And all of this and the rest of its details are nicely elucidated in [various] places in Tamid and Middot; also, some of this matter is elucidated in the second chapter of Arakhin. And I have written a little at length about this for you, my son, as the Temple will soon be built, and you will need it. Amen, so should God do (see Mishneh Torah, Laws of Vessels of the Sanctuary and Those who Serve Therein 9). **And** [it] is practiced at the time of the [Temple] by the Levites. And a Levite that transgresses it and did not sing over the sacrifice on his set day - as they had set days, according to the division of the shifts - but rather was silent, has violated this positive commandment. And his punishment is very great, as he appears as if the does not desire the glory of the service of God; and therefore, God will prevent him from [any other] glory. But the one of the Levites who desires the service of his Creator; with him will be life, peace and blessing.

מצוה שצה

מצות מעשר ראשון - שנתחיבו בני ישראל לתת חלק אחד מעשרה חלקים מזרע הארץ ללוים, שנאמר (במדבר יח כד) "כי את מעשר בני ישראל אשר ירימו ליי תרומה נתתי ללוים", ונאמר בסדר "אם בחקותי" (ויקרא כז ל): "וכל מעשר הארץ וגו' ליי הוא". וזהו הנקרא "מעשר ראשון". **משרשי** המצוה, לפי ששבט הלוי בחר השם יתברך בתוך אחיו לעבודתו תמיד במקדש, על כן היה מחסדו עליהם לתת להם מחיתם דרך כבוד, כי כן יאות למשרתי המלך שתהיה ארוחתם מזמנת להם על ידי אחרים שיכינוה להם ולא יצטרכו הם ליגע בדבר זולתי בעבודת המלך היקרה, ואף על פי שהם היו שנים עשר שבטים, ולפי חלקה שוה היה ראוי שיטלו חלק אחד משנים עשר, גם זה היתרון להם לכבודם. כי מהיותם מבית המלך ראוי שיהיה

חלקם יתר על כלם, ויתרון גדול הוא שיבוא להם חלק העשירי נקי מכל הוצאות הקרקע, והמחיה משרתי האל בממונו, ברכת השם יתברך תנוח עליו בכל אשר יש לו, וזהו אמרם זכרונם לברכה (אבות פ"ג מי"ג) מעשרות סיג לעשר. גם אמרו זכרונם לברכה (תענית ט א) שאסור לאדם לחשב בלבבו ולומר "אנסה אם ייטיב השם לי בהתעסקי במצותיו". ועל כיוצא בזה נאמר "לא תנסו את יי אלהיכם" (דברים ו, טז), זולתי במצוה זו שמתר לנסות אם יברכהו האל בעשותו אותה ובהיותו זריז עליה, ומפרש הוא על ידי הנביאים, שנאמר "הביאו את כל המעשר אל בית האוצר וגו' ובחנוני נא בזאת אמר יי" (מלאכי ג י). **מדיני** המצוה, מה שאמרו זכרונם לברכה (יבמות פה ב) שהמעשר הזה אשר ללוים הוא חלין גמורים ומתר לאכלו כל אדם, בין לוי, בין ישראל, ואפילו בטמאה, שנאמר "ונחשב לכם תרומתכם", כלומר: המעשר שהוא מורם מתרומת הישראל שהוא לכם "כדגן מן הגרן וכמלאה מן היקב". ודרשו זכרונם לברכה: מה גרן ויקב "חלין לכל דבר", אף מעשר ראשון שנטלה תרומתו חולין לכל דבר, פרוש "שנטלה תרומתו", כלומר אחר שהרימו הלויים מעשר מן המעשר שלהם ונתנוהו לכהנים, זהו הנקרא "תרומתו" וכל מקום שנאמר במעשר "קדש" או "פדיה" אינו אלא במעשר שני. ואמרו בספרי שכל שהוא אכל אדם, ונשמר, וגדולו מן הארץ, חיב במעשר ובתרומה, ומיתי לה מדכתיב בתרומה "ראשית דגנך וגומר". שדרשו זכרונם לברכה: מה דגן ותירוש ויצהר "מאכל אדם" וגדולו מן הארץ, ויש לו בעלים, שנאמר "דגנך" אף כל כיוצא בהם, חיב בתרומה ומעשרות. אבל הירקות אף על פי שהן "מאכל אדם" אין בהם חיוב מעשר אלא מדרבנן. לפי שנאמר במעשר "כל תבואת זרעך" (דברים יד כב), וירק אינו נקרא תבואה. ומדברי הגמרא שאנו סומכין בה יותר. נראה שגם בכל הפרות חוץ מדגן תירוש ויצהר אין חיוב המעשר בהן, אלא מדרבנן, וקרא דמיתו בספרי אסמכתא בעלמא הוא, הכי אסקנא בריש פרק "השוכר את הפועלים" (ב"מ פח א) גבי ההיא דפריק רב פפא תאנה עומדת בגנה ונופה נוטה לחצר, אמנם הרמב"ם זכרונו לברכה, כתב הפך מזה, וכמו שמצא בספרי, וכן מענין המצוה מה שאמרו, שאין מעשרין מן החדש על הישן, ולא מן הישן על החדש, ולא ממין על שאינו מינו, ולא מן החיוב על הפטור, ולא מן הפטור על החיוב. ואם עשר, אינו מעשר, אבל מעשרין שלא מן המקף, אף על פי שבתרומה אינו כן, שאין תורמין אלא מן המקף, ומכל מקום בשאר דברים שוים הן תרומה ומעשרות. דכל שאנו אומרים בתרומה "אין תורמין, ואם תרם תרומתו תרומה". כך במעשר "אם הפריש, מעשרותיו מעשרות". וכל שהוא פטור מן התרומה, פטור מן המעשר, ובסדר שופטים מצות הפרשת תרומה גדולה, נאריך בדברים בעזרת השם, ותראנו משם. וכן מענין המצוה, מה שאמרו זכרונם לברכה, שאין אדם חיב להפריש מעשר מן התורה, אלא הגומר פרותיו לאכלן לעצמו, אבל הגומרן למכרן בשוק, פטור מן התורה, שנאמר "עשר תעשר וגומר ואכלת" (דברים

יד כב) וכן הלוקח אחר שנגמרה מלאכתן, כלומר, שנמרחו ביד מוכר פטור מן התורה וחיב מדבריהם, שנאמר "תבואת זרעך" (שם) כלומר שנגמרה מלאכתן ברשותך. ואין חיוב מעשר חל בפרות עד שיגיעו לעונת מעשר, שנאמר "מזרע הארץ מפרי העץ" (ויקרא כז ל), כלומר עד שיעשה פרי. וכן התבואה עד שתהא תבואה, שנאמר "תבואת זרעך" ומכאן למדו זכרונם לברכה עונת המעשרות שהיא משיגיעו הפרות להזריע ולצמח, הכל לפי מה שהוא, כיצד? התאנים משיעשו רכין שראויין לאכל. התפוחים והאתרוגים משיתעגלו. וכן לכל פרי ופרי קבעו עונתו למעשר, כלומר: שקדם זמן זה הקבוע להם, אוכלין מהן כל הצריך, לפי שאינם בתורת מעשר כלל, אבל אחר זמן זה אין אלא עראי, עד שיקבעו להם גרנן למעשר, ואחר שגרנן קבוע למעשר, אסור לאכל מהם אפילו אכילת עראי. ואיזהו גרנן למעשר? התבואה משימרח, כלומר שימרח פניה ברחת כדרך שעושין בני אדם אחר שעושין ממנה כרי. ובירושלמי (מעשרות פ"א ה"ד) מצינו עוד, שאם אין דעתו למרח, משיעמיד ערמה מתבואתו, הוי גרנו למעשר, דבגרן תלה הכתוב, ואפילו בלא מרוח, כיון שאין דעתו למרח, ואפילו עשה ממנה גרן בתוך ביתו, גם שם עושה הגרן קביעות למעשר. והא דאמר רבי אושעיא: מערים אדם על תבואתו ומכניסה במץ שלה, כדי לפטרה ממעשר, והיא הלכה פסוקה, כדאמרינן במסכת ברכות (לא א) ההיא מירי בשלא העמיד ממנה ערמה בתוך ביתו, וכן שלא מרחה, אלא דש וזרה מעט מעט בלא מרוח ונתן לאוצר מעט מעט, זהו הנראה בענין זה, ובזה הדרך כל השמועות עולות בקנה אחד בריאות וטובות. ואמרו זכרונם לברכה שעונת הקשואין והאבטיחין והדלועין משישפשף, כלומר: שיסיר אותו שער דק שעליהן. ועונת כלכלה של פרות משיחפה הפרות שבה בעלין ובהוצין, וכן לכל פרי ופרי קבעו זמן גרנו, לפי מה שהוא, הכל כמו שבא במסכת מעשרות (פ"א מ"ה). ועוד ראיתי בענין קביעות המעשר מן התורה, שדעת קצת מן המפרשים, שאין קביעות מעשר לעולם בשום צד, עד ראית פני הבית, וגם שיהא בית הראוי לכך, שנאמר "בערתי הקדש מן הבית" (דברים כו יב); והוא שיכניסם לפרות דרך השער, שנאמר "ואכלו בשעריך ושבעו", אבל הכניסן דרך גגין וקרפיפות פטורין מן המעשר והתרומה. וכן כתב הרמב"ם זכרונו לברכה: נראה לי שאין לוקין מן התורה על אכילת הטבל עד שיקבע בכניסתו לביתו, אבל אם נקבע בשאר דברים הקובעין למעשר, אין לוקין עליו אלא מכת מרדות. ויתר פרטיה, מבארים במסכת מעשרות (יו"ד סי' שלח). **ונוהגת** בזכרים ונקבות, בישראלים ובכהנים ובלוים, שאף על פי שכהנים ולוים נוטלין המעשר מישראל חיבים הם לעשר הפרות שלהם בקרקעותיהם, ובאסור טבל הם עליהם, עד שיעשרו אותן, שנאמר "כן תרימו גם אתם", ובא הפרוש עליו: "אתם" הלוים. "גם אתם", לרבות הכהנים. אבל אחר שיעשרו אותן, אם רצו, אוכלין הם בעצמם המעשר או יתנו אותו לכהן אחר. ומצוה זו של מעשר וגם מצות התרומה, אינה נוהגת

מן התורה אלא בארץ ישראל לבדה, ובזמן שיהיו שם כל ישראל. כן פסק הרמב"ם זכרונו לברכה, ובסדר "שופטים" במצות הפרשת תרומה גדולה, נבאר עוד בעזרת השם החלוקין שיש במעשר ובתרומה בין ארץ ישראל לסוריא או חוצה לארץ. ואם חפצך בני לדעת, גמר אותו משם.

Mitzvah 395

The commandment of the first tithe: That the Children of Israel were obligated to give one tenth part of the seed of the land to the Levites, as is is stated (Numbers 18:24), "For it is the tithes of the Children of Israel that they will give to the Lord that I give to the Levites as a gift." And it is stated in the Order of Eem Bechukotai (Leviticus 27:30), "And all of the tithe of the land, etc. it is for the Lord." And that is what is called the first tithe (maaser rishon). **It** is from the roots of the commandment [that] since God, may He be blessed, chose the tribe of Levi from among his brothers for his service in the Temple always, therefore it was from His kindness to them to give them their sustenance in an honorable way. As so is it proper for the servants of the King that their meals should be readied for them by others - that they should prepare it for them and that [the Levites] should not have to toil in anything besides the precious service of the King. And even though they were twelve tribes - and according to their equal portion, it would have been fitting that they take one twelfth part - this advantage to them is also for their glory. As since they are from the house of the King, it is fitting that their portion be more than all [the rest] of them. And it is a big advantage that the tenth part come to them free from all of the expenses of the land. And the blessing of God, may He be blessed, rests upon everything that belongs to the one who sustains the servants of God with his money. And this is what they, may their memory be blessed, said (Mishnah Avot 3:13), "Tithes are a safeguarding fence around wealth." They, may their memory be blessed, also said (Taanit 9a) that it is forbidden for a person to think in his heart and say, "I will test if God does good to me [for] my involvement in His commandments"; and about that which is similar to this is it stated (Deuteronomy 6:16), "Do not test the Lord, your God" - except for in this commandment. As it is permitted to test if God will bless him [for] his doing it and [for] his being alacritous about it. And it is made explicit by the prophets, as it is stated (Malachi 3:10), "Bring the entire tithe into the storehouse, etc. and put Me to the test with it, said the Lord." **From** the laws of the commandment is that which they, may their

ספר החינוך Sefer HaChinukh

memory be blessed, said (Yevamot 85b), that this tithe that is of the Levites is completely non-sacred (chullin) and [so] permissible for any man to eat - whether a Levite or whether an Israelite - and even in impurity, as it is stated (Numbers 18:27), "This shall be accounted to you as your gift." [That is] to say that the tithe which is given as the tithe of Israel is for you "as the grain from the threshing floor or the flow from the vat." And they, may their memory be blessed, expounded [that] just like the threshing floor and the vat are non-sacred for all purposes, so too is the first tithe that had its tithe taken non-sacred for all purposes. [And] the explanation of 'that had its tithe taken' is meaning to say after the Levites skimmed a tithe from their tithe and gave it to the priests. That is what is called 'its tithe.' And every place that it is stated about the tithe, "holy" or "redemption" is only about the second tithe. And they said in Sifrei that all that is food for people and guarded and its growth is from the earth is liable for the tithe and the priestly tithe (terumah). And they [derive] it from that it is written about the priestly tithe (Deuteronomy 18:4), "The beginning of your grain, etc." As they, may their memory be blessed, expounded [that] just like grain, grapes and oil are food of people and its growth is from the earth and has owners, as it is stated, "your grain"; so too all that is similar to them are liable for the tithe and the priestly tithe. But even though vegetables are food of people, they are not liable for the tithe except rabbinically; as about the tithe it states (Deuteronomy 14:22), "all the produce of your seed," and vegetables are not called 'produce.' But from the words of the Gemara that we rely upon more, it appears that also in all [other] fruits besides grain, grapes and oil, is there no liability for the tithe, except rabbinically. And [according to this,] the verse that was brought [as a prooftext] in the Sifrei was only a memory device (asmakhta). This is the conclusion in the beginning of the chapter [entitled] Hasokher et HaPoalim (Bava Metzia 88a) concerning that which Rav Pappa answered that the fig tree stood in the garden, but its branches leaned into the courtyard. However, Rambam, may his memory be blessed, wrote the opposite of this, and like he found [it] in the Sifrei. And so [too] from the topic of the commandment is that which they said that we do not separate the tithe of the new crop for the old crop, and not from the old for the new, not from that which is liable for that which is exempt and not from that which is exempt for that which is liable. And if one separated the tithe [like this], it is not [considered] a tithe. But we do take the tithe from that which is not encircled (close to the produce for which one is liable), even though it is not like this with the priestly tithe, as we only separate the priestly tithe from what is encircled. And nonetheless, with other things the tithe and the priestly tithe are the same; such that anything about which we say regarding the priestly tithe, "we do not take the priestly tithe, but if one [took it], his priestly tithe is a [valid] priestly tithe - so [too,] with the tithe, if he separated it, his tithe is a [valid] tithe. And everything that is exempt from the priestly tithe is exempt for the tithe. And in the Order of Shoftim, we will write at greater length, with God's help, and you can see it there. And so [too] from the topic of the commandment is that which they, may their memory be blessed, said that a person is only obligated to separate the tithe from Torah writ if he finished [the work] on his fruit to eat them for himself, but one who finished them to sell them in the marketplace is exempted, as it is stated (Deuteronomy 14:22), "You shall surely tithe, etc. and you shall eat." And so [too,] one who buys [the produce] after its work has been completed - meaning to say it was put in the threshing floor by the seller - is exempt from Torah writ, but obligated from the words [of the Rabbis], as it is stated, "the produce of your seed," meaning to say that the work was finished in your domain. And the obligation of the tithe does not rest on the fruits until they reach the time of the tithe, as it is stated (Leviticus 27:30), "from the seed of the land, from the fruit of the tree"; meaning to say until it becomes a fruit. And from here, they, may their memory be blessed, learned that the time of the tithe is from when the fruits reach [when they could] be seeded and grow. Everything is according to what [the specific] fruit is. How is this? Figs, from when they become soft such that they are ready to eat; apples and citrons from when they turn round. And so [too,] with each and every fruit, they established its time for the tithe. That is to say until this time that is established for them, we can eat as much as we need, as they are not in the category of the tithe at all. But after this time, it can only be eaten casually, until their threshing floor designates them for the tithe. And after their threshing floor has designated them for the tithe, it is forbidden to eat from them, even casually. And what is their threshing floor with regard to the tithe? Produce from when it is flattened, meaning to say that he flattens its top with a shovel, in the way that people do when they make it into a heap. And in the Talmud Yerushalmi Ma'asrot 1:4, we have found further that if his intention is not to flatten [it], it is a threshing floor for [the designation of] the tithe from when he sets up a pile from his produce. As the verse made it dependent on the threshing floor, and even without flattening, when his intention is not to flatten [it]. And even if he makes a threshing floor of it inside his house; even there, the threshing floor creates the designation for the tithe. And that which Rav Oshaya said, "A man may be crafty about his produce and bring it in with its chaff," so as to exempt it from the tithe - and it is a set law, as we say in Tractate Berakhot 31a - that is speaking when he did not set up a pile inside his house, and so [too,] that he did not flatten it, but rather that he pounded it and winnowed it, little by little without flattening, and put it into the storehouse, little by little. This is what appears in this matter; and in this way, all of the discussions go up in one 'stalk, healthy and well' (are all in agreement). And they, may their memory be blessed, said that the season of squash and watermelon and pumpkin is from when they are rubbed, meaning from when the thin hair that is upon them is removed; and the season of a basket of fruit is from when he covers the fruit inside of it with leaves and fronds. And so [too,] with each and every fruit, they established the time of its threshing floor, according to what it is - everything like it comes in Tractate Maasrot (Mishna Maasrot 1:5). And I have also seen about the topic of designating the tithe by Torah writ that the opinion of some of the commentators is that there is never designation for the tithe from any angle until there is seeing the face of the house (that the produce enter the home), and also that the house be fit for it, as it is stated (Deuteronomy 26:13), "I have cleared out the consecrated from the house." And that is when he brought it in through the gate, as it is stated (Deuteronomy 26:12), "and they shall eat in your gates and they shall be satiated." But if he brought them in through the roofs or the enclosures, they are exempt from the tithe and the priestly tithe. And so did Rambam, may his memory be blessed, write (Mishneh Torah, Laws of Tithes 4:2), "It appears to me that we do not administer lashes from Torah writ for the eating of unseparated produce until they are designated by his bringing them into his house. But if it is designated with the other things that designate for the tithe, we do not administer lashes, besides [rabbinic] lashes of rebellion." [This] and the rest of its details are elucidated in Tractate Maasrot (see Tur, Yoreh Deah 338). **And** it is practiced by males and females, by Israelites and by priests and by Levites. As even though the priests and the Levites take the tithe from [the Israelites], they are [still] obligated to tithe their [own] fruits on their lands. And it stands in the prohibition of unseparated fruit until they tithe them, as it is stated (Numbers 18:28), "So shall you give, also you." And the explanation upon it comes, "You" [is] the Levites; "also you" [is] to include the priests. But after they tithe them; if they want, they can eat the tithe themselves, or [they can] give it to a different priest. And this commandment of the tithe and also the commandment of the priestly tithe is only practiced in the Land of Israel by Torah writ - so did Rambam, may his memory be blessed, determine. And in the Order of Shoftim in the commandment of separating the great priestly tithe, we will elucidate more, with God's help, the differences that there are in the tithe and in the priestly tithe between the Land of Israel and Syria or (other places) outside the Land. If it is your desire to know, my son, learn it from there.

מצוה שצו

מצות הלוים לתת מעשר מן המעשר - שנצטוו הלוים להפריש מעשר מן המעשר שהם נוטלים מישראל ושיתנו אותו לכהנים, שנאמר (במדבר יח כו) ואל הלוים תדבר וגו' והרמתם ממנו תרומת יי מעשר מן המעשר, וזהו נקרא בכל מקום בגמרא תרומת מעשר. וכנו לשון זה על דרך הכתוב, שאמר תרומת השם. ובאר הכתוב שהוא נתן לכהנים, וכמו שנאמר (שם כח) ונתתם ממנו את תרומת יי לאהרן הכהן, והזהיר הכתוב להפריש זה המעשר מן הטוב והנבחר, שנאמר (שם כט) מכל חלבו את מקדשו ממנו. ועוד נאמר על זה (שם לב) ולא תשאו עליו חטא בהרימכם את חלבו ממנו, יורה שאם יוציאוהו מן הרע יהיה עליהם חטא, וזה ענינו כענין לאו הבא מכלל עשה, ולכן אין למנות אותו מן הלאוין. **משרשי** המצוה. הקדמה, אין ספק כי כל שבט הלוי הבדיל השם מעדת ישראל לעבודתו תמיד, ואמנם בשבט עצמו נבחר בהם אחד, להיות לכלם לראש ולקצין ולשר הוא וזרעו לעולם, והוא קדש מקדש בשבט לעמד ולשרת פני השם תמיד, ושאר כל השבט נתן תחתיו לסיע בעבודה, וכמו שכתוב ויאמר יי אל אהרן אתה ובניך ובית אביך תשאו את עון המקדש, כלומר כי כל השבט יקבל שמירת המקדש, ואתה ובניך אתך תשאו את עון כהנתכם, כלומר שעקר העבודה, דהינו הכהנה עליכם היא, וכתיב בתריה, וגם את אחיך מטה לוי שבט אביך הקרב אתך וילוו עליך וישרתוך, כלומר שאתה העקר, ולא הם, וכן כתוב במקום אחר (במדבר ג ט) ונתת את הלוים לאהרן ולבניו נתונים נתונים המה לו. ועל כן בהיות הכהנים עקר הבית בעבודת אלקינו זכו בעשרים וארבע מתנות שנתנו להם, המפרשות בכתוב, וכמו שמנו אותם חכמים זכרונם לברכה (חולין קלג, ב): עשר במקדש, וארבע בירושלים, ועשר בגבולין. ושאר שבטו שהוא נבחר עמו לסיע על ידו זכו גם כן לחיות בטובה מבלי יגיעה, עם מעשר הפרות שנוטלין מכל ישראל. ולמען ידעו ויתבוננו כי כל חלקם

בטובה וחלק אחיהם היא סיבת העבודה לשם, נצטוו לתת מכל אשר יטלו מבני ישראל חלק העשירי למשרתים הגדולים, ובכן יתנו אל לבם כי יש גבוהים עליהם, וגבוה מעל לכלם, הוא שומר הכל יתעלה. גם כי יש בזה זכות וכבוד ומעלה ללוים, לבלתי יגרע שמם ממצות מעשר בחלקם בתבואות, ואל יאמרו בניהם לבניהם זכיתם בתבואה, ואנחנו במצוה, ועכשו יהיה המענה יש תורה ויש קמח. **מדיני** המצוה. מה שאמרו זכרונם לברכה (ביצה יג, א) שבן לוי שלקח המעשר שבלים לא יתן תרומתו שבלים, אלא קונסין אותו לדוש, ולזרות, ולתן לו מעשר מן המעשר מעשר דגן, ואינו חיב לתת מעשר התבן אחר שידוש הכל ויזרה, אבל אם תחלה הפריש המעשר שבלים ודש וזרה נותן לו חלקו מן הכל. ומה שאמרו (תרומות יא, ח) שתרומת מעשר שהיה בה אחד משמנה בשמינית מוליכה לכהן, ובלבד שתהא תרומה ודאית וטהורה, פחות מכן אינו מטפל להוליכה, אלא משליכה באור ושורפה. ומה שאמרו (בכורים ב, ה) שתרומת מעשר מפרישין אותה שלא מן המקף, שנאמר (במדבר יח כח) מכל מעשרותיכם תרימו, כלומר, אפילו יש לך מעשר אחד במדינה זו ואחד במדינה אחרת אתה מפריש תרומה אחת על הכל; ומכל מקום אמרו זכרונם לברכה (גיטין ל א), שתלמידי חכמים אין תורמין אותה אלא מן המקף. ויתר פרטיה מבארים במסכת תרומות ומעשרות ובמקומות ממסכת דמאי [הלכות תרומות פ"א]. **ונוהגת** מצוה זו במקום שתרומה ומעשר נוהגין שם, ובסדר שופטים במצות הפרשת תרומה גדולה (מצוה תקז), נבאר הכל בעזרת השם.

Mitzvah 396

The commandment of the Levites to give a tithe from the tithe: That the Levites were commanded to separate a tithe from the tithe they take from Israel and that they give it to the priests, as it is stated (Numbers 18:26), "And to the Levites you shall speak, etc. and they shall give from it a gift to the Lord, a tithe from the tithe." And this is what is called ' terumat ma'aser ' (literally, the gift of the tithe) in every place in the Gemara. They called it this expression in the way of the verse, which states, "a gift to the Lord." But the verse elucidates that he gives it to the priest, and as it states (Numbers 18:28), "and you shall give from it, the gift of the Lord, to Aharon the priest." And Scripture warns that he separates from the good and the choicest from the tithe, as it states (Numbers 18:29), "from all the fat that you sanctify from it." Moreover, it is stated about this (Numbers 18:32), "You shall bear no sin upon it in separating its fat from it" - teaching that if he takes it out from the inferior [portion], there will be a sin upon them. And this matter is like the matter of a negative commandment that comes by way of deduction from a positive commandment, and

ספר החינוך Sefer HaChinukh

therefore it is not to be counted among the negative commandments. **From** the roots of the commandment, [there is a need to] preface that there is no doubt that God separated the entire tribe of Levi from the congregation of Israel to always serve Him. And still, within that tribe itself, one [group] was selected to be the head, the officer and the minister over all of them - he and his seed forever, and it is the most sacred of all the tribe - to serve and to minister before God permanently. And He placed the rest of the whole tribe below it, to assist in the service - and as it states (Numbers 18:1), "And the Lord spoke to Aharon saying, 'You, your sons, and your patriarchal lineage shall bear the iniquity of the Temple - meaning to say, that the entire tribe will receive the guarding of the Temple. "But you and your sons with you will bear the iniquity of your priesthood" - meaning to say that the primary service - that is the priesthood - is upon you. And it is written after it (Numbers 18:2), "Also your brothers, the tribe of Levi, the tribe of your father, bring close with you, and they shall accompany you and serve you" - meaning to say that you are primary, and not them. And so [too,] is it written elsewhere (Numbers 3:9), "And you shall give the Levites to Aharon and to his sons; they are truly given to him." And so, since the priests are 'the foundation of the home' in the service of our God, they merited twenty-four gifts that are given to them, which are explicit in Scripture, and as the Sages, may their memory be blessed, enumerated (Chullin 133b) - ten in the Temple, four in Jerusalem and ten [outside]. And the rest of the tribe that was chosen with it to assist it also merited to live [from gifts], without toil, with the tithe of the fruits that they take from all Israel. And in order that they know and contemplate that the cause of their portion being free and of the portion of their brothers is the service to God, they were commanded to give a tenth of all they take from the Children of Israel to the 'greater ministers.' And in this way, they will [remind themselves] that there are [others] above them, and that above all of them is the One Who guards all, may He be elevated. With this is also merit, honor and prestige for the Levites, without removing their names from the commandment of the tithe in their portion of the produce. And [the sons of the Israelites] will not [be able to] say to [the sons of the Levites], "You merited the grain, and we the commandment." And now the response will be, "There is 'Torah and there is flour.'" **From** the laws of the commandment - that which they, may their memory be blessed, said (Beitzah 13a) that a [Levite] who took sheaves as tithes, does not give sheaves to the priest from it, but he is fined to pound and winnow [it] and to give him a tithe of the tithe that is a tithe of grain, and he is not obligated to give a tithe of the straw [byproduct], after he pounded everything and winnowed [it], but if he first tithed the sheaths, and [then] pounded and winnowed [it], he must give [the priest] his portion in everything; that which they said (Mishnah Terumot 11:8) that only priestly tithes from the tithe with [at least] 1/64 of a log must he take to the priest, and so long as the priestly tithe is certain (not in doubt) and pure, [but] if it is less than this, he need not busy himself with taking it to the priest, but he rather throws it into the fire and burns it; that which they said (Mishnah Bikkurim 2:5) that the priestly tithe from the tithe can be separated from that which is not [close], as it is stated (Numbers 18:28-29), "From all the tithes [...] you shall gift," meaning to say even if you have a tithe in one country and [another] in another country, you may take one gift for all [of them], but nonetheless they, may their memory be blessed, said (Gittin 30a) that Torah scholars should only take it from [what is close]; and the rest of its details - are elucidated in Tractate Terumot, Ma'asrot, and in parts of Demai (see Mishneh Torah, Laws of Heave Offerings 1). **This** commandment is practiced in the place that the priestly tithe and the tithe are practiced. And in the Order of Shoftim in the commandment of the separation of the great priestly tithe (Sefer HaChinukh 507), we will explain everything.

מצוה שצז

מצות פרה אדמה - שנצטוו ישראל לשרף פרה אדמה, להיות אפרה מוכן למי שיצטרך אליה, ומטהרה מטמאת מת, שנאמר (במדבר יט ב) דבר אל בני ישראל ויקחו אליך פרה אדמה וגו'. וכתיב למטה מזה (שם ט) והיתה לעדת בני ישראל למשמרת וגו'. אף על פי שמלאני לבי לכתב רמזים מטעמי המצות שקדמו על צד הפשט, עם ההתנצלות שהמלאכה לחנך בה בני והנערים חבריו ישמרם אל במצוה זו רפו ידי ואירא לפצות פי עליה כלל גם בפשט, כי ראיתי לרבותינו זכרונם לברכה, האריכו הדבור בעמק סודה וגדל ענינה, עד שאמרו (במדבר רבה חוקת יט, תנחומא שם ו) שהמלך שלמה השיג לדעת ברבוי חכמתו כל טעמי התורה חוץ מזו, שאמר עליה (קהלת ז כג) אמרתי אחכמה והיא רחוקה ממני. גם אמרו במדרש רבי תנחומא (שם ח) רבי יוסי ברבי חנינא אומר אמר לו הקדוש ברוך הוא למשה לך אני מגלה טעם פרה אדמה ולא לאחרים, וכיוצא באלו הדברים רבים. ועתה אל יחשב שומע שענין סודה וסדר חקה, הוא מהיותה מטהרת בהגיע אפרה על גוף המטהר, שהרי כעין דבר זה ימצא בשאר הקרבנות

בענין הזב והיולדות, שתשלום טהרתן בקרבנן הוא. **אבל** עקר הפלא לפי מה ששמעתי, הוא על היותה מטהרת הטמאים, ומטמאה העוסקים בשרפתה. ואף על פי שבכל החטאות הנשרפות מן הפרים ומן השעירים הדין כן, שהשורף אותם מטמא בגדים בשעת שרפתן, עד שיעשו אפר, מכל מקום אין אפרן מטהר. וגם כן התימה הגדול בה בהיותה נעשית מחוץ למחנה, שלא כדרך שאר הקרבנות, ועל דבר זה מונין האמות את ישראל עליה, כי יחשבו שהיא נזבחת לשעירים על פני השדה כמנהגם היום. ואמנם כמה תרופות בעשבי השדה ובאילנות מן הארז אשר בלבנון עד האזוב אשר בקיר מלאים סגלות בהפכים, יקררו החמים ויחממו הקרים, ואלו ידענו מהות הנפש ושרשה ומחלתה ובריאותה, נבין (בחלי) [באולי], כי סגלת הפרה גם כן להחליא הנפש ולטמאה בעסק השרפה, ואחרי היותה אפר מרפא מחלת הטמאה, וזה אינו ברור להשיג בענין כלום, אלא שחיבת הקדש והחשק להשיג ידיעה בנסתר יניד הקנה לכתב. **מדיני** המצוה. מה שאמרו זכרונם לברכה (פרה א, א) שמצות פרה אדמה שתהיה בת ארבע שנים או בת שלש, ואם היתה זקנה כשרה. ואין לוקחין עגלה ומגדלין אותה אלא פרה, שנאמר (במדבר יט ב) ויקחו אליך פרה, וזה שנאמר בה תמימה, כלומר, תמימות של אדמימות, ששתי שערות שחורות או לבנות פוסלות בה. אפילו היה כנוסה (נ"א נגוסה פרוש ננסה) כשרה, ובלבד שכלה אדמה, שאינה צריכה תמימות יותר משאר הקרבנות. ואם היו בה שערות שעקרן אדום וראשן מצבע אחר הכל הולך אחר העקר, וגוזז במספרים את ראשן עד האדום. **והעבודה** פוסלת בה, שנאמר (שם) אשר לא עלה עליה על, וכל העבודות הן כעל, לפיכך אמרו זכרונם לברכה (פרה ב, ג), שאפילו נתן טליתו עליה פסולה, אבל היתה צריכה שמירה וקשרה במוסרה כשרה (פרה אדומה א ז), אבל אם לא היתה צריכה שמירה פסולה שכל שמירה שאינה צריכה משוי הוא. והיתה נלקחת ממעות תרומת הלשכה (שקלים ד, ב) ופרה שנולד בה פסול פודין אותה ויוצאה לחלין. ומה שאמרו (יומא סח, ב) בענין זה שהשורף אותה שהוא טמא הוא המסיע בשריפה, כגון המהפך בבשר והמשליך עצים והמהפך באש, והמחתה בגחלים כדי שתבער האש וכיוצא בזה, אבל המצית את האור לכבשן, והמסדר את המערכה טהור, וכן המתעסק בה משנעשית אפר. **ומעלות** גדולות עשו חכמים בטהרת פרה בשרפתה (רמב"ם פרה אדומה פ"ב), ומהן שהיו מפרישין שבעת ימים קדם שריפת הפרה כהן השורף אותה מביתו ומאשתו, כמו שמפרישין כהן גדול לעבודת יום הכפורים, ודבר זה קבלה. ובכל יום ויום מימי הפרישה מזין עליו מאפר פרה מן הפרות שנשרפו כבר, ואין מזה עליו אלא אדם שלא נטמא במת מעולם, שהמזה צריך שיהיה טהור. ואם תאמר, אם כן שאין הצרך, אלא כדי שיזה עליו טהור, היה אפשר שיזה עליו איש, ואף על פי שנטמא, מכיון שהזה עליו? אינו כן, החישינן שמא זה שהזה עליו, לא היה טהור מטמאת מת. וכן כל הכלים שממלאין בהן להזות על הכהן השורף

אותה כלם כלי אבנים היו, שאין מקבלין טמאה. **ואם** תשאל, כיצד ימצא איש שלא. נטמא מטמאת מת מעולם? אמרו חכמים (פרה ג, ב) שהיו בירושלים חצרות בנויות על גבי סלע תחתיהן חלול מפני קבר התהום. ומביאין נשים עברות ויולדות שם ומגדלות שם את בניהן, וכשרוצין להזות על הכהן השרף, מביאין שורין, מפני שכריסן נפוח, ומניחין על גביהן דלתות, ויושבין עליהן התינוקות על גבי הדלתות, כדי שיהא אהל מבדיל בינם ובין הארץ מפני חשש קבר התהום, וכוסות של אבן ביד התינוקות, והולכין עד מי השלוח, ויורדין שם וממלאין, שאין לחוש שם מפני קבר התהום, שאין דרך בני אדם לקבר בנהרות, וחוזרין ועולין על הדלתות שעל השורים והולכין להר הבית, ושם יורדין והולכין ברגליהן, מפני שכל הר הבית והעזרות אשר תחתיהן חלול מפני חשש קבר התהום, ומהלכין עד פתח העזרה, ונוטלין מן האפר ונותנין בכוסות, ומזין על הכהן השורף, ומטבילין היו התינוקות מפני חשש שמא נטמאו בטמאה אחרת. וכל הדברים האלו מן המעלות יתרות שבפרה, ובהר המשחה היתה נשרפת (פרה שם ו). ודין כיצד שורפין אותה, ובאיזה מקומות מניחין אפרה, וכיצד מקדשין את המים באפר הפרה, וכיצד מטהרין טמאי מת במי נדה, ויתר רבי פרטיה מבארים במסכה המחברת על זה, והיא מסכת פרה [הלכות פרה אדומה פ"א]. **ונוהגת** בארץ ישראל בזמן הבית, והיא מן המצות שאמרנו בראש הספר, שהן מטלות על הצבור כלן. ואמרו רבותינו זכרונם לברכה (שם ה) שתשע פרות אדמות נעשו משנצטוו במצוה זו עד שחרב הבית בשניה, הראשונה עשה משה רבנו עליו השלום, שניה עשה עזרא, ושבע מעזרא עד חרבן הבית, ועשירית יעשה המלך המשיח שיגאלנו במהרה בימינו אמן. ומפני שענין זה של פרה אדמה הוא דבר גדול באמתינו שהיתה מטהרת מידי טמאה חמורה, וזולתה אי אפשר לטמא מת לעשות פסח, שהיא מצוה גדולה מאד, נהגו כל ישראל לקרות פרשה זו בכל שנה ושנה בשבת קודם לפרשת החדש, ולעולם אין מפסיקין בין פרשת פרה לפרשת החדש, והשבת הקבוע לפרשת החדש, לעולם הוא שבת קדם ניסן (עי' שו"ע או"ח סי' תרפ"ה ס"ז).

Mitzvah 397

The commandment of the red heifer: That Israel was commanded to burn the red heifer so that its ashes will be ready for anyone who needs it to be purified from the impurity of the dead, as it is stated (Numbers 19:2), "Speak to the Children of Israel and they shall take to you a red heifer," and it is written below this (Numbers 19:9), "It will be a safeguard for the Children of Israel." Even though my heart has given me the gumption to write hints of the simple reasons for the previous commandments, with the excuse that [this] work is to instruct my son and his young

ספר החינוך Sefer HaChinukh

friends, may God protect them; on this commandment my hands are weak and I am afraid to open my mouth about it at all, since I have seen that our Rabbis, may their memory be blessed, spoke at length regarding the depth of its secret and greatness of its content; to the point that they said (Bemidbar Rabbah 19, Midrash Tanchuma 4:6:6) that King Solomon was able through his great wisdom to understand all the reasons of the Torah, except for this - as he stated about it (Ecclesiastes 7:23), "I have said that I will understand, but it is far from me." They also said in the Midrash Tanchuma 4:6:8, "Rabbi Yose BeRebbi Chanina says, 'The Holy One, blessed be He, said to Moshe, "To you I will reveal the reason for the red heifer, but not to others."'" And there are many other similar statements. And now, the listener should not think that the matter of its secret and the matter of its being an arational commandment (chok) is that the ashes affect purification, as one will find a similar [process] with other sacrifices for the person with a discharge or a new mother, whose purification is completed by the offering of their sacrifices. **The** real wonder, so far as I have heard, is in its purifying the impure, yet rendering impure those involved in its burning. And even though the same is true for all burnt-offerings from cows and goats - that the one who burns them makes his clothes impure at the time that he burns them until they become ashes - nonetheless, their ashes do not purify. Also [part of] its great wonder is that the [process] is done outside of the camp, unlike the way of other offerings. And about this point the [other] nations [have a claim against] Israel, as they will think that it is offered to the demons in the open field, as is their practice today. And yet many medicinal herbs of the field and [medicinal] trees - from the cedars that are in Lebanon to the hyssop on the wall - are full of mysteries [that operate] in opposite [ways]. They heat the cold and cool the hot. And if we understood the nature of the spirit, its root, its illness and its health, we would also understand [perhaps] (about the sickness), since the mystery of the heifer is also to sicken the soul and render impure those who are involved in the burning, while its ashes heal from the sickness of impurity. Yet it is not clear that this would yield any result, but the love of the sacred and the desire to understand the hidden moves the quill to write. **From** the laws of the commandment are that which they, may their memory be blessed, said (Mishnah Parah 1:1) the commandment of the heifer is that it be three or four years old, but if it was [older], it is [also] acceptable. And [that] we do not take a calf and raise her to maturity; but rather a cow (heifer), as it stated (Numbers 19:2), "and they shall take to you a heifer." And [that] that which it states about it "pure" (temimah), is to speak about perfect redness, such that two black or white hairs disqualify it. Even if it was shrunken (other textual variants read, dwarfed, meaning a dwarf), it is acceptable, so long as it is all red - as it does not need to be more perfect than other offerings. And if it had hairs whose roots were red and the tips were another color, it all goes according to the roots. And [so,] he trims the tips with a scissors down to the red. **And** work [with it] disqualifies it, as it is written (Numbers 19:12), "that has borne no yoke upon it." And any labor is [considered equivalent] to a yoke; therefore, they, may their memory be blessed, said that even if he placed a cloak on it, it is disqualified. If, however, it needed to be guarded and it was tied by a rope, it is acceptable (Mishnah Parah 2:3, Mishneh Torah, Laws of Red Heifer 1:7), but if it did not need guarding, it is disqualified, as any protection that is unnecessary is a burden. And it was purchased with money from the collection of the cell (Mishnah Shekalim 4:2). And a heifer that became blemished can be redeemed and it goes out to being non-sacred. And [also] that which they, may their memory be blessed, said (Yoma 88b) about the matter that it is the one who burns the heifer that is impure, that this is the one who assists in the burning - such as the one who turns over the meat, or throws in firewood, or [moves] the fire or stokes the coals to have the fire burn [better], and similar to these - but the one who lights the fire in the furnace, or arranges the wood, is pure, as is anyone who deals with it after it has become ashes. **And** the Sages enacted great stringencies in the purity of the heifer in its burning (Mishneh Torah, Laws of Red Heifer 2:1). And from them is that they would separate the priest who would burn it from his home and from his wife for seven days before the burning; similar to how they would separate the high priest for the service of Yom Kippur. And this thing is from tradition. And on each and every day of the days of separation, they would sprinkle him with the ashes of a heifer from one of the heifers that had already been burnt. And this would only be done by someone who had never been rendered impure by a dead body, as the sprinkler must be pure. And if you say, "If so that the need is only that someone who is pure sprinkles him, [would it not] have been possible for someone who had been impure and was sprinkled upon, to sprinkle him" - it is not like this, as we are concerned that the one who sprinkled [the one sprinkling now] may have not been pure from the impurity of a dead body. And also, any vessels that

ספר החינוך Sefer HaChinukh

were filled to be poured on the priest who would burn the heifer were all vessels of stone, since they [are not susceptible to] acquiring impurity. **And** if you ask, "How we could ever find a man who had never been rendered impure by a dead body ever" - the Sages said (Mishnah Parah 3:2) that there were courtyards in Jerusalem built on rock [and] below them was hollow because of the [concern over the] graves of the deep. And they would bring pregnant women and they would give birth there and raise their children there. And when they wanted to sprinkle on the priest that would burn [the heifer], they would bring oxen - as their bellies were inflated - and they would place slats (literally, doors) on their backs and the children would be made to sit on top of the slats, so that there would be a 'tent,' separating between them and the ground, because of the [concern over the] graves of the deep; and there would be stone cups in the hands of the children. And they would be brought to the waters of Shiloach, and they would descend there and fill [the cups], as there was no concern there over the graves of the deep, since it is not the way of people to bury in rivers. And they would return and mount atop the slats on top of the oxen and go to the Temple Mount. And they would descend there and walk upon their feet, since all of the Temple Mount and the yards' underneaths were hollow, due to the concern over the graves of deep. And they would walk to the opening of the [Temple] yard and take from the ashes and place them in cups; and they would sprinkle the priest that burns [the heifer]. And the children would immerse due to the concern that they had become impure with another impurity. And all of these things are from the extra stringencies of the heifer. And it was burnt on the Mountain of Anointing (Mishnah Parah 3:6). **[These laws]** and the the laws of how we burn it, and in which places we store its ashes, of how the water would be sanctified with the ashes of the heifer, of how we would purify those impure from the impurity of a dead body with the purifying waters, and the rest of its many details, are all elucidated in the tractate that is connected to this, and that is Tractate Parah (see Mishneh Torah, Laws of Red Heifer 1). **And** [it] is practiced in the Land of Israel at the time of the [Temple]. And it is one of the commandments that we spoke about at the beginning of the book that are incumbent upon the whole community. And our Rabbis, may their memory be blessed, said that there were nine heifers that were [processed] from the time we were commanded about this commandment until the destruction of the Second [Temple]. The first was [prepared] by Moshe, the second by Ezra, [and] there were seven from Ezra until the destruction of the [Temple]. And the tenth will be [prepared] by the King Messiah, may he redeem us speedily in our days, amen. And since this is a major matter with our people, as it would purify from the most severe impurity - and without it, it is impossible for one who is impure from the impurity of a dead body to [bring the] Pesach [sacrifice], which is a very great commandment - all of Israel has become accustomed to read this section [of the Torah] each and every year on the week before Parshat HaChodesh, and we never interrupt between Parshat Parah and Parshat HaChodesh. And Parshat HaChodesh is always read on the Shabbat before Nissan (see Shulchan Arukh, Orach Chaim 585:7).

מצוה שצח

מצות טמאה של מת - שנצטוינו להתנהג בענין טמאת מת כמו שצותה אותנו התורה עליו, שנאמר (במדבר יט יד) זאת התורה אדם כי ימות באהל כל הבא אל האהל וכל אשר באהל יטמא שבעת ימים. **משרשי** ענין טמאת גוף המת כתבתי בסדר אמור אל הכהנים במצוה (רסג) מה שיכלתי, וכמו כן קצת הדינים כמנהגי, וקחנו משם. ובמסכת אהלות, יתבארו כל דיני טמאת מת [ה' טומאת מת פ"א]. ובסדר ויהי ביום השמיני במצות טמאת שמנה שרצים (מצוה קנט), תראה כתוב גם כן כי הרמב"ן זכרונו לברכה יחלק על הרמב"ם זכרונו לברכה שלא לחשב כל דיני הטמאות בחשבון המצות, ונמוקו עמו.

Mitzvah 398

The commandment of the impurity of a dead body: That we were commanded regarding the matter of impurity from a dead body to behave as the Torah commanded us about it, as it is stated (Numbers 19:14), "This is the law; a man who dies in a tent - anyone who comes into the tent and everything that is in the tent will become impure seven days." **And** I have written what I could from the roots of the matter of the impurity of the dead body in the Order of Emor el HaKohanim (Sefer HaChinukh 263); and so too, some of the laws - as is my custom - take it from there. And all the laws of the one rendered impure by a dead body are elucidated in Tractate Ohalot (see Mishneh Torah, Laws of Defilement by a Corpse 1). And in the Order of Vayehi Bayom HaShmini in the commandment of the impurity of the eight crawling animals (Sefer HaChinukh 159), you will also see it written that Ramban, may his memory be blessed, disagrees with Rambam, may his memory be blessed, not to count all the laws of the impurities in the tally of the commandments - and his reasoning is with him.

מצוה שצט

מצות מי נדה שמטמאין אדם טהור ומטהרין אדם טמא מטמאת מת בלבד - שנצטוינו בדיני מי נדה, כלומר, בדיני מי הזיה, דהינו מים חיים מערבים באפר פרה, שמזין בהם על הטמאים, ולשון נדה כלומר, הזיה, מלשון זריקה, כמו (איכה ג נג) וידו אבן בי. ונצטוינו בדינים הידועים בכתוב, שמטהרין הטמא, כמו שנאמר (במדבר יט יט) והזה הטהור על הטמא וגו', ומטמאין הטהור טמאה חמורה, כמו שכתוב (שם כא) ומזה מי הנדה וגו'. ומה שנאמר במצוה זו וחקת הפרה פליאה נשגבה לא אוכל לה. **מדיני** המצוה. מה שאמרו זכרונם לברכה (פרה ו, ה) שהמים שנותנין על האפר, אין ממלאין אותן אלא בכלי מן המעינות הנובעים ומן הנהרות המושכין, ונתינת האפר על המים הוא הנקרא לרבותינו זכרונם לברכה קדוש מי חטאת, והמים שהוא נותן עליהם האפר הם נקראים בכתוב מי נדה, והכל כשרים למלאת ולקדש, (שם י, ד) חוץ מחרש שוטה וקטן. והמתעסק במלאכה אחרת בשעת מלוי המים ובהולכתן (שם ד, ד) פסלן, ואחר שנתן בהן האפר אין המלאכה פוסלת בהן, כן קבלנו הדבר. והשכר גם כן פוסל (בכורות כט, א) בקדוש ובהזיה, כיצד? הנוטל שכר לקדש או להזות מימיו כמי מערה, ואפרו כאפר מקלה, אבל הנוטל שכר על המלוי אינו פוסל, ויתר רבי פרטיה, מבארים במסכת פרה [הלכות פרה אדומה פ"א]. **ונוהגת** בזמן הבית בזכרים ונקבות, שכלם צריכין הזאה אם נטמאו במת קדם שיכנסו למקדש או יאכלו הקדשים, ומי שעבר על זה ולא קבל הזאה אם צריך לה בטל עשה זה. וכבר כתבתי במצוה הקודמת, כי הרמב"ן זכרונו לברכה, לא ימנה בחשבון המצות כל דיני הטמאות, וראיותיו החזקות בספר המצות שלו במצות צו.

פרשת בלק אין בה מצוה

Mitzvah 399

The Commandment of the niddah waters which render the pure, impure and only purify someone impure from the impurity of a dead body: That we have been commanded about the laws of the niddah waters, meaning to say in the laws of the waters of sprinkling, which are 'living' waters mixed with the ashes of the heifer, which we sprinkle on the impure. And the expression, ' niddah,' is meaning to say, sprinkling, which is an expression of throwing, as in "and they threw (yadu) a stone at me" (Lamentations 3:53). And we were commanded with laws known from the Scripture: That we purify the impure, as it is stated

(Numbers 19:19), "And the pure will sprinkle the impure, etc."; and render the pure impure [with] a severe impurity, as it is written (Numbers 19:21), "and the one who sprinkles the niddah waters, etc." And that which is stated about this commandment [to call it] the 'statute' (chukat) of the heifer, is [because] it is a lofty wonder - I cannot master it. **From** the laws of the commandment - that which they said (Mishnah Parah 6:5) that we only fill the waters that we put on the ashes, with a vessel, from the bubbling springs and from the flowing rivers; [that] the placing of the waters on the ashes is called by our Rabbis, may their memory be blessed, the "sanctification of the sin-offering waters"; [that] the waters that he places upon the ashes are called the " niddah waters" by the verse; [that] all are fit to fill the waters and to sanctify, except for a deaf-mute, a mentally incapacitated person or a minor (Mishnah Parah 10:4); [that] one who is involved in another work at the time of filling the waters or in bringing them, disqualifies them (Mishnah Parah 4:4), but that after he puts the ashes in them, [other] work does not disqualify them; [that] a wage also disqualifies in the sanctification and the sprinkling (Bekhorot 29a), [such that] the waters and ashes of one who takes a wage to sanctify or sprinkle are like the [regular] waters of a cave and like the [regular] ashes of an oven, but one who takes a wage for the filling [of the waters] does not disqualify [them]; and the rest of its many details - are [all] elucidated in Tractate Parah (see Mishneh Torah, Laws of Red Heifer 1). **And** [it] is practiced at the time of the [Temple] by males and females; as they all need sprinkling before they enter the Temple or eat the sanctified foods if they became impure with a dead body. And one who transgressed this and did not receive sprinkling if he needs it, has violated this positive commandment. And I have already written in the previous commandment that Ramban, may his memory be blessed, would not count all of the laws of impurity in the tally of the commandments. And his strong proofs are in his Book of the Commandments in Commandment 96.

There are no commandments in Parshat Balak.

<u>מצוה ת</u>

מצות דיני נחלות - שנצטוינו בדיני נחלות, כלומר שמצוה עלינו לעשות ולדון בענין הנחלה כאשר דנה התורה עליה, שנאמר (במדבר כז ח ט) כי ימות ובן אין לו והעברתם את נחלתו לבתו ואם אין לו בת וגו'. וסוף הפרשה (שם יא) והיתה לבני ישראל לחקת עולם כאשר צוה יי את משה. ואל תחשב

שאמרו בזה שהמצוה היא שנעשה בענין הנחלה כאשר דנה התורה עליה, שירצה לומר שיהיה האדם מצוה מהאל לתת מה שיש לו ליורשו על כל פנים, כי האל ברוך הוא לא רצה להוציא נכסי האדם מרשותו שלא לעשות מהם כל חפצו בשביל יורשו כל עוד נשמתו בו, כמו שיחשבו חכמי האמות, אבל הודיענו שזכות היורש קשורה בנכסי מורישו, ובהסתלק כח המוריש מן הנכסים במותו מיד נופלת עליהם זכות היורש, כענין השתלשלות היצירות שרצה היוצר ברוך הוא זה אחר זה מבלי הפסק. ורבותנו זכרונם לברכה יקראו לזכות החזקה שיש ליורש בנכסי מורישו בלשון משמוש, כלשון אמרם בהרבה מקומות (ב"ב קטו ב) נחלה ממשמשת והולכת, כלומר, שזכות היורש במוריש כאלו הגופים דבוקים זה בזה, שכל היוצא מן האחד נופל על השני. **ומפני** כן אמרו זכרונם לברכה (שם קכו, ב) שאם צוה ואמר המוריש אל יירשני בני, או בני פלוני לא יירש עם אחיו, או בתי תירשיני במקום שיש בן, וכיוצא בדברים האלה אין בדבריו ממש, שאין בידו לעקר דבר האל שאמר שיירש היורש מורישו. ואף על פי שאמרנו שנכסיו בידיו לכל חפציו הענין הוא לומר שיכל לתנם לכל מי שירצה ולעשות בהם כל חפצת נפשו ואפילו לאבדם בכל לשון, חוץ מזה של ירשה, לפי שזה הדבור הוא כנגד דבורו של מקום וגזרתו, כי הוא אמר יירש היורש, ועל כן אין כח ביד אדם לומר לא יירש, והינו מתניתין דיש נוחלין (שם קל א) האומר איש פלוני לא יירש עם אחיו לא אמר כלום, שהתנה על מה שכתוב בתורה, וכן האומר פלוני יירשני במקום שיש בת בתי תירשני במקום שיש בן, לא אמר כלום, שהתנה על מה שכתוב בתורה, רבי יוחנן בן ברוקה אומר אם אמר על מי שראוי ליורשו דבריו קימים ועל מי שאינו ראוי ליורשו אין דבריו קימים, פרוש אם אמר על בן בין הבנים או על בת בין הבנות שיירשנו אחד מהם לבדו דבריו קימים, ודריש ליה בגמרא (שם) מדכתיב (דברים כא טז) והיה ביום הנחילו את בניו, שהתורה נתנה רשות לאב להנחיל מי שירצה מן הראויין לירש, ונפסקה שם הלכה בזה כרבי יוחנן לגבי פשוטין, אבל לא לגבי בכור, שאין כח באב לעקר ירשה מן הבכור בענין זה. **ועוד** אמרו שם (קכו, ב) המחלק נכסיו רבה לאחד ומעט לאחד, והשוה להם את הבכור דבריו קימין, ואם אמר משום ירשה לא אמר כלום, כתב בין בתחלת דבריו בין באמצע דבריו, בין בסוף משום מתנה דבריו קימין. ולפי הדומה, אף על פי שאין ממש בדברי האומר לשון ירשה, ומעשיו אינם כלום, כך מפרש במתניתין, בצוותו כן הוא מבטל מצות עשה זה של ירשה, משום דעבר אהרמנא דמלכא. וכן אם שמא אחר מותו קימו בית דין את דבריו אלה, יש עליהם גם כן עון בטול מצות עשה זה, מלבד ענש לאו דלא תטה משפט, ולפי הנראה מדברי הרמב"ם זכרונו לברכה, שכל עקר האזהרה איננה רק על הבית דין שדנו בענין הנחלה כן, וזהו לשונו שכתב הוא, מצוה לדון בדין הנחלה, וכמו שבאר הענין במצות הפרת נדרים שלפניו. **משרשי** המצוה. כדי שידע האדם ויתבונן, כי העולם ביד אדון משגיח על כל בריותיו,

וברצונו וחפצו הטוב, זוכה כל אחד ואחד מבני העולם בחלק הנכסים שהוא משיג בעולמו, ומתנתו ברוך הוא מברכת, שתמשך לעולם לאשר יתננה לו, אם לא כי מחטא הקדמוני נקנסה מיתה בעולם, ומפני סלוק גופו אינו בדין להיות הפסק למתנת האל המברכת, אבל תתפשט מאליה בגוף המשתלשל ממנו שזהו בנו או בתו, ואם הוא בעונו ימות ובנים לא יהיו לו ראויה ברכת השם שתשוב אל הקרוב אליו, כי זאת הברכה שזכה בה זה או זכותו גרמה לו, או זכות אבותיו, או עם הקרובים לו יותר למד כשרון המעשה שזכה עמו לנכסים, ולכן בהסתלק הוא וזרעו מהן בחטאו ראויים הקרובים שסיעו אותו לזכות, להיות קודמין בהם לכל אדם. **מדיני** המצוה. מה שאמרו זכרונם לברכה במתניתין דיש נוחלין (שם קטו א) סדר נחלות כך הוא איש כי ימות וגו' הבן קודם לבת, וכל יוצאי ירכו של בן קודמין לבת, הבת קודמת לאחין, וכל יוצאי ירכה של בת קודמין לאחים. האחים או האחיות במקום שאין אחים קודמין לאחי האב, ואחי אביו, או אחיות אביו במקום שאין אחים לאב קודמין לשאר קרובים. זה הכלל, כל הקדם בנחלה יוצאי ירכו קודמין, והאב קדם לכל יוצאי ירכו, ועל הדרך הזה שאמרנו הולך ועולה עד ראש הדורות, לפיכך אין לך אחד מישראל שאין לו יורש. **ומה** שאמרו שם (קח א), שאין האם יורשת בניה, ודבר זה קבלה, והאחים מן האם אינם יורשין זה את זה, דמשפחת אם אינה קרויה משפחה, וכן ממזר או אח ממזר הרי זה יורש כשאר הבנים (רמב"ם נחלות א ו ז), ואפילו בן ממזר שהמיר דת יורש הוא, אבל בן שפחה ונכרית אינו יורש ואינו כבן לשום דבר, וחכמים תקנו (שסא ח) שיהא האדם יורש את אשתו מן הנשואין וסמכו הדבר מן הכתוב. **וכתב** הרמב"ם זכרונו לברכה (בסהמ"צ עשה רמח) ומכלל זה הדין של נחלות בלי ספק, היות הבכור נוטל פי שנים, שזו היא מכלל מצות הנחלות. ופי שנים פרושו, שני חלקים, כלומר, שאם היו שני אחין עושין מן הממון שלשה חלקים, והבכור נוטל השנים, ואם היו שלשה עושין ממנו ארבעה חלקים ונוטל השנים, ועל הדרך הזה לעולם. ואין הבכור נוטל פי שנים אלא בנכסים המחזקים לאביו (רמב"ם שם ג א), כלומר, שבאו ברשות אביו בחייו, אבל לא בראויים לבוא אל אביו, שנאמר (דברים כא יז) בכל אשר ימצא לו. כיצד? אחד ממורישי אביו שמת לאחר מיתת אביו אין הבכור נוטל באותה ירשה פי שנים, וכן (שם קכה, ב) אם היה לאביהם חוב שחיבים לו, ואפילו בשטר, או אפילו היתה לו ספינה בים אין לבכור בזה פי שנים, (שאין זה פי שנים), שאין זה מצוי לאביו. וכן מטעם זה, אין הבכור נוטל בשבח ששבחו נכסים אחר מיתת אביו, כגון שחת שנעשה דגן, והאילנות שהוציאו פרותיהן, שכל זה לא היה מצוי לאביו בימיו, אבל אילן קטן שנעשה גדול שלא מחמת הוצאה, אלא מעצמו גדל אחר מיתת אביו קדם חלקה הבכור נוטל בזה פי שנים, דמצוי לאביו נקרא מכיון שלא נשתנה ענינו. **והאב** נאמן לומר (קדושין עד, א) זה בני בכורי, ונאמן לומר זהו בני או זה אינו בני, שהתורה האמינתו בזה, דכתיב (שם) כי את הבכור וגו' יכיר,

ודרשו זכרונם לברכה (ב"ב קכז ב) יכירנו לאחרים, ואפילו היה אחד מחזק שהוא בן ראובן ואמר ראובן שאינו בנו נאמן עליו ולא יירשנו. וכתב הרמב"ם זכרונו לברכה (נחלות ד, ב) ויראה לי שאפילו היו לבן בנים, אף על פי שאינו נאמן עליו לומר אינו בנו לענין יחוס ואין מחזיקין אותו ממזר על פיו, נאמן הוא לענין ירשה ולא יירשנו. **ומה** שאמרו זכרונם לברכה (ב"ב קכט, ב) גם כן בענין זה שהאומר לאדם נכסי לך ואחריך לפלוני, אם הראשון ראוי ליורשו אין לשני במקום ראשון כלום, דמכיון שזכה בנכסים והוא הראוי לירש אותם, אין לירשה הפסק עוד מפני תנאו של מוריש. ועם הפרושים הטובים והסברא ההוגנת למדנו בפרק יש נוחלין (בבא בתרא קכה, ב), שאפילו אמר לו בלשון מעכשו, וכגון שאמר לו נכסי לך, ומעכשו אחריך לפלוני, אף על פי כן אין לשני במקום ראשון כלום, מכיון שהראשון ראוי לירשו, אבל אם אין ראשון ראוי לירשו ואמר לו מעכשו אחריך לפלוני זכה השני בגוף הנכסים, והראשון יאכל הפרות לבד כל ימי חייו, ואם לא אמר לו מעכשו (שם קלז, א) אלא נכסי לך ואחריך לפלוני לא קנה שני אלא מה שישאר לראשון (רמב"ם זכיה ומתנות יב ט), ואם מכרן ראשון אין כח בשני להוציאם מיד לוקח לעולם, שבחזקת הראשון עומדין כל ימי חייו לכל חפציו בין למכרם בין לתתם במתנה לכל מי שירצה, וכל כך הם נכסים אלו בחזקתו של ראשון, שאם אמר הנותן נכסי לך ואחריך לפלוני ואחריו לפלוני, אם מת שני בחיי ראשון אמרו זכרונם לברכה בגמרא (שם קכט ב) שיחזרו הנכסים ליורשי ראשון, לפי שהנותן לא שיר כלום במתנתו של ראשון אלא שינתנו הנכסים אחריו לשני, ומיד השני ומכחו יבואו לשלישי, ומכיון שהשני מת ואי אפשר לשלישי עוד שיזכה בהן מכח השני כמו שאמר הנותן, ישארו הנכסים ביד מי שהן ברשותו לו וליורשיו לעולם. והוא הדין שיש לנו לדון על הדרך שאמרנו היכא שאמר הנותן מתנתו בלשון אם (עי' טור חו"מ סי' רמח אות ד' בשם רבינו יונה), כגון שאמר נכסי לפלוני ואם מת ינתנו לפלוני, שאין אנו באים לדון כן מטעם לשון אחריך, אלא טעם הדבר מפני שאנו אומרים כי הראשון זוכה בגופן של נכסים ובפרותיהן, ולעולם מחזקין בידו עד שנוכל להוציאן ממנו בראיה חזקה. אבל היכא שכתב נותן נכסי לך, ואחריך לי או ליורשי, אף על פי שלא הזכיר לשון מעכשו בשיור זה, יש לנו לדון שאם מת מקבל מתנה שיחזר הנכסים לנותן או ליורשיו, ואפילו ירד ומכר המקבל מתנה הנותן מוציאם מיד לוקח לכשימות מקבל מתנה, שכן אמרו חכמים בזה (שם קלז, ב) שכל המשיר לעצמו או ליורשיו אינו אלא כמפרש מתנה זו תהיה לך לאכילת פרות כל ימי חייך. **וכלל** הדברים שעלו בידינו בענין זה אחר יגיעה רבה, שכל זמן שהראשון ראוי לירש, מכיון שאמר לו המוריש נכסי לך אין בידו עוד לתתם לאחר ואפילו ליורשו, אחר שמיד נכנסו הנכסים בחזקת יורש ואינו אחר כן אלא כמתנה תנאים בנכסי אדם אחר, וכענין הנאמר בענין זה בגמרא (שם קלג, א) הוא סבר יש לה הפסק, כלומר לירשה ורחמנא אמר אין לה הפסק.

וגדולה מזאת למדונו מורינו ישמרם אל בראיות חזקות וברורות, שאפילו האומר למי שראוי לירשו נכסי לך ואחריך להקדש, או אפילו אמר ומעכשו אחריך להקדש, שהיורש זוכה בנכסים ויש לו למכרן ולעשות בהן כל חפצת נפשו, ואין כח בהקדש לעולם להוציאן מיד לוקח או מקבל מתנה מן הטעם שכתבנו, ומכיון שאמר המוריש לירשו נכסי לך זכה בנכסים, ואין בידו להקדיש אותן עוד, אלא הרי הוא כמקדיש נכסי אחרים. ומה שיש לעין בענין זה, שנראה בתחילת העיון קשיא, כגון מה שאמרו זכרונם לברכה (קידושין כח, ב) אמירתו לגבוה כמסירתו להדיוט, ועוד דברים אחרים, כבר נשאנו ונתנו בהן ודקדקנו את כלן יפה, ועלה הענין מברר כמו שכתבנו, יארך הענין אם באתי לכתב הכל, ולא ממלאכת ספרי הוא, ואם תזכה בני ותפרש מכמרת בים הגמרא היא תעלה לך הכל. ויתר פרטי המצוה, מבארים בבבא בתרא פרק יש נוחלין [ח"מ סי' רעו]. **ונוהגת** בכל מקום ובכל זמן בזכרים ונקבות, והעובר על זה וצוה בין בריא בין שכיב מרע, שלא יירשנו הראוי לירשו בטל עשה זה, והוא שצוה כן בלשון ירשה, כמו שאמרנו, ואף על פי שאין בדבריו ממש כמו שכתבנו למעלה בתחלת הענין. והרמב"ן זכרונו לברכה כתב, כי הרמב"ם זכרונו לברכה חסר במקום זה שתי מצות אחת מצות עשה, ואחת לא תעשה, ושתיהן בבכור, שהאדם מצוה להכיר הבכור במתת פי שנים לו, וזאת היא מצות עשה על האב, שלא חשב אותה הרמב"ם זכרונו לברכה במנינו, וכמו כן מזהר עליו להעביר הבכורה ממנו, ועל זה נאמר (דברים כא טז) לא יוכל לבכר את בן האהובה וגו', וזאת האזהרה גם כן לא חשב אותה הרב הנזכר, אלא שכלל הכל במצות דין הנחלות.

Mitzvah 400

The commandment of the laws of inheritance: That we were commanded with the laws of inheritances; that is, that it is a commandment upon us to act and rule in the matter of inheritance, as the Torah ruled about it, as it is stated (Numbers 27:8-9), "If a man dies and has no son, you shall pass his inheritance to his daughter. And if he has no daughter, etc." And the end of the section [is], "and this shall be for the Children of Israel as an eternal statute, as the Lord commanded Moshe." But do not think that its stating in this that in the matter of inheritance we act as the Torah ruled about it, means to say that a man is commanded by God to give what he has to his heirs in all cases; as God, blessed be He, did not wish to extract the properties of a person from his control, for the sake of his heir, that he should not do all of his desire [with them], so long as his soul is in him, as [is the view] of the wise men of the nations. Rather, it informs us that the right of the heirs is entwined with the property of their [progenitor]. And

ספר החינוך Sefer HaChinukh

[so] when the [ownership] of the bequeather elapses with his death, the right of the heirs immediately rests upon them; like the matter of procreation that the Creator, blessed be He, wanted without interruption. Our Rabbis, may their memory be blessed, designated this right of assertion of the heir in the properties of his bequeather, with the expression, "touching," as in the expression in their statement in many places (e. g. Bava Batra 115b), "Inheritance touches and continues." [This] means that the right of the heir upon the bequeather is like two bodies clinging to each other, such that what comes out from one, rests upon the other. **And** because of this, they, may their memory be blessed, said (Bava Batra 126b) that if the bequeather commanded and said, "My son shall not inherit me," or "My son x shall not inherit with his brothers" or "My daughter x shall inherit me," when he has a son, or similar to these words; his words have no force, as he does not have the power to uproot the word of God, Who said that the heir inherits the bequeather. And even though we said that his properties are in his hands for all of his desires, the matter is to say that he may give them to whom he wants and to do whatever is his desire - and even to destroy his property - with any expression, except for that of inheritance; as this statement is against the statement of the Omnipresent and His decree. As He stated that the heir inherits, and hence a person has no power to say [that] he shall not inherit. And this is [the meaning] of our teaching in our Mishanh in [the chapter entitled] Yesh Nochalin (Bava Batra 130a), "One who says, 'X shall not inherit with his brothers,' has said nothing, for he has stipulated against what is written in the Torah. And so [too,] one who says, 'Y (stranger) shall inherit me,' when he has a daughter, or 'My daughter shall inherit me,' when he has a son, has said nothing, for he has stipulated against what is written in the Torah. Rabbi Yochanan ben Beroka says, 'If he said [it] about one who is qualified to inherit from him, his words are valid, but about one who is not qualified to inherit from him, his words are not valid.'" The explanation is if he said about one son among his sons, or one daughter among his daughters that only [that] one among them inherit him, his words are valid. And it is expounded in the Gemara from that which is written (Deuteronomy 21:16), "And it shall be on the day that he gives his inheritance to his sons" - that the Torah gave the father permission to bequeath to whom he wants from those qualified to inherit. And the law about this is decided like Rabbi Yochanan regarding common [children], but not regarding the first-born; about which the father does not have

ספר החינוך Sefer HaChinukh

the power to uproot the inheritance from the first-born in this matter. **They** also said there (Bava Batra 126b), "The one who divides his properties, gives a large portion to one and a small portion to another, or gives a standard portion to the first-born, his words are valid. But if he said it as 'inheritance' he has said nothing. If he wrote it - whether at the beginning of his words, or in the middle of his words or at the end - as a gift, his words are valid." And it seems that even though there is no validity to the words of the one who [employs] an expression of inheritance and his actions [in this regard] are nothing - as is explicit in the Mishnah - through his commanding this, he has violated this positive commandment of inheritance, for he has transgressed against the decree of the King. And so [too,] if maybe after he dies, the court affirms these words of his, they also have the iniquity of violating this positive commandment, besides the punishment for the negative commandment of "Do not pervert justice." And according to what appears from the words of Rambam, may his memory be blessed, the entire thrust of this warning is only upon the court that judged about the matter of inheritance like this. And this is his language that he wrote "It is a commandment to judge the laws of inheritance." And it is as he elucidated the matter about the commandment of annulling vows, before it. **It** is from the root of the commandment [that it is] so that a person should reflect that the world is in the hand of the Master that oversees all of His creatures, and it is in His desire and His goodly will, that each and every person acquires the portion of possessions that he attains in this world. And His gift is blessed, that it stay forever with the one He gave it to, were it not that the world was penalized with death because of the original sin. Yet it is not correct that the removal of his body should end the blessed gift of God. Rather it should extend on its own [to] the body that descends from this one, i.e. his son or his daughter. And if he dies in his iniquity and he has no children, it is proper for the blessing of God to revert to the closest relative to him; as this blessing that this one acquired was either due to his merit or the merit of his forebears. Or perhaps his closest relatives taught him some skill that caused him to amass his possessions; therefore, when he and his seed are removed from them, it is fitting for his relatives who assisted him in this merit to precede all other people. **From** the laws of the commandment is that which they, may their memory be blessed, said in our Mishnah from [the chapter entitled] Yesh Nochalin (Bava Batra 115a), "The order of inheritance is thus: 'If a man dies, etc.' - a son precedes a

ספר החינוך Sefer HaChinukh

daughter, and all offspring of a son precede a daughter; a daughter precedes brothers, and all offspring of a daughter precede brothers; the brothers, or the sisters where there are no brothers, precede brothers of the father (uncles); and brothers of the father, or sisters of the father (aunts) if there are no brothers of the father, precede other relatives. This is the general rule: the offspring of any heir precedes the next relation, and the father always precedes his offspring." And in this way that we said, we go and climb up to the beginning of [the lineage]. Therefore, there is not anyone in Israel who was no heir. **And** [also] that which they said there (Bava Batra 108a) that a mother does not bequeath [her property] to her children - and this thing is a tradition. And brothers from the mother (but from different fathers) do not inherit each other, as maternal family is not called family. And so, a mamzer (a son from Jewish parents forbidden to marry) - or a mamzer brother - behold, he inherits like other sons (Mishneh Torah, Laws of Inheritances 1:6-7); and even a mamzer son that become an apostate inherits. But a child of a maid-servant or non-Jewess does not inherit, and he is not the father's son for any [purpose]. But the Sages established that a man bequeaths to his wife, if they are fully married; and they gave the matter support from Scripture. **And** Rambam (Sefer HaMitzvot LaRambam, Mitzvot Ase 248), may his memory be blessed, wrote that included in these laws of inheritance without a doubt, is that the first-born receives double - as this is included in the commandment of inheritance. And the explanation of double is two portions, meaning that if there are two brothers, we [divide] the money into three parts and the first-born takes two. And if there are three, we [divide] it into four parts and he takes two, and so forth forever. But the first-born only takes double in properties that are held by the father (Mishneh Torah, Laws of Inheritances 3:1), meaning to say that came into the domain of his father in his lifetime, but not that which is fitting to come to his father, as it is stated (Deuteronomy 21:17), "of all that is found to him." How is this? [If] one of the individuals from whom the father could inherit dies after the father, the first-born does not take double from that inheritance. And so [too,] if the father had a debt that was owed to him (Bava Batra 125b) - even [if it was recorded] in a contract - or if he has a merchant ship [raising revenue] in the sea, the first-born does not have double of this; as this is not 'found to the father.' And so [too,] for this reason, the first-born does not take double of the appreciation of the properties after the death of his father, such as a field yielding grain, or trees bearing their fruit, as these were not extant to his father in his days. If, however, a small tree grew larger not due to an expense - but rather grew on its own - after his father's death before the division [of the property], the first-born does take double of this; as this is considered extant to his father, as it is unchanged in its form. **And** the father is believed [when] he says, "This is my son, my first-born" (Kiddushin 74a), or to say, "This is my son" or "This is not my son." As it is written (Deuteronomy 21:17), "But the first-born etc. shall he recognize" - and they, may their memory be blessed, expounded (Bava Batra 127b), "shall make him recognized by others." And even if someone was presumed to be Reuven's son, if Reuven says that he is not his son, he is believed, and he does not bequeath to him. And Rambam (Mishneh Torah, Laws of Inheritances 4:2), may his memory be blessed, wrote, "It seems to me that even if the son had sons, [such that] even though [the father] is not believed about him to say he is not his son, for the purposes of family relationships, and he is not presumed to be a mamzer on his word, he is believed for the purposes of inheritance and he will not inherit him. **And** also that which they said (Bava Batra 129b) about this matter, that [if] one says to [someone else], "My properties are yours; and after you, for x" - if the first is eligible to inherit, the latter has nothing in place of the first. As since [the first] acquired the properties and he is eligible to inherit them, their is no further interruption of the inheritance because of the stipulation of the bequeather. And with the best commentaries, and proper logic, we learned in the chapter [entitled] Yesh Nochalin (Bava Batra 125b) that even if he says it with an expression of "from now," as for example [if] he said to him, "My properties are yours; and from now, after you for x" - nonetheless, the latter has nothing in place of the first, as the first is eligible to inherit (and there is nothing left after the inheritance). But if the first is not eligible to inherit and he said to him, "from now, after you, will be for x," the latter acquires the properties themselves, and the first one [only] receives the income all of his lifetime. And if he did not say, "from now," but rather [just], "My properties are yours; and after you, for x," the latter only receives what is left from the first (Bava Batra 137a, Mishneh Torah, Laws of Ownerless Property and Gifts 12:9). And if the first sells them, the latter never has the power to extract them from the purchaser, as they stay in the possession of the first all the days of his entire for all of his desires - whether to sell them or give them as a gift to anyone he wants. They are so fully in the possession of the first

ספר החינוך   Sefer HaChinukh

that if the giver said, "My properties are yours; and after you, for x; and after him, for y," if the second one dies in the lifetime of the first, they, may their memory be blessed, said in the Gemara (Bava Batra 129b), that the properties go back to the heirs of the first. As the [original ceder of the properties] did not leave anything over in his gift to the first, except for [the stipulation] that they would be given after [the life of the first] to the second, and from the second - and through his agency - to the third. And since the second died, and it is impossible for the third to acquire them through the agency of the second - as the giver had said - the properties remain in the hand of whom they are possessed and his heirs forever. And the same is true that we should rule in the way that we said, where he used the expression, "if" - for example [if] he said, "My properties are for x; and if he dies, they should be given to y" (see Tur, Choshen Mishpat 248:4 in the name of Rabbenu Yonah). As we are not coming to rule like this based on the expression, "after you." Rather, the reason of the thing is because we say that the first acquired the properties themselves and its income; and they are possessed in his hand, [unless] we can extract them from him with a strong proof [otherwise]. But where the giver wrote, "My properties are yours; and after you, mine or my heirs"; even though he did not mention the expression, "from now," in this retention, we should rule that if the recipient of the gift dies, the properties return to the giver or his heirs. And even if the recipient of the gift sells [them], the giver may extract them from the hand of the buyer when the recipient of the gift dies. As so did the sages say about this (Bava Batra 137b) - that anyone who retains [the rights to his properties] for himself or his heirs is always as if he stipulates, "This present will be for you to enjoy the profits [only] during all the days of your life." **The** general rule of the things that has come up in our hands in this matter after much toil is that so long as the first is eligible to inherit, once the bequeather said, "My properties are yours," it is no longer in is hand to give them to another, even to his heir; since the properties immediately enter the possession of the [first] heir. And afterwards, he is only like one who makes stipulations about the properties of another person. And it is like the matter that is said about this topic in the Gemara (Bava Batra 133a), "He held it has interruption" - it, meaning inheritance - "and the [Torah] stated that it does not have interruption." **And** our teachers, may God protect them, taught us what is even greater than this with strong and clear proofs: That even one who says to someone who is eligible to inherit him, "My properties are yours;

ספר החינוך Sefer HaChinukh

and after you, to be consecrated property (hekdesh)," or even if he said, "and from now, after you, to be consecrated," the heir acquires the properties and he may sell them or do with them as he desires; and [the one in charge of] consecrated property does not have the power to extract them from the hand of the purchaser or the recipient of the gift for the reason that we wrote. And once the bequeather said to his heir, "My properties are yours," [the heir] acquires the properties, and it is no longer in his hand to consecrate them. Rather, it is like he consecrates the property of others. And regarding what there is to analyze in this matter that at the beginning of the analysis seems difficult - such as that which they, may their memory be blessed, said (Kiddushin 28b), "his statement for consecrated property is like delivery for regular property," and other things - we have already discussed them back and forth, and have come to precise understandings about all of them, such that the matter has come up clarified as we have written. The matter would be too long if I came to write it all and it is not the work of my book. But if you will merit, my son, and cast your net upon the sea of the Gemara, all of it will come up to you. [These] and the rest of the details of the commandment are elucidated in Bava Batra in the chapter [entitled] Yesh Nochalin (see Tur, Choshen Mishpat 276). **And** it is practiced in every place and at all times by males and females. And one who transgresses it and commanded - whether he was healthy or on his deathbed - that the one eligible to inherit him, not inherit him, has nullified this positive commandment, provided that he commanded so, with an expression of 'inheritance,' as we have said. And [this is true] even though his words have no substance, as we have written above at the beginning of the topic. And Ramban, may his memory be blessed, wrote that Rambam, may his memory be blessed, skipped two commandments, one positive commandment and one negative - and both of them are about the firstborn. As a man is commanded to recognize the firstborn by giving him double, and that is a positive commandment on the father that Rambam skipped. And so too, It warns him about transferring the rights of the firstborn from him. And about this it states (Deuteronomy 21:16), "he may not make into a firstborn the son of the beloved, etc." And the teacher mentioned also did not itemize this warning [as a negative commandment], but rather grouped it all into the commandment of the law of inheritances.

www.ingramcontent.com/pod-product-compliance
Lightning Source LLC
Chambersburg PA
CBHW070123080526
44586CB00015B/1533
9781617046551